Wieland Zirbs (Hrsg.)
Literaturlexikon

Der Herausgeber und die Autoren

Zirbs, Wieland, Dr., Studium der Germanistik, Geschichte und Politischen Wissenschaften, Schulleiter am Gymnasium Leopoldinum in Passau; Herausgeber und Verfasser verschiedener Lehrwerke, zahlreicher Aufsätze und Zeitschriftenartikel.

Brauner, Karl-Heinz, Studium der Germanistik, Geschichte und Politischen Wissenschaften, unterrichtet am Ignaz-Günther-Gymnasium in Rosenheim. Mitarbeit an Schulbüchern und an verschiedenen medienpädagogischen Initiativen, u. a. am Staatsinstitut für Schulpädagogik und Bildungsforschung in München.

Fietzek, Helmut, M.A., Studium der Germanistik, Geschichte und Politischen Wissenschaften. Unterrichtete lange Zeit an der European School Culham in Großbritannien, Seminarlehrer für Geschichte am Gymnasium Weilheim.

Fuchsberger-Zirbs, Gertraud, M.A., Studium der Germanistik und Anglistik, unterrichtete bis 1998 am Schyren-Gymnasium Pfaffenhofen a. d. Ilm. Veröffentlichung von Zeitschriftenartikeln und Mitarbeit an Unterrichtswerken.

Grübel, Isabel, Dr., Studium der Germanistik und Geschichte, unterrichtet am Luitpold-Gymnasium in München, Lehrauftrag am Institut für bayerische Literaturgeschichte der Universität München. Mitarbeit an verschiedenen Lexika.

Matthiessen, Wilhelm, Dr., Studium der Germanistik, Geschichte, Philosophie und Politischen Wissenschaften, arbeitet als Seminarlehrer für Deutsch am Luitpold-Gymnasium in München. Autor von Lehrwerken und Fachaufsätzen, Herausgebertätigkeit.

Nusser, Bernd, Studium der Germanistik, Geschichte und Politischen Wissenschaften, unterrichtet am Staatlichen Beruflichen Zentrum in Starnberg, Mitarbeiter am Staatsinstitut für Schulpädagogik und Bildungsforschung in München. Autor von Schulbüchern für die Fächer Deutsch und Sozialkunde.

Pollmann, Nikolaus, Studium der Anglistik und Geographie, unterrichtete bis 1996 am Auersperg-Gymnasium in Passau. Freier Autor und Fotograf.

Ruch, Hermann, Studium der Germanistik, Geschichte und Politischen Wissenschaften, Referent am Staatsinstitut für Schulpädagogik und Bildungsforschung in München; Bildungsreferent im Vorstand des bayerischen Landesverbandes der Fachgruppe Deutsch im Deutschen Germanistenverband, Arbeiten zur Literatur und Geschichte des 20. Jh.s.

Söllner, Peter, Studium der Romanistik und Altphilologie, unterrichtet am Gymnasium in Grafing bei München. Autor von Fachaufsätzen und Rezensionen, redaktionelle Tätigkeit bei sprachwissenschaftlichen Veröffentlichungen.

Triller, Ursula, Studium der Germanistik und Theologie, stellvertretende Schulleiterin am Gymnasium Marktoberdorf, Mitarbeit an verschiedenen Unterrichtswerken.

Wieland Zirbs (Hrsg.)

Literatur Lexikon

Daten, Fakten und Zusammenhänge

4., aktualisierte Auflage

Cornelsen
SCRIPTOR

Bildnachweis

AKG, Berlin außer: Akad. d. Künste/R. Radvanyi, Berlin: 332 – AP, Frankfurt am Main: 12 rechts – Bay. Staatsbibl.: 158 – Bildarchiv der Österreichischen Nationalbibl.: 224 – bpk, Berlin: 34, 71, 117, 215, 273 – R. Clausen, Hamburg: 60 – Diogenes Vlg, Zürich: 218, 292 – dpa, Frankfurt am Main: 28, 79, 199 – Fundación Gala-Salvador Dali/VG Bild-Kunst, Bonn 1998: 356 – Georg Bitter Vlg, Recklinghausen: 208 rechts – D. Hanitzsch, München: 5 – Hanser Vlg, München: 108 – M. Hubbuch, Freiburg für den Bassani-Umschlag mit dem Bild „Die Schulstube" von Karl Hubbuch, 1925: 196 – I. Buhs/Dt. Theatermus., München: 77 – Klett-Cotta, Stuttgart: 345 links – Kunstmus., Hannover: 154 – Q. Llenas, Barcelona: 345 rechts – R. v. Mangoldt,/Literarisches Colloquium, Berlin: 40 – W. Nieblich, Berlin: 66, 226 – I. Ohlbaum, München: 49, 92, 93, 171, 220 unten, 271, 288, 289, 291, 307 unten rechts, 338, 339 rechts, 341 rechts, 382 – Schiller-Nationalmus./Dt. Literaturarchiv, Marbach: 47, 96, 321 – S. Fischer Vlg./Roland Schauls, Frankfurt am Main: 196 – Staats- und Universitätsbibl., Bremen: 256 – Städelsches Kunstinstitut, Frankfurt am Main: 161 – Stiftung Deutsche Kinematek, Berlin: 59, 135, 138, 156, 237, 247, 253, 364 – Theatermus. der Universität zu Köln: 21, 29, 85, 187, 276, 362 – Ullstein Vlg, Berlin: 61, 211, 229, 264 – Universitätsbibl. Heidelberg: 164, 377, 383 – Vlg Neues Leben, Berlin/Illustr.: G. Goßmann: 305 – Verlagsarchiv: 27, 44, 53, 65, 80, 82, 83, 99, 120, 126, 134, 140, 158, 167, 179, 180, 184, 208, 209, 213, 234, 243, 259, 268, 283, 310, 312, 315, 328, 335, 346, 354, 361, 372, 375, 386, 388 – VG Bild-Kunst, Bonn, 1998: 104, 130, 165, 242, 267 – Zentralbibl., Zürich: 206

Cornelsen online http://www.cornelsen.de

Bibliografische Information: Die Deutsche Bibliothek verzeichnet diese Publikation in der Deutschen Nationalbibliografie; detaillierte bibliografische Daten sind im Internet über http://dnb.ddb.de abrufbar.

Dieses Werk berücksichtigt die Regeln der reformierten Rechtschreibung und Zeichensetzung.

8. 7. 6. 5. 4. € Die letzten Ziffern bezeichnen
08 07 06 05 04 Zahl und Jahr der Auflage.

Redaktion: Gabriele Teubner-Nicolai, Berlin
Herstellung: Dagmar & Torsten Lemme, Berlin
Umschlaggestaltung: Bauer + Möhring, Berlin, unter Verwendung von Abbildungen von Isolde Ohlbaum, München; AKG, Berlin; Städelsches Kunstinstitut, Frankfurt am Main
Druck und Binden: Westermann Druck Zwickau GmbH
Printed in Germany
ISBN 3-589-22081-3
Bestellnummer 220813

Gedruckt auf säurefreiem Papier,
umweltschonend hergestellt aus chlorfrei gebleichten Faserstoffen

Liebe Leserinnen und Leser,

wenn Experten diskutieren – z. B. im „Literarischen Quartett" - fallen Fachausdrücke, aber auch Begriffe, die man eigentlich kennt, die man jedoch aus dem Stegreif nicht gleich und vor allem nicht so präzise erklären kann. Wer weiß schon Näheres über die Literatur Lateinamerikas? Natürlich, ein Roman ist mehr als nur ein dickes Buch. Doch was ist das Besondere daran? Goethe und Schiller, Grass und Handke – die großen Namen aus Vergangenheit und Gegenwart sind uns geläufig; viel schwerer ist dagegen zu sagen, was ihre Größe ausmacht.

Antwort auf solche und ähnliche Fragen soll Ihnen dieses Lexikon geben. Sie erhalten darin einen Überblick über die wichtigsten Nationalliteraturen der Welt – entweder in Einzeldarstellungen (etwa zur französischen, russischen oder spanischen Literatur) oder zusammengefasst nach ihrer Herkunft (z. B. die afrikanische, die lateinamerikanische oder die skandinavische Literatur). Daneben finden Sie Lebens- und Werkbeschreibungen großer deutschsprachiger und ausländischer Autoren von den Anfängen der Literatur bis in die Gegenwart. Ausführlich gibt das Lexikon Auskunft über alle bedeutenden Epochen und Strömungen der deutschen Literaturgeschichte seit dem Mittelalter. Darüber hinaus erklärt es Ihnen literarische Fachausdrücke, beschreibt alle gängigen Textsorten und Genres und führt schließlich in den Literaturbetrieb ein.

Das Literaturlexikon richtet sich nicht an Fachleute auf dem Gebiet der Literatur, sondern versucht den Bedürfnissen und Ansprüchen von Lernenden und interessierten Laien gerecht zu werden. Es will sowohl Daten und Fakten schnell und übersichtlich zugänglich machen als auch Zusammenhänge zwischen Epochen, Autoren, Gattungen und Stilmerkmalen erschließen. Der Benutzer soll sich also zielsicher und kompetent zu einzelnen Fragen informieren können und gleichzeitig die Möglichkeit haben, Verbindungen zwischen den Artikeln herzustellen. Zudem möchte das Lexikon zum Schmökern ermuntern und zur Lektüre des einen oder anderen Werks anregen.

1. Wo Sie ausführlich informiert werden: Die Blockartikel

Literatur hat viele Gesichter. Den unmittelbarsten Zugang gewinnt man über das literarische Werk selbst, das uns in den unterschiedlichsten Formen und Ausprägungen begegnet. Die Autoren als Schöpfer dieser Texte sind dabei vielfältigen Einflüssen ausgesetzt, die sich einerseits in ihren Romanen, Gedichten und Dramen widerspiegeln und die andererseits erst den „Nährboden" für ihr Schaffen bilden. In der Rückschau kann man dann die Schriftsteller eines Zeitraums, die sich in ihrem Stil und ihrer Kunstauffassung ähnlich waren, einer bestimmten Epoche zuordnen und ihre Merkmale genauer beschreiben. Dabei spielen auch Faktoren wie die Sprache, in der die Dichter schreiben oder die gesellschaftlichen, politischen und wirtschaftlichen Rahmenbedingungen, unter denen sie arbeiten, eine nicht zu vernachlässigende Rolle. In den gelb unterlegten Blockartikeln wird dieser Vielgestalt in ausführlichen Beiträgen nachgespürt.

Die Blockartikel lassen sich in drei Gruppen einteilen, die jeweils einem bestimmten thematischen Zusammenhang folgen. So gibt die erste Gruppe einen Überblick über bedeutende Nationalliteraturen der Welt, wobei der Schwerpunkt auf Europa gelegt wurde:

Afrikanische Literatur
Amerikanische Literatur
Arabische Literatur
Englischsprachige Literatur
Französische Literatur
Italienische Literatur
Lateinamerikanische Literatur
Russische Literatur
Skandinavische Literatur
Spanische Literatur

Ordnet man die zweite Gruppe von Blockartikeln in ihrer chronologischen Reihenfolge, dann erhält man – abgesehen von der Antike – eine kleine deutsche Literaturgeschichte vom Mittelalter bis zur Gegenwart:

Antike Literatur
Mittelalterliche Dichtung
Barock
Aufklärung
Klassik
Romantik
Bürgerlicher Realismus
Naturalismus
Expressionismus
Exilliteratur
DDR-Literatur

Alle weiteren Epochen oder literarische Strömungen wurden als Stichwortartikel aufgenommen. Nach ihrer zeitlichen Abfolge geordnet finden sich folgende Einträge:
Germanische Literatur – Humanismus – Sturm und Drang – Biedermeier – Vormärz – Junges Deutschland – Fin de Siècle – Impressionismus – Symbolismus – Wiener Moderne – Surrealismus – Dadaismus – Futurismus – Neue Sachlichkeit – Literatur im „Dritten Reich" - Antifaschistische Literatur – Innere Emigration – Exilliteratur

Auf einen Überblicksartikel zur westdeutschen Literatur nach 1945 – vergleichbar dem Blockartikel DDR-Literatur – wurde bewusst verzichtet. Die Vielfalt der zu beschreibenden Phasen und Richtungen, der unterschiedlichen Stile und Strömungen hätte selbst einen umfänglichen Blockartikel gesprengt. Die wesentlichen Informationen zu diesem Zeitraum erhält der Leser vielmehr mit den folgenden vier Einträgen, in denen die prägenden Entwicklungsstränge der deutschen Nachkriegsliteratur aufgezeigt werden:

Trümmerliteratur – Gruppe 47 – Neue Subjektivität – Postmoderne
Darüber hinaus erfährt man etwas über den genannten Zeitraum, wenn man die Artikel zu den im Lexikon vorgestellten Gegenwartsautoren heranzieht.

Die dritte und größte Gruppe der Blockartikel bildet ein kleines Begriffslexikon zu Gattungen und Genres wie zu Phänomenen des Literaturbetriebs:

Bibliothek
Buch
Drama
Frauenliteratur
Kinder- und Jugendliteratur
Lesen/Leser
Lyrik
Politische Dichtung
Reiseliteratur
Rhetorik
Roman
Schrift
Sprache/Sprachgeschichte
Theater
Zensur

2. Auskunft über Personen und Werke: Biographische Artikel

In mehr als 70 Einzelartikeln werden bedeutende Schriftsteller von der Antike bis in unsere Gegenwart gewürdigt. Dass für ein Lexikon diesen Umfangs eine strenge Auswahl nötig war, versteht sich von selbst. Und sicherlich wird mancher Leser den einen oder anderen Namen vermissen, während ihn bestimmte, hier vertretene Autoren weniger interessieren. Auch wenn sich über den literarischen Rang eines Dichters meist trefflich streiten lässt – auf eine Reihe von wenigstens zehn bis zwanzig Ausnahmepersönlichkeiten, die die Weltliteratur geprägt haben, meint man sich schnell einigen zu können: Dann werden sofort Namen fallen wie Homer oder Shakespeare, Dante oder Goethe, Tolstoi oder Balzac, Kafka oder García Márquez ... So „konsensfähig“ bereits diese ersten zehn Namen sind, es bleibt ein Unbehagen zurück. Fehlen da nicht Schiller und Fontane, Proust und Thomas Mann, Brecht und Grass und und und? Dem Leserinteresse folgend, wurde daher das Schwergewicht zunächst auf die herausragenden deutschsprachigen Autoren gelegt, wobei das Feld umso dichter wird, je mehr wir uns der Gegenwartsliteratur nähern. Bei den fremdsprachigen Dichtern wurde vor allem darauf geachtet, dass die großen Repräsentanten der jeweiligen Nationalliteratur vertreten sind. Zahlreiche weitere Dichter, die über das Register erschlossen werden können, sind in verschiedenen Sachartikeln genannt. Im Register finden Sie auch deren Lebensdaten.

Die meisten Autorenartikel enthalten knappe Werkbeschreibungen herausragender Texte des jeweiligen Dichters. Diese Beiträge sind durch eine andere Schrift deutlich gekennzeichnet. Auch hier war eine strenge Beschränkung auf wirklich repräsentative Beispiele nötig.

Die Erscheinungsdaten bei fremdsprachigen Werken beziehen sich stets auf die Ausgabe des Originaltitels. Auf den Hinweis, wann der jeweilige Text in deutscher Übersetzung erschien, wurde verzichtet.

3. Auskunft im Zusammenhang: Die Begriffsnester

Um systematische Zusammenhänge nicht zu zerreißen, in denen sich ein Begriff durch den anderen erhellt, sind hier und da Begriffsnester gebildet worden. Das heißt: In einem erklärenden Text zu einem Hauptstichwort wird ein weiteres Stichwort, ein sog. **Nestwort** genannt und in diesem Kontext kurz erläutert. Nestwörter befinden sich nicht am alphabetischen Ort, sondern sie sind im Stichwortverzeichnis aufgeführt (z. B. das Nestwort „Erlebnislyrik" im Begriffsnest „Sturm und Drang"). In dem Text zum Hauptstichwort, auf das Sie das Register verweist, finden Sie das ursprünglich gesuchte Wort auf Anhieb wieder. Dort ist es nämlich durch **fettere Schrift** hervorgehoben.

4. Auskunft auf einen Blick: Das Stichwortverzeichnis

Hier erscheinen in alphabetischer Reihenfolge all diejenigen Begriffe, zu denen es keinen eigenen Artikel gibt, die aber dennoch als Nestwörter berücksichtigt wurden. Die in vielen Autorenartikeln zu findenden kurzen Werkbeschreibungen lassen sich ebenfalls über das Stichwortverzeichnis aufsuchen. Wie beim Nestwort verweist auch beim kursiv gedruckten Werktitel ein Pfeil (▶) auf das zugehörige Hauptstichwort. Wer z. B. wissen will, was es mit dem „Bitterfelder Weg" auf sich hat, der wird auf „DDR-Literatur" verwiesen. Und wer sich über den Roman *Die Blechtrommel* näher informieren möchte, der muss unter „Grass, Günter" nachschlagen.

5. Auskunft von A bis Z: Die alphabetische Ordnung

ä, ö, ü sind wie die einfachen Vokale a, o, u eingeordnet.
ß ist wie ss eingeordnet.
Werktitel, die einen Artikel aufweisen, sind stets unter dem zweiten Begriff eingeordnet, also *Der Zauberberg* unter Z, *Der grüne Heinrich* unter G.

6. Auskunft im Überblick: Die Verweise

Leselust statt Lesefrust. Dieses Motto war bei der Erarbeitung des Lexikons maßgebend. Dafür bürgen die in der Mehrzahl großzügig angelegten Artikel, die über die reine Faktenvermittlung hinaus immer auch Hintergründe und Zusammenhänge anschaulich darstellen. Und dafür bürgen auch die zahlreichen Abbildungen. Zur leichteren Vernetzung der in den Einzelartikeln gegebenen Informationen dienen die sorgsam gesetzten Verweispfeile (▶). Mit ihrer Hilfe ist es einerseits möglich, zusätzliche Fakten aus anderen Stichwörtern aufzusuchen. Andererseits dienen sie dazu, Einzelphänomene in einen größeren Kontext zu stellen.

7. Auskunft durch Kürze: Die Abkürzungen

arab.	arabisch	lat.	lateinisch
dt.	deutsch	mhd.	mittelhochdeutsch
engl.	englisch	sog.	so genannte
franz.	französisch	u. a.	unter anderem
geb.	geboren	UA	Uraufführung
ital.	italienisch	v. Chr.	vor Christi Geburt
Jh./Jh.s	Jahrhundert/Jahrhunderts	z. B.	zum Beispiel

A

Absurdes Theater ist die Bezeichnung für eine moderne Form des ▶ Dramas, die seit etwa 1950 als provokante Abkehr vom konventionellen Theater aus dem Protest gegen die bürgerliche Scheinwelt und ihre unehrliche Lebensführung entstanden ist.
Die Wurzeln des absurden Theaters liegen in der **Narrenliteratur**, die vor allem im 15. und 16. Jh. und seitdem immer wieder in Zeiten des Umbruchs moralische Fehler und öffentliche Missstände der Zeit aufdeckte, in der Nonsensedichtung, der ▶ Commedia dell'Arte und der Pantomime, der Darstellung ohne Worte. Anregungen erfuhr es aus dem ▶ Dadaismus und ▶ Surrealismus (Alfred Jarry, *König Ubu*, 1897). Als Grundlage verarbeitet es die Erfahrung, dass die menschliche Existenz ohne jeden Sinn absurd ist. Das Erleben der Sinnlosigkeit, Langeweile und des Identitätsverlusts bilden beispielsweise das Thema in *Warten auf Godot* (1956) von Samuel **Beckett**.

Szene aus Becketts „Warten auf Godot", Berliner Schillertheater, 1965

Das absurde Drama stellt keine psychologisch charakterisierten Personen dar, sondern nur wie Marionetten agierende Figuren. Die Handlung ist nicht logisch fortlaufend gegliedert, sondern sie verläuft entweder in sich steigernden, kreisenden oder sich reduzierenden Vorgängen. Der Dialog besteht aus banalem Reden der Figuren, das keine echte Kommunikation zulässt.
Die Vorreiter des absurden Theaters finden sich in Frankreich mit Beckett und Eugène **Ionesco**, der in seinen Stücken meist nur einzelne Situationen zeigt und statt eines Dialogs sich wiederholende Belanglosigkeiten sprechen lässt (*Die Nashörner*, 1964). In England beschäftigte sich Harold **Pinter** mit den Problemen im sinnentleerten Leben von Randgruppen (*Der Hausmeister*, 1960).
In Deutschland versuchten sich vor allem Wolfgang **Hildesheimer**, ▶ Grass und später ▶ Handke an diesem Genre. Hildesheimers Stücke (z. B. *Pastorale oder die Zeit für Kakao, Die Uhren*, beide 1958) genügen jedoch nicht dem Anspruch, den er in seiner Rede *Über das Absurde* erhebt. Grass schrieb 1954 *Noch zehn Minuten bis Buffalo*. Neue Impulse brachten die handlungsarmen Sprechstücke von Handke, die den Rhythmus des Beat verarbeiten und die Illusion des ▶ Theaters zerstören.

Afrikanische Literatur umfasst die Literaturen der geographischen Großregionen Nord-, Zentral- und Südafrika. Daneben sind unterschiedliche ethnische, religiöse und kulturelle Einflüsse bestimmend. Manche Literaturen reichen weit über den afrikanischen Kontinent hinaus. Die arabische Literatur findet sich zum Beispiel in Nordafrika, in Europa und Asien. Schwarzafrikanische Literatur wiederum entsteht in Zentral- und Südafrika, jedoch auch in Nordamerika und Europa. Zur schriftlichen Literatur tritt in Afrika eine lebhafte mündlich tradierte, deren Anfänge weit vor der altägyptischen Hochkultur liegen.
Nordafrikas Kultur ist geprägt durch Literaturen, die eine enge Beziehung zu den Religionen des Islam, des Juden- und Christentums aufweisen. So stehen die altsüd- und ▶ arabische Literatur in der Tradition der islamischen Religions- und Kulturwelt. Mit der Verleihung des Literatur-Nobelpreises im Jahre 1988 an den Ägypter Nagib **Mahfus** wurde die literarische Bedeutung Nordafrikas weltweit deutlich. Das Christentum fand seinen Niederschlag in der **koptischen** und **äthiopischen Literatur**. Die **hebräische Literatur** wiederum fußt auf dem Judentum. Dass Nordafrika eine alte Literaturlandschaft ist, belegt die **altägyptische Literatur**. Altägypten brachte nicht nur im 3. Jt. v. Chr. eines der frühesten Schriftsysteme (▶ Schrift) hervor, sondern hinterließ auch ein, meist durch seinen Totenkult geprägtes Schrifttum: Kult-, Toten-, Zauber- Weisheitsliteratur, aber auch Dialog, Königsnovelle, Autobiographie u. a. Die *Sinuhe*-Erzählung ist der früheste Reiseroman (▶ Reiseliteratur) der Weltliteratur. Nordafrika bildete auch ein Zentrum hellenistischen und römischen Schrifttums (▶ Antike Literatur). In Alexandria entstanden unter den Ptolemäern im 3. Jh. v. Chr. mit dem Museion und dem Serapeion ▶ Bibliotheken, in denen geforscht, philologische Arbeitstechniken entwickelt und gelehrt wurden und deren Bestand auf über 70000 Schriftrollen geschätzt wird.
Zur **schwarzafrikanischen Literatur** zählen die Literaturen südlich der Sahara. Zu unterscheiden ist zwischen der mündlich und der schriftlich tradierten Literatur. Englisch, Französisch, Spanisch, Portugiesisch, die Sprachen der ehemaligen Kolonialherren, wurden ebenso als Literatursprache verwendet wie die der afrikanischen Staaten, beispielsweise Swahili (in Kenia, Tansania), Yoruba (West-Nigeria), Hausa (Nord-Nigeria), Twi (Ghana), Luganda (Uganda), Somali (Somalia), Malagasy (Madagaskar), Zulu, Xhosa und Sotho (alle Südafrika). Der Anteil der in afrikanischen Sprachen verfassten afrikanischen Literatur ist jedoch ungleich kleiner als der in europäischen Sprachen geschriebene. So schreibt Wole **Soyinka** in Englisch (▶ Englischsprachige Literatur).
Die traditionelle **negro-afrikanische Literatur** besteht in der Mehrzahl aus mündlich überlieferten Formen wie ▶ Märchen, ▶ Schwank, **Spott-** und **Preislied, Orakel-Spruch**, ▶ Fabel, ▶ Sprichwort. In diesen Fällen sind die Verfasser unbekannt. Häufig ist dieses Material aber von europäischen Ethnologen und Forschern gesammelt und ausgewertet worden. Den literarischen und sprachschöpferischen Wert dieser Literatur hat man zum Teil erst später erkannt. Immer wieder greifen zeitgenössische Autoren Afrikas auf die mündliche Literatur zurück. Die Entwicklung der schwarzafrikanischen Literatur ist nicht nur an den afrikanischen Kontinent, sondern auch an die europäischen Kolonialländer und die USA gebunden, wobei deutliche Wechselbeziehungen zu beobachten sind. Auf großes Leser-Interesse stoßen

Biographien von Afrikanern, die häufig keinen literarischen Anspruch erheben, aber anschaulich über Gesellschaft und Leben der uns fremden Welt berichten.
Um die Jahrhundertwende begann die sog. **Zöglingsliteratur**, die die abendländische Literatur nachahmt und unter dem Einfluss des christlichen Denkens steht. Thomas **Mofolo** als ihr bedeutendster Vertreter verhalf der **Bantu-Literatur** zu Schriftlichkeit und Ruhm. Kritisiert wurde die starke Abhängigkeit der Zöglingsliteratur von der europäischen Denkungsart, ihre Erbaulichkeit und die Verklärung des afrikanischen Lebens. In enger Verbindung zu ihr stehen Autoren der epigonal-abendländischen Gruppe, die sich häufig aus freigelassenen Sklaven rekrutierten und in den Kolonialländern, in den USA, in Haiti die Literatur mitprägen, ohne aber ihr afrikanisches Kulturgut zu überliefern.
Der **Spiritual-Stil** entstand zu Beginn der 20. Jh.s in den Vereinigten Staaten; die religiös geprägten Gesänge, die **Spirituals**, bedeuten eine Besinnung auf Religiosität und bringen den Wunsch nach Befreiung zum Ausdruck. In dieser Literatur, der Hauptvertreter ist James Weldon **Johnson**, vermischen sich afrikanische und christliche Elemente. Nach dem Ersten Weltkrieg wurde die Kultur der Afro-Amerikaner Mode. Der **Blues** erlangte zuerst in Amerika, später auch in Europa Popularität. Man spricht von der **Harlem Renaissance**. Der Blues wird jedoch häufig als Ausdruck von Selbstmitleid und Sentimentalität betrachtet.
Den Anstoß zu einer umfangreichen **franco-afrikanischen Literatur** gaben die aus den französischen Kolonien stammenden Autoren, Léon **Damas** aus Guayana, Léopold Sédar **Senghor** aus Senegal und Aimé **Césaire** aus Martinique. Sie versuchten die französische Assimilierungspolitik neu zu definieren, Assimilation zu ermöglichen, ohne die eigene Identität aufgeben zu müssen. Von Césare stammt der Begriff **Négritude**, der zu einem Motto für die geistige und politische Unabhängigkeit wurde und die schwarzafrikanische Literaturbewegung von 1930 bis 1960 bezeichnet. Zu den Forderungen der Négritude gehörten die Auseinandersetzung mit afrikanischen Werten, Verherrlichung der Vergangenheit und Kampf gegen den Kolonialismus.
Mit dem Gewinn der Selbstständigkeit der afrikanischen Staaten festigte die afrikanische Literatur ihr Selbstbewusstsein. Dies äußerte sich in den 70er-Jahren durch ein wachsendes literarisches Leben, vor allem in den Kolonialsprachen Englisch und Französisch. Gesellschaftliche und politische Themen fanden ihren Niederschlag u. a. in den Werken Timothy Mofolorunso **Aluko** (Nigeria), Aminata Sow **Fall** (Senegal), Ayi Kwei **Armah** (Ghana) und Henri **Lopes** (Kongo).
Im Osten Afrikas setzte eine umfangreichere literarische Produktion zu Beginn der 60er-Jahre ein, nachdem sich afrikanische Kleinbauern gegen die englischen Großgrundbesitzer im Mau-Mau-Aufstand gestellt hatten. Man griff auf gängige, meist mündlich überlieferte literarische Formen zurück, wie auf das **Preislied**, um auf die soziale und wirtschaftliche Not aufmerksam zu machen oder die Aufständischen zu feiern. Zunehmend zeigte sich in der Literatur der 70er- und 80er-Jahre gesellschaftskritisches und marxistisch beeinflusstes Gedankengut.
Zur **südafrikanischen Literatur** zählt man zunächst die schwarzafrikanische Literatur, die vor der Kolonialisierung (1652–1834) der Kapregion entstand, ferner die schwarzafrikanische Literatur bis zur Apartheid (ab 1948) und die danach folgen-

de. In der Zeit nach dem Burenkrieg (1899–1902) findet man in Südafrika auch eine reichhaltige englischsprachige Literatur britischer Kolonisten. **Afrikaans**, die dritte Literatursprache, bildete sich aus der Umgangssprache der niederländisch-flämischen Kolonisten.

Nadine Gordimer, Nobelpreisträgerin von 1991

Wole Soyinka, Nobelpreisträger von 1986

Im Zuge einer südafrikanischen Nationalbewegung entwickelte sich eine schwarzafrikanische Literatur in den Sprachen Xhosa, Zulu und Sotho, aber auch in Englisch, das vor allem christlich geprägte Autoren verwandten, um auch das europäische Leserpublikum zu erreichen. Neben der Geschichte behandelte die Romanliteratur den technischen und gesellschaftlichen Wandel, den die Industrialisierung mit sich brachte. P. **Abrahams** und E. **Mphahlele**, Schriftsteller der Harlem-Renaissance, zeigten die damit verbundenen Probleme auf. Mit der international geächteten Rassentrennung (Apartheid) rückte vor allem diese Thematik in den Vordergrund. Doch eine literarische Auseinandersetzung mit den politischen und gesellschaftlichen Zuständen wurde immer schwerer, da eine ganze Generation von Autoren inhaftiert war und ihre Werke verboten wurden (▶ Zensur). Viele Schriftsteller gingen ins Exil und verarbeiteten ihre Erfahrungen in Autobiographien.
Die englischsprachige Literatur Südafrikas ist traditionsgemäß von Liberalismus geprägt, der die Rassenschranken zu überwinden suchte. Herausragende Vertreter sind Douglas **Blackburns**, Alon **Praton** und die Nobelpreisträgerin Nadine **Gordimer**, die aus ihrer Ablehnung der weißen Vorherrschaft nie einen Hehl machte.
Zur Literatursprache stieg im 20. Jh. Afrikaans auf, nachdem man es ab 1914 in den Schulen unterrichtete und seine Anfänge als Literatursprache in der Erbauungsliteratur und in religiösen Texten fand. Den Durchbruch zur Weltliteratur erfuhr Afrikaans, nachdem sich Breyten **Breytenbach**, André **Brink** und Étienne **Leroux** gegen die Ideologie des weißen Regimes gewandt hatten und internationale Leserresonanz erfuhren.

Agitprop ist ein Kurzwort aus Agitation (lat.: agitatio = das In-Bewegung-Setzen, das Betreiben) und Propaganda (lat.: propagare = ausdehnen, weiter ausbreiten) und stammt aus der Theorie und Praxis der Kunst und Literatur der frühen Sowjetunion. Gemeint ist ein Kunst- und Literaturkonzept, das die Bevölkerung zu einem revolutionären Bewusstsein im Sinne der Lehren von Marx und Engels und zur Teilnahme an den Klassenkämpfen der kommunistischen Bewegung führen sollte.

Das *Agitproptheater* entstand in den 1920er-Jahren und wurde vor allem von Laienspielgruppen der kommunistischen (Jugend-)Verbände praktiziert. Die Stücke waren kurz und einfach strukturiert. Songs und Sprechchöre, oft auch unter Beteiligung des Publikums, kommentierten die Handlung und analysierten das Gezeigte im Lichte der kommunistischen Gesellschaftstheorie. Um die proletarische Zielgruppe zu erreichen, wurde auch bei Versammlungen, in Fabriken oder in der Öffentlichkeit (▶ Straßentheater) gespielt. Entsprechend kunstlos gestalteten sich die Aufführungen, die ein ausgeprägt gestischer Darstellungsstil kennzeichnete. In Deutschland erreichte das Agitproptheater mit über 200 organisierten Spielgruppen seinen Höhepunkt in der späten Weimarer Republik. Nach 1933 wurde es umgehend von den Nationalsozialisten verboten. Erst die Studentenbewegung entdeckte diese Theatertradition neu.

Parteilichkeit und Wirkungsorientierung, Kürze und Einprägsamkeit kennzeichnen auch die **Agitproplyrik**, die als Flugblattgedicht, Mauerparole oder lyrische Handzettelbotschaft vor allem in der ▶ antifaschistischen Literatur im „Dritten Reich“ Verwendung fand.

Aleatorik, auch aleatorische oder automatische Dichtung, bezeichnet eine spezielle Form experimenteller Textfindung. Der Begriff leitet sich ab vom lat. „alea“ (Würfel), womit bereits der Zufallscharakter eines derartigen Verfahrens benannt ist. Die Bezeichnung ist geläufig im Bereich der modernen Musik: Der Kompositionsvorgang wird nicht durch bewusste Tonsetzung bestimmt, ausschlaggebend ist allein der Zufall.

Vor allem die Dadaisten (Hans **Arp**, Richard **Huelsenbeck**, Kurt **Schwitters**, ▶ Dadaismus) entdeckten das aleatorische Prinzip für sich. Beabsichtigt war, scheinbar unzusammenhängende Wortfolgen in freier Kombinatorik als neue klangliche Einheit zu installieren und damit grammatikalische und semantische Vorgaben zu durchbrechen. Ansätze hierzu finden sich bereits bei den Romantikern: So sieht ▶ Novalis die Basis jeder Dichtung in der assoziativen Zufallsproduktion von Ideen. Vom psychologischen Standpunkt aus gesehen sind Assoziationen freilich keine Zufallsprodukte. Daher könnte die seit den 90er-Jahren aufkommende **Computerliteratur** den Begriff Aleatorik mit besserem Recht für sich in Anspruch nehmen.

Almanach (mlat.: almanachus = Kalender) Ursprünglich verstand man darunter ein Tafelwerk mit Angabe der Planetenbewegungen. Die ersten gedruckten Almanache auf das Jahr 1457 (in lateinischer und deutscher Sprache) waren Einblattdrucke und beschrieben die Sonnen- und Mondbahn, gaben Prophezeiungen ab und informierten über Markt- und Messetage. Ab dem 16. Jh. wurden in die Almanache belehrende und unterhaltsame Themen aufgenommen (▶ Anekdoten, Hofklatsch u. Ä.). Seit Mitte des 18. bis ins 19. Jh. waren Almanache beliebter Lesestoff für das gebildete Bürgertum (*Göttinger Musenalmanach* ab 1768). Zum Vorbild für diese Publikationen wurde der *Almanach des Muses* (Paris 1764–1833), eine jährlich erscheinende ▶ Anthologie meist noch unveröffentlichter Dichtungen. Der bedeutendste deutsche *Musenalmanach*

(1796–1800) stammt von Schiller (1796–1800). Hierin wurden zuerst die *Xenien*, eine ▶ Epigramm-Sammlung von Goethe und Schiller, veröffentlicht. Der ▶ Expressionismus verbreitete sich ab 1914 in Jahresalmanachen. Als neuer Typus erscheint im 20. Jh. der Verlagsalmanach, der als Werbemittel eingesetzt wird und einen Überblick über die Jahresproduktion eines Verlages geben soll.

Amerikanische Literatur steht gemeinhin als Sammelbegriff für die Literatur der USA. Zur Abgrenzung davon bezeichnet man die Literatur Mittel- und Südamerikas als ▶ lateinamerikanische Literatur. Erst durch das Zusammentreffen und Verschmelzen von kulturellen Einflüssen verschiedener Völker (Briten, Franzosen, Deutsche, Italiener usw.) und ethnischer Gruppen (Indianer, Afro-Amerikaner) hat die amerikanische Literatur ihre besondere Eigenart gewonnen. In einzelnen Gattungen, wie etwa der Shortstory (▶ Kurzgeschichte), wirkten amerikanische Autoren bahnbrechend.

Das erste bedeutende Buch, das in den USA geschrieben wurde, war Benjamin **Franklins** bis 1757 reichende *Autobiographie* (1867). Franklin stellte darin den „self-made-man“ der Neuen Welt dem Aristokraten aus der Alt-England-Kultur gegenüber. Noch im 18. Jh. versuchte Timothy **Dwight** eine nationale Dichterschule zu schaffen, doch blieben er und seine Kollegen ganz englischen Mustern verhaftet. Als erster wichtiger amerikanischer Romanautor gilt Charles B. **Brown**, dessen psychologisierende **Schreckensromane** sich allerdings in der Darstellung abnormer Seelenzustände erschöpften.

In der Zeit der amerikanischen ▶ Romantik (etwa 1820–1865) gab es erste Ansätze zu einer eigenständigen Literatur. James F. **Cooper** orientierte sich zwar am Romanschema des Engländers Sir Walter **Scott**, schuf jedoch mit seinen *Lederstrumpfromanen* (1823–1841) eine neue Form des historischen Romans. Washington **Irving** begründete die Shortstory. *Rip Van Winkle* aus *The Sketch Book* (1819/20, *Skizzenbuch*) ist eines seiner Meisterwerke. Doch auch Irving war von W. Scott beeinflusst und wählte für seine Texte Motive aus Sagen von G. A. **Bürger** und den Brüdern Jacob und Wilhelm **Grimm**. In der Folge entwickelte ▶ Poe die Shortstory nicht nur zur Vollkommenheit, sondern gab ihr auch ein theoretisches Fundament. Die Brüchigkeit und Vielschichtigkeit der menschlichen Psyche, das unkontrollierbare Hereinbrechen des Bösen und die Frage der moralischen Schuld erhoben Nathaniel **Hawthorne** und Hermann **Melville** – etwa in dem Klassiker *Moby Dick* (1851) – zu zentralen Themen ihrer Werke. Daneben gab es bedeutende Lyriker wie Walt **Whitman**, der in seinem Gedichtband *Leaves of Grass* (1855 u. 1860, *Grashalme*) ein Bild des Amerikaners entwarf, wie er ihn sich erhoffte.

In der amerikanischen Literatur bilden ▶ Realismus zusammen mit dem etwas später einsetzenden ▶ Naturalismus eine Epoche (1861–1900). Das vom religiösen Puritanismus geprägte Denken wurde im Realismus durch naturwissenschaftliche Erkenntnisse verdrängt. Harriet **Beecher-Stowe** zeigte in *Uncle Tom's Cabin* (1852, *Onkel Toms Hütte*) die Missstände der Sklaverei auf. Mark **Twain** begründete seinen Weltruhm mit Lausbubengeschichten wie *The Adventures of Tom Sawyer* (1876, *Tom Sawyers Abenteuer*). Der Wegbereiter der Seelenanalyse und des **Be-**

wusstseinsromans wurde ▶ James. Wichtige naturalistische Romane schrieben Stephen **Crane**, Frank **Norris** oder Jack **London**. Bedeutende naturalistische Lyrik wurde von Emily **Dickinson** verfasst, die bereits am Übergang zur Moderne stand. Als zu Beginn des 20. Jh.s vor allem in der Epik die Abwendung vom Naturalismus erfolgte, übte u. a. Gertrude **Stein** großen Einfluss auf die nachfolgende Generation aus. Für diese prägte die Dichterin den Begriff „lost generation" (verlorene Generation). Der Roman *Three Lives* (1909, *Drei Leben*) stellt intuitiv Bewusstsein und seelische Spannungen zweier Dienstmädchen und einer Schwarzen dar. ▶ Hemingway war ein bedeutender Vertreter des neuen Realismus. Werke wie *Fiesta. The Sun Also Rises* (1926, *Fiesta*) standen ebenso im Bann von Gertrude Stein wie

Walt Whitman, um 1866

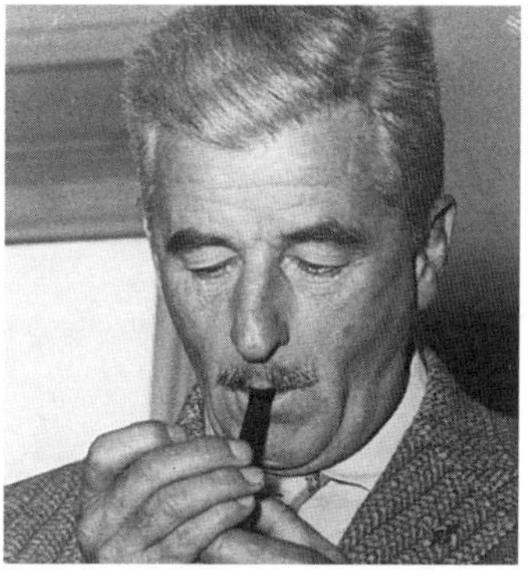

William Faulkner, Nobelpreisträger von 1949

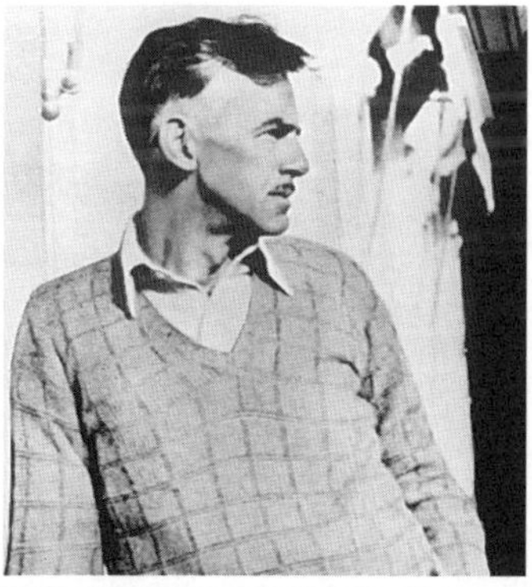

Eugene O'Neill, um 1930

Gertrude Stein, 1942

A Fable (1954, *Eine Legende*) von William **Faulkner**, dem großen Vertreter des symbolischen Realismus.

Herausragende zeitgenössische Romanciers der USA sind unter anderem Jerome D. **Salinger** mit *The Catcher in the Rye* (1951, *Der Fänger im Roggen*), Saul **Bellow** mit seinem umfangreichen Werk, z. B. *Herzog* (1964) oder *A Theft* (1989, *Ein Diebstahl*) sowie John **Updike**, der Chronist der amerikanischen Mittelschicht, mit Romanen wie *Rabbit, Run* (1960, *Hasenherz*) oder *Couples* (1968, *Ehepaare*). Heute wird der literarische Markt von Minderheitenromanen beherrscht. Bernard **Malamud** beschreibt jüdische Kleinbürger. Vertreter des „Schwarzen-Romans" sind z. B. Ralph **Ellison** und Toni C. A. **Morrison**. Amy **Tan** ist eine wichtige Vertreterin des asiatisch-amerikanischen Romans.

Szene aus der Verfilmung von „Endstation Sehnsucht" mit Marlon Brando und Vivien Leigh

Das amerikanische Drama ist seit Eugene G. **O'Neill** eine von der europäischen Tradition gelöste, eigenständige Gattung. Mit *Mourning Becomes Electra* (1931, *Trauer muss Elektra tragen*) hat O'Neill den antiken Sagenstoff zu einem Neuenglanddrama gemacht. Arthur ▶ Miller gehört mit seiner Erörterung moralischer und sozialer Fragen zur realistischen Tradition. Tennessee **Williams** tendiert zum psychologischen Realismus und begründete seinen Ruhm vor allem mit *A Streetcar Named* Desire (1947, *Endstation Sehnsucht*). Edward **Albee** schrieb zunächst Dramen über die Kommunikationslosigkeit und Leere amerikanischen Lebens, z. B. *The Zoo Story* (1958, *Die Zoogeschichte*) und erreichte 1962 den bisherigen Höhepunkt seines Schaffens mit *Who's Afraid of Virginia Woolf* (1962, *Wer hat Angst vor Virginia Woolf*, verfilmt 1966), in dem Albee seine Hauptfiguren durch konsequente und zynische Zerstörung lieb gewonnener Illusionen zur Erkenntnis der Wirklichkeit führt.

Die amerikanische Lyrik nahm nach 1910 eine rasante Entwicklung. Einer der bekanntesten Lyriker dieser Zeit ist Robert **Frost**, der versuchte, sich der Alltagssprache anzunähern und sich mit einfachen Reim- und Blankversen (▶ Metrik) begnügte. In der Mitte des 20. Jh.s waren die Amerikaner oft Vorreiter neuer Techniken und Stile. Zu den bedeutendsten Vertretern der Lyrik jener Zeit gehören Allen **Ginsberg**, der große Vertreter des „Beat", daneben Robert **Lowell**, in dessen Gedichten Gottferne thematisiert wird und der auch Bekenntnislyrik schrieb. Des Weiteren hat Edward Estlin **Cummings** neben zarter elegischer Liebeslyrik effekthaschende, teils durch sein Talent als Maler beeinflusste oder philosophische Gedichte verfasst. Heute gelten z. B. John **Ashbery** und Howard **Nemerov** als richtungweisende Autoren, deren Stellung im amerikanischen Kulturbetrieb sich allerdings noch festigen muss. International weitgehend unbekannt sind junge Lyriker der Nachkriegsgeneration wie Louise **Glück** oder Douglas **Crase**, die allerdings mit Gedichtsammlungen wie *The Garden* (1980) oder *The Revisionist* (1981) Beachtung gefunden haben.

Anagramm (griech.: anagrammatizein = Buchstaben umstellen) bezeichnet seit der Antike die Umstellung der Buchstaben eines Wortes, sodass sie eine neue sinnvolle Lautfolge bilden, etwa „rot – Tor". Im Mittelalter deutete man Anagramme oft religiös, wie bei „ave – Eva". Später, besonders im 16. und 17. Jh., dienten sie als geistreiche Anspielungen oder Verschlüsselungen. Manche Autoren verwendeten Anagramme ihrer Namen als Pseudonyme, z. B. der französische Dichter François **Rabelais**, der sich auch Alcofrybas Nasier nannte. Eine Besonderheit bildet das rückläufige Anagramm, auch **Palindrom** genannt: „Roma – Amor", „Reliefpfeiler", „Ein Neger mit Gazelle zagt im Regen nie".

Anekdote (griech.: anekdoton = nicht herausgegeben) bezeichnete ursprünglich ein Schriftwerk, das Einblick in das Leben einer Persönlichkeit gab. Es blieb aber unveröffentlicht bzw. wurde heimlich überliefert. Anekdoten wurden und werden auch mündlich erzählt. Im Mittelpunkt stehen dabei meist Originale, bekannte Persönlichkeiten aus Politik oder Gesellschaft.

Im 17. und 18. Jh. verstand man unter Anekdoten **Memoirenliteratur**, Lebensbeschreibungen bekannter historischer Figuren, die durch „Geschichtchen" im Sinne von Episoden charakterisiert wurden. Eine Geheimhaltung im eigentlichen Sinn gab es nicht mehr. Im 19. Jh. wandelte sich die Anekdote zu einer epischen Kleinform (▶ Epik), die den Charakter der handelnden Personen und ihren historischen Hintergrund aufzeigen sollte, häufig dialoghaft aufgebaut war und mit einer Pointe endete.

Insgesamt stellt die Anekdote eine literarisch offene Form dar, die sich strengen Regeln entzieht. Der Wahrheitsgehalt einer Anekdote stand von Anfang an nicht im Mittelpunkt. Es kann somit kaum verwundern, dass manche Anekdote mehreren Personen zugeschrieben wird oder sich als historisch falsch erweist.

Zu einer literarischen Form gestalteten die Anekdote Johann Peter **Hebel** in seinem *Rheinischen Schatzkästlein* und ▶ Kleist. Die Anekdote steht auch in der Verwandtschaft von ▶ Kalender- und ▶ Kurzgeschichte sowie ▶ Novelle. Verbindung zu diesen epischen Kunstformen haben die anekdotisch geprägten Geschichten von Wilhelm **Schäfer** (*Anekdoten*, 1908), ▶ Borchert (*An diesem Dienstag, Die Hundeblume*), ▶ Brecht (*Kalendergeschichten, Geschichten von Herrn Keuner*) und Oskar Maria **Graf** (*Kalendergeschichten*). Die Anekdote ist wesentlicher Bestandteil von ▶ Biographien und ▶ Autobiographien, **Chroniken**, Exempelgeschichten und ▶ Schwank, **Predigten** sowie anderer Prosagattungen.

Anekdote

Bach, als seine Frau starb, sollte zum Begräbnis Anstalten machen. Der arme Mann war aber gewohnt, alles durch seine Frau besorgen zu lassen; dergestalt, dass da ein alter Bedienter kam und ihm für Trauerflor, den er einkaufen wollte, Geld abforderte, er unter stillen Tränen, den Kopf auf einen Tisch gestützt, antwortete: „Sagt's meiner Frau." –

(Heinrich von Kleist)

Annalen (lat.: annales = Jahrbücher) sind Aufzeichnungen geschichtlicher Ereignisse, die nach aufeinander folgenden Jahren angeordnet sind. Aus der chronologischen Aneinanderreihung bemerkenswerter Ereignisse, die während der römischen Republik durch hohe Beamte in den „Annales pontificum" niedergelegt wurden, entwickelte sich eine eigene historiographische Gattung, die ihren Höhepunkt mit Titus **Livius** und Publius Cornelius **Tacitus** erreichte.
Zumindest theoretisch unterschied die Antike von den „Annales" die „Historiae", die nach thematischen Gesichtspunkten geordnet waren.
Die mittelalterlichen Annalen entstehen in ähnlicher Weise aus internen Aufzeichnungen der Klöster und entwickeln sich zu einer eigenständigen Gattung mittelalterlicher Geschichtsschreibung („Annales regni francorum", „Annales Quedlinburgenses" usw.).

Anstandsliteratur ist eine zusammenfassende Bezeichnung für Werke, die Anweisungen für den korrekten gesellschaftlichen Umgang enthalten. Die ausgeprägtesten Beispiele der Anstandsliteratur findet man im Mittelalter in den sog. Hof- und Tischzuchten, die ursprünglich an ein höfisches Publikum adressiert waren und sich im ausgehenden Mittelalter vorwiegend an das Bürgertum richteten und dadurch weite Verbreitung erlangten. Die erste volkssprachliche höfische Tischzucht wird dem Minnesänger **Tannhäuser** zugeschrieben. Im 15. und 16. Jh. werden die Tischzuchten in der „grobianischen Dichtung" entweder ins Satirische gewendet – etwa in *Die verkehrt dischzuecht Grobiani* (1563) von Hans **Sachs** – oder wie in Sebastian **Brants** *Narrenschiff* (1494) verspottet und bloßgestellt.
Die vor allem für die Regelung der äußeren Umgangsformen verfassten Komplimentierbücher des Barock wurden Ende des 18. Jh.s durch das Erziehungsbuch des Freiherrn von **Knigge** *Über den Umgang mit Menschen* (1788) abgelöst. Dieses bis heute in zahlreichen Ausgaben und Übersetzungen vorliegende Werk behandelt im Sinne einer praktischen Lebensphilosophie das angemessene verständnisvolle Verhalten gegenüber den Mitmenschen, aber auch gegenüber dem eigenen Ich.

Anthologie setzt sich aus den altgriechischen Worten *anthos* sowie *legein* zusammen und bezeichnet eine **Blütenlese** im Sinne einer Sammlung von Texten. Diese kann unter den verschiedensten Gesichtspunkten angelegt sein: nach Textsorten, Motivkreisen, Themen, repräsentativen Textstellen, Autoren, Nationalliteraturen. Entsprechend vielfältige Absichten sind mit Textsammlungen verbunden. Sie können die Vorlieben des Herausgebers widerspiegeln, einen Überblick über bestimmte literarische Tendenzen vermitteln oder die Erwartungen der Leser im Auge haben.

Anthologien sind nicht nur auf den europäischen Kulturkreis beschränkt; bekannte Anthologien findet man auch im Arabischen, Persischen und Türkischen.
Als erste Anthologie gilt die nicht mehr erhaltene des griechischen Philosophen Meleagros von Gadara (1. Jh. v. Chr.). Berühmt wurde die *Anthologia Graeca*, die aus einer Sammlung von ▶ Epigrammen des Meleagros gebildet und dann im Verlauf der Jahrhunderte immer wieder erweitert wurde, sodass sie schließlich etwa 4000 Epigramme von 350 Schriftstellern umfasste. Eine Sammlung dieser Art stellt auch die *Anthologia Latina* dar, die mittellateinische Texte beinhaltet.
In Deutschland wurde seit dem Barock die Anthologie als Sammlung deutscher Texte populär. Vor allem im 18. und 19. Jh. erschienen Anthologien, die eine Auswahl von als national bedeutsam angesehener Literatur darstellen sollten wie die von Johann Gottfried **Herder** herausgegebenen *Volkslieder*. Eine unübersehbare Ausweitung erfuhren die Anthologien im 20. Jh. Bedeutsam sind zum Beispiel Lancia **Salzmanns** *Der jüdische Witz*, Marcel **Reich-Ranickis** *Deutsche Lyrik des 20. Jahrhunderts* oder Peter **Suchslands** *Deutsche Volksbücher*.

Antifaschistische Literatur im „Dritten Reich". Neben den Autoren der ▶ Inneren Emigration, die zumeist kein unmittelbares politisches Engagement auszeichnete, gab es in Deutschland nach 1933 (▶ Literatur im „Dritten Reich") auch eine Reihe von Schriftstellern, die sich als Antifaschisten begriffen und sich dem organisierten Widerstand gegen den Nationalsozialismus anschlossen.
Aus Kreisen linksbürgerlicher Intellektueller rekrutierte sich die **Gruppe Schulze-Boysen/Harnack**, die während des Zweiten Weltkriegs zur größten Widerstandsorganisation heranwuchs. Die Gruppe gab illegale Flugschriften (*Agis-Schriften, Briefe an die Ostfront, Die innere Front*) heraus, leistete Systemgegnern Fluchthilfe und organisierte Sabotageakte in der Rüstungsindustrie. 1942 enttarnte die Gestapo die sog. Rote Kapelle, viele Mitglieder wurden hingerichtet. Die Grausamkeit dieser Morde ist in der *Ästhetik des Widerstands* (1975–1981) von Peter **Weiss** nachzulesen.
Zu den Schriftstellern der „Roten Kapelle" gehörte Günther **Weisenborn**, dessen zeitkritische Dramen aus der Weimarer Republik nach 1933 verboten wurden. 1941/42 arbeitete er für den Großdeutschen Rundfunk und benutzte diese Stellung für seine konspirative Tätigkeit. 1942 wurde Weisenborn verhaftet und zu einer langjährigen Zuchthausstrafe verurteilt. In seinem viel diskutierten Drama *Die Illegalen* (1946), dem autobiographischen Erinnerungsbuch *Memorial* (1947) sowie dem Rückblick *Der lautlose Aufstand* (1957) hat er der „Schafottfront" gegen den Nationalsozialismus ein literarisches Denkmal gesetzt.
Neben Weisenborn ist der Literaturwissenschaftler Werner Krauss zu nennen, der 1942 zunächst zum Tode verurteilt, später zu Zuchthaus begnadigt wurde. Der bekannte Marburger Romanist hat nur ein literarisches Werk hinterlassen, das allerdings zu den auffallendsten literarischen Stellungnahmen gegen das NS-Regime gehört – *PLN. Die Passionen der halykonischen Seele* (1946). Krauss' Satire wurde im Gefängnis Plötzensee begonnen, bisweilen mit gefesselten Händen und in Erwartung der Hinrichtung. Ein Mitgefangener schmuggelte das Manuskript in die Freiheit.
Besondere literarische Aktivitäten entfaltete der illegale **Bund proletarisch-revolutionärer Schriftsteller** (BPRS). Er wollte das In- und Ausland über die wahren Verhältnisse unter dem NS-Regime aufklären und einen möglichst breiten Widerstand gegen die neuen Machthaber bewirken. Hierzu wurden enge Kontakte zu den Widerstandszentren der ▶ Exilliteratur unterhalten. Traditionelle Formen der schönen

Literatur und verdeckte Schreibstrategien wichen kämpferischen Ausdrucksweisen. Die agitatorische Funktion des Wortes stand an erster Stelle. Die Kommunikation musste leicht verständlich und appellativ in ihrer Wirkung sein.
Diese Anforderungen erfüllten ▶ Flugschriften, die an öffentlichen Orten oder in Großbetrieben verteilt, Plakate und Gedichte, die an Häuserwänden oder Litfaßsäulen angebracht wurden, oder einfache Mauerparolen („Die Margarine wird teurer./ Die Butter noch mehr:/ Volk ans Gewehr!"). Hinzu traten Beiträge für antifaschistische Publikationsorgane des In- und Auslands und die Herstellung bzw. Verteilung **verkleideter Literatur**. Hierbei handelte es sich um illegale Schriften, die einen unverfänglichen Umschlagtitel trugen. Eine Sammlung sozialistischer **Kampflieder** zum Beispiel erschien unter dem Titel *An der schönen blauen Donau. Walzer von Johann Strauß*.
Der bedeutendste Autor der Berliner Ortsgruppe der BPRS war ihr Leiter Jan **Petersen**, der unter Pseudonym an der Prager Exilzeitschrift *Neue deutsche Blätter* (1933–1935) mitarbeitete und zum Prototyp des Untergrundschriftstellers wurde. In seiner autobiographischen Romanchronik *Unsere Straße* (Bern 1936), die vom Januar 1933 bis zum Sommer 1934 reicht, beschrieb er das Eindringen des Nationalsozialismus in den Alltag eines Berliner Arbeiterviertels und die Aktionen des kommunistischen Widerstands. Es ermöglichte den ersten authentischen Einblick in den Kampf gegen den Nationalsozialismus, über den der Autor – getarnt mit einer schwarze Maske – auf dem *Ersten Internationalen Schriftstellerkongress für die Verteidigung der Kultur* (Paris 1935) informierte.

Antike Literatur Wenn wir von der Literatur der Antike sprechen, so fassen wir damit knapp eineinhalb Jahrtausende zusammen, in denen Griechen und Römer Modelle und Problemstellungen ersonnen haben, die uns bis heute beschäftigen. Am Beginn dieser langen Entwicklung stehen die Fragen um Welterkenntnis und Weltgestaltung, Individuum und Gesellschaft. Kein tastendes Suchen ist uns überliefert, die griechische Literatur tritt vielmehr mit einem Paukenschlag ins Licht der Kulturgeschichte: In den Epen ▶ Homers gelangen wir auf den Gipfel, dessen langer und mühevoller Anstieg für uns im Dunklen bleibt. Nur spekulieren können wir über die literarischen Vorstufen: die kretisch-mykenische Kultur und die Umbrüche, die diese durch die dorische Wanderung um 1200 v. Chr. erfahren hat.
Nun wird dieser erste, uns bekannte literarische Schritt nicht im griechischen Mutterland gemacht: Mit dem aus Ionien stammenden Homer begegnet uns eine bereits voll ausgebildete Literatur- und Weltordnung. In zwei Großepen – der *Ilias* und der *Odyssee* – fasst er die seit Jahrhunderten mündlich tradierten (▶ Oral Poetry) Helden- und Göttererzählungen zusammen.
Dem gleichen geistigen Umfeld entspringen die Lehrgedichte **Hesiods** aus Böotien (um 700), bei dem zum ersten Mal die Person des Dichters greifbar wird. Seine *Theogonie* (Götterentstehung) ordnet den Götterkosmos Homers, in den *Werken und Tagen* gibt er praktische Ratschläge für den Ackerbau.
Die geographische Heimat des zweiten, des lyrischen Abschnitts der griechischen Literatur sind die ägäischen Inseln. Dort entdecken im 7. und 6. Jh. **Sappho**, **Ar-**

chilochos und **Alkaios** ihre Individualität, ihre Gefühle. Die Normen des adligen Gesellschaftsgefüges werden zertrümmert, als neues Gesetz wird die Gerechtigkeit (Dike) gepriesen.
Nachdem das griechische Mutterland jahrhundertelang hinter den Kolonien zurückstehen musste, beginnt nun die Epoche, die nach Einschätzung der Antike selbst Vollkommenheit definiert: die Klassik. Wie das Zeitalter Homers durch das Epos und der darauffolgende Entwicklungsabschnitt durch die Lyrik bestimmt waren, tritt nun das Drama, repräsentiert durch **Aischylos**, **Sophokles** und **Euripides**, als beherrschende Gattung in den Vordergrund. Gut dreißig Tragödien dieses Dreigestirns sind erhalten. Sie wie auch die elf erhaltenen Komödien des **Aristophanes** sind ohne die Entfaltung der athenischen Demokratie undenkbar: die Anspielungen, erbarmungslosen Schmähungen und politischen Parallelentwürfe bedürfen der Freiheit des Gedankens und des Wortes.

Theater von Epidauros aus dem 4. Jh. v. Chr.

Die ▶ Tragödie wird abgelöst durch den philosophischen Dialog. **Platon** und sein Schüler **Aristoteles** begründen in ihren Werken nicht nur die idealistische Philosophie, sie schaffen zugleich literarische Kunstwerke von höchstem Rang. Zeitgleich mit Aristoteles wirkt der bedeutendste Redner der Antike, **Demosthenes**. In seinen philippischen Reden attackiert er den Vater Alexanders des Großen, Philipp von Makedonien, läutet dieser doch mit seinem Sieg bei Chaironeia (338) das Ende der Freiheit der griechischen Stadtstaaten ein.
Mit dem Tode Alexanders des Großen (323) beginnt die Epoche des Hellenismus, einer Spätzeit, die letztlich nicht mehr schafft, sondern Geschaffenes bewahrt und erforscht. In dieser Zeit ist das Griechische die Gemeinsprache der ganzen damals bekannten Welt, der Oikumene. Das Kennzeichen dieser Zeitspanne ist nicht mehr Individualität, sondern Uniformität. Zum geistigen Zentrum wird die berühmte Bibliothek von Alexandria, deren Bestand über 500000 Handschriften umfasst haben soll und an der ein Heer von Forschern die Summe der Klassik zu ziehen versucht. Es entstehen die eklektischen, also aus Bestehendem auswählenden Schulen der Stoa und des Epikureismus. Die lyrischen Kleinformen des **Kallimachos** wie die idyllischen Schäferdichtungen des sizilianischen Dichters **Theokrit** künden vom

Rückzug des Menschen in seine Privatsphäre: nicht länger mehr ist der Staat Sache des Bürgers.

Doch nun zeichnet sich eine der folgenschwersten Zentrumsverlagerungen ab. Im Ersten Punischen Krieg (264–241) kommt das aufstrebende Rom in engeren Kontakt mit der überlegenen Kultur der griechischen Welt in Unteritalien und Sizilien. Vor allem am Bühnenspiel finden die römischen Soldaten Geschmack. Diesem neu aufkommenden Bedürfnis trägt als Erster der griechische Freigelassene **Livius Andronicus** Rechnung: Nach griechischen Vorbildern schafft er im „Epochenjahr" 240 eine Komödie und eine Tragödie, dicht gefolgt von den Komödiendichtern **Plautus** und **Terenz**, von denen 27 Stücke erhalten blieben.

Die römische Literatur entfaltet sich also nicht aus einheimischen Ansätzen, sie ist vielmehr der Versuch, dem übermächtigen Griechentum etwas im Ansatz Gleichwertiges entgegenzusetzen, sich als beginnende Weltmacht zu begreifen und selbst darzustellen. Dieser Prozess verlief nicht reibungslos. Mehr als zwei Jahrhunderte lang wehrten sich einflussreiche Kräfte gegen den als zersetzend empfundenen Einfluss des Griechentums. Der Historiker Caius **Sallustius** Crispus schreibt noch in vordergründigem Stolz, dass es für den Römer immer wichtiger gewesen sei, zu handeln als zu schreiben. Der Minderwertigkeitskomplex der auf dem Schlachtfeld siegreichen Römer gegenüber der kulturell überlegenen griechischen Welt wird durch derlei Aphorismen eher enthüllt als verschleiert.

Dem Bedürfnis der Vergewisserung ihrer selbst entspricht der Vorrang, den die Römer der Geschichtsschreibung zuerkannten, die rasch vor anderen Gattungen unbestrittene Anerkennung gewann. Dies mag auch daran liegen, dass schon früher die Priesterschaften jährliche Verzeichnisse besonderer Vorkommnisse, die ▶ Annalen, anlegten. In Ehrfurcht vor den Vorfahren, ein generelles Kennzeichen römischen Selbstverständnisses, wurde dieser Titel bei vielen Geschichtswerken beibehalten, so vor allem bei den *Annales* des Publius Cornelius **Tacitus**. Geschichtsschreibung ist für die Römer keine rein theoretische Größe. Sie bewahrt die vorbildhaften Charaktere und Taten der Vergangenheit und stellt sie nachkommenden Generationen als Richtschnur vor Augen. Dies gilt für Sallust und Tacitus wie auch für das vielbändige Werk *Ab urbe condita libri* des Titus **Livius**. Mehr anekdotenhaften, weniger exemplarischen Charakter tragen dagegen die Kaiserbiographien *De vita Caesarum* des Gaius **Suetonius** Tranquillus. Einen Sonderfall in jeder Hinsicht stellen die beiden Schriften *De bello Gallico* und *De bello civili* des Feldherrn und Staatsmannes Gaius Iulius **Caesar** dar. Gehüllt in das Gewand von „commentarii", also schmuckloser, skizzenhafter, zu späterer Bearbeitung bestimmter Berichte, nehmen sie für sich in Anspruch, wahrheitsgetreue, objektive Tatsachenschilderungen zu sein. In Wahrheit betreiben sie gerade durch ihre Faktenselektion und rhetorisch perfekte Verknappung und Klarheit meisterhafte Leserlenkung.

Das Verhältnis der Römer zur Philosophie ist dagegen weit zwiespältiger. So wird 155 v. Chr. eine athenische Philosophengesandtschaft überstürzt ausgewiesen, weil die öffentliche Demonstration dialektischen Könnens als jugendgefährdend angesehen wird. Ihren Rang innerhalb des römischen Geisteslebens kann sich die Philosophie nur dadurch erobern, dass sie noch weit mehr, als dies für die Geschichtsschreibung gilt, spezifisch römisches Gepräge annimmt. ▶ Cicero, stärker noch Lucius Annaeus **Seneca** konzentrieren ihre philosophischen Schriften auf die „vita activa“, auf das Handeln, das ein gelungenes Leben verbürgt. In den Hintergrund tritt demgegenüber die „vita contemplativa“, die theoretisch erkennende Existenzführung. Typischerweise ist auch beiden die Zugehörigkeit zu einer bestimmten Schule weniger wichtig als die praktische Umsetzbarkeit ihrer Lehren. So verschmäht es der „Stoiker“ Seneca durchaus nicht, in seinen *Epistulae morales ad Lucilium* epikureische Lesefrüchte zu zitieren. Entscheidend ist der praktische Gewinn für Lebensführung und Lebenserfahrung. Die Bedeutung Ciceros dagegen liegt vor allem darin, dass er die bis dahin noch recht ungefüge Sprache einer vor allem agrarisch orientierten Gesellschaft zu einem philosophischen Ausdrucksmedium veredelt. Seine Schriften sind Übertragung und Anpassung griechischer Erkenntnisfreude an römische Tatkraft. Auf dieser Leistung aufbauend kann Aureli-

Vergil zwischen den Musen der epischen Dichtung und der Tragödie, Mosaik, Ende 3. Jh. n. Chr.

us **Augustinus** die großen Themen der antiken Philosophie unter christlichem Vorzeichen zusammenfassen und weiterentwickeln.
Auch die römische Lyrik zeichnet sich durch besondere Lebensnähe und unmittelbare, individuelle Betroffenheit vor der griechischen Dichtkunst aus. Trotz der formalen Praxisferne der Gattung gelingt es der römischen Dichtung, durch die Schilderung unmittelbaren Erlebens über die bloße Nachahmung der Griechen hinauszuwachsen und zu eigenständiger Größe zu finden. Dies gilt bereits für Gaius Valerius **Catullus**. In seinen 116 erhaltenen Gedichten unterschiedlicher Länge verbindet er höchstes stilistisches Künstlertum mit dem Ausdruck tiefster persönlicher Empfindung.
Dem Dichter Publius **Vergilius** Maro verdankt Rom sein Nationalepos, die *Aeneis*. Beschrieben wird die siebenjährige Irrfahrt des Aeneas aus dem zerstörten Troja nach Italien, wo er der Gründervater Roms wird. Das Werk stützt sich im Unterschied zu Homers *Ilias* nicht auf überlieferte Mythen. Es ist vielmehr ein Werk, das Kaiser Augustus in Auftrag gab, um die Geschichte Roms idealisierend zu überhöhen. Vergils *Bucolica*, auch *Eclogae* genannt, zitieren bereits im Titel hellenistische Vorbilder. Doch anders als diese finden sie ihren Ort nicht in einer zeitlosen Idyllik, sondern nehmen zeitgenössische Elemente in sich auf. Als Zeitgenosse des Vergil führte dann Quintus Horatius Flaccus (▶ Horaz) die römische Dichtung zur Vollendung.
In der Augusteischen Epoche findet sich auch die bedeutendste römische Liebesdichtung in der Form der Elegie. **Tibull**, **Properz** und ▶ Ovid stellen ihr subjektiv liebendes Ich in den Vordergrund. Persönliche Erfahrungen werden in unerwarteten Assoziationen kunstvoll, ja raffiniert angeordnet und mit mythologischem Beiwerk umgeben. Es verwundert nicht, dass sich diese Poesieform radikal abhebt von der offiziellen Staatsideologie: gepriesen werden Privatsphäre, Lebensgenuss und Individualität. Von Hingabe an die Gemeinschaft der Res Publica ist nirgends die Rede.
Neben seinen *Liebeselegien* (*Amores*) verfasste Ovid noch ein ironisches Handbuch über die Liebeskunst, seine *Ars Amatoria*. Sein Hauptwerk sind aber die *Metamorphosen*, ein labyrinthisches Großepos mit 250 Verwandlungssagen aus der griechischen und römischen Mythologie. Mit diesem Werk geht die lateinische Literatur aus ihrer klassischen Epoche in die Nachklassik, die „Silberne Latinität", über. In ihr kam die Satire zur Vollendung, die einzige Gattung, die keine Vorläufer hatte, also rein römisch ist. Schon Horaz hatte ältere Ansätze verfeinert, doch was man heute als satirisch zu bezeichnen pflegt, geht auf Decimus Iunius **Iuvenalis** zurück. Seine 16 erhaltenen Satiren in Hexametern zeichnen sich aus durch realitätsnahe, derbdrastische Darstellungsweise, dies jedoch formuliert in dem gehobenen Stil der Bildungsschicht, was den Zynismus und die Gesellschaftskritik nur noch unterstreicht.
Durch Fellinis Film *Satyricon* (1969) bekannt wurde das gleichnamige Werk des Gaius **Petronius** Arbiter, ein satirisches Werk, das Vers, Prosa, Reiseerzählung, Abenteuer- und Liebesroman in gleicher Weise mischt. Es liefert uns ein vielfach schillerndes Sittengemälde des ersten nachchristlichen Jh.s, gibt darüber hinaus wertvolle Hinweise auf die damalige Umgangssprache, das sog. Vulgärlatein. Ein Teilstück des Romans wurde unter dem Titel *Cena Trimalchionis* (*Das Gastmahl des Trimalchio*) bekannt, drastische Beschreibung eines Gelages, das von dem neureichen Trimalchio für eine aus Halbwelt und Dummheit bunt zusammengesetzte Gästeschar ausgerichtet wird.

Aperçu (frz.: flüchtiger Blick) nennt man eine kurze, geistreiche, manchmal auch witzige Bemerkung, die zum Nachdenken anregen soll bzw. eine Situation treffend kommentiert. Aperçus können auch bisweilen als Sprichwörter verwendet werden:
„Um anständig leben zu können, muss man ein Schuft sein." (Alfred Lichtenstein)

Aphorismus (griech.: aphorizein = abgrenzen, definieren) bezeichnet eine geistreiche Formulierung, die knapp, eindringlich und gedanklich präzise gehalten ist und eine Meinung, einen Lehrsatz, einen Sinnspruch oder eine Lebensweisheit zum Inhalt hat.
Auffällige ▶ rhetorische Figuren wie Chiasmus, Paradoxon und andere antithetische Figuren verleihen dem Aphorismus die formale Brillanz, die sich im Inhalt wiederfindet. In ihrer Subjektivität enthält die Aussage überraschende Einsichten, die dem Leser oder Hörer plausibel erscheinen und ihm die Möglichkeit zur Reflexion geben.
Die *Lebensregeln* des **Hippokrates** enthalten Aphorismen ebenso wie die *Selbstbetrachtungen* des römischen Kaisers Mark **Aurel**. In der **Renaissance** finden sich in den Werken von **Erasmus** von Rotterdam und Francis **Bacon** Aphorismen. Einen Höhepunkt erlebten die Aphorismen in den europäischen **Salons** des 17. bis 19. Jh.s. Populär ist noch heute *Das Handorakel* des Spaniers Balthasar **Gracián**. Mit Aphorismen wie „Die Welt muss noch nicht sehr alt sein, weil die Menschen noch nicht fliegen können" hat Georg Christoph **Lichtenberg** diese Kunstform in Deutschland geprägt. Nach ihm haben ▶ Goethe, Friedrich **Schlegel**, ▶ Novalis, Friedrich **Nietzsche**, Karl **Kraus** u. a. das Schreiben von Aphorismen gepflegt.

Apokalypse (griech.: apokálypsis = Enthüllung, Offenbarung) nennt man eine Offenbarungsschrift, in der meist in Form einer Vision ein Bild des Weltendes gegeben wird. Die anonymen Schriften, die häufig einem Bibelvater (Abraham, Moses) oder Propheten zugeschrieben werden, geben vor, im göttlichen Auftrag oder auf Grund einer Inspiration geschrieben worden zu sein; Apokalypsen nehmen stets Bezug zur Bibel, enthalten z. T. aber auch massive Zeitkritik und Polemik.
Seit dem 2. Jh. schufen die Christen eine reiche christliche apokalyptische Literatur (z. B. bei Paulus oder Johannes), die in jüdischen Apokalypsen ihre Vorbilder hat. Die meisten dieser Texte sind nur fragmentarisch und nicht in der Urfassung überliefert. In den biblischen Kanon wurde nur die Johannes-Apokalypse aufgenommen, als deren Verfasser der Evangelist galt. Mit ihr befassen sich die christlichen Bibelkommentare, ebenso die Predigt, die volkssprachliche Dichtung (Apokalypse des Heinrich von Hesler um 1300) oder allgemein die Antichristdichtung im Mittelalter (▶ Mittelalterliche Dichtung), in deren Zentrum die Vision der mit dem Erscheinen des Antichrists beginnenden Endzeit der Welt steht. So werden in dem althochdeutschen Gedicht *Muspilli* (entstanden wahrscheinlich im 9. Jh.) der Kampf des Elias mit dem Antichrist, der Weltenbrand und Christi letztes Gericht geschildert.
Für die Entwicklungsgeschichte des Dramas ist das um 1160 von einem Tegernseer Geistlichen in lateinischer Sprache verfasste Spiel *Ludus de Antechristo* bedeutend. Antichristspiele wurden vom Spätmittelalter bis in die Zeit der Aufklärung häufig als religiöse Volksschauspiele aufgeführt.

Apotheose, wörtlich Vergöttlichung, bezeichnet allgemein die Erhebung eines Menschen zu göttlicher Weihe. Im geschichtlichen Kontext verweist der Begriff auf das orientalische Gottkönigtum, das eine Fortsetzung mit der Aufnahme der römischen Kaiser in die Reihen der Götter fand. Dies geschah auf einen förmlichen Beschluss des Senats hin, der zudem jährliche Gedenkfeiern, die Einrichtung einer speziellen Priesterschaft und die Errichtung eines Tempels vorsah. Die Einrichtung als solche stieß schon früh auf die Skepsis und den Spott der Römer. So verfasste der Dramatiker Lucius Annaeus **Seneca** anlässlich des Todes und der offiziellen Vergöttlichung des Kaisers Claudius eine Satire auf diesen und nannte sie *Apokolokyntosis*, übersetzt etwa „Verkürbissung“. Das antike Ritual setzt sich fort ins Mittelalter, das die gottnahe Mittlerstellung des Herrschers hervorhob. Literarischen Niederschlag fand diese Tradition insbesondere wieder in der Renaissance, die der Verherrlichung ihrer Landesherren breiten Raum gab. Gesteigerter Beliebtheit erfreute sich die literarische Lobpreisung im Zeitalter des Barock und der Gegenreformation. Das geistliche Schauspiel endete regelmäßig mit einer pompös inszenierten Apotheose. In dieser Tradition muss auch der Schluss von ▶ Goethes *Faust II* gesehen werden.

Arabeske (ital.-franz.) ist ursprünglich ein Begriff aus der bildenden Kunst. Die Arabeske steht hier für ein stilisiertes Ornament aus reich quellenden Blättern, Ranken und Pflanzen und stammt aus der Dekorationskunst Arabiens (daher der Name) bzw. der hellenistisch-römischen Welt. Friedrich **Schlegel** übertrug 1798 den Begriff auf die Literatur, um damit das Verschlungene, Märchenhafte (▶ Märchen), Fantastische (▶ Fantastische Literatur), Ironische (▶ Ironie) und ▶ Groteske einer literarischen Gattung zu bezeichnen. Seit dem 19. Jh. taucht die Arabeske gelegentlich in Buchtiteln auf: Der russische Dichter Nikolai **Gogol** schrieb *Arabesken* (Sammelband, 1835); in Karl Leberecht **Immermanns** zeitkritisch-satirischem Roman *Münchhausen* (1838/1839) findet der Begriff Eingang in den Untertitel: *Roman in Arabesken*; und ▶ Poe nannte eines seiner Werke *Geschichten vom Grotesken und Arabesken* (1840).

Arabische Literatur ist ohne den Islam und seine Ausbreitung undenkbar. Seit etwa 500 existiert mit der Poesie der Beduinenstämme eine vorislamische Dichtung, die allerdings nur mündlich (▶ Oral Poetry) überliefert wird. Erst im 8. Jh. wird sie aus philologischem Interesse und Gründen des Nationalstolzes gesammelt und schriftlich fixiert. In streng vorgegebener Formensprache behandeln die Gedichte dieser Zeit, die *Qasidas*, die harten Umstände des Nomadenlebens in stets feindlicher Natur. Es finden sich jedoch auch Preislieder und Schmähgedichte, die die kollektiven Wertvorstellungen der Stämme widerspiegeln.

Die zweite Phase, der Beginn der eigentlichen arabischen Literatur, ist mit der Entstehung des *Koran* anzusetzen, einer Sammlung von Texten, die der Tradition nach dem Propheten Mohammed zwischen 610 und 622 geoffenbart wurden. Der *Koran* ist bis heute das weitestverbreitete Buch der arabischen Literatur, das von jedem Muslim auswendig zu lernen ist.

Mit der Übernahme der Macht durch die Dynastie der Abbasiden (750) beginnt die klassische Phase der arabischen Literatur. Begünstigt wurde deren Aufblühen durch die mit dem Machtwechsel verbundene Herrschaftsverlagerung in die 762 neu gegründete Stadt Bagdad, da durch das Ausgreifen nach Osten der islamische Kulturkreis durch neue Volksgruppen bereichert wird. Zugleich entstanden in allen großen Zentren Hochschulen, an denen neben Theologie und Rechtswissenschaft auch Philosophie und Sprachwissenschaft gelehrt wurde. Bedeutende arabi-

Eine Dame lauscht mit ihren Dienerinnen dem Sänger Bayad, 13. Jh.

sche Philosophen wie **Avicenna**, **Al Ghazali** oder **Averroes** gewannen in Westeuropa Einfluss auf die Entwicklung der Scholastik. **Mutanabbi**, der wichtigste und zugleich letzte große Lyriker der arabischen Klassik, wird wegen seiner herausragenden Sprachkunst auch heute noch als einer der größten Dichter arabischer Sprache angesehen. Doch auch die unterhaltende Literatur erlebte vom 9. bis zum 11. Jh. eine Blütezeit. Manches davon hat sich in den Werken der höfisch-urbanen Bildungsliteratur, der sog. Adab-Literatur, erhalten, vieles ist jedoch verloren gegangen. Auch die Geschichten aus *Tausendundeiner Nacht* haben hier ihren Ursprung. Durch den Einfall der Mongolen in den östlichen Teil der islamischen Welt, Bagdad wurde im Jahre 1258 erobert, stagniert und zerfällt die Entwicklung der arabischen Literatur. Während sich die geistige Elite in den arabischen Ländern damit begnügt, das gewaltige Erbe der arabischen Klassik zu sammeln und zu kommentieren, entwickelten sich neue Nationalliteraturen wie die persische oder die türkische.

Erst im 19. Jh. setzte eine Renaissance der schöpferischen Kräfte innerhalb der arabischen Literatur ein. Für das im arabischen Kulturkreis bislang unbekannte Drama bediente man sich französischer und italienischer Vorbilder. Doch nur der Komödie war ein auf Ägypten begrenzter Erfolg beschieden, weil sich die Schauspieler hier der wirklich gesprochenen Sprache des Volkes bedienen durften. Erstmals wurde mit erzählenden Prosaformen wie Roman, Novelle oder Kurzgeschichte experimentiert.

Weltweite Bekanntheit gewann die moderne arabische Literatur erst 1988, als dem ägyptischen Romancier, Dramatiker und Drehbuchautor Nagib **Mahfus** der Nobelpreis für Literatur verliehen wurde. Zu nennen ist seine Kairo-Trilogie: *Bain el-Kasrain* (1956, *Im Schatten der Paläste*), *Kasr esch-Schauk* (1957, *Palast* *der Sehnsucht*) und *Es-Sukkarija* (1957, *Das Zuckergässchen*). Tahar Ben **Jelloun**, aus Marokko stammend und in Frankreich lebend, thematisiert u. a. die Konflikte seiner in Frankreich lebenden Landsleute und Probleme seines Heimatlandes mit der Moderne. Die nie abgerissene lyrische Tradition wird in der Moderne vor allem von syrisch-libanesischen Dichtern gepflegt. Bekannt ist hier der Libanese Kahlil **Gibran**.

Nagib Mahfus, Nobelpreisträger von 1988

Arbeiterliteratur bezeichnet zunächst die von Arbeitern verfasste Literatur. In einem weiteren Sinn sind darunter all jene Werke zu verstehen, die die Welt des Arbeiters und seine Stellung in der Gesellschaft thematisieren. Nach der marxistischen ▶ Literaturtheorie handelt es sich um eine spezifisch proletarische Literatur, die zu einem kämpferischen Klassenbewusstsein erziehen sollte. Wichtiger als Stil und Form erschienen dabei Inhalt und Parteilichkeit (▶ Sozialistischer Realismus).
Die deutsche Arbeiterliteratur beginnt nach dem schlesischen Weberaufstand 1844 (▶ Vormärz). Anonyme Lieder machten auf die Not des anwachsenden Vierten Standes aufmerksam und veranlassten ▶ Heine zur Abfassung seines *Weberlieds*. Georg **Weerth** veröffentlichte 1845 seine *Lieder aus Lancashire*, Ferdinand **Freiligrath** wenig später den Band *Neuere politische und soziale Gedichte*. Das Revolutionsjahr 1848 brachte eine Fülle von Arbeiter- und Kampfliedern hervor. Georg **Herwegh** (*Gedichte eines Lebendigen*, 1841) schrieb 1863 das Bundeslied für den von Ferdinand Lassalle ins Leben gerufenen Allgemeinen Deutschen Arbeiterverein.
Nach der Gründung der Sozialdemokratische Arbeiterpartei Deutschlands wurden Arbeiterbildungsvereine und Arbeiterbibliotheken gegründet zur Aufklärung, Agitation und Bildung des Proletariats durch Literatur. In Satireblättern wie dem *Chemnitzer Nußknacker* oder *Wahren Jacob* lautete die Devise „Nicht flennen – kämpfen!" – vor allem während des Sozialistengesetzes (1878–1890). Besondere Popularität erlangte Max **Kegel**, der wie kein Zweiter den Typus des sozialdemokratischen Journalisten und Schriftstellers verkörperte.
Nach der Wiederzulassung der Sozialdemokratie und ihrem Aufstieg zur Massenpartei während der 1890er-Jahre verdrängten hauptberufliche Schriftsteller die ältere Generation der Arbeiterdichter, für die das Schreiben eher eine Nebentätigkeit war. 1890 wurde in Berlin die *Freie Volksbühne* gegründet, die ein breites Arbeiterpublikum ansprechen und die sozialdemokratische Dramatik auf ein professionelles Niveau heben sollte.
In der **Naturalismus-Debatte** (1891–1896) argumentierte Franz **Mehring** gegen die politische Vagheit des ▶ Naturalismus und plädierte für die Aneignung der klassischen deutschen Literatur, um sie mit den eigenen Idealen zu verschmelzen. Mehrings Hoffnungen blieben weit gehend unerfüllt. Die überwiegend dem Bürgertum entstammen-

Die Breslauer Agitprop-Truppe „Die Trommler"

de literarische ▶ Avantgarde der Jahrhundertwende wandte sich zumeist gänzlich unpolitischen Themen zu – auch ▶ Hauptmann. Dagegen stellten sich viele Autoren des ▶ Expressionismus in der Revolution von 1918/19 auf die Seite des Proletariats und riefen mit wütenden Gedichten zum bewaffneten Kampf für eine neue Gesellschaft auf.

Ihren Höhepunkt erreichte die deutsche Arbeiterliteratur im Rahmen der **Arbeiterkulturbewegung** der Weimarer Republik,

die dem bürgerlichen Kulturbetrieb eine proletarische „zweite Kultur" entgegensetzte.
Im literarischen Bereich entstand eine Vielzahl von **Arbeiterliedern** (u. a. Erich **Weinert**: *Roter Wedding*; Erich **Mühsam**: *Räte-Marseillaise, Rotgardistenmarsch, Der Revoluzzer*) für Parteiveranstaltungen und Demonstrationen. Arbeiterbiographien von Oskar Maria **Graf** (*Wir sind Gefangene*, 1927), Ludwig **Turek** (*Ein Prolet erzählt*, 1930) und Adam **Scharrer** (*Aus der Art geschlagen*, 1930) erregten Interesse. Dramen von Erich **Mühsam** (*Judas*, 1921), Franz **Jung** (*Proletarier, Die rote Woche*, beide 1921), Johannes R. **Becher** (*Arbeiter, Bauern, Soldaten*, 1921), Ernst **Toller** (*Die Wandlung*, 1919; *Masse – Mensch*, 1921; *Maschinenstürmer*, 1922; *Hoppla, wir leben!*, 1927) machten die Bühne zum Schauplatz der politischen Anklage, vor allem in den Inszenierungen des Regisseurs Erwin **Piscator**. Das kritische Zeitstück feierte Erfolge, z. B. von Friedrich **Wolf** (*Cyankali. § 218*, 1929) und Peter Martin **Lampel** (*Revolte im Erziehungshaus*, 1928). Gleichzeitig erreichte das vom russischen Proletkult angeregte Agitproptheater (▶ Agitprop) seinen Höhepunkt.
1928 sammelten sich die Autoren der radikalen Linken im **Bund proletarisch-revolutionärer Schriftsteller** (BPRS), der sich der **Internationalen Vereinigung Revolutionärer Schriftsteller** (IVRS, Moskau) anschloss und erstmals kommunistische und nicht parteigebundene Schriftsteller zueinander führte. Ziel war die Entwicklung einer künstlerisch anspruchsvollen Arbeiterliteratur im Sinne des Kommunismus.
Nach der Machtübernahme des Nationalsozialismus kam in Deutschland nur mehr eine systemkonforme Arbeiterliteratur zu Wort (▶ Literatur im „Dritten Reich"). Eine kritische Arbeiterliteratur entstand nach 1933 ausnahmslos im Rahmen der ▶ antifaschistischen Literatur oder der ▶ Exilliteratur, z. B. die Zeitromane Willi **Bredels** (*Die Prüfung*, 1935) und Jan **Petersens** (*Unsere Straße*, 1936). In der Lyrik kämpften vor allem Johannes R. **Becher**, Louis **Fürnberg**, Rudolf **Leonhard**, Erich **Weinert** und Erich **Arendt** gegen den Faschismus.
Nach dem Ende des Zweiten Weltkriegs knüpfte zunächst nur die ▶ DDR-Literatur an die Traditionen der Arbeiterliteratur an. In der Bundesrepublik hingegen setzten sich erstmals die Mitglieder der **Gruppe 61** erneut mit den Problemen der industriellen Arbeitswelt auseinander. 1970 kam es zur Abspaltung des **Werkkreises der Literatur der Arbeitswelt**, der nicht nur die Situation der abhängig Beschäftigten öffentlich thematisierte, sondern auch Arbeiter und Angestellte in örtlichen Werkstätten mit Schriftstellern, Journalisten und Wissenschaftlern zusammenführte. Größere Aufmerksamkeit gewannen indes die Bücher der Berufsschriftsteller der bundesrepublikanischen Arbeiterliteratur: die Romane des Gründers der Gruppe 61, des einstigen Bauarbeiters und Bergmanns Max von der **Grün**, die Reportagen Erika **Runges** und Günter **Wallraffs** (▶ Dokumentarische Literatur) sowie das erzählerische Werk des Müncheners August **Kühn** der mit *Zeit zum Aufstehn. Eine Familienchronik* (1975) großen Erfolg hatte.

Artusdichtung bezeichnet Texte des hohen und späten Mittelalters (▶ Mittelalterliche Dichtung), die den sagenhaften König Artus und seinen ihn umgebenden Kreis von herausragenden Rittern zum Thema haben. Bis in die heutige Zeit wurde und wird dieser Motivkreis immer wieder von der Literatur thematisiert.
Unklar und auch umstritten sind die historischen Wurzeln des Artus-Stoffes. Einfluss auf die Entstehung hatte sicherlich die Eroberung Englands durch die Normannen, die an eine idealisierte keltische Heldenfigur anknüpften und damit ihre eigene Herrschaft zu legitimieren versuchten.

Zum ersten Mal erwähnt wird König Artus in der *Historia Britonum* (um 800) des keltischen Geschichtsschreibers **Nennius**. In den Romanen des 11. Jh.s wird Artus zu einer vorbildlichen Herrschergestalt idealisiert. An einem elitären Hof, umgeben von edlen Rittern, die an der Tafelrunde Platz nehmen dürfen, demonstrieren Artus und seine Ritter Erec, Iwein, Parsival u. a. höfisches Leben.

Einen ersten Höhepunkt erreichte die Artusepik in den Versromanen **Chrestien** de Troyes: *Érec und Énide*, *Cliges*, *Lancelot*, *Yvain*, *Perceval le gallois*. Nun werden auch eigentlich selbstständige Figuren wie Tristan in den Motivkreis aufgenommen.

Im deutschsprachigen Raum behandelten **Heinrich** von Veldeke, **Hartmann** von Aue (*Erec, Iwein*), ▶ Wolfram von Eschenbach (*Parzival*) und ▶ Gottfried von Straßburg (*Tristan*) den Stoff. Die Suche nach dem Gral gewann während des 13. Jh.s im Romangeschehen an Bedeutung, wie in dem *Roman du Gral* (um 1240). Während Chrestien de Troyes im Gral ein Hostiengefäß und die Abendmahlschüssel sieht, versteht Wolfram darunter einen Stein, der wunderbare Kräfte besitzt.

Im 14. und 15. Jh. spiegelte sich die Krise des Rittertums auch in der Artussage wider, so in dem Ritterroman *Sir Gawain and the Green Knight* und in der Verserzählung eines Anonymen *Morte Arthure* und Thomas **Malorys** *The Morte Darthur* (*Der Tod Arturs*). Daneben gab es auch in Deutschland volkstümliche Artusromane.

In der Neuzeit wurde der Stoff von dem Komponisten Richard **Wagner** in seinen Musikdramen *Parsival* (1882) und *Tristan und Isolde* (1865) aufgegriffen. Als Ausgangspunkt für eine Kritik an dem aus seiner Sicht rückständigen Europa verwendete Mark **Twain** Malorys *Morte Darthur* für seine unbekümmerte Satire *Ein Yankee aus Connecticut an König Artus´ Hof* (1889). Tankred **Dorst** setzte sich mit dem Artus-Mythus in dem opulenten 8 Stunden dauernden Drama *Merlin* (1981) und Christoph **Hein** in *Die Ritter der Tafelrunde* (1989) auseinander. Großen Erfolg hatten in den 70er- und 80er-Jahre die Romane Mary **Stewarts** und Marion **Bradleys**. Auch der Film griff den Stoff auf. John Boormanns *Excalibur* (1981) belebte die Gattung des Fantasie-Films neu und bestimmte damit ein ganzes Film-Genre für das folgende Jahrzehnt. Der Comic bemächtigte sich des Artus-Mythos ebenfalls, so Hal **Foster** in *Prinz Eisenherz* (ab 1940).

Ästhetik (griech.: aísthetikós = wahrnehmend) ist die Lehre von den sinnlichen Wahrnehmungen. Im engeren Sinn versteht man darunter eine Teildisziplin der Philosophie, die sich mit den Problemen der Kunst und des Natur- und/oder Kunstschönen befasst. Die *normative* Ästhetik sucht erfahrungsunabhängige Gesetze für die Darstellung des Schönen aufzustellen, die *deskriptive* Ästhetik geht hierzu empirisch von bereits existierenden Kunstwerken aus. Die *Objektästhetik* konzentriert sich auf das Kunstwerk und seine Strukturen, die Wechselbeziehung zwischen Form und Inhalt, das Verhältnis der Kunstgattungen zueinander sowie das Verhältnis der Kunst zu Wirklichkeit, Geschichte und Gesellschaft. Die *Subjektästhetik* untersucht die Bedingungen der Entstehung und Geltung ästhetischer Wert- und Geschmacksurteile, die Wirkung des Schönen auf den Betrachter, den künstlerischen Schaffensprozess sowie die Bedingungen und Formen der Rezeption von Kunstwerken durch den Einzelnen und die Gesellschaft. Derjenige Teil der Ästhetik, der sich mit der Dichtung befasst, wird ▶ Poetik genannt.

Das Nachdenken über das Wesen des Kunstwerks und das Schöne beginnt bereits in der Antike mit **Heraklit**, **Polyklet** und **Sokrates**. Wegweisend wurden **Platon** und **Plotin**, die das Schöne als Abbild des Göttlichen begriffen und seine ethische Dimension hervorhoben. Kunstwerke entstünden einzig durch die **Nachahmung** (Mimesis) des Naturschönen, das über das Kunstschöne gestellt wurde. **Aristoteles** hingegen sah im Nachahmungsprozess einen Akt kreativer Aneignung. Folgerichtig stellte er das Kunstschöne über das Naturschöne. Er befreite das Schöne von ethischen Bestimmungen und wurde dadurch zum Vordenker eines neuzeitlichen Kunst- und Literaturverständnisses.

Das vom Christentum bestimmte Denken des Mittelalters folgte den Vorstellungen Platons und Plotins. Noch für **Thomas** von Aquin verkörperte allein Gott die absolute Schönheit. Kunst erschien als objektive Eigenschaft eines göttlich durchwalteten Seins, dem sich der Künstler anzupassen habe. Erst mit ▶ Dante und der Aristoteles-Rezeption der Renaissance und der ▶ Aufklärung kündigte sich eine neue Kunstvorstellung an, die den christlichen Vorwurf der „schönen Lüge“ verurteilte und die Überlieferung von der metaphysischen Einheit des Wahren, Guten und Schönen verneinte. Die Forderung nach **Autonomie** (Eigengesetzlichkeit) sollte die Künste aus den Fesseln von Tradition, Kirche und höfischer Repräsentation befreien. Der Vorstellung vom Künstler als unmündigem Werkzeug Gottes trat die **Genieästhetik** entgegen, die dem Künstler eine gottähnliche Schöpferkraft zusprach. In England behauptete David **Hume**, dass Schönheit keine Eigenschaft der Dinge selbst sei, sondern nur im Bewusstsein des Betrachters existiere. Ähnlich formulierte in Deutschland der Wolff-Schüler Alexander Gottlieb **Baumgarten** (*Aesthetica*, 1750), der die Ästhetik als eigenständiges philosophisches Fach begründete.

Immanuel **Kant** griff in seiner *Kritik der Urteilskraft* (1790) Baumgartens wirkungsästhetischen Ansatz auf und definierte das Schöne als Ergebnis eines interesse- und begriffslosen Wohlgefallens an einem „zwecklosen“ Gegenstand. Schönheit war ihm zunächst eine Sache des Gefühls. Demgegenüber versuchte ▶ Schiller einen Vernunftbegriff von Schönheit aufzustellen, die er als „Ausdruck der Freiheit in der Erscheinung“ definierte, als das „aus dem Bunde des Möglichen mit dem Notwendigen“ erzeugte „Ideal“. Voraussetzung hierzu sei die Vereinigung des (sinnlichen) Stofftriebs mit dem (geistigen) Formtrieb im sog. Spieltrieb. Ziel jeglicher Kunst sei die Veredelung des menschlichen Charakters durch die Aufhebung der Doppelnatur des Menschen: die Versöhnung zwischen Trieb und Vernunft, Sittlichkeit und Sinnlichkeit. Erst danach könne der „Staat der Freiheit“ errichtet werden.

Eine ähnliche Hochwertung erfuhren die Künste bei Friedrich Wilhelm Joseph **Schelling**, der in *System des transzendentalen Idealismus* (1800) der Kunst eine überragende Rolle zuwies. Das Werk eines Genies lasse den Einheitsgrund allen Seins, das Absolute, objektiv erfahrbar machen. Schönheit erschien ihm als „das Unendliche endlich dargestellt“. Schelling wurde dadurch neben August Wilhelm und Friedrich **Schlegel**, ▶ Novalis und ▶ Hölderlin zu einem Vordenker der Kunstauffassung der ▶ Romantik. Eine geringere Wertschätzung der Kunst vertrat hingegen Georg Wilhelm Friedrich **Hegel**, der als Vollender der idealistischen Ästhetik gilt. Zwar ist auch ihm die Kunst ein Medium der Entfaltung der Wahrheit, im Unterschied zu Schiller sprach er sich aber für die Philosophie als die höchste Gestalt des Geistes aus. Merkmal der nachidealistischen Ästhetik im Zeitalter des ▶ bürgerlichen Realismus ist die Abkehr von der Metaphysik und die Orientierung an den Naturwissenschaften. Die materialistische Ästhetik im Gefolge von Karl **Marx** betonte die Abhängigkeit der Kunst von der gesellschaftlichen „Basis“ und somit ihren Widerspiegelungscharakter. Im Allgemeinen habe man es beim „Überbau“ einer Gesellschaft (Religion, Recht, Wissenschaft, Literatur und Kunst)

mit Ideologie zu tun, die die jeweils herrschende Klasse unterstütze.
Moderne Marxisten wie Ernst **Bloch** (*Geist der Utopie*, 1918/23; *Das Prinzip Hoffnung*, 1959), Walter **Benjamin** (*Das Kunstwerk im Zeitalter seiner technischen Reproduzierbarkeit*, 1936-39) oder Theodor W. **Adorno** (*Ästhetische Theorie*, 1970) verwahrten sich gegen diese pauschale Unterstellung und hoben die Eigengesetzlichkeit und das utopische Potenzial zumal der modernen Kunst hervor.
In jüngster Zeit sah sich die Ästhetik vor allem durch das Denken französischer Theoretiker herausgefordert. ▶ Postmoderne Philosophen wie Roland **Barthes**, Jean-François **Lyotard**, Gilles **Deleuze**, Jean **Baudrillard**, Felix **Guattari**, Jacques **Derrida** oder Julia **Kristeva** erzielten auch in Deutschland große Aufmerksamkeit. Mit den Veränderungen der Wahrnehmung im Zeitalter der elektronischen Medien hat sich vor allem Paul **Virilio** auseinander gesetzt.

Ästhetizismus (von Ästhetik = Lehre vom Schönen) meint eine Geisteshaltung, die dem Schönen einen absoluten Vorrang vor anderen Werten (z. B. Religion, Ethik, Moral, Politik) einräumt und oft einhergeht mit amoralischen, atheistischen oder nihilistischen Einstellungen. Sie bevorzugt die künstliche Welt des schönen Scheins und entspringt zumeist einer passiv-resignativen oder betont kontemplativen Einstellung zum Leben, einem hedonistischen Luststreben oder der Flucht aus einer feindlich empfundenen Wirklichkeit. Die antisoziale und apolitische Haltung des Ästhetizismus steht im krassen Gegensatz zum gesellschaftskritischen Engagement zweckgerichteter Kunstrichtungen wie z. B. dem ▶ Naturalismus, der ▶ Arbeiterliteratur oder Teilen des ▶ Expressionismus. Dem Ästhetizismus geht es dagegen um Kunst um der Kunst willen (**L'art pour l'art**).
Anfänge des Ästhetizismus finden sich bereits im Hellenismus (▶ Antike Literatur), in *Tristan und Isolde* von ▶ Gottfried von Straßburg und im ▶ Manierismus der Renaissance, der dem gesteigerten Selbstbewusstsein des neuzeitlichen Künstlers Rechnung trug. Einen deutlichen Aufschwung erfuhr der Ästhetizismus im 18. Jh. durch Wilhelm **Heinse** (*Ardinghello und die glückseligen Inseln*, 1787) und Dichter der ▶ Romantik wie Friedrich **Schlegel**, Ludwig **Tieck** und August von **Platen**. In der englischen Literatur sind John **Keats** und Lord **Byron**, in der französischen Literatur Graf **Chateaubriand** und der Ahnherr der modernen Dichtung Charles **Baudelaire** zu nennen. Gegen Ende des 19. Jh.s bereiteten die antinaturalistischen Strömungen des ▶ Fin de Siècle wie des ▶ Impressionismus, des ▶ Symbolismus und die Kunst der Décadence dem Ästhetizismus einen überaus fruchtbaren Boden. Walter **Pater**, John **Ruskin**, Aubrey **Beardsley** und ▶ Wilde propagierten das L'art pour l'art in England, ▶ Flaubert, Stéphane **Mallarmé**, ▶ Proust und Joris-Karl **Huysmans** in Frankreich. In Italien trat vor allem Gabriele **D'Annunzio** als Ästhetizist hervor, in Deutschland – unter dem Einfluss der frühen Schriften von Friedrich **Nietzsche** – der junge ▶ Hofmannsthal und Stefan **George**.

Aufklärung nennt man zunächst allgemein geistesgeschichtliche Strömungen, die gegen die Bevormundung des Menschen, gegen Vorurteile und Autoritätsglauben kämpfen und mit vernunftgeleiteten Erkenntnissen die Selbstständigkeit des Menschen fördern. Im Besonderen verbindet man mit dem Begriff eine gesamteu-

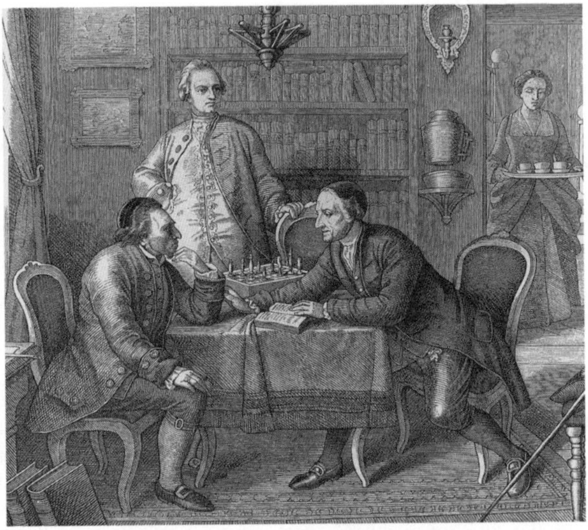

Johann Kaspar Lavater (rechts), Gotthold Ephraim Lessing (Mitte), Moses Mendelssohn (links)

ropäische Bewegung, die vor allem das 18. Jh. beherrschte und einen Umbruch im Denken aller politischen und gesellschaftlichen Bereiche bewirkte.

Die grundlegenden Gedanken der Aufklärung kamen aus England und Frankreich. Der Theoretiker John **Locke** lässt in seinem Essay *Concerning Human Understanding (Versuch über den menschlichen Verstand*, 1690) nur die Erfahrung als Quelle der Erkenntnis gelten und sieht als Kriterien der menschlichen Vernunft Sinneseindrücke und ihre Verarbeitung sowie das Experiment als Basis der wissenschaftlichen Forschung. Wie seine Zeitgenossen, etwa der Franzose Pierre **Bayle**, vertrat er ferner die Idee der Gewaltenteilung und des Gesellschaftsvertrags als Grundlage des Staates. Einer der führenden Vertreter der Aufklärung in Europa war **Voltaire**, der von seinen Mitmenschen Vernunft und Gerechtigkeit, Toleranz und Achtung der Menschenwürde forderte. Liberalität und Anerkennung der Vernunft als Entscheidungsinstanz wird ebenso in religiösen Fragen verlangt. Der **Deismus** lehnt den alleinigen Führungsanspruch des Christentums ab und sieht Gott als Schöpfer der Welt, der aber nicht in die weitere Entwicklung der Welt und des Menschen eingreift. Damit ist die seit dem Mittelalter bestehende Vorherrschaft der kirchlich-theologischen Denkweise in allen Lebensbereichen gebrochen. Die selbstständige Entwicklung der Vernunft und Humanität des Menschen sind die zentralen Begriffe der Epoche.

Dieses Gedankengut hatte natürlich auch in Deutschland Auswirkungen auf verschiedene Bereiche des politischen und gesellschaftlichen Lebens. Zunächst verbreitete es sich nur zögernd, da Deutschland noch an den Folgen des Dreißigjährigen Krieges litt. Die wirtschaftliche Lage besserte sich nur langsam, das Reich bildete keine Einheit, sondern setzte sich aus vielen kleinen Einzelstaaten zusammen. Zudem bestand nach wie vor die Ständegesellschaft, die nach und nach von aufklärerischen Ideen erfasst wurde. Die zwei bedeutendsten deutschen Frühaufklärer waren der Leipziger Jurist und Philosoph Christian **Thomasius** und sein Schüler Christian **Wolff**. Thomasius durchbrach die Vorherrschaft des Lateinischen als Wissenschafts- und Unterrichtssprache, indem er 1687 als erster Gelehrter seine Vorlesungen auf Deutsch hielt. Er gab auch die erste Zeitschrift in deutscher Sprache heraus und öffnete damit das aufklärerische Gedankengut einer breiteren Öffentlichkeit. Seine prägenden Ideen waren Toleranz, Loslösung von der Theologie und die innere Unabhängigkeit des Menschen. Außerdem waren ihm die Menschenwürde, Freiheit und ein liberales Naturrecht, der Kampf gegen Folter und Hexenwahn ein Anliegen. Christian Wolffs Verdienst ist es, ein rationales System entwickelt zu haben, das die Welt in eine universale Ordnung bringt. Dazu schuf er eine genaue Terminologie, die der deutschen Philosophie zu ihrem Aufstieg verhalf. Der Königsberger Philosoph Immanuel **Kant** fasste schließlich in der *Beantwortung der Frage: Was ist Aufklärung* (1784) die Leitgedanken dieser geistigen Bewegung zusammen: „Aufklärung ist der Ausgang des Menschen aus seiner selbst verschuldeten Unmündigkeit. Unmündigkeit ist das Unvermögen, sich seines Verstandes ohne Leitung eines anderen zu bedienen." Er fordert den Einzelnen zu selbstständigem Denken und Handeln auf und lehnt die Bevormundung des Menschen durch Staat und Kirche ab. Voraussetzungen sind aber Mut und Freiheit, die Vernunft „öffentlich" zu gebrauchen.

Das Ziel, dass sich die aufklärerischen Prinzipien über eine Eliteschicht hinaus verbreiten sollten, brachte Veränderungen im gesellschaftlichen und literarischen Leben der Zeit mit sich. Das wirtschaftlich aufstrebende und zunehmend gebildete Bürgertum traf sich in **Lesegesellschaften**, in denen man Gedanken über literarische Werke austauschte. Die ▶ Leser verlangten nun aber auch nach neuen, aktuellen Themen, wie sie in Romanen und den moralischen Wochenschriften angeboten wurden. In diesem Zusammenhang erlebten das ▶ Buch und die ▶ Verlage einen starken Aufschwung. Es entstanden ▶ Bibliotheken, in denen auch Frauen Bücher und Zeitschriften zugänglich wurden. Aus dieser Zeit stammen auch die Vorstellung vom freien Schriftsteller, der unabhängig von der Gunst seiner Mäzene arbeiten kann, sowie der Anspruch eines ▶ Autors auf Urheberschutz.

Für die Literatur gewannen theoretische Schriften besondere Bedeutung. Johann Christoph **Gottsched**, als Sohn eines Dorfpfarrers bei Königsberg geboren, studierte dort Theologie und Philosophie und machte sich schon früh einen Namen als erfolgreicher Universitätslehrer und Publizist. Er lehrte in Leipzig Rhetorik und Philosophie, gab zwei Wochenschriften heraus, leitete einen literarischen Zirkel und übersetzte zahlreiche Schriften französischer Aufklärer ins Deutsche. Damit trug er entscheidend dazu bei, dass sich die sächsische Stadt zum literarischen Zentrum der Frühaufklärung entwickelte. 1730 erschien der *Versuch einer critischen Dichtkunst*, eine ▶ Poetik auf der Grundlage der Wolff'schen Philosophie. Darin forderte er klaren und deutlichen Aufbau und Stil in der Literatur, natürliche, schlichte Wortwahl und Wahrscheinlichkeit der Handlung als Gegensatz zum Fantastischen und Wunderbaren, von dessen Gebrauch er abrät. Gottsched vertritt die

Ansicht, die Dichtkunst sei erlernbar, denn sie soll den Regeln folgen, „die von der Vernunft festgesetzt werden", und er gibt klare Anweisungen, wie beim Abfassen eines literarischen Werkes vorgegangen werden muss. Als Kern ist ein moralischer Lehrsatz, die Fabel, festzulegen, der dann entsprechend der gewählten Textsorte umgesetzt wird. Als besonders für den lehrhaften Charakter der Literatur geeignete Gattungen erschienen den Aufklärern die ▶ Fabel, die ▶ Parabel, die ▶ Satire, das Lehrgedicht und die moralische Verserzählung, das ▶ Epigramm und vor allem das ▶ Drama. Die *Deutsche Schaubühne* (1742–1745) ist eine Sammlung von Schauspielen, die Gottscheds Vorstellungen entsprechen. Er übersetzte dafür Stücke der französischen Klassiker Pierre **Corneille** und Jean Baptiste **Racine**, verfasste selbst einige Dramen (z. B. *Sterbender Cato*) und regte Autoren in seinem Umkreis, so etwa seine Frau Luise Adelgunde, genannt die **Gottschedin**, und Johann Elias **Schlegel**, dazu an, Bühnenwerke nach seinem Konzept zu schreiben. Gottsched verfocht die klassische Dramentechnik mit Aufbau in 5 Akten, strikter Einhaltung der Einheiten der Zeit, des Ortes und der Handlung, der **Ständeklausel**, die den einzelnen dramatischen Gattungen vorschreibt, aus welchen gesellschaftlichen Schichten ihre tragenden Figuren stammen müssen, und mit genauen Regeln zur inhaltlichen Gestaltung der ▶ Tragödie und der ▶ Komödie.

Der absolute Rationalismus, den Gottsched auch von der Literatur erwartete, reizte schließlich die Schweizer Johann Jakob **Bodmer** und Johann Jakob **Breitinger** zum Widerspruch. Sie behaupteten, Aufgabe des Dichters sei es, das Wunderbare und Gefühlsmäßige mit Fantasie und bildreicher Sprache zu gestalten. Damit legten sie den Grundstein zur ▶ Empfindsamkeit.

In der 2. Hälfte des 18. Jh.s wurden diese poetologischen Vorstellungen von denen ▶ Lessings zurückgedrängt. Er wandte sich gegen die Regelhaftigkeit der Gottsched'schen Poetik und führte einen Charakter in das Drama ein, mit dem sich der Zuschauer identifizieren kann. Das bedeutet, dass entgegen der Ständeklausel auch Personen aus dem Bürgertum eine tragische Handlung erleben können, und leitet damit zum ▶ bürgerlichen Trauerspiel über. Des Weiteren soll die Tragödie im Zuschauer eine **Katharsis** (griech. Reinigung) durch Furcht und Mitleid hervorrufen und ihn so zur Tugendhaftigkeit erziehen. Lessing legte außerdem den Grundstein zu einer neuen Literaturkritik, in der er ein Mittel sah, dem Publikum literarische Beurteilungskriterien zu vermitteln.

Es gelang Lessing aber auch, seine theoretischen Vorstellungen literarisch umzusetzen, wie etwa sein erstes bürgerliches Trauerspiel *Miss Sara Sampson* (1755), die Komödie *Minna von Barnhelm oder Das Soldatenglück* (1763) und das dramatische Gedicht *Nathan der Weise* (1779) zeigen.

Christoph Martin **Wieland** gilt als bedeutendster Erzähler der Aufklärung. Die *Geschichte des Agathon* (1766) begründet den deutschen ▶ Bildungsroman. Er führt den fiktiven, persönlichen Erzähler, der die seelische Verfassung und den Werdegang der Figuren erklärt, in die deutsche Romankunst ein. Dabei erhalten sowohl Erzähler wie auch Romanheld und Leser nicht mehr eine Sicht des Ganzen, sondern nur noch eine beschränkte Einzelbetrachtung der Dinge. Als erster gesellschaftskritischer Roman in der deutschen Literatur des 18. Jh.s, der das Bürgertum satirisch darstellt, wird seine *Geschichte der Abderiten* (1781) bezeichnet.

Mit der Übertragung von etlichen antiken Schriften brachte Wieland dem Lesepublikum einen Teil der Weltliteratur nahe. Die Prosaübersetzung von 22 Dramen ▶ Shakespeares erschloss besonders den Vertretern des Sturm und Drang ihr dramatisches Idol.
Der Göttinger Mathematik- und Physikprofessor Georg Christoph **Lichtenberg** ist der Schöpfer des deutschen ▶ Aphorismus. Seine genaue Beobachtungsgabe lässt ihn alltägliche und abgründige Seiten des menschlichen Lebens knapp und pointiert darstellen.
Schließlich erwies sich die Herrschaft der Vernunft in ihrer Regelhaftigkeit als kleinbürgerlich starres System, das die Herausbildung von gegenläufigen und weiterführenden Strömungen herausforderte: den ▶ Pietismus, die ▶ Empfindsamkeit sowie den ▶ Sturm und Drang.

Autobiographie (von autos, bios und graphein, griech.: selbst, Leben, schreiben) Bezeichnung für die literarische Darstellung des eigenen Lebens, die aus einer meist übergeordneten Perspektive die innere Entwicklung und äußere Zeitgebundenheit zu einem geschlossenen Ganzen fügt.
Im Gegensatz zu **Memoiren**, die meist stärker auf Umweltgeschehnisse ausgerichtet sind, steht in der Autobiographie die vertiefte Darstellung des geistig-seelischen Entwicklungsprozesses im Vordergrund, gestaltet aus der Rückschau, meist von einem abgeklärten, reifen Standpunkt aus. Erst um die Wende zum 20. Jh. bürgerte sich die Bezeichnung im genannten Sinne ein.
Historisch hat die Autobiographie ihre Ursprünge sowohl in der religiösen Selbsterforschung, in der Darstellung einer seelischen Läuterung auf dem Wege zu Gott, als auch in der profanen Chronik, die dem Autor die Rolle des Zeitzeugen zuweist. Die Verbindung beider Bereiche zur Autobiographie bedurfte jedoch der Selbstbewusstwerdung des Individuums in der Neuzeit. Dennoch können die *Confessiones* (*Bekenntnisse,* 396/398; dt. 1672) des **Augustinus** und **Petrarcas** Lebensbericht in *De studiorum suorum successibus ad posteritatem epistola* (*Brief an die Nachwelt*, um 1370) als Vorformen der Autobiographie gelten, da sich in ihnen erstmals ein selbstreflexives Ich analytisch zur äußeren Welt verhält. Erst im hohen Mittelalter erfolgte eine den *Confessiones* in der Qualität ebenbürtige bekenntnishafte Darstellung mit **Abaelards** *Historia calamitatum mearum* (entstanden zwischen 1133 und 1136).
Das in der Renaissance voll erwachte Ichbewusstsein führte zu einer ersten Blüte der Autobiographie, zu Reflexionen über wissenschaftliche oder künstlerische Schaffensprozesse oder religiöse Erfahrungen. Bedeutend für die europäische Geistesgeschichte sind die Autobiographien **Cellinis** (1558/66), des Arztes **Cardano** (1575) oder der Hl. **Theresa von Avila** (1561/62). Einen neuen Impuls erhielt die Autobiographie im 18. Jh. v. a. in Deutschland durch die Seelenanalysen des ▶ Pietismus, in deren Gefolge die Autobiographien von Johann Georg **Hamann** (1758) und Johann Heinrich **Jung-Stilling** (1777–1817) entstanden. Von entscheidender geistesgeschichtlicher Wirkung waren *Les confessions* (*Bekenntnisse,* entstanden 1764–1770, herausgegeben 1782) von Jean-Jacques **Rousseau**.
Als Höhepunkt der Entwicklung dieser Textgattung kann man ▶ Goethes Autobiographie *Aus meinem Leben. Dichtung und Wahrheit* (1811–1833) ansehen, deren Weite des Weltverständnisses im 19. Jh. am

ehesten noch die Autobiographien **Stendhals** (entstanden 1832, herausgegeben 1892) und **Chateaubriands** (1848–1850) nahe kamen.
Während die Autobiographien des 19. und frühen 20. Jh.s entweder Auseinandersetzungen mit Goethe waren – so bei Friedrich **Hebbel**, Karl Leberecht **Immermann**, Karl **Gutzkow**, ▶ Hauptmann – oder die fragwürdig gewordene Vermittlung von Individuum und Geschichte durch Erprobung neuer Erzählverfahren zu umgehen suchten (▶ Fontane, Heinrich ▶ Mann, Carl **Zuckmayer**), haben sich die Probleme in der Gegenwart verschärft. Es entstand einerseits eine neue Bekenntnisliteratur, die – etwa bei dem Lyriker Guntram **Vesper** – mit z. T. naiven Innerlichkeitsvorstellungen unmittelbare Selbsterkenntnis suchte. Andererseits führte eine erhöhte Selbstreflexion zu komplexen Identitätszweifeln und hypothetischen Autobiographien. Beispiele sind die Autobiographien von ▶ Frisch, Wolfgang **Hildesheimer**, Wolfgang **Koeppen** und Peter **Weiss**. Auf besondere Weise zeigen sich der Zerfall chronologisch-globaler Ordnungen und das Zerbrechen der Ganzheitsvorstellung vom Individuum in der fünfbändigen Autobiographie (1975–1982) des Österreichers ▶ Bernhard.

Autor (lat.: auctor = Urheber) Man versteht unter einem Autor den Schöpfer von Texten, Bildern, Fotos, Musikstücken, Computerprogrammen. Unerheblich ist dabei, ob es sich um literarische bzw. künstlerische Produkte handelt. Autorenschaft kann sich auf Sach- und journalistische Texte ebenso beziehen wie auf Belletristik, Trivialliteratur, philosophische Texte, Gedichte, Romane, epische Kleinformen, Hörspiele, Dramen, Opern, Operetten und viele andere Kunstprodukte.
Der Begriff Autor löste in der Literatur weitgehend ähnliche Termini ab. „Dichter" betonte besonders das Künstlerische des literarischen Schaffens, erfuhr aber dadurch eine zu elitäre begriffliche Einengung. Dasselbe gilt für Poet. Nach wie vor gebräuchlich ist aber der Begriff **Schriftsteller** als Person, die eine „Schrift" im Sinne einer Bittschrift stellt. **Verfasser** ist die eingedeutschte Variante von Autor.
Urheberrechtlich geschützt sind die Rechte des Autors auf die Verfügungsgewalt über sein Produkt. Dazu gehört das Recht zur Veröffentlichung auf verschiedenen Medienträgern wie Buch, Musik-CD, CD-ROM, Kassette, Video u. Ä. Es beinhaltet Aufführungs-, Vervielfältigungs- und Übersetzungsrechte. Durch immer neue Medienträger, Multiplikationsmittel und globale Verbreitung wachsen für die Autoren die Möglichkeiten zur Produktion und Reproduktion, anderseits wird die Überprüfbarkeit von Urheberrechts-Verletzungen und die Einklagbarkeit von Rechten erschwert. Das **Urheberrecht** wird eingeschränkt durch das Recht zum Zitieren von Texten und Textstellen.
Verbunden mit der Autorenschaft ist auch die Verantwortung für das Werk. Immer wieder mussten sich Autoren gerichtlich rechtfertigen, da ihnen die Verletzung von religiösen, politischen oder sexuellen Tabus zum Vorwurf gemacht wurde (▶ Zensur). So entzog sich ▶ Büchner durch Flucht (1834/35) einer drohenden Verfolgung, da seine Flugschrift *Der hessische Landbote* als staatsgefährdend beurteilt wurde. Es verwundert nicht, dass Autoren häufig ihren Namen nicht angaben und ihr Werk anonym erscheinen ließen oder ein **Pseudonym**, einen Künstler- oder Decknamen, verwandten. Felix **Salten**, der Verfasser des Kinderbuches *Bambi*, leugnete aus verständlichen Gründen seine Autorenschaft an dem pornographischen Roman *Josephine Mutzenbacher*. Geheimnisumwittert blieb Bruno **Traven** (vielleicht Pseudonym des sozialistischen Schriftstellers Ret **Marut**), dessen Identität nie völlig geklärt wurde, obwohl seine Werke wie

Das Totenschiff verfilmt und millionenfach verkauft wurden.
Das Recht auf Urheberschaft ist unbedingte Voraussetzung für einen Autor, aus seinem Werk Einkommen zu beziehen und von seiner Arbeit leben zu können. Eine wirkungsvolle Absicherung von Autorenrechten ist erst seit dem 19. Jh. gegeben. Die Autoren früherer Jh.e waren häufig abhängig von anderen Tätigkeiten und Berufen und zusätzlich oft genug von Zuwendungen des Fürsten oder eines Mäzens. Auch ▶ Goethe konnte nicht vom Ertrag seiner literarischen Werke leben. Zwar konnte er Honorar anfordern, im Sinne eines „Ehrengeschenkes" des Verlegers, aber durchzusetzen vermochte er dieses nicht in jedem Fall. Als erster Berufsautor bzw. **Berufsschriftsteller** gilt der Aufklärer ▶ Lessing, der aber auch über lange Jahre von einem spärlichen Bibliothekarsgehalt in Wolffenbüttel abhängig war. Die Vorreiter-Rolle für den **Autorenschutz** nahm in Deutschland Preußen ein, indem es im Jahr 1837 den Autoren ihre Rechte bis 30 Jahre nach deren Tod verbürgte. 1871 wurde ein Urheberrechtsgesetz vom deutschen Reichstag verabschiedet. 1964 erst erweiterte man die Schutzfrist auf 70 Jahre nach dem Tod des Autors. Ein **Welturheberrechts-Abkommen** existiert seit 1955.
Das Problem des **Plagiats** (lat.: plagiarius = Menschenräuber oder Seelenverkäufer) steht in engem Zusammenhang mit der Notwendigkeit des Autorenschutzes. Dass künstlerische Werke in ihrer Gesamtheit, in Teilbereichen oder in ihrer Struktur ohne Quellenangaben übernommen, leicht umgearbeitet und als eigenes Eigentum ausgegeben werden, ist ein Phänomen, das wir schon in der Antike registrieren können: **Aristophanes** bezichtigt in *Die Wolken* den Dichter **Eupolis** des Plagiats seines Dramas *Die Ritter*. Obwohl das literarische Plagiat meist schwer nachzuweisen ist, da Motivauf- und -übernahmen in veränderter Form zum Wesen von Literatur (▶ Literaturtheorie) gehören und ein Vorsatz widerrechtlicher Aneignung kaum nachgewiesen werden kann, gab es immer wieder Plagiatsbezichtigungen. Bei den Autoren der Moderne geriet ▶ Brecht des Öfteren in die Kritik: Bearbeitung älterer Literatur, Übernahme von Arbeiten seiner Freundinnen waren die Kritikpunkte.
Obwohl die literarische Arbeit vorrangig die Tätigkeit eines Einzelnen ist, war die Gruppenbildung von Dichtern in sog. **Dichterkreisen** immer eine wichtige Voraussetzung für geselliges Beisammensein Gleichgesinnter und literarischen Erfahrungsaustausch sowie zur Erarbeitung literarischer Programme. Programmatisch ausgerichtete Dichterversammlungen werden auch als **Dichterschulen** bezeichnet. Die Gruppenbildungen können eine relativ klare Strukturierung mit gewissen Verfahrensmodi haben, wie bei der ▶ Gruppe 47, an einen festen Ort gebunden sein, wie die zeitgenössischen **Turmschreiber** an München, oder aber auch nur aus informellen Treffen bestehen, beispielsweise in Cafés (▶ Boheme) oder **Salons** (▶ Romantik). Den Mittelpunkt eines Dichterkreises bilden manchmal herausragende Autoren wie Stefan **George**, der um 1900 einen Kreis von Schriftstellern um sich gruppierte, von denen er bedingungslosen Gehorsam forderte. Schon im 3. Jh. v. Chr. bildete sich in Alexandra die **Pléiade**, eine Dichterschule von sieben bedeutenden Autoren. In Deutschland entstanden im 17. Jh. **Sprachgesellschaften** (▶ Barock), die sich die Pflege der deutschen Sprache und ihre Fassung in feste Regeln zur Aufgabe gemacht hatten. Der **Göttinger Hain** (gegr. 1772) war eine Protestbewegung gegen Rationalismus und Aufklärung, in der sich Autoren wie Johann Heinrich **Voß**, Ludwig **Hölty** und die Grafen **Stolberg** zusammenfanden. Von großer Bedeutung für den ▶ Naturalismus war die Gründung des Vereins *Durch* in Berlin 1886. An den Sitzungen nahmen neben vielen anderen Arno **Holz**, Paul **Ernst**, Johannes **Schlaf**, Wilhelm

Bölsche und ▶ Hauptmann teil. Nach 1945 sammelten sich die meisten der bestimmenden Nachkriegsautoren in der ▶ Gruppe 47 um Hans Werner **Richter**. Als Zusammenschluss von Literaten, die sich mit der Arbeitswelt auseinander setzt, verstand sich die **Gruppe 61** (▶ Arbeiterliteratur).

Avantgarde (franz. = Vorhut, Vortrupp, Vorkämpfer, an der Spitze des Fortschritts stehend), Sammelbegriff für progressive Kunstrichtungen, die etwa seit Anfang des 20. Jh.s mit den etablierten und überkommenen Ausdrucks- und Darstellungsmöglichkeiten brechen und sich in der Ablehnung einer Dichtung, die sich in ihrer Funktion ausschließlich als Realitätsspiegel begreift, sowohl formal wie auch inhaltlich als Wegbereiter neuer, radikaler Entwicklungen in Literatur und Kunst verstanden wissen wollen. Als **historische Avantgarde** finden die bewusst antibürgerlichen und innovativen Stilrichtungen ihren Ausdruck im europäischen ▶ Dadaismus, ▶ Expressionismus, ▶ Futurismus, ▶ Impressionismus, ▶ Surrealismus und ▶ Symbolismus, die die literarische ▶ Moderne bis heute prägen.
Zur **Neo-Avantgarde** nach 1945 zählen u. a. der experimentelle *Nouveau roman* in der französischen Literatur (▶ Roman), das ▶ absurde Theater mit den Stücken von Eugène **Ionesco** und Samuel **Beckett** und die ▶ konkrete Poesie, die stark vom Dadaismus beeinflusst ist.

B

Bachmann, Ingeborg (1926–1973) stammte aus Klagenfurt/Österreich und wuchs in Kärnten auf. Sie studierte in Innsbruck, Graz und Wien Philosophie und promovierte zur Dr. phil über die Existentialphilosophie Martin Heideggers. 1948 begann sie mit ihren Veröffentlichungen. In Rom arbeitete sie unter dem Pseudonym Ruth Keller als Korrespondentin der *Westdeutschen Allgemeinen Zeitung*. Reisen führten sie nach Italien, Amerika und Afrika.
Bekannt wurde sie mit den Gedichtsammlungen *Die gestundete Zeit* (1953) und *Anrufung des großen Bären* (1956). In ihre Lyrik sind Gedanken des **Existenzialismus** eingeflossen. Eine wichtige Rolle spielt in ihren Gedichten die Zeit als Medium existentieller Erfahrung. Die Gewissheit des Todes kann nur durch die Erfahrung von Liebe ertragen werden. Nicht zu übersehen ist auch die gesellschaftskritische Relevanz ihres Werkes. 1958 erschien das Hörspiel *Der gute Gott von Manhattan*, in dem der Konflikt

Ingeborg Bachmann in Rom, 1969

zwischen einer bedingungslosen Liebe und der gesellschaftlichen Ordnung dargestellt wird. Die Erzählungen ihres Bandes *Das dreißigste Jahr* (1968) zeigen das Unvermögen von Menschen auf, ein Leben jenseits von Konventionen zu führen. Von einem geplanten Romanzyklus erschien nur *Malina* (1971). Trotz einer zehnjährigen Schaffenspause in den 60er-Jahren weist das Werk der Autorin eine umfangreiche Bandbreite auf: Neben ihre Lyrik treten Hörspiele, Libretti, wissenschaftliche, essayistische und journalistische Arbeiten sowie Übersetzungen. Die Autorin wurde anfangs unkritisch gefeiert. Man hob die Ästhetik ihrer Sprache, die Tradition der Bilderwelt hervor, ohne dass man die Verunsicherung und die aufgezeigte Ausweglosigkeit erkannte. Sie wurde auch als Wegbereiterin der Frauenbewegung vereinnahmt.
Sie war Mitglied der ▶ Gruppe 47 und fand vor allem als Lyrikerin und Prosaistin Anerkennung. Als erste Gastdozentin des neu eingerichteten Poetik-Lehrstuhls an der Universität Frankfurt am Main hielt sie Seminare und Vorlesungen. Ingeborg Bachmann bekam eine Reihe von Preisen, u. a. den ersten Preis der Gruppe 47 (1953), den Georg-Büchner-Preis (1964) und den Großen Österreichischen Staatspreis (1968). 1973 starb sie in Rom an den Folgen eines Brandunfalls.

Römisches Nachtbild

Wenn das Schaukelbrett die sieben Hügel
nach oben entführt, schürft es,
von uns beschwert und umschlungen,
finster den Boden,

taucht in den Flussschlamm, bis in unsrem
  Schoß
die Fische sich sammeln.
Ist die Reihe an uns,
stoßen wir ab.

Es sinken die Hügel,
wir steigen und teilen
jeden Fisch mit der Nacht.

Keiner springt ab.
So gewiss ist's, dass nur die Liebe
und einer den andern erhöht.

Ballade (ital.: ballata = ursprgl. Tanzlied) nennt man ein meist aus zahlreichen Strophen bestehendes Gedicht, in dem eine Geschichte erzählt wird (Erzählgedicht). Im Mittelalter war die Ballade in England und Frankreich ein zum Tanzen gedachtes Lied mit Refrain, erst im Laufe der Zeit wurden die Handlungselemente ausgebaut. In Deutschland begann man sich seit dem späten 18. Jh. (▶ Sturm und Drang) für Balladen zu interessieren, man sammelte sog. Volksballaden, und es entstanden so berühmte Erzählgedichte wie Gottfried August **Bürgers** *Lenore*:

Lenore fuhr ums Morgenrot
Empor aus schweren Träumen:
„Bist untreu, Wilhelm, oder tot?
Wie lange willst du säumen?"
Er war mit König Friedrichs Macht
Gezogen in die Prager Schlacht
Und hatte nicht geschrieben,
Ob er gesund geblieben.

Häufig steht ein dramatisches, manchmal auch geheimnisvolles Geschehen im Mittelpunkt, bei dem sich die Helden bewähren müssen. Die berühmtesten deutschen Balladen stammen von ▶ Goethe, z. B. *Der Zauberlehrling* und ▶ Schiller *Der Taucher, Die Bürgschaft.* Aus dem 19. Jh. sind vor allem die Balladen ▶ Fontanes bekannt. Neben fiktiven Stoffen spielten vorwiegend historische und mythologische Stoffe (vorrangig aus germanischen Heldensagen) eine wichtige Rolle, z. B. Fontane *Die Brück' am Tay, John Maynard, Gorm Grymme*; Ludwig **Uhland** *Schwäbische Kunde;* Conrad Ferdinand **Meyer** *Die Füße im Feuer.*

Balzac, Honoré de (1799–1850) Leben und Persönlichkeit sind geprägt von einem in der Literaturgeschichte beispiellosen Schaffensdrang. Über 30 Jahre hinweg –

Balzac stirbt im 50. Lebensjahr – lässt ihn seine Rastlosigkeit immer neue, und nicht nur literarische Projekte aufnehmen.
Balzac wurde am 20. Mai 1799 in Tours geboren, sein Vater ist 54, seine Mutter 21 Jahre alt. Dem Vorbild und Wunsch seines Vaters entsprechend wurde er Notariatsgehilfe, entschied sich jedoch sehr bald dazu, sein Leben fortan der Literatur zu widmen. So entstanden fast 100 Romane, eine Reihe von Erzählungen, darüber hinaus Dramen und Essays.
Doch parallel zu seinem literarischen Schaffen befasste er sich mit ständig neuen Unternehmungen: 1825 versuchte er sich als Verleger, 1826 als Drucker, 1827 wollte er Drucklettern gießen, einige Jahre später Zeitschriften ins Leben rufen. Da all diese Vorhaben scheiterten und seine finanziellen Verpflichtungen in beängstigende Höhen kletterten, nahm er in steigendem Ausmaß journalistische Aufträge an. 1838 fuhr er nach Sardinien, um dort eine Silbermine auszubeuten. Doch schlug dies ebenso fehl wie sein Versuch, 1848 Deputierter zu werden oder Aufnahme in die Académie Française zu finden.
Balzacs Hauptwerk, das seinen Ruhm begründete, ist – in verehrungsvoller Anlehnung an ▶ Dantes *Göttliche Komödie* – die *Menschliche Komödie* (*La Comédie Humaine*). Er wollte in 137 Romanen mit insgesamt 2000 fiktiven Personen ein Gesamtbild der französischen Gesellschaft des 19. Jh.s entwerfen, aufgeteilt in drei Studienbereiche: Die *Études de moeurs* (Sittenstudien) sollten ein „Spiegel des menschlichen Lebens, der Eitelkeiten, der Laster, der Gegensätze und des Geschlechterkampfes in der Welt" werden. In den *Études philosophiques* (philosophische Studien) wollte er zeigen, was dem gesellschaftlichen Äußeren letztlich zu Grunde liegt: Spiritismus, Magie und die Welt des Fantastischen. Die *Études analytiques* (analytische Studien) hätten das Werk krönen sollen, sind jedoch nur im Ansatz zweier Romane erkennbar, die die Ehe und das Eheleben behandeln.

Honoré de Balzac

Dem ganzen Unternehmen lag der pseudosoziologisch-biologistische Gedanke zu Grunde, dass sich die Menschen in Analogie zum Tierreich in Gattungen aufgliedern ließen. 46 Romane sind im Projektstadium bekannt, 91 Romane konnte er vollenden, die nun Balzacs Meisterschaft der Milieu- und Typenschilderung demonstrieren. So wird er – neben **Stendhal** und ▶ Flaubert – zum wichtigsten Vertreter des französischen Realismus und zum Vorläufer des Naturalismus (▶ Zola).
Die bekanntesten Romane des Gesamtzyklus sind *Eugénie Grandet* (1833), *Le Père Goriot* (1835, *Vater Goriot*), *César Birotteau* (1837), *Illusions perdues* (1843, *Verlorene Illusionen*), *Splendeurs et misères des courtisanes* (1838–1847, Glanz und Elend der Kurtisanen).
Es heißt, Balzac solle auf seinem Sterbebett nach Doktor Bianchon gerufen haben, dem fiktiven Arzt der *Comédie Humaine*. So sehr hatte sich das Werk seines Schöpfers bemächtigt!

Bänkelsang kommt von der Bank, auf der der Bänkelsänger seinen Vortrag hielt. Das Wort wird zum ersten Mal 1709 er-

wähnt. Den Begriff des Bänkelsängers hat Johann Christoph **Gottsched** 1730 in seiner *Critischen Dichtkunst* verwendet.
Die Bänkelsänger hielten ihren Vortrag, indem sie zusätzlich auf Schilder gemalte Bilder vorzeigten und ihn mit Musikinstrumenten wie Geige, Akkordeon oder Drehorgel begleiteten. Zudem verkauften sie bebilderte Texthefte. Der Bänkelsang hatte meist eine **Moritat** (wohl nicht von Mordtat, sondern aus dem Rotwelschen more = Schrecken, Furcht, Geschrei) zum Thema. Er wurzelte in der Tradition des Zeitungssanges der frühen Neuzeit, dem mündlichen Ausrufen von Nachrichten (= Zeitung). Die Bänkelsänger traten in Gassen und Höfen, auf Märkten und Messen auf und sprachen das Volk an. Im Gegensatz zu ihrer hohen Publikumswirksamkeit stand das niedere soziale Ansehen der Bänkelsänger. Zum **Gassenhauer** (zusammengesetzt aus Gasse und hauen im Sinne von laufen), der Bezeichnung für ein einprägsames, künstlerisch anspruchsloses, aber sehr erfolgreiches Lied innerhalb der städtischen Bevölkerung, wurde das Lied des Bänkelsängers leicht, wenn seine Einprägsamkeit und seine Aktualität ihm die nötige Beachtung und Popularität verliehen.
Das Aufbaumuster der Moritaten war schlicht. Eine Aufsehen erregende Mordtat störte die göttliche Ordnung, die durch die weltliche Obrigkeit oder eine schicksalhafte Fügung wieder hergestellt wurde. Dabei wurde nicht mit Sentimentalität und Rührseligkeit gespart. Der Bänkelsang verfolgte moralische Absichten. Er sollte das Vertrauen in die weltliche Ordnung festigen, gleichzeitig aber auch die Sensationslust des Publikums befriedigen. Den Bänkelsang griff das ▶ Kabarett der Jahrhundertwende parodierend auf. Frank **Wedekinds** *11 Scharfrichter* knüpfen am Bänkelsang an. Auch die *Songs* in ▶ Brechts Dramen schöpfen zum Teil aus diesen Quellen. Relikt der vergangenen, durch die modernen Medien verdrängten Zeit der Bänkelsänger ist der **Schichtl** auf dem Münchner Oktoberfest.

Barock (portug.: barocco = unregelmäßig, schiefrund, ursprünglich von der Perle) Bezeichnung für die europäische Epoche zwischen 1550 und 1750 in Kunst und Literatur, mit starkem Kulturgefälle zwischen der Entwicklung in den romanischen Ländern und Deutschland sowie zwischen der Blüte einzelner **Kunstgattungen** von der Skulptur (Gian Lorenzo Bernini, Andreas Schlüter) über die Malerei (Rubens, Rembrandt), Architektur (Bernini, Francesco Borromini, Balthasar Neumann, Brüder Asam u. a.) zur Musik (Georg Friedrich Händel, Johann Sebastian Bach u. a.), wobei die Literatur oft nur ein Randphänomen bildete.
Die Zeit des Barock ist von starken Gegensätzen geprägt: auf der einen Seite der fürstliche **Absolutismus** mit seinem Machtwillen und seinem Repräsentationsbestreben, das sich in der prunkvollen Baukunst und Plastik dokumentiert, auf der anderen Seite das Lebensgefühl einer tiefen Weltangst und Skepsis, die aus der Erfahrung der Unsicherheit des Lebens in den nicht enden wollenden Kriegen und Verfolgungen (z. B. im Dreißigjährigen Krieg) erwuchs; so ist eine ausgeprägte Antithetik das vorherrschende Grundprinzip barocker Dichtung: Diesseits und Jenseits, Spiel und Ernst, Sein und Schein, leidenschaftliche Sinnenlust und Lebensgier im Appell des „carpe diem“ (ergreife, nütze, genieße den Tag!) und quälendes Todesbewusstsein in der Aufforderung des „memento mori“ (denke daran, dass du sterben musst), Wollust und Tugend, Erotik und Askese, irdische vanitas (Eitelkeit

i. S. v. Vergeblichkeit und Nichtigkeit; Misserfolg, eitles Gerede, Prahlerei, Unwahrheit) und himmlische Seligkeit in Gott.
Charakteristisch für diese antithetische Grundstruktur in barocker Dichtung ist die nachdrückliche Absicht der Autoren, in kunstvoll gestalteten Werken wirkungsvoll zu beeinflussen. In dieser Wirkungsabsicht steht die barocke Dichtung in der Tradition zu antiker Überlieferung (▶ Antike Literatur) und deren christlicher Adaption im Mittelalter (▶ Mittelalterliche Dichtung). Dies gilt ebenso für den Gedanken der *vanitas* und des *memento mori*, die aus der Stoa stammen, wie für zahlreiche Stoffe, Formeln und Regeln. Die antike ▶ Rhetorik bietet Anleitung für äußeren Sprachschmuck und Verfahren zu wirkungsvoller Gestaltung von Texten. Ebenso auf Wirkung zielt die **Allegorie** (griech.: allegorein = anders, bildlich reden), indem sie die Veranschaulichung eines Begriffes durch ein gedanklich fassbares Bild sucht. Die Allegorie ist das Gemeinte (z. B. erscheint die Jugend als Kind, die Liebe als Amor, wird „Vergänglichkeit" durch eine Sanduhr oder einen Totenschädel dargestellt). Eng verwandt sind das **Emblem** wie auch die Allegorese (Verfahren, das einen hinter den Namen und Dingen verborgenen tieferen Sinn aufdeckt), die auf eindringliche Vermittlung ausgerichtet sind.

Emblem

MARTINI
OPITII
Buch von der Deutschen
Poeterey.
In welchem alle jhre eigenschafft vnd zugehör gründtlich erzehlet/ vnd mit exempeln außgeführet wird.
Gedruckt in der Fürstlichen
Stadt Brieg/ bey Augustino
Gründern.
In Verlegung David Müllers Buchhändlers in Breßlaw. 1624.

Titelblatt der Erstausgabe von Martin Opitz' „Buch von der Deutschen Poeterey", 1624

Am ausgeprägtesten war das Barockempfinden in Spanien (▶ Spanische Literatur). Symbolhaft spiegeln die Titel des maßgebenden Dramatikers ▶ Calderón de la Barca das Lebensgefühl, z. B. *El gran teatro del mundo* (1675, *Das große Welttheater*) oder *La vida es sueño* (1636, *Das Leben ein Traum*) wider. Als Vertreter der spanischen Barocklyrik sind L. de Góngora y **Argote** und F. G. de **Quevedo** y Villegas hervorzuheben. Zu den bedeutendsten Leistungen der spanischen Barockliteratur gehören die pikaresken Romane (▶ Schelmenroman). Herausragendes Einzelwerk der Epik ist der Roman *El ingenioso hidalgo Don Quixote de la Mancha*

(1605–1615 *Der sinnreiche Junker Don Quijote von la Mancha*) von ▶ Cervantes Saavedra.

Überragende Vertreter der italienischen Barockliteratur waren Torquato **Tasso** und G. **Marino**. Auch die französische „Klassik“ (▶ Französische Literatur) muss in den gesamteuropäischen Zusammenhang des 17. Jh.s und damit des Barock eingeordnet werden, vor allem die großen Dramatiker J. **Racine**, P. **Corneille** und ▶ Molière.

Die Barockliteratur in Deutschland war auf die Fürstenhöfe ausgerichtet, wurde aber vom gehobenen Bürgertum (z. B. Professoren, Gymnasiallehrer, Ärzte, Pastoren) getragen. Den eigentlichen Beginn der deutschen Barockliteratur markiert das *Buch von der Deutschen Poeterey* (1624) von Martin **Opitz**, das das Ziel verfolgte, die Fülle der Sprach- und Redeformen, die man in den ausgebildeten Dichtungstheorien der romanischen Länder fand, für die eigene Sprache fruchtbar zu machen; mit ihm beginnt in Deutschland auch die Wende vom Lateinischen zur muttersprachlichen Poesie.

Andreas Gryphius

Zentren der Barockdichtung waren die zahlreichen absolutistischen Höfe Nord- und Mitteldeutschlands sowie die traditionsreichen und wirtschaftlich starken, von einem selbstbewussten Großbürgertum getragenen Städte (Nürnberg, Leipzig, Breslau, Hamburg, Königsberg). Die größte Zahl an bedeutenden Barockdichtern brachte mit Opitz, Andreas **Gryphius**, Daniel Caspar von **Lohenstein**, Christian **Hofmann von Hofmannswaldau**, Angelus **Silesius** u. a. Schlesien hervor.

Das gesellige Leben des Barock bot vielfach Anlässe für die Entstehung einer auf Unterhaltung ausgerichteten Lyrik (Liebes- und Trinklieder, Schäfer-, Hochzeits- und Gelegenheitsgedichte), im religiösen Leben nahm das religiöse Lied (A. Gryphius, Friedrich **Spee von Langenfeld**, Paul **Gerhardt**) einen breiten Raum ein. Verbreitete Gedichtformen waren u. a. das ▶ Sonett, das „Heroische Gedicht“, die pindarische ▶ Ode und das ▶ Epigramm.

Theater und Drama erlebten im 17. Jh. einen ungeheuren Aufschwung. Man baute feste Theaterhäuser (1626 Theater in der Wiener Hofburg; 1677 Hamburger Oper), die Illusionsbühne mit ihren austauschbaren Kulissen und Prospekten und komplizierten Theatermaschinen setzte sich durch; neben dem Laientheater in der Tradition des Mittelalters und dem fürstlichen Liebhabertheater entsteht ein professioneller **Theaterbetrieb**. Ausgangspunkt des Barockdramas war das **Jesuitendrama**, das im Dienste der Gegenreformation wirken sollte. Das barocke Trauerspiel behandelte mit Vorliebe Stoffe aus der byzantinischen und römischen Geschichte (u. a. Gryphius, *Leo Armenius,* 1650; Lohenstein, *Agrippina,* 1665). Stets

sind die Helden Vorbilder an Großmut und unerschütterlicher moralischer Standhaftigkeit. Die Handlung der Tragödien spielt in der höfischen Welt, da nach Auffassung der Poetikern in der bürgerlichen und bäuerlichen Welt tragisches Schicksal nicht dargestellt werden kann (**Ständeklausel**). Die Komödie trat an Bedeutung hinter die Tragödie zurück; fast immer wird in ihr Großmannssucht und Prahlerei verspottet (Gryphius, *Absurda Comica oder Herr Peter Squentz,* 1658, *Horribilicribrifax*, 1663). Im Barock beginnt auch die Geschichte der deutschen Oper (*Daphne*, 1627, Text von Opitz, Musik von Hans Schütz). Das Zusammenwirken von Musik, Tanz, Pantomime, Dichtung, Malerei und Architektur in der Oper kommt der Extravertiertheit der Epoche entgegen.
Hauptformen des Romans sind der höfisch-historische Roman, der v. a. in adelig-patrizischen Kreisen als idealisierte Selbstdarstellung der Adelsgesellschaft beliebt war. Der Inhalt ist meist eine Mischung von Liebeshändeln und Staatsaktionen (u. a. Lohenstein, *Großmütiger Feldherr Arminius*, 1689/90). Daneben wurde der **Schäferroman** gepflegt (Philipp von Zesen, *Adriatische Rosemund*, 1645). Satirische Romane schrieben J. M. Moscherosch (*Les visiones de Don Francesco de Quevedo Villegas oder wunderbahre satyrische Gesichte*, 1640, 1650 unter dem Titel *Wunderliche und warhafftige Gesichte Philanders von Sittewald*). Größte Bedeutung erlangte der Schelmenroman, der in ▶ Grimmelshausens Roman *Der Abentheuerliche Simplicissimus Teutsch* (1669) seinen Höhepunkt erreichte und in seiner Fülle dichterischer Formen und seiner Sprachgewalt, aber auch in seiner typisch barocken Thematik der ewigen Veränderlichkeit der Welt die wohl größte Leistung der deutschen Barockliteratur darstellt.

Belletristik (franz.: belles lettres = schöne Wissenschaften) Seit der ▶ Aufklärung und der damit beginnenden Ausbildung der modernen Wissenschaften wird Literatur als „Schöne Wissenschaft" (Belletristik) verstanden. Davon abgegrenzt ist die berufsbezogene wissenschaftliche Sachliteratur. Heute versteht man unter Belletristik v. a. **Unterhaltungsliteratur**. Diese Begriffsverengung finden wir allerdings schon bei Goethe, der wegen seines hohen Anspruches an die Dichtung Literatur und Unterhaltung für unvereinbar hielt. Diese negative Beurteilung von Belletristik hat sich weitgehend erhalten (▶ Trivialliteratur). Eigentlich will Belletristik aber ein Bindeglied zwischen „trivialer" und „hoher" Literatur herstellen und v. a. ein vielfältiges Leseinteresse befriedigen. Häufig wurden gerade belletristische Werke Bestseller (z. B. die Romane von J. F. **Cooper**, Jack **London**, Joseph **Conrad** oder Jules **Verne**). Im 20. Jh. gehören Autoren wie Johannes Mario **Simmel** oder Ephraim **Kishon** in diesen Bereich.

Benn, Gottfried (1886–1956), der zu den bedeutendsten Autoren der literarischen ▶ Moderne zählt, stammte wie viele deutsche Dichter aus einem protestantischen Pfarrhaus. Er wurde in Mansfeld/ Westprignitz geboren und wuchs auf in dem Siebenhundertseelendorf Sellin in der östlich der Oder gelegenen Neumark. Die überaus bescheidenen materiellen Verhältnisse der kinderreichen Familie prägten seine frühen Lebensjahre. Die Lutherbibel und das protestantische Gesangbuch standen am Anfang seiner intellektuellen Entwicklung. Nach dem Abitur studierte Benn auf Druck seines Vaters Theologie und Philologie. 1905 verließ er die vom Vater vorgezeichnete Bahn und begann ein Medizinstudium. Zahlreiche wissenschaftliche Abhandlungen zeugen von einem regen medizinisch-naturwissenschaftlichen Interesse. Zeitlebens führte Benn ein zwischen Literatur und Arztberuf geteiltes *Doppelleben*, so der Titel seiner Autobiographie aus dem Jahre 1950. Seine Erlebnisse in den Kreißund Seziersälen und die Begegnung mit der Psychiatrie überzeugten ihn nachhaltig von der Hinfälligkeit des Menschen.

1912, als Benn wegen eines angeborenen Gesundheitsschadens den Militärdienst verlassen kann, erscheinen die ersten Gedichte unter dem Titel *Morgue und andere Gedichte*. Die unregelmäßigen, meist reimlosen Verse konfrontieren den Leser mit einer sinnentleerten und gottlosen Welt und zerstören die bürgerliche Vorstellung vom Menschen als Krone der Schöpfung. Bereits der Titel des Bändchens, der Assoziationen an das berühmte Pariser Leichenschauhaus weckt, weist auf physiologische Prozesse, Anonymität, Krankheit und Tod hin. Benn spielt mit den Versatzstücken der lyrischen Tradition, um sie sogleich durch schroffe Kontraste ad absurdum zu führen. Medizinische Fachausdrücke kontrastieren mit süßlichem Sentiment, Slang mit Pathos. Hierdurch wird eine tief sitzende Sprachskepsis sichtbar.

Benns *Morgue*-Gedichte waren für den offiziellen Literaturbetrieb der spätwilhelminischen Zeit eine offene Provokation. Seither galt ihr Verfasser als „infernalischer Snob“ und „typischer Kaffeehausliterat“. Benns Mitstreiter um einen neuen lyrischen Stil (▶ Expressionismus) hingegen machten hinter der zynischen Maske „ein starkes mitleidendes Gefühl, eine fast weibliche Empfindsamkeit und eine verzweifelte Auflehnung gegen die Tragik des Lebens und die ungeheure Gefühllosigkeit der Natur“ (Ernst Stadler) aus. Benns Ästhetik des Hässlichen ließ ihn als Geistesverwandten Charles **Baudelaires**, ▶ Rilkes und Georg **Heyms** erscheinen. Die heutige Literaturwissenschaft sieht in Benns früher Lyrik ein Dokument einzigartiger Modernität, die einen radikalen Bruch mit

Gottfried Benn, 1916

der Dichtung des ▶ Impressionismus und ▶ Symbolismus markiert.

Benns *Morgue*-Gedichten folgt der nicht minder radikale Zyklus *Morgue II* und der seiner Geliebten Else **Lasker-Schüler** gewidmete Gedichtband *Söhne*, der den epochentypischen Vater-Sohn-Konflikt in surrealer Sprache und Bildlichkeit zum Ausdruck bringt.

Im Ersten Weltkrieg dient Benn als Militärarzt zunächst an der belgischen Front, ab 1915 in der Brüsseler Etappe in einem Krankenhaus für Prostituierte. Gespräche mit Carl **Sternheim**, Otto **Flake**, Carl **Einstein** und anderen Vorreitern der jüngsten Avantgardeliteratur bestärken ihn in seinen Bemühungen um eine neue Dichtung. Viel zitiertes Erbe dieser Zeit sind fünf Prosarbeiten, in denen ein literarisches Alter ego Benns, der junge Arzt Werff Rönne, im Zentrum steht, die sog. *Rönne*-Novellen. 1916 werden sie unter dem Titel des ersten Stücks, *Gehirne*, veröffentlicht. Ihr Thema ist erneut der Wirklichkeitsverlust und die tief greifende Entfremdung von Ich

und Welt, hier dargestellt am Scheitern Rönnes, der nach und nach aus der Normalität herausfällt und von urzeitlichen Visionen heimgesucht wird. Die Konventionen der Bürgerlichkeit verleihen ihm keinen Halt mehr. Wer sich an ihnen orientiert, wird zur tragikomischen Figur.
Nach der Revolution von 1918/19, die viele seiner expressionistischen Weggefährten in das Lager der politischen Linken trieb, beharrt Benn auf einer entschieden konservativen Position. Der elitäre Geistesaristokrat, der seit 1917 in Berlin eine Facharztpraxis für Haut- und Geschlechtskrankheiten betreibt, war ein erklärter Feind des Sozialismus und der mit ihm verbundenen Gleichheits- und Fortschrittsideen. Dem optimistisch-rationalen Weltbild der ▶ Aufklärung und ihrer Nachfahren setzte er ein zutiefst zivilisationskritisches Denken entgegen, dem eine tragische Auffassung des menschlichen Daseins entsprach, wie sie bereits dem Essay *Das moderne Ich* (1920) zu entnehmen ist.
Als 1928 Benns *Gesammelte Prosa* erschien, musste er sich vehementer Angriffe seitens der kommunistischen Schriftsteller Egon Erwin **Kisch** und Johannes R. **Becher** erwehren. Benn antwortete mit dem Aufsatz *Über die Rolle des Schriftstellers in unserer Zeit* (1929) und dem provozierenden Rundfunkdialog *Können Dichter die Welt ändern?* (1930). Auch in seiner Festrede zum 60. Geburtstag H. ▶ Manns (1931) erweist er sich als einer der wortmächtigsten Gegenspieler der literarischen Linken und der von ihr vertretenen politischen Literatur.
1932 wurde Benn in die Sektion für Dichtkunst der **Preußischen Akademie der Künste** aufgenommen, dem Olymp des literarischen Lebens der Weimarer Republik. Noch Mitte Januar 1933 spricht er sich dort gegen die kulturreaktionären Umtriebe des völkischen Flügels des Nationalsozialismus um Alfred Rosenberg aus, zögerte aber nicht, sich sofort nach dem 30. Januar 1933 in den Dienst der Nazis zu stellen. Er verteidigte das NS-Regime in *Der neue Staat und die Intellektuellen* und seiner berühmt-berüchtigten, an den Bewunderer Klaus **Mann** gerichteten *Antwort an die literarischen Emigranten*. Nach dem erzwungenen Abtritt Heinrich Manns avancierte Benn zum kommissarischen Leiter der Sektion Dichtkunst und beteiligte sich maßgeblich an ihrer „Säuberung“ (▶ Literatur im „Dritten Reich“). Wenige Monate später jedoch wurde er durch Hanns **Johst** ersetzt und aus dem Rundfunk verbannt. Desillusioniert durch die politische und kulturelle Entwicklung des NS-Regimes, das er noch in *Kunst und Macht* (1934) verteidigte, zog sich Benn daraufhin aus der literarischen Öffentlichkeit zurück.
Seine zunehmende Isolation und das 1938 über ihn verhängte Schreib- und Publikationsverbot verarbeitete Benn in der Autobiographie *Doppelleben*. Hinzu traten zahlreiche Gedichte, die er als Privatdruck einem kleinen Kreis zugänglich machte *(Zweiundzwanzig Gedichte*, 1943). Sie bildeten die Basis für die Anthologie *Statische Gedichte* (1948), die Benn binnen kurzem zu einem Mentor der modernen Lyrik werden ließ. Sein Marburger Vortrag *Probleme der modernen Lyrik* (1951) prägte das ästhetische Denken einer ganzen Generation und stellte den Dichter in eine Reihe mit so bedeutenden Theoretikern der literarischen Moderne wie T. S. **Eliot** und Paul **Valéry**. Im selben Jahr beendete die Verleihung des Büchner-Preises langanhaltende Diskussionen um Benns Person und Werk, die sich nach Kriegsende an seinem politischen Sündenfall 1933 entzündet hatten.

Bernhard, Thomas (1931–1989), gehört neben ▶ Bachmann und ▶ Handke zu den bedeutendsten österreichischen Autoren der deutschsprachigen Gegenwartsliteratur und hat sich vor allem als Erzähler und Dramatiker einen Namen gemacht. Durch seine langjährigen Attacken auf die Alpenrepublik erwarb sich der zynische Ni-

hilist, Welt- und Menschenfeind den Ruf eines Provokateurs vom Dienst und erregte dadurch zahlreiche Skandale. Gleichwohl wurde er mit wichtigen literarischen Auszeichnungen geehrt, darunter dem Österreichischen Staatspreis (1968) und dem Georg-Büchner-Preis (1970).
Bernhards pessimistische Weltsicht geht auf ein permanentes Leiden an sich und seiner Umwelt zurück. Bereits in jungen Jahren wurden hierzu die entscheidenden Weichen gestellt. „Nur aus Liebe zu meinem Großvater habe ich mich nicht umgebracht", so Bernhard rückschauend, der in den autobiographischen Erzählungen *Die Ursache* (1975), *Der Keller* (1976), *Der Atem* (1978), *Die Kälte* (1981) und *Ein Kind* (1982) die freudlosen Stationen seiner Kindheit und Jugend beschreibt. Ab 1952 studierte Bernhard Gesang, Regie und Schauspielkunst am Salzburger Mozarteum. 1957 schloss er sein Studium mit einer vergleichenden Arbeit über Brecht und den Franzosen Antonin **Artaud** ab, einem Wegbereiter des ▶ absurden Theaters. Bernhard lebte danach als freier Schriftsteller auf dem Hof seines Komponistenfreundes Gerhard Lampersberg in Maria Saal, ab 1959 in Wien. Seit 1965 verbrachte der menschenscheue Dichter einen Großteil des Jahres in der Einsamkeit eines oberösterreichischen Dorfes.
Bernhards „Bruch mit der Welt" wird erstmals in seinem Roman *Frost* (1963) spürbar, der den Schriftsteller einem größeren Publikum bekannt machte. Diese sarkastische Parodie eines ▶ Bildungsromans stellt einen gegen Gott und die Welt zeternden Maler in den Mittelpunkt, dem der Wahnsinn als einzig angemessene Antwort auf die Sinnlosigkeit des Daseins erscheint. Die ihn umgebende Gebirgslandschaft und ihre Bewohner sind böse und aggressiv, wie der Autor nicht müde wird zu betonen. Der Gegensatz zum traditionellen alpenländischen Heimatroman (▶ Heimatliteratur) könnte nicht größer sein. An die Stelle des „sanften Gesetzes" (▶ Stifter) einer heilenden Natur tritt die schwarze Idyllik. Sie brachte Bernhard den Ruf eines „Unterganghofers" ein. Durch den Roman *Verstörung* (1967) und die Erzählungen *Amras* (1964) und *Midland in Stilfs* (1971) wurde er nachhaltig untermauert.

Thomas Bernhard

Bernhards Hauptfiguren sind zumeist einzelgängerische Intellektuelle, die ihrer geistigen Tätigkeit abseits des offiziellen Wissenschafts- und Kunstbetriebs nachgehen und am Ende dabei scheitern. So in den Romanen *Das Kalkwerk* (1970), *Korrektur* (1975) und *Der Untergeher* (1983) oder den Erzählungen *Gehen* (1971), *Beton* (1982) und *Wittgensteins Neffe* (1982), die auf die Heil- und Glücklosigkeit des Lebens an sich und der Künstlerexistenz im Besonderen verweisen. Gesellschaftskritischer hingegen fallen Bernhards späte Romane aus, in denen der ausgesprochen übertreibende Sprachgestus seiner frühen Werke zurückgenommen wird und einer sich selbst reflektierenden Ironie weicht. In *Alte Meister* (1985) stellt ein betagter Musikkritiker die gesamte österreichische Kulturtradition auf den Prüfstand. Um eine Abrechnung mit dem Katholizismus und Nationalsozialismus geht es in *Auslöschung* (1986), dem ambitioniertesten Prosawerk Bernhards, das in einem zwischen Pathos und schwarzem Humor schwankenden Monolog eines Privatgelehrten zu einer Fundamentalkritik Österreichs ausholt, wie sie auch der viel diskutierten Prosaarbeit *Holzfällen* (1984) zu entnehmen ist.

Bernhards abgründige Weltsicht und sein Hang zur Groteske kennzeichnen auch seine dramatischen Arbeiten, die die Leidenserfahrungen ihres Autors in immer neuen Variationen vor Augen führen. Ihre sprachliche Virtuosität sicherte ihnen einen festen Platz im Repertoire der deutschsprachigen Bühnen – ungeachtet der Handlungsarmut vieler Stücke, die sich am absurden Theater Samuel **Becketts** orientieren und den traditionellen Dialog konsequent verweigern. Mit Ausnahme der Literaturkomödien *Über allen Gipfeln ist Ruh* (1982) und *Ritter, Dene, Voss* (1986) sieht sich der Unterhaltungsanspruch des Publikums auf eine harte Probe gestellt. Es wird zumeist mit litaneiartigen, nicht enden wollenden Reden einer Hauptfigur konfrontiert, die als Rollenträger für die Ansichten ihres Schöpfers auftreten. Vielfach geschrieben mit Blick auf den Schauspieler Bernhard **Minetti** und den Regisseur Claus **Peymann**, hängt der Erfolg dieser **Monodramen** von der jeweiligen Schauspiel- und Regieleistung ab. Die meisten Stücke sind **Farcen** über die Macht (*Ein Fest für Boris*, 1970; *Die Jagdgesellschaft*, 1974) oder Künstler- und Intellektuellendramen (*Der Ignorant und der Wahnsinnige*, 1972; *Die Macht der Gewohnheit*, 1974; *Die Berühmten*, 1976; *Minetti*, 1977; *Der Theatermacher*, 1984). Um die Ignoranz des Publikums geht es in *Am Ziel* (1981), den heuchlerischen Charakter des Kulturbetriebs entlarvt *Der Weltverbesserer* (1980). Eher selten reagierte Bernhard auf aktuelle politische Ereignisse wie in den Stücken *Der Präsident* (1975) oder *Vor dem Ruhestand* (1979), die auf den Terrorismus und die Affäre um die nationalsozialistische Vergangenheit des baden-württembergischen Ministerpräsidenten Filbinger antworteten, in erster Linie jedoch ihre Zuschauer provozieren sollten. Letzteres gelang Bernhard vor allem mit dem Stück *Heldenplatz* (1986), das noch einmal die Anfälligkeit Österreichs für den Nationalsozialismus thematisierte. Bereits vor seiner Uraufführung am Wiener Burgtheater führte es zu einer politischen Debatte, die in einen regelrechten, über die Landesgrenzen hinaus wahrgenommenen Kulturkampf ausartete. Bernhard verfügte daraufhin in seinem Testament, die Aufführung und den Vertrieb seiner Werke in Österreich zu verbieten.

Bibel leitet sich ab vom griech. ta biblia = die Bücher. Die pluralische Grundbedeutung ist nicht zufällig. Erklärt sich doch die unterschiedliche Kompositionsweise dieser Schriften daraus, dass sie aus mannigfaltigen, verschiedenartigen Quellen stammen, die immerhin das gemeinsame Ziel aufweisen, den Weg des jüdischen Volkes in seinem Bund mit Jahwe und – im Verständnis des Christentums – dessen Erneuerung in Jesus Christus nachzeichnen zu wollen. Was wir heute als Bibel bezeichnen, ist das Ergebnis einer jahrhundertelangen Sichtung, Sammlung und Kommentierung, das eine Vielfalt von literarischen Gattungen in sich birgt.

Judentum, Katholizismus und Protestantismus bekennen sich zu einem jeweils ihnen eigenen Kanon von biblischen Schriften. Die Bibel der Katholiken und Protestanten unterscheidet sich von der jüdischen Bibel vor allem durch die 27 Bücher des Neuen Testaments (NT), die das Judentum nicht kennt. Das Alte Testament (AT) im christlichen Verständnis setzt sich aus vier Bestandteilen zusammen: dem Pentateuch („Buch der fünf Rollen"), der die traditionsgemäß von Moses verfassten fünf Bücher enthält (Genesis, Exodus, Leviticus, Numeri, Deuteronomium), den historischen Büchern, den prophetischen Büchern und den poetischen Büchern.

Der neutestamentliche Kanon umfasst zunächst die erzählenden Schriften, die vier Evangelien nach Matthäus, Markus, Lukas und Johannes sowie die Apostelgeschichte. Ferner werden 21 Briefe (davon 14 Paulusbriefe) und die prophetische Offenbarung des Johannes hinzugezählt.
Das AT wurde bis auf wenige aramäische Teile in hebräischer, das NT in griechischer Sprache geschrieben. Von den biblischen Schriften sind, wie von der gesamten antiken Literatur, nur Kopien auf Papyrus oder Pergament zu uns gelangt. Die berühmteste Bibelversion des Altertums war die griechische *Septuaginta*, die von angeblich siebzig alexandrinischen Juden im 2. Jh. vor Christus zusammengestellt wurde. Sie bildet den Ausgangstext für die christliche Bibel und für die *Vulgata*, die lateinische Übersetzung des Hieronymus, die seit dem Konzil von Trient (1545–1563) für die Katholiken verbindliche Geltung besitzt. Martin Luthers deutsche Bibelübersetzung (1521–1534) war von eminentem Einfluss auf die frühneuhochdeutsche Sprachfixierung. Kein Buch wurde im Laufe der Weltgeschichte öfter übersetzt als die Bibel: Etwa 1600 Sprachgemeinschaften kennen ihre eigene Bibelversion.

Bibliothek (griech.: biblos = Buch, und theke = Behälter, Behältnis), eine systematisch angelegte Sammlung und gleichzeitig Verwahrungsort von Büchern (neuerdings auch elektronisch gespeichert), Hand- und Zeitschriften mit der Aufgabe, Schrifttum zusammenzutragen, zu erfassen und der Öffentlichkeit (bzw. Teilen davon) die Benutzung zu ermöglichen.
Grundsätzlich unterscheidet man zwischen öffentlichen Bibliotheken und Privatbibliotheken. **Öffentliche Bibliotheken** werden vom Staat bzw. den Kommunen getragen und von wissenschaftlich ausgebildeten Bibliothekaren verwaltet. Sie unterteilen sich in 1. Staats-, Landes- und Stadtbibliotheken als wissenschaftliche Universalbibliotheken, 2. Spezialbibliotheken von Universitäten und deren Instituten (Institutsbibliotheken), die in der Regel nur dem Fachpublikum zugänglich sind, und 3. Volksbibliotheken (Volksbüchereien) seit der Mitte des 19. Jh. für Benutzer unterschiedlichen Alters und aller sozialen Schichten. Hierzu gehören auch Blinden-, Jugend-, Kinder- und Musikbibliotheken. Volksbüchereien bieten sowohl Unterhaltungs- als auch allgemeinverständliche wissenschaftliche Fachliteratur an mit dem Ziel, die Bildung breiter Gesellschaftsschichten zu fördern. **Privatbibliotheken** sind (oder waren) in der Regel im Besitz von Bibliophilen, d. h. Bücherliebhabern, die aus den verschiedensten Gründen sammelten (thematisches Interesse, literarischer Wert, seltene Ausgaben, besondere Ausstattung) und ein persönliches Verhältnis zu ihren Büchern entwickelten. Privatbibliotheken legten schon die Vornehmen und Gebildeten in der Antike an. Zwischen den öffentlichen und den Privatbibliotheken stehen sog. **halböffentliche Bibliotheken**, zu denen u. a. die Büchereien der Amerika-Häuser zur Pflege kultureller Beziehungen mit den USA, aber auch Vereins- und Firmenbibliotheken zählen. **Leihbibliotheken** (Leihbüchereien, oft verbunden mit einem Sortimentsbuchhandel) sind private, gewerblich betriebene Unternehmen, die Bücher befristet im Abonnement oder gegen Einzelgebühr verleihen und vor allem Unterhaltungsliteratur anbieten. Leihbibliotheken, erstmals für die Zeit um 1700 in Berlin nachweisbar, fanden besonders im 18. und 19. Jh. großen Anklang beim Publikum.

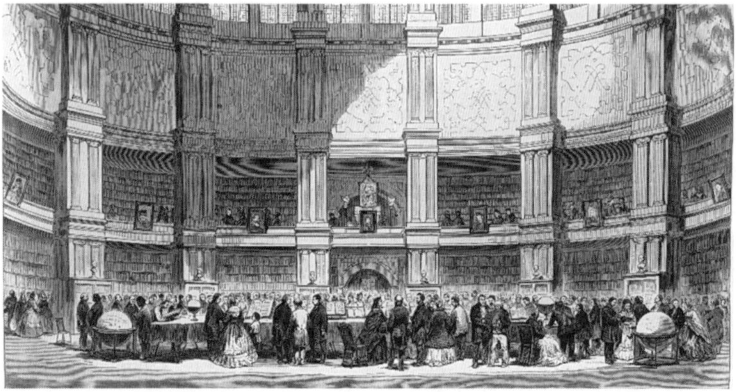

Herzog-August-Bibliothek in Wolfenbüttel, Holzstich, 1864

Die angebotenen Werke großer öffentlicher Bibliotheken sind für den Leser unterschiedlich zugänglich, man unterscheidet zwischen Ausleih- und Präsenzsystem: Während **Ausleihbibliotheken** dem Benutzer unter bestimmten Voraussetzungen ihre Bücher zeitlich begrenzt mit nach Hause geben, sind Werke von **Präsenzbibliotheken** für den Interessierten nur im Lesesaal einsehbar. Die Bestände einer Bibliothek sind in sog. Magazinen untergebracht, Neuzugänge werden in Akzessionslisten (Akzession = Zugang, Erwerb) veröffentlicht. Der gesamte Bücherbestand ist grundsätzlich mittels einer Dezimalklassifikation bezeichnet. Das rasche Auffinden bestimmter Werke wird durch Kataloge (eigentlich Karteikästen; heute vielfach schon ersetzt durch elektronische Informationsträger) ermöglicht. Der wichtigste ist der **alphabetische Katalog**, der benutzt wird, wenn man den Namen des Verfassers oder den gewünschten Buchtitel kennt. Der **Schlagwortkatalog** hingegen führt Begriffe auf, die auf bestimmte Sachgebiete und die dazugehörige Literatur verweisen. Ein **Kreuzkatalog** kombiniert alphabetischen und Schlagwortkatalog. Ist ein Werk nicht im Bestand einer Bibliothek, besteht die Möglichkeit der **Fernleihe** aus anderen Büchereien.
Schon im Altertum gab es Bibliotheken. In Babylonien wurden seit etwa 3000 v. Chr. **Tontafeln** in sumerischer, später in akkadischer Keilschrift gesammelt, die von Herrschertaten erzählen, wie z. B. das *Gilgamesch-Epos*. Erste kultische Hieroglyphenschriften auf **Papyrus**, einem Schriftträger, der aus dem Stängelmark der gleichnamigen Pflanze gewonnen wird, sind in Archiven des frühen Ägypten niedergelegt. In Griechenland entstanden erste Bibliotheken zur Zeit des Peisistratos (um 600 v. Chr.), einem Tyrannen und Förderer der Kunst und Wissenschaft. Berühmt war auch die Privatbibliothek des **Aristoteles**, des Erziehers Alexanders des Großen. Für die Zeit des Hellenismus steht die renommierte Bibliothek von Alexandria, der umfangreichsten der Antike mit damals bis zu einer Million Schriftrollen, die durch einen Brand 47 v. Chr. leider vernichtet wurden. Gegründet von Ptolemäus II. im

3. Jh. v. Chr., war sie entscheidend für die Verbreitung griechischen Geisteslebens und antiker Wissenschaften im gesamten Mittelmeerraum. In Pergamon in Kleinasien befand sich damals mit ca. 200000 Buchrollen die zweitgrößte Bibliothek des Altertums, deren Bestände später Marc Anton der Kleopatra schenkte. „Papier aus Pergamon“, sog. **Pergament**, ein Schriftträger, der aus tierischer Haut gewonnen wird, löste im 4. und 5. Jh. n. Chr. den Papyrus als Schreibmaterial endgültig ab (▶ Buch). In Rom besaßen der Philosoph ▶ Cicero und der Dichter **Vergil** bedeutende Privatbibliotheken; die erste öffentliche Bibliothek gründete der Schriftsteller und Konsul G. Asinius **Pollio** um 40 v. Chr.

Der Lesebetrag für diesen Band ist 6 Pfennige für einen bis mit 7 Tage, 12 Pfennige für 8 bis mit 14 Tage u. s. f. — Länger als 28 Tage darf derselbe nicht behalten werden. — Das Wiederverleihen an Andere kann nicht gestattet werden, findet es dennoch statt, so wird doppeltes Lesegeld erhoben.

Ed. Nitzsche in Eibenstock.

Benutzerordnung einer sächsischen Leihbibliothek, um 1870

Im Mittelalter nahmen sich vornehmlich die Klöster der Sammlung und Aufbewahrung von Werken der klassischen Literatur und Naturwissenschaften an. Cluny, Fulda, St. Gallen, Monte Cassino, Reichenau und Tegernsee zählen zu den bedeutenderen. Ihre Bestände wurden häufig erweitert durch Abschriften und Schenkungen. Im ausgehenden Mittelalter schwand jedoch mit der Gründung von Universitäten (Prag 1348, Wien 1365, Köln 1388, Erfurt, 1392, Leipzig 1409) die Bedeutung der Klosterbibliotheken als Bildungsträger, u. a. auch deshalb, weil um 1500 die Umstellung von der Pergamenthandschrift auf den **Buchdruck** vollzogen wurde und die Werke auf dem viel billigeren Papier rasch vervielfältigt werden konnten. In Italien entstanden Prachtbibliotheken, z. B. die Biblioteca Ambrosiana in Mailand mit ihren über 400000 Bänden, die Laurenziana in Florenz als Bibliothek der Medici mit kostbaren alten Handschriften und die Biblioteca Vaticana, die über die erste Sammlung griechischer Handschriften in Westeuropa verfügte.
Große Privat- und **Gelehrtenbibliotheken** in Deutschland waren im Besitz der Fugger und der Humanisten Johannes Reuchlin, Hartmann Schedel und Willibald Pirckheimer. Die berühmteste Bibliothek in Europa im 16. Jh. war die Bibliotheca Palatina (die „Pfälzische“) in Heidelberg, auch „Mutter aller Bibliotheken“ genannt, mit über 3500 Handschriften und ca. 5000 Drucken, die als Kriegskostenausgleich während des Dreißigjährigen Krieges 1623 nach Rom verbracht und der Biblioteca Vaticana eingegliedert wurden. Im 17. und 18. Jh. entstanden aus den Bibliotheken der Landesfürsten allmählich öffentliche Bibliotheken, angereichert durch die Schätze zahlreicher Dom-, Stifts- und Klosterbibliotheken aus verschiedenen Säkularisierungsverfahren (= Einziehung von Kircheneigentum). Durch den Aufschwung der Naturwissenschaften und den Anstieg der literarischen Produktion im 19. Jh. gewannen die öffentlichen Bibliotheken, besonders aber die **Universitäts-** und **Institutsbibliotheken**, erheblich an Bedeutung. Dem Sammeln und Auf-

bewahren des gesamten Schrifttums eines Landes dienen heute die nationalen **Zentralbibliotheken** (▶ Nationalliteratur); in Deutschland die Deutsche Bücherei in Leipzig mit allen seit 1913 erschienenen Druckerzeugnissen in deutscher Sprache und die Frankfurter Deutsche Bibliothek ab 1946 mit der gleichen Zielsetzung. Die beiden Nationalbibliotheken wurden 1991 unter Beibehaltung ihrer Standorte zusammengelegt (Hauptsitz: Frankfurt a. M.). Im Neubau der Deutschen Bibliothek in Frankfurt am Main werden die täglich über 1000 Neuzugänge auf 240 Kilometer langen Regalen untergebracht, ein Net-Server ermöglicht außerdem den Zugang zu weiteren Nationalbibliotheken. Eine grundlegende Neuorganisation des Ausleihsystems steht bevor, weil immer mehr Texte digitalisiert werden und dann online im Internet auch zu Hause verfügbar sind.

Biedermeier (1815–1848) Um 1815, als die Epoche der ▶ Romantik ihren Zenit bereits überschritten hatte, bildete sich in Deutschland eine neue Art des Schreibens heraus. Nach den Erschütterungen der Französischen Revolution und den schrecklichen Erfahrungen der napoleonischen Kriege richteten viele junge Dichter nun den Blick auf Themen aus der unmittelbaren Lebenswelt der Menschen. Familie, Natur, Heimat und Religion wurden für die nächsten 30 Jahre zentrale Motive in der Literatur. Man nennt diese Epoche, die bis zum Revolutionsjahr 1848 dauerte, das Biedermeier. Ihren Namen verdankt sie einer parodistischen Textsammlung mit dem Titel *Gedichte des schwäbischen Schulmeisters Gottlieb Biedermaier und seines Freundes Horatius Treuherz*, die 1855 von den beiden Dichtern Ludwig **Eichrodt** und Adolf **Kussmaul** herausgegeben wurde.

Die Epochenbezeichnung „Biedermeier" ist nicht unumstritten. Einerseits konkurriert sie mit der mehr aufs Politische zielenden des ▶ Vormärz. Andererseits bezieht sie sich nicht allein auf die Literatur, sondern auch auf die damalige bürgerliche Kultur. Das Biedermeier war eine ruhige und konfliktscheue Zeit, in der die Gesellschaft noch nach Wegen suchte, wie die beginnenden Veränderungen des industriellen Zeitalters zu bewältigen seien. Nach einer Phase großer politischer Instabilität sehnten sich die Menschen nach Ordnung und Sicherheit. Die meisten Bürger glaubten Schutz und Geborgenheit in der privaten Idylle zu finden. So erschließt sich das Lebensgefühl dieser Zeit am klarsten in seiner Wohnkultur. In der Abgeschiedenheit des gepflegten Heims sollten nach Zeiten von Unruhe und Konflikt traute Gemütlichkeit und Wohlbehagen von der Außenwelt ablenken.

Mit dem für das Biedermeier typischen Rückzug ins Private und der Hochschätzung des familiären Umfeldes hatte vor allem die ▶ Trivialliteratur Konjunktur. Die Erzähltexte mit ihrem lyrischen Grundton waren angelegt als Bestätigung und Erfüllung der eigenen Lebensentwürfe. So waren denn einerseits erbaulich-idyllische Werke gefragt, andererseits richtete sich der Blick aufs Schauerliche und Unbekannte. Die Kriminalgeschichten des *Neuen Pitaval* von Willibald **Alexis** und Julius Eduard **Hitzig** entführten die Leser ebenso aus ihrer bürgerlichen Enge wie die von Alexis übersetzten historischen Romane des schottischen Dichters Walter **Scott**. Wieder andere Fluchträume boten die in Amerika spielenden Abenteuerromane des Österreichers Charles **Sealsfields**, die schwäbischen Dorfgeschichten Berthold **Auerbachs** oder die Heimatdichtungen des Schweizer Pfarrers Jeremias **Gotthelf**.

Neben dieser Literatur der Innerlichkeit und der Gefühlsbetontheit mit ihrem Ausweichen in eine noch heile Fantasiewelt schrieben ▶ Droste-Hülshoff, Franz **Grillparzer**, Eduard **Mörike** und ▶ Stifter Werke, die offen waren für eine differenzierte Sicht der Wirklichkeit und eine kritische Auseinandersetzung mit sozialen Phänomenen.

Auf dem ▶ Theater war es die Zeit der ▶ Posse und des ▶ Schwanks. Die größten Publikumserfolge erzielten die beiden österreichischen Schauspieler und Dichter Ferdinand **Raimund** und Johann **Nestroy**. Ihr **Wiener Volkstheater** bot den einfachen Leuten nicht nur Unterhaltung, sondern zugleich die Möglichkeit, sich an der Zensur vorbei über das politische System lustig zu machen.

Die Lyrik stand noch ganz in der Tradition früherer Epochen. Ludwig **Uhland** schrieb romantische Balladen, die das deutsche Mittelalter beschwören und der auf klassische Formen achtende Friedrich **Rückert** verfasste Gedichte im Stile der Schäferdichtung des 18. Jh.s.

Zum Zerrbild des Biedermeier gehört auch die Vorstellung vom „Spießbürger“, dem Deutschen Michel, der mit Zipfelhaube und Pantoffeln im Lehnstuhl seine Pfeife raucht und von allen Ereignissen der äußeren Welt unbeeindruckt scheint – so hat ihn uns Wilhelm **Busch** in seinen Bildergeschichten bewusst überzeichnet. Eine solche Darstellung bestätigt andererseits die Vorbehalte jener zeitgenössischen Kritiker, die die apolitische Ausrichtung der Biedermeier-Literatur anprangerten.

Bildungsroman Der Bildungsroman ist durch seine Thematik charakterisiert: die Darstellung der inneren Entwicklung (Bildung) eines Menschen, deren Ziel die volle Entfaltung der Anlagen und Fähigkeiten ist; verstanden wird dieser Prozess als eine organische Reifung der geistigen und charakterlichen Anlagen eines Individuums. Entfalten können sich diese Persönlichkeitsmerkmale erst in der Wechselwirkung von Subjekt und Objekt (Welt).

Der Begriff lässt sich in erster Linie auf die Romane der deutschen ▶ Klassik und ▶ Romantik anwenden; dort wird Bildung im Sinne von „vollendeter Humanität“ verstanden, die Weg und Ziel allen menschlichen Handelns darstellt. Der Romantypus des Bildungsromans, als dessen Begründer Christoph Martin **Wieland** mit der *Geschichte des Agathon* (1766) gilt, wird von ▶ Goethe für *Wilhelm Meisters Lehrjahre* (1795/96) *und Wilhelm Meisters Wanderjahre oder die Entsagenden* (1821, erweitert 1829) verwendet. In der Nachfolge dieser Romane stehen die Bildungsromane der Romantik, wie z. B. *Franz Sternbalds Wanderungen* (1798) von Ludwig **Tieck**, *Titan* (1800–1803) von **Jean Paul**, *Heinrich von Ofterdingen* (herausgegeben 1802) von ▶ Novalis, *Hyperion oder der Eremit in Griechenland* (1797–1799) von ▶ Hölderlin.

Die Bezeichnung Bildungsroman wird in der Literaturwissenschaft auch auf spätere Romane übertragen, in denen die geistige und charakterliche Entwicklung eines Menschen auf ein bestimmtes Ziel hin gestaltet ist. Bildungsromane in diesem Sinne sind z. B. *Maler Nolten* (1832/1877) von Eduard **Mörike**, *Der grüne Heinrich* (1854/55 bzw. 1879/80) von ▶ Keller, *Der Nachsommer* (1857) von ▶ Stifter, *Der Hungerpastor* (1864) von Wilhelm **Raabe**, *Das Glasperlenspiel* (1943) von Hermann **Hesse**, *Doktor Faustus* (1947) von Th. ▶ Mann.

Die Grenzen vom Bildungsroman zum Erziehungs- und Entwicklungsroman sind auf Grund mancher Überschneidungen nicht immer scharf zu ziehen (vgl. v. a. Jean-Jacques **Rousseaus** *Émile*, 1762; ▶ Flauberts *L'éducation sentimentale*, 1869, *Lehrjahre des Gefühls*).

Biographie (griech.: bios und graphein = Leben und schreiben) literarische Darstellung der Lebensgeschichte einer Person, wobei äußere Ereignisse und innere Entwicklungen gleichermaßen Berücksichtigung finden. Je nachdem, ob Genauigkeit und Objektivität überwiegen oder erzählerische, romanhafte Elemente vorherrschen, wird die Biographie mehr der Geschichtsschreibung oder mehr der Dichtung zugerechnet, wobei Mischformen die Regel bilden. Die Biographie weist Berührungspunkte zu ▶ Autobiographie, Lebenslauf (Vita), Nekrolog und Memoiren auf.

Als selbstständige Gattung ist die Biographie schon in der Antike belegt. Bedeutende Biographien sind überliefert von **Nepos** (*De viribus illustribus*, um 35/34; *Kurzbiographien und Fragmente*), **Tacitus** (*De vita et moribus Iulii Agricolae*, 98; *Leben des Agricola*), **Sueton** (*De vita Caesarum*, um 120; *Caesarenleben*) und **Plutarch**. Am Anfang der christlichen Biographien stehen die *Evangelien* und die *Apostelgeschichte*, die weniger am Faktischen orientiert sind als an dem Nachweis, dass Gottes Gnade im Leben der Menschen wirksam ist.

Im Mittelalter dominierte die Heiligenvita (Hagiographie), weniger verbreitet war die Fürstenbiographie (**Einhard**, *Vita Caroli magni*, um 830; *Leben Karls des Großen*). Aus dem 13./14. Jh. sind die ersten Dichterbiographien aus Troubadourhandschriften überliefert.

Mit dem neu erwachten Interesse am Individuum entstanden in der Renaissance einfühlsame Künstlerportraits (Giovanni **Boccaccios** *Vita di Dante*, 1360; *Das Leben Dantes*). Mit der aufkommenden Geschichtswissenschaft und dem Positivismus nahm auch die Biographie im 19. Jh. einen großen Aufschwung (z. B. Thomas **Carlyle**, *Frederick the Great*, 1858–1865). Im 20. Jh. stehen weiterhin verschiedene Biographie-Typen nebeneinander, so z. B. Golo **Manns** kritisches Werk *Wallenstein* (1971) und überhöhende Darstellungen wie Friedrich **Gundolfs** *Goethe* (1916) und Ernst **Bertrams** *Nietzsche – Versuch einer Mythologie* (1929).

Einen wichtigen Platz in der biographischen Literatur des 20. Jh.s nimmt die Roman-Biographie ein. Bedeutende Roman-Biographien schrieben Stefan **Zweig** (*Maria Stuart*, 1935; *Balzac,* 1946), Heinrich ▶ Mann und Lion **Feuchtwanger**. Zum beliebten Genre wurde die Roman-Biographie seit den 70er-Jahren; Beispiele sind die Romane über Oswald von Wolkenstein von Dieter **Kühn** und über Hölderlin, Schubert und Schumann von Peter **Härtling**. Zugleich wurde die lineare Darstellung und geschlossene Interpretation eines Lebens zunehmend in Frage gestellt. Charakteristisch für die neuere Entwicklung ist Wolfgang **Hildesheimers** *Mozart-Studie* (1977), die dem Genre der traditionellen Biographie eine Absage erteilt.

Gesammelte Kurzbiographien finden sich in verschiedenen internationalen und nationalen Nachschlagewerken, z. B. der Allgemeinen Deutschen Biographie (ADB, 56 Bände).

Boheme (franz.: zu bohemas für Böhme, Zigeuner, die wohl über Böhmen eingewandert sind), Sammelbegriff für Künstlerkreise, die bewusst einen antibürgerlichen, extravaganten und äußerst freizügigen Lebensstil pflegten. Durch ihre Zugehörigkeit zur Boheme wollten die meist jungen Maler, Schriftsteller und Studenten ihren Protest gegenüber den verkrusteten Strukturen ihrer Vätergeneration zum Ausdruck bringen, später verstand sich das Künstlerproletariat prinzipiell als Opposition zum herrschenden Kulturbetrieb und zur bürgerlichen Welt. Ausgeschlossen von der Gesellschaft lebten viele Dichter als „poètes maudits“ (= verfluchte, verfemte Dichter) auschließlich ihrem radikalen Kunstideal des **L´art pour l´art** (= Kunst um der Kunst willen; ▶ Symbolismus).

In der Boheme fanden sich Künstler erstmals um 1830 im Pariser Quartier Latin und auf dem Montmartre zusammen (Théophile **Gautier**, Gérard de **Nerval**). Bekannt

wurde die französische Boheme durch den Roman von Henri **Murger** *Scènes de la vie de Bohème* (1845–1849), der romantisierend ein armseliges Künstlerdasein beleuchtet, bis sich endlich beruflicher Erfolg einstellt. Der Stoff wurde später von Giacomo Puccini in der Oper *La Bohème* (1896) vertont.
In London entstand eine Boheme um die Künstler ▶ Wilde, Aubrey **Beardsley** und Ernest **Dowson**. Um 1860 bildete sich in Mailand die **Scapigliatura** (ital.: scapigliato = zügellos) aus, eine Sonderform der Boheme, die die Einheit der Künste und eine engere Beziehung zwischen Kunst und Leben forderte. In Deutschland entwickelte sich die Boheme besonders um und nach der Jahrhundertwende in den Großstädten Berlin (Otto Julius **Bierbaum**, *Stilpe*, Roman, 1897) und München, beschrieben von der „Königin der Boheme" Schwabings, Franziska zu **Reventlow**. Ein Blick in ihre *Tagebücher 1895–1910* zeigt jedoch, dass der Alltag eines Bohemiens nicht nur im Genuss des süßen Lebens bestand: „Wieder Sendlingertorbar. Im Auto heim und hier draußen Sommerleben mit Bubi [ihrem unehelichen Sohn]. Manchmal lesen wir Tausendundeinenacht. Alles schön, ach Gott, ich bin doch so glücklich, wie man überhaupt nur sein kann. Wenn nur die verdammten Existenzsorgen nicht wären. Was habe ich für einen Leichtsinn, dass ich das überhaupt aushalte." Und über die besondere Atmosphäre, die im Münchner Boheme-Café „Stefanie" herrschte, schrieb 1905 Leonhard **Frank**: „Der überfüllte Hauptraum hatte seinen eigenen warmen Geruch, eine spezielle Mischung aus Kaffee- und dumpfem Modergeruch und dickstem Zigarettenrauch. Wer hier eintrat, war daheim. Die Gäste ... zuckten gestikulierend nach links und nach rechts und vor und von den Polsterbänken hoch, fielen ermattet zurück und schnellten mitten im Satz wieder hoch, die Augen aufgerissen im Kampf der Meinungen über Kunst. Hier und dort saß ein Jüngling, reglos grübelnd über das täglich wiederkehrende Problem, wie er Arthur [den Kellner] diesmal überzeugen sollte, dass er seine Zeche morgen ganz bestimmt zahlen werde."
Als Nachfolger der Boheme werden vor allem die amerikanischen Schriftsteller der anarchischen **Beat Generation** (u. a. Lawrence **Ferlinghetti**, Allen **Ginsberg**, Jack **Kerouac**) gesehen, die in den 50er-Jahren mit ihrer radikalen Kritik am Establishment für Aufsehen sorgten, weiterhin die verschiedenen Hippiekulturen („Love generation", „Blumenkinder", „Flowerpower") und die studentischen Kommunen, die seit dem Ende der 60er-Jahre mit ihren ungewöhnlichen Wohn- und Lebensgemeinschaften ihren Protest gegen die Vorstellungen der bürgerlichen Industriegesellschaft zum Ausdruck bringen.

Böll, Heinrich (1917–1985), in Köln als Sohn eines Bildhauers und Schreinermeisters geboren, ist einer der bedeutendsten Autoren der Nachkriegsliteratur, dessen Werke schon früh internationale Anerkennung fanden. Vom Jahre 1947 an veröffentlichte er in literarischen Zeitschriften Kurzgeschichten, die sich in Form und Stil an die amerikanische Shortstory, speziell an ▶ Hemingway, anlehnten und sofort in das thematische Zentrum seines Werkes führen: das Erlebnis der zugleich grauenvollen und lächerlichen Sinnlosigkeit des Krieges, Zerstörens und Quälens, die Heimkehr aus dem Chaos des Krieges in das Chaos der Trümmerlandschaften und Schwarzmärkte und die Erkenntnis, „dass die Zerstörungen in unserer Welt nicht nur äußerer Art sind und nicht so geringfügiger Natur, dass man sich anmaßen kann, sie in wenigen Jahren zu heilen" *(Bekenntnisse zur Trümmerliteratur, 1952)* .
Böll, der den Krieg an verschiedenen Fronten selbst erfahren hatte, beginnt seinen Aufstieg als Schriftsteller 1951 mit dem Preis der ▶ Gruppe 47 für die satirische Er-

zählung *Die schwarzen Schafe*. Als Erzähler der „Kriegs-, Heimkehrer- und Trümmerliteratur" wird Böll in den 50er-Jahren nach Veröffentlichung seines Sammelbandes *Wanderer, kommst du nach Spa...* (1950) bekannt, ebenso durch seine erste Buchveröffentlichung, der längeren Erzählung *Der Zug war pünktlich* (1949): Der Soldat Andreas antizipiert in innerer Klarheit den ihm gewissen Tod während der langen Bahnfahrt an die Ostfront. Die letzte Nacht erlebt er in einem Lemberger Bordell mit der Prostituierten Olina, die ihm Stunden vor dem gemeinsamen Ende im Zeichen der Liebe die äußerste Erkenntnis erschließt: „Wohin ich dich auch führen werde, es wird das Leben sein" – es ist wenig später im Granatfeuer der Tod.

Böll kritisierte vor allem das Deutschland der Scheinordnungen und eines institutionalisierten Kirchentums, hinter denen Kriegsangst, Trümmer und Armut versteckt werden. Ebenso ist das gestörte Verhältnis eines Landes und seiner Bürger zu seiner mit Schuld beladenen jüngsten Geschichte und zu einer labilen Gegenwart das große Thema aller späteren Romane Bölls: *Und sagte kein einziges Wort* (1953), *Haus ohne Hüter* (1954), *Billard um halb zehn* (1959), *Ansichten eines Clowns* (1963) und *Gruppenbild mit Dame* (1971).

Mit den *Ansichten* wird die Figur des Clowns, des nichtangepassten, menschlichen Menschen, der in der funktionalen und verwaltungswütigen Welt der – so Böll – inhumanen bundesrepublikanischen Gesellschaft im Grunde der einzig Normale und Humane bleibt, endgültig zur Dominanten in Bölls Werk:

Hans Schnier, Sohn eines reichen Industriellen, wird zum „Aussteiger", indem er auf eine gesicherte Zukunft als „Braunkohlen-Schnier" verzichtet und seinen Lebensunterhalt als Pantomime zu sichern versucht. Nach der Trennung von seiner Freundin Marie und raschem beruflichem Abstieg gibt Schnier seinen Beruf auf, zieht sich in die Isolation seiner Bonner Wohnung zurück und bricht dann zu seiner vorläufigen Endstation auf: den Treppenstufen des Bonner Bahnhofs, wo Passanten den Gitarre spielenden Clown, der auf die Rückkehr Maries wartet, schon für einen Bettler halten. Marie hat Schnier verlassen, weil der sich weigerte, ihre Liebe durch einen Ehevertrag „gesellschaftsmäßig" zu regeln. Für ihn gehört sie damit wie die Mitglieder seiner Familie oder des aus christlichen Politikern bestehenden „katholischen" Kreises einer heuchlerischen Gesellschaft an, die Schein und Sein verwechselt. In den *Ansichten des Clowns*, der als Pantomime mit der Maske umzugehen weiß, hält Böll der Gesellschaft der Adenauerära den Spiegel vor und deckt die moralische Heuchelei in Ehe, Familie, Kirche, Staat und Gesellschaft auf.

Aggressivere Züge enthält die satirische Gesellschaftskritik in den nachfolgenden Werken Bölls. *Entfernung von der Truppe* (1964) propagiert militärische Fahnenflucht als Ausdruck von Tapferkeit, *Ende einer Dienstfahrt* (1966) stellt die Zerstörung eines unsinnig eingesetzten Bundeswehr-Jeeps als einen Akt des Widerstands gegen staatliche Arroganz dar und *Fürsorgliche Belagerung* (1979) unternimmt den Versuch, das Terrorismusproblem literarisch und kritisch zu bewältigen.

Der Roman *Gruppenbild mit Dame (1971)* ist als Hauptwerk Bölls interpretiert worden, in dessen Mittelpunkt Leni Pfeiffer steht, die ihre Altbauwohnung verlassen soll, weil sich der Hausbesitzer von der Räumung spekulativen Gewinn verspricht. Die „Heldin" repräsentiert eine Form der Verweigerung, die auf jede Art von Kampf verzichtet. Gerade dadurch wird die Figur zu einer Gefahr für ihre Gegenspieler.

Als Böll, kritischer Beobachter deutscher Geschichte, 1972 für eine sachliche Berichterstattung über die Terroristengruppe Baader-Meinhof plädierte, galt er der konservativen Presse, der schon sein Engage-

Szene aus „Die verlorene Ehre der Katharina Blum“, verfilmt von Volker Schlöndorff

ment für die sozialliberale Regierung Willy Brandts anstößig gewesen war, als „Sympathisant“; die Polizei durchsuchte daraufhin sogar sein Wohnhaus in der Eifel. Bölls Antwort auf die Bedrohung individueller Freiheit durch die Gewalt der Massenmedien und der Staatsüberwachung war die Novelle *Die verlorene Ehre der Katharina Blum* (1974). Die Hauptfigur Katharina Blum, die sich ihren Lebensunterhalt als kleine Hausangestellte verdient, wird vom Boulevard-Blatt DIE ZEITUNG mit Hilfe von Halbwahrheiten und Lügen zu einer Sympathisantin des Terrorismus hochstilisiert. Und das nur, weil sie sich in einen von der Polizei gesuchten Bundeswehrdeserteur verliebt hat.

Weit über Deutschland hinaus gewann Böll dadurch Bedeutung, dass er erfolgreich in Bedrängnis geratenen Schriftstellern und Intellektuellen vor allem in der Sowjetunion zu Hilfe kommen konnte. So war er der erste Gesprächspartner für Alexander **Solschenizyn** oder er half dem Literaturwissenschaftler und Übersetzer Lew Kopelew bei dessen Übersiedlung nach Deutschland. Im Roman *Frauen vor Flusslandschaften*, der 1985, im Todesjahr des Dichters, veröffentlicht wurde, erwies sich Böll noch einmal als Verfechter der Auffassung, dass sich in allen, auch in den Bonner Machtapparaten, Inhumanität und Korruption verbergen.

Heinrich Böll, von den einen zum kritischen Gewissen der Nation stilisiert, von den anderen als Sympathisant des Terrorismus beschimpft, blieb umstritten bis zuletzt. Nicht einmal über die Qualität des Stils eines Autors, der 1967 den Büchner-Preis erhielt, 1970/71 Präsident des bundesdeutschen und 1971 des internationalen P.E.N.-Clubs (bis 1973) war und 1972 den Nobelpreis für Literatur erhielt, herrscht Einigkeit unter den Literaturkritikern.

Borchert, Wolfgang (1921–1947) prägte entscheidend die Literatur der unmittelbaren Nachkriegszeit. Der Hamburger absolvierte eine Buchhändlerlehre und nahm nebenbei auch Schauspielunterricht. 1941 wurde er zum Wehrdienst eingezogen. Wegen Wehrkraftzersetzung – er hatte als Soldat systemkritische Briefe nach Hause geschickt – wurde er, obwohl verwundet, aus dem Lazarett in ein Nürnberger Gefängnis überstellt. Man klagte ihn an, „begnadigte“ ihn und schickte ihn an die Front.

Politischer Witze wegen kam der kranke Borchert bald wieder bis Kriegsende in Haft. Er kehrte schwer krank nach Hamburg zurück und begann zu schreiben. 1947 starb Borchert an einem Leberleiden.
Wie sonst kein anderer Autor wurde er zur Symbolfigur der „Generation ohne Abschied". Borchert bezeichnete mit diesem Begriff die Jugend, die am Krieg teilgenommen hatte, sich missbraucht fühlte und die in dem auch moralisch zerstörten Deutschland mühsam nach einem Neuanfang suchte. In seinem Werk verarbeitete Borchert seine Haft- und Kriegserlebnisse und die Eindrücke nach Kriegsende. Gleichzeitig dokumentiert es die Sinnsuche der neuen Autorengeneration. Er verfasste in der kurzen Zeit, die ihm bis zu seinem Tod blieb, ein schmales Prosawerk und das Drama *Draußen vor der Tür*. Seine Jugenddramen und ein großer Teil seiner zahlreichen Gedichte sind nicht veröffentlicht.
Borchert vertrat die literarische Konzeption der ▶ Trümmer- und Kahlschlagliteratur, war aber auch deutlich von ▶ Expressionismus und ▶ Surrealismus beeinflusst. Die in den zwei Erzählsammlungen *Die Hundeblume* und *An diesem Dienstag* enthaltenen Kurzgeschichten prägten diese Gattung nachhaltig. Moderne Erzählformen wie **Montage**, ▶ innerer Monolog, **Stream of consciousness**, **erlebte Rede**, knappe Dialoge, Präzision, verschiedene syntaktische und rhetorische Figuren der Wiederholung sind ebenso typisch für seinen Stil wie die offene Form. Borcherts Kurzgeschichte war jedoch nicht von der amerikanischen **Shortstory** (▶ Kurzgeschichte) eines William **Faulkner** oder ▶ Hemingway geprägt, sondern entsprang seiner persönlichen Erfahrungs- und Schreibsituation. In seinen Kurzgeschichten gewinnt die subjektive Erfahrung Realität für die handelnden Personen, die mit der Gegenwart bzw. der unmittelbaren Vergangenheit konfrontiert werden und ihre Erlebnisse zu bewältigen versuchen. Am

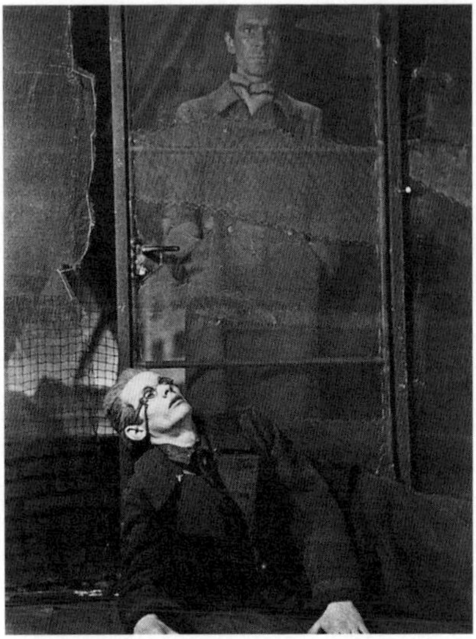

Szene aus „Draußen vor der Tür", Kammerspiele Hamburg, 1947

Schluss der Erzählungen klingt häufig Optimismus an: „Grünes Kaninchenfutter, das war etwas grau vom Schutt.", endet Borcherts bekannteste Kurzgeschichte *Nachts schlafen die Ratten doch* und stellt damit eine noch verschüttete Hoffnung in Aussicht. Das einen Tag nach seinem Tod am 21. 11. 1947 uraufgeführte Heimkehrer-Drama *Draußen vor der Tür* wurde das meistgespielte deutsche Theaterstück der Nachkriegszeit. Einem breiten Publikum wurde es auch als Hörspiel bekannt. *Draußen vor der Tür* schildert in der Art des expressionistischen Stationentheaters die Kriegserfahrungen des heimkehrenden Soldaten Beckmann, der eine zerstörte Welt vorfindet, die ihm ausgesprochen feindselig begegnet und in die er nicht hineinzupassen scheint. Borcherts Werk wurde anfangs enthusiastisch gefeiert; später erfuhr es eine kritische Hinterfragung, die allerdings den Nachweis für die Behauptung, das Werk sei überschätzt worden, nicht antreten konnte.

Brecht, Bertolt (1898–1956), dessen weltliterarische Bedeutung vor allem auf seinem dramatischen Werk beruht, stammte aus Augsburg und war der Sohn eines kaufmännischen Angestellten und späteren Fabrikdirektors. Schon als Gymnasiast machte Brecht auf seine rebellisch-antibürgerliche Grundeinstellung aufmerksam. Nach seinem Abitur, 1917, immatrikulierte er sich an der philosophischen Fakultät, dann in Medizin, ohne jedoch das Studium ernsthaft aufzunehmen. Im Herbst 1918 arbeitete er als Sanitätssoldat in einem Augsburger Lazarett und machte dort Erlebnisse, die seine antimilitaristische Haltung verstärkten – abzulesen an der in dieser Zeit entstehenden *Legende vom toten Soldaten*.

Bertolt Brecht, 1931

Nach dem Ende des Ersten Weltkriegs setzte Brecht sein Studium zum Schein fort, verkehrte aber überwiegend in Münchner Literatur- und Theaterkreisen.
Kurze Zeit nach *Baal* entstand das zeitkritische Heimkehrerdrama *Trommeln in der Nacht*, das an das groteske ▶ Volkstheater Karl **Valentins** erinnert und die ausschließlich subjektive Perspektive des dramatischen Erstlings überwand. Erstmals fanden dabei auch antiillusionistische Techniken Verwendung, das Spiel im Spiel und die direkte, provozierende Anrede des Publikums. Die Uraufführung des Stücks (1922) wurde ein großer Erfolg und brachte seinem Autor den begehrten Kleist-Preis. Brechts drittes Stück, *Im Dickicht der Städte* (UA München 1923) weist ihn als Vorläufer des ▶ absurden Theaters aus. Auch arbeitete er zum ersten Mal mit dem Verfremdungseffekt. Doch das Publikum lehnte das Stück ab, fast alle Aufführungen führten zum Skandal, der Brechts Ruf als Bürgerschreck und Theaterrebellen nachhaltig förderte.
1924 übersiedelte Brecht nach Berlin, dem kulturellen Zentrum der Weimarer Republik. Bis 1926 arbeitete er zusammen mit Carl **Zuckmayer** als Dramaturg am Deutschen Theater Max **Reinhardts**, wo er auch seine eigenen Stücke inszenieren konnte.
Brechts Bemühungen, die Triebkräfte der bürgerlich-kapitalistischen Gesellschaft zu begreifen, mündeten 1926/27 in eine intensive Beschäftigung mit dem Marxismus und bewirkten die Annäherung an die kommunistische Arbeiterbewegung. Fortan galt ihm die Bühne als Stätte der politischen Aufklärung und Agitation. Beides führte zur Entwicklung neuer Theaterformen, die den Zuschauer zum eigenen Denken und Tun anregen sollten – dem ▶ epischen Theater. Wesentliche Anregungen verdankte er dabei dem politischen Theater des Regisseurs Erwin **Piscator**.
Den entscheidenden Wendepunkt in Brechts dramatischem Schaffen markiert das Stück *Mann ist Mann* (UA 1926), in dem er zum ersten Mal die Parabelform anwandte und mit mehreren Spiel- und Kommentarebenen experimentierte. Songs, die die Handlung unterbrechen und erläutern, finden sich hier ebenso wie die Distanz schaffende und illusionszerstörende Selbstvorstellung der Figuren.
1928 entstand als Gegenentwurf zur englischen *Beggar's Opera* (1728) und in Zu-

sammenarbeit mit dem Komponisten Kurt **Weill** *Die Dreigroschenoper*, die Brechts Weltruhm begründete. Die Nummernoper spielt in der Londoner Unterwelt und zeigt mit parodistischen Mitteln die wohlanständige bürgerliche Gesellschaft als inhumanes Ausbeutungssystem.
Deutlicher noch als die *Dreigroschenoper* entsprach die Anti-Oper *Aufstieg und Fall der Stadt Mahagonny* (UA 1930) Brechts Vorstellungen von einem epischen Theater. Das Stück parodiert die biblische Passionsgeschichte und konfrontiert den Zuschauer mit einer negativen Gesellschaftsutopie. Wer Geld besitzt, darf alles. Kein Geld zu haben ist verwerflich und führt im Zweifelsfalle auf den elektrischen Stuhl. Die Uraufführung der Oper rief einen der größten Theaterskandale der Weimarer Republik hervor.
Den extremsten Gegensatz zum bürgerlichen Theater stellten Brechts 1929/30 entstandenen **Lehrstücke** (*Die Maßnahme*, *Die Ausnahme und die Regel* u. a.) dar, die den Zuschauer mit vereinfachten Entscheidungssituationen konfrontierten und in einen Mitspieler verwandeln sollten. Ziel dieser didaktischen Dramatik war die politische Erziehung, wie sie ähnlich auch das sowjetische und deutsche Agitproptheater kennzeichnete (▶ Agitprop).
Bereits nach dem Reichstagsbrand sah sich Brecht gezwungen, Deutschland zu verlassen. Prag, Wien, Zürich, Paris und die dänische Insel Fünen wurden die ersten Stationen des Exils. Brechts Werke waren seither in Deutschland verboten, ihrem Schöpfer wurde die deutsche Staatsbürgerschaft aberkannt.
Die frühen Exilwerke Brechts (*Die sieben Todsünden der Kleinbürger*, 1933; *Die Rundköpfe und die Spitzköpfe*, UA 1936) belegen Brechts Bemühen, an seine Weimarer Theaterpraxis anzuschließen und seine Theorie des epischen Theaters weiterzuentwickeln (*Der Messingkauf*, 1938/39). Ab Mitte der 30er-Jahre griff Brecht auf die Mittel des herkömmlichen Theaters zurück (z. B. *Furcht und Elend des Dritten Reiches* 1935–38; *Die Gewehre der Frau Carrar*, UA 1937), um dadurch wirksamer den Kampf gegen den Nationalsozialismus unterstützen zu können.
Im April 1939, kurz vor der Besetzung Dänemarks, floh Brecht über Schweden, Finnland und die Sowjetunion in die USA, wo er sich in Santa Monica nahe Hollywood niederließ. Hoffnungen, sich in der amerikanischen Filmindustrie beruflich etablieren zu können, schlugen fehl. Ungeachtet seiner misslichen Lebensumstände entstanden im amerikanischen Exil jene Stücke, denen Brecht nach 1945 seine Weltgeltung verdankte. Er behandelte darin grundsätzliche Fragen: die ethische Verantwortung der Naturwissenschaften (*Leben des Galilei*, 1938/39; weitere Fassungen 1945–1947, 1957), das Verhalten der kleinen Leute gegenüber dem Krieg (*Mutter Courage und ihre Kinder*, 1939), die Entfremdungsmechanismen der kapitalistischen Gesellschaft (*Herr Puntila und sein Knecht Matti*, 1940), die Entstehungsgründe des Faschismus (*Der aufhaltsame Aufstieg des Arturo Ui*, 1941) sowie Fragen der sozialen Vernunft (*Der kaukasische Kreidekreis*, 1944/45).

Das gelungenste Beispiel des epischen Theaters Brechts ist die Parabel *Der gute Mensch von Sezuan* (1941, Musik: Paul **Dessau**), die 1943 im Zürcher Schauspielhaus uraufgeführt wurde. Sie fragt, ob der Mensch gut sein und zugleich gut leben könne. Das Stück konfrontiert den Zuschauer mit drei Göttern, die auf der Suche nach einem guten Menschen sind, um dadurch die Einrichtung dieser Welt und somit auch ihre eigene Existenz rechtfertigen zu können. Ihr Vorhaben scheitert. Die gutmütige Prostituierte Shen Te, die als Einzige den Göttern ein Nachtlager zur Verfügung stellt und dafür belohnt wird, muss sich in der Folge immer wieder in ihren skrupellosen Vetter Shui Ta verwandeln, um ihre eben erst gewonnene bürgerliche Existenz zu retten. Die Götter jedoch verweigern eine verbindliche Antwort auf diese Anklage. Sie entziehen sich dem Eingeständnis, dass man die Welt ändern müsse, und erweisen sich als Parteigänger der Reichen und Mächtigen.

1947, auf dem Höhepunkt der antikommunistischen McCarthy-Ära, musste sich Brecht vor einem Komitee zur Bekämpfung unamerikanischen Verhaltens verantworten. Verbittert verließ er umgehend die USA. Über Paris, Zürich und Prag kehrte er 1949 nach Deutschland zurück. Da er kein Einreisevisum für die Westzonen erhielt, ließ er sich in Ostberlin nieder, wo er mit offenen Armen empfangen wurde (▶ DDR-Literatur). Noch im selben Jahr gründete dort Helene Weigel, Brechts Ehefrau, das **Berliner Ensemble**, seit 1954 im eigenen **Theater am Schiffbauerdamm** beheimatet. Brecht gab dies die Möglichkeit, seine im *Kleinen Organon für das Theater* (1949) noch einmal beschriebenen Vorstellungen von einem epischen Theater nun auch praktisch zu erproben. Seine Modellinszenierungen eigener und fremder Stücke wurden große Erfolge und wiesen ihn als bahnbrechenden Erneuerer des Theaters aus. Auch eigene neuere Stücke wurden aufgeführt: *Das Verhör des Lukullus*, *Herrnburger Bericht* (beide 1951), *Der Prozess der Jeanne d'Arc zu Rouen 1431* (1952) oder *Die Tage der Commune* (1956). Seit seiner Rückkehr nach Berlin engagierte sich Brecht rege im politischen und kulturellen Leben der DDR. Bereits 1951 wurde er mit dem Nationalpreis ausgezeichnet, 1954 folgte der Stalin-Friedenspreis. Gleichwohl kritisierte Brecht den verordneten Staatssozialismus und die dogmatische Kulturpolitik der SED, achtete dabei jedoch stets darauf, seine Arbeitsbedingungen nicht aufs Spiel zu setzen.
In der Bundesrepublik galt Brecht lange Zeit als unverbesserlicher Kommunist. Nach dem Arbeiteraufstand vom 17. Juni 1953 sowie 1961 nach dem Bau der Mauer kam es zu einem regelrechten Brecht-Boykott. Erst im Verlauf der 60er-Jahre setzte eine überwiegend positive Rezeption ein, die in den Kreisen der Studentenbewegung in eine Brecht-Begeisterung mündete. Die bisher unveröffentlichten Streitschriften aus der ▶ Expressionismusdebatte spielten dabei eine große Rolle und prägten den Realismusbegriff einer ganzen Generation. Brechts *Radiotheorie* (1930) und die Schrift *Der Dreigroschenprozeß* (1931) schärften den Blick für die Probleme des Medienzeitalters. Als 1967 Brechts *Gesammelte Werke* erschienen, riefen sie auch die bislang vernachlässigte Prosa des Autors ins Bewusstsein: die *Geschichten vom Herrn Keuner* (1930, 1932, 1953) und die *Kalendergeschichten* (1949), die bald schon zum schulischen Lesekanon gehörten, den *Dreigroschenroman* (1934), den Roman *Die Geschäfte des Herrn Julius Cäsar* (1949). Auch das umfängliche lyrische Œuvre Brechts konnte so entdeckt werden: *Hauspostille* (1927), *Lieder Gedichte Chöre* (1934), *Svendborger Gedichte* (1939) *und Buckower Elegien* (1953).

Brief (vulgärlat.: breve scriptum = kurzes Schreiben, Urkunde) an einen abwesenden Adressaten gerichtete schriftliche Mitteilung, die eine mündliche Aussprache ersetzt. Neben dieser privaten Funktion wurde der Brief auch als Selbstzeugnis bedeutender Autoren, als offizieller Brief für amtliche Anweisungen und Erlasse oder als (meist politisches) Druckmittel in der Gestalt eines „offenen Briefes", der sich nur scheinbar an einen bestimmten Adressaten, in Wirklichkeit jedoch an die breite Öffentlichkeit richtet, verwendet.
Die Geschichte des Briefes ist fast so alt wie die der ▶ Schrift; erste Briefe kennen wir aus der ägyptischen Pharaonenzeit. Im klassischen Altertum wurden Briefe in der Regel auf Papyrus oder auf zusammenklappbare, mit Wachs bezogene Holztäfel-

chen geschrieben. Unter den Briefsammlungen bekannter Persönlichkeiten dieser Epoche nimmt der Briefwechsel ▶ Ciceros, der über 900 Briefe in 37 Büchern umfasst, nicht nur seines Umfangs wegen eine Sonderstellung ein. Seine Briefe sind aus einem konkreten Anlass heraus für eine bestimmte Situation verfasst worden.

Von ganz anderer Art sind die literarischen Briefe oder **Kunstbriefe**. Im Wesentlichen handelt es sich hierbei um fingierte Briefe, bei denen die Briefform lediglich zur Einkleidung philosophischer oder schöngeistiger Traktate dient, so etwa bei Empedokles, Aristoteles, Epikur oder bei den *Epistulae morales* (ab 62 n. Chr.) von L. A. **Seneca** dem Jüngeren. Zu den Kunstbriefen sind auch die Briefgedichte zu rechnen, etwa die von ▶ Horaz oder ▶ Ovid. Bereits die Antike kennt den „offenen Brief" als ein wirksames politisches Mittel; bekanntestes Beispiel sind die Briefe des Isokrates an Philipp II. von Makedonien oder des **Sallust** an Caesar.

Im Mittelalter wurde die Briefkunst vor allem von Klerikern, die sich der lateinischen Sprache bedienten, gepflegt. Eine eigene Tradition entstand seit dem 12. Jh. in den *Mystikerbriefen*, in denen metaphysische Inhalte ausgebreitet wurden.

Mit der Erweiterung des Kreises der Schreibkundigen auf Laien beginnt der Brief sich allmählich vom Latein zu lösen, trotzdem lebte in den wissenschaftlichen Briefwechseln der Humanisten (▶ Humanismus) die lateinische Sprache weiter. Einen ersten Höhepunkt des deutschsprachigen Briefes stellt die sehr markante und in persönlichem Ton gehaltene Korrespondenz **Luthers** dar. In Frankreich entwickelte sich seit dem 17. Jh. eine hohe Briefkultur, mit Schwerpunkt auf stilistischer Eleganz.

Das französische Vorbild fand auch in der feinen Gesellschaft in Deutschland, die auch die französische Sprache bevorzugte, lebhafte Nachahmung. Eine Ausnahme stellen die in sehr persönlichem Stil gehaltenen deutschen Briefe Liselottes von der Pfalz dar. Der zuvor schon kritisierte gekünstelt-elegante französische Briefstil wurde erst durch J. Ch. **Gottsched** und Ch. F. **Gellert** (*Briefe, nebst einer praktischen Abhandlung von dem guten Geschmack in Briefen*, 1751) zu Gunsten größerer Natürlichkeit überwunden. Von dieser Zeit an verlief die Geschichte des Briefes parallel zur allgemeinen literarischen Entwicklung. Nebeneinander entsteht eine subjektive, oft künstlerisch erregte Briefsprache, die von ▶ Pietismus (J. Spener) und ▶ Empfindsamkeit, über den ▶ Sturm und Drang bis zur ▶ Romantik reicht, und ein rationaler Briefstil, der von der Persönlichkeit des Autors individuell geprägt ist; ihm sind die Briefe aus dem Umkreis der ▶ Aufklärung, und die der Realisten (▶ Bürgerlicher Realismus) verpflichtet. Ferner diente die Briefform für philosophische und literaturkritische Traktate als äußerer Rahmen, so etwa bei J. G. **Herder** (*Briefe zur Beförderung der Humanität,* 1793–97) oder bei ▶ Schiller (*Über die ästhetische Erziehung des Menschen,* 1795).

Auch im 20. Jh. gehört die Veröffentlichung der Briefe zu den Gesamtausgaben literarischer, politischer oder wissenschaftlich bedeutender Autoren; unter ihnen sind viele, deren Korrespondenz einen eigenen Rang beanspruchen kann (▶ Rilke, ▶ Hofmannsthal, ▶ Musil, Hermann **Hesse**, Th. ▶ Mann, ▶ Kafka oder Else **Lasker-Schüler**). Eine Neubelebung des Briefes versuchte im Anschluss an A. **Camus** (*Lettres à un ami allemand,* 1944) ▶ Böll (*Brief an einen jungen Katholiken*, 1958). Allgemein ist jedoch im 20. Jh. ein Verfall der Kunst des Briefeschreibens zu beobachten.

Brontë Die drei Schwestern **Charlotte** (1816–1855), **Emily** (1818–1848) und **Anne** (1820–1849) gehören zu den führenden weiblichen Romanautoren im viktorianischen England. Aufgewachsen in der dörflichen Abgeschiedenheit des ländlichen

Anne, Emily und Charlotte Brontë, um 1838

Yorkshire verzichteten die Brontë-Schwestern darauf, die vielfältigen sozialen Verhältnisse in der englische Gesellschaft zu verarbeiten, wie dies etwa Charles **Dickens** (▶ Englischsprachige Literatur) tat. Vielmehr konzentrierten sie sich auf die Darstellung des Innenlebens ihrer Figuren und dabei vor allem auf das aus der weiblichen Perspektive beschriebene Gefühlsleben ihrer Heldinnen.

Anne Brontës bedeutendster Roman *Agnes Grey* (1847) ist eine gefällig geschriebene, mit autobiographischen Zügen versehene Erzählung über eine Erzieherin, die vergebens hofft, alle jungen Menschen hätten eine ebenso empfindsame Seele wie sie selbst. Dennoch gibt sich die Heldin nicht geschlagen.

Charlotte Brontës *Jane Eyre* (1847) ist ebenfalls autobiographisch geprägt. Zwar hat dieser Roman noch einige Elemente des Schauerromans und ist auch weniger ausgereift als Annes später Roman *Villette* (1853), doch ist *Jane Eyre* revolutionärer. Bis heute ist dieser Roman Charlotte Brontës populärstes Werk geblieben.

Jane Fyre beschreibt den leidvollen Lebensweg eines verwaisten Mädchens. Nach einer unglücklichen frühen Kindheit bei lieblosen Pflegeeltern erhält Jane durch die Hilfe eines Apothekers die Möglichkeit, die Schule zu besuchen. Die Heldin kann nun ihr Schicksal ein wenig zum Besseren wenden, doch neben der mangelhaften Verpflegung hat sie immer noch unter ihren Pflegeeltern zu leiden, die sie bei der Schulleitung verleumden.

Nach acht Jahren, davon hat sie zwei als Lehrerin gearbeitet, verlässt Jane die Schule und wird Gouvernante für Herrn Rochesters Mündel Adèle. Sie verliebt sich nach und nach in Rochester und gibt ihm ihr Ja-Wort, als dieser ihr versichert, keine andere als sie heiraten zu wollen. Am Traualtar wird Rochester der Bigamie beschuldigt und er erklärt, dass er tatsächlich seine gefährlich geisteskranke, „erste" Frau in einer Dachkammer eingesperrt habe. Heimlich verlässt Jane daraufhin den immer noch geliebten Rochester und arbeitet wieder als Lehrerin.

Als sie nach langer Zeit Rochester besuchen will, findet sie heraus, dass dessen irrsinnige

Frau das Haus niedergebrannt hat und selbst dabei ums Leben gekommen ist. Sie findet Rochester, der sein Augenlicht und eine Hand verloren hat, und heiratet ihn. Nach zwei Jahren kann Rochester teilweise wieder sehen.

Emily Brontë, der Freigeist der Familie, schrieb mit *Wuthering Heights* (1847, *Sturmhöhe*) zwar nur einen einzigen Roman, doch gilt dieser ausdrucksstarke Roman als eines der großen Werke der englischen Literatur des 19. Jh.s. Erzählt wird die Geschichte des Pflegekindes Heathcliff, der vom Sohn des Hauses gequält und seelisch zerrüttet wird. Als schließlich die geliebte Adoptivschwester einen anderen heiratet, zerbricht für ihn eine Welt. Als Erwachsener nimmt Heathcliff – der schon als Junge so dunkel aussah, als sei er vom Teufel gekommen - grausam und gnadenlos Rache.

Der Roman besticht einerseits durch die Darstellung der Liebe als Naturgewalt, die schließlich Zerstörung bringt, andererseits durch seine Perspektiventechnik, die an den modernen Roman erinnert. Die Geschichte wird von zwei Erzählern dargestellt, die jeder für sich nur jeweils unvollkommen über das Geschehen Bescheid wissen.

Buch (gotisch=bokos, ahd/mhd=[p]buoch) Das Wort bezeichnete ursprünglich die zusammengehefteten Buchenholztafeln, die man beschrieb. Der Form nach meint der Begriff die Verbindung mehrerer Blätter oder Bogen mittels Heftung/Bindung, die von einem Einband umschlossen sind.

Vorgänger unseres Buches sind die gebrannten Tontafeln der Babylonier und Assyrer, und die **Papyrusrolle** der Ägypter. Antike Papyri (aus dem präparierten Mark der Papyrusstaude) haben sich bis heute erhalten. Seit dem 3. Jh. v. Chr. kam das haltbarere **Pergament** (zweiseitig beschreibbares Schafs-, Kalb- oder Ziegenleder, zunächst in Pergamon gebräuchlich) auf. Bis ins Mittelalter blieb es der Hauptbeschreibstoff. Die einzelnen Papyrus- oder Pergamentblätter wurden in Schriftspalten (sog. Kolonnen) beschrieben und zu Bahnen zusammengeklebt. Die geschlossene Rolle trug einen heraushängenden Streifen („titulus“ oder„index“). Mit der Thora-Rolle (Altes Testament der Juden) ist die Buchrolle bis heute im Gebrauch.

Durch Faltung und Heftung entstand im 2. Jh. n. Chr. der **Codex**, dessen Name vom Material („Holzklotz“) auf die Form übergegangen ist. Als Vorbild dienten gewachste Holztafeln, die durch Schnüre oder Ringe zusammengehalten wurden. Der zunächst qua-

„Ein Stilleben“ von Wolfgang Nieblich, 1987

dratische Codex veränderte sich zur noch heute üblichen hochrechteckigen Form. Im 14. Jh. kam das in China schon lange gebräuchliche **Papier** (hergestellt aus Textilabfällen, sog. Hadern) über Arabien nach Europa. Es verdrängte das teuerere Pergament und blieb bis heute der Hauptbeschreibstoff.
Die Buchherstellung lag zu dieser Zeit ganz in der Hand der Mönche. Sie fertigten Handschriften an und schmückten sie kunstvoll mit Initialen und Miniaturen aus. Die Buchkunst entstand. Scriptor, Rubrikator (Rötelmaler), Illuminator und Minator waren mit der Ausgestaltung der Codices befasst.
1454 erschien Johannes **Gutenbergs** 42-zeilige Bibel. Der Druck mit beweglichen Typen und die Entwicklung des Handgießinstruments zur Herstellung einer unbegrenzten Zahl von identischen metallenen Typen revolutionierten die Buchherstellung und -verbreitung und machten das Buch zur Massenware.
Bei den ersten auch schon vor Gutenberg gedruckten Büchern (Inkunabeln) wurden Schriftbild und Satzanordnung noch den Handschriften nachgebildet. Erst allmählich gelang es, auch die Ausschmückung eines gedruckten Buches technisch durchzugestalten. Bis zum Ende des 16. Jh.s wurden die gedruckten Bücher fast ausschließlich mit **Holzschnitten** illustriert, wozu bedeutende Künstler (z. B. Albrecht Dürer) herangezogen wurden. Im 17. Jh. verdrängten **Kupferstiche** den Holzschnitt. Der Kupferstich wurde besonders für Titelblätter (Titelkupfer) und für die Wiedergabe von Karten benutzt. Rein dekorative Elemente für die Buchgestaltung (z. B. Vignetten, Fleurons) erfand der von Frankreich ausgehende Rokokostil im 18. Jh. Die **Lithographie** als neues Reproduktionsverfahren des 19. Jh.s ermöglichte ein Illustrationsverfahren, das auch für große Auflagen technisch gute Ergebnisse brachte. Seit dieser Zeit nahm allerdings auch die künstlerische Ausgestaltung von Büchern ab.
Doch kehren wir nochmals zur bahnbrechenden Erfindung Gutenbergs zurück. Mit dem Namen Gutenberg verbinden sich nämlich eine Reihe weiterer wichtiger Erfindungen: die Weiterentwicklung der Druckerpresse, die Legierung des Typenmaterials, die Zusammensetzung der Druckerfarbe, die Entwicklung des Druckballens zum Einfärben und der Setzkasten.
Es spricht einiges dafür, dass es ohne den Buchdruck keine Reformation gegeben hätte. Martin **Luther** nannte den Buchdruck „summum et postremum donum", durch welches Gott die Ausbreitung des Evangeliums befördere. Seine Bibelübersetzung von 1521 in der damals gebräuchlichen „deutschen" Sprache, daneben die Verbreitung der „neuen Lehre" in Flugschriften förderten Luthers Ideen von einer Erneuerung der Kirche. Wurden von Gutenbergs Bibel von 1454 etwa 180 Exemplare gedruckt, so von Luthers Neuem Testament in 15 Jahren etwa 100000 Exemplare.
Eine erneute Revolutionierung erfuhr die Buchherstellung mit der Erfindung der **Schnellpresse** von Friedrich Koenig 1812. Ab dem 29. November 1814 wurde die Londoner *Times* mit der Schnellpresse gedruckt, im Buchdruck folgten in den 1820er Jahren die Firmen Metzler (Stuttgart) und Cotta (Tübingen). Das zu bedruckende Papier bestand nun vorwiegend aus Holz und Zellstoff (v. a. Stroh) anstatt des teuren Hadernpapiers. Die Einführung der **Rollenrotationsmaschine** ließ noch höhere Auflagen bei der Zeitschriften- und Buchproduktion zu. Neben dem gebundenen Buch wurde nun die Broschur beliebt. Als im sog. Klassikerjahr 1867

die Urheberrechts-Schutzfristen abliefen, kamen die ersten **Taschenbücher** wie Reclams Universalbibliothek auf den Markt.
Seit den Zwanzigerjahren des 20. Jh.s gibt es eine Reihe von **Buchgemeinschaften**. 1925 waren etwa 3 Mio. Bürger Abonnenten von Buchgemeinschaften. 6,5 Mio. Abonnenten zählen die Buchgemeinschaften der Gegenwart. Nach dem Zweiten Weltkrieg etablierte sich die **Frankfurter Buchmesse** als der weltgrößte Umschlagplatz für Bücher.
Seit den 1950er-Jahren setzt sich auf dem Buchmarkt mehr und mehr das Taschenbuch durch. Bereits 1947 hatte Rowohlt mit seinen **Rotationsdrucken** (Romantexte im Zeitungsformat) große Erfolge erzielt. „Rowohlts Rotations-Romane" bildeten sogar den Markennamen („rororo") für den Verlag. Heute werden über 50% der Belletristik im Taschenbuch verbreitet, insgesamt liegt der Anteil des Taschenbuchs am Buchmarkt bei 17%.
Im 20. Jh. verdrängten Setzmaschinen (Monotype, Linotype) den Handsatz, die Fotochemie (Autotypie, Lichtdruck) veränderte die Illustrationsverfahren, Rotationsmaschinen lösten die Tiegeldruckpresse ab. Seit 1960 dominiert in der Buchherstellung der Offsetdruck; der Fotosatz löste den Bleisatz ab. Desktop-Publishing (DTP) ermöglicht seit den Achtzigerjahren Seitenumbruch in kürzester Zeit.
Eine Veränderung in der Buchlandschaft kündigte sich in den 90er-Jahren an. Die neueste Computertechnik mit kompakteren, zugriffsschnelleren und preiswerteren Speichermedien (Disketten, CD-ROM) bedrohen den Informationsspeicher Buch. Am Massachusetts Institute of Technology entwickeln Wissenschaftler derzeit ein elektronisches Buch.
In diesem Zusammenhang wird gelegentlich die Frage gestellt, ob wir am Ende des „Buchzeitalters" stehen und in eine von den **Neuen Medien** beherrschte Ära eintreten. Gehört etwa die uns vertraute Form des Schmökerns von schöner Literatur in der Sofaecke bald der Vergangenheit an oder sind die seit Mitte der 90er-Jahre im Internet laufenden Versuche, literarische Texte „gemeinsam" am Computer zu schreiben und über dieses Medium zu rezipieren, eine bloße Modeerscheinung?
Nach neuesten Erkenntnissen (Stiftung Lesen 2004, „Leseverhalten der Deutschen im neuen Jahrtausend") haben 45% der Deutschen kaum oder nichts mehr mit Büchern zu tun. 31% interessieren sich für Literatur und nur noch 6% greifen täglich zum Buch. Häufig wird auch die Angst geäußert, dass Computer ein neues Analphabetentum schaffen. Sicher wird die technische Entwicklung der neuen Medien dazu führen, dass das, was wir heute als Buch in den Händen halten, zunehmend im digitalen Medium zu finden ist. Aber ganz sicher wird man die bisherige Form des Lesens und die literarische Weltsicht und -aneignung nicht aufgeben. „Eine Welt ohne Buch" wird es nicht geben.

Buchhandel Bis ins 18. Jh. waren ▶ Verlag und Vertrieb in einer Hand. In der Regel wurden die Bücher ungebunden verkauft, die Bogen in Fässern transportiert und von den Händlern auf den Messen Bogen gegen Bogen nach dem Materialwert getauscht. Das Format der Bücher wurde durch Falzung der Bogen bestimmt: 2° (Folio), 4° (Quart), 8° (Oktav), 16° (Sedez) usw. Die Messen von Frankfurt und Leip-

zig galten als die Hauptumschlagplätze für Druckerzeugnisse. Ab 1764 gewann die **Leipziger Buchmesse** die Oberhand. Der Tauschhandel wurde abgelehnt und Bücher im sog. Nettohandel gegen bar angeboten. Ab 1800 setzte sich der Konditionsverkehr durch, d. h., die Bücher, die man auf Messen bezog, musste man erst bei der nächsten Messe bezahlen. Im Jahr 1888 führte man für Bücher einen festen Ladenpreis ein, um ein wirksames Mittel gegen unlautere Konkurrenz zu haben.
Heute werden etwa 60% der Verlagsprodukte im **Sortimentsbuchhandel** mit offenem Ladengeschäft umgesetzt. Insgesamt gibt es in der Bundesrepublik über 4000 Buchhandlungen, 80% davon sind Klein- und Mittelbetriebe. Der deutsche Buchmarkt erwirtschaftete im Jahre 2002 mit Büchern, Fachzeitschriften und Medien einen Gesamtumsatz von 9,4 Mrd. Euro.
Aus der Vielzahl der lieferbaren Bücher und unter Berücksichtigung der Neuerscheinungen trifft der Buchhändler eine Auswahl für seinen jeweiligen Kundenkreis. Für die Prüfung von Neuerscheinungen gibt es in begrenztem Umfang ein Rückgaberecht. Nicht verkaufte wissenschaftliche Literatur oder Fachliteratur wird in Ausnahmefällen vom Verlag zurückgenommen.
Die Spitzenorganisation des Buchhandels in der Bundesrepublik ist der **Börsenverein des Deutschen Buchhandels** in Frankfurt. Fachblatt ist das „Börsenblatt für den Buchhandel".

Büchner, Georg (1813–1837) wurde von seinen Zeitgenossen kaum beachtet, zählt aber heute mit seinem schmalen Werk zu den größten deutschen Dichtern. Literarhistorisch wird Büchner dem ▶ Vormärz zugerechnet; die meisten seiner Werke wurden erst nach seinem Tod veröffentlicht.
Büchner wuchs in Darmstadt auf, wo sein Vater als Bezirksarzt tätig war. Von Jugend an fühlte er sich republikanischen Ideen verpflichtet. Schon als Gymnasiast hielt er pathetische Reden auf Vaterland und Freiheit im Stile antiker Rhetoriker.
Auf Wunsch des Vaters schrieb er sich 1831 an der medizinischen Fakultät der Universität Straßburg ein. Hier unterhielt Büchner Kontakte zu politischen Zirkeln, die ihn mit frühkommunistischen und sozialrevolutionären Theorien bekannt machten, sodass für Büchner bald feststand, „dass nur das notwendige Bedürfnis der großen Masse Umänderungen herbeiführen kann, dass alles Bewegen und Schreien der Einzelnen vergebliches Torenwerk ist".
Nach seiner Verlobung mit der Pfarrerstochter Louise Wilhelmine (Minna) Jaeglé begab sich Büchner 1833 nach Gießen, wo er im Jahr darauf – nach französischem Vorbild – mit Studenten und Handwerkern die revolutionäre „Gesellschaft der Menschenrechte" gründete. In diesem Jahr erschien auch die von Büchner verfasste und von dem Pfarrer Friedrich Ludwig Weidig stark überarbeitete sozialrevolutionäre Flugschrift *Der Hessische Landbote*. Zurückgekehrt nach Darmstadt hielt er Privatvorlesungen und schrieb sein Drama *Dantons Tod*. Als Weidig verhaftet und schließlich zu Tode gefoltert wurde, floh der steckbrieflich gesuchte Büchner 1835 nach Straßburg. In diese Zeit fällt die Arbeit an seiner Novelle *Lenz*. 1836 schloss er sein Studium in Zürich mit der Promotion ab und hielt als junger Dozent naturwissenschaftliche Vorlesungen. Als ahnte er, dass ihm nur noch wenig Zeit bleiben würde, arbeitete Büchner an mehreren literarischen Projekten gleichzeitig: u. a. an der Komödie *Leonce und Lena* und dem Drama *Woyzeck*. Im Februar 1837 starb er – keine vierundzwanzig Jahre alt – an „Faulfieber" (Typhus).
Büchners Werk umfasst drei Dramen, eine Novelle, vereinzelte poetische Versuche, wenige wissenschaftliche Arbeiten, einige Briefe und eine politische Kampfschrift. Um Büchner zu verstehen, sind auch seine Briefe aufschlussreich, in denen er – ent-

weder an die Familie, die Verlobte oder Freunde – philosophische und literaturtheoretische Themen behandelt, politische Fragen diskutiert oder persönliche Krisen verarbeitet. Ein spektakulärer Fund gelang Büchner-Forschern 1993 mit der Identifizierung zweier bislang unbekannter Briefe aus Straßburg an die Familie.

Büchner hat die revolutionäre Grundstimmung seiner Zeit (Juli-Revolution 1830 in Frankreich, Frankfurter Wachensturm 1833) gierig in sich aufgesogen. So war er überzeugt, dass die schlimmen sozialen Zustände in Deutschland, die „die große Masse der Staatsbürger zum frohnenden [arbeitenden] Vieh" machen, nur durch revolutionäre Agitation überwunden werden könne. Daher verfasste er zusammen mit Friedrich Ludwig Weidig die aufrührerische ▶ Flugschrift *Der Hessische Landbote* (1834), die mit den berühmten Sätzen „Friede den Hütten, Krieg den Palästen" beginnt. Mit ihrem volksnahen Stil aus Bibelzitaten, Metaphern und umgangssprachlichen Wendungen richtete sich die Schrift vor allem an Bauern und Handwerker. Zugleich wurde sie mit den kommentierten Finanzstatistiken zu einer schonungslosen Abrechnung der unerträglichen Zustände im Großherzogtum Hessen. „Der Fürst ist der Kopf des Blutigels, der über euch hinkriecht, die Minister sind seine Zähne und die Beamten sein Schwanz." *Der Hessische Landbote* wurde so zu einem Höhepunkt politischer Publizistik im Vormärz und deutete mit seinem sozialrevolutionären Anspruch schon auf das *Kommunistische Manifest* von **Marx** und **Engels** (1848) voraus. Im 20. Jh. wiederum griff der Schriftsteller Hans Magnus **Enzensberger** das politische Programm des *Hessischen Landboten* auf, um die Gesellschaftsordnung der 60er-Jahre zu kritisieren: „Im Übrigen haben wir unsere Paläste unter Denkmalschutz gestellt und uns ein neues Motto verschrieben: Friede den Eigenheimen am Rhein und am Hudson! Krieg den Hütten am Congo und am Mekong!"

Die Ausnahmestellung Büchners wird auch durch sein dramatisches Werk deutlich. Die lange nach seinem Tod uraufgeführten Stücke (*Leonce und Lena* 1895, *Dantons Tod* 1902, *Woyzeck* 1913) wurden vor allem für die Expressionisten (▶ Expressionismus) zu Wegbereitern der ▶ Moderne. Andere sahen in der Gestaltung des dramatischen Konflikts (▶ Drama) und in der psychologischen, milieugetreuen Figurenschilderung den ▶ Naturalismus vorgezeichnet.

Woyzeck (1836), das aus Büchners Nachlass stammende, unbetitelte Fragment ist das erste bedeutende soziale Drama in der deutschen Literatur. Büchners ganze Sympathie gilt dem sozial deklassierten, völlig von seiner Herkunft und dem Milieu abhängigen Helden. Das in loser Szenenfolge nach der Technik der ▶ Sturm-und-Drang-Stücke angeordnete Drama, das mit seiner fragmentarischen, offenen Form zu einer Art „Schlüsselstück" der Moderne wurde, kennt keinen klassischen ▶ Helden mehr. Büchner hat seinen Stoff einem historisch belegten Eifersuchtsmord entlehnt: Im Jahre 1821 erstach ein arbeitsloser Perückenmacher gleichen Namens seine treulose Geliebte. Trotz ernster Zweifel an seiner Zurechnungsfähigkeit wurde er am 27.8.1824 auf dem Leipziger Marktplatz öffentlich hingerichtet.

Im Stück ist Woyzeck ein Soldat, eine von seinen Vorgesetzten geschundene Kreatur, der seinen Körper für medizinische Versuche verkaufen muss. Das Stück ist ein einziger Aufschrei der Qual. Die eingestreuten Lieder, die Szene, in der ein Marktschreier als Sinnbild eines dressierten Menschen einen kostümierten Affen vorführt, die Darstellung der Welt als Jahrmarktsbude, der rohe Tambourmajor, der Woyzecks Marie verführt – alles dies belegt, dass der Mensch seinem Schicksal wehrlos ausgeliefert ist. Woyzeck ersticht zuletzt in auswegloser Einsamkeit die treulose Marie und ertrinkt, als er das in den Teich geworfene Mordmesser sucht. Von allen Texten Büchners hat *Woyzeck* am nachdrücklichsten bis heute fortgewirkt.

Georg Büchner

Büchners einzige Prosa-Dichtung blieb unvollendet. Sie umfasst nur etwa zwanzig Seiten und wurde 1839 von dem Dichter Karl **Gutzkow** unter dem Titel *Lenz. Eine Reliquie von Georg Büchner* veröffentlicht. Es ist die Leidensgeschichte des Sturm-und-Drang-Dichters Jakob Michael Reinhold ▶ Lenz, der von dem mitleidigen Pfarrer Oberlin aufgenommen wird und doch allmählich dem Wahnsinn verfällt. In kurzen, nackten Sätzen berichtet er von der „namenlosen Angst in diesem Nichts".

Die Anerkennung und Wertschätzung, die dieser Dichter bei uns genießt, wird daran kenntlich, dass der alljährlich von der Deutschen Akademie für Sprache und Dichtung verliehene angesehenste ▶ Literaturpreis in der Bundesrepublik Deutschland den Namen Büchners trägt.

Bukolik (griech.: boukolos = Hirt; auch: bukolische Dichtung, Hirtendichtung, Schäferdichtung) behandelt das als ursprünglich gedachte naturverbundene Schäfer- und Hirtendasein inmitten einer Ideallandschaft. Die Gattung kann verstanden werden als literarische Widerspiegelung des kulturübergreifenden Gedankens eines verlorenen paradiesischen, goldenen Zeitalters. Bukolik ist daher Sehnsuchtsdichtung utopischen Gepräges (▶ Utopie). Die Szenerie setzt sich zusammen aus immer gleich bleibenden, genrehaften Elementen (Hain, Quelle usw.), die in ihrer Gesamtheit als *Locus amoenus* (lat.: = lieblicher Ort) bezeichnet werden. Da sich die Bukolik rein inhaltlich definiert, konnte sie die verschiedensten lyrischen, dramatischen oder epischen Formen annehmen: Idylle, Schäferspiel, Schäferoper, Hirtenroman. Durch die Umwidmung zum Guten Hirten konnte sich die Schäferdichtung auch im christlichen Kulturrahmen halten.

Als Schöpfer der bukolischen Dichtung gilt **Theokrit** aus Syrakus, der sein Werk *Idyllen* im heimischen Sizilien ansiedelt. **Vergil** nimmt erstmals die Ideallandschaft Arkadiens als Hintergrund für seine *Bucolica* (42–39 v. Chr.). **Longos** aus Lesbos verfasst im 3. nachchristlichen Jh. den Schäferroman *Daphnis und Chloe*.

Eine neue Blütezeit erlebt die bukolische Dichtung in der Renaissance, die vor allem das höfische Schäferspiel schätzt. Der sozialkritische Bauernroman (▶ Heimatliteratur) des 19. Jh.s ist ein später Nachfahre der bukolischen Dichtung.

Bürgerlicher Realismus bezeichnet die Literaturepoche in der zweiten Hälfte des 19. Jh.s. Gelegentlich wird dieser Zeitraum auch mit den Begriffen programmatischer Realismus oder ▶ poetischer Realismus gefasst.

Zeichnung von C. F. Meyer zu seiner Novelle „Der Heilige"

Wilhelm Raabe, um 1900

Friedrich Hebbel, 1855

Theodor Storm

Der Ausgangspunkt der Epoche ist mit dem Revolutionsjahr von 1848 leicht festzumachen. Die damals erhobene Forderung nach Veränderungen auf politischer, gesellschaftlicher und wirtschaftlicher Ebene bezog sich auch auf die geistigen Strömungen der Zeit und verlangte von der Literatur die Abwendung von der allzu politischen ▶ Vormärz-Literatur.

Die Literatur des bürgerlichen Realismus war in ihren Anfängen der Versuch, sich mit der Dichtung früherer Epochen (Klassik, Romantik, Vormärz) auseinander zu setzen und sich gleichzeitig von deren Art des Schreibens abzugrenzen. Theoreti-

ker wie Julian **Schmidt**, Theodor **Vischer**, Robert **Prutz** und Hermann **Marggraff** sowie Schriftsteller wie Otto **Ludwig** und Gustav **Freytag** forderten in literarischen Zeitschriften (u. a. *Grenzboten* oder *Deutsches Museum*) eine Neuorientierung in Kunst und Literatur. Es war eine Dichtkunst gefragt, die aus „sittlicher Ueberzeugung" die objektive Wirklichkeit darstellte und verklärte. **Verklärung** wurde damit zum zentralen Begriff für die Theorie des bürgerlichen Realismus.
Als *das* zentrale Mittel dieser Verklärung wurde der ▶ Humor verstanden. Mit dem Humor glaubte man, die Widrigkeiten des tristen Alltags durch heitere Darstellung überhöhen zu können.
Übertragen auf die dichterische Praxis kann man die Grundsätze jener Theoretiker des **programmatischen Realismus** zusammenfassend so umreißen: Ein realistisches Prosawerk verlangt formal eine geschlossene Handlungsführung, wobei nicht die Abbildung der Wirklichkeit angestrebt ist, sondern vielmehr eine verklärende, idealisierende, möglichst auch humorvolle Darstellung unter Ausschluss des Hässlichen. In der sprachlichen Gestaltung ist der überfrachtet rhetorische, zur Reflexion neigende Stil der Jungdeutschen (▶ Junges Deutschland) verpönt; vielmehr ist dem Leser eine mittlere Stilebene zumutbar. Auf der Inhaltsebene kommt es auf die Überhöhung bzw. Verherrlichung bürgerlicher Werte und das Vermeiden von Sozialkritik an. Helden, die optimistisch und zupackend ihr Schicksal meistern, sind als Vorbilder erwünscht.
Umgesetzt haben diese Grundsätze vor allem Autoren von Trivialromanen, die ihre Werke zunächst in Familienzeitschriften wie der *Gartenlaube* veröffentlichten. Die beliebesten Gattungen waren dabei ▶ Kriminalerzählungen, die seit den Schauergeschichten des 18. Jh.s einen festen Platz in der deutschen Literatur einnahmen, sowie Dorfgeschichten (▶ Heimatliteratur) mit ihrer Darstellung einer harmonisch-idyllisierenden Gegenwelt. Zu häufig kopierten Vorbildern wurden die *Schwarzwälder Dorfgeschichten* (1843–1854) von Berthold **Auerbach** und die *Erzählungen aus dem Ries* (1856) Melchior **Myrs**. Von der großen Beliebtheit des Genres angezogen, verfasste auch Otto Ludwig mit seiner *Heiterethei* (1855) und *Aus dem Regen in die Traufe* (1857) zwei erfolgreiche Erzählungen aus dem dörflichen Milieu.
Das Drama erwies sich als am wenigsten geeignet, den geforderten tüchtigen bürgerlichen Helden darzustellen. So wurde das Theater, mit Ausnahme der großen Bühnenwerke von Friedrich **Hebbel**, von zweitrangigen Stücken beherrscht. Stattdessen nahmen erzählende Dichtungen, insbesondere Novellen und Romane, in der Literatur des bürgerlichen Realismus einen bevorzugten Rang bei Lesern, Verlegern und Autoren ein. Dies hing nicht zuletzt mit der weiten Verbreitung zusammen, die gerade Erzähltexte in Familienzeitschriften und Leihbibliotheken fanden. Und nicht ohne Grund denken wir noch heute beim Epochen-Stichwort Realismus zunächst an die bedeutenden Prosa-Dichtungen ▶ Kellers, C. F. **Meyers**, Theodor **Storms**, ▶ Fontanes und Wilhelm **Raabes**.
Während des 19. Jh.s vollzog sich der Aufstieg des Romans zur führenden literarischen Gattung. Seine Aufgabe war, „die Wirklichkeit des Lebens" in all ihren sich wandelnden sozialen, politisch-administrativen wie technisch-wirtschaftlichen Dimensionen darzustellen. Die von diesen gesellschaftlichen Veränderungen vor allem betroffene Schicht, das Bürgertum, wurde folgerichtig auch zum bevorzugten

Gegenstand des Romans. Das schon immer bestehende Spannungsverhältnis zwischen Ich und Welt, Individuum und Gesellschaft, Erzähler und erzählter Wirklichkeit wurde von den Dichtern des bürgerlichen Realismus noch deutlicher herausgestellt. Zur Überwindung und Versöhnung dieses Gegensatzes werden zutiefst menschliche Empfindungen wachgerufen, die Fontane noch 1875 in seiner Rezension von Freytags Roman *Die Ahnen* so beschrieb:
„Was soll ein Roman? Er soll uns, unter Vermeidung alles Übertriebenen und Hässlichen, eine Geschichte erzählen, an die wir glauben. Er soll zu unserer Fantasie und unserem Herzen sprechen, Anregung geben, ohne aufzuregen; er soll uns eine Welt der Fiktion auf Augenblicke als eine Welt der Wirklichkeit erscheinen, soll uns weinen und lachen, hoffen und fürchten, am Schluss aber empfinden lassen, teils unter lieben und angenehmen, teils unter charaktervollen und interessierten Menschen gelebt zu haben, deren Umgang uns schöne Stunden bereitete, uns förderte, klärte und belehrte. Das soll ein Roman."
Dem Anspruch auf Darstellung des „wirklichen Lebens" kamen **Zeit**- und **Gesellschaftsromane** am nächsten. Musterbeispiele realistischen Erzählens und erfolgreicher Bücher in ihrer Zeit wurden Gustav Freytags *Soll und Haben* (1855), Otto Ludwigs *Zwischen Himmel und Erde* (1856) und Friedrich **Spielhagens** *Hammer und Amboß* (1869). Aus heutiger Sicht erscheinen Wilhelm Raabes *Hungerpastor* (1864) und die Berliner Romane Fontanes lesenswerter als Freytags Lob der Arbeit in seinem Kaufmannsroman – ganz zu schweigen von den großen europäischen Gesellschaftsromanen eines ▶ Flaubert, ▶ Balzac, ▶ Zola, ▶ Dostojewski, ▶ Tolstoi oder **Dickens** (▶ Englischsprachige Literatur).
In einer Zeit politischen und sozialen Wandels entsprachen historische Romane mit ihrer Botschaft einer glorifizierten Vergangenheit besonders treffend dem Streben nach nationaler Identität. Die eigentliche Blüte des **Geschichtsromans** begann daher erst nach der Reichsgründung. Der gewaltsam mit „Blut und Eisen" geschaffene Staat forderte geradezu historische Legitimierung. Auch hier dominierten zunächst Erfolgsbücher wie Freytags *Ahnen* (1872–1880) oder Felix **Dahns** *Kampf um Rom* (1876). Im Gegensatz zu Dahns eher plattem Historismus bei der Darstellung der spätantiken Germanenkriege zeigen Fontanes historischer Roman *Vor dem Sturm* (4 Bde., 1878) oder die geschichtlichen Romane C. F. Meyers (*Jürg Jenatsch*, 2 Bde., 1876) wie Raabes (Das *Odfeld*, 1888; *Hastenbeck*, 1898) einen sehr viel kritisch-differenzierteren Umgang mit historischen Stoffen.
War die Lyrik noch im Vormärz eine der bevorzugten literarischen Gattungen beim Aufarbeiten zeit- und sozialkritischer Themen (▶ Heine, Ludwig **Börne**, die Dichter des ▶ Jungen Deutschland), so ist der Zeitraum nach der gescheiterten Revolution von 1848 gerade für das Gedicht gekennzeichnet von deutlicher politischer Enthaltsamkeit. Stattdessen wandten sich viele Dichter der realistischen **Erlebnislyrik** zu, entwickelten eine auf das Gegenständliche abzielende Bild- und Symbolsprache. Zugleich knüpften sie damit an traditionelle Formen und Motive an und orientierten sich wieder stärker an Vorbildern aus dem 18. Jh. (**Klopstock**), der Klassik (▶ Goethe, ▶ Schiller) und der (Spät-)Romantik (**Uhland**).
Dagegen hatten die programmatischen Schriften jener Zeit auch für die Lyrik „die Widerspiegelung alles wirklichen Lebens" (Fontane) und so die Hinwendung zu ei-

nem die Realität verklärenden Idealismus gefordert. Damit entstand ein kaum lösbares Dilemma: Einerseits sollte die Lyrik den gesellschaftlichen und wirtschaftlichen Veränderungen der Umbruchzeit Rechnung tragen, andererseits wollte sie den privaten Charakter subjektiver Gefühlsäußerung nicht verlieren. Diese Spannung in Texte von höchstem literarischem Rang umzusetzen gelang nur großen Dichtern wie Hebbel, Keller, C. F. Meyer, Storm und Fontane. Anklänge finden sich auch bei dem heute vielfach nur als humoristischer Zeichner bekannten Wilhelm **Busch**, etwa in der zeit- und sozialkritischen Gedichtsammlung *Kritik des Herzens* (1874).
Die politischen und sozialen Veränderungen vor und nach der Reichsgründung bereiteten den Boden für eine von nationalem Pathos getragene Lyrik. An der Propagierung des Nationalstaatsgedankens wie später an der Verherrlichung des neuen Staates beteiligten sich der unumstrittene Dichterfürst Emanuel **Geibel** ebenso wie der durch seine heroische Prosa dazu wie geschaffene Felix Dahn (Balladen *Jung Sigurd*, *Gotentreue*).
Als in den 80er-Jahren der ▶ Naturalismus aus Frankreich (Zola, **Maupassant**) und Skandinavien (▶ Ibsen, ▶ Strindberg) Deutschland erreichte (▶ Hauptmann, **Holz**, **Schlaf**), hatte der bürgerliche Realismus seinen Zenit zwar längst überschritten, von der literarischen Bühne abtreten wollte er jedoch noch nicht. Immerhin schrieben in diesem Jahrzehnt große Dichter wie Meyer, Storm, Fontane und Raabe zum Teil ihre bedeutendsten Werke. Dennoch gehörte die Zukunft schon nicht mehr der verklärenden Darstellung der Wirklichkeit, sondern der schonungslosen Beschreibung und Analyse der Welt durch die Naturalisten.

Bürgerliches Trauerspiel wird eine Form des ▶ Dramas genannt, die sich während der ▶ Aufklärung herausbildete. Voraussetzung dafür war das Erstarken des Bürgertums im 18. Jh. zu einem selbstbewussten Stand, der schließlich auch danach verlangte, seine Prinzipien und Konflikte in der Literatur und auf der Bühne dargestellt zu sehen. *Cardenio und Celinde* (1657) von Andreas **Gryphius**, das in barocker Tradition eine jenseitsgerichtete Glaubenshaltung vertrat, und Christian **Weises** *Masaniello* (1683) waren Vorläufer der neuen Dramenform.
Als Begründer des bürgerlichen Trauerspiels in Deutschland gilt ▶ Lessing, der in *Miss Sara Sampson* (1755) und *Emilia Galotti* (1772) die Willkür der absolutistischen Herrscher kritisierte und sich erstmals über die **Ständeklausel** hinwegsetzte. Bis dahin herrschte seit der Antike die Vorstellung, dass sich in der ▶ Tragödie einzig das Schicksal höherer Standespersonen darstellen lasse, Bürger dagegen nur in der ▶ Komödie als Hauptfiguren auftreten könnten, da sie zu tragischem Erleben nicht fähig seien. Dennoch bezog sich die Bezeichnung „bürgerlich“ zunächst nicht vornehmlich auf die soziale Herkunft der Personen, sondern hatte die Bedeutung „privat menschlich“, denn es sollte nicht der Adelsstand grundsätzlich angegriffen, sondern die Humanität des Menschen als gesellschaftlich übergreifendes Wertkriterium vorgestellt werden. Anregungen fand Lessing in England, wo der Aufstieg des Bürgertums schon früher einsetzte, mit *The London Merchant* (1731) von George **Lillo** und den Romanen Samuel **Richardsons**. So wie in Frankreich Lessings Vorbild Denis **Diderot** eine ähnliche Entwicklung über die Komödie zum ernsten Drama

vollzog, verletzte Lessing die Ständeklausel ebenfalls von der anderen Seite: In seinem Lustspiel *Minna von Barnhelm* (1763) sind die Hauptfiguren Angehörige des Adelsstandes. Auch formal grenzt sich die neue dramatische Form von der höfischen Tragödie ab. Statt der gebundenen Sprache wird nun natürliche Prosa verwendet.

Während im bürgerlichen Trauerspiel der Aufklärung noch eine sittliche Entscheidung des Einzelnen thematisiert wird, führt es der Sturm und Drang als Sozialdrama fort, das die rücksichtslosen Übergriffe des Adels auf das Bürgertum anklagt oder die Auflehnung des Individuums gegen die Gesellschaftsordnung behandelt. Neben *Der Hofmeister* (1774) und *Die Soldaten* (1776) von ▶ Lenz und *Die Kindermörderin* (1776) von Heinrich Leopold **Wagner** ist ▶ Schillers *Kabale und Liebe* (1784) das sprachlich wie dramatisch geschlossenste Formbeispiel.

Erst im 19. Jh. griff Friedrich **Hebbel** mit *Maria Magdalena* (1844) die Tradition des bürgerlichen Dramas wieder auf. Da sich das Bürgertum mittlerweile fest etabliert hatte, wurden Konflikte innerhalb des Standes thematisiert, hier die Enge kleinbürgerlicher Verhältnisse sowie die harte Sittenstrenge.

Der ▶ Naturalismus entdeckte die Form des bürgerlichen Trauerspiels ebenfalls für sein Anliegen, bediente sich aber nur noch bedingt der ursprünglichen Strukturen. Die Stücke sind im bürgerlichen Milieu angesiedelt und konfrontieren es häufg mit dem Arbeiterstand. Damit tendieren sie mehr zu einer allgemeinen Sozialkritik. Einen Eindruck davon vermitteln beispielsweise ▶ Hauptmanns *Friedensfest* (1890), *Einsame Menschen* (1891) und *Rose Bernd* (1903) sowie *Die Ehre* (1890) von Hermann **Sudermann**.

In den expressionistischen Dramen treten ebenfalls Bürger als handelnde Personen auf. Da sie aber meist eine allgemein menschliche Problematik behandeln, bezeichnet sie der Begriff des sozialen Dramas besser – z. B. bei Georg **Kaiser** in *Von morgens bis mitternachts* (1916).

In der Gegenwart lebt das Handlungsmuster des bürgerlichen Trauerspiels im ▶ Volksstück von Ödön von **Horvath** bis Franz Xaver **Kroetz** fort.

Bei all den verschiedenen Ausprägungen weist das bürgerliche Trauerspiel das immer wiederkehrende Motiv des verführten Mädchens auf, das mit seinen Gefühlen in Widerspruch zu den gesellschaftlichen Moralvorstellungen steht und an den Folgen seines Fehltritts zerbricht.

C

Calderón de la Barca, Pedro

(1600–1681) kam als Sohn einer alten, aber verarmten spanischen Adelsfamilie in Madrid zur Welt. Er studierte Theologie in Madrid und Salamanca, wurde dann mit 22 Jahren Soldat und nahm an verschiedenen Feldzügen in Italien und Flandern teil. Nach der Soldatenzeit wandte er sich verstärkt der Religion zu, seine dramatischen Werke sind in hohem Maße vom Katholizismus geprägt. Schon früh schrieb er Theaterstücke, für die er 1635 vom spanischen

Szene aus „Der Richter von Zalamea“, Schillertheater Berlin, 1961

König Philipp IV. mit einem Posten bei Hof (Leitung der Theateraufführungen) belohnt wurde. 1651 ließ sich Calderón schließlich zum Priester weihen, 1663 wurde er Hofkaplan. Er starb in Madrid. Calderón zählt zu den großen spanischen Barockdichtern (▶ Barock).

Calderón verfasste über 400 Bühnendichtungen, von denen nur etwa die Hälfte erhalten ist. Zu seinen frühen Werken gehört die Mantel- und Degenkomödie *Dame Kobold* (1629), ein Verwechslungs- und Überraschungsspiel, in dem die kluge Dona Angela ihren Verehrer und ihre Brüder mit Spukerscheinungen zum Narren hält, bis sich zuletzt alles in Wohlgefallen auflöst. Später wandte sich Calderón ernsteren Themen zu, im *Richter von Zalamea* (um 1643) geht es um den Konflikt Adel – Bürgertum: Ein adliger Offizier vergewaltigt leichtfertig ein Bauernmädchen und wird am Ende für seine Tat bestraft. Zu den bekanntesten Werken Calderóns zählen die Dramen mit religiös-philosophischen Themen. *Das Leben ist ein Traum* (1635) führt die Eitelkeit alles Irdischen und den Scheincharakter des menschlichen Strebens vor, ein typisch barockes Motiv. *Das große Welttheater* (1675) beschreibt das Schauspiel des Lebens vor Gott als dem letzten Richter, vor dem jede weltliche Größe nur Schein ist und der allen – vom Bettler bis zum König – ein gerechtes Urteil spricht.

Calderón übte vor allem auf ▶ Goethe und die deutschen Romantiker eine große Wirkung aus, so übersetzten etwa August Wilhelm **Schlegel** und ▶ Eichendorff viele seiner Werke. Es entstanden auch zahlreiche Bearbeitungen und Nachdichtungen, zum Beispiel *Der Traum ein Leben* (1834) von Franz **Grillparzer** oder *Der Turm* (1928) von ▶ Hofmannsthal.

Camouflage (franz.: Tarnung, Maskierung) ist die Verschleierung einer Aussage durch sprachliche Mittel, sodass nur Eingeweihte die beabsichtigte Anspielung oder Kritik verstehen können. Verwendet wurde diese Verhüllungstechnik vor allem von Autoren, die sich kritisch zu einem diktatorischen Regime äußern wollten (z. B. im „Dritten Reich" oder in der DDR). Die eigentliche Botschaft des Textes wird durch Metaphern, Bilder, Vergleiche, Anspielungen, Mehrdeutigkeit, Zitate u. Ä. nur indirekt ausgedrückt und muss vom Leser entschlüsselt werden.

Canetti, Elias (1905–1994) wurde als Kind jüdisch-spanischer Eltern in Bulgarien geboren. Seine Kindheit und Jugend verlebte er in England, Österreich, der Schweiz und Deutschland. Erst als vierte Sprache lernte er die deutsche, die die Sprache seiner Literatur blieb. Er studierte in Wien und beendete sein Studium mit der Promotion in Chemie. 1938 emigrierte er über Paris nach England. Canetti lebte seit 1945 in Zürich und London, wo er 1994 starb. Erst spät fand Canettis Gesamtwerk die Beachtung, die es verdiente: 1972 wurde ihm der Georg Büchner-Preis, 1981 der Nobelpreis verliehen.

Elias Canetti, Nobelpreisträger von 1981

Karl **Kraus**, Herrmann **Broch**, ▶ Kafka und ▶ Musil betrachtete er als seine literarischen Vorbilder. Sein Werk beinhaltet verschiedene Formen literarischen Schaffens. Es umfasst erzählende Dichtungen, Dramen, Essays und Autobiographien gleichermaßen.

Die Blendung (1935), sein Erstlingsroman, blieb zunächst unbeachtet. Im Mittelpunkt der Handlung steht der Wissenschaftler Peter Kien, der die Menschen verachtet und ausschließlich in einer Welt von Büchern, seiner Bibliothek, lebt. Seine Haushälterin, die einfache Therese, gewinnt sein Vertrauen, indem sie Interesse für Bücher vortäuscht. Nachdem sie Kien geheiratet hat, ist Thereses einziges Bestreben darauf gerichtet, Kien mit allen Mitteln zu vernichten. Kien muss schließlich seine Bibliothek, die ihn wie eine Burg schützte, verlassen und erlebt eine „Odyssee". Dabei begegnet er dem Zwerg Fischerle, der ihn ebenfalls ausbeutet. Kiens Bruder, ein Psychiater, erlöst ihn schließlich von den ihn umgebenden Schmarotzern, ohne den Wahnsinn seines Bruders zu erkennen. Schließlich stapelt der von Wahnvorstellungen Verfolgte seine Bücher bis zur Decke und verbrennt sich auf ihrer Spitze zusammen mit ihnen.

Canettis Dramen *Hochzeit* (1932) und *Komödie der Eitelkeit* (1950) analysieren die Figuren anhand ihres sprachlichen Vermögens. 1960 erschien der erste Teil von *Masse und Macht*, einer Untersuchung, die die Zusammenhänge von Machtverhältnissen und dem Phänomen Masse analysiert. Wichtiger Bestandteil seines Werkes sind die autobiographischen Schriften *Die gerettete Zunge* (1977), *Die Fackel im Ohr* (1980), *Das Augenspiel* (1985), *Das Geheimherz der Uhr* (1987). Das Reisebuch *Die Stimmen von Marrakesch* (1968) zeigt Canettis waches Auge gegenüber seiner Umwelt. Ein Hauptwerk Canettis sind die *Aufzeichnungen*, zu denen Aphorismen, Reflexionen sowie Skizzen gehören und die auf Canettis zentrale Themen Tod, Macht und Masse eingehen.

Carmina Burana (mlat. Lieder aus Benediktbeuern). Die berühmteste und mit rund 300 Liedern reichhaltigste Anthologie mittellateinischer Lyrik ist wohl um 1230 im Grenzbereich des bayerisch-österreichischen Sprachraums entstanden. Ihr Inhalt umfasst moralisch-satirische Dichtungen, Liebeslieder, Trink- und Spiellieder sowie geistliche Schauspiele (zur Geburt und zur Passion Christi). In den moralisierend-satirischen Gedichten scheint Geistliches oft nur Vorwand, Anlass zu antiklerikaler Spötterei, aber auch die Macht des Geldes, Habgier, Bestechlichkeit und Neid werden in ihnen thematisiert. Die Liebeslieder, an **Catull** und ▶ Ovid erinnernd, huldigen eher einer derben Frau Venus (*Sternens eam lectulo / fere decem horis – Legte sie aufs Lotterbett / beinah zehne Stunden*) als jungfräulicher Minne. Die Trink- und Spiellieder haben Umherziehen, Betteln, Trinken und Spielen zum Anlass und sinnieren über das Menschenglück (*O Fortuna / velut Luna / statu variabilis – O Fortuna / wie Frau Luna / stets und ständig wechselhaft*).
Die in der Handschrift namentlich nicht genannten Autoren lassen sich häufig identifizieren; darunter zählen der Archipoeta und – für die deutschsprachigen Verse – eine Reihe von Minnesängern. Die Autoren gehörten wie das damalige Publikum der mittellateinkundigen Bildungsschicht an, d. h., sie hatten eine geistliche Ausbildung; zu ihnen gehörten wohl auch fahrende Scholaren und Ämter suchende Kleriker, die **Vaganten**. Die Verwendung der damaligen überregionalen Sprache von Kirche, Verwaltung und Wissenschaft, also des Mittellatein, garantierte weite Verständlichkeit; Jahrhunderte später sind die Carmina Burana durch die Vertonung durch Carl Orff (1937) weltweit berühmt geworden. Diese Neukomposition hat nichts mit den damals noch nicht bekannten Originalmelodien zu tun, die mit linienlosen Noten (Neumen) für den Gesangsvortrag notiert waren und erst in den letzten Jahren rekonstruiert werden konnten.

Celan, Paul (1920–1970) hieß eigentlich Paul Ancel und setzte seinen Namen in ein ▶ Anagramm. Er wuchs als Sohn deutschsprachiger jüdischer Eltern im rumänischen Czernowitz auf und studierte seit 1938 in Tours Medizin. Nach Ausbruch des Zweiten Weltkriegs konnte er sein Studium dort nicht mehr fortführen, sodass er in seine Heimatstadt zurückkehren musste und dort ein Romanistik-Studium begann. Als das nordrumänische Czernowitz auf Grund des Hitler-Stalin-Pakts an die Sowjetunion fiel, floh er nach Bukarest. 1942 kam er in ein rumänisches Arbeitslager. Seine Eltern wurden während des Krieges deportiert und starben in einem Konzentrationslager. Celan, der 1943 nach Czernowitz zurückgekehrt war, siedelte zuerst in die Sowjetunion über und emigrierte 1947 nach Wien. 1948 setzte Celan sein Studium in Paris fort, diesmal Germanistik und Sprachwissenschaften. Bald arbeitete er als

Paul Celan

Dozent, Übersetzer und Schriftsteller. 1960 bekam er den Georg-Büchner-Preis verliehen. Paul Celan nahm sich am 20. April 1970 in Paris das Leben.
Celan schöpft aus den chassidischen und biblischen Traditionen (▶ Jiddische Literatur) seiner Kindheit, aus dem französischen ▶ Surrealismus und der östlichen bilderreichen Literatur. Sein Werk kreist um die Judenverfolgung und die Erfahrungen der Kriegszeit. Celan bewies, obwohl der Philosoph Theodor W. Adorno eine solche Möglichkeit grundsätzlich verneint hatte, dass die Verbrechen des Holocausts und die daraus resultierenden Schicksale mit Hilfe lyrischer Mittel thematisiert werden konnten. Die Gedichtsammlung *Mohn und Gedächtnis* (1952) hebt die Logik der Erfahrung durch paradoxe Bilder auf und spricht die Geschehnisse von Auschwitz in ihrer schrecklichen Wirklichkeit direkt an. Das wohl berühmteste Gedicht daraus ist die *Todesfuge*. Weitere wichtige Sammlungen stellen *Von Schwelle zu Schwelle* (1955), *Sprachgitter* (1959), die *Niemandsrose* (1963) und *Zeitgehöft* (1976) dar.
Das Gedicht *Espenbaum* aus *Mohn und Gedächtnis* (1952) erinnert an die Deportation und den Tod der Mutter.

Espenbaum, dein Laub blickt weiß ins Dunkel.
Meiner Mutter Haar ward nimmer weiß.

Löwenzahn, so grün ist die Ukraine.
Meine blonde Mutter kam nicht heim.

Regenwolke, säumst du an den Brunnen?
Meine leise Mutter weint für alle.

Runder Stern, du schlingst die goldne Schleife.
Meiner Mutter Herz ward wund von Blei.

Eichne Tür, wer hob dich aus den Angeln?
Meine sanfte Mutter kann nicht kommen.

Cervantes Saavedra, Miguel de

(1547–1616) kam als Sohn eines verarmten Kleinadligen im spanischen Alcala zur Welt. Seine Ausbildung erhielt er in einem

Illustration von Gustave Doré zu Don Quijote

Jesuitenkolleg, er ging dann aber Anfang der 60er-Jahre nach Italien, wo er Kammerjunker eines Kardinals wurde. Schon 1570 kehrte Cervantes nach Spanien zurück, trat in die Armee ein und nahm 1571 an der Seeschlacht von Lepanto gegen die Türken teil. 1575 geriet er während einer Schiffsreise vor der Rhonemündung in die Gefangenschaft algerischer Piraten, aus der er erst fünf Jahre später freigekauft wurde. Cervantes abenteuerliches Leben war geprägt von dem Versuch, dauerhaft und ausreichend Geld zu verdienen. Mehrfach stand er vor Gericht und saß auch wiederholt wegen Schulden im Gefängnis. Sein erstes literarisches Werk war der Schäferroman *Galatea* (1585).
Wirklich berühmt wurde Cervantes aber mit seinem 1605–1615 veröffentlichten Roman *El ingenioso hidalgo Don Quixote de La Mancha*. 1616 starb Cervantes in Madrid.

Der Roman *Don Quijote* erzählt die Abenteuer eines spanischen Landadeligen, der sich – nach der Lektüre von Ritterromanen – selbst für einen edlen Ritter hält und auszieht, um das Böse in der Welt zu bekämpfen. Begleitet wird er von seinem Nachbarn, dem pfiffigen Bauern Sancho Pansa, dessen praktischer Menschenverstand im Gegensatz zu dem schwärmerischen Idealismus seines Herrn steht. Diesem fehlt jeder Realitätssinn, er sieht die Welt voller Ritter, Edeldamen und Zauberer. Auch die banale Wirklichkeit der spanischen Provinz vermag seinen Glauben an das Wunderbare nicht zu erschüttern. Don Quijote ist eine tragikomische Gestalt, die seit fast 400 Jahren die Leser fasziniert. Im 20. Jh. wurde Don Quijote sogar zum Helden von Kinderbüchern, Zeichentrickfilmen und Musicals (*Der Mann von La Mancha*).

Chanson (franz.: Lied, von lat. cantio = Gesang, Lied) bezeichnet im weitesten Sinn jede Art von mehrstrophigem, singbarem Lied in lyrischer oder epischer Form. Für das Mittelalter lassen sich mehrere Gattungen unterscheiden: Das **Chanson de geste** als „Tatenlied" berichtet über bedeutende Persönlichkeiten und historische Ereignisse im frühen Frankreich, das **Chanson de toile** (toile = Leinwand, bezogen auf den Gesang beim Weben) erzählt altfranzösische ritterliche Liebesgeschichten, das **Chanson à personnages** (Rollenlied) bringt Gefühle und Stimmungen einer bestimmten Figur (z. B. Bettler, Mädchen) in der Ich-Form zum Ausdruck, und schließlich das **Chanson de croisade** (Kreuzzugslied).
Im eigentlichen Sinne versteht man unter Chanson jedoch das **Minnelied** der nordfranzösischen Trouvères bzw. der provenzalischen Troubadours, die als Sänger ihre Werke selbst schufen und beim Vortrag von einem Instrument begleitet wurden (▶ Minnesang).
Vom 15. bis zum 17. Jh. thematisierte das Chanson überwiegend die Sinnesfreuden des Lebens (Trinklied, Liebeslied), übte aber auch schon Kritik am absolutistischen Staat, bevor es um die Zeit der Französischen Revolution mit überwiegend politischen Inhalten einen Höhepunkt erlebte. Später gewann es jedoch seinen volkstümlich-heiteren, auf Unterhaltung und Entspannung zielenden Charakter wieder zurück.
Kennzeichen des modernen Chansons als literarisch-musikalische Bühnengattung sind der gesungene Solovortrag bzw. der Sprechgesang des Chansonniers (der Chansonnière, auch Chansonnette) mit Instrumentalbegleitung, häufig unterstützt durch provozierende Gestik und Mimik, der Wechsel von Strophe und Refrain und die starke Reimbildung.
Das Chanson ist im Gegensatz zum **Schlager** lyrisch verspielter und greift Themen aus allen Lebensbereichen auf, die heiter-besinnlich, aber auch aggressiv-satirisch interpretiert werden. Da der Künstler engen Kontakt zum Publikum sucht, bieten sich für den Vortrag besonders **Kleinkunstbühnen**, sog. Brettl-Bühnen, an, in München nach der Jahrhundertwende vor allem das ▶ Kabarett „Die elf Scharfrichter" und das „Überbrettl" in Berlin.
Als Begründer des modernen Chansons gilt der Lyriker A. **Bruant**; bedeutende Chansonniers sind Georges Brassens, Jacques Brel, Juliette Greco und Edith Piaf.
In Deutschland verschrieben sich dem Chanson so bedeutende Autoren wie ▶ Brecht, Erich **Kästner**, Joachim **Ringelnatz**, Kurt **Tucholsky** und Frank **Wedekind**, in jüngster Zeit vor allem die politisch engagierten Dichter Franz Josef **Degenhardt**, Dieter **Süverkrüp** und Wolf **Biermann**, der wegen „Staatsfeindlichkeit" 1976 aus der DDR ausgewiesen wurde. Sein lyrisch-politisches Schaffen ist der Tradition ▶ Heines und François **Villons** verpflichtet.

Chiffre (franz.: Ziffer) ist in der Literatur ein rätselhafter Ausdruck, dessen Bedeutung allenfalls aus dem Textzusammenhang

oder durch genaue Kenntnis des Autors und seines Werkes verständlich wird. Chiffren kommen vor allem in Gedichten des 20. Jh.s vor, dabei sind Vieldeutigkeit und geheimnisvolle Wirkung meist beabsichtigt. Beispiele für berühmte Chiffren in der modernen Lyrik sind das „blaue Klavier" (Else Lasker-Schüler) oder die „schwarze Milch der Frühe" (▶ Celan).
Daneben versteht man unter Chiffre auch eine Geheimschrift, die nur mit Hilfe eines bestimmten Codes zu entschlüsseln (dechiffrieren) ist.

Cicero (106 – 43 v. Chr.) Kein Schriftsteller der Antike ist uns in seinem Denken und Menschsein so vertraut wie der 106 vor Christus geborene Schriftsteller, Redner, Politiker und Philosoph Marcus Tullius Cicero. Knapp 1000 erhaltene Briefe an seine Freunde, seinen Verleger Atticus und an seinen Bruder Quintus lassen die Größe seines öffentlichen Wirkens, aber auch seine Schwächen, Eitelkeiten und Tiefpunkte deutlich werden.
Cicero war kein Stadtrömer. Geboren wurde er in Arpinum, einem Landstädtchen

Ciceros Porträtbüste

Latiums etwa 120 km südöstlich von Rom, als Sohn einer dem Ritterstand angehörigen Familie. Seine provinzielle Herkunft ist deshalb von Bedeutung, weil er sich ab 91 seinen Rang in der Hauptstadt von Grund auf erarbeiten musste, gleichwohl stets als „Zugereister" galt. Noch im Jahre 63 konnte ihn der Sozialrevolutionär Catilina als solchen schmähen, obwohl Cicero in diesem Jahr das Konsulat innehatte und somit auf dem Höhepunkt seiner Macht und seines Ruhmes stand.
Juristische, rhetorische und philosophische Studien in Rom, Griechenland und Kleinasien legten den Grund dafür, dass Cicero auf der römischen Ämterlaufbahn jede Position zum frühestmöglichen Zeitpunkt bekleidete. Zudem galt er seit dem Jahre 70 als erster Redner Roms (▶ Rhetorik), eine Qualität, die er in den Dienst einer letztlich verlorenen Sache stellte, der niedergehenden Optimatenrepublik. So entstanden in der Zeit nach 57 auch seine bedeutendsten Werke: *De oratore*, Über den vollendeten Redner; *De re publica*, eine Abhandlung über die beste Staatsform und den in ihr wirkenden Staatsmann; *De legibus*, Über die Gesetze des besten Staates.
Der Tod seiner einzigen, abgöttisch geliebten Tochter Tullia (45) stürzte ihn in tiefe Depressionen. Dieses Erlebnis ließ ihn Trost im „Hafen der Philosophie" suchen. Es entstanden in kurzer Folge die Schriften *De finibus bonorum et malorum* (*Vom höchsten Gut und dem schlimmsten Übel*), *Tusculanae disputationes* (*Gespräche in Tusculum*), *De natura deorum* (*Über das Wesen der Götter*), *De officiis* (*Vom rechten Handeln*). In ihnen präsentiert Cicero den Römern die gesamte hellenistische Philosophie, erörtert religionsphilosophische und ethische Fragen und behandelt fundamentale menschliche Erfahrungen wie Tod, Schmerz und Leid. Mit diesen Werken verwandelte Cicero die lateinische Sprache – ein Idiom, das jahrhundertelang nur die Bedürfnisse von Bauern und Kriegern aus-

drückte – zur Basis philosophischer Reflexion und schuf eine Fachterminologie, die die geistige Entwicklung des Abendlandes prägen sollte.
Es blieb dem späteren Augustus vorbehalten, diesen Mann im Jahre 43 zu ächten und auf offener Straße ermorden zu lassen. Sein Einfluss reicht über Augustinus und Petrarca bis in die Gegenwart, die in ihm den eigentlichen Begründer des Humanismus, einen der größten Redner der Weltgeschichte und unerreichten Stilisten würdigt.

Collage (franz.: aufkleben) Aus dem Bereich der bildenden Kunst übernommene Bezeichnung. In der Literaturwissenschaft wurde Collage zunächst synonym zu „Montage“ verwendet. Gemeint ist mit dem Begriff zweierlei: 1. der Vorgang: die Technik der zitierenden Kombination von vorgefertigtem sprachlichem Material, das scheinbar nicht zusammengehört 2. das auf diese Weise entstandene literarische Produkt.
Das Verfahren der Collage entstand am Anfang des 20. Jh.s. im ▶ Futurismus, ▶ Dadaismus und ▶ Surrealismus. Kurt **Schwitters**, ein führender Vertreter dieser drei literarischen Bewegungen, beschreibt das Verfahren: „Ich habe Gedichte aus Worten und Sätzen so zusammengeklebt, dass die Anordnung rhythmisch eine Zeichnung ergibt. Ich habe umgekehrt Bilder und Zeichnungen geklebt, auf denen Sätze geklebt werden sollen.“ ▶ Joyce (*Ulysses*), John **Dos Passos** (*Manhattan Transfer*) und ▶ Döblin (*Berlin Alexanderplatz*) wenden diese Technik in ihren Romanen an. Im Drama finden wir die Collage bei Karl **Kraus** (*Die letzten Tage der Menschheit*), im ▶ Hörspiel bei ▶ Jandl und Friederike **Mayröcker** (*Fünf Mann Menschen*) und Ludwig **Harig** (*Staatsbegräbnis*), in der Lyrik bei Helmut **Heissenbüttel**.

Comics (engl.: comic strips = komische Bildstreifen) gibt es seit dem 19. Jh. Sie stellen eine besondere Form von **Bildergeschichten** dar: ursprünglich komische Bilderfolgen, denen erläuternde Texte unterlegt waren. Diese wurden bald als Sprechblasen Bestandteil des Bildes. Text und Bild verschmelzen zu einer untrennbaren Einheit. Zu den Sprech- treten die Denkblasen, direkt ins Bild gesetzte Lautmalerei und Symbole.
Als erster Comic gilt ein Strip von zwei Bildern, der am 6. Juli 1890 in *The New York World* veröffentlicht wurde. Am 28. Januar 1894 erschien der erste ganzseitige Comicstrip mit 12 Bildern. Amerika gilt damit als Ursprungsland des Comics; dort entwickelte er sich auch weiter. Aber seine Ursprünge kamen aus Europa.

„The Katzenjammer Kids“ von Rudolph Dirks, 1905

Im Gegensatz zu den Bildergeschichten **Buschs** ändern moderne Comics Perspektiven, die Größe der Bildausschnitte und die Rahmengröße, sodass ein multimedialer Eindruck entsteht, der sich an den Techniken von Fotografie und Film orientiert.
Die ersten Comics richteten sich an die ganze Familie; die Figuren waren vereinfacht gezeichnet und karikiert. In den 30er-Jahren begannen die Comics ihren Siegeszug in den USA. Waren die frühen Comics noch hauptsächlich humoristisch geprägt, so setzte jetzt eine Trivialisierung von Märchenstoffen und -figuren ein (Walt **Disney**, *Mickey Mouse*, ab 1930; *Donald Duck*, ab 1938). Zudem entstanden Comics als ▶ Sciencefiction (*Buck Rogers,* 1929), als Fantasie- und Romanadaptionen (*Tarzan*, 1929), als Krimis (*Superman,* 1938; *Batman,* 1939). Immer mehr wurden die Comics nun zu Projektionen menschlicher Wunschvorstellungen und Triebe.
In den 60er-Jahren setzte eine neue Zeichnergeneration gegen die Massencomics den **Underground-Comic**, der auch vor Tabu-Themen wie Sex, Gewalt und Sadismus (Robert **Crumb**, *Fritz The Cat*) nicht Halt machte. Auch Pop-Art-Künstler wie Roy Lichtenstein griffen auf den Comic als Ausdrucksmittel zurück.
In diesem Medium gelang selbst die Auseinandersetzung mit so ernsten und heiklen Themen wie Judenverfolgung und -vernichtung durch die Nationalsozialisten, wie Art **Spiegelberg** in seiner Bild-Parabel *Maus* bewies. Darin stellen die Mäuse die Verfolgten und die Katzen die Verfolger dar, ohne das Geschehen zu banalisieren. Dass der Comic Kunst und kommerziellen Erfolg zu verbinden weiß, zeigt bis heute *Asterix* von Albert **Uderzo** und René **Goscinny**, eine Reihe, von der nun schon mehrere hundert Millionen Hefte verkauft worden sind.
Eng ist auch der Zusammenhang von Film und Comic. Walt Disneys Zeichentrickfiguren wurden bald zu Comichelden: Mickey Mouse, Schweinchen Dick, Bugs Bunny. Umgekehrt wurden erfolgreiche Comics auch verfilmt, entweder im Zeichentrick-Verfahren, wie *Asterix*, oder in aufwändigen Hollywood-Filmen, wie *Superman*. Der Einfluss des Comics reicht bis zum Italo-Western. Die Figur des namenlosen Helden in Sergio Leones „Dollar-Filmen" (seit 1964) hat alle Merkmale einer Comicfigur „mit (s)einer halb zerkauten Zigarre und (s)einem Gesicht, das wie eine abgewischte Schiefertafel wirkt" (Penelope Mortimer, *Observer*).

Commedia dell'Arte (ital.: commedia = Komödie, dell'arte = von Beruf), um die Mitte des 16. Jh.s in Italien entstandene **Stegreifkomödie**, die im Gegensatz zur Commedia erudita (gelehrte Komödie, basierend auf antiken Formen) von professionellen Schauspielern dargestellt wurde. Die Commedia dell'Arte kennt keinen expliziten Text („Stegreif"), sondern nur einen festgelegten Handlungsablauf mit Szenenfolgen, den Inhalt der Dialoge in Umrissen, Soloaktionen, standardisierten scherzhaften Wendungen und Gesangs- bzw. Akrobatikeinlagen als Leitfaden für die Akteure. Ihre Wirkung auf das Publikum erzielt sie durch die mimische, gestische und sprachliche Improvisationskunst und die Variationsfülle des Ensembles, das in Maske und Kostüm auftritt und bestimmte zeitlose Typen verkörpert. Dem jungen und ernsten Figurenpaar der *Amorosi* (Liebespaar) stehen in den Hauptrollen folgende komische Figuren gegenüber, die allesamt menschliche Schwächen zeigen und über ihren Charakter die Vielfalt der italienischen Landschaften widerspiegeln sollen: der gelehrte und kleinliche *Dottore,* ein im schwarzen Akademikerhabit auftretender geschwätziger Alter aus Bologna; der gockelhafte *Pantalone* aus Venedig, geschäftstüchtig, geizig und hinter jedem Frauenrock her; der pfiffige *Arlecchino* bzw. der schlaue

Der Schauspieler Joseph Ferdinand Müller als Arlecchino, 1730

und intrigante *Brighella*, beide aus Bergamo stammend; der prahlsüchtige *Capitano*, der in zahlreichen Varianten auftritt und dem das Publikum seine von ihm selbst immer wieder beteuerte Heldenhaftigkeit nicht abnimmt, und die kokette Dienerin *Colombina*. Hinzu treten können z. B. noch der Stotterer *Tartaglia*, der Querkopf *Beltrame* und der boshafte *Pulcinella* aus Neapel.

Die Commedia dell'Arte fußt vornehmlich auf der italienischen Mundartkomödie und dem im 13. Jh. entstandenen Karneval mit seinen Masken und Kostümen. Gaukler, Artisten und fahrendes Volk trugen wesentlich zu ihrer Verbreitung bei. Rasch bildeten sich in Italien eine Vielzahl von Commedia-dell'Arte-Gesellschaften, von denen viele über die Grenzen hinaus bekannt wurden. Italienische Wanderbühnen gastierten in den Metropolen des ganzen Kontinents und nahmen so Einfluss auf die Entwicklung der Komödie in Europa. Paris konnte im 16. und 17. Jh. mit der „Comédie italienne" sogar ein eigenes Ensemble vorweisen. Ein Einbruch ist allerdings nach **Goldonis** Theaterreform in Italien im 18. Jh. zu verzeichnen: Statt der derben Darstellung des prallen Lebens durch typenhafte Figuren sollte an ihre Stelle eine eher realistische Charakterzeichnung treten. Trotzdem findet die Commedia dell'Arte auch heute noch zahlreiche begeisterte Anhänger. Nach dem Zweiten Weltkrieg setzte sich besonders das *Piccolo Teatro* in Mailand für eine Wiederbelebung ein.

Auswirkungen auf das Schauspiel im deutschsprachigen Raum finden sich u. a. in den Werken von Andreas **Gryphius** (*Horribilicribrifax*, 1657), Johann Nepomuk **Nestroy** (*Lumpacivagabundus,* 1833), Clemens von **Brentano** (*Die lustigen Musikanten,* 1802), ▶ Hofmannsthal (*Rosenkavalier,* 1911) und Paul **Ernst** (*Pantaleon und seine Söhne,* 1916; *Komödiantengeschichten,* 1920).

D

Dadaismus, eine revolutionäre Kunst- und Literaturrichtung, die unter dem Schrecken, den der Erste Weltkrieg verbreitete, im Emigrantenzentrum Zürich entstand. Hier gründeten 1916 die Deutschen Hugo **Ball**, Richard **Huelsenbeck**, der Elsässer Hans **Arp**, der Rumäne Tristan **Tzara** u. a. das literarische *Cabarett* und die Experimentierbühne *Voltaire.* Angewidert vom Kriegsgräuel in Europa, dem „Wahnsinn der Zeit“ (H. Arp), bekämpfte die neue anarchische Bewegung das Bildungsbürgertum und dessen künstlerisch-ästhetische Wertmaßstäbe. Die Dadaisten trugen Laute, Wörter und Satzbrocken ohne inneren Zusammenhang vor, gaben Geräuschkonzerte, rezitierten Lyrik aus Afrika und erfanden reine Lautgedichte zur Bloßstellung der verbrauchten Vokabeln, wie die Versdichtung *Karawane* (1917) von H. Ball zeigt:

KARAWANE
jolifanto bambla ô falli bambla
grossiga m'pfa habla horem
égiga goramen
higo bloiko russula huju
hollaka hollala
anlogo bung
blago bung
blago bung
bosso fataka
ü üü ü
schampa wulla wussa ólobo
hej tatta gôrem
eschige zunbada
wulubu ssubudu uluw ssubudu
tumba ba- umf
kusagauma
ba - umf

So war der Dada – ein „zufällig in einem deutsch-französischen Diktionär“ gefundenes Kinderwort, das so viel wie „Hoppe- oder Holzpferdchen“ bedeutet – einerseits Protest, Verspottung und hintersinniger Ulk, andererseits eine „Sehnsucht nach Glauben“ (H. Arp), eine „Widerlegung der Weltordnung“, „ein Narrenspiel aus dem Nichts“ (H. Ball). Wichtige Impulse für die Entwicklung des Dada in Europa gingen vom italienischen ▶ Futurismus aus, der mit seiner Sprachzertrümmerung ebenfalls mit den tradierten Formen der Dichtkunst brach.

Die Auswirkungen des Dada zeigten sich in Fotomontagen, phonetischen Plakaten (= Schriftbildern), Collagen, abstrakten Filmen, Ballettaufführungen, Gedichten ohne Syntax mit Zufallsassoziationen und an der Gleichzeitigkeit mehrerer Bildaspekte in Prosa und Vers. Bedeutende Romane wie *Ulysses* von ▶ Joyce oder *Berlin Alexanderplatz* von ▶ Döblin tragen dadaistische Züge. Die Pop-Art der 60er-Jahre mit ihren Stillleben aus Konservendosen, Autoreifen, ihren Décollagen (= zerfetzten Plakatbildern) und kunstvollen Anhäufungen von Verpackungsmüll ist eine Art Neo-Dada. Auch die ▶ konkrete Poesie ist vom Dadaismus angeregt.

Die Dada-Zentren in Europa entwickelten im Laufe der Zeit eigenständige und künstlerische Profile, die rasch zu Spannungen innerhalb der Bewegung und schließlich zu deren Auflösung führten: Während in der Schweiz der Dadaismus weiterhin als „künstlerisches Spiel“ praktiziert wurde, entwickelte sich in der Berliner Gruppe eine eher politisch aggressive Variante. Einen anderen Verlauf nahm der Dadaismus in Frankreich, dessen Hauptvertreter André **Breton** sich 1922 – angeblich wegen mangelnder Seriosität und anarchisch-destruktiver Tendenz – von der Bewegung trennte und Mitbegründer des ▶ Surrealismus wurde.

Dante Alighieri (1265–1321) überragt die gesamte mittelalterliche Literatur in einzigartiger und unvergleichlicher Größe. Sein Hauptwerk *La Divina Commedia* (*Die göttliche Komödie*) ist die poetische Summe des Mittelalters.

Dante stammte aus niederem, wenig begütertem Florentiner Adel. Umfassend gebildet, kam er jedoch in Berührung mit den geistig führenden Kreisen, bereits ab 1295 war er Mitglied in verschiedenen maßgebenden Gremien der Kommune, im Jahre 1300 wird er sogar in den Rat der Prioren aufgenommen, die einflussreichste Instanz von Florenz. Seine politische Tätigkeit war vom Ziel der Versöhnung der Parteien geleitet, die sich – papsttreue Guelfen auf der einen Seite, kaiserfreundliche Ghibellinen auf der anderen – in erbitterten Kämpfen bekriegten. Dante warb für die Erneuerung des politischen Lebens durch die Anerkennung der Oberherrschaft des Kaisers. Doch diese Parteinahme wurde ihm zum Verhängnis: Während einer Reise kam in seiner Heimatstadt die gegnerische Partei an die Macht, Dante wurde umgehend verbannt, sechs Wochen später sogar zum Tode verurteilt. Bis zu seinem Tod irrte er durch Italien, bis er 1321 in Ravenna starb. Sein Leben kann nur ansatzweise die ungeheure Themenfülle erklären, die sein Werk kennzeichnet. Seine Interessen leiten ihn ebenso zur Behandlung naturwissenschaftlicher Probleme in *De situ et forma aquae et terrae* (1320, *Über Ort und Gestalt des Wassers und des Landes*) und politischer Fragen in *De monarchia libri tres* (um 1310, *Drei Bücher über die Monarchie*) wie zu sprachtheoretischen Erörterungen in *De vulgari eloquentia libri duo* (um 1303/1304, *Zwei Bücher über die Ausdruckskraft der Volkssprache*). Bediente er sich in den genannten Werken noch des Lateinischen als Bildungssprache, so zeigte er in seinen wichtigsten Werken, dass das Italienische, die Volkssprache, dem Lateinischen an Würde und Schönheit ebenbürtig ist. Er wurde so zum Ahnherrn und eigentlichen Schöpfer der italienischen Dichtung.

Dante Alighieri

Aus Sonetten, Kanzonen (kürzeren lyrischen Gedichten) und verbindenden Prosatexten besteht das erste, als Gesamtheit verfasste Buch der italienischen Literatur, *Vita nuova* (1283/95, *Das erneuerte Leben*), in dem er die idealisierte Zuneigung zu seiner Jugendliebe Beatrice besingt. *Il convivio* (1303/1308, *Das Gastmahl*) ist keine Wiederaufnahme von Platons *Symposion*, vielmehr eine populärwissenschaftliche philosophische Abhandlung, in der Dante theologische, politische, physikalische und moralische Fragen aufgreift.

Dantes Hauptwerk ist *La Divina Commedia* (1307/1321, *Die göttliche Komödie*). In dieser allegorischen Erzählung in 14233 Versen besucht der Dichter die Hölle, das Fegefeuer und das Paradies. Geführt wird er hierbei von Vergil, Beatrice und dem Hl. Bernhard. In den drei besuchten Sphären begegnet Dante mythischen, historischen oder zeitgenössischen Personen, wobei jede ein spezifisches Laster oder eine Tugend symbolisiert. Mit äußerster Genauigkeit werden die Strafen der Sünder und die Belohnungen der Tugendhaften beschrieben. Im Laufe der Reise wird die *Divina Commedia* so zu einer Darstellung des mühevollen Weges der Seele zum ewigen Heil, damit aber auch zu einer Deutung des mittelalterlichen Kosmos, da das Werk die politischen, wissenschaftlichen und philosophischen Konzeptionen der Entstehungszeit resümiert und interpretiert. Nach Dantes eigenen Worten kann und soll es wie die Bibel im vierfachen Wortsinn, nämlich über die wörtliche Bedeutung hinaus auch im moralischen, allegorischen und anagogischen, d. h. die Seele erhebenden Sinne gelesen werden. Die *Göttliche Komödie* steht am Beginn der italienischen Literatur und ist bis heute ihre größte Schöpfung geblieben.

DDR-Literatur Bestimmten im Westen Deutschlands die Autoren der ▶ Inneren Emigration und der ▶ Trümmerliteratur die literarische Szene der Nachkriegszeit, so standen in der SBZ und frühen DDR die Vertreter der ▶ Exilliteratur im Mittelpunkt. Im Sinne der Bildung einer parteiübergreifenden Volksfront fanden dabei linksbürgerliche Autoren wie ▶ Döblin, H. und Th. ▶ Mann, Lion **Feuchtwanger** oder Leonhard **Frank** ebenso große Beachtung wie jene kommunistischen Schriftsteller, die wie ▶ Brecht oder ▶ Seghers nach 1945 in den Osten Deutschlands zurückkehrten und dort mit offenen Armen aufgenommen wurden. Hinzu traten die Schriftsteller der ▶ antifaschistischen Literatur, deren Kampf gegen den Nationalsozialismus ebenfalls dem von der Sowjetischen Militäradministration und der SED verfolgten Ziel der „antifaschistisch demokratischen Neuordnung" entsprach. Nicht im Zeichen des „Kahlschlags" begann deshalb die Literatur zwischen Elbe und Oder, sondern in der Auseinandersetzung mit dem überstandenen Faschismus. Zu einem auch international großen Erfolg dieser Vergangenheitsliteratur, die in der DDR bis zuletzt einen hohen Stellenwert besaß, wurde der Buchenwald-Roman von Bruno **Apitz** *Nackt unter Wölfen* (1958).
Angesichts der sich abzeichnenden Spaltung Deutschlands und erst recht nach der Staatsgründung der DDR 1949 geriet die Literatur immer stärker ins Fahrwasser der Politik. Die anfänglich gesamtdeutsche Perspektive der Kulturpolitik Ost-Berlins wich einer Strategie der Abschottung. Während im Westen nach 1945 ein freiheitlich-pluralistischer Literaturbetrieb entstand, entwickelte sich in der DDR eine „sozialistische Literaturgesellschaft", die auf die Überwindung überkommener Bildungsprivilegien zielte. Mittel hierzu war die Verstaatlichung sämtlicher Bereiche der Literatur, die zu einem volkspädagogischen Medium im Dienste des Auf- und Ausbaus des Sozialismus instrumentalisiert wurde. Zahlreiche Behörden lenkten und überwachten seither die Institutionen des literarischen Lebens. ▶ Zensur und Selbstzensur spielten fortan eine wichtige Rolle. Wer das Maß des Zulässigen überschritt, dem drohten nicht nur das Ende seiner Schriftstellerexistenz, sondern auch die Gefängnisse der Staatssicherheit. Enttäuscht von der politischen, aber

auch kulturellen Entwicklung der DDR übersiedelten bereits nach wenigen Jahren zahlreiche Autoren in den Westen.
1950 forderte der 3. Parteikongress der SED eine Orientierung auf den sozialistischen Aufbau bzw. die Errungenschaften des Sozialismus. Helden der Arbeit standen seither im Mittelpunkt vieler Werke, so vor allem in den Produktionsromanen von Otto **Gotsche** (*Tiefe Furchen*, 1949), Eduard **Claudius** (*Menschen an unserer Seite*, 1951) oder Hans **Marchwitza** (*Roheisen*, 1955). Auch das Drama nahm sich der neuen Thematik an, z. B. die Produktionsstücke ▶ Müllers. In der Lyrik dominierte eine agitatorisch-deklamatorische Politdichtung vom Schlage eines **Kuba** (eigentl. Kurt Barthels) oder Erich **Weinert**, der sich auch so formbewusste Dichter wie Stephan **Hermlin** oder der erste Kulturminister der DDR, Johannes R. **Becher**, nicht entziehen konnten. Weniger ins offizielle Leitbild passten hingegen Lyriker wie der an ▶ Celan geschulte Johannes **Bobrowski** (*Sarmatische Zeit*, 1961; *Schattenland Ströme*, 1962; *Wetterzeichen*, 1966), der Naturlyriker Peter **Huchel** (*Chausseen Chausseen*, 1963) oder der von ▶ Rilke beeinflusste Rumäniendeutsche Georg **Maurer**.
Seit Beginn der 50er-Jahre galt der ▶ Sozialistische Realismus als verbindliche Schreibweise. Den an den ästhetischen Normen der ▶ Klassik und des ▶ bürgerlichen Realismus ausgerichteten Arbeiten des Literaturtheoretikers Georg **Lukács** wurde höchste Anerkennung zuteil. Vertreter moderner Kunstauffassungen hingegen sahen sich zusehends in die Defensive gedrängt.
Der Tod Stalins und der Arbeiteraufstand vom 17. Juni führten ab 1953 vorübergehend zu einer Lockerung der bis dahin überaus restriktiven Kulturpolitik und leiteten die sog. **Tauwetter**-Periode ein. Doch bereits nach den Aufständen in Polen und Ungarn im Oktober 1956 herrschte erneut eine Eiszeit zwischen der Staatsführung und den oppositionellen Intellektuellen und Literaten. Regimekritiker wie z. B. der Schriftsteller Erich **Loest** wurden verhaftet und in Schauprozessen wegen „konterrevolutionärer" Betätigung zu langjährigen Gefängnisstrafen verurteilt. Angesichts dieser Bedrohung verließen führende Intellektuelle die DDR, u. a. Uwe **Johnson**, dessen anspruchsvolle Prosa östlich der Elbe keinen Verleger fand. Durch die Romane *Mutmaßungen über Jakob*, (1959), *Das dritte Buch über Achim* (1961) und den vierbändigen Familienzyklus *Jahrestage* (1970–1983) erwarb er sich schon bald einen hervorragenden Platz in der Literatur der Bundesrepublik.
1959 leitete die SED nach dem Ausbleiben der gewünschten Produktionsliteratur mit dem sog. **Bitterfelder Weg** eine neue kulturpolitische Phase ein: Arbeiter sollten zum Schreiben angeregt, Berufsschriftsteller durch längere Betriebsaufenthalte noch intensiver als bisher mit der Welt der Arbeit vertraut gemacht werden. Beabsichtigt war die Aufhebung der Trennung von Kunst und Leben und die Überwindung der Entfremdung zwischen literarischer Intelligenz und Werktätigen. Die Ergebnisse des Bitterfelder Weges blieben indes mager, sodass bereits 1964 der Versuch wieder aufgegeben wurde. Gleichwohl entstand die sog. **Ankunftsliteratur**, die nach dem Bau der Mauer (1961) den Blick auf den Alltag der DDR richtete und im Stil des bürgerlichen ▶ Bildungsromans die Integration zumeist jugendlicher Hauptfiguren in die sozialistische Gesellschaft vor Augen führte. Kritisches wurde dabei nicht ausgespart, wie die entsprechenden Romane von ▶ Wolf (*Der geteilte*

Kolloquium des Schriftstellerverbandes der DDR Anfang 1975 – von links nach rechts: Sarah Kirsch, Wieland Herzfelde, Günther Rücker, Franz Fühmann, Stephan Hermlin

Himmel, 1963), Erwin **Strittmatter** (*Ole Bienkopp*, 1964), Erik **Neutsch** (*Spur der Steine*, 1964) oder Hermann **Kants** (*Die Aula*, 1964) belegen.

Die Ankunftsliteratur bereitete Werken den Boden, die das Verhältnis des Individuums zur Gesellschaft thematisierten und dabei weit mehr als bisher die Glücksansprüche des Einzelnen hervorhoben. Abzulesen ist dies an den Romanen *Nachdenken über Christa T.* (1968) von Christa Wolf oder *Buridans Esel* (1968) von Günter de **Bruyn**. „Wie soll man leben?" lautete seit Mitte der 60er-Jahre die Frage vor allem jüngerer Autoren, die in zunehmendem Maße Anschluss an moderne Erzähltechniken (▶ Erzählen) fanden. So z. B. Johannes **Bobrowski** (*Levins Mühle*, 1964) und Jurek **Becker** (*Jakob der Lügner*, 1968), die sich in ihren Werken mit dem Antisemitismus in der deutschen Geschichte beschäftigten. Am deutlichsten gelang die Befreiung von den Dogmen des sozialistischen Realismus Fritz Rudolf **Fries** in seinem Schelmenroman *Der Weg nach Obliadooh* (1966), der in der DDR allerdings erst 1989 veröffentlicht werden konnte.

Schwierigkeiten mit der Zensur hatten auch die Dramatiker Volker **Braun** (*Der Kipper*, 1966; *Hans Faust*, 1967), Peter **Hacks** (*Die Sorgen und die Macht*, 1960; *Moritz Tassow*, 1961) und Heiner Müller, deren Stücke ein durchweg kritisches Bild der sozialistischen Entwicklung zeichneten und im Falle Hacks' (*Der Frieden*, 1962; *Amphitryon* 1968; *Omphale*, 1970) und Müllers (*Philoktet*, 1964; *Ödipus Tyrann*, 1967; *Prometheus*, 1967/68) in eine intensive Beschäftigung mit der antiken Mythologie mündeten. Erst recht die jungen Lyriker riefen durch ihre provokanten

Schreibweisen und die Beharrung auf die Rechte des Ich entschiedenen Widerspruch hervor. Die Anthologien *Sonnenpferde und Astronauten* (1964), *In diesem besseren Land* (1966) und *Saison für Lyrik* (1967) wurden als Affront empfunden. Sarah und Rainer **Kirsch**, Karl **Mickel**, Heinz **Czechowski**, Adolf **Endler**, Volker **Braun**, Richard **Leising**, Kurt **Bartsch**, Bernd **Jentzsch**, Wulf **Kirsten** u. a. sahen sich seither dem Argwohn des Regimes ausgesetzt. Fortschrittsskeptische Autoren wie Günter **Kunert** (*Erinnerung an einen Planeten*, 1963; *Der ungebetene Gast*, 1965; *Verkündigung des Wetters*, 1966) galten nunmehr als unerwünschte Provokateure. Nach dem Erscheinen seines Gedichtbandes *Sensible Wege* (1969) in der Bundesrepublik wurde Reiner **Kunze** mit Veröffentlichungsverbot bestraft, das bereits Mitte der 60er-Jahre die Lyrikerinnen Christa **Reinig** und Helga M. **Novak** in den Westen trieb. Allen voran erregte der politische Liedermacher Wolf **Biermann** (*Die Drahtharfe*, 1965; *Deutschland – Ein Wintermärchen*, 1965; *Mit Marx und Engelszungen*, 1968) den Zorn der Kulturverantwortlichen. 1964 wurde über ihn ein striktes Auftrittsverbot verhängt.

Zumal die Ereignisse des Prager Frühlings (1968) und die Entstehung der Neuen Linken in Westeuropa trugen dazu bei, dem „Modernismus" erneut eine schroffe Absage zu erteilen. Seither konnte ein Großteil der kritischen DDR-Literatur nur mehr im Westen erscheinen. Zur Unterbindung direkter Autorenkontakte zu Verlagen in der Bundesrepublik, aber auch als willkommene Devisenquelle wurde in Ost-Berlin ein Büro für Urheberrechte eingerichtet.

1971 jedoch, nach dem Machtwechsel von Walter Ulbricht zu Erich Honecker, versprach Letzterer eine Kunst und Literatur ohne Tabus, sofern sie von einem gefestigten sozialistischen Standpunkt aus vorgetragen wurde, und leitete dadurch eine vergleichsweise liberale Phase der Kulturpolitik ein. Bis dahin unterdrückte Manuskripte konnten erscheinen, die Bühnen der DDR belebten sich zusehends. Zu den bedeutendsten neuen Texten zählten die Romane *Leben und Abenteuer der Trobadora Beatriz* (1974) von Irmtraud **Morgner**, *Franziska Linkerhand* (1974) von Brigitte **Reimann**, die mit Maxie **Wander** (*Guten Morgen, Du Schöne - Frauen in der DDR. Protokolle*, 1975), S. **Kirsch** (*Die Pantherfrau*, 1973) und Christa Wolf den Anfang der ▶ Frauenliteratur der DDR bildeten. Viel diskutierter Höhepunkt dieser Blütezeit war die Erzählung/das Stück *Die neuen Leiden des jungen W.* (1972) von Ulrich **Plenzdorf**, der darin mit Bezug auf den *Werther* ▶ Goethes gegen die Anpassungszwänge der Jugend im real existierenden Sozialismus rebellierte. Gleichwohl spielten auch in diesem Abschnitt der DDR-Literatur Druck- und Aufführungsverbote eine zentrale Rolle. **Brauns** *Unvollendete Geschichte* zum Beispiel konnte 1975 nur in einer literarischen Zeitschrift erscheinen. Stefan **Heyms** Roman über den Arbeiteraufstand vom 17. Juni 1953 *5 Tage im Juni* (1974) und **Kunzes** Prosaband *Die wunderbaren Jahre* (1976) über das autoritäre Erziehungssystem der DDR und die Niederschlagung des Prager Frühlings fanden nur in der Bundesrepublik einen Verleger. Ebenso blieben auch **Kunert** oder Müller zum Schweigen verurteilt, von jüngeren Autoren wie dem Dramatiker Stefan **Schütz** oder dem Erzähler und Lyriker Thomas **Brasch** ganz zu schweigen.

Die liberalen Jahre des SED-Regimes fanden Ende 1976 mit der Ausbürgerung **Biermanns** ein jähes Ende, dem nach einem Konzert in Köln die Rückkehr in die DDR

Günter de Bruyn

Jurek Becker

Christoph Hein

verweigert wurde. Proteste von über 70 führenden Kulturschaffenden zeitigten keine Wirkung. Sie riefen stattdessen ein breites Unterdrückungsinstrumentarium auf den Plan: Publikationsverbot, Hausarrest bis hin zur Verhaftung. Angesichts dieser Bedingungen übersiedelten bis zum Ende der DDR mehr als 100 Schriftsteller in die Bundesrepublik, darunter so bekannte Autoren wie Kunert, Kunze, Kirsch, Becker, Klaus **Schlesinger**, Hans-Joachim **Schädlich**, Brasch, Monika **Maron**, Wolfgang **Hilbig** und Loest.

Trotz dieses Massenexodus brachte die Literatur der DDR auch nach 1976 durchaus ansprechende Werke hervor – von den bis zuletzt parteihörigen Autoren einmal abgesehen. Ihr gemeinsamer Nenner ist eine sich radikalisierende Zivilisationskritik, wie sie zur selben Zeit auch in der ▶ postmodernen Literatur der Bundesrepublik entstand. Rehabilitierungsversuche bislang abgewerteter Dichter wie z. B. Kleist und Hölderlin sind hier ebenso zu finden wie der Rückgriff auf den ▶ Mythos, ein ausgeprägtes ökologisches Bewusstsein, Alltagskritisches und die Auseinandersetzung mit der Nazizeit und dem Stalinismus. Zu den auch in gesamtdeutscher Perspektive wichtigsten Erzählern neben Christa Wolf gehörten seither **Morgner** (*Amanda. Ein Hexenroman*, 1983), **Heym** (*Collin*, 1979, *Ahasver*, 1981; *Schwarzenberg*, 1984; *Nachruf*, 1988, alle BRD), **Loest** (*Es geht seinen Gang oder die Mühen in unserer Ebene*, 1978; *Durch die Erde ein Riß*, BRD 1981; *Völkerschlachtdenkmal*, BRD 1984), **Maron** (*Flugasche*, 1981), Franz **Fühmann** (*Der Geliebte der Morgenröte*, 1978; *Der Sturz des Engels*, 1982; *Das Ohr des Dionysios*,

Thomas Brasch

Irmtraud Morgner

1985), **Braun** (*Hinze-Kunze-Roman*, 1985), de **Bruyn** (*Märkische Forschungen*, 1979; *Neue Herrlichkeit*, 1985) und nicht zuletzt Christoph **Hein** (*Drachenblut*, 1983; *Horns Ende*, 1985; *Der Tangospieler*, 1989). Beim Drama ab Ende der 1970er-Jahre ist auf **Hacks** (*Ein Gespräch im Hause Stein über den abwesenden Herrn von Goethe*, 1976), **Brasch** (*Rotter*, 1977), **Schütz** (*Michael Kohlhaas*, 1978), **Braun** (*Simplex Deutsch*, 1980; *Siegfried Frauenprotokolle Deutscher Furor*, 1986) und **Hein** (*Cromwell*, 1979; *Die wahre Geschichte des Ah Q*, 1983; *Die Ritter der Tafelrunde*, 1989) hinzuweisen, vor allem aber auf das Œuvre Heiner Müllers. Fortschritts- und Geschichtsskepsis gepaart mit einem radikalen Endzeitbewusstsein bildeten denn auch den gemeinsamen Tenor der Lyrik der späten DDR, die in Braun, **Mickel**, Hilbig, Gert **Neumann**, Elke **Erb** und Wulf **Kirsten** ihre überzeugendsten Vertreter fand. Am radikalsten kündigte ihrem Staat die jüngste Lyrikergeneration (Uwe **Kolbe**, Bert **Papenfuß-Gorek**, Stefan **Döring**, Sascha **Anderson**, Rainer **Schedlinski**, Jan **Faktor** u. a.) die Gefolgschaft auf.

Nach dem Zusammenbruch der DDR 1989 wurde deren Literatur im sog. **Deutschen Literaturstreit** pauschal abgewertet. Anlass dieser kulturpolitischen Debatte war die Erzählung *Was bleibt* (1990) von Christa Wolf, Hintergrund die Forderung Wolfs, Müllers, Heyms, Heins und anderer DDR-Autoren nach einer Erneuerung des Sozialismus bzw. deren Weigerung, der Vereinigung beider deutscher Staaten zuzustimmen. Die Widersacher, darunter viele Ex-Dissidenten, verurteilten die mangelnde Oppositionshaltung der in der DDR gebliebenen Schriftsteller und machten ihnen eine hausbackene Gesinnungsästhetik zum Vorwurf. Demgegenüber betonten vor allem ▶ Grass und Walter **Jens** das staatskritische Potential der DDR-Literatur und unterstrichen deren Modernität.

Frühmittelalter 750–1180 *Hochmittelalter 1180–1230* *Spätmittelalter 1230–1520*	*Reformationszeit 1520–1600* *Barock 1600–1700*	*Aufklärung 1700–1789* *Empfindsamkeit 1750–1789* *Sturm und Drang 1770–1789*	*Klassik 1786–1805* *Romantik 1795–1832*
Wessobrunner Gebet	M. Luther *Bibelübersetzung*	J.Chr. Gottsched *Critische Dichtkunst*	F. Schiller *Über Anmut und Würde, Über naive und sentimentalische Dichtung*
Der Kürenberger	Flugschriften	G.E. Lessing *Hamburgische Dramaturgie*	A.W.Schlegel/F. Schlegel *Athenäum-Fragmente*
Heinrich von Mohrungen	M. Opitz *Buch von der Deutschen Poeterey*	G. Lichtenberg *Aphorismen*	J.W. Goethe *Iphigenie, Torquato Tasso, Faust*
Reinmar der Alte	A. Gryphius *Catharina von Georgien, Peter Squentz*	C.F. Gellert *Fabeln*	F. Schiller *Wallenstein, Maria Stuart, Die Jungfrau von Orleans, Wilhelm Tell*
Walther von der Vogelweide	D. C. v. Lohenstein *Aggrippina, Cleopatra*	F.G. Klopstock *Der Messias*	H. von Kleist *Penthesilea, Prinz von Homburg*
Neidhart von Reuental	H. Sachs *Der farent Schueler ins Paradeis*	C.M. Wieland *Geschichte des Agathon, Geschichte der Abderiten*	F. Hölderlin *Empedokles*
Oswald von Wolkenstein	*Das Lalebuch, Historia* von D. Fausten	K.Ph. Moritz *Anton Reiser*	J.W. Goethe *Wilhelm Meisters Lehrjahre, Die Wahlverwandtschaften*
Hildebrandslied	J. Fischart *Geschichtsklitterung*	J.W. Goethe *Werther*	Novalis *Heinrich von Ofterdingen*
Pfaffe Konrad *Rolandslied*	Grimmelshausen *Simplizissimus*	B.H. Brockes *Irdisches Vergnügen in Gott*	Jean Paul *Hesperus, Siebenkäs, Titan*
Spielmannsepik	J. Beer *Das Narrenspital*	G.A. Bürger *Gedichte*	F. Hölderlin *Hyperion*
Hartmann von Aue *Erec, Iwein*	J.M. Moscherosch *Wunderliche und wahrhaftige Gesichte*	F.G. Klopstock *Oden und Elegien*	H. von Kleist *Michael Kohlhaas*
Wolfram von Eschenbach *Parzival, Willehalm*	J. Böhme *Aurora oder die Morgenröthe*	J.W. Goethe *Neue Lieder*	E.T.A. Hoffmann *Kater Murr*
Gottfried von Straßburg *Tristan*	Q. Kuhlmann *Kühlpsalter*	J.W. Goethe *Götz von Berlichingen*	J. von Eichendorff *Aus dem Leben eines Taugenichts*
Nibelungenlied	A. Silesius *Cherubinischer Wandersmann*	J.M. Lenz *Der Hofmeister, Die Soldaten*	Brüder Grimm *Märchen*
Wernher der Gartenaere *Meier Helmbrecht*	Lyrik von P. Fleming, H. von Hoffmannswaldau, P. Gerhardt, A. Gryphius, H. Sachs, C. Günther	F. Schiller *Kabale und Liebe, Die Räuber*	J.W. Goethe *Römische Elegien, Der West-Östliche Divan*
Heinrich von Wittenwiler *Der Ring*		G.E. Lessing *Emilia Galotti, Nathan der Weise*	Novalis *Hymnen an die Nacht*
Johannes von Tepl *Der Ackermann aus Böhmen*			A. von Arnim/C. Brentano *Des Knaben Wunderhorn*
Sebastian Brant *Das Narrenschiff*			
Erasmus von Rotterdam *Lob der Torheit*			

Biedermeier 1815–1848 *Junges Deutschland 1830-1840* *Vormärz 1830–1848* *Realismus 1848–1890* *Naturalismus 1890–1900*	*Literatur der Jahrhundertwende 1890–1918* *Expressionismus 1910–1920* *Weimarer Republik 1918–1933*	*„Drittes Reich" 1933–1945* *Exilliteratur*	*Literatur nach 1945*
G. Büchner *Der Hessische Landbote*	H. v. Hofmannsthal *Chandos-Brief*	A. Döblin *Wir und der historische Roman*	W. Borchert *Draußen vor der Tür*
H. Heine *Romantische Schule*	B. Brecht *Anmerkungen zu „Mahagonny"*	G. Lukács/E. Bloch u. a. *Expressionismusdebatte*	M. Frisch *Andorra, Don Juan*
F. Raimund *Das Mädchen aus der Feenwelt*	A. Schnitzler *Anatol, Der Reigen, Liebelei*	B. Brecht *Der Messingkauf*	F. Dürrenmatt *Die Physiker, Besuch der alten Dame*
J. Nestroy *Lumpazivagabundus*	Hofmannsthal *Jedermann, Der Schwierige*	B. Brecht *Leben des Galilei, Mutter Courage, Der gute Mensch von Sezuan*	P. Handke, *Publikumsbeschimpfung, Kaspar*
G. Büchner *Dantons Tod, Woyzeck*	B. Brecht *Baal, Die Dreigroschenoper*	F. Werfel *Jacobowsky und der Oberst*	U. Plenzdorf *Die neuen Leiden des jungen W.*
F. Hebbel *Judith, A. Bernauer*	Th. Mann *Buddenbrooks, Der Zauberberg*	C. Zuckmayer *Des Teufels General*	F.X. Kroetz *Mensch Meier*
G. Hauptmann *Die Weber, Der Biberpelz*	H. Mann *Der Untertan, Professor Unrat*	L. Feuchtwanger *Geschwister Oppermann*	H. Müller *Lohndrücker*
A. Stifter *Bunte Steine, Studien, Nachsommer*	F. Kafka *Der Verschollene, Der Prozess, Das Schloss, Das Urteil, Ein Landarzt*	H. Mann *Henri Quatre*	Th. Bernhard, *Heldenplatz*
G. Keller *Der grüne Heinrich, Die Leute von Seldwyla*	H. Hesse *Siddhartha, Steppenwolf*	Th. Mann *Joseph-Romane, Doktor Faustus*	M. Frisch *Homo Faber, Stiller*
C.F. Meyer *Jürg Jenatsch, Hochzeit des Mönchs*	A. Döblin *Berlin Alexanderplatz*	K. Mann *Mephisto, Der Vulkan*	G. Grass *Die Blechtrommel*
Th. Storm *Hans und Heinz Kirch, Schimmelreiter*	R. Musil *Der Mann ohne Eigenschaften*	O.M. Graf *Anton Sittinger*	U. Johnson *Mutmaßungen über Jakob*
W. Raabe *Stopfkuchen, Akten des Vogelsangs, Hastenbeck*	S. George *Algabal, Das neue Reich*	E. Jünger *Auf den Marmorklippen*	H. Böll *Ansichten eines Clowns*
Th. Fontane, *Wanderungen, Effi Briest, Stechlin*	R.M. Rilke *Das Stundenbuch*	H. Hesse *Das Glasperlenspiel*	S. Lenz *Deutschstunde*
H. Heine *Buch der Lieder*	G. Benn *Morgue, Neue Gedichte*	A. Seghers *Transit, Das siebte Kreuz*	I. Bachmann *Malina*
A. v. Droste-Hülshoff *Zeitbilder, Heidebilder*	B. Brecht *Die Hauspostille*	S. Zweig *Die Welt von gestern*	Ch. Wolf *Kindheitsmuster*
C.F. Meyer *Der römische Brunnen*		H. Broch *Der Tod des Vergil*	E. Canetti *Die gerettete Zunge*
Th. Fontane *Balladen*		B. Brecht *Lieder Gedichte Chöre*	*Lyrik* von H.C. Artmann, I. Bachmann, W. Biermann, J. Bobrowski, B. Brecht, P. Celan, H. Domin, G. Eich, H.M. Enzensberger, E. Fried, E. Gomringer, P. Huchel, E. Jandl, M.L. Kaschnitz, S. Kirsch, K. Krolow, G. Kunert, H. Piontek
A. Holz *Phantasus*		A. Haushofer *Moabiter Sonette*	

Döblin, Alfred (1878–1957) entstammt einer jüdischen Kaufmannsfamilie. Nachdem sich der Vater nach Nordamerika abgesetzt hatte, was für Döblin ein tiefes Kindheitserlebnis blieb, zog die Mutter mit ihm 1888 nach Berlin. Dort und in Freiburg/Br. studierte er ab 1902 Neurologie und Psychiatrie. Nach der Promotion war er als Arzt zunächst in Regensburg tätig. 1911 ließ er sich als Neurologe und Psychiater in Berlin wieder.

1914 als Militärarzt im Elsaß stationiert, wandelte sich Döblin angesichts der Realität des Krieges zum entschiedenen Pazifisten und Sozialisten. Die Revolution 1918 kam für ihn wie eine Erlösung, ihr Scheitern erlebte er auch als persönliches Dilemma. Neben das literarische trat nun für einige Jahre das politische Engagement (bis 1920 in der USPD, 1921 bis 1930 in der SPD). 1928 wurde Döblin in die Sektion Dichtkunst der **Preußischen Akademie der Künste** gewählt. In diese Zeit fällt eine Reise nach Polen, die sein Interesse für christlich-jüdische Probleme verstärkte. Mit seinem Roman *Berlin Alexanderplatz* gelang Döblin 1929 sein internationaler Durchbruch. Bis heute ist er der bedeutendste deutsche Großstadtroman geblieben (▶ Großstadtdichtung). Er steht damit in einer Reihe so wichtiger Werke wie *Ulysses* (1914–1921) von ▶ Joyce und *Manhattan Transfer* (1925) von John **Dos Passos**.

Umschlag der Erstausgabe von „Berlin Alexanderplatz“

In *Berlin Alexanderplatz* wird die Geschichte des entlassenen Strafgefangenen Franz Biberkopf erzählt, der ein anständiger Mensch werden will, dabei aber doch Stufe um Stufe tiefer sinkt. Vermeintliche Freunde (Otto Lüders, v. a. aber Reinhold) betrügen ihn und locken ihn trotz seines Widerstands in die Verbrecherwelt der Großstadt. Schließlich überredet ihn Reinhold, von dem Franz auf seltsame Art abhängig scheint, zu einem Verbrechen. Der Versuch von Franz, nicht mitzumachen, endet für ihn mit dem Verlust eines Armes, weil ihn Reinhold aus Rache vor ein Auto stößt. Nach diesem Erlebnis kommt Franz zum Schluss, dass Anständigsein in dieser Welt nicht lohnt. Er sucht und findet in dem Mädchen Mieze seine „Braut", wird ihr Zuhälter und macht weiter dunkle Geschäfte. Als Reinhold ihm die Geliebte raubt, sie vergewaltigt und dann erwürgt und Franz als vermeintlicher Täter verhaftet wird, bricht er zusammen und kommt in eine Irrenanstalt. Entlassen und über die wahren Hintergründe von Miezes Tod informiert, bricht er sein Schweigen und verrät Reinhold. Die Erkenntnis „Verflucht ist der Mensch, der sich auf Menschen verlässt" kann dabei als Leitmotiv des gesamten Romans gelten. Nach dem Prozess ist Franz kaum mehr in der Lage zu gehen. „Bevor er aber ein radikales Ende mit sich macht, wird ihm auf eine Weise, die ich hier nicht bezeichne, der Star gestochen. Es wird ihm aufs deutlichste klargemacht, woran alles lag. Und zwar an ihm selbst ..." (Döblin im *Vorwort* zum Roman). Franz bekommt einen Hilfsportiersposten angeboten und nimmt an.

Berlin Alexanderplatz ist ein Lehrstück und darin auch durchaus mit Brechts Dramen vergleichbar. Gezeigt wird, wie ein Mensch so oft gebrochen wird, bis er schließlich funktioniert.
Der Roman machte Döblin zwar schlagartig weltberühmt, schützte ihn aber dennoch nicht vor antisemitischen und nazistischen Anfeindungen. Am 28.2.1933, einen Tag nach dem Reichstagsbrand, floh Döblin nach Zürich. Seit August 1933 lebte er in Paris, wo er 1936 die französische Staatsbürgerschaft erhielt. 1940 flüchtete Döblin vor den heranrückenden deutschen Truppen über Portugal in die USA. Bereits im November 1945 kam Döblin als Mitarbeiter der französischen Militärregierung wieder nach Deutschland. In Baden-Baden gab er die Zeitschrift *Das goldene Tor* heraus (1946–1951). Enttäuscht von den politischen, gesellschaftlichen und kulturellen Entwicklungen in Westdeutschland hielt er sich von 1953 bis 1956 erneut in Paris auf. Als Schwerkranker kehrte er 1956/57 in den Schwarzwald zurück. Döblin liegt in einem kleinen Ort in den Vogesen neben seinem Sohn, der dort als französischer Soldat fiel, begraben.
Die Werke Döblins während seines Exils und der Jahre nach 1945 blieben in Deutschland fast unbeachtet. Einzig Günter Grass bekennt sich zu Döblin als seinem Lehrer. 1978 stiftete er deshalb den Alfred-Döblin-Preis.

Dokumentarische Literatur umfasst als Sammelbegriff verschiedene literarische Gattungen wie gesellschaftskritische Dramen, Theaterstücke, Hörspiele, Reportagen, Berichte, aber auch lyrische Formen gleichermaßen.
In den 60er-Jahren setzte sich die Bewegung gegen das ▶ Absurde Theater wie gegen die ▶ Brecht'schen Parabelstücke durch, denen man zu diesem Zeitpunkt politische Wirksamkeit absprach. Kennzeichnend für die dokumentarische Literatur ist die Verwendung von authentischem, historischem Material, das durch Auswahl, Anordnung und Aufbereitung zur Literatur wird und Zusammenhänge aufzeigen, Einsichten fördern und Handeln provozieren will. Dabei verfügt die dokumentarische Literatur über eine Tradition, die sich u. a. auf ▶ Büchners Dramen *Woyzeck* und *Danton Tods* ebenso berufen kann wie auf Theatertechniken des Regisseurs und Theaterleiters Erich **Piscator** und die Reportagen von Egon Erwin **Kisch**. Auch ▶ Seghers Hörspiel *Der Prozess der Jeanne d'Arc zu Rouen 1471* (1936) stellt dokumentarische Literatur dar. Diese steht zudem in der Tradition des Geschichtsdramas, indem sie politische Vorgänge durchleuchtet und Personen wie Papst Pius XII., den Schriftsteller Ernst **Toller**, Leo Trotzki, Winston Churchill oder Josef Stalin als Dramenfiguren auf die Bühne bringt.
In den 60er-Jahren dominierte die dokumentarische Literatur vor allem im Bereich des Dramas, sowohl in Deutschland als auch in Amerika. Dort entwickelt sich die **Faction-Prosa** (engl. fact=Tatsache), zu deren Vertretern u. a. Truman **Capote** und Norman **Mailer** gehören. In USA, England und Russland werden während der 60er-Jahre viele dokumentarische Theaterstücke geschrieben. In Deutschland bevorzugen die Mitglieder der **Gruppe 61** Reportage und Protokoll als Stilformen. Alexander **Kluges** Drama *Lebensläufe* (1962) greift die Mischtechnik von Theodor **Pliviers** Drama *Stalingrad* (1945) auf, in dem Fiktion und Dokumentarisches miteinander verbunden werden.
Eine Reihe von dokumentarischen Stücken erregte seit 1963 in der Theaterwelt Aufsehen, zum Beispiel Rolf **Hochhuths** *Der Stellvertreter*, Heinar **Kipphardts** *In der*

Sache J. R. Oppenheimer (1964) und Peter **Weiss'** *Die Ermittlung* (1965). Dieses Theaterstück behandelt die Judenvernichtung in Auschwitz. Weiss nutzt dazu das Material der Frankfurter Auschwitz-Prozesse von 1962–1964. Der Prozessverlauf zeigte, dass die Schuldigen nicht in jedem Fall zur Rechenschaft gezogen werden konnten. Auf Grund der zum Teil wörtlich übernommenen Prozessakten kommen auch die Probleme der Wahrheitsfindung und Rechtsprechung nach 20 Jahren zum Ausdruck. Die nüchternen, deshalb nicht weniger schrecklichen Fakten der Judenvernichtung demonstrieren und dokumentieren die Unmenschlichkeit der Taten.

Zwei Formen des dokumentarischen Theaters können voneinander unterschieden werden: die Prozessform, wie in Weiss' *Die Ermittlung*, in Rolf **Schneiders** *Der Prozess in Nürnberg* (1968), in Hans Magnus **Enzensbergers** *Das Verhör in Habanna* (1970), und die Berichtform, die Fiktion und Dokumentation verbindet, so Hochhuths *Der Stellvertreter*.

Peter Weiss, um 1960

Auch in der DDR forderten die Autoren des „Bitterfelder Weges" (▶ DDR-Literatur) neue literarische Konzepte und sahen sie im Dokumentarischen. Die literarische Umsetzung der Forderung blieb wohl auf Grund der restriktiven politischen Verhältnisse in Ansätzen stecken.

Aus der drohenden Erstarrung Ende der 60er-Jahre führten Peter Weiss' Dramen *Trotzki im Exil* (1970) und *Hölderlin* (1971), die er als zeitgenössische Geschichtsdramen gestaltete. Dass dokumentarische Literatur immer wieder politische und gesellschaftskritische Diskussionen zu provozieren vermag, zeigt Heinar Kipphardts umstrittenes Schauspiel *Bruder Eichmann* (1983), in dem er Kriegsverbrechen während des Vietnam-Krieges thematisiert und in historische Relation setzt. Bei allem Verdienst, historisch brisante Themen für eine interessierte Öffentlichkeit aufbereitet zu haben, bleibt die künstlerische Leistung der dokumentarischen Literatur doch eher beschränkt.

Dostojewski, Fedor Michailowitsch (1821–1881) wurde in Moskau als Sohn eines Arztes geboren. Er besuchte die Militär-Ingenieurschule in Petersburg, wurde 1842 Leutnant und arbeitete zeitweise als Ingenieur. 1849 verhaftete man ihn wegen Kontakten zu den utopischen Sozialisten. Das Todesurteil wurde auf der Hinrichtungsstätte in vierjährige Zwangsarbeit in Sibirien umgewandelt. Nach seiner Entlassung diente er als Soldat in Sibirien. Während dieser Zeit erlebte er eine innere Wandlung vom atheistischen Sozialisten zum überzeugten Christen, die sein literarisches Werk maßgeblich beeinflusste. Vor allem als Romanautor errang Dostojewski Weltruhm. Seinen umfangreichen Werken (u. a. *Schuld und Sühne* 1866, *Der Idiot* 1868, *Die Dämonen* 1872, *Die Brüder Karamasov* 1879/80) liegen religiöse und politische Ideen zu Grunde, die Dostojewski meisterhaft mit einer spannenden

Fedor M. Dostojewski, 1847

Handlung zu kombinieren verstand. Meist steht ein Held im Mittelpunkt (Aljoscha in *Die Brüder Karamasov*, Raskolnikov in *Schuld und Sühne*, Fürst Myschkin in *Der Idiot*, Nikolai Stawrogin in *Die Dämonen*), um den herum sich ein personenreiches Geschehen rankt. Auf Grund der geschickten Gestaltung von Dialogen und der Verwendung dramatischer Elemente sind Dostojewskis Romane trotz ihres Umfangs spannend zu lesen.
Immer wieder verarbeitete er auch persönliche Erlebnisse, so etwa seine Erfahrungen im Spielkasino in Baden Baden im Roman *Der Spieler* (1868). In den 60er-Jahren hielt sich Dostojewski auf der Flucht vor Gläubigern längere Zeit im Ausland auf, erst ab 1871 ließ er sich ständig in St. Petersburg nieder, wo er neunundfünfzigjährig starb. Dostojewski steht gleichrangig neben den großen russischen Schriftstellern des 19. Jh.s wie Alexander **Puschkin**, Nikolai **Gogol**, Iwan **Turgenjew,** ▶ Tolstoi, und Anton **Tschechow**.

Drama (griech.: drama = Handlung) bezeichnet neben Epik und Lyrik die dritte literarische Grundform.
Das Drama stellt eine meist in sich abgeschlossene Handlung szenisch dar. In der Form des **Dialogs**, d. h. in Rede und Gegenrede der Figuren, oder auch des **Monologs**, des Selbstgesprächs einer Figur, wird dem Zuschauer das Geschehen vermittelt. Außer im **Lesedrama**, das nur für die schriftliche Verbreitung gedacht ist und deshalb weder seine Wirksamkeit noch seine Durchführbarkeit auf der Bühne berücksichtigt, ist es auf eine Aufführung im ▶ Theater angelegt. Die drei großen dramatischen Gattungen sind die ▶ Tragödie, die ▶ Komödie und das **Schauspiel**. Letzteres ist einerseits eine allgemeine Bezeichnung für ein Bühnenstück, andererseits beschreibt der Begriff ein Drama mit einer konfliktgeladenen Handlung, der durchaus ein tragischer Ausgang droht. Die Einsicht oder innere Wandlung des ▶ Helden führt aber eine Lösung des Problems herbei. Die **Tragikomödie** verbindet tragische Zusammenhänge und komische Motive zu einer intensiven Kontrastwirkung.
Die Dramenhandlung wird meist in größere Abschnitte, die **Akt** oder **Aufzug** genannt werden, und kleinere, wie **Szene**, **Auftritt** oder **Bild**, gegliedert. Der klassische Aufbau des Dramas geht zurück auf die antike ▶ Poetik von **Aristoteles**. Die entscheidenden Phasen sind demnach die Exposition (Einführung), die **Peripetie** (un-

erwartete Wendung im Schicksal des Helden) und die **Katastrophe**, d. h. den Ausgang zum Schlimmen oder Guten. Im 5-aktigen Drama bildet der erste Akt die Einleitung (**Exposition**) mit Vorstellung der Hauptfiguren und der Ausgangssituation. Der Konflikt spitzt sich im zweiten Akt zu (**erregendes Moment**, steigende Handlung) und erreicht im dritten Akt seinen Höhepunkt. Im vierten Akt tritt eine Wendung im Geschehen ein oder der Ausgang wird verzögert (**retardierendes Moment**). Verschiedene Lösungsmöglichkeiten scheinen hier noch denkbar. Den Schluss im fünften Akt bilden entweder ein glücklicher Ausgang oder die Katastrophe. Dreiaktige Schauspiele sind ähnlich gebaut. Daneben gibt es auch Ein-, Zwei- oder Vierakter.

Szene aus „Ödipus" von Sophokles, Schauspielhaus am Gendarmenmarkt in Berlin, Premiere 1929

Das moderne Drama folgt kaum noch dem klassischen Bauprinzip, sondern gliedert sich in oft zehn oder mehr einzelne Bilder. Eingeleitet wird es meist durch einen **Prolog** (Vorspiel), den Abschluss bildet ein **Epilog** (Nachspiel). Zwischenspiele dienen häufig als Kontrast oder Kommentar zur Handlung. Vorgänge, die nicht auf der Bühne dargestellt werden können, z. B. Kriegsgeschehen, werden dem Zuschauer durch die sog. **Teichoskopie** (griech. = Mauerschau) zur Kenntnis gebracht. Das bedeutet, dass auf der Bühne agierende Figuren außerhalb geschehende Handlungen schildern. Eine andere Informationsmöglichkeit ist der **Botenbericht**, wobei der auftretende Bote entweder eine rein berichtende oder auch eine kommentierende Funktion haben kann. Im antiken Drama wurde ein Chor als Sprachrohr des Dichters eingesetzt, der sich zum Geschehen äußert. Im modernen Drama ist diese Institution weitgehend verschwunden, bei ▶ Brecht übernehmen kommentierende Songs ihre Aufgabe. Der **dramatischen Handlung** liegt grundsätzlich ein Gegensatz zwischen unterschiedlichen Haltungen zu Grunde, der die Spannung erzeugt und die dramatische Entwicklung auslöst. Dieser Konflikt kann entweder ein innerseelischer Widerstreit, z. B. zwischen Neigung und Pflicht, oder der Kampf eines Helden gegen äußere Gegenspieler, sein Ringen mit dem Schicksal oder gegen Intrigen sein. Im **Zieldrama** verläuft das Bühnengeschehen geradlinig auf die Katastrophe am Ende zu. Das **analytische Drama** zeigt nur letzte Auswirkungen und die Zuspitzung einer Handlung, die sich bereits vor Einsetzen der Bühnenhandlung ereignet hat und erst im Laufe des Spiels dem Helden wie dem Zuschauer vollständig enthüllt wird. Der Ausgang ist schon festgelegt, das dramatische Gewicht liegt nun auf dem Hergang und den Konsequenzen des Geschehens.

Der Personenzettel wird kostenlos verabfolgt.

Volksbühne
Theater am Bülowplatz
Direktion: Friedrich Kayßler.

Dienstag, den 4. Okt. 1921, abends 7½ Uhr

Masse Mensch

Ein Stück aus der sozialen Revolution des 20. Jahrhunderts
in 7 Bildern von Ernst Toller.
Regie: Jürgen Fehling.
Musik: Heinz Tiessen.

Sonja Irene L.	Mary Dietrich
Der Beamte, ihr Mann	Heinz Berne[illegible]er
Der Offizier	Hanns Neußing
Der Priester	Ludwig Mayr
1. Gefangene	Lilli Schönborn
2. Gefangene	Hertha Wolff
Der Namenlose	Edgar Klitsch
Arbeiterinnen	Johanna Koch-Bauer
	Leonie Vogel
	Dora Gerson
Arbeiter	Ferd. Steinhofer
	Heinz Hilpert
	William Huch
	Hans Schultze
	Veit Harlan
	Walter Buhse

Arbeiter, Arbeiterinnen, Soldaten.

(Fortsetzung umseitig.)

Rauchen in allen Räumen des Theaters streng verboten!
Die Schließer sind angewiesen, Zuspätkommende erst nach dem ersten Akt einzulassen

„Masse Mensch" von Ernst Toller, Programmzettel der Volksbühne Berlin, 1921

Die innere Geschlossenheit der Dramenhandlung hängt auch davon ab, inwieweit die Umsetzung der klassischen **drei Einheiten** beachtet wird. Aristoteles forderte die Einheit der **Handlung**, also die Durchführung eines Grundmotivs ohne ablenkende Episoden und Nebenhandlungen. Die Einheit des **Ortes** – damit ist gemeint, dass die dargestellte Handlung an einem gleich bleibenden Schauplatz abläuft –, war später aus technischen Gründen vorwiegend für die vorhanglosen Bühnen von Vorteil. Dem inneren Zusammenhang dient auch die Einheit der **Zeit**. Damit verbindet sich ursprünglich die Vorstellung, dass eine in sich geschlossene Handlung in einem eng begrenzten zeitlichen Rahmen abläuft. Im Idealfall durfte ein Zeitraum von 24 Stunden nicht überschritten werden.
In der Dramengeschichte verlangten erstmals die klassizistischen Dramatiker **Racine** und **Corneille** in Frankreich, dass alle Einheiten streng eingehalten werden müssten. Gottsched übernahm diese Auffassung für seine Dramentheorie der ▶ Aufklärung. Aus diesem Formenzwang ergaben sich oft Situationen, die wenig wahrscheinlich, steif und konstruiert wirkten. Es war ▶ Lessing, der ein sklavisches Festhalten am Regelzwang ablehnte, jedoch zur Einheit der Handlung als Voraussetzung für das moderne Drama zurückkehrte. Dagegen wandten sich die Dramatiker des

▶ Sturm und Drang – gemäß ihrem Vorbild ▶ Shakespeare – bewusst gegen jegliche Regelhaftigkeit. Freilich bestand damit für ihre Bühnenwerke auch die Gefahr, den inneren Zusammenhang zu verlieren. Im 19. Jh. kehrte man der größeren Wahrscheinlichkeit wegen wieder zur Beachtung der drei Einheiten zurück, nun allerdings in zwangloserer Form. Das Drama der Gegenwart bedient sich entsprechend seines Formwillens und seiner inhaltlichen Intention aller möglichen Variationen.
Eine weitere Regel, die bereits im antiken Drama gepflegt und bis zum Aufkommen des ▶ bürgerlichen Trauerspiels weitgehend eingehalten wurde, ist die **Ständeklausel**. Sie schreibt vor, dass das Trauerspiel dem Schicksal von Angehörigen höheren Standes, insbesondere historischen Heldenfiguren, vorbehalten ist, während die Schwächen bürgerlicher Personen nur in der Komödie vorgeführt werden dürfen.
Das Drama entwickelte sich aus Tänzen und kultischen Gesängen, die zur Darstellung mythischen Geschehens um den Dialog und Monolog erweitert wurden. Für das Abendland war die antike griechische Tragödie von **Aischylos**, **Sophokles** und **Euripides**, die von typisierten schicksalstragenden Figuren und erhabenem Pathos gekennzeichnet ist, der entscheidende Ausgangspunkt. Die römische Tragödie (z. B. von **Seneca**) unterschied sich kaum von der griechischen, wendete die Handlung jedoch allmählich ins Grausige. Ansätze zur Komödie wurden von der Jenseitshaltung des aufkommenden Christentums zunächst wieder vernachlässigt. Im Mittelalter orientierte sich das Drama vorwiegend an geistlichen Themen oder zeigte sich als ▶ Fastnachtsspiel. Die Renaissance mit ihrer weltlicheren Einstellung erneuerte einerseits das römische Drama und bildete auch das **Jesuitendrama**, eine Erscheinungsform der Gegenreformation, aus. Es wurde in lateinischer Sprache meist von Lehrern an Jesuitenschulen zur religiösen Bildung und Glaubensvertiefung verfasst und behandelt neben Stoffen der Weltliteratur vorzugsweise Motive aus der Bibel und Kirchengeschichte sowie Heiligen- und Märtyrerlegenden. Im 16. und 17. Jh. entwickelten sich in den Nachbarländern Deutschlands eigenständige dramatische Formen, z. B. in Italien die ▶ Commedia dell'Arte, in Frankreich die formenstrenge klassizistische Tragödie (Corneille und Racine) und in England das elisabethanische Theater (Shakespeare und Marlowe), das Menschen erstmals als individuelle Charaktere zeichnet.
Entscheidenden Einfluss auf das Drama in Deutschland hatten Lessing und die darauf aufbauende Dramatik des Sturm und Drang, die nach Leidenschaftlichkeit und Natürlichkeit in der Literatur strebte und sich von allen einengenden Regeln befreite. Einen Höhepunkt erreichte das Drama in der deutschen Klassik mit dem **Ideendrama**, das – z. B. in Goethes *Iphigenie auf Tauris* – Handlung und Charaktere in eine einheitliche, idealistische Weltanschauung (Idee) einbindet. In der Folgezeit gab es keine einschneidenden Neuerungen auf dem Gebiet der Dramatik. Mit Ausnahme der Stücke von ▶ Kleist und ▶ Büchner entstanden nur einige Werke der klassizistischen Strömung, z. B. von Franz **Grillparzer**. Vor allem in Wien blühte unter Ferdinand **Raimund** und Johann **Nestroy** das ▶ Volksstück auf. Im ▶ bürgerlichen Realismus war das Drama eine eher vernachlässigte Gattung. Einen Umbruch brachte das soziale Drama des ▶ Naturalismus (▶ Hauptmann, Max **Halbe**, Hermann **Sudermann**), das großen Wert auf die Charakterzeichnung und

Milieuschilderung legte. Im ▶ Expressionismus versuchten Dramatiker wie Carl **Sternheim**, Georg **Kaiser** und Ernst **Toller** in lose aneinander gereihten Einzelszenen die zeitlos seelische Welt im Menschen zu zeigen und belebten damit das **Stationendrama** aus dem Mittelalter wieder. Die Dramen der ersten Hälfte des 20. Jh.s nahmen einerseits traditionelle Strukturen wieder auf, z. B. bei ▶ Hofmannsthal, oder entwickelten allmählich neue Elemente, wie ▶ Brecht das ▶ epische Theater. Seit dem Ende des Zweiten Weltkriegs erfuhr das deutsche Drama vielfältige Ausprägungen. Neben dem Volksstück (Franz X. **Kroetz**, Martin **Sperr**) und dem epischen Theater (Brecht) stehen das dokumentarische Theater (▶ Dokumentarische Literatur), das historische Begebenheiten mit Hilfe von authentischen Dokumenten darbietet, und als extreme Spielart das ▶ absurde Theater. Eine besondere Stellung im deutschsprachigen Nachkriegsdrama nehmen die beiden Schweizer ▶ Frisch und ▶ Dürrenmatt ein. Während sich Frisch unterschiedlichen Formen, etwa dem epischen und dem absurden Theater, zuwendet, schafft Dürrenmatt seine für ihn charakteristische Tragikomödie, die er unter u. a. in seiner theoretischen Schrift *Theaterprobleme* (1955) begründet.
Nach den späten 1960er-Jahren, in denen die Literatur zunehmend politisiert wurde, zeigte sich zuweilen eine Wechselwirkung von aktueller Politik und Literatur. Ein herausragendes Beispiel ist *Heldenplatz* (1988) des Österreichers ▶ Bernhard, dessen Aufführung in Wien einen Skandal auslöste. Botho **Strauß** zeichnet in den Szenen von *Groß und Klein* (1978) ein Panorama der bundesrepublikanischen Gesellschaft der 70er-Jahre, später repräsentiert er ein „reproduktives Drama“, das alte Stoffe und Motive erneuert und traditionelle Sprachmuster variiert und verfremdet. Eine eigene Entwicklung nahm das Drama der DDR (▶ DDR-Literatur). Die staatlich kontrollierte Bühne sollte erzieherischen Zwecken dienen, junge kritische Autoren fanden aber immer wieder Wege, ihre Botschaften in ihre Werke einzustreuen. Damit gerieten ostdeutsche Dramatiker häufig in Konflikt mit der politischen Führung. In den Stücken Volker **Brauns** beispielsweise stehen meist unbequeme Helden im Mittelpunkt, ▶ Müller erregte mit aktualisierten Neufassungen antiker und traditioneller Stoffe Aufsehen.

Droste-Hülshoff, Annette von

(1797–1848) war zu Lebzeiten kaum bekannt, heute gilt sie als „Deutschlands größte Dichterin“. Ihr schmales Werk aus Lyrik und Prosa ist geprägt von einer starken Heimatbindung und einer tief religiösen Grundhaltung. Die Droste ist eine Hauptvertreterin des literarischen ▶ Biedermeier.
Die Dichterin stammte aus einem alten westfälischen Adelsgeschlecht. Das sensible, für alles Künstlerische empfängliche Mädchen interessierte sich allerdings mehr für Literatur und Musik als für die Verwaltung des väterlichen Guts. Als sie sich 1819 in den Studenten Heinrich Straube verliebte, kam es beinahe zum Bruch mit der Familie. In dieser Krise entstand ihre erste bedeutende Lyrik-Sammlung: Gedichte des *Geistlichen Jahres in Liedern auf alle Sonn- und Festtage,* veröffentlicht 1851. Den Konventionen ihrer Zeit gehorchend, blieb die Droste von nun an ganz in die familiäre Ordnung eingebunden. Seit 1826 lebte sie in bescheidenen Verhältnissen auf dem mütterlichen Herrensitz, von wo sie gele-

gentliche Reisen unternahm. In Köln und Bonn fand sie Anschluss an literarische Kreise. In dieser Zeit lernte sie den viel jüngeren Levin **Schücking** kennen, der in ihrem weiteren Leben eine prägende Rolle spielen sollte. Seit 1838 gehörten beide einem literarischen Zirkel in Münster an, dessen Mitglieder sich als „Heckenschriftsteller" bezeichneten. Schücking regte die Droste zu zahlreichen literarischen Werken an und vermittelte 1842 den Druck ihrer einzigen Prosa-Dichtung, der Novelle *Die Judenbuche. Ein Sittengemälde aus dem gebirgichten Westfalen.*

Mit der *Judenbuche* gelang der Dichterin eine beeindruckende Milieuschilderung, die bereits auf den ▶ bürgerlichen Realismus vorausweist. Die als Kriminalgeschichte (▶ Kriminalerzählung) angelegte Novelle handelt von Mord und Sühne, von Verstrickung und Schuld. Die Hauptfigur Friedrich Mergel gerät durch äußere Umstände sowie falschen Ehrgeiz ins gesellschaftliche Abseits und wird so zum Verbrecher. Handlungszentrum ist die Judenbuche: Hier geschieht der Mord am Juden Aaron und hier begeht auch Mergel Selbstmord. Damit verdichten sich an der zum **Dingsymbol** (▶ Symbol) gewordenen Buche stellvertretend die Fragen von Sündenfall und göttlicher Gerechtigkeit, ohne dass der Erzähler wertend eingreifen würde. Im Gegenteil: Das unter rätselhaften und nirgends ganz geklärten Umständen ablaufende Geschehen bleibt bewusst offen für unterschiedliche Deutungen und fordert damit vom Leser ein eigenständiges Urteil. Die Autorin plante, die Novelle als Teil in einen großen Roman über Westfalen zu übernehmen.

Titelbild von Alfred Kubin zu „Die Judenbuche"

Seit 1841 lebte die Droste ins Meersburg am Bodensee, zunächst bei ihrem Schwager, ab 1844 im Fürstenhäusle, das sie sich vom Honorar ihrer Gedichte ersteigern konnte.

Ihren Ruhm als große Dichterin verdankt die Droste vor allem ihren späten Gedichten, die in den zwei Bänden erschienen sind: *Gedichte* (1844) und *Letzte Gaben* (posthum 1860). Hier bekennt sie sich zu ihren durch Herkunft und Glaube geprägten Überzeugungen und nimmt zugleich Stellung zu politischen und gesellschaftlichen Fragen (*Zeitbilder, Die Gaben, An die Schriftstellerinnen in Deutschland und Frankreich*). Mit dem Verarbeiten ihrer persönlichen Empfindungen steht sie noch ganz in der Tradition der romantischen Stimmungslyrik.

Ein für ihre Zeit ganz ungewohnter lyrischer Gefühlsausdruck wird in den Naturgedichten der Droste spürbar. Im *Heidebilder*-Zyklus etwa finden wir so detailgetreue Beschreibungen von Pflanzen und Tieren, wie sie 60 Jahre später in den Sprachbildern des ▶ Impressionismus wiederkehren sollten. Die herbe, oft spröde Sprache mit vielen lautmalerischen und rhythmisierenden Elementen kennzeichnet diesen eigenwillig neuen Ton ihrer Naturlyrik. Und was sich in der Spätromantik (▶ Romantik) schon ankündigte, setzt sich vor allem in den Balladen der Droste fort: Die Natur ist längst nicht mehr der Schutzraum, der Geborgenheit und Ruhe ausstrahlt; sie erscheint plötzlich bedrohlich. Aus den Mooren sprudelt Wasser, im Walde gehen die Geister der Toten um, geheime Verbrechen rufen nach Sühne. Doch auch die Menschen verbauen sich zunehmend den Weg zur Natur: Sie sind nicht frei, sondern abergläubisch, roh und falsch, gequält und gierig, vom Spuk und den Krankheiten ihrer Väter verfolgt – so etwa in den berühmten Balladen *Das Hünengrab* oder *Der Knabe im Moor.*

Nach dem Bruch mit Schücking lebte sie seit 1842 zurückgezogen und kränkelnd in Meersburg. Die als katholische Dichterin am Ende des 19. Jh.s entdeckte Droste übt bis heute einen prägenden Einfluss auf die Lyrik aus.

Dürrenmatt, Friedrich (1921–1990) gehört zu jenen Schriftstellern, die Kritiker und Interpreten gleichermaßen verunsichert haben. Entsprechend vielfältig sind auch die Etiketten, die ihm und seinem Werk angeheftet wurden. Da wird vom Moralisten und makabren Satiriker ebenso gesprochen wie vom „Dichter der Gnade" und dem „Dramatiker des Zufalls". Er selbst hat einmal ironisch formuliert, dass man „verzweifelt im Hühnerstall meiner Dramen nach dem Ei der Erklärung sucht, das zu legen, ich mich beharrlich weigere".

Aufgewachsen ist Dürrenmatt in Konolfingen im Schweizer Kanton Bern, wo sein Vater Pfarrer war. Nach der Reifeprüfung (1941) studierte er Philosophie, Literatur- und Naturwissenschaften in Zürich und Bern. Seit er als Kind vom Dorfmaler porträtiert wurde, zeichnete und malte er begeistert und hat diese Leidenschaft lebenslang beibehalten.

Szene aus „Der Besuch der alten Dame" mit Therese Giehse in der Hauptrolle, um 1960

1947 wurde sein erstes Drama *Es steht geschrieben* in Zürich uraufgeführt und verursachte gleich einen Theaterskandal. Das Stück zeigt, wie fromme, getreu dem Evangelium lebende Bürger einem religiösen Scharlatan in die Hände fallen. Schon dieses Stück stellt mehr Fragen, als dass es Anworten wüsste. Der Leser und Zuschauer soll die Welt spielerisch und kritisch, auf jeden Fall aber mit Fantasie betrachten. Seine Dramen nennt Dürrenmatt meist Komödien, in denen er mit den Mitteln des Paradoxen und ▶ Grotesken den modernen Menschen und seine Gegenwart karikiert.

1948 brachte dem jungen Autor mit dem Theaterstück *Romulus der Große* den ersten Erfolg. Vier Jahre später folgte mit dem Kriminalroman *Der Richter und sein Henker* und dem Drama *Die Ehe des Herrn Mississippi* der endgültige Durchbruch. Mit der „tragischen Komödie" *Der Besuch der alten Dame* von 1956, die mit Ingrid Bergman und Anthony Quinn verfilmt wurde, erlangte er Weltruhm.

Die Kleinstadt Güllen (Jauche) erwartet den Besuch der alten Dame Claire Zachanassian, die als junges Mädchen dort gewohnt hat. Von der inzwischen reich gewordenen Dame erwarten sich die Bürger des verarmten Güllen die Rettung vor dem finanziellen Ruin. Die Zachanassian will der Stadt aber nur helfen, wenn sich ein Bürger findet, der den angesehenen Krämer Alfred Ill tötet. Ill war vor 45 Jahren der Geliebte von Claire und verleugnete sie, als sie ein Kind von ihm erwartete. Damals begann ihr Leidensweg, der sie ins Ausland und in die Prostitution trieb. Das Ansinnen der Zachanassian lehnen die Bürger zunächst „im Namen der Menschlichkeit" entrüstet ab, doch allmählich wird die Versuchung zu groß. Letztlich beschließen sie, Ill zu töten. Dieser nimmt das Opfer auf sich, in der Einsicht, dass die Zeit seine Schuld nicht getilgt habe. Ein Schlusschor, ganz im Stil von **Sophokles'** *Antigone*, preist das Glück des Wohlstands und den Schrecken der Armut: „Tod aus Freude. Das Leben schreibt die schönsten Geschichten."

Im Mittelpunkt des Dramas steht das Problem der Gerechtigkeit, das mit den Motiven der Schuld, der Liebe und Rache in Wechselwirkung gesetzt wird. Zachanassian benutzt die Gerechtigkeit für ihre Rache und fordert um dieser Gerechtigkeit willen einen Mord. Dieser Mord geschieht aber letztendlich aus Liebe, quasi als Verzweiflungstat einer enttäuschten Frau. Die immer noch vorhandene Liebe zu ihrem Jugendfreund endet im Mord. So stellt sich das Leben schließlich als absurd dar. Bei der sprachlichen Ausgestaltung des Dramas arbeitet Dürrenmatt besonders mit monologischen und chorischen Elementen. Er bringt seine handelnden Personen immer wieder in Situationen, wo Dialoge einfach abgebrochen werden, was zu einer Steigerung der Missverständnisse führt. Auch die außersprachlichen Darstellungsmittel (wie Raum-Zeitbehandlung, Gesten, Bewegungen, Requisiten) werden so eingesetzt, dass beim Leser oder Zuschauer eine nicht auflösbare Wechselwirkung zwischen dem Tragischen und dem Komischen entsteht.
Endete *Der Besuch der alten Dame* noch mit einem versöhnlichen Schlusschor, so bleibt dieser Trost des Autors in seinem wohl bekanntesten Stück *Die Physiker* (1961/62) aus.

Ort der Handlung ist ein privates Nervensanatorium irgendwo in der Schweiz. In der Villa geschehen merkwürdige Dinge, die offensichtlich mit drei seltsamen Patienten zusammenhängen: Ernst Heinrich Ernesti, der sich für Einstein hält, Herbert Georg Beutler, der meint, Newton zu sein, und Johann Wilhelm Möbius, dem der König Salomon erscheint und Aufsehen erregende Erfindungen diktiert. Die Polizei ermittelt, denn die drei kauzigen Irren haben ihre Krankenschwestern ermordet. Da sie unzurechnungsfähig sind, können sie aber für die Taten nicht verantwortlich gemacht werden. Erstaunlich klar stellt „Newton" aber im Gespräch mit dem Polizieinspektor fest: „Möchten Sie mich verhaften, weil ich die Krankenschwester erdrosselt oder weil ich die Atombombe ermöglicht habe?" Die Frage, was Ordnung und was die eigentlich verrückte Welt ist, bleibt damit offen. Bei einem gemeinsamen Abendessen der drei „Physiker" kommt die Wahrheit ans Licht. Sie sind nämlich gar nicht geistesgestört. Möbius hat vor Jahren eine Formel für ein System aller denkbaren Erfindungen gemacht. In falsche Hände gelangend, könnte diese Erfindung die ganze Welt in den Abgrund stürzen. Um das zu verhindern, stellte sich Möbius verrückt. Aber auch seine beiden Mitpatienten sind nicht verrückt. Beide sind wie er Physiker, aber auch Geheimagenten, im Auftrag fremder Mächte. Die Krankenschwestern mussten sterben, als sie Verdacht schöpften. Möbius hat aber die Ergebnisse seiner Forschungen längst vernichtet und überzeugt seine beiden Kollegen: „Wir müssen unser Wissen zurücknehmen ... Entweder bleiben wir im Irrenhaus oder die Welt wird eines." Da betritt die Leiterin der Anstalt den Raum und verkündet, dass sie die drei längst durchschaut habe und die revolutionäre Entdeckung von Möbius schon lange als Fotokopie besitze. Sie selbst habe bereits einen eigenen Rüstungskonzern aufgebaut. Die Morde der Physiker waren damit umsonst. Die Komik schlägt um in Grauen. Der selbst gewählte Wahnsinn erscheint uns als die einzige Existenzform.

Ganz exakt hat Dürrenmatt in diesem Stück die klassische Einheit von Ort, Zeit und Handlung eingehalten. Ein Geschehen unter Verrückten ist nach Dürrenmatt nur in der strengen klassischen Form zu vergegenwärtigen. Zudem wird deutlich, welche grundlegende Bedeutung der Zufall in Dürrenmatts Dramaturgie hat. Die „schlimmst-mögliche Wendung", das unerwartete Eingreifen der Irrenärztin, zerstört nämlich das klar durchdachte Vorgehen von Möbius.

Auch als Hörspielautor (*Die Panne,* 1956), und Erzähler (*Der Verdacht,* 1953, *Grieche sucht Griechin,* 1955, *Justiz,* 1985, *Der Auftrag,* 1986) hat sich Dürrenmatt einen Namen gemacht. Zu seiner Arbeit als Schriftsteller äußerte sich Dürrenmatt theoretisch in dem Band *Stoffe I-III* (1981). Hier gibt er genau Auskunft über den inneren Prozess seines Lebens und Schreibens.

Neben zahlreichen Ehrungen und Preisen (z. B. 1986 Schiller-Gedächtnispreis und Georg-Büchner-Preis) und den Gastdozenturen in Frankfurt am Main und Zürich, wurde Dürrenmatt mit der „Werkausgabe in dreißig Bänden" noch zu Lebzeiten zum Klassiker.

E

Eco, Umberto (geb. 1932) gelangte mit seinem Roman *Il nome della rosa* (*Der Name der Rose*, 1980) schlagartig zu weltweitem Ansehen. Dies ist umso verwunderlicher, als seine Laufbahn und berufliche Tätigkeit eigentlich nicht die eines Erfolgsautors sind: Eco lehrt an der Universität von Bologna Semiotik, eine Wissenschaft, die sich mit Kommunikation durch Zeichen und Symbole befasst. Darüber hinaus hat er sich einen Namen als Philosoph, Historiker, Essayist und Literaturkritiker gemacht.

Zu weltweitem Ruhm gelangte er nicht mit fachwissenschaftlichen Veröffentlichungen, sondern mit seinem höchst hintergründigen Roman *Il nome della rosa.* Obwohl als mittelalterliche Detektivgeschichte mit den absonderlichsten Begebenheiten in einer norditalienischen Abtei angelegt, behandelt das Buch letztlich wieder Ecos ureigenes Gebiet: Zeichen, Indizien, verschlüsselte Hinweise. In zahlreiche Sprachen übersetzt, erreichte das Werk eine Gesamtauflage von 26 Mio. Exemplaren. Der französische Regisseur Jean-Jacques

Detail des Lesezeichens zu „Der Name der Rose“

Annaud verfilmte die Vorlage 1986 mit Sean Connery in der Hauptrolle des Bruder William.
Sein zweiter großer Roman *Il pendolo di Foucault* (1988, *Das Foucaultsche Pendel*) führt im Gewande einer verschlungenen Verschwörungsgeschichte alle Versatzstücke der modernen Esoterikdebatte vor: Rosenkreuzer, Templer, Alchimisten, Assassinen und Kabbalisten bilden den Hintergrund für eine Satire, die auf verschiedenen zeitlichen wie örtlichen Ebenen angesiedelt ist und wiederum, aber auf anderem Gebiet, Ecos Zentralthemen Zeichen, Symbole und Verschlüsselung präsentiert.
Nicht ganz an den Erfolg seiner ersten beiden Welterfolge anknüpfen konnte Eco mit seinem dritten Roman: *L'isola del giorno prima* (1994, *Die Insel des vorigen Tages*) ist die Geschichte eines jungen italienischen Adligen des 17. Jh.s, der im Südpazifik Schiffbruch erleidet. Wie sich herausstellt, verläuft genau vor einer in Sichtweite befindlichen mysteriösen Insel die Datumsgrenze des 180. Meridians. Die Insel ist somit die des Vortages, ein faszinierender Ort, beladen mit vielfältigen Bedeutungen, der die sonst so sicheren Vorgaben von Zeit und Ort relativ werden lässt. Das Werk steht in der Tradition des ▶ Bildungsromans. Mit dem im Jahr 2000 erschienenen Roman *Baudolino* taucht Eco wieder in die Zeit des Mittelalters ein, wo sein mit unerschöpflicher Fabulierlust ausgestatteter Held an der Seite Kaiser Barbarossas Weltgeschichte erlebt.

Eichendorff, Joseph von (1788–1857) gehört neben ▶ Novalis und E.T.A. ▶ Hoffmann zu den bekanntesten Dichtern der deutschen ▶ Romantik.
Die Geborgenheit in der Familie und das Erlebnis der noch weitgehend unberührten Natur seiner schlesischen Heimat bescherten Eichendorff eine glückliche Kindheit. Nach der Gymnasialzeit in Breslau folgten Studienjahre in Halle. Doch der für Jura eingeschriebene Student hörte häufig auch geisteswissenschaftliche Vorlesungen oder ging ins Theater. Als die Universität Halle auf Befehl Napoleons geschlossen wurde, wechselte er 1807 nach Heidelberg, was zum entscheidenden Einschnitt in Eichendorffs Leben wurde. Hier lernte er in **Arnim**, **Brentano** und **Görres** die wichtigsten Vertreter der Hochromantik kennen und wurde zugleich mit deren national bestimmten volkskundlichen Sammlungen vertraut. Der Zauber der Volkslieder, Märchen und Sagen sollte auf ihn so nachhaltig wirken, dass seine späteren Gedichte maßgeblich von diesem Volksliedton getragen werden.
Da sich weder seine literarischen Hoffnungen noch beruflichen Planungen verwirklichen ließen und an ein Leben auf dem überschuldeten Adelssitz der Eltern nicht zu denken war, trat der Katholik Eichendorff 1817 eine zeitlebens ungeliebte Beamtenstelle im protestantischen Preußen an. Dennoch arbeitete er sich vom Referendar in

Breslau über den Schulrat in Danzig bis zum Abteilungsleiter für das katholische Schulwesen im Berliner Kultusministerium hoch. Eichendorffs Beliebtheit erklärt sich vornehmlich daraus, dass er als einziger Romantiker wirklich volkstümlich geworden ist. Allein die Vertonungen seiner schönsten Gedichte durch Robert Schumann, Felix Mendelssohn Bartholdy und Hugo Wolf – im 19. Jh. wurden insgesamt mehr als 5000 gezählt – ließen sein Werk zum Volksgut werden. Diese poetische Welt wird in ihrer Naturseligkeit – Nachtigallenschlagen, Springbrunnen, zauberhafte Schlösser, glückliche Wanderburschen, ziehende Wolken, Fernweh und Wipfelrauschen – mit einer berückenden Anmut vorgetragen. Indem Eichendorff immer dieselben Motive von Fernweh, Hörnerklang, Mondlicht und Marmorstatuen wiederholt, halb lächelnd, halb wehmütig, erzeugt er mit begrenzter Tonskala eine atmosphärische Wunschwelt. In der Novelle *Das Marmorbild* (1819) verirrt sich ein junger Edelmann in einen schimmernden Palast, wo ihn die heidnische Venus verführen will. Er widersteht, doch die katholische Maria, die er der lebendig gewordenen Venus vorzieht, ist im Grunde nur die blassere Liebesgöttin.

In der Novelle *Aus dem Leben eines Taugenichts* (1826), seinem viel bewunderten Meisterwerk, baut Eichendorff eine beinahe märchenhaft utopische Welt auf, die er bewusst dem Nützlichkeits- und Verfügbarkeitsdenken der bürgerlichen Gesellschaft seiner Zeit entgegenstellt. Es ist ein neuer, eigentümlicher Weg der Selbstfindung, auf dessen zweckfreien Spuren der arme Müllerssohn eine Landschaft glücklichster Vertauschungen durchlebt. Und gegen alle bürgerliche Moral gelingt gerade dem Taugenichts beinahe alles: Nach operettenhaften Abenteuern in Italien, Verkleidungen und scherzhaften Liebesspielen in Gärten und Palästen gewinnt er die Liebe einer Schlossdame und kann am Ende sogar noch die vermeintliche Gräfin, in Wahrheit eine arme Waise, in einem Schloss bei Wien als Gemahlin heimführen. Auch wenn es nur erträumte Märchenräume sind, die der vagabundierende Glücksritter auf dem Weg zu seinem Ich erwandert – mit der Figur des geigenspielenden Müllerssohns, dem „ein ewiger Sonntag im Gemüte" steht, hat Eichendorff das Idealbild romantischer Verzauberung geschaffen.

Joseph Frhr. von Eichendorff, 1832

Eichendorff, dessen lyrisches Werk schon seinen Zeitgenossen mit so volkstümlichen und bald auch vertonten Gedichten wie *Wem Gott will rechte Gunst erweisen* oder *O Täler weit, o Höhen* zum sentimentalen Inbegriff romantischer Liedkunst wurde, ist wohl einer der am meisten missverstandenen deutschen Dichter. Er selbst musste noch erleben, wie die von ihm verachteten Philister seinen *Taugenichts* zur heiter-idyllischen Sonntagslektüre degradierten. Die bereits im 19. Jh. einsetzende Verengung von Eichendorffs „Heimat"-Begriff auf eine harmonisch-feiertägliche Vorzeigelandschaft erreichte ihren schlimmen Höhepunkt in den Verirrungen nationalsozialistischer Kunstauffassung (▶ Literatur im

„Dritten Reich“): „Der Wälder sind viele im weiten Deutschen Reich, aber es gibt nur einen deutschen Wald, den des Joseph Freiherr von Eichendorff.“ Tatsächlich aber erlebte Eichendorff die gewaltigen politischen und wirtschaftlichen Veränderungen seiner Zeit in einem inneren Zwiespalt: Einer aus tiefer Religiosität gespeisten lebensbejahenden Grundstimmung steht die Erfahrung von Verlust und Zerstörung der unmittelbaren natürlichen Lebensbereiche gegenüber.

Elegie (griech.: élegos = Klagelied) Eine lyrische Gattung, bei der ein thematisch beliebiges Gedicht in elegische **Distichen** (▶ Metrik) gegossen wird, um eine resignierend-wehmütige Stimmung auszudrücken. Während der griechischen Antike wurden Elegien zu vielfältigen Themen verfasst. In der römischen Dichtung findet sich eine zunehmende inhaltliche Einengung zunächst auf die Thematik der Liebessehnsucht; bei **Tibull**, **Properz** (▶ Antike Literatur) und ▶ Ovid wird sie zum reinen Klagelied.
Durch Martin **Opitz** fand die elegische Dichtung Eingang in die deutsche Literatur. Allerdings rückte er den Inhalt der Elegie in den Mittelpunkt und schrieb vielfach nostalgische Klagelieder. Erst im Zeitalter der ▶ Empfindsamkeit schuf Friedrich Gottlieb **Klopstock** mit dem Rückgriff auf antike Vorbilder die Grundlagen für eine weite Verbreitung des elegischen Distichons in Deutschland. Darauf bauten in der ▶ Klassik Goethe und Schiller auf, die mit dem Elegischen in der Dichtung vor allem die Trauer über den Widerspruch zwischen Ideal und Leben betonen wollten. Den Anfang bildeten ▶ Goethes *Römische Elegien* (1795). Um die darin enthaltenen Tabu-Verletzungen zu verschleiern, entschied sich Goethe ganz bewusst gegen den ursprünglichen Titel *Erotica Romana*: „Lass dich, Geliebte, nicht reun, dass du mir so schnell dich ergeben!/Glaub es, ich denke nicht frech, denke nicht niedrig von dir“ (Elegie III). In der *Marienbader Elegie* (1823) verarbeitete der alte Goethe seine unglückliche Liebe zu der 17-jährigen Ulrike von Levetzow. Den Höhepunkt dieser lyrischen Gattung in Deutschland bilden die Elegien philosophischen Inhalts von ▶ Hölderlin, in denen mit der Klage über die Götterferne in der Gegenwart die Hoffnung auf ein goldenes, zukünftiges Zeitalter verbunden wird (u. a. *Der Wanderer*, *Brot und Wein*).
Die elegische Dichtkunst wurde im 20. Jh. durch verschiedene Dichter weitergeführt. Zu ihnen gehören sowohl ▶ Rilke (*Duineser Elegien*) als auch ▶ Brecht mit seinen *Buckower Elegien*, die nach dem Volksaufstand in der DDR (▶ DDR-Literatur) entstanden.

Empfindsamkeit Als Antwort auf die rationale Einseitigkeit der ▶ Aufklärung drängten seit 1740 gefühlsbetonte Strömungen der Literatur- und Geistesgeschichte in den Vordergrund. Der Begriff „empfindsam“ wurde auf Anregung ▶ Lessings durch seinen Freund J. J. Bode als Übersetzung des englischen Wortes „sentimental“ eingeführt. Es stammt aus Laurence **Sternes** 1768 erschienenem Roman *A sentimental journey through France and Italy*, der unter dem Titel *Yoricks empfindsame Reise durch Frankreich und Italien* im selben Jahr ins Deutsche übertragen worden war.
Hintergrund für die sich in der zweiten Hälfte des 18. Jh.s entfaltende **Gefühlskultur** war die aus England kommende Theorie, dass jedes menschliche Herz von einem „natürlichen Gesetz“, einem „unmittelbaren Gefühl“ und einem „feineren inneren Sinn“ geleitet wird. Diese vom Gefühl getragene, oft enthusiastische „sentimentale“ Weltsicht der Empfindsamkeit erfasste zunächst den religiösen Bereich (▶ Pietismus) und entfaltete sich an einem für sie besonders gedeihlichen Ort: der bürgerlichen Familie. In diesem nach außen abgeschlos-

senen kleinen Binnenraum übernahm die Frau die Rolle der Erzieherin der Kinder. Hier war der Nährboden für ein intensives Gefühlsleben. Seelische Regungen und innere Ergriffenheit wurden in der Begegnung mit der Natur und im Freundeskreis (**Göttinger Hain**, Darmstädter Kreis) erlebt und im ▶ Tagebuch registriert oder in Prosaformen wie dem Briefroman dargestellt. Die Natur wurde in ihren idyllisch-heiteren (▶ Idylle) bzw. elegisch-düsteren Stimmungen (▶ Elegie) bewusst erlebt. Dies geschah jedoch nicht in einer naiven Verklärung, sondern durch unmittelbare Erfahrung und Reflexion.

In Deutschland dominierte in enger Anlehnung an englische und französische Vorbilder auf dem Gebiet des Dramas Christian Fürchtegott **Gellerts** weinerliches Lustspiel; die Romane der Empfindsamkeit (z. B. Sophie von **La Roche**, *Geschichte des Fräuleins von Sternheim*, 1771) folgten oft – orientiert an dem Vorbild Richardson – dem Muster des Briefromans und fanden so ein breites Publikum. Die Lyrik entwickelte sich in Abkehr von der Poetik **Gottscheds** zu einer eigenständigen Form und Ausdruckssprache. – Höhepunkte der deutschen Literatur der Empfindsamkeit sind die Werke Friedrich Gottlieb **Klopstocks**, der mit seinem *Messias* (1748) und seinen oft in freien Rhythmen gestalteten *Oden* (1771) die Erhabenheit persönlicher Erfahrungen und religiöser Empfindungen ausdrückte. Ohne den Gefühlsüberschwang der Empfindsamkeit ist auch ▶ Goethes berühmter Roman *Die Leiden des jungen Werthers* (1774) nicht denkbar. Dieses Werk bildet aber zugleich den Auftakt der ▶ Sturm-und-Drang-Dichtung und überwindet damit die Literatur der Empfindsamkeit in Deutschland.

Englischsprachige Literatur bezeichnet die Literatur der Britischen Inseln ebenso wie die auf Englisch verfasste Literatur der Commonwealth-Länder.

Das bekannteste Werk der **altenglischen** Periode (7.–11. Jh.) ist das Heldenepos *Beowulf* (▶ Epik). Als frühester englischer Klassiker der **mittelenglischen** Ära (1100–1500) zählt Geoffrey **Chaucer** mit seinem Hauptwerk *Canterbury Tales* (1387–1400, *Canterbury Geschichten*). Eine Pilgerfahrt bildet die Rahmenerzählung, die eine Vielzahl von Geschichten unterschiedlichster Genres (▶ Textsorten) verbindet.

Die **neuenglische** Periode (1500–1630), beginnt mit der Renaissance, die in England oft mit dem Elisabethanischen Zeitalter, der Regierungszeit Königin Elisabeths I. (1558–1603), gleichgesetzt wird. Die überragende Figur dieser Umbruchzeit war ▶ Shakespeare. Neben ihm gehörte Edmund **Spenser** zu den bedeutenden Dichtern

Illustration aus der Erstausgabe von „Oliver Twist" von Charles Dickens, 1838

mit seinem Hauptwerk, dem allegorischen Epos *The Faerie Queene* (1590–1595, *Die Feenkönigin*). Als Begründer des ▶ Essays als eigenständige Gattung trat Francis **Bacon** hervor. Ben(jamin) **Jonson**, dem wichtigsten Dramatiker nach Shakespeare, verdankt das englische Drama die stärkere Beachtung satirischer Elemente.
Im von politischen Wirren bestimmten 17. Jh. (▶ Barock) gab es in der Lyrik zwei Stilrichtungen. Eine Gruppe von Dichtern befasste sich mit Themen wie Liebe, Weltunsicherheit und religiösem Sehnen. Ihr bedeutendster Vertreter ist John **Donne** (z. B. *Holy Sonnets,* 1617, *Heilige Sonnette*). Daneben trat eine weltliche Richtung, vor allem Ben **Jonson** und Robert **Herrick** (*Hesperides,* 1648). Beim Epos, der am höchsten angesehenen Dichtgattung, überragt John **Miltons** *Paradise Lost* (1667, *Das verlorene Paradies*) alle anderen Versepen der Zeit.
John **Dryden** war der maßgebende Autor nach dem Ende des englischen Bürgerkrieges. Er schrieb Oden, Lehrgedichte und zahlreiche, geschliffene Satiren wie *The Medal* (*Die Medaille*, 1682). Dryden gilt bereits als Vertreter des **Klassizismus.**
Das 18. Jh. war zunächst durch Klassizismus und ▶ Aufklärung bestimmt. Alexander **Pope** versuchte in seinem komisch-heldenhaften Epos *The Rape of the Lock* (1712 u. 1714, *Der Lockenraub*), die klassischen Einheiten von Ort, Zeit und Handlung beispielhaft darzulegen. Der Ire Jonathan **Swift** schrieb bittere Satiren auf seine Zeit, wie in *Gulliver's Travels* (*Gullivers Reisen*, 1726). Daniel **Defoe** verhalf mit seinem Abenteuer- und Reiseroman *Robinson Crusoe* (1719) der englischen Erzählkunst zu Weltgeltung. Die Geschichte des auf eine einsame Insel verschlagenen Schiffbrüchigen etablierte eine literarische Gattung (▶ Robinsonade). Samuel **Richardson** begründete den empfindsamen Roman mit *Pamela, or Virtue Rewarded* (1740, *Pamela oder belohnte Tugend*), einem Briefroman um eine idealisierte Frauengestalt. Bedeutend für die Entwicklung des englischen Romans im 18. Jh. war auch Henry **Fielding**, ein Vertreter des humoristisch-realistischen Romans: *Tom Jones* (1749). Laurence **Sterne** nahm in seinem Hauptwerk *The Life and Opinions of Tristram Shandy* (1760–67, *Tristram Shandys Leben und Meinungen*) bereits Erzählformen (▶ Erzähler) des 20. Jh.s vorweg.
In der Lyrik entstand die Nacht- und Friedhofsdichtung eines Thomas **Gray** *Elegy Written in a Country Churchyard* (1750, *Elegie auf einem Dorfkirchhof*). William **Blake** schrieb mit *Songs of Experience* (1794, *Lieder der Erfahrung*) visionär-symbolische Dichtungen.
Die wichtigen Dichter der ▶ Romantik William **Wordsworth** und Samuel T. **Coleridge** heben die allgegenwärtige Macht der Natur und ihre Wirkung auf die Vorstellungskraft hervor (1800, *Lyrical Ballads*). Die großen drei Lyriker

Szene aus „Pygmalion" von George Bernhard Shaw, Düsseldorf 1953

der jüngeren Romantikergeneration waren Percy B. **Shelley**, John **Keats** und Lord George **Byron**. Die Geschichtsromane des Schotten Sir Walter **Scott** wie z. B. *Ivanhoe* (1819) wurden zum Vorbild für eine ganze Gattung.
Die Leistung der Literatur der **Viktorianischen Ära** (1830–1900) lag auf dem Gebiet des realistischen Romans (▶ Realismus). Charles **Dickens** fügt dem humoristischen Roman Fieldings eine starke sozialkritische Note hinzu: *Oliver Twist* (1838) und *David Copperfield* (1850). William M. **Thackeray** schrieb den „Roman ohne Helden“, der die scheinbar wohlanständige Gesellschaft der Napoleon-Zeit entlarvt – *Vanity Fair* (1847/8, *Jahrmarkt der Eitelkeit*). Die ▶ Brontë-Schwestern begründeten die Frauenromane und betonten dabei eine weibliche Sichtweise.
Der Ire ▶ Wilde gilt vor allem als ein Erneuerer der Sittenkomödie. Bei ihm wie bei Thomas **Hardy** kündigte sich die Unruhe der Jahrhundertwende und der Aufbruch in die ▶ Moderne an. Tragik und Pessimismus kennzeichnen Hardys Roman *Jude the Obscure* (1895, *Juda der Unberühmte*).
Im 20. Jh. lassen sich Stilrichtungen nur noch schwer zuordnen. In Lyrik und Drama steht der Ire William B. **Yeats** am Beginn der Entwicklung. Er fand seine Stoffe wie bei *Deidre* (1909) vielfach in irischen Sagen und war einer der führenden Köpfe der keltischen Renaissance. John M. **Synge** betonte eher das Alltagsleben wie in seinem Drama *The Playboy of the Western World* (1909, *Ein wahrer Held*). Sean **O'Casey**, einer der bedeutendsten irischen Dramatiker, wandte sich vom ▶ Naturalismus ab und dem ▶ Expressionismus zu. Sehr nachhaltig wirkte auch Thomas S. **Eliot**, der wie in *The Waste Land* (1922, *Das wüste Land*) Gefühl und Geist zur Einheit brachte. Der bekannteste Dichter der 40er-Jahre war der Waliser Dylan M. **Thomas**, der dem ▶ Surrealismus nahe stand. Er gilt als Vater einer neuromantischen Bewegung. Für die 50er-Jahre steht Philip A. **Larkin** mit seinem Meisterwerk *High Windows* (1974, *Hohe Fenster*). Ted **Hughes** verleiht der Wildheit von Tier- und Pflanzenwelt vehementen Ausdruck.
John B. **Priestley** schrieb mit *An Inspector Calls* (1946, *Ein Inspektor kommt*) ein realistisches Problemdrama, eine Gattung, die George B. **Shaw** zur realistischen Komödie bzw. Satire ausgestaltete. Sein Paradestück *Pygmalion* (1913) wurde zur Vorlage für eines der erfolgreichsten Musicals (*My fair Lady*). In der Mitte der 50er-Jahre gaben die „zornigen jungen Männer“ dem Unbehagen ihrer Generation Ausdruck, z. B. der Waliser John **Osborne** *Look Back in Anger* (1956, *Blick zurück im Zorn*). Hauptvertreter des absurden Dramas (▶ Absurdes Theater) ist der Ire Samuel **Beckett**, dessen Parabel-Stück *Waiting for Godot* (1952, *Warten auf Godot*) den Grundstein für das moderne Theater legte. Stücke von Harold **Pinter** sind im weiteren Sinne absurd und behandeln meist das Eindringen bedrohlicher Kräfte in den eigenen, scheinbar geschützten Raum wie z. B. in *The Caretaker* (1959, *Der Hausmeister*). Edward **Bond** steht für das Theater der Gewalt, Howard **Brenton** ist dagegen ein Verfechter des experimentellen Theaters.
Herbert G. **Wells** größtes Werk ist *Tono-Bungay* (1909), wenn auch heute sein Sciencefiction-Roman *The Time Machine* (1895, *Zeitmaschine*) am populärsten ist. Klassiker des utopischen Denkens (▶ Utopie) sind Aldous **Huxley** und George **Orwell**. Joseph **Conrad** wurde durch sein Meisterwerk *Nostromo* (1904) bekannt. Große Vertreter des **Bewusstseinsromans** sind D. H. **Lawrence**, dessen Thema das

Verhältnis der Geschlechter war, und der Ire ▶ Joyce. Bedeutende zeitgenössische Romanciers sind Graham H. **Greene**, William G. **Golding** und John **Fowles**.
Wichtige Literatur in englischer Sprache haben auch die – heute zumeist im Commonwealth zusammengeschlossenen – ehemaligen Kolonien des britischen Königreichs hervorgebracht.
In englischer Sprache schreiben u. a. der Südafrikaner Athol **Fugard** und der Nigerianer (Akinwande Olu)wole **Soyinka**, der 1986 als erster Schwarzafrikaner den Literaturnobelpreis erhielt (▶ Afrikanische Literatur). Aus seinem umfangreichen Werk seien hier nur genannt: *Idanre and Other Poems* (1967), *The Lion and the Jewel* (*Der Löwe und die Perle*, aufgeführt 1959) und *Aké: The Years of Childhood* (1981, *Aké. Die Jahre der Kindheit*).
In Kanada etablierte sich die international bedeutende englischsprachige Literatur mit Hugh **MacLennan**. Bekannt wurde z. B. *The Watch that Ends the Night* (1959, *Die Nacht der Versöhnung*). Margaret **Atwood** schrieb mehrere Romane zur Rolle der Frau: *Surfacing* (1972, *Der lange Traum*) ist ihr bisher bestes Werk; *The Handmaid's Tale* (1986, *Die Geschichte einer Magd*) wurde auch verfilmt. Michael **Ondaatje**, experimenteller Lyriker und Erzähler, ist vor allem seit der Verfilmung seines Romans *The English Patient* (1992, *Der Englische Patient*) ein Begriff.
Auch in Indien wird Englisch als Literatursprache gepflegt. Saronjini **Naidus** Gedichte sind in den Bänden *The Sceptred Flute* (1928) und *The Feather of the Dawn* (1961) gesammelt. Beispiele für den Roman sind Raja **Raos** *Kanthapura* (1938) R. K. **Narayans** *The Man-Eater of Malgudi* (1961, *Der Menschenfresser von Malgudi*) und Arundhati **Roy** *The God of Small Things* (1997, *Der Gott der kleinen Dinge*).
Wichtigster Vertreter der australischen Literatur ist Patrick **White**, der 1973 den Literaturnobelpreis erhielt. Sein größter Roman ist *Voss* (1957) mit seinem von übermäßigem Stolz und messianischem Sendungsgefühl getriebenen Helden.

Enzyklopädie (Kunstwort von griech.: enkýklios = im Kreise gehend, rund und griech.: paidéia = Bildung) In der griechischen Antike (▶ Antike Literatur) verstand man darunter die universelle Bildung, später dann eine Art Vorbildung für die Philosophie. Die Spätantike legte einen **Fächerkanon** an, die „septem artes liberales“ (Grammatik, ▶ Rhetorik, Dialektik, Arithmetik, Geometrie, Astronomie und Musik), die das Fundament für die mittelalterliche Schulbildung darstellen. Enzyklopädie als Titel erscheint erst in der frühen Neuzeit als die Gesamtheit des menschlichen Wissens.
Enzyklopädien sind alphabetisch (nach Stichworten) oder systematisch (nach Themenkreisen) geordnet. Seit der ▶ Aufklärung ist es ihr Ziel, praktische und nützliche Kenntnisse zu vermitteln. Die bedeutendste Enzyklopädie ist die *Encyclopédie ou Dictionnaire raisonné des sciences, des arts et des métiers* (1751–1780), ein im Geist der französischen Aufklärung entstandenes 35-bändiges Werk, an dem führende Philosophen und Wissenschaftler der Zeit, aber auch bedeutende Handwerker und Techniker mitarbeiteten. In 60000 Artikeln (alphabetisch angeordnet) bereiteten sie ideenmäßig die Französische Revolution von 1789 vor. Die englische Entsprechung ist die *Encyclopaedia Britannica, or A dictionary of arts and sciences* (3 Bde. 1768–1771), deren 15. Aufl. ab 1974 in 32 Bänden erschien.

Im 19. Jh. trat an die Stelle der Enzyklopädie das **Konversationslexikon**, das sich v. a. an gebildete Laien wendete und den aufklärerischen Aspekt bewusst vernachlässigte. Im Computerzeitalter gewinnt das multimediale **Bildschirmlexikon** auf CD-ROM einen starken Einfluss.

Epigonale Literatur (griech.: epigon = der Nachkomme) bezeichnet Werke, die in der Tradition als „klassisch" empfundenem Schrifttum stehen. So wirkte als Vorbild die Literatur der Stauferzeit für die nachfolgenden Dichter des Spätmittelalters (▶ Mittelalterliche Dichtung) ebenso wie die Weimarer ▶ Klassik und die ▶ Romantik für manche Autoren des 19. und frühen 20. Jh.s.
Epigonen verstehen es formal und inhaltlich meist ausgezeichnet, an die großen Vorbilder anzuknüpfen. Sie sind in ihrer Zeit häufig auch entsprechend populär und erfolgreich, weil ihr Werk den geläufigen Geschmacksvorstellungen von künstlerischer Qualität entspricht. Es haftet dem Begriff der epigonalen Literatur aber nicht immer zu Unrecht die Vorstellung von fehlender Eigenständigkeit und fehlender literarischer Innovation an, sodass er mit negativer Intention verwendet wird. Paul **Heyse**, Literaturnobelpreisträger des Jahres 1910 und Goethe-Epigone wie August Graf **Platen** und Friedrich **Rückert**, ist so vergessen wie diese. Seine Zeitgenossen hegten dagegen die Überzeugung, er werde seiner literarischen Epoche den Namen verleihen: Man werde in Anlehnung an die Goethe-Zeit von einem Heyse-Zeitalter sprechen.

Epigramm Die griechische Erfindung war ursprünglich nur eine Inschrift, die auf Statuen, Altären und Weihegeschenken den betreffenden Gott, den Stifter oder den Künstler angab. Als Begründer gilt Simonides von Keos mit Grabinschriften für die in den Perserkriegen Gefallenen: „Wanderer, kommst du nach Sparta, verkündige dorten, du habest uns hier liegen gesehn, wie das Gesetz es befahl." In Rom wird das Epigramm durch **Catull** und vor allem **Martial** heimisch.
Das Epigramm ist charakterisiert durch eine antithetische Zweiteilung: Auf einen objektiv-beschreibenden Teil folgt die subjektiv-wertende Pointe. Lessing, dessen ironische Meisterschaft dem Epigramm eine neue Blütezeit bescherte, bezeichnet in seinen *Zerstreuten Anmerkungen über das Epigramm* (1771) die beiden Teile mit „Erwartung" und „Aufschluss".
War das Epigramm im ▶ Barock durch seine formale Gegensätzlichkeit besonders beliebt, so wurde es in der Aufklärung des 18. Jh.s vor allem als Mittel der Gesellschafts- und Kirchenkritik eingesetzt. Die *Xenien* (1796) Schillers und Goethes sowie dessen *Venetianische Epigramme* (1790) sind weniger satirischen als vielmehr philosophisch-weltanschaulichen Gehalts. Das 20. Jh. bevorzugt minder formalistische Kurzgattungen: den ▶ Aphorismus, das Aperçu oder die Sentenz.

Epik (griech.: epikos = episch, d. h. zum Epos gehörend) ist neben Lyrik und Drama die dritte Großgattung in der Literatur. Dabei werden unter dem Sammelbegriff Epik alle Spielarten fiktiven Erzählens – in Versen oder in Prosa – verstanden. Meist unterscheidet man Groß- und Langformen wie Roman und Epos sowie Klein- und Kurzformen, also Novelle, Erzählung, Kurzgeschichte, Märchen, Fabel, Legende, Parabel, Anekdote, Skizze. Beispiele für Versepik sind Romanze, Ballade und (allgemein) Verserzählung.
Die epische Darstellung ist zunächst gekennzeichnet durch die Vermittlungstätigkeit eines ▶ Erzählers, der ein inneres oder äußeres Geschehen berichtet. Ein solcher, vom Autor geschaffener Erzähler darf keinesfalls mit dem Dichter gleichgesetzt werden. Durch die Distanz, die der Erzähler zum erzählten Geschehen schafft, erscheint ein epi-

sches Werk weniger subjektiv als ein lyrisches, wo meist unmittelbare Gefühlseindrücke gestaltet sind. Umgekehrt erreicht die Epik keinesfalls die Objektivität des Dramas, wo die handelnden Personen auf der Bühne direkt auf den Zuschauer wirken.
Die eigentliche Leistung des Erzählers besteht darin, dass er mittels Sprache eine eigene Wirklichkeit schafft, die der ▶ Leser für sich jeweils neu „zusammenbauen" muss. Da der Erzähler stets von Vergangenem berichtet, ist die dafür maßgebliche Zeitstufe das **epische Präteritum** (Imperfekt oder 1. Vergangenheit).
Die ausgesprochen komplexe Gestaltung epischer Werke (▶ Erzählen) wird vor allem an den vielfältigen Möglichkeiten deutlich, unterschiedliche Erzählerstandpunkte einzunehmen. Hilfreich ist dabei die Einteilung in die drei **Erzählsituationen**, die zwischen Ich-Erzähler, auktorialem Erzähler und personaler Erzählsituation unterscheidet. Von großer Bedeutung ist in diesem Zusammenhang auch die Zeitgestaltung. Der **Erzählzeit**, das ist der zum Lesen oder Erzählen benötigte Zeitraum, steht die **erzählte Zeit**, also der die berichtete Handlung umfassende Zeitrahmen, gegenüber. Je nach Verhältnis dieser beiden Faktoren spricht man von **zeitraffendem Erzählen**, d. h., die erzählte Zeit übersteigt die Erzählzeit bei weitem (etwa in einem Erzählbericht, der mehrere Jahre umfasst), von **zeitdehnendem Erzählen**, d. h., die umfassendere Erzählzeit beherrscht die erzählte Zeit (etwa bei ausgreifenden Beschreibungen oder Reflexionen) oder **zeitdeckendem Erzählen**, bei dem sich Erzählzeit und erzählte Zeit weitgehend entsprechen (beispielsweise im **szenischen Erzählen**).
Als weitere Mittel der epischen Gestaltung stehen einem Erzähler, der einfaches chronologisches Erzählen vermeiden möchte, Rückblenden und Vorausdeutungen zur Verfügung. Im 19. Jh. war die **Rahmenerzählung**, bei der die eigentliche Erzählung in mindestens eine weitere eingebettet ist, ein beliebtes Stilmittel, die Distanz zwischen dem Erzählten und dem Erzähler zu erhöhen. Im 20. Jh. wurde der ▶ innere Monolog zur geeigneten Ausdrucksform, um die persönlichen Krisen und Konflikte aus der unmittelbaren Perspektive der Figuren zu erzählen.
Bei der Vielzahl der epischen Formen wäre ein historischer Überblick über die Entwicklung der Epik nur schwer zu leisten. Hier bietet es sich an, den Spuren der beliebtesten epischen Gattung, dem ▶ Roman, zu folgen.

Episches Theater Als episches Theater bezeichnet man die vor allem von ▶ Brecht entwickelte Form des modernen ▶ Dramas, das im Gegensatz zur klassischen Form die Welt als veränderlich darstellt und den Zuschauer zu ihrer Veränderung aufruft: Während im neuzeitlichen Drama der Zuschauer durch „Furcht und Mitleid" moralisch gebessert werden soll, geht es Brecht um eine Veränderung der gesellschaftlichen Verhältnisse im marxistischen Sinn. Der Zuschauer soll im Bühnengeschehen nicht ein unabänderliches Fatum sehen, sondern mit einer veränderbaren Welt konfrontiert werden und daraus Konsequenzen für das eigene politische Handeln ziehen.
Diese Intention des Theaters erfordert folgerichtig auch eine neue Bauform des Dramas; an die Stelle des streng gebauten fünfbzw. dreiaktigen Dramas tritt eine lockere **Montage** einzelner Szenen, die Brecht als „episch" (▶ Epik) bezeichnet. In diesen Szenen werden dem Zuschauer exemplarische Situationen vorgeführt, die dann durch kritisch-kommentierende Einschübe, etwa in Form eines Erzählers, eines Songs oder durch Spruchbänder und Projektionen „verfremdet" werden. Dieser **Verfremdungseffekt (V-Effekt)** soll den Zuschauer in die Lage versetzen, Alltägliches wie Fremdes, Unbekanntes zu sehen und so in

Szene aus „Mutter Courage und ihre Kinder“ von Bertolt Brecht mit Helene Weigel in der Hauptrolle, 1949

seinen Strukturen und Ursachen zu erkennen und zu beurteilen. Die erzeugte kritische Distanz zwischen Betrachter und Handlung verhindert eine Identifizierung mit den Bühnenfiguren und soll den Theaterbesucher nicht für den Ausgang des Stückes interessieren, sondern für den Gang der Handlung („Wie kann dies sein?“). Das Theaterstück braucht keinen eigentlichen Schluss, denn die Lösungen der in ihm aufgezeigten Probleme sollen nicht auf der Bühne von den Schauspielern, sondern im Leben, von den Zuschauern, gefunden werden. Erst durch die (politische) Entscheidung des Zuschauers kommt das Drama zu einem eigentlichen Abschluss.
Brecht entwickelte seine Theorie in mehreren Stufen: Am Anfang stehen die „epischen Opern“ (*Die Dreigroschenoper*, 1928; *Aufstieg und Fall der Stadt Mahagonny*, 1928/29); es folgen die provokativen marxistischen *Lehrstücke (Der Jasager und der Neinsager*, 1929/30; *Die Maßnahme*, 1930; *Die Mutter*, 1930, u. a.). Den Höhepunkt bilden die großen Dramen der Emigrationszeit (*Mutter Courage und ihre Kinder*, 1939; *Leben des Galilei*, 1938/39; *Der gute Mensch von Sezuan*, 1938/40; *Der kaukasische Kreidekreis*, 1944/45).
Brechts ursprünglich nur auf seine eigenen Stücke bezogene Theorie wurde durch Peter **Weiss** und ▶ Müller weitergeführt.
Epische Strukturen weisen auch Paul **Claudels** *Le Soulier de Satin* (1919–1924) oder Thorthon **Wilders** *Our Town* (1938) auf. Brechts wichtigste theoretische Äußerun-

Aristotelisches Theater	**Episches Theater**
– Spannung auf den Ausgang	– Spannung auf den Gang
– eine Szene für die andere	– jede Szene für sich
– die Geschehnisse verlaufen linear	– in Kurven
– natura non facit saltus	– facit saltus
– die Welt, wie sie ist	– die Welt, wie sie wird
– was der Mensch soll	– was der Mensch muss
– seine Triebe	– seine Beweggründe
– das Denken bestimmt das Sein	– das gesellschaftliche Sein bestimmt das Denken

gen zum epischen Theater finden sich in den Anmerkungen zu der Oper *Aufstieg und Fall der Stadt Mahagonny*, in denen er das klassische (aristotelische, dramatische) Theater dem modernen (epischen) gegenüberstellt.

Epos (griech. = Wort, Erzählung, Lied, Gedicht) ist die früheste erzählende Großform (▶ Epik). Als breit angelegte Verserzählung ist das Epos durch seine gehobene, rhythmisch oder metrisch gebundene Sprache (z. B. Hexameter, Alexandriner, Blankvers), die feste Gliederung in Strophen und die Einteilung in Gesänge, Bücher oder Aventiuren gekennzeichnet. Die Geschichte des im Mittelpunkt stehenden Helden wird in epischer Breite und durch ständiges Wiederholen der zentralen Motive ausgeführt. So konnten die aus Götter- und Heldensagen geformten Epen ihre Wirkung besonders in jenen Frühzeiten auf das Publikum entfalten, als sie noch feierlich vorgetragen wurden (▶ Oral Poetry).

Seinen Ursprung hat das Epos im ▶ Mythos, d. h. in Geschichten, die sich mit der Entstehung, dem Werden und Vergehen einer Kultur oder mit dem Glauben an Götter und heroische Menschen befassen. In streng hierarchisch aufgebauten, aristokratischen Gesellschaften konnten solche Erzählstoffe um Kampf und Bewährung, um Sieg und Niederlage, um Kulthandlungen und Feste vor allem dazu dienen, Vorbilder zu schaffen und die eigene Gruppe zu verherrlichen.

Im Einzelnen unterscheidet man von den frühen Hochkulturen bis ins 18. Jh. zwischen **Volks-** oder **Heldenepos**, **Nationalepos** und **Tierepos**.

In der ▶ Romantik glaubte man, das Volksepos sei eine Schöpfung des Volkes. Heute weiß man, dass Heldenepen (meist) von einem anonymen Autor ausgingen, dessen Werk bald so verbreitet war, dass die indi-

Illustration zu „Reineke Fuchs“ von Goethe, 1867

viduelle Herkunft vergessen wurde. Was dagegen Bestand hatte, war die Handlung, deren formelhafte Sprache und die wiederkehrenden Motive, die im mündlichen Vortrag durch sog. **Rhapsoden** oder **Barden**, d. h. von Fürstenhof zu Fürstenhof wandernde Sänger, großen Eindruck auf die Zuhörer machten.
Die ältesten überlieferten Volksepen sind das babylonische *Gilgamesch*-Epos (2. Jt. v. Chr.) sowie das indische Epos *Mahabharata* (5. Jh. v. Chr.). Die Geschichte der abendländischen Heldenepen beginnt mit ▶ Homers *Ilias* und *Odysee* (Griechenland) und der *Äneis* (Rom). Ihre eigentlich große Zeit ist allerdings das Mittelalter. Die bedeutendsten Heldenepen sind die aus Island stammende *Edda* (um 1000), in England die Geschichte von *Beowulf* (um 700), in Spanien der *Cid* (um 1140), in Frankreich das *Rolandslied* (um 1100) und die *Chansons de geste* sowie in Deutschland das *Nibelungenlied* (um 1200), *Gudrun* und *Dietrich*.
Viele der genannten Heldenepen wurden immer auch als Nationalepen vereinnahmt. Gerade im 19. Jh., als sich die Nationalstaaten in Europa ausbildeten und viele noch ihre politische Identität suchten, dienten die vorgeblichen Heldentaten aus vergangenen Zeiten trefflich zur Selbstfindung und -bestätigung.
Tierepen haben einerseits immer satirische und schwankhafte Züge und stehen andererseits in unmittelbarer Nähe zur ▶ Fabel. Am bekanntesten ist das Tierepos um *Reinhart Fuchs* (1180) des Elsässers **Heinrich** der Glîchezaere.
Im Laufe des 18. Jh.s traten Epen zu Gunsten von Nachbargattungen wie Idylle, Verserzählung, Roman und Novelle immer weiter in den Hintergrund. Heute spricht man in Anlehnung an das ursprüngliche Konzept der großen Weltentwürfe nun auch bei Romanen (z. B. Tolstoi, *Krieg und Frieden*, Thomas Mann, *Die Buddenbrooks*) oder Monumentalfilmen (etwa *Ben Hur*) von einem Epos.

Erbauungsliteratur

Erbauungsliteratur Schriften, die der Festigung (Erbauung) des Glaubens und der Frömmigkeit dienen sollen sowie Hilfe zu einer christlichen Lebensgestaltung und Trost in Anfechtungen bieten, fasst man unter dem Begriff Erbauungsliteratur zusammen.
Erbauungsliteratur tritt in vielen Formen auf, u. a. als Andachtsbuch, Traktat, Predigtsammlung (Postille), Historienbibel, Trost- und Sterbebüchlein. Sie war im Mittelalter sehr gebräuchlich und fand im Spätmittelalter ihren Höhepunkt. Von besonderer Wirkung waren die Schriften der Mystiker im 14. Jh. (**Meister Eckhart**, Johannes **Tauler**) und die bis heute unter Katholiken verbreitete *De imitatione Christi* („Nachfolge Christi", entstanden 1410/20) des Thomas a Kempis. Martin **Luther** eröffnete mit seiner *Theologia Deutsch* (1516) und seiner Bibelübersetzung eine neue Epoche der Erbauungsliteratur.
Während ▶ Barock und ▶ Pietismus erlebte die Erbauungsliteratur eine Blütezeit, im 15./16. Jh. hatte sie einen hohen Anteil am neuen Medium des gedruckten Buches. Vom 18. Jh. ab schwand ihre Bedeutung, ohne dass jedoch die Tradition unterbrochen wurde.

Erotische Literatur

Erotische Literatur Sammelbezeichnung für literarische Werke aller Gattungen – im Besonderen der erzählenden Prosa –, in denen die sinnlich-körperliche Komponente der Liebe besonders oder ausschließlich betont wird. Berühmte Beispiele erotischer Literatur stammen aus Indien (*Kamasutra*), China, Japan, dem Arabischen (*Tausendundeine Nacht*) und Teilen des Alten Testaments (*Das Hohelied Salomos*).
In der abendländischen Literatur erreichte die erotische Literatur bereits in der Antike eine hohe Blüte, so in den frivolen Komödien des **Aristophanes**, den teilweise homoerotischen und obszönen Versen der Lesbierin **Sappho** und des Sodates sowie in den Liebesliedern des **Anakreon**.

Die erotische Literatur der Römer hat wie die der Griechen bis in die Moderne gewirkt. Die wichtigsten Vertreter sind die Komödiendichter **Plautus** und **Terenz**, die Lyriker **Catull**, **Martial**, **Properz** und **Tibull** sowie die Satiriker **Juvenal** und ▶ Ovid. Die wichtigsten erotischen Prosawerke der römischen Antike sind der von dem italienischen Regisseur Fellini verfilmte Abenteuerroman *Satyrikon* des **Petronius** und der fantastische Roman *Der goldene Esel* des **Apuleius**, der u. a. die Erlebnisse des in einen Esel verwandelten Lucius und das Märchen von Amor und Psyche enthält.
Die Erotika des Mittelalters sind im Briefwechsel zwischen Peter **Abaelard** und Héloïse, in volkstümlichen Sammlungen zotiger Lieder und Schwänke sowie in obszönen Parodien religiöser literarischer Formen enthalten. Die Renaissance griff auf die Vorbilder aus der Antike zurück, daneben finden sich obszöne Elemente der mündlichen Tradition in den französischen *Fabliaux* (Verserzählungen) aus dem 12. und 13. Jh., die ihrerseits Eingang finden in die erotischen Novellen, in denen es um Ehebruch und Verführung geht: **Boccaccios** *Dekamerone*, die anonymen *Les cent nouvelles* (1456–1467), **Chaucers** *Canterbury Tales* und Marguerite de Navarres *L'Heptaméron*.
Im Zeitalter der Aufklärung bildeten sich in Frankreich verschiedene freizügige Genres heraus, vom amourösen Roman über die Skandalchronik zu den pornographischen Werken des Marquis de **Sade**; in England erschien 1748/49 J. **Clelands** *Memoirs of a woman of pleasure* (*Die Memoiren der Fanny Hill*). In der deutschen Klassik zählen Goethes *Römische Elegien* (1795) und die *Venetianischen Epigramme* (1795) sowie Schillers *Venuswagen* (1782) zur erotischen Literatur. Als Klassiker dieses Genres wurden bis ins 20. Jh. die Memoiren des italienischen Frauenhelden **Casanova** (1790ff.) gelesen, die auch eine wichtige kulturhistorische Quelle darstellen.

Die bürgerlichen Normen des 19. Jh.s drängten die erotische Literatur in den Untergrund. Die großen Schriftsteller wurden z. T. gerichtlich verfolgt, wenn sie wie ▶ Flaubert in *Madame Bovary* und ▶ Zola in *Thérèse Raquin* die mörderischen Folgen übertriebener oder unterdrückter Sexualität darstellten. Zu Beginn des 20. Jh.s wird die Erotik psychologisch begründet, u. a. bei den Franzosen Charles **Baudelaire** und Paul **Verlaine** sowie den Österreichern ▶ Schnitzler (*Der Reigen*, *Dialogszenen*, 1900) und Leopold **Sacher-Masoch**.
Zur Beurteilung der erotischen Literatur muss man in jedem Fall den jeweiligen Zeitgeschmack, wechselnde Moralvorstellungen und sittliche Anschauungen, aber auch die Möglichkeit der Verbreitung erotischer Schriften und bildlicher Darstellungen berücksichtigen. So sind z. B. zunächst zensierte erotische Romane inzwischen sowohl als Text als auch als Verfilmung unzensiert zugängig (vgl. D. H. **Lawrence**, *Lady Chatterley's Lover*, 1928). Ferner ist die erzählerische Darstellung des Sexuellen bei vielen Autoren westlicher Länder im 20. Jh. Bestandteil ihrer Prosa geworden. Am überzeugendsten ist die literarische Behandlung der Sexualität dann, wenn sie – wie in den erotischen Romanen von Alberto **Moravia**, Vladimir **Nabokov** und John **Updike** – als menschliche Erfahrung gezeigt und nicht zu pornographischen Zwecken isoliert wird.

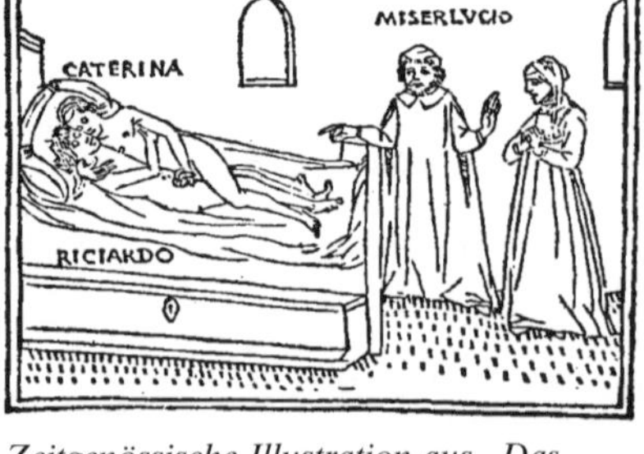

Zeitgenössische Illustration aus „Das Dekameron" von Giovanni Boccaccio

Erzählen – Grundbegriffe

Erzählsituation (nach Franz K. Stanzel, ▶ Erzähler)

auktoriale Erzählsituation	allwissende, persönliche, außerhalb des Geschehens stehende Erzählerfigur, die wertend und kommentierend in die Handlung eingreift und voraus- wie zurückgreifen kann
personale Erzählsituation	Abwesenheit eines persönlichen Erzählers, stattdessen Wahrnehmen der Handlung aus der Perspektive einer oder mehrerer Figuren (Reflektorfigur), ausgeprägte Innenperspektive
Ich-Erzählsituation	Erzähler ist in der 1. Person Singular stets präsent, ist außerdem Teil der erzählten Welt, verfügt nur über eingeschränkten Blickwinkel (eigene Erfahrung oder Berichte Dritter)

Erzählverhalten (nach Jürgen H. Petersen)

auktoriales Erzählverhalten	Erzähler mit eigener Sehweise, der kommentierend und wertend in das Geschehen eingreift
personales Erzählverhalten	Erzähler wählt Sehweise einer oder mehrerer Personen, Leser nimmt Geschehen aus Figurenperspektive wahr
neutrales Erzählverhalten	Verzicht des Erzählers auf jede individuelle Optik (weder auktoriale noch figurenbezogene = personale), Wiedergabe der Dinge, „wie sie sind"

Erzählperspektive („Point of view", ▶ Erzähler)

Innenperspektive	Standort, von dem aus der Leser das Geschehen erfährt, liegt in der Erzählerfigur (Ich-Erzählsituation) oder in einer der agierenden Figuren (personale Erzählsituation; Reflektorfigur); damit werden Gefühle und Empfindungen unmittelbar erfahrbar
Außenperspektive	Standort, von dem aus der Leser auf das Geschehen blickt, ist eine übergeordnete, allwissende Position (auktoriale Erzählsituation)

Erzählformen

szenisches Erzählen	Dominanz von Dialogen (Figurenrede), Zurücktreten berichtender Passagen (Erzählerrede)
berichtendes Erzählen	Vorherrschen der berichtenden Erzählerrede, Zurücktreten dialogischer Passagen (Figurenrede)
kontinuierliches Erzählen	Einhalten der chronologischen Abfolge im Handlungsverlauf, Vermeiden von Erzählbrüchen und Zeitsprüngen
diskontinuierliches Erzählen	bewusstes Durchbrechen der chronologischen Abfolge, oft Spiel mit Erzählbrüchen und Zeitsprüngen
Rahmenerzählung (▶ Novelle)	Aufbau einer fiktiven Situation, die eine andere Erzählung oder mehrere (Binnenerzählung) als Einheit umschließt
Binnenerzählung	in einen Rahmen (Rahmenerzählung) eingebettete Erzählung

---

Zeitgestaltung

Erzählzeit	ist die Zeit, die der Erzähler (fiktiv) für die Wiedergabe seiner Geschichte braucht, d. h., die der Leser zur Lektüre benötigt (abhängig vom Umfang des Buches und der Lesegeschwindigkeit)
erzählte Zeit	ist der Zeitraum, über den sich die erzählte Geschichte erstreckt (z. B. Jahre oder Jahrhunderte bei einem historischen Roman, ein Tag bei *Ulysses* von Joyce)
zeitraffendes Erzählen	die erzählte Zeit ist um vieles größer als die Erzählzeit, d. h., die erzählte Geschichte überbrückt große Zeiträume
zeitdehnendes Erzählen	das erzählte Geschehen wird so ausgebreitet, dass die Erzählzeit die erzählte Zeit überlagert
zeitdeckendes Erzählen	Erzählzeit und erzählte Zeit sind annähernd identisch (vor allem bei szenischem Erzählen)

Erzählerische Mittel

▶ Innerer Monolog	Wiedergabe von Gefühlen, Stimmungen und Bewusstseinslagen einer Figur in der 1. Person Singular, unmittelbarste Form der personalen Erzählsituation
erlebte Rede (▶ Erzähler)	Wiedergabe der Gedanken einer Figur in der 3. Person Indikativ (meist in der 1. Vergangenheit); diese Zwischenform von direkter und indirekter Rede lässt bewusst in der Schwebe, ob die Figur oder die Erzählinstanz spricht
Bewusstseinsstrom (▶ Erzähler)	Lehnübersetzung aus dem engl. „Stream of consciousness"; wie innerer Monolog und erlebte Rede eine moderne Erzähltechnik, um dem Leser unmittelbar an den Bewusstseinsprozessen einer literarischen Figur teilhaben zu lassen; dabei werden dem Leser Sinneseindrücke, Gedankenfetzen, Gefühlsregungen, Erinnerungen und Reflexionen ungefiltert und ohne Eingreifen einer ordnenden Instanz vermittelt

Erzähler ist zunächst eine Person, die mündlich (▶ Oral Poetry) vor Zuhörern von eigenen oder gehörten Begebenheiten berichtet. Im engeren literarischen Sinn bezeichnet man mit Erzähler die in einem Prosawerk (z. B. Roman, Erzählung, Novelle) vom Dichter geschaffene Person oder Instanz, die dem Leser das Geschehen vermittelt. Realer Autor und fiktiver Erzähler dürfen dabei keinesfalls einander gleichgesetzt werden.

Zur Klärung des komplexen Beziehungsgeflechts, nämlich wie die zu erzählenden Ereignisse, das Verhalten der Figuren sowie deren Denken und Fühlen geschildert werden, hat die ▶ Literaturwissenschaft verschiedene Beschreibungsmuster entworfen.

Das bekannteste ist Franz K. Stanzels Modell von der „Mittelbarkeit des Erzählens" geworden. Entscheidend ist danach die Frage, aus welcher **Perspektive** („Point of view") oder von welchem Standpunkt aus das fiktive Geschehen vermittelt wird. Stanzel unterscheidet dazu drei **Erzählsituationen** bzw. Erzählhaltungen: die auktoriale, die personale und die Ich-Erzählsituation.

In der **auktorialen** (lat.: auctor/autor = Urheber, Verfasser) Erzählsituation wird das Geschehen von einer sich selbst kundgebenden, persönlich fassbaren Erzählerfigur vermittelt, die sich wertend und kommentierend in das Geschehen einmischt. Der Standpunkt dieses allwissenden Erzählers ist stets durch die **Außenperspektive** gekennzeichnet. Mit ihrer selbstgewissen Souveränität und Überlegenheit entsprechen diese Erzählerfiguren noch ganz dem Weltbild ihrer Schöpfer. Die Romanautoren des 18. und 19. Jh.s (**Wieland** im *Agathon*, ▶ Goethe im *Wilhelm Meister*, ▶ Stifter im *Nachsommer*) glaubten nämlich noch weitgehend daran, die dargestellte Realität überblicken und beherrschen zu können – und dementsprechend waren ihre polyperspektivischen Erzähler mit olympischem Weitblick ausgestattet. Wo der auktoriale Erzähler noch im 20. Jh. auftritt, hinterfragt er – wie in Th. ▶ Manns *Zauberberg* – seine Überlegenheitsrolle oder spielt sie in ironischer Selbstdistanzierung gegenüber dem Leser (Uwe **Johnson**, *Mutmaßungen über Jakob*) aus.

Völlig gegensätzlich erscheint die **personale** Erzählsituation. Der Leser erfährt das Geschehen nicht mehr von einem persönlichen Erzähler, sondern von einer Erzählerinstanz, der sog. **Reflektorfigur**. Man gewinnt beim Lesen die Illusion, als ob man die Handlung unmittelbar über das Medium einer oder mehrerer Figuren erfährt. Der Leser schlüpft sozusagen in die Rolle des Romanhelden, wird zur „Rollenmaske", aus deren Blickwinkel er das Geschehen erlebt. Die damit verbundene **Innenperspektive** bedeutet einerseits eine Beschränkung auf die Sichtweisen und Empfindungen dieser Figur. Andererseits bietet die personale Erzählsituation mit der Spiegelung des inneren Geschehens eine Unmittelbarkeit und Intensität der Wahrnehmung, die diesen Filter des Figurenbewusstseins zum alleinigen Maßstab der Realitätswahrnehmung macht. Die dem auktorialen Erzähler eigentümliche Überlegenheit ist damit dahin. Angekündigt hatte sich diese „Krise des Erzählens" schon im späten 19. Jh. bei Wilhelm **Raabe** (etwa in seinen Romanen *Stopfkuchen* oder *Die Akten des Vogelsangs*) und ▶ Fontane. Mit dem Verlust einer gesicherten Weltsicht, wie er die Literatur seit dem ▶ Fin de Siècle prägt, waren auch die selbstgewissen Erzählerfiguren unmöglich geworden. So wurden in der Prosa von ▶ Kafka, ▶ Schnitzler und ▶ Joyce neue Erzähltechniken wie **erlebte Rede** (Wiedergabe von Gedanken einer Figur in der 3. Person), ▶ innerer Monolog und „Stream of consciousness" (= **Bewusstseinsstrom**, Nachzeichnen der Sinneseindrücke, Gedanken, Assoziationen und Gefühle einer Figur) entwickelt.

Am eindeutigsten zu bestimmen ist die **Ich-Erzählsituation**. Hier tritt der Erzähler in der 1. Person Singular als Teil der erzählten Welt auf. Entsprechend kann er nur das berichten, was er selbst erlebt oder von anderen Figuren erfahren hat. Seine monoperspektivische Position kann dieser Erzählertypus auch dazu ausnutzen, dem Leser die eigene Gefühlslage breit zu vermitteln. Waren Ich-Erzähler des 18. und 19. Jh.s noch um möglichst große Objektivität bemüht (**Defoe**, *Robinson Crusoe;* ▶ Keller, *Der grüne Heinrich*), so wird im 20. Jh. ihre Souveränität im Umgang mit der Wirklichkeit ähnlich jener der Reflektorfigur (personale Erzählsituation) erheblich eingeschränkt. Nicht ohne Grund neigen diese Erzählerfiguren, wie die Beispiele *Felix Krull* von Thomas Mann oder die *Blechtrommel* von ▶ Grass belegen, eher zur Selbstironie und zur Selbstdistanzierung.

Bei dem Versuch, Erzähltexte diesen drei Erzählsituationen zuzuordnen, ist stets zu bedenken, dass es sich dabei um idealtypische Muster handelt, die in Reinform kaum vorkommen.

Erzählung heißt im weiteren Sinne jede Form von mündlicher (▶ Oral Poetry) oder schriftlicher Darstellung zurückliegender Geschehnisse. Dabei kann es sich um tatsächliche oder auch fiktive Ereignisse handeln. Mit dieser Art direkter oder vermittelter Weitergabe von Erfahrenem steckt im „Erzählen" eine uralte Grunderfahrung des Menschen.

Im engeren Sinne bezeichnet Erzählung eine epische Kurzform (▶ Epik), deren Merkmale sich vornehmlich durch Abgrenzung von anderen Untergattungen erschließen. Vom ▶ Epos und vom ▶ Roman

unterscheidet sich die Erzählung durch den geringeren Umfang, die knappere Ausstattung mit Personen, den nicht so weit gespannten Handlungsrahmen und das Fehlen komplexer Ideengebäude. Umgekehrt entwickelt sie deutlich ausführlicher als Skizze und ▶ Anekdote die geschilderten Handlungsabläufe. Auch zu den insgesamt poetologisch näher liegenden Untergattungen ▶ Novelle und ▶ Kurzgeschichte gibt es merkliche Unterschiede: Die Erzählung kommt ohne deren strenge Komposition aus, ist also freier in der Anlage und der Umsetzung des Erzählten. Von ▶ Märchen, ▶ Legende und ▶ Sage hebt sich die Erzählung dadurch ab, dass sie meist einen realen Hintergrund hat und so auf fantastische (▶ Fantastische Literatur) oder wirklichkeitsferne Bezüge verzichten kann.
Wird Erzählung oft als Oberbegriff für die verschiedenen kleinen epischen Formen gebraucht, so bezeichnet man mit ▶ Erzähler grundsätzlich alle Verfasser von längeren und kürzeren Prosawerken.

Essay (engl., von franz.: essai = Kostprobe, Versuch) bezeichnet einen meist relativ kurzen, aber stilistisch anspruchsvollen Text in Prosa, also in ungebundener Sprache.
In Essays wird ein beliebiges Thema bewusst subjektiv, also aus der Sicht des Autors, behandelt. Das Thema eines Essays wird dabei nicht erschöpfend wissenschaftlich untersucht, vielmehr versucht der Essayist seine zutiefst eigenen Gedanken darzustellen. Daher zeichnen sich Essays oft durch eine willkürliche Zusammenfügung von Gedanken aus, die das Thema von verschiedenen Seiten beleuchtet.
In der Suche nach Bruchstücken von Wahrheit und Erkenntnis, die dauerhaft Gültigkeit besitzen, liegt der Unterschied des Essays zum Zeitungsfeuilleton (▶ Zeitung). Das **Feuilleton** setzt sich zwar kritisch mit Fragen aus Kunst und Kultur auseinander, ist aber einerseits vom Umfang her kürzer als ein Essay und hat andererseits nicht dessen intellektuellen und thematischen Anspruch. Im Gegensatz zum ausgefeilt argumentierenden und gelehrte Anspielungen machenden Essay gibt sich das Feuilleton eher witzig-plaudernd. Auch der **Traktat** steht dem Essay nahe, doch der Verfasser eines Traktates stellt eher ihm Bekanntes fest, statt als Essayist Denkmöglichkeiten durchzuspielen.
Dem Essay im Aufbau verwandte Darstellungsformen kannte bereits die ▶ antike Literatur. Autoren wie ▶ Cicero oder ▶ Horaz schrieben etwa Dialoge oder Briefe, doch erst Michel E. de **Montaigne** schuf den Begriff „Essai" (1580) und begründete damit eine eigenständige literarische Form. Francis **Bacon** übernahm in England den Begriff „Essay" für seine philosophisch-religiösen Betrachtungen (1597). Bacons Essays standen Traktaten sehr nahe, und so verwundert es kaum, dass sich die traktatnahe Form des Essays im England des 17. Jh.s durchsetzte. Im 18. Jh. gelangte die angelsächsische Essaytradition durch moralische Wochenschriften, in denen sich Essays befanden, zu europäischer Wirkung. Sir Richard **Steele** veröffentlichte 1709–1711 *The Tatler* (*Der Schwätzer*) und zusammen mit Joseph **Addison** *The Spectator* (1711–1713, *Der Zuschauer*). Mit ihren Essays wollten die beiden „Essayisten" erzieherisch auf die Leser einwirken. Die traktatnahe Tradition lässt sich bis ins 20. Jh. verfolgen, auch in den USA und Frankreich.
In Deutschland wurden im 18. Jh. erstmals essayistische Schriften verfasst, jedoch kannte man wohl die englisch-französische Tradition nicht. Zu den bekanntesten Autoren dieser Zeit gehören: J. G. **Herder**, ▶ Goethe, ▶ Schiller, ▶ Heine, ▶ Kleist und ▶ Stifter. Der Romantiker Friedrich **Schlegel** könnte als erster deutscher Essayist gelten, doch erst Hermann **Grimm** gewann mit seinen Essays den Anschluss an die europäische Tradition. Zu den

wichtigsten Essayisten seit der Mitte des 19. Jh.s gehören die Philosophen und Kulturkritiker Friedrich **Nietzsche**, Jakob **Burckhardt,** Oswald **Spengler**, Ernst **Bloch**, Walter **Benjamin**, Theodor W. **Adorno** und Karl **Jaspers** sowie ▶ Benn, Th. ▶ Mann, ▶ Musil und Walter **Jens** als Dichter.

Exilliteratur (lat. exilium = Verbannung) meint diejenige Literatur, die von emigrierten oder zwangsweise ausgebürgerten Autoren stammt. Sie reicht von ▶ Ovid über ▶ Dante bis in die Gegenwart, in der Salman Rushdie zum Inbegriff des Exilschriftstellers wurde. Kam der Exilliteratur bis zum 20. Jh. ein vergleichsweise geringer Stellenwert innerhalb der europäischen Literatur zu, so entwickelte sie sich im Zeitalter der totalitären Diktaturen zu einem Massenphänomen. Nach dem Zweiten Weltkrieg erfasste die literarische Emigration auch die Satellitenstaaten der Sowjetunion. So vor allem die Tschechoslowakei (Pavel **Kohout**, Milan **Kundera**) und Polen (Czeslaw **Milosz**, Slawomir **Mrozek**). Hinsichtlich der deutschen Literatur ist an die politischen Dichter des ▶ Vormärz wie ▶ Büchner und ▶ Heine zu denken und die Fluchtwelle nach der gescheiterten Revolution von 1848. In neuerer Zeit an die Dissidenten der ▶ DDR-Literatur, vor allem aber an jene Autoren, die sich durch die Machtübernahme des Nationalsozialismus (▶ Literatur im „Dritten Reich") zur Emigration gezwungen sahen. Das Ausmaß dieses Massenexodus ist einzigartig in der Geschichte. Die deutsche Exilliteratur von 1933–1945 kann deshalb in vielerlei Hinsicht als Modellfall für die Exilliteratur des 20. Jh.s dienen.
Nach ihrer Vertreibung aus Nazi-Deutschland ließen sich die meisten Autoren zunächst im nahe gelegenen europäischen Ausland nieder, da sie von einem schnellen Zusammenbruch des NS-Regimes ausgingen. Die Hoffnungen auf eine baldige Rückkehr erwiesen sich jedoch als trügerisch. Angesichts der Stabilisierung des „Dritten Reiches" wurde das Exil zu einem Dauerzustand. Der „Anschluss" Österreichs (1938), die Annexion der Tschechoslowakei (1939) und die Besetzung Frank-

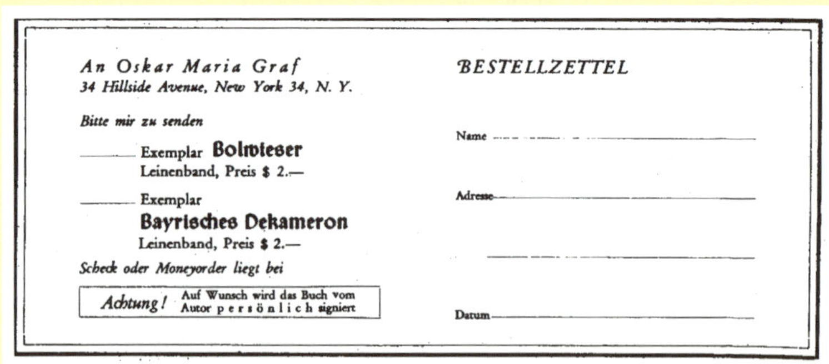

An Oskar Maria Graf
34 Hillside Avenue, New York 34, N. Y.

Bitte mir zu senden

_____ Exemplar **Bolwieser**
Leinenband, Preis $ 2.—

_____ Exemplar
Bayrisches Dekameron
Leinenband, Preis $ 2.—

Scheck oder Moneyorder liegt bei

Achtung! Auf Wunsch wird das Buch vom Autor persönlich signiert

BESTELLZETTEL

Name _____

Adresse _____

_____

Datum _____

Versuch O. M. Grafs, im Eigenvertrieb seine Bücher im amerikanischen Exil zu verkaufen, nach 1940

reichs (1940) zwangen bald schon abermals zur Flucht – nach England oder Übersee. Am Ende ihrer Irrfahrten fanden sich die der Heimat beraubten Schriftsteller auf allen fünf Kontinenten wieder.
Die materiellen Verhältnisse der Exilschriftsteller gestalteten sich höchst unterschiedlich. Während Thomas ▶ Mann, Lion **Feuchtwanger**, Stefan **Zweig** oder Franz **Werfel** ihren großbürgerlichen Lebensstil ungeschmälert fortsetzen konnten, hatte die Mehrzahl der Exilanten größte Probleme, die nackte Existenz zu sichern. Ernst **Bloch** etwa musste sich in den USA als Tellerwäscher verdingen, andere arbeiteten in Imbissbuden oder als Platzanweiser in Kinos. Nicht selten ernährten die Ehefrauen ihre schreibenden Männer, deren Einkünfte aus literarischer Tätigkeit kaum je dazu ausreichten, den Lebensunterhalt zu sichern. Zuwendungen wohlhabender Kollegen und die Unterstützung von Hilfskomitees konnten nur die größte Not lindern. Nur wenigen gelang es, in der Sprache des jeweiligen Gastlandes heimisch zu werden und in ihr zu veröffentlichen.
Neben der ständigen Furcht vor Abschiebung und der Bedrohung durch NS-Agenten machte den Exilschriftstellern vor allem die Erfahrung der Ablehnung durch die Bevölkerung des jeweiligen Exillandes zu schaffen. Am leichtesten noch arrangierten sich die politisch aktiven Autoren mit der neuen Situation. Da sie bereits vor 1933 in einer Art „geistigem Exil" gelebt hatten, konnten sie nun das tatsächliche leichter meistern als andere. Auch nahmen viele jüngere Autoren das Exil als Herausforderung an. Ältere hingegen hatten zumeist große Schwierigkeiten sich auf veränderte Lebensbedingungen umzustellen.
Kein Exilant, der nicht seelische Verletzungen davontrug. Die meisten starrten gebannt und verzweifelt auf die Entwicklung in Deutschland und litten unter dem Verlust ihres kulturellen Bezugsfeldes. Zudem machte sich der fehlende Gebrauch der Muttersprache bemerkbar. Der Wegfall ihrer schriftstellerischen Existenzgrundlage ließ viele Autoren in Einsamkeit und Verzweiflung verstummen. So mancher konnte den materiellen und geistigen Problemen nicht mehr standhalten und setzte seinem Leben ein vorzeitiges Ende: Kurt **Tucholsky** beging 1935 in Schweden Selbstmord; Ernst **Toller** erhängte sich im Mai 1939 in einem New Yorker Hotelzimmer; Walter **Hasenclever**, Walter **Benjamin**, Carl **Einstein** und Ernst **Weiss** nahmen sich 1940 nach der Besetzung Frankreichs das Leben, Stefan **Zweig** und seine Frau 1942 im brasilianischen Petropolis.
Das politische Selbstverständnis des literarischen Exils, dessen Landkarte zuletzt von New York nach Neuseeland, von Santiago de Chile bis nach Schanghai und Taschkent reichte, war höchst unterschiedlich ausgeprägt. Gemeinsamer Nenner war das Bewusstsein, das „andere" Deutschland zu repräsentieren. Ansonsten handelte es sich bei den Exilautoren um extrem verschiedenartige Flüchtlinge, die unter sich zum Teil heftige Streitigkeiten austrugen. So kam zur geographischen die ideologische Zersplitterung. Das politische Spektrum reichte vom Anarchisten (Theodor **Plivier**, Adam **Scharrer**) und stalinistischen Parteigänger (Johannes R. **Becher**) über Sozialisten und Linksliberale (Lion **Feuchtwanger**, H. ▶ Mann, Oskar Maria **Graf**) bis zum bürgerlichen Lager (Th. ▶ Mann). Daneben standen völlig unpolitische Schriftsteller bzw. solche, die sich wie ▶ Döblin und Werfel zum Christentum bekannten. Die Exilanten waren nicht in der Lage und willens, eine

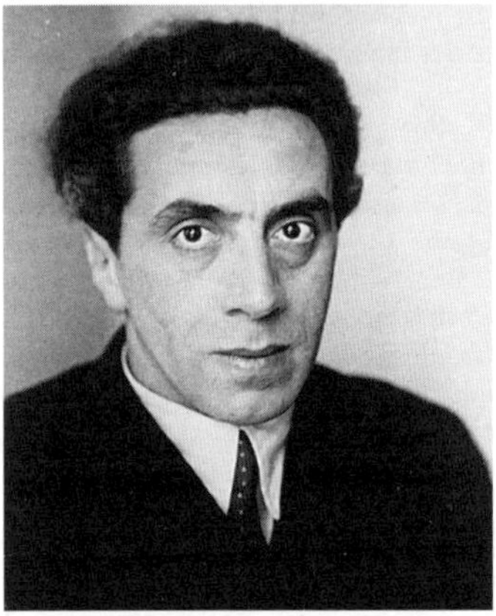

Ernst Toller, um 1930

Walter Benjamin

Kurt Tucholsky, 1931

gemeinsame Dachorganisation ins Leben zu rufen. Versuche H. Manns u. a. eine parteiübergreifende „Volksfront" zu schaffen, scheiterten. Die Fronten zwischen Sozialisten und Kommunisten blieben bestehen und wurden durch die Moskauer Prozesse (1936–38) noch verhärtet. Die ästhetischen Anschauungen des Exils erwiesen sich ebenso vielfältig wie die politischen. Die bedeutendste Auseinandersetzung stellte die sog. ▶ Expressionismusdebatte dar.

Gemeinsam indes waren vielen Autoren die Schwierigkeiten des literarischen Neubeginns in den Nachkriegsjahren, in denen der Kalte Krieg die Kulturentwicklung bestimmte. Während im Osten Deutschlands (▶ DDR-Literatur) ideologisch genehme Autoren aufgenommen und entsprechend gefördert wurden (▶ Brecht, ▶ Seghers), mussten sich ihre in die Westzonen zurückgekehrten Kollegen oftmals tief sitzender Ressentiments erwehren. So mancher zog es deshalb vor, nicht in die alte Heimat zurückzukehren oder sich im nahe gelegenen Ausland niederzulassen (Th. Mann). Wieder andere wie Döblin verließen aus Enttäuschung über die politische und gesellschaftliche Entwicklung die Bundesrepublik bereits nach wenigen Jahren. Erst der politische Klimawechsel der 1960er-

Jahre führte dort zu einer gebührenden Beachtung der nach 1933 im Exil entstandenen Literatur, in der angesichts der spezifischen Kommunikationssituation die Epik dominierte.

Experimentelle Dichtung im weiteren Sinne: Sammelbezeichnung für jene literarischen Werke, die z. B. mit der Sprache experimentieren (etwa Mischen von verschiedenen Sprachen, bewusste Regelverletzungen bei Grammatik, Syntax und Semantik, experimenteller Umgang mit stilistischen Mitteln), literarische Gattungen kombinieren und Übergänge zur Musik und bildenden Kunst praktizieren, also in irgendeiner Form die Collage-Technik verwenden. Diese Typisierung ist umstritten, denn jedes literarische Werk, das neue Aussagemöglichkeiten erprobt, kann als stilbildend gelten, denn es hat etwas noch nicht Vorhandenes geschaffen. Im engeren Sinne: Literatur, die sich am naturwissenschaftlichen Experiment orientiert.
Experimentelle Dichtung begegnet uns bereits in der deutschen ▶ Romantik (v. a. in den *Fragmenten* von ▶ Novalis und Friedrich **Schlegel**). ▶ Zola forderte 1880 vom Dichter ein experimentelles Vordringen ins Unbekannte. Dies bedeutet letztlich eine Aufhebung der traditionellen Erzählpraxis mit einer kausalen Erklärbarkeit von Vorgängen und Handlungen. Wichtige Autoren, die in dieser Richtung als stilbildend gelten können, sind Gertrude **Stein**, Hugo **Ball** und Franz **Mon**.

Expressionismus (lat. expressio = Ausdruck), ursprünglich ein Stilbegriff aus der Malerei, ist eine von vielen literarischen Strömungen der deutschen ▶ Moderne am Beginn des 20. Jh.s.
Als neue Kunstrichtung, die von 1910 bis 1923 anhielt, grenzten sich die Vertreter des Expressionismus klar ab gegen die Wirklichkeitsnachbildung des ▶ Naturalismus, des überzogenen Schönheitsideals des ▶ Impressionismus bzw. der ▶ Neuromantik und der Poesie des **L'art pour l'art** im ▶ Symbolismus. Ihr Protest richtete sich gegen die verkrusteten bürgerlichen Strukturen der Wilhelminischen Epoche, den rücksichtslosen technischen Fortschritt und die darin wurzelnde Selbstentfremdung des Menschen. Der Expressionismus war für seine Protagonisten „weniger eine Kunstform als eine Erlebnisform“ (Yvan Goll), der „statt des Eindrucks der Außenwelt den Ausdruck der Innenwelt“ (R. Müller-Freienfels) darstellen und „die Kunst auf eine bisher unerwartete Weise“ (P. Hatvani) verwirklichen sollte. Für den Schriftsteller Karl **Otten** trug der Expressionismus den „Keim einer neuen Seele eines neuen Menschen, leuchtet Hoffnung auf bessere Zukunft“ und Zeitschriften der Zeit führten programmatische Titel wie *Der Aufbruch, Die Entfaltung, Der Aufschwung, Die Aktion* und *Der Sturm*. Literarische Zentren der neuen Stilrichtung waren neben der Metropole Berlin, wo vor allem die ▶ Großstadtdichtung kultiviert wurde, der Verlagsort Leipzig mit den Verlagen Rowohlt und Wolff und nach Ausbruch des Ersten Weltkriegs Zürich, wo sich emigrierte Gleichgesinnte in Literaturcafés, Varietés und Lesezirkeln trafen und austauschten.

Kurt Wolff Verlag – der Verlag des Expressionismus, Umschlag von Frans Masereel, 1927

Die Dichter des Expressionismus verstanden sich als Künder einer neuen Zeit und bedienten sich einer rauschhaften Sprache: Sie reichte von geballten Wortkaskaden, Wortneuschöpfungen, gebrochener Syntax, übersteigerter Metaphorik und ekstatischen Ausbrüchen bis hin zu einem äußerst verkürzten Sprachstil.

Bahnbrechend für die neue Lyrik war das Erscheinen des visionären Katastrophengedichts *Weltende* von Jakob van **Hoddis** in der Berliner Zeitschrift *Der Demokrat.* Das Gedicht steht deshalb auch am Anfang der berühmten Lyrik-Anthologie *Menschheitsdämmerung* (1919), die als Sammlung sowohl die Vernichtungs- und Untergangsstimmung als auch den Fortschrittsoptimismus der expressionistischen Lyrik beinhaltet. Kennzeichen der frühen expressionistischen Lyrik ist der sog. **Reihungsstil**, der Unzusammenhängendes und Ungleichartiges aneinander fügt. Viele Lyriker thematisierten ihre Hassliebe zur Großstadt, u. a. Georg **Heym** in seinen Gedichtbänden *Der ewige Tag* (1911) und *Umbra Vitae* (1912), und der rauschgiftsüchtige Salzburger Georg **Trakl** ließ in seinem lyrischen Werk (*Gedichte,* 1912; *Sebastian im Traum,* 1915) durchgängig eine Welt ohne Perspektiven anklingen. ▶ Benn schockierte durch seine provozierende Flugschrift *Morgue und andere Gedichte* (1912) mit ihren drastischen Bildern aus Leichenschauhäusern und Operationssälen das Publikum und Johannes R. **Becher** beklagte in seinem Doppelband *Verfall und Triumph* (*Lyrik und Prosa*, 1914) die kapitalistische Mentalität des modernen Menschen: „Einst wird kommen der Tag ... Da mit des Zorns Geschrei / Der Gott wie einst die milbige Kruste zersprengt. / Im Scherbenhorizonte treibt ein fetter Hai, / Dem blutiger Leichen Fraß aus zackichtem Maule hängt." Religiöser Themen nahmen sich Else **Lasker-Schüler** in ihren *Hebräischen Balladen* (1913) und Yvan **Goll** in seinen Hymnen und Gesängen an. Einen eher ethisch-politischen Expressionismus vertraten Dichter wie Ludwig **Rubiner** und der Pazifist Karl Otten.

Das expressionistische Theater mit seiner abstrakten Bühne und den spärlichen Requisiten war vertreten durch die Dramatiker Hasenclever, Kaiser, Barlach, Sternheim und Toller. Walter **Hasenclever** sprach mit seinem ersten expressionistischen Drama *Der Sohn* (1916) den ewigen Generationenkonflikt zwischen aufbegehrendem Sohn und autoritärem Vater an, außerdem schrieb er anspruchsvolle Komödien (u. a. *Ein besserer Herr,* 1926). Georg **Kaiser**, der meistgespielte Bühnenautor des Expressionismus, wurde berühmt durch seine sog. **Stationendramen** (▶ Drama). Bedeutend ist Kaisers Drama *Die Bürger von Calais* (1913) und sein Stationenstück *Von morgens bis mitternachts* (1916, UA 1917), in dem er die Sinnkrise eines namenlosen kleinen Bankangestellten aufzeigt. In *Die Koralle* (1916/1917) und *Gas* (zwei Teile, 1918 bis 1920) übt er Kritik an der kapitalistischen Industriegesellschaft. Der Dichter und Bildhauer Ernst **Barlach** zeigt in seinen Stücken (u. a. *Der tote Tag,* 1912, UA 1919; *Der arme Vetter,* 1918; *Die echten Sedemunds,* 1920) die Hilflosigkeit des Menschen in seinem Streben nach einer besseren Welt. Carl **Sternheim** zielt mit seinen satirischen Komödien und Possen besonders auf die Doppelmoral des aufstrebenden wilhelminischen Bürgertums (*Die Hose,* 1911; *Die Kassette,* 1912; *Bürger Schippel,* 1913; *Der Snob,* 1914; *Tabula rasa,* 1916). Ernst **Toller** rief in seinem frühexpressionistischen Bekehrungsstück *Die Wandlung. Das Ringen eines Menschen* (1917) zu Humanität und Gewaltlosigkeit auf, verdeutlichte in *Masse – Mensch* (1921) den Zwiespalt von moralischer Verantwortung und revolutionärem Zwang und zeigte am Schicksal des *Deutschen Hinkemanns* (1923) den schmerzlichen Lebensweg eines Kriegskrüppels auf.

Erst zum Ende des expressionistischen Jahrzehnts vollzog sich eine deutliche Hinwendung zu epischen Großformen wie Roman und Novelle. In der Erzähltechnik lösten die Figurenperspektive und der ▶ innere Monolog die allwissende auktoriale Erzählerinstanz ab, um so ein ausschnitthaftes und subjektives Wahrnehmen der Realität noch besser verdeutlichen zu können. Ein früher und sehr bekannter Prosatext des Expressionismus ist *Die Ermordung einer Butterblume* (Erzählung, 1910) von ▶ Döblin. Der Kunstexperte Carl **Einstein** schrieb den religiös-melancholischen Roman *Bebuquin oder die Dilettanten des Wunders* (1912), der die revolutionäre Stilrichtung des ▶ Dadaismus beeinflusste. Kasimir **Edschmid** verfasste neben einem Manifest über den Expressionismus bedeutende Erzählungen (u. a. *Die sechs Mündungen,* 1915, *Das rasende Leben,* 1915, *Timur,* 1917), in denen er vornehmlich starke Persönlichkeiten in Extremsituationen schilderte. In der Novellensammlung *Der Dieb* (1913), die von Kranken, Irren und Leichen handelt, brachte Heym seine Ängste und Untergangsvisionen zum Ausdruck, und in Benns *Gehirne* (Novellenzyklus, 1916) lässt sich die Orientierungslosigkeit des modernen Menschen in einer Welt ohne feste Bezugsgrößen erkennen.

Expressionismusdebatte Sie gehört zu den bedeutendsten ästhetischen Kontroversen des 20. Jh.s und wurde von 1936–39 in den Kreisen der deutschen ▶ Exilliteratur geführt. Die meisten Beiträge erschienen in der Moskauer Exilzeitschrift *Das Wort*. Ziel der Diskussionen war die Konzeption einer wirkungsvollen antifaschistischen Literatur, die im Zeichen der angestrebten Volksfront möglichst viele Exilschriftsteller ansprechen sollte.

Auslöser dieser literaturpolitischen Auseinandersetzung war ein Aufsatz Bernhard Zieglers alias Alfred Kurellas, den die Parteinahme ▶ Benns für den Nationalsozialismus dazu verleitete, den ▶ Expressionismus als präfaschistische Geistesrichtung zu denunzieren. Bereits 1934 hatte der führende kommunistische Literaturtheoretiker Georg **Lukács** Ähnliches geäußert. Er kritisierte die extreme Subjektivität, Irrationalität und Bohemehaftigkeit des Expressionismus und der anderen Stränge der künstlerischen ▶ Moderne. Lukács erschienen sie zutiefst „bürgerlich“, „dekadent“ und „formalistisch“. Stilmittel wie Montage, Simultaneismus oder ▶ innerer Monolog seien für eine antifaschistische Literatur nicht zu gebrauchen. Lukács sprach sich dagegen für eine volkstümlich-realistische Literatur aus und verwies dabei auf ▶ Shakespeare, ▶ Goethe, ▶ Tolstoi, ▶ Balzac. Den elitären experimentellen Schreibweisen eines ▶ Joyce und ▶ Proust stand er ablehnend gegenüber.

Prominentester Gegner Lukács' war Ernst **Bloch**. Er befürwortete eine flexible Aneignung des formalen Erbes der Moderne und wies auf das pazifistische Engagement der Expressionisten im Ersten Weltkrieg hin. Unterstützt wurde er u. a. von Walter **Benjamin** und ▶ Seghers. Nicht zuletzt ▶ Brecht lehnte die Traditionslastigkeit und den Formalismusvorwurf Lukács' ab.

F

Fabel (lat.: fabula = Rede, Erzählung) bedeutet zum einen „Stoff- oder Handlungsgrundgerüst“ im Zusammenhang mit einem erzählerischen oder dramatischen Werk. Zum anderen bezeichnet Fabel einen Zweig der Tierdichtung in Vers oder Prosa. Die Fabel als ▶ Erzählung ist zumeist die Darstellung eines allgemeinen moralischen Lehrsatzes in der Form eines Gleichnisses. Sie geht auf die Fabeln des griechischen Sklaven Aisopos (**Aesop**) im 6. Jh. vor Christus zurück. Diese Fabeln sind uns nur in der römischen Überarbeitung durch **Phaedrus** erhalten.

Der Reiz der Fabel liegt einerseits in ihrer doppelten Natur von Erzählung und Lehre und andererseits in der festen Zuordnung bestimmter Eigenschaften bei den handelnden Tieren: Fuchs = schlau; Wolf = gierig; usw. Meist wird die Lehre der Fabel vorab oder am Ende der Geschichte nach dem Motto „und die Moral von der Geschicht ...“ eigens verdeutlicht.

In der Antike und im Mittelalter war die Fabel noch keine gegen andere Textsorten klar abgegrenzte Gattung. Dennoch wurden die Sammlungen von Phaedrus und **Avianus** (um 400) sowie andere lehrhafte Prosasammlungen während des Mittelalters als Schullektüren in ganz Europa verbreitet. In Frankreich entstand bereits um 1180 eine eigenständige Fabelsammlung, der *Ysopet* von Marie de France (12. Jh.). In Deutschland findet sich die erste Fabel in der sog. „Kaiserchronik“ (12. Jh.). Bis zum ▶ Humanismus blieben eigenständige Fabeln eher selten, meist wurden sie in größere Werke eingebunden.

Die erste deutsche Fabelsammlung ist *Der Edelstein* (vor 1350) des Mönches Ulrich **Boner**. Die Fabelsammlung des Heinrich **Steinhöwel** mit dem Titel *Fabeln des Esop* (1476–1480) wurde bis 1730 immer wieder gedruckt. Während der Reformation veröffentlichten Burkhard **Waldis** und Erasmus **Alberus** Fabeln zur Unterstützung von Luthers Lehre.

Der große französische Fabeldichter Jean de **La Fontaine** hinterließ 240 Fabeln in ungezwungenen Versen mit frei wechselnder

Länge. La Fontaines Fabeln sind Meisterwerke eleganter und witziger Kleinkunst. Er und Antoine **Houdar** de la Motte bestimmten für das 18. Jh. die Entwicklung der Fabel. Ihr Einfluss reichte bis England (John Gay) und Deutschland.
In Deutschland hatte die Fabel ihren größten und vorläufig letzten Höhepunkt als bevorzugte Gattung im Zeitalter der ▶ Aufklärung. Typisch für die Fabeln des 18. Jh.s war die Betonung der bürgerlichen Lebensklugheit; dagegen trat die moralische Belehrung eher in den Hintergrund. Unter den vielen Fabeldichtern zwischen 1740 und 1800 ragen Friedrich von **Hagedorn**, Christian F. **Gellert**, Magnus G. **Lichtwer** und Johann W. L. **Gleim** heraus. Sie pflegten den heiter lehrhaften Ton in den Verserzählungen, wie er bei La Fontaine schon angelegt war. ▶ Lessing, der zahlreiche Fabeln verfasste, versuchte die Vorbilder der Antike wieder aufleben zu lassen, konnte jedoch keinen Neubeginn einleiten.
Im 19. Jh. erlebte die Fabel in Russland durch Iwan A. **Krylow** ihren Höhepunkt. Er veröffentlichte zwischen 1809 und 1843 streng gebaute Fabeln, in denen er unbehelligt von der ▶ Zensur politische und soziale Missstände aufzeigen konnte. Krylow ist nicht nur der größte russische Fabeldichter, sondern auch einer der bedeutendsten der Weltliteratur.
Im 20. Jh. rückt die Fabel durch ihre lehrhafte Anlage und die kurze prägnante Erzählform in die Nähe der ▶ Parabel.

Fantastische Literatur Im Gegensatz zu ▶ Märchen, Fabeln, Sagen, Schauer- und ▶ Sciencefiction-Romanen, wo sich der Leser mühelos auf fremde, unbekannte Welten einlässt, trägt die fantastische Literatur die Maske des Alltäglichen, um dann unvermittelt Grauen und Schrecken zu verbreiten. Dabei werden unheimliche Ereignisse dargestellt (z. B. Geistererscheinungen, Verwandlungen von Lebewesen, Verschwinden von Gegenständen), die auf eine unvorbereitete Alltagswelt hereinbrechen, nicht logisch erklärbar sind, den Naturgesetzen widersprechen und gerade deshalb den Leser verunsichern und ihn schaudern machen.
In Deutschland führte schon ▶ Hoffmann, von Zeitgenossen als „Gespenster-Hoffmann" verspottet, Elemente des Unheimlichen in seine Erzählungen ein. In Frankreich waren es Théophile **Gautier** und Gerard de **Nerval**, die sich des unvermittelten Grauens annahmen, in den USA vor allem Ambrose G. **Bierce** und ▶ Poe. Um die Wende zum 20. Jh. ist vor allem in Österreich eine Wiederbelebung der fantastischen Literatur festzustellen: Die Décadence-Stimmung des ausgehenden Jh.s und der sich abzeichnende Untergang des Habsburger Reiches machten viele Menschen empfänglich für Übersinnliches.
Zum Genre der klassischen fantastischen Literatur zählt man im deutschsprachigen Raum vor allem die Werke der österreichischen Autoren Gustav **Meyrink**, Leo **Perutz** und Alfred **Kubin**. Meyrink wurde mit dem später erfolgreich verfilmten Roman *Der Golem* (1915) bekannt. Ein namenloser Erzähler verliert sich im Traum in die geheimnisvollen Gassen des Prager Judenviertels, nimmt eine fremde Identität an und trifft sogar auf den sagenhaften Golem, von dem er ewiges Leben zu erlangen sucht. Wieder in die Realität zurückgekehrt, muss der Erzähler verblüfft feststellen, dass sich Traumsplitter in der Wirklichkeit der Gegenwart wieder finden lassen. Als „Magier der Geschichte" thematisierte Perutz vornehmlich historische Stoffe, wobei er geschickt jongliert zwischen Gegenwart und Vergangenheit, Realität und Fiktion (*Die dritte Kugel*, 1915; *Nachts unter der steinernen Brücke*, 1953; *Der Judas des Leonardo*, 1959). Auch seine Kriminalromane *Der Meister des Jüngsten Tages* (1923) und *St. Petri Schnee* (1933), in denen eine unheimliche Droge die Menschen in die Verzweiflung und in den Tod treibt, zählen zur fantastischen Li-

Illustration von Hugo Steiner-Prag zu „Der Golem“ von Gustav Meyrink

teratur. Der Illustrator Kubin schrieb auch den *fantastischen Roman* (so der Untertitel) *Die andere Seite* (1909). Der Ich-Erzähler berichtet darin von einer Reise in das asiatische „Traumreich“ mit seiner Hauptstadt Perle, das mit seiner undurchsichtigen Organisation der menschlichen Vernunft letztlich verschlossen bleibt. Sein Untergang wird in apokalytischen Szenen dargestellt. Der Roman gilt als Wegbereiter der literarischen ▶ Moderne und hat besonders das dichterische Werk ▶ Kafkas beeinflusst. Kubins grafische Arbeiten und sein Roman drücken aus, was den labilen Künstler zeitlebens bewegte: die Bedrohung des Menschen durch dämonische Mächte.

In der Tradition des Fantastischen steht heute besonders Herbert **Rosendorfer**, der mit seinem ersten Roman *Der Ruinenbaumeister* (1969) an die Erzählstruktur E. T. A. Hoffmanns anknüpfte. In *Stephanie und das vorige Leben* (1977) stellt der Autor eine junge Frau vor, die sich mit einem „vorigen" Leben im Spanien des 18. Jh.s konfrontiert sieht und dort in Verbrechen verstrickt wird. Seine Erzählung *Der Bettler vor dem Café Hippodrom* (aus: *Der Stillgelegte Mensch,* 1970) parodiert zeitkritisch die Welle von Vampirgeschichten, die das Erscheinen des Romans *Dracula* (1897) von Bram **Stoker** auslöste.
Zur fantastischen ▶ Trivialliteratur zählen hingegen die Horrorgeschichten von Stephen **King**, die vor dem Hintergrund einer banalen amerikanischen Mittelstandsgesellschaft bizarre Einbrüche des Übersinnlichen in eine als sicher geglaubte Alltagswelt aufzeigen (*Friedhof der Kuscheltiere,* 1986; *Es,* 1986; *Sie,* 1987).

Fantasy (engl.: = Fantasie, Hirngespinst) ist die moderne und trivialisierte Form der ▶ fantastischen Literatur und der ▶ Groteske, die auch in Film und ▶ Comic zu finden ist, und die mit diesen Medien in engem Austausch steht. Hier verschmelzen Abenteuer, ▶ Sagen, ▶ Märchen, ▶ Mythos zu einem neuen Genre, das **Ritter**-, **Schelmen**- und **Heldenepik** in sich vereinen kann.
Das Fantasy-Geschehen ist zeitlich meist schwer einzuordnen, spielt in unbestimmten mythisch-vorgeschichtlichen Zeiten, die häufig unseren Vorstellungen vom Mittelalter ähneln. Ebenso verschwommen ist die geographische Identifizierung der Schauplätze, die aber meist einen extremen, unverwechselbaren Charakter haben: Wilde Gebirgs-, froststarrende Winterlandschaften, Wüsten und Wälder wechseln sich ab. Gemeinsam ist das Fehlen von moderner Technik; dafür werden archaische, häufig karikierte Waffen (riesige Schwer-

Szene aus „Conan der Zerstörer" mit Arnold Schwarzenegger und Grace Jones

ter, übergroße Keulen), Gegenstände und Fortbewegungsmittel benutzt. Wie im Märchen finden wir überholte Herrschaftsformen (absolutistisches Königtum, Adels- und Priesterherrschaft), erscheint das typische Personal (Hexe, Zauberer, Held, Prinzessin, Drache), erregt das Wunderbare kein Erstaunen und besteht die Handlung im Kampf zwischen Gut und Böse, der sich im Helden und seinem Gegenspieler personalisiert. Der Held handelt, wieder wie im Märchen, spontan, ohne lange zu reflektieren.
Als Begründer dieses Genres gilt Robert E. **Howard** mit seinen – auch verfilmten – Romanen über den archaischen und brutalen Barbaren Conan. Weitere Filmerfolge waren *Excalibur* und die *Star-Wars*-Trilogie. Diese handelt zwar in der Zukunft und verblüfft durch die futuristische Technik, weist aber dennoch alle Merkmale eines Fantasy-Filmes auf.
Zum literarischen Welterfolg wurde **Tolkiens** Roman-Trilogie *Der Herr der Ringe* (1937–1954). J. Ronald Reuel Tolkien, Professor für germanische Sprachen in Oxford, errichtet eine völlig eigene Welt, in der der friedliche, zwergenähnliche Hobbit Frodo gegen das übermächtige Böse, verkörpert in Sauron, kämpft und schließlich siegt. Tolkien schöpft aus vielen alten Mythen; Versuche, die Trilogie als Anspielung auf den Kampf der Briten gegen Hitler-Deutschland zu deuten, sind zu einseitig. Durchgesetzt hat sich auch Marion Zimmer **Bradleys** Roman *Die Nebel von Avalon*. Dem Genre zugerechnet werden Michael **Endes** Romane *Momo* (1973) und *Die unendliche Geschichte* (1974).

Fastnachtsspiel ist als literarisch-dramatische Form hauptsächlich im Spätmittelalter und in der frühen Neuzeit anzusiedeln, zuerst in Nürnberg. Anfangs handelte es sich um einen Einzelvortrag, der durchaus derb-komisch sein konnte. Normalerweise betrat zuerst der **Einschreier**, auch **Präkursor** oder **Herold** genannt, den Gastraum, bat den Wirt um Erlaubnis, das Spiel vorführen zu dürfen. Nach dem Spiel bedankte er sich, entbot den Abschiedsgruß und -trank und forderte häufig das Publikum zum Tanz auf. Erst später entwickelte sich aus dem Reihenspiel das Handlungsspiel, bei dem eine groteske, häufig obszöne ▶ Schwankhandlung im Mittelpunkt stand.
Zu den bekannten Nürnberger Verfassern von Fastnachtsspielen gehören Hans **Rosenplüt** und Hans **Folz**. Beide verfassten **Bauernspiele** in der durch die Lyrik **Neidharts** von Reuental angelegten Tradition, die den Bauern zum Gegenstand des Spotts, aber auch zur robusten Gegenfigur des verbildeten Städters macht. Von Hans **Sachs** sind über 80 Fastnachtsspiele überliefert. Er gestaltete meist eigenständige Texte, an deren Schluss ein moralisch-didaktischer Hinweis an das Publikum steht. Mit *Ein Fastnachtsspiel vom Pater Brey* griff Goethe im 18. Jh. die alte Literatur- und Dramentradition wieder auf.

Fiktion (lat.: fingere = formen, bilden, ersinnen) Nach allgemeiner Bedeutung meint Fiktion etwas, das in der Vorstellung existiert. Im literaturwissenschaftlichen Sinne ist die Fiktion das Grundelement von Literatur und Dichtung überhaupt, auch wenn der Begriff an sich umstritten ist.
Interessant ist, dass ‚fingieren' im **Grimm'schen Wörterbuch**, dem umfassendsten Nachschlagewerk zur deutschen Sprache, nur einen einzigen Eintrag besitzt: ‚erdichten'. Erdichten kann aber zweierlei heißen: Lügen und Herstellen eines literarischen Kunstwerks. Der antike Philosoph Platon vermengte mit seinem berühmten Postulat „Dichter lügen" sowieso beide Bedeutungen. Widerspruch gegen diesen Vorwurf erhob sich erstmals in der Renaissance. Dichter könnten gar nicht lügen, weil sie nichts

behaupteten. Sie reden nicht von dem, was ist, sondern von dem, was sein soll. Die Figuren eines Romans etwa sind erdacht, dem Leser werden sie allerdings als wirklich vorgestellt. Die dargestellte Welt soll also nicht eine wirklich vorhandene sein, sondern sie soll so verstanden werden, als ob sie real wäre.

Fin de Siècle (franz.: = Ende des Jh.s) Der Epochenbegriff geht auf den Titel einer französischen Komödie von 1888 zurück und kennzeichnet eine gesamteuropäische Entwicklung in Kunst und Literatur um die Jahrhundertwende. Vor dem Hintergrund einer zunehmenden Verstädterung und Industrialisierung, einer beängstigenden Dominanz von Naturwissenschaft und Technik, breitete sich damals bei vielen Künstlern und Intellektuellen ein Gefühl des kulturellen Untergangs, der Orientierungslosigkeit und Morbidität aus. Hin und her gerissen zwischen qualvollem Lebensüberdruss und rauschhafter Lebensgier verfielen manche Künstler in eine Art Endzeitstimmung. In diesem geistig-emotionalen Umfeld entstand die sog. **Dekadenzliteratur** (franz.: décadence = Verfall), die z. B. Weltschmerz, Traumzustände, Verfeinerung der Sinne und labile Seelenzustände thematisierte.
In Frankreich war es vor allem die Lyrik der Dichter Stéphane **Mallarmé**, Arthur **Rimbaud** und Paul **Verlaine**, die zu den Begründern des französischen ▶ Symbolismus zählen. Für den deutschsprachigen Raum stehen besonders österreichische Autoren, die sich mit den Dekadenzproblemen der Zeit beschäftigten, z. B. ▶ Schnitzler, ▶ Hofmannsthal, ▶ Rilke und Peter **Altenberg**. In Deutschland wies Eduard **von Keyserling** in seinen *Schlossgeschichten* auf den degenerierten Adel hin und Th. ▶ Mann zeigte in *Buddenbrooks. Verfall einer Familie* (1901) den Untergang eines Lübecker Patriziergeschlechts auf.
Einen Eindruck vom Fin de Siècle gibt Wilhelm **Weigand** in seinem Gedicht:

Narrentand und Trauerlieder!
Das Jahrhundert legt sich nieder,
Lüstesatt, zum lauten Sterben,
Lachen – ? weinen seine Erben ? -

Gierig schwelgen sie an Tischen,
Wo des Tages Köche mischen -
dass die Stunde weich verrinne, -
Kühlungstrank dem Brand der Sinne.

Welch ein Leichenmahl! Es sprangen
Unermesslichstem Verlangen
Die Gerichte aller Zeiten,
Aller Völker, aller Breiten.

[...]

Flaubert, Gustave (1821–1880) wurde durch seinen Roman *Madame Bovary* (1857) schlagartig berühmt. Obgleich nach eigenem Dafürhalten keiner Schule zugehörig, gilt er als Hauptvertreter des französischen Realismus.
Der Sohn eines Chirurgen war sich schon früh der provinziellen Kleingeistigkeit seiner Geburtsstadt Rouen bewusst. Seinem Studium der Rechte konnte der zu melancholischer Eigenbrötelei neigende junge Mann nicht viel abgewinnen, zumal er in diesen Jahren Mutter wie Schwester verlor. Ein um 1844 ausbrechendes Nervenleiden zwang ihn zu einem zurückgezogenen Leben in Croisset. Diese kleine Ortschaft in der Nähe von Rouen verließ er nur für gelegentliche Aufenthalte in Paris und einige Reisen. Bis zu seinem Tod widmete er sein Leben in fanatischer und selbstquälerischer Arbeitswut seinen Werken.
Flauberts Jugendwerke – *Mémoires d'un fou* (1838, *Memoiren eines Narren*), *Novembre* (1842, *November*) und *La Tentation de Saint Antoine* (1849, *Die Versuchung des heiligen Antonius*) – tragen autobiographische Züge, zu spüren ist in ihnen auch noch der Einfluss ▶ Balzacs und der ▶ Romantik.

Szene aus einer Verfilmung von „Madame Bovary"

Die Veröffentlichung seines ersten großen Romans, *Madame Bovary*, trug Flaubert 1857 ein Gerichtsverfahren wegen Verletzung der öffentlichen Moral, der Religion und Sittlichkeit ein. Er beschreibt in diesem Buch das Leben Emmas, einer jungen Frau vom Lande, die aus sozialem Ehrgeiz heraus den Landarzt Charles Bovary ehelicht. Dieser stellt sich als genügsamer, aber schwerfälliger und geistig unbeweglicher Durchschnittsmensch heraus, der den romantischen Höhenflügen seiner jungen Gattin verständnislos gegenübersteht. Um der Trivialität ihrer Existenz zu entkommen, nimmt sich Emma mehrere Liebhaber, die jedoch ihrer exaltierten Leidenschaft bald müde werden und sie verlassen. Prächtige Kleider dienen ihr als materieller Anhaltspunkt für ihre Träumereien. Doch verschuldet sie sich dafür immer mehr und sieht, von ihrem Gläubiger in die Enge getrieben, ihren letzten Ausweg nur noch im Selbstmord. Flauberts neue Darstellungsweise, den ▶ Erzähler vollkommen zurücktreten zu lassen und durchweg auf Kommentierung des Geschehens zu verzichten, gibt dem Roman eine eigentümliche Ambivalenz. Man kann ihn sowohl als Rechtfertigung wie als Anklage der Emma Bovary verstehen. Nicht umsonst war die fehlende Parteinahme des Autors ein Hauptanklagepunkt im Prozess. Doch die Entlarvung bürgerlicher Dummheit und Gesinnungslosigkeit wirkt unkommentiert nur umso erschütternder: Mit aggressiver Ironie präsentiert der Autor das Scheitern aller Ideale und (in der Figur des Apothekers Homais) den Triumph des Opportunismus.

Der Fehlschlag hochfliegender Ideale ist auch Gegenstand des Flaubert'schen Hauptwerkes, *L'Education sentimentale* (1869, *Lehrjahre des Gefühls*).

Der junge Frédéric Moreau kommt im Jahre 1840 voller Pläne und Hoffnungen als Student nach Paris. Doch rasch werden seine Mittelmäßigkeit, seine charakterliche Instabilität und seine Feigheit offenbar. Der einzige Lichtblick in seiner Existenz ist die Liebe zu Madame Arnoux, die jedoch unerfüllt bleibt. So sucht Frédéric Ablenkung in den Armen der Kurtisane Rosanette. Der Ausflug des Paares in den Wald von Fontainebleau bildet einen stilistischen Höhepunkt des Romans: In seinem Glauben, die wahre Liebe gefunden zu haben, empfindet Frédéric eine mystisch-poetische Nähe zur Natur. Seine romantische Empfindsamkeit kontrastiert aufs Schärfste mit der billigen Trivialität Rosanettes. Während sich Frédéric dieses Nebeneinanders gar nicht bewusst wird, empfindet der Leser sie nur umso stärker. In seinem Bestreben, sozialen Erfolg zu erringen, gerät Frédéric in Kontakt zu weiteren gesellschaftlichen Gruppen – revolutionären Künstlern und Journalisten ebenso wie korrupten und skrupellosen Kapitalisten. Das persönliche Scheitern Frédérics wird gespiegelt im Scheitern der Revolution von 1848. Zwanzig Jahre später trifft Frédéric, unterdessen vollständig in Mittelmäßigkeit versunken, wieder auf Madame Arnoux. Beide sind nur zu der melancholischen Feststellung fähig, wie glücklich sie gewesen wären, wenn alles anders verlaufen wäre.

L'Education sentimentale ist ein Entwicklungsroman in Form eines Desillusionsromans. Doch dieses Schema wird von Flaubert verknüpft mit der Schilderung der politischen Ereignisse der Epoche. Das Scheitern Frédérics ist das Scheitern einer ganzen Generation, wobei der Autor sich durch seine distanzierende Erzählweise (▶ Erzählen) auch hier wieder jeder Wertung enthält.

Flugschrift (von franz.: feuille volante) bezeichnet eine mehrere Textseiten umfassende, meist ungebundene Broschüre kleineren Formats, die an die breite Masse gerichtet, propagandistische Ziele verfolgt und bestrebt ist, die Zensurbehörden (▶ Zensur) zu unterlaufen. Aus diesem Grund bleiben die Verfasser häufig anonym. Die Flugschrift verdrängte Bezeichnungen wie **Broschüre**, **Pamphlet**, **Pasquill**. Im Gegensatz zur Flugschrift steht das **Flugblatt**, welches nur ein- oder zweiseitig bedruckt und meist illustriert ist. Dieses kam schon wenige Jahre nach der Erfindung des Buchdrucks in Mode. Bekannte Künstler wie Lucas Cranach und Albrecht Dürer schufen Holzschnitte dazu. Die Flugblätter enthielten Meldungen, Gebete, Ablässe, Aufrufe, Satiren und Karikaturen. Die ausführlichere Flugschrift kann keiner literarischen Gattung zugeordnet werden, da sie ▶ Briefe, Aufrufe, Karikaturen, Dialoge, **Traktate**, **Prophezeiungen**, ▶ Kalendergeschichten und anderes mehr aufweisen kann. Die Flugschriften fanden in politischen Krisensituationen große Verbreitung, von der Reformation bis zu den Revolutionen von 1789, 1848 oder 1918. Seit dem 18. Jh. übernahmen zum Teil die Wochen- und Tageszeitungen (▶ Zeitung) die Funktionen der Flugschriften.
Während der Reformationszeit dienten die Flugschriften zur theologischen und tagespolitischen Auseinandersetzung, z. B. Martin **Luthers** *Wider die räuberischen und mörderischen Rotten der Bauern* (1525), mit der er Stellung gegen die Bauern bezog. In zorniger Anlehnung an die Bibelsprache geißelte dagegen ▶ Büchners *Hessischer Landbote* (1834) die Versäumnisse der Landesherren und des Feudaladels.

Martin Luthers Flugschrift „An den christlichen Adel deutscher Nation"

Zu erinnern ist auch an die Flugblätter der Geschwister **Scholl**, die darin die Verbrechen des Nationalsozialismus anklagten; sie wurden wegen ihres Widerstandes 1943 zum Tode verurteilt.

Fontane, Theodor (1819–1898) gehört mit ▶ Keller, C. F. **Meyer**, Theodor **Storm** und Wilhlem **Raabe** zu den bedeutenden deutschen Erzählern des ▶ bürgerlichen Realismus. Seine Zeit- und Gesellschaftsromane stehen in einer Reihe mit den großen Epen der europäischen Romanliteratur von **Dickens**, ▶ Balzac, ▶ Zola, ▶ Dostojewski und ▶ Tolstoi. Zugleich machte er sich einen Namen als Balladendichter, Reisebuchautor und Literaturkritiker.

Fontane entstammte einer alteingesessenen Hugenottenfamilie aus Neuruppin. Auf Wunsch des Vaters absolvierte er eine Apothekerlehre, die er auch erfolgreich abschloss. Geldnöte verhinderten jedoch den Ankauf einer eigenen Apotheke, sodass sich der beruflich unstete Fontane zunächst mit journalistischen Arbeiten bei verschiedensten Blättern durchschlagen musste. Einen wichtigen Einschnitt für die künstlerische Entwicklung Fontanes wurde die Aufnahme in den literarischen Sonntagsverein *Tunnel über der Spree* (1844), wo seine ersten lyrischen „Gehversuche" Anerkennung fanden. Später sollte er sich als Balladendichter mit Gedichten wie *Brücke über den Tay*, *Archibald Douglas*, *Herr Ribbeck von Ribbeck auf Havelland* einen Namen machen. Trotz eines von den Statuten des *Tunnel*-Vereins bestimmten Verbots, politische Diskussionen im *Tunnel* zu führen, machte Fontane aus seiner demokratischen Einstellung keinen Hehl. Ein „roter Republikaner" war der Sympathisant der 48er-Revolution jedoch nie. Seine liberale Grundhaltung behielt er auch dann noch bei, als er sich in den 50er-Jahren allmählich zum preußischen Konservativen wandelte. Bezeugt wird seine unbeugsame kritische Haltung Staat und Gesellschaft gegenüber vor allem in seinem umfänglichen Briefwerk. Die sich eher verschlechternde persönliche materielle Situation zwang den seit 1850 verheirateten Fontane, immer wieder als politischer Korrespondent für den preußischen Staat zu arbeiten. Bevor Fontane zum bedeutendsten Romancier der Berliner und märkischen Gesellschaft wurde, hatte er Preußenlieder gedichtet, Berichte aus England (*Ein Sommer in London*, 1854) verfasst und die lebendigen, persönlichen *Wanderungen durch die Mark Brandenburg* (1862ff.) publiziert. Die Hoffnung, mit genau recherchierten, ausgewogen urteilenden Kriegstagebüchern (*Der deutsche Krieg* 1866; *Der Krieg gegen Frankreich 1870–1871*, 1873) eine breite Leserschaft zu gewinnen, erfüllte sich nur bei der Beschreibung seiner Gefangenschaft während des Deutsch-Französischen Kriegs (*Kriegsgefangen*, 1871). So arbeitete Fontane weiterhin als Journalist für die *Kreuzzeitung* und – nach seinem Ausscheiden aus der Redaktion – ab 1870 als Theaterkritiker für die *Vossische Zeitung*. Zunächst wegen seiner Initialen Th. F. als „Theaterfremdling" belächelt, erwarb er sich zunehmend allseitige Anerkennung für seine einfühlsamen und von sicherem Urteilsvermögen zeugenden Besprechungen.

1876 entschloss sich Fontane zum Wagnis des freien Schriftstellertums. Ab 1878 entstanden in rascher Folge 16 Romane und Erzählungen, von denen einige weltliterarischen Ruf genießen.

Seine Romankunst beginnt mit dem historischen Roman *Vor dem Sturm* (1878), der die Erhebung Preußens in den Befreiungskriegen 1812/13 zum Thema wählt. Ebenfalls in die Zeit vaterländischer Bewährung verlegte er seine Novelle *Schach von Wuthenow* (1883). Historisches Erzählen bedeutet für Fontane jedoch immer, geschichtlichen Wandel aus der kritischen Distanz zu verarbeiten. Damit wird aus dem Modellfall des Offiziers Schach von Wuthenow, der sich aus verletztem Ehrgefühl erschießt, auch ein **Zeitroman**. Als Tribut an die Forderungen des Literaturmarktes können seine Kriminalgeschichten *Grete Minde* (1878), *Ellernklipp* (1881), *Unterm Birnbaum* (1885) und *Quitt* (1891) gelten.

In dem Ehebruchroman *L'Adultera* (1882) geht es um eine Frau aus französischem Adel, die ihrem älteren Mann, einem jüdischen Bankier, unmerklich entgleitet. In *Irrungen, Wirrungen* (1888) lassen die Standesbegriffe nicht zu, dass ein Offizier ein Mädchen aus einfachen Verhältnissen heiratet. So bleibt ihre Beziehung eine Episode. *Unwiederbringlich* (1891), der historische Roman, der in Schleswig und Dänemark spielt, wurde bereits von den Zeitgenossen gerühmt. Viel zu wenig Beachtung

Theodor Fontane im Alter von 76 Jahren

hat der 1891 begonnene, erst posthum (1906) erschienene **Eheroman** *Mathilde Möhring* gefunden. Die Geschichte vom sozialen Aufstieg des gescheiten, aber armen kleinbürgerlichen Mädchens zeigt auch Elemente des ▶ Bildungsromans. Fast karikaturistisch zeichnet Fontane *Frau Jenny Treibel* (1892), die aus niedrigster Herkunft ins eitel-neureiche Bürgertum aufsteigt.

Der Liebes- und Eheroman *Effi Briest* (1895), wohl Fontanes bekanntestes Werk, ist zugleich eine Ehebruch- und Duellgeschichte. Erzählt wird mit großer Anteilnahme von der blutjungen und lebenslustigen Effi, die von ihren Eltern mit dem älteren, tüchtigen, aber herzlosen Landrat Baron von Innstetten verheiratet wird. Die verspielte Kind-Frau, die einsam und unverstanden vom strengen Mann in der Spukatmosphäre eines alten Hauses leben muss, flüchtet sich in die Arme des „Damenmannes" Crampas. Als der „Schritt vom Wege" – so ein späterer Filmtitel – nach elf Jahren zufällig ans Licht kommt, wird Effi von ihrem Mann („Innstetten, Prinzipienreiterei ...") verstoßen und

Crampas von ihm im Duell erschossen. Effi, von ihrem Kind getrennt, lebt fortan isoliert von Mann, Eltern und Gesellschaft einsam in Berlin. Erst als die vermeintliche Schuld gesühnt scheint, darf die Todkranke wieder auf das elterliche Gut im Havelland zurückkehren und versöhnt mit ihrem Schicksal sterben.

Sein letzter, zu Lebzeiten veröffentlichter Roman war *Der Stechlin* (1899) – benannt nach einem See und Herrenhaus. Das Werk erzählt in enger Verbundenheit des Helden mit der auktorialen Erzählinstanz die Geschichte des alten Majors Dubslav von Stechlin. In ihm hat Fontane sein eigenes Ideal eines gebildeten, humanen und frei denkenden Aristokraten geschaffen. Diesem lebensklugen, dem Neuen durchaus aufgeschlossenen, patriachalischen Herrn, der es liebt, andere Meinungen zu hören, werden die Lebensformen der jungen Generation gegenübergestellt. Ein sympathischer und witziger Plauderer – „Paradoxen waren seine Passion" –, Typ eines Gentleman, kontrastiert mit dem die „Neue Ära" repräsentierenden Sohn Woldemar, der unscheinbaren Schwiegertochter Armgard und deren temperamentvoller Schwester Melusine.

Theodor Fontane starb im Alter von 78 Jahre hoch geachtet in Berlin. Sein Nachruhm beruht wohl auch darauf, dass er wie kaum ein anderer deutscher Autor seiner Zeit die gesellschaftlichen Veränderungen und das Leben in der Großstadt erzählend eingefangen hat. Vor allem schätzt der heutige Leser Fontanes scharfe Gesellschaftsanalysen, sein unkonventionelles, stets mutiges Eintreten für sozial Benachteiligte sowie die Entlarvung von Verlogenheit und Scheinmoral im Kaiserreich.

Fragment (lat.: fragmentum = Bruchstück, Splitter) Sammelbezeichnung für literarische Werke, die bruchstückhaft oder unvollständig überliefert sind. Zu unterscheiden sind zum einen nicht komplett überlieferte Werke aus dem Altertum und Mittelalter, die nur deshalb bekannt sind, weil sie von anderen Autoren zitiert bzw. von Kopisten (ausschnitthaft) abgeschrieben wurden. So fehlt etwa dem 68-zeiligen *Hildebrandslied* (▶ Mittelalterliche Dichtung), das von dem tragischen Kampf zwischen Vater und Sohn berichtet, der Schluss.
Ein zweite Kategorie bilden unabsichtlich nicht vollendete Werke, bedingt durch den Tod des Dichters – so z. B. ▶ Gottfried von Straßburgs unvollendetes Versepos *Tristan und Isolt* (um 1210) – oder dadurch, dass die Schaffenskraft nachgelassen hat, der Autor vom Thema überfordert oder psychischen Entwicklungen und Veränderungen unterworfen war. Nennenswert sind in diesem Zusammenhang z. B. die Romane des stets von Selbstzweifeln geplagten ▶ Kafka, die sämtlich fragmentarisch blieben. Ein dritter Bereich betrifft absichtlich unvollendete Werke. Ein Autor wählt diese literarische Form ganz bewusst, um dadurch die Vielschichtigkeit bzw. Unerschöpflichkeit eines Themas zu verdeutlichen. Beispiel dafür ist Johann Gottfried **Herders** Fragment *Über die neuere deutsche Literatur* (1767), das dem Essay nahe steht. Diese dritte Variante findet sich auch in den Werken vieler Dichter der Frühromantik, u. a. bei ▶ Novalis und Friedrich **Schlegel**, die den ▶ Aphorismus unter dem Namen *Fragment* pflegten.

Französische Literatur Wie in den anderen romanischen Ländern entstand die französische Literatur in Konkurrenz zur lateinischen Sprache, die bis zum 10. Jh. ausschließlich die schriftlichen Zeugnisse beherrscht. Doch weit früher als in Italien setzt sich die Volkssprache durch.

Corneille liest einer Gesellschaft aus seinen Werken vor, Holzstich, 19. Jh.

Das ▶ Epos bildet einen großen Bereich der französischen mittelalterlichen Literatur. Die Heldentaten des Rittertums stehen im Mittelpunkt der *Chansons de geste*, deren bekannteste die *Chanson de Roland* (um 1100, *Rolandslied*) ist.
Seit dem 11. Jh. blühte in Südfrankreich die Troubadourlyrik, in der Minnekunst und idealisiertes Rittertum gepriesen wurden. Ab 1137 wurde diese in Nordfrankreich zum **höfischen Roman** weiterentwickelt, als dessen Schöpfer und zugleich Vollender **Chrestien** de Troyes gilt.
Gegen Ende des 13. Jh.s tritt die Beschwörung des ritterlichen Ideals gegenüber einer realistischeren Sichtweise zurück. Deutlich sichtbar wird diese Wandlung an den beiden Teilen des *Roman de la rose* (*Rosenroman*). Der erste Teil (um 1230), verfasst von **Guillaume** de Lorris, ist noch eher von höfischen Vorstellungen geprägt. Im zweiten Teil von **Jean** de Meung (1270) dagegen wird die Liebe als rational erklärbares Naturphänomen gesehen. Der *Rosenroman* war bis zu Beginn des 16. Jh.s das meistgelesene Werk der französischen Literatur, das vor allem auch Chaucer (▶ Englischsprachige Literatur) beeinflusste.
Auf der Schwelle zwischen Spätmittelalter und Renaissance steht der unruhige Geist François **Villon**. Aus kleinbürgerlichem Milieu stammend und sein Leben

lang in Gaunerkreisen beheimatet, gibt er in seinem Werk ein autobiographisch getöntes, facettenreiches Bild des zeitgenössischen Frankreich. Villons Bedeutung liegt vor allem in der Meisterschaft, mit der er vom vulgärsten Gassenton bis zu hochliterarischen Elementen die unterschiedlichsten Sprachebenen mischt.

Das 17. Jh. wird nach der staatliche Einigung Frankreichs zum „klassischen Jahrhundert" („le siècle classique"). Die beherrschende Gattung ist das ▶ Theater, das durch seinen öffentlichen Charakter dem Staat die beste Möglichkeit zur Selbstdarstellung und zur Verbreitung seiner Ordnungsvorstellungen gibt. So propagieren die Dramen des Pierre **Corneille** die Idee des Verzichts im Dienste des Staates. Das erste Bühnenstück dieser Art, *Le Cid* (1636, *Der Cid*), begründete Corneilles Karriere.

Die berühmtesten Bühnenstücke des Jean **Racine**, eines jüngeren Zeitgenossen Corneilles, sind noch heute Bestandteil des Repertoires der Comédie Française. Wie Corneilles Meisterwerke spielen auch seine Tragödien in antikem Umfeld. Können sich die Helden Corneilles aber, hin und her gerissen zwischen Pflicht und Neigung, noch frei entscheiden, so haben die Protagonisten Racines diese Möglichkeit nicht mehr. Sie sind dem Schicksal willenlos ausgeliefert, eher passiv Mitwirkende als aktiv Gestaltende. Anders als Racine hat Corneille auch Komödien verfasst, die jedoch heute vergessen sind. Die Werke ▶ Molières hingegen sind vor allem durch die Zeitlosigkeit ihrer Themen, aber auch durch die optimistische, versöhnliche Grundhaltung von zeitloser Aktualität.

Nach dem Tod Ludwigs XIV. schafft sich die bürgerliche ▶ Aufklärung Bahn. Dass die Jahrhundertmitte einen herausragenden Platz in der geistigen Entwicklung innehat, wird ersichtlich aus der Vielzahl bedeutender Veröffentlichungen: *Zadig ou la destinée* (1748, *Zadig oder das Schicksal*) und *Le siècle de Louis XIV* (1751, *Das Jahrhundert Ludwigs XIV.*) von **Voltaire**, *De l'esprit des loix* (1748, *Über den Geist der Gesetze*) von Charles de Secondat **Montesquieu**, *Discours sur les sciences et les arts* (1750, *Abhandlung über die Wissenschaften und die Künste*) von Jean-Jacques **Rousseau**, insbesondere der *Discours préliminaire de l'Encyclopédie* (1751, *Vorrede zur Enzyklopädie*) von Jean Le Rond **d'Alembert**. Er formuliert darin das Programm der berühmten *Encyclopédie, ou dictionnaire raisonné des sciences, des arts et des métiers*, verfasst zum Großteil von Denis **Diderot** und d'Alembert selbst (▶ Enzyklopädie). Sie ist ein Monument der französischen Aufklärung und die geistige Vorwegnahme der Französischen Revolution.

Sinnbildhaft verkörpern die Gegensätze der Aufklärung Voltaire und Rousseau: Voltaire, der in ungebrochenem Optimismus den Fortschritt der Menschheit durch die Segnungen der Kultur verkündet, der gegen Vorurteile, Intoleranz und Aberglauben ankämpft. Dagegen sieht Rousseau in der Zunahme zivilisatorischer Errungenschaften die Abnahme des Natürlich-Menschlichen. Natur ist authentisch, Kultur künstlich. Im Ideal vom „edlen Wilden" wird Rousseaus Zivilisationskritik am deutlichsten.

Zu den einflussreichsten Autoren der ersten Hälfte des 19. Jh.s gehört François René Vicomte de **Chateaubriand**, der in *Le génie du christianisme* (1802, *Der Geist des Christentums*) den ästhetischen und moralischen Charakter des Christentums hervorhebt, sich gleichwohl in versöhnlicher Intention nicht gänzlich von den Er-

gebnissen der Revolution distanzieren will. Das Werk beeindruckt mehr durch seine poetische Sprachgewalt als durch seine plakative theologische Argumentation, die überlagert wird von melancholischen Stimmungsschilderungen.
Entscheidend für die Entstehung der ▶ Romantik ist die kulturgeschichtliche Schrift *De l'Allemagne* (1810, *Über Deutschland*) der Germaine Necker, baronne de Staël-Holstein, genannt Madame de **Staël**. Während die französische Literatur in blinder Antikennachahmung erstarrt sei, sei in Deutschland eine ganz neue, christlich inspirierte – und damit „romantische" – Kunst aufgeblüht, von der Europa wertvolle Impulse empfangen könnte.
Das romantische Theater nimmt Abschied vom klassischen Regelsystem, mischt zudem Tragisches und Komisches, Erhabenes und Groteskes, um eine vollkommene Darstellung der Realität zu erreichen. Victor **Hugo** fordert in *Préface de Cromwell* (1827, *Vorrede zum Drama Cromwell*), nicht mehr individuelle Schicksale, sondern Epochen des sozialen Umbruchs in den Mittelpunkt des Dramas zu stellen. Diese Position teilen auch die Romantiker Alfred de **Musset**, Théophile **Gautier**, Prosper **Mérimée**, Gérard de **Nerval**, Alfred de **Vigny** und Charles-Augustin **Sainte-Beuve**.
Eine Sonderstellung innerhalb der Lyriker des 19. Jh.s nimmt Charles **Baudelaire** ein. Den gesellschaftspolitischen Entwicklungen seiner Zeit steht er merkwürdig ambivalent gegenüber: Trotz seiner durchgehend negativen Haltung, die Trauer, Zerstörung und Tod zu den Hauptthemen seines Schaffens machen, äußert er sich kaum anklagend oder verurteilend. Schön ist ihm nur das Amoralische, das Hässliche und das Doppelsinnig-Mysteriöse. Mehrdeutig ist auch der Titel seines Hauptwerkes *Les fleurs du mal* (1857, *Die Blumen des Bösen*).
Die bevorzugte Gattung des Jh.s ist freilich der ▶ Roman. Er greift den unmittelbaren Alltag des Lesers auf, thematisiert soziales Verhalten auf verschiedenen gesellschaftlichen Ebenen. Als erster „realistischer" Roman erscheint 1830 *Le rouge et le noir* von Henri Beyle, genannt **Stendhal**. Die Geschichte eines jungen Mannes einfacher Herkunft, der durch Talent und Leistung aufsteigen will, letztlich jedoch scheitert, trägt keines der bisherigen Merkmale der Gattung: weder märchenhaft noch fantastisch, geht es vielmehr um die beherrschenden Ideale des Jh.s, sozialen Aufstieg und Selbstverwirklichung.
Weit umfassender als das bescheidene Œuvre Stendhals ist das Werk von ▶ Balzac. Den realistischen Ansatz vollendet und überbietet schließlich ▶ Flaubert, dessen Ideal die sich selbst, ohne Einmischung des Autors, erzählende Geschichte ist. Das letzte Drittel des 19. Jh.s wird beherrscht von der Bewegung des Naturalismus und dessen herausragendem Vertreter ▶ Zola, der die Determiniertheit des Individuums durch Milieu und gesellschaftliche Verhältnisse demonstrieren will.
Zwischen Flaubert und Zola sind die Novellen von Guy de **Maupassant** angesiedelt, deren Handlung meist auf kurzen Pressemeldungen beruht. Es geht Maupassant nicht darum, eine wie auch immer geartete Realität „abzuphotographieren". Er will eine höhere, exemplarische Wahrheit darstellen, eine erkenntnisschaffende „vollständige Illusion des Wahren" erzeugen.
Auf der Schwelle zum 20. Jh. steht ▶ Proust, der die Gattung Roman erneuert. Erhebliche Wirkung geht auch von André **Gide** aus. In seinem bedeutendsten Roman

André Gide, Nobelpreisträger von 1947

Albert Camus, Nobelpreisträger von 1957

Les faux-monnayeurs (1925, *Die Falschmünzer*) wird die Darstellung einer befremdlich unwirklichen Realität ständig unterbrochen durch die Überlegungen der Romanfigur Edouard, die einen Roman mit dem Titel „Les faux-monnayeurs" schreiben will.

Die erschütternde Erfahrung des Ersten Weltkriegs, grausam realistisch nachgezeichnet von Henri **Barbusse** in seinem Kriegstagebuch *Le feu* (1916, *Das Feuer*) mündet in den Verlust aller Werte und die Suche nach Neuorientierung. Deutlich wird dies im ▶ Surrealismus, der das Irrationale und Unbewusste für die künstlerische Schöpfung fruchtbar machen will. 1924 gründet André **Breton** mit Louis **Aragon** und Paul **Éluard** die surrealistische Bewegung, die er mit dem *Manifeste du surréalisme* (1924, *Manifest des Surrealismus*) theoretisch untermauert.

Neben diesen avantgardistischen Experimenten wird jedoch an der herkömmlichen Erzählweise festgehalten. So erfährt der Familien- und Gesellschaftsroman in Anschluss an Balzac und Zola eine Erneuerung durch *Jean Christophe* (1904–1912, *Johann Christof*) von Romain **Rolland** und *Les Thibault* (1922–1930) von Roger **Martin du Gard**. Seine Erfahrungen als Pilot prägen die Romane von Antoine de **Saint-Exupéry** *Courrier du Sud* (1928, *Südkurier*) und *Vol de nuit* (1931, *Nachtflug*). Er verfasst auch mit *Le petit prince* (1943, *Der kleine Prinz*) einen der größten Bucherfolge der Nachkriegszeit. Gemeinsam ist all seinen Werken die Suche nach einer neuen Menschlichkeit, dem Glück im Gemeinschaftserlebnis. Auch André **Malraux** verarbeitet seine Erfahrungen als Pilot während des Spanischen Bürgerkrieges in einem Roman: *L'espoir* (1938, *Die Hoffnung*) lässt Malraux' Bewunderung für den Kampf erkennen, durch den der Revolutionär zu seiner Identität findet. Internationale Anerkennung erntet Malraux mit seinem Roman *La condition humaine* (1933, *So lebt der Mensch*) und seiner Autobiographie *Antimémoires* (1967, *Anti-Memoiren*).

Bedeutenden Einfluss auf die französische Literatur des 20. Jh.s übte der **Existentialismus** aus. Vor allem die Werke von ▶ Sartre und Albert **Camus** sind durch ihn geprägt. In seinem Essay *Le mythe de Sisyphe* (1942, *Der Mythos von Sisyphos*) und im Roman *L'Étranger* (1942, *Der Fremde*) schildert Camus die existentielle Grunderfahrung des Absurden, die den Menschen zur Revolte treibt.
Einen letztlich folgenlos gebliebenen Ansatz, die traditionellen Erzählformen (▶ Erzählen) in der Nachfolge Balzacs zu verlassen, unternehmen in den 50er Jahren die Autoren des **Nouveau Roman**, die einen Handlungsansatz nur zitieren, um ihn sofort zu zerstören und das bloße Registrieren der Dingwelt an dessen Stelle treten zu lassen. Der erste und berühmteste dieser Experimentalromane ist *Le voyeur* (1955, *Augenzeuge*) von Alain **Robbe-Grillet**. Weitere Vertreter des Nouveau Roman sind Michel **Butor**, Nathalie **Sarraute**, Marguerite **Duras**, Claude **Simon** sowie Robert **Pinget**.
Der dem Nouveau Roman ähnliche Versuch, den Sinnzusammenhang aufzulösen, zeitigte dagegen unerwarteten Erfolg beim ▶ absurden Theater: *La cantatrice chauve* (1950, *Die kahle Sängerin*) von Eugène **Ionesco** und *En attendant Godot* (1952, *Warten auf Godot*) von Samuel **Beckett** gehören zu den größten Theatererfolgen der Nachkriegszeit.
Einer der gegenwärtig erfolgreichsten Autoren Frankreichs ist Michel **Tournier**. Sein symbolträchtiger Roman *Le roi des aulnes* (1970, *Der Erlkönig*) wurde 1996 von Volker Schlöndorff verfilmt.

Frauenliteratur Bis heute werden mit dem Begriff zwei gegensätzliche Literaturtypen bezeichnet: Zum einen von Frauen wie Männern verfasste, vorwiegend belletristische Werke, die für ein weibliches Publikum bestimmt sind und das bestehende Weltbild, besonders das patriarchale Gesellschaftssystem, bestätigen. Auf Grund ihres unkritischen, geschichtsfremden und privaten Charakters ordnet man sie häufig der ▶ Trivialliteratur zu. Zum anderen versteht man unter Frauenliteratur diejenige Literatur, die bewusst Partei für die Interessen der Frau nimmt, gegen weibliche Diskriminierung antritt, auf die Emanzipation von patriarchalischen Zwängen zielt und konsequenterweise von Frauen geschrieben ist.
Diese widersprüchliche Begrifflichkeit ist kein Zufall, sondern erklärt sich aus der Situation der Frau seit dem späten 18. Jh. Solange Mädchen und Frauen höchstens eine einseitig schöngeistige Bildung erhielten, von Studium und Beruf weitgehend ausgeschlossen waren, ließen sie sich häufig mit moralisch zensierten und kommentierten Werken der klassischen Epochen sowie der reichhaltigen Skala der Trivialliteratur abspeisen, konnten und durften sich nur in Einzelfällen mit kritisch-gegenwartsbezogener Literatur auseinander setzen. Aus Anschauungs- und Erfahrungsmangel reproduzierte die Mehrzahl der Schriftstellerinnen in ihren Werken die enge häusliche Welt. Selbst Vorkämpferinnen der Frauenbewegung wie z. B. Luise Otto-Peters, die in ihren Reden die Emanzipation der Frau forderte, schrieb in ihren literarischen Werken weiterhin die tradierte weibliche Rolle fest.

Hildegard von Bingen, 12. Jh.

Sophie von La Roche

Aus der Antike ist die Lyrik der Griechin **Sappho** oder der Römerin **Sulpicia** überliefert. Die **Mystik** war die erste religiös geprägte literarische Bewegung, in der Frauen ihr eigenes Leben gestalteten und ihre Visionen und Erlebnisse – zumeist in der Volkssprache – äußerten. Frauen waren nicht mehr Gegenstand der Darstellung wie im ▶ Minnesang, sondern Schöpferinnen eigener literarischer Werke. **Hildegard** von Bingen und **Mechthild** von Magdeburg begründeten eine Tradition mystischer Frauenliteratur, die bis zum 18. Jh. reicht. Erst in dieser Zeit entstanden in Deutschland im Gefolge der bürgerlich-liberalen Bildungsideen der ▶ Aufklärung bedeutende Frauendichtungen, vor allem die empfindsamen, moralisch-didaktischen Romane der Sophie von **La Roche**, deren *Geschichte des Fräuleins von Sternheim* (1771) als erster deutscher Frauenroman gilt. Die Titelheldin flieht vor den Intrigen des Hofes, macht sich als Lehrerin selbstständig und führt zuletzt, nach mehreren Enttäuschungen, eine glückliche Ehe. Immer wieder wird unterstrichen, dass tugendhafte Beständigkeit, trotz aller Rückschläge, durch Gottes Fügung zu einem guten Ende führt. Dem Roman folgte eine Flut von Nachahmungen bis hin zur Trivialliteratur einer Hedwig **Courths-Mahler.**
Die moralisch-geistigen Emanzipationsbestrebungen in der ▶ Romantik begünstigten eine bekenntnishafte, leidenschaftlich-bewegte Frauenliteratur. Dorothea **Schlegel** schrieb in der Nachfolge von ▶ Goethes *Wilhelm Meister* den Roman *Florentin* (1801). Sophie **Mereau** verfasste zwei Romane und trat auch als Lyrikerin und Übersetzerin hervor. Leben und Werk der Caroline von **Günderode** sind in den Briefroman *Die Günderode* (1849) der Bettina von **Arnim** eingegangen. Die Schwester des Romantikers Achim von **Arnim** veröffentlichte außerdem 1835 die

Caroline von Günderode

Gertrud Kolmar

autobiographische Briefsammlung *Goethes Briefwechsel mit einem Kinde*. Von Caroline **Schlegel-Schelling** sind über 400 Briefe erhalten, sie arbeitete an der Zeitschrift *Athenäum* und an August Wilhelm **Schlegels** Shakespeare-Übersetzung mit. Aus der breiten, zur Trivialliteratur tendierenden Frauenliteratur des ▶ Biedermeier ragt das Werk der Annette von ▶ Droste-Hülshoff, der wohl bedeutendsten deutschen Lyrikerin, heraus. Eine auch gesellschaftlich gleichberechtigte Stellung der Frau fordert die Frauenliteratur seit dem ▶ Jungen Deutschland nach dem Vorbild der französischen Schriftstellerin George **Sand**.
Seit dem 19. Jh. wird die Frauenliteratur zu einem festen Bestandteil des literarischen Lebens. Einige Schriftstellerinnen seien genannt: Marie von **Ebner-Eschenbach** schildert in ihren sozialkritischen *Dorf- und Schlossgeschichten* (1883–1886) die Kluft zwischen Gutsherrschaft und Landarbeitern. Sozialkritik bestimmt auch das Werk von Lena **Christ** (*Erinnerungen einer Überflüssigen*, 1912), Anna ▶ Seghers und Marieluise **Fleißer** (*Pioniere in Ingolstadt*, 1929). In Else **Lasker-Schülers** expressionistischen, von exotischer Farbigkeit durchzogenen Gedichten, für die sie 1932 mit dem Kleist-Preis geehrt wurde, begegnen Bilder aus der jüdischen Mystik und Geschichte, wechseln sinnliche Zärtlichkeit mit schlichtem Gebetston (*Styx*, 1902, *Meine Wunder*, 1911, *Hebräische Balladen*, 1913). Lulu von **Strauß und Torney** versuchte in ihren *Balladen und Liedern* (1902ff.), die altenglische Volksballade wieder zu beleben. Ricarda **Huch** schrieb Gedichte, die literarhistorische Untersuchung *Die Romantik* (1899–1902) und aus akribischem Geschichtsstudium hervorgegangene historische Monographien (z. B. *Das Leben des Grafen Federigo Confalonieri*, 1910).

Hervorzuheben sind auch die religiös gestimmten Dichtungen der Gertrud von **Le Fort** (*Die Letzte am Schafott*, 1931) und der Elisabeth **Langgässer** (*Das unauslöschliche Siegel*, 1946). Nelly **Sachs** erhielt 1966 für ihre Lyrik, die von der dunklen Mystik des Ostjudentums und dem hymnischen Stil ▶ Hölderlins beeinflusst ist, den Nobelpreis für Literatur. Ohne Hass bannt sie das Grauen angesichts der Leiden des jüdischen Volkes in eine visionäre Symbolwelt (*Sternverdunkelung*, 1949, *Flucht und Verwandlung*, 1959). Ingeborg ▶ Bachmann gestaltet in ihrem vielfältigen Werk u. a. ein elementares Unbehagen, das bis zur Verzweiflung reicht, weil die Bedingungslosigkeit der Gefühle in der Realität der gesellschaftlichen Umstände keinen Platz hat.
Die moderne Frauenliteratur bildete sich in den westlichen Industrieländern in mehr oder weniger engem Zusammenhang mit den internationalen Reformbestrebungen und feministischen Befreiungsbewegungen der 60er- und 70er-Jahre des 20. Jh.s heraus. Sie versteht sich als Antipode zum trivialen „Frauenroman", ihre Autorinnen stehen in der Tradition emanzipierter Schriftstellerinnen wie Else Lasker-Schüler, Virginia **Woolf** und Djuna **Barnes**. Nach wie vor gibt es jedoch die glatten Schreiberinnen, in deren Romanwerk Klischees die realen Erfahrungen der Frauen überlagern und die traditionelle Rollenzuweisung nicht in Frage gestellt wird (Utta **Danella**, Sandra **Paretti**, Alexandra **Cordes** u. a.).
Teils direkt, teils in komplizierter Brechung mit artifizieller Erzählperspektive, bisweilen auch gegen den Strich werden Bewusstsein, Erfahrung und Betroffenheit der Frau etwa bei Katja **Behrens**, Anne **Duden**, Gisela **Elsner**, Barbara **Frischmuth**, Ulla **Hahn**, Sarah **Kirsch**, Karin **Kiwus**, Elisabeth **Plessen** und Gabriele **Wohmann** thematisiert. Den im engeren Sinn feministischen Autorinnen wie Jutta **Heinrich**, Christa **Reinig**, Anna **Rheinsberg** und Verena **Stefan** geht es darum, ihr feministisches Bewusstsein in frauenspezifischen Formen und Ausdrucksmitteln zu artikulieren. Analog zur ▶ Neuen Subjektivität ist ihre literarische Produktion vom Bemühen um Authentizität und Erlebnischarakter bestimmt. Ihr Hauptthema ist die Beziehung zum anderen oder eigenen Geschlecht aus der Sicht der Frau, wobei das Verhältnis zum Mann als Grunderfahrung von Unterdrückung und Abhängigkeit dargestellt wird (Brigitte **Schwaiger**, *Wie kommt das Salz ins Meer*, 1977; Karin **Struck**, *Klassenliebe*, 1973; Christa Reinig *Entmannung*, 1976).
Von heute aus gesehen erscheint die Frauenliteratur der 70er-Jahre mit ihrer Absetzung vom Feindbild Mann manchmal naiv, wirklichkeitsfern und oft zu plakativ. Seit den 80er-Jahren ist zu spüren, dass Frauenliteratur aus weiblicher Perspektive die Mechanismen der technokratisch-männlichen Welt aufdeckt, deren Inhumanität und reine Zweckrationalität entlarvt, etwa Christa ▶ Wolfs *Kassandra* (1983). Das Thema Frauenliteratur füllt nicht mehr nur Frauenzeitschriften, sondern auch wissenschaftliche Fachbücher, es wird an Universitäten erforscht und gelehrt, in Buchhandlungen gut verkauft. Die moderne Frauenliteratur-Forschung versucht, die von der herkömmlichen Literaturgeschichtsschreibung oft übergangenen Autorinnen aufzuspüren (z. B. Marlen **Haushofer**, Gertrud **Kolmar**) und setzt sich kritisch mit den Frauenbildern klassischer Autoren, etwa Schillers oder Kleists, auseinander. Mehr denn je erhalten heute auch Schriftstellerinnen begehrte Literaturpreise, wie Sarah Kirsch den Friedrich-Hölderlin-Preis der Stadt Bad Homburg oder die Dramatikerin Friederike **Roth** den Ingeborg-Bachmann-Preis der Stadt Klagenfurt.

Frisch, Max (1911–1991) hat neben seinem Landsmann ▶ Dürrenmatt das Bild der deutschsprachigen Literatur der Schweiz nach dem Zweiten Weltkrieg entscheidend geprägt. Fast alle längeren Texte Frischs sind in mehrere Sprachen übersetzt worden, die Sekundärliteratur zu Frisch übertrifft sein umfangreiches Werk um ein Vielfaches.

Der Sohn eines Züricher Architekten entschied sich zunächst auch für diesen „Brotberuf" und konnte davon gut leben, nachdem er in einem Wettbewerb um den Bau eines Freibades unter 82 Bewerbern den ersten Preis errungen hatte. Nach einer Studienreise nach Nord- und Mittelamerika (1951/52) entschied sich Frisch, freier Schriftsteller zu werden.

Seine beiden großen Dramenerfolge *Biedermann und die Brandstifter* (1958) und *Andorra* (1961) sind ▶ Parabeln ganz im Stile ▶ Brechts. Sie sind gleichnis- und lehrstückhaft aufgebaut, enthalten allerdings nicht die strikte ideologische Grundausrichtung der Brecht'schen Dramen. Für Max Frisch trifft eher zu, was er im *Tagebuch 1946–1949* formuliert hat: „Schreiben heißt: sich selber lesen."

Szene aus „Andorra", Schauspielhaus Zürich, 1961

Die Fabel zu *Andorra* notierte Frisch bereits 1946, im *Tagebuch 1946–1949* finden wir eine längere Prosafassung und nach mehrfachen Bearbeitungen, auch als Hörspiel, fand 1961 im Züricher Schauspielhaus die Uraufführung statt.

Ein junger Andorraner namens Andri wird von seinen Mitbürgern „zum Juden gemacht" und an seine Mörder ausgeliefert. Im „weißen" Andorra geht das Gerücht um, dass der Pflegevater Andris, der Lehrer Can, das Judenkind einst vor den „Schwarzen" gerettet habe. Eigentlich ist Andri aber der uneheliche Sohn Cans. Es beginnt der Leidensweg Andris, den Frisch in „zwölf Bildern" gestaltet. Sein Lehrherr macht ihn für die Fehler eines anderen verantwortlich, der Soldat misshandelt ihn, der Arzt beleidigt ihn. Halt sucht Andri bei Barblin, der ehelichen Tochter seines Pflegevaters. Als ihm die Hand Barblins verweigert wird, nimmt Andri endlich die Eigenschaften an, die seine Mitbürger Juden zusprechen. Eines Tages kommt aus dem Land der „Schwarzen" eine fremde Frau. Sie ist Andris Mutter. Als sie sieht, wie Andri schikaniert wird, fordert sie Can auf, die Wahrheit zu sagen. Doch diesem fehlt der Mut. Der Pater soll helfen. Aber Andri glaubt ihm nicht, als jener ihm die Wahrheit sagt. Man hat ihn zum „Jud" gemacht, nun will er auch „Jud" bleiben. In der großen Judenschau nach dem Einmarsch der „Schwarzen" wird Andri zur Hinrichtung abgeführt. Zu spät beteuert der Lehrer die wahre Herkunft Andris. Die Andorraner wollen davon nichts mehr hören, sie schauen weg. Der Lehrer erhängt sich und Barblin weißelt den Platz, auf dem Andri zum Tode verurteilt wurde, damit wieder ein „weißes Andorra" entstehen kann.

Frisch bezeichnete *Andorra* als „tragisches Muster". Sein Stück solle wenigstens ein Anfängerkurs zum Thema Rassenvorurteil sein. Die ‚Schuldigen' im Zuschauerraum sollen so erschrecken, dass sie „nachts wach liegen." „*Andorra* ist nicht das Modell, was einst war, sondern die Darstellung dessen, was jederzeit und überall möglich ist."

Als Frisch mit *Andorra* 1961 seinen großen Bühnenerfolg feierte, war er bereits ein weit über die deutschsprachigen Grenzen hinaus bekannter Autor. Zentrale Themen seines Gesamtwerkes wie Ehe, Tod, Kritik an den bürgerlichen Lebensverhältnissen und die Suche seiner Helden nach dem eigenen Ich bestimmten schon seinen ersten großen Roman *Stiller* (1954). Der Bildhauer Stiller „will nicht er selbst sein ... Er leidet an der klassischen Minderwertigkeitsangst aus übertriebener Anforderung an sich selbst ..." Einfacher liest sich Frischs zweiter Roman *Homo Faber. Ein Bericht* (1957).

Walter Faber, von Beruf Ingenieur, bezeichnet sich als einen Rationalisten. Er lehnt Gefühle ab und diffamiert jede Form von Schicksal als „Mystifikation" und „Spintisiererei". In einem mühsamen Prozess, im Roman im nüchternen Berichtstil gehalten, lernt er aber sein „Schicksal" anzunehmen. Faber hat in den dreißiger Jahren mit der Halbjüdin Hanna ein Kind gezeugt. Als Faber Hanna 1936 wegen seiner Karriere verlässt, beschließen beide, das Kind nicht zur Welt kommen zu lassen. Zwanzig Jahre später erfährt der inzwischen zum UNESCO-Mitarbeiter aufgestiegene Ingenieur, dass Hanna als Archivarin in Athen lebt und eine Tochter hat. Auf einer Schiffsreise begegnet Faber einer jungen Frau, die ihn mit ihrem „Hanna-Mädchen-Gesicht" an seine frühere Geliebte erinnert. Es stellt sich sogar heraus, dass diese Sabeth wirklich die Tochter von Hanna ist. Trotzdem schläft Faber mit ihr und will sie heiraten, weil er sich einredet, dass Sabeth die Tochter von Hanna und Joachim sein müsse, einem gemeinsamen Freund aus Studentenzeiten und späteren Ehemann Hannas. Als Faber in Athen Hanna trifft, bestätigt diese ihm, was er im Grunde immer befürchtet hat, dass Sabeth ihr gemeinsames Kind ist, das Hanna vor zwanzig Jahren eben nicht abtreiben ließ. Durch eine Verkettung unglücklicher Umstände zerstört Faber das Leben seiner Tochter, das von Hanna und sein eigenes. Nach dem Tod Sabeths ahnt er, dass er schuldig geworden ist, versteht aber immer noch nicht, was Hanna, die ihn einst „homo faber" nannte, mit dem Satz meint: „Du behandelst das Leben nicht als Gestalt, sondern als bloße Addition, daher kein Verhältnis zur Zeit, weil kein Verhältnis zum Tod."

Mit der Montagetechnik, der Verwendung von Anglizismen und jargonhafter Sprache sowie der Einbeziehung von wissenschaftlicher Literatur in den Roman beschritt Max Frisch neue Wege in der deutschen Literatur.
Häufiger als bei anderen Autoren finden wir bei Frisch autobiographische Bezüge. In den 50er- und 60er-Jahren wechselte er oft Aufenthalts- und Wohnorte (Zürich, Berlin, Berzona, Rom, New York). Die meisten Ortswechsel waren für Frisch mit inneren Krisen verbunden. 1954, es ist das Erscheinungsjahr des Romans *Stiller*, trennte er sich von seiner Frau. 1959 lebte er in Zürich mit ▶ Bachmann zusammen, um sich bald wieder von ihr zu trennen. Die Übersiedlung nach Rom (1960) brachte die beiden erneut zusammen. In *Mein Name sei Gantenbein* (1964) arbeitet Frisch die Liebe zu ihr und v. a. die Trennung von ihr auf. Die Erzählung *Montauk* (1975) steht am Ende seiner zweiten Ehe. In *Montauk* konfrontiert Frisch seine Vergangenheit mit der Wochenendbeziehung zu einer Verlagsmitarbeiterin, die er in der Erzählung „Lynn" nennt. In seinem wirklichen Leben traf Frisch Jahre später diese Frau wieder und lebte fortan mit ihr zusammen. *Montauk* ist aber nicht nur Liebesgeschichte und autobiographischer Schlüsselroman, in der Erzählung klingen zwei Motive an, die das Spätwerk von Max Frisch bestimmen sollten: das Altern und der Tod.

Fürstenspiegel Um zukünftigen Fürsten oder Königen die Pflichten verständlich zu machen, die auf sie zukamen, verfassten dem Hofe nahe stehende Gelehrte didaktische Schriften, die sog. Fürstenspiegel. Diese entwarfen entweder am Beispiel einer exemplarischen Herrscherpersönlichkeit oder in rein theoretischer Form das Bild des idealen Landesherrn, der mit sittlich gefestigtem Charakter und durch verantwortungsbewusstes politisches Handeln das ihm anvertraute Volk führt und schützt.
Fürstenspiegel sind aus der griechischen wie römischen Antike bekannt, doch erst seit der Karolingerzeit erfreuen sie sich gesteigerter Beliebtheit. Die Bezeichnung taucht erstmals auf beim *Speculum regum* (*Spiegel der Könige*), einer 1183 vollendeten Denkschrift des **Gottfried** von Viterbo für den Staufer Heinrich VI. Zur Gattung gehört die *Institutio principis christiani* (*Unterweisung eines christlichen Fürsten*, 1516) des **Erasmus** von Rotterdam, der das Idealbild eines gerechten, antikes und christliches Gedankengut wohl verbindenden Friedensfürsten entwirft. Niccolò **Machiavelli** bricht in *Il principe* (1532, *Lebens- und Regierungs-Maximen eines Fürsten*) mit den überkommenen Mustern, wenn er ethische und politische Pflichten voneinander trennt und um der Staatsräson willen auch unmoralisches Verhalten fordert.

Futurismus (ital.: futuro = Zukunft), eine in Italien entstandene radikale literarische und künstlerische ▶ Avantgarde-Bewegung, die von Filippo Tommaso **Marinetti** mit seinem ersten **futuristischen Manifest**, abgedruckt im *Figaro* 1909, eingeleitet wurde. Der Futurismus verlangte den Bruch mit der alten Kultur und Tradition, sogar Kunstsammlungen, Museen und Bibliotheken sollten zerstört werden. Diese Gewaltbereitschaft, gepaart mit der Verherrlichung des Krieges, trägt eindeutig faschistische Züge.
Als programmatische Erneuerungsbewegung war der Futurismus ganz auf die Zukunft ausgerichtet, in einer dynamischen

„Die Straße dringt ins Haus" von Umberto Boccioni, Mitbegründer des italienischen Futurismus

Welt der Technik und Geschwindigkeit wurden neue literarische Ausdrucksmöglichkeiten gesucht. Um die Sprache von ihren überkommenen Strukturen zu befreien, forderte Marinetti 1912 in seinem *Technischen Manifest der futuristischen Literatur* z. B. die Zerstörung der Syntax durch zufällige Anordnung der Substantive, den Gebrauch des Verbs grundsätzlich nur im Infinitiv, den Verzicht auf Adjektiv und Adverb und die Abschaffung der Zeichensetzung. Stattdessen sollte die Dichtung getragen sein von Gedankenassoziationen und „Bildnetzen", die schließlich in einer „DRAHTLOSEN FANTASIE" aufgehen und so eine essenziellere Kunst ermöglichen: „Nach dem freien Vers nun endlich die BEFREITEN WORTE!"
Namhafte Schriftsteller hat der Futurismus wegen seiner Radikalität nicht hervorgebracht, Mitte der 20er-Jahre löste sich die Bewegung wieder auf. Allerdings gingen von ihm bedeutende Impulse auf den ▶ Dadaismus und ▶ Surrealismus aus.

G

García Lorca, Federico (1898–1936) wurde in der Nähe der spanischen Stadt Granada als Sohn eines Großgrundbesitzers geboren. Schon während seines Philosophie- und Jurastudiums in Granada und Madrid schloss er Freundschaft mit den bedeutendsten Spanisch sprechenden Intellektuellen der Zeit, darunter Pablo **Neruda**, Rafael Alberti, Salvador Dalí und Luis Buñuel. In den 30er-Jahren leitete er zusammen mit Eduardo Uguarte das Studententheater „La Barracca", das auf Gastspielreisen durch Spanien Klassiker, aber auch García Lorcas eigene Stücke spielte. Im Spanischen Bürgerkrieg (1936–1939) stellte sich García Lorca auf die Seite der Republikaner und gehörte zu den Mitbegründern des „Bundes antifaschistischer Intellektueller". Im Sommer 1936 wurde er von der faschistischen Guardia civil verhaftet und ohne Urteil in der Nacht zum 19. August erschossen.
García Lorca versuchte, volkstümliche Traditionen vor allem aus seiner andalusischen Heimat mit neuen, teilweise surrealistischen Ausdrucksformen zu verbinden. Viele seiner Werke besitzen einen melancholischen Grundton; Leid, unerfüllbare Liebe und Tod bilden zentrale Themen. In *Bluthochzeit* (1933) kommt es nach einer Braut-

Federico García Lorca

entführung mit dramatischer Flucht zu einem Zweikampf, den keiner überlebt. Die Bäuerin Bernarda Alba (*Bernarda Albas Haus*, uraufgeführt 1945) sperrt ihre erwachsenen Töchter jahrelang ein, bis sich die Sehnsucht nach Leben und Liebe entlädt in Eifersucht, Verzweiflung und Selbstmord. Noch am Grab ihrer Tochter verliert Bernarda Alba nichts von ihrer Härte und Selbstgerechtigkeit. Auch in dem Schauspiel *Dona Rosita bleibt ledig oder Die Sprache der Blumen* (1935) geht es um das unerfüllte Leben einer jungen Frau in einer Männerwelt. Rosita wartet Jahrzehnte auf ihren nach Argentinien ausgewanderten Verlobten und verharrt dabei in einer Traumwelt, die sich von der Realität zunehmend entfernt. Diesen eigentlich sozialkritischen Stoff gestaltet García Lorca als lyrische Ballade mit Metaphern und Symbolen. Als Sinnbild für Rosita dient die kostbare Rose „muta mutabilis", die morgens erblüht und am Abend schon ihre Blätter verliert.

García Lorca gehört sowohl als Lyriker wie auch als Dramatiker zu den bedeutendsten spanischen Dichtern des 20. Jh.s. Seine Stücke werden häufig auch auf deutschen Bühnen aufgeführt, seine Lyrik dient vielen jungen spanischen Autoren als Anregung und Vorbild.

García Márquez, Gabriel (geb. 1928) zählt zu den bekanntesten und erfolgreichsten Schriftstellern Südamerikas (▶ Lateinamerikanische Literatur). Er kam im kolumbianischen Aracataca zur Welt und wurde von seinen Großeltern erzogen. Ein Jurastudium, das er 1947 in Bogotá begonnen hatte, brach er ab und wurde Journalist. Stationen seines ungewöhnlichen Lebenswegs nach seiner Jugendzeit in Kolumbien waren Europa (Schweiz, Italien Frankreich, Spanien) und wieder der karibische Raum (Venezuela, Kuba, Mexiko).
Weltberühmt wurde García Márquez mit seinem 1967 erschienenen Roman *Hundert Jahre Einsamkeit*, einer vielschichtigen und geheimnisvollen Familiensaga aus dem fiktiven südamerikanischen Dorf Macondo. Darin schildert der Dichter in epischer Breite sowohl die verwirrende und kaum noch nachzuvollziehende Genealogie der Buendía-Sippe mit ihren Höhepunkten und Katastrophen als auch die turbulente Geschichte des Ortes, der zu Beginn des 19. Jh.s. von José Arcadio Buendía gegründet worden war. Das Werk wurde zu einem Musterbeispiel für den **magischen Realismus** in der südamerikanischen Literatur, der gekennzeichnet ist von einem Neben- und Ineinander verschiedener Zeit- und Realitätsebenen und dem ▶ Surrealismus nahe steht.
In Barcelona (ab 1967) entstand sein zweiter großer Roman *Der Herbst des Patriarchen*, der von der Einsamkeit eines allmächtigen Herrschers erzählt. In den folgenden Jahren wandte sich García Márquez, der bis heute leidenschaftlich Partei ergreift für die Interessen der südamerika-

nischen Landbevölkerung, mehr der journalistisch-politischen Arbeit zu.
Auf den Militärputsch General Pinochets 1973 in Chile reagierte der Dichter zunächst mit einem Schreibboykott, den er 1981 mit der Veröffentlichung des Romans *Chronik eines angekündigten Todes* brach.

In diesem Werk klagt der Autor die Gewalt und den in Lateinamerika weit verbreiteten Machismo an. In detaillierten Rückblenden mit Dokumentarcharakter rekonstruiert der Chronist detektivisch genau, wie es zum Tode eines jungen Dorfbewohners gekommen ist, wobei die erzählte Zeit nur ca. anderthalb Stunden umfasst. Bayardo San Román schickt seine Braut Angela Vicario noch in der Hochzeitsnacht nach Hause zurück, weil sie nicht mehr unberührt war. Ihre Zwillingsbrüder beschließen daraufhin, den angeblichen Verführer, Santiago Nasar, zu töten. Die Bewohner des Ortes sind zwar über den Plan informiert, greifen jedoch nicht ein, als Santiago vor seinem Haus ermordet wird. Sie machen sich so zu Mittätern. Weniger die Kriminalgeschichte, vielmehr die Darstellung des sich ankündenden, unaufhaltsamen Schicksals ruft Beklemmung beim Leser hervor.

1982 kehrte García Márquez aus seinem politischen Asyl in Mexiko (seit 1981) nach Kolumbien zurück und intensivierte seine politischen Aktivitäten in Mittelamerika.

Die Liebe in den Zeiten der Cholera, sein 1985 erschienener großer Liebesroman, erzählt vom Verhältnis der schönen Fermina Daza zu Florentino Ariza, der sie schon als Schüler verehrte. Erst als nach 50-jähriger Ehe Ferminas Gatte stirbt, ist der Weg frei für eine „junge Liebe" der beiden Alten, die schließlich ihre lebenslängliche „Hochzeitsreise" auf dem Magdalenen-Fluss verbringen. Themen dieses faszinierenden Romans sind einzig die Liebe und das Altern, die der Dichter aus der traditionellen Perspektive eines auktorialen ▶ Erzählers mit beinahe emotionsloser Sachlichkeit schildert.

Vor dem historischen Hintergrund der lateinamerikanischen Unabhängigkeitsbewegung zu Beginn des 19. Jh.s spielt der Roman *Der General in seinem Labyrinth* (1989), in dem García Márquez die letzte Reise des gescheiterten Anführers der südamerikanischen Befreiungskriege, Simón Bolívar, akribisch nachzeichnete. Weitere bedeutende Werke sind der Erzähl-

Szene aus „Chronik eines angekündigten Todes", verfilmt von Francesco Rosi

band *Zwölf Geschichten aus der Fremde* (1992), der Roman *Von der Liebe und anderen Dämonen* (1994), die Reportage *Nachricht von einer Entführung* (1996) und der autobiographische Roman *Leben, um davon zu erzählen* (2002), in dem er höchst einfühlsam von seiner Leidenschaft für die Literatur erzählt.
Gabriel García Márquez' literarisches Schaffen ist gekennzeichnet von einer übersprudelnden Erzählfreude, einer unbändigen Fabulierlust, die oft bizarre Begebenheiten aus allen Bereichen des menschlichen Lebens in seiner lateinamerikanischen Heimat aufgreift und spielerisch verarbeitet. Seine Liebe zum Detail und seine sprachliche Präzision, gepaart mit übersinnlichen und mythischen Elementen, ließen ihn zum meistgelesenen Autor südamerikanischer Epik werden. 1982 erhielt er den Nobelpreis für Literatur.

Gattung Begriff zur Klassifikation von Dichtung und Literatur in der ▶ Literaturwissenschaft.
Im 18. Jh. bildete sich in zahlreichen Theoriediskussionen die Einteilung in die Gattungen ▶ Lyrik (empfindsam-subjektiver Ausdruck von Unmittelbarkeit, Gemüt und Gefühl), ▶ Epik (Sammmelbegriff für jede Art erzählender Dichtung) und Dramatik (Darstellung einer Handlung durch Personen in Rede und Gegenrede) heraus, die dann im 19. Jh. für die Literatur bestimmend wurde. Neben der Einteilung in diese drei Grundformen hat sich besonders im 20. Jh. eine die jeweilige Einstellung eines Autors zur dargestellten Wirklichkeit bezeichnende Einteilung in lyrisch, episch und dramatisch eingebürgert. Diese Grundhaltungen können in unterschiedlicher Intensität in Epos, Lyrik und ▶ Drama verwirklicht sein. Hinter beiden Einteilungen, der Einteilung in die drei Grundformen (von ▶ Goethe als „Naturformen" bezeichnet) und der Einteilung in die „Grundbegriffe" lyrisch, episch, dramatisch steht die Erkenntnis, dass es die Gattungen in Reinform nicht gibt, sondern nur in Mischungen verschiedener Grundhaltungen. So gibt es lyrische Formen, die ins Epische oder gar ins Dramatische hinüberweisen (etwa die ▶ Ballade), aber auch das epische Drama und den lyrischen Roman.
In neuerer Zeit wird die überkommene Gattungstypologie unter wechselnden Aspekten in Frage gestellt, parallel mit einer Ausweitung und Änderung des Literaturbegriffs, der nun auch sog. Gebrauchstexte (▶ Gebrauchsliteratur) umfasst.
Die Theorie der Gattungen kann letztlich nicht mehr sein als eine Orientierungshilfe in der Fülle literarischer Manifestationen. Als Gattungen werden bisweilen auch (noch unschärfer) Untergruppen der drei Hauptgattungen benannt (z. B. im Bereich des Epischen die ▶ Fabel, die ▶ Kurzgeschichte, die ▶ Novelle usw.).

Gebrauchsliteratur ist ein unklarer Sammelbegriff für Literatur, die an einen bestimmten Zweck gebunden ist, z. B. Lieder- und Andachtsbücher, Kalendergeschichten, Reklametexte. Er umfasst eigentlich alle ▶ Textsorten, die eine bestimmte Zweck- oder Gebrauchsfunktion haben. So finden wir etwa in der ▶ mittelalterlichen Dichtung eine Fülle von geistlicher Gebrauchsliteratur für die Klöster, wo in Evangelien- und Andachtsbüchern die Nonnen und Mönche im christlichen Glauben unterrichtet wurden. ▶ Brecht verstand den Begriff ganz wörtlich im Sinne von „Benutzen", wenn er seine Literatur als Instrument gesellschaftlicher Veränderung „gebrauchen" will. Heute versteht man unter Gebrauchsliteratur alle die Texte, die von ihren Lesern vorwiegend zur Unterhaltung und Ablenkung (▶ Trivialliteratur) eingesetzt werden. Dabei interessiert nicht so sehr der Autor oder dessen literarischer Rang und auch weniger die Originalität.

Germanische Literatur nennt man die Dichtung der germanischen Volksstämme vor ihrer Christianisierung. Die zeitliche Eingrenzung bereitet Schwierigkeiten, da die Anfänge im Dunkeln liegen und die christliche Missionierung einzelner Stämme sich bis ins 11. Jh. hinzog. Zudem gibt es keine schriftliche Überlieferung der Germanen, Literatur wurde nur mündlich weitergegeben (▶ Oral Poetry). Daher ist man auf Informationen aus nichtgermanischen Quellen (z. B. den römischen Historiker **Tacitus**) angewiesen sowie auf einzelne Aufzeichnungen in mittelalterlichen Schriften, die Germanisches zitieren. Häufig wurden diese Texte jedoch bearbeitet und im christlichen Sinn stark verändert. Vor allem versuchte man, heidnisches Gedankengut zu entfernen. Zu den bekanntesten Beispielen zählen das *Hildebrandslied* und die *Merseburger Zaubersprüche*. Hier der *Wurmsegen* aus dem 9. Jh.:

„Gang uz, Nesso, mit niun nessinchilinon,
uz fonna marge in deo adra, vonna den adrun in daz fleisk,
fonna demu fleiske in daz fel, fonna demo velle in diz tulli.
Ter pater noster."

(Wurm, kriech heraus, mit neun Würmchen,
aus dem Mark in die Adern, aus den Adern in das Fleisch, aus dem Fleisch in die Haut,
aus der Haut auf diesen Pfeil.
Dreimal Vaterunser.)

Eine weitere Quelle bildet die **altisländische Dichtung** des 13. Jh.s, wo man sich aus nationalen Gründen auf die Vergangenheit berief. Ob diese Literatur tatsächlich Germanisches wiedergibt, ist allerdings fraglich.

Im 19. und frühen 20. Jh. versuchte die deutsche Literaturwissenschaft aus politischen Gründen, die Existenz einer bedeutenden germanischen Literatur nachzuweisen. Diese Versuche müssen als gescheitert betrachtet werden.

Auf Grund der unsicheren Überlieferungslage ergibt sich nur ein sehr ungenaues Bild der germanischen Dichtung. Zu den wichtigsten Gattungen gehören Lieder, Zaubersprüche und sonstige Spruchdichtung. In späterer Zeit (Völkerwanderung, ca. 3.–5. Jh.) entstanden vermutlich **Heldenlieder** und **-epen**, die einzelne heroische Gestalten in den Mittelpunkt stellten. Die Christianisierung bedeutete besonders im

Runenstein in Mariafred, Schweden. Noch in der Wikingerzeit (700-1000) verwandte man diese germanischen Schriftzeichen, um kriegerische oder friedliche Taten, Namen und später auch christliche Segenswünsche festzuhalten.

deutschsprachigen Gebiet einen radikalen Bruch in der Überlieferung, wohingegen im angelsächsischen und skandinavischen Raum die Einflüsse der alten Dichtung stärker fortwirkten.

Germanistik ist die Wissenschaft von der Entwicklung der deutschen Literatur (▶ Literaturwissenschaft) und Sprache. Die geschichtlichen Anfänge der Germanistik liegen im ▶ Humanismus. In dieser Zeit erscheinen die ersten Grammatiken als Lehrbücher für den Unterricht und die ersten Ausgaben altgermanischer Dichtungen (*Edda* und Strophen Walthers von der Vogelweide), die bis ins 18. Jh. mit der Herausgabe der *Manessischen Liederhandschrift* und dem Nibelungenlied vervollständigt wurden. Die ▶ Aufklärung erhob den Anspruch, Literatur- und Sprachbetrachtung kritisch-vernünftig und systematisch zu betreiben. Die Brüder **Grimm** (▶ Romantik) begründeten im 19. Jh. die vergleichende Sprachwissenschaft und legten mit ihrem, erst in der Gegenwart (1971) abgeschlossenen *Deutschen Wörterbuch* die Grundlagen der modernen Germanistik. Die eigentliche germanistische ▶ Textkritik stammt allerdings von Karl Lachmann mit seinen Editionen zum *Nibelungenlied* (1826) und den Werken Wolframs von Eschenbach (1833), während W. H. Riehl die germanistische **Volkskunde** begründete. Gegen Ende des 19. Jh.s wurden verstärkt naturwissenschaftliche Methoden auf die Germanistik übertragen. Am Beginn des 20. Jh.s wandte sich die Germanistik einer eher geistesgeschichtlichen Betrachtungsweise zu (W. Dilthey, *Das Erlebnis und die Dichtung*, 1903). Nachdem sich die Germanistik im Nationalsozialismus als Propaganda- und Rechtfertigungsinstrument selbst disqualifiziert hatte, arbeitete sie nach 1945 v. a. mit werkimmanenten Textinterpretationen (Emil Staiger), bis in den 60er-Jahren neue Methoden (New Criticism, Strukturalismus) und Arbeitsgebiete (Soziolinguistik, Psycholinguistik, Sprachgeographie) hinzukamen. Die Germanistik der DDR bemühte sich um eine kritische Sichtung des „klassischen Erbes" der deutschen Literatur.

Gesamtkunstwerk ist die Vorstellung, dass sich Dichtung, Musik, Tanz und bildende Kunst zu einem neuen, einheitlichen Kunstwerk vereinigen. Mit der Idee vom Universalkunstwerk befassten sich erstmals die Romantiker (▶ Romantik), deren Dichter – wie etwa ▶ Hoffmann – tatsächlich in den verschiedensten Künsten zu Hause waren.
Der romantische Komponist Richard **Wagner** strebte mit seinen „Musikdramen" das Gesamtkunstwerk an, wobei allerdings die Musik dominierte. Erwin **Piscator** postulierte in den 20er-Jahren das Gesamtkunstwerk als „Totaltheater". Die Multi-Media-Art (z. B. bei D. Schönbach) als neueste Form des Gesamtkunstwerkes stellt den traditionellen Anspruch der Kunst selbst in Frage.

Goethe, Johann Wolfgang (1749–1832) ist wohl der in der Welt bekannteste deutsche Dichter. Wie ▶ Schiller ist er einer der bedeutendsten Vertreter des ▶ Sturm und Drang und mit ihm zusammen verkörpert er die Epoche der Weimarer ▶ Klassik.
Am 28. August 1749 wurde Goethe in Frankfurt am Main geboren. Sein Vater, aus einer Handwerkerfamilie stammend und mit einer reichen Erbschaft ausgestattet, stieg durch seine Heirat in Patrizierkreise auf. Auf Wunsch seines Vaters begann Goethe in Leipzig mit dem Jurastudium (1765), das er nach einer langen Krankheit in Straßburg fortsetzte. Hier trafen junge Literaten aus allen Teilen Deutschlands zusammen, die sich dem Sturm und Drang zugehörig fühlten. ▶ Homer und ▶ Shakespeare waren ihre literarischen Vorbilder, in der Natur sahen sie die göttli-

che Allmacht, in der Poesie die Muttersprache der Menschheit. Durch die Freundschaft mit dem jungen Theologen Johann Gottfried **Herder** wurde Goethe mit dem Wesen des ▶ Volkslieds vertraut und entwickelte daraus seine Sturm-und-Drang-Lyrik. Außerdem lernte er die Dramatiker Heinrich Leopold **Wagner** und ▶ Lenz kennen. In dieser Zeit entstanden die *Sesenheimer Lieder* (1771), wie *Maifest, Willkommen und Abschied* sowie *Heidenröslein*.

1771 ließ sich Goethe als Anwalt in Frankfurt nieder. Doch schon bald trat sein literarisches Interesse wieder in den Vordergrund. In seiner Rede *Zum Schäkespears Tag*, die er auf einer von ihm organisierten Gedenkfeier für den englischen Dramatiker im Oktober 1771 hielt, stellte er dessen künstlerische Bedeutung und Genie heraus.

In seinem ersten eigenen Drama *Götz von Berlichingen mit der eisernen Hand* (1773) gestaltete Goethe das Schicksal des letzten unabhängigen, freiheitsliebenden Ritters. Der Held mit seinem idealistischen Rechtsempfinden passt nicht in die sich verändernde Zeit, in der sich das Rittertum zunehmend in der höfischen Gesellschaft etabliert. Mit seinem Götz schuf Goethe eine Paradegestalt des Sturm und Drang. Die Sprache ist eine unstilisierte, die jeweilige Figur charakterisierende Prosa. In den fast episch ausgestalteten Einzelszenen zeichnet Goethe ein schillerndes Panorama der Zeit. Das Drama war ein sensationeller Erfolg. Doch während sich der preußische König Friedrich II. darüber empörte, feierte die junge Generation das Stück, weil sie sich mit der Figur des Götz selbst identifizierte.

Auch in der Lyrik legte Goethe formale Routine zu Gunsten einer genialischen Sprachgewalt ab, wie sie sich in den leidenschaftlichen Hymnen der beiden folgenden Jahre widerspiegeln, *z. B. Wanderers Sturmlied*, *Prometheus*, *An Schwager Kronos*.

In dieser Zeit greift er im *Urfaust* (1772–1775), angeregt von einem Prozess gegen eine Frankfurter Kindsmörderin, den *Faust*-Stoff auf. Er löst die Figur aus der volkstümlichen Erzählung und verleiht ihr die zwiespältige Natur zwischen unruhig nach Erkenntnis Suchendem und leidenschaftlich Liebendem.

Im Jahre 1772 – Goethe arbeitete in Wetzlar am Reichskammergericht – verliebte er sich in Charlotte Buff, der Verlobten des hannoverschen Gesandtschaftssekretärs Kestner. Das spannungsreiche Verhältnis zwischen den dreien veranlasste ihn, Wetzlar vorzeitig zu verlassen. Die seelische Krise entlud sich in einem seiner berühmtesten Werke. Der Briefroman *Die Leiden des jungen Werthers* (1774) begründete seinen literarischen Ruhm über die Grenzen Deutschlands hinaus.

Der junge, wohlhabende Werther hat sich nach einer zerbrochenen Liebesbeziehung in eine ländliche Idylle zurückgezogen, um seine Neigungen und sein Ich ungehindert entfalten zu können. Dort verliebt er sich leidenschaftlich in Lotte, die Tochter eines Amtmanns, die nach dem Tod der Mutter ihre acht jüngeren Geschwister versorgen muss. Sie ist mit dem nüchternen und arbeitsamen Albert verlobt, der gerade verreist ist. Nach dessen Rückkehr muss Werther einsehen, dass Lotte für ihn unerreichbar ist. In seiner verzweifelten Lage beschließt er wegzugehen und in den Dienst einer Gesandtschaft einzutreten. Doch bürokratische Pedanterie und adelige Überheblichkeit verleiden ihm die Stelle bald und er kehrt zurück zu Lotte und Albert, die inzwischen verheiratet sind. Seine Liebe treibt ihn in eine ausweglose Situation, der er nur durch den Freitod zu entrinnen glaubt. Einen Tag vor Weihnachten erschießt er sich nach einem letzten Besuch bei Lotte.

Der Roman traf das Lebensgefühl der jungen Generation der ▶ Empfindsamkeit und löste eine wahre Werther-Begeisterung, aber auch eine Selbstmordwelle aus. Wer-

Goethe in der Campagna, Gemälde von J. H. W. Tischbein, 1786

thers absolute Gefühlsbetontheit steht in krassem Gegensatz zu den einengenden Institutionen der Ständegesellschaft. Zweihundert Jahre später, 1972, lebte das Werther-Fieber mit der Erzählung *Die neuen Leiden des jungen W.* von Ulrich Plenzdorf noch einmal auf (▶ DDR-Literatur).

Im Herbst 1775 folgte Goethe der wiederholten Einladung nach Weimar und trat als Geheimer Legationsrat in den Dienst des Herzogs Karl August. Bald bekam er die unterschiedlichsten Ressorts zugeteilt, den Wegebau, die Bergwerksverwaltung, die Aufsicht über die Museen, die Kriegskommission und die Staatsfinanzen. Die vielfältigen Aufgaben erweiterten sein Interessengebiet und führten ihn zur Naturforschung. Goethe wurde Minister und erhielt 1782 den Adelstitel verliehen.

Doch die tägliche Arbeit konnte ihn nicht zufrieden stellen. Einen regen Gedankenaustausch ermöglichte ihm die Freundschaft mit Charlotte von **Stein**, der Frau des Oberstallmeisters am Weimarer Hof, die seine nun melancholischere, ausgeglichenere Lyrik beeinflusste. Die Überwindung des Sturm und Drang zeigt sich deutlich in der Hymne *Die Grenzen der Menschheit* (1781), in der der Mensch sich seiner Grenzen gegenüber den Göttern bewusst wird, und in der Ode *Das Göttliche*. Einige der vollendetsten Gedichte der Zeit sind z. B. *An den Mond* (1777), *Über allen Gipfeln ist Ruh* (1780) und *Wanderers Nachtlied*.

Bis 1786 entwarf Goethe die Pläne zu einigen Dramen, konnte aber keines beenden: Das Hofleben behagte ihm immer weniger und Spannungen mit Frau von Stein nahmen zu. Heimlich brach er zu einer Reise nach Italien auf, von der er erst 1788 nach Weimar zurückkehrte. In dieser Zeit wurde er ein Anhänger der klassischen Kunst. Er schrieb mit *Iphigenie auf Tauris* ein beispielhaftes Drama der ▶ Klassik und beendete den *Egmont*, ein Trauerspiel, in dem ein individueller Charakter am Kampf gegen den Absolutismus scheitert. Außerdem arbeitete er einige Szenen für *Torquato Tasso* aus, einer Darstellung des Konflikts zwischen höfischer Gesellschaft und selbstbewusstem Künstler, und er beschäftigte sich wieder mit dem *Faust*-Stoff.

Nach seiner Rückkehr nahm er die junge Manufakturarbeiterin Christiane Vulpius auf, die ihm 1789 seinen einzigen Sohn, August, gebar. Da die Verbindung nicht standesgemäß war und die Ehe erst 1806 kirchlich geschlossen wurde, wurde sie von der Gesellschaft mit Missachtung betrachtet. Die Liebe zu Christiane spiegelt sich in dem Gedichtzyklus *Römische Elegien* (1788/90) wider.
Nach gelegentlichen Begegnungen begann ab 1794 die literarisch fruchtbare Freundschaft mit Schiller. Die beiden begleiteten ihre Arbeiten gegenseitig und regten sich zu dichterischen Versuchen an. In den gemeinsam verfassten *Xenien* (1795/96) rechneten sie satirisch mit dem Literaturbetrieb ihrer Zeit ab. Grundsatzdiskussionen zu Gattungsfragen führten zunächst dazu, dass beide sich wieder der ▶ Ballade zuwandten. Goethes Erzählgedichte sind einfacher, volksliedhafter und oft geheimnisvoller als die Schillers. Bekannte Beispiele sind *Der König in Thule* (1774), *Erlkönig* (1782), *Der Zauberlehrling*, *Die Braut von Korinth* und *Der Gott und die Bajadere* (alle 1797).
Schon 1777 hatte Goethe die Arbeit an seinem ▶ Bildungsroman *Wilhelm Meisters theatralische Sendung* aufgenommen, den er 1796 unter dem Titel *Wilhelm Meisters Lehrjahre* vollendete. Der Roman ist im Deutschland des 18. Jh.s angesiedelt und zeigt das problematische Aufeinandertreffen eines nach Entfaltung strebenden Individuums mit seiner Umwelt.

Der musisch interessierte Kaufmannssohn Wilhelm Meister lehnt es ab, in die bürgerlichen Fußstapfen seines Vaters zu treten. Vielmehr sucht er eine „allgemeine Ausbildung", eine Möglichkeit zur Selbstverwirklichung. Er glaubt sie zunächst im Theater, dann im Ideal der Aristokratie zu finden. Doch er muss erfahren, dass beide lediglich der Selbstdarstellung dienen, die Ausbildung der Persönlichkeit aber behindern. Schließlich sieht er ein, dass nur Selbstbeschränkung und Wirken in der Gemeinschaft zur sittlichen Selbstbestimmung führen.

Die Figuren um Wilhelm Meister, etwa Mignon, der alte Harfner, die schöne Seele Natalie, sind nicht als Individuen gezeichnet, sondern haben die Funktion, Gesinnungen widerzuspiegeln.

Der Roman erzielte eine ungeheure Wirkung. Er begründete eine Tradition von den jungen Romantikern wie ▶ Novalis über die Realisten ▶ Stifter und ▶ Keller bis in die Gegenwart zu ▶ Handke.
Goethe war der erste große Dichter, der im Alter eine eigenständige Schaffenszeit erlebte. In seinem Werk wird das in einem Wandel vom einmaligen, individuellen Erleben zum allgemein Gesetzmäßigen deutlich. Sein Stil wird symbolischer und er bedient sich mehr und mehr der ▶ Chiffre.
Es entstanden: der Roman *Wahlverwandtschaften* (1809), die Autobiographie *Mein Leben, Dichtung und Wahrheit* (1811/1814), die Liedersammlung *Westöstlicher Diwan* (1814/19), die *Novelle* (1797) sowie der Roman *Wilhelm Meisters Wanderjahre* (1829). Den Höhepunkt seines Alterswerks bildet unzweifelhaft die abschließende Arbeit am *Faust*, mit dem er sich seit seiner Zeit als Stürmer und Dränger bis kurz vor seinem Tod immer wieder auseinander setzte.

Der Tragödie erster Teil (1808) zeigt Faust, dessen Erkenntnisdrang unstillbar ist und der sich deshalb auf einen Pakt mit dem Teufel in der Gestalt Mephistos einlässt. Dieser soll die Fähigkeiten des Rastlosen zur Erkenntnis steigern, bis die von Faust selbst aufgestellten Bedingungen erfüllt sind:

Werd ich zum Augenblicke sagen:
verweile doch! Du bist so schön!
Dann magst du mich in Fesseln schlagen,
Dann will ich gern zu Grunde gehn!

Mephisto versucht deshalb ständig, seinem Herrn neue Reize zu bieten, und hilft ihm, das junge unschuldige Gretchen zu verführen. Faust wird an seiner Geliebten in vielfältiger Weise schuldig. Gretchen wird zur Kindsmörderin und endet im Kerker, erfährt aber letztendlich die Rettung ihrer Seele, weil sie sich vorbehaltlos Gott überantwortet. In *Der Tragödie zweiter Teil* (1832) tritt der Individualist Faust zu Gunsten eines zeitlos universalen Menschentyps zurück. Die Handlung wird in eine symbolische Zeit verlegt und in wechselnden Welten lernt Faust nun verschiedene Bereiche der Gesellschaft, der Politik, der Kunst und der Natur kennen. Zum Schluss verwirkt Faust sein Leben tatsächlich an Mephisto, aber himmlische Heerscharen retten ihn schließlich doch.

Goethes Drama rief kontroverse Reaktionen hervor. Von den Kirchen wurde der Inhalt kritisiert, von den jungen Dichtern des 19. Jh.s die Form. Schließlich deutete man Faust zum nationalen Helden und wahren Vertreter germanischer Größe um. Erst Thomas ▶ Manns Roman *Doktor Faustus* (1947) beendete den ideologischen Missbrauch von Goethes literarischer Figur. Dennoch hat der *Faust*-Stoff seine Faszination nicht verloren.
Am 22. März 1832 starb Goethe und hinterließ ein facettenreiches literarisches Werk und zahlreiche naturwissenschaftliche Abhandlungen. Das 19. Jh. stand ihm eher kritisch gegenüber und sympathisierte mit Schiller. Erst nach der Reichsgründung 1871 besann man sich wieder auf den „herausfordernd harmonischen Olympier“. Heute steht sein Name weltweit stellvertretend für deutsche Literatur und Kultur.

Gottfried von Straßburg (um 1200) galt schon seinen Zeitgenossen als Meister und damit als stilbildend. Man geht davon aus, dass er ein Kleriker bürgerlicher Herkunft war, der über eine gute Ausbildung verfügte und in der bischöflichen Residenz tätig war. Über sein persönliches Leben ist uns nichts bekannt, obwohl seine Dichtung bei den Zeitgenossen bewundernde Resonanz erfuhr. Er selbst sah in ▶ Wolfram von Eschenbach seinen Gegenspieler, der ihm deshalb verhasst war, weil er gegen die reinen und virtuosen Form- und Sprachgesetze verstieß, die Gottfried oberstes Gebot waren.
Der Fragment gebliebene Versroman *Tristan* (19548 Verse) entstand um 1210 wohl im Auftrag eines Gönners und wurde später von **Ulrich** von Türheim (um 1230) und **Heinrich** von Freiberg (um 1290) fertig gestellt. Gottfried diente die Bearbeitung des *Tristan*-Stoffes durch **Thomas** D'Angleterre (um 1170) als Vorlage.

Tristans Schicksal wird durch das Leben seiner Eltern vorweggenommen. Seine Mutter Blanchefleur empfängt von dem kranken Riwalin ein Kind. Während Riwalin bald im Kampf fällt, stirbt Blanchefleur während der Geburt ihres Sohnes Tristan. Von Kaufleuten entführt und in Kurnewall (Cornwall) ausgesetzt, trifft er auf eine Hofgesellschaft, der er zeigt, wie ein erlegter Hirsch ausgeweidet wird. Man ernennt ihn zum Jägermeister König Markes, der das Land regiert, und sein Onkel mütterlicherseits ist. Er tötet am Hof Markes den Mörder seines Vaters, Herzog Morgan. Marke richtet für Tristan die Schwertleite aus.

Als Spielmann getarnt geht er an den Hof der Königin von Irland. Bei Marke preist er deren Tochter Isolt, sodass dieser beschließt, sie als seine Braut ins Land holen zu lassen. Tristan übernimmt das Amt des Brautwerbers und kehrt wiederum getarnt nach Irland zurück. Tristan gewinnt durch die Tötung eines Drachen das Recht auf Isolt und führt sie als Braut für den König mit sich fort. Von einem Liebestrank, den die Mutter für Isolt und Marke zubereitet hat, trinken versehentlich Tristan und Isolt. Sie verfallen in gegenseitige Liebe, die anhält, auch nachdem Isolt wie vorgesehen Marke heiratet. Damit steht das Paar im Konflikt von gegenseitiger Liebe und daraus folgender Untreue gegenüber Marke als Ehemann Isolts und Lehnsherr Tristans. Schließlich

Gottfried von Straßburg, auf sein rechtes Knie ein Schreibtäfelchen gestützt, Manessische Liederhandschrift, 14. Jh.

wird ihre Beziehung entdeckt und Tristan muss das Land verlassen. Er flieht in das Herzogtum Arundel, wo er Isolt, die Tochter des Fürsten, heiratet und beginnt, die Geliebte zu vergessen. Hier bricht das Fragment ab.

Der Roman gehört zu den Hauptwerken des Hochmittelalters. Der letztlich unvereinbare Gegensatz von Minne und höfischen Konventionen, aber auch die Abhängigkeit der Minne von dem Regelsystem der höfischen Welt wird in seiner paradoxen Dualistik selten so vielschichtig und komplex behandelt.

Neue Wege beschritt Gottfried auch, indem er die Schwertleite Tristans dazu benutzt, um eine literarische Dichterschau zu geben. Während **Hartmann** von Aue als vorbildlich bewertet wird, bleibt für den gegensätzlichen Wolfram von Eschenbach nur beißende Kritik.

Das Tristan-Motiv behandelte Richard **Wagner** in seinem Musikdrama *Tristan und Isolde* (Uraufführung 1865), wobei die Handlung aber wesentlich abgeändert wurde. Der Spanier Palacio **Valdés** adaptierte das Tristan-Motiv in seinem Roman *Tristan oder Der Pessimismus* (1906) ebenso wie Thomas ▶ Mann in seiner Erzählung *Tristan* (1903).

Grass, Günter (geb. 1927) entstammt dem katholisch geprägten Kleinbürgertum des Freistaats Danzig, der unter der Verwaltung des Völkerbunds stand. Grass, der vom Vater her deutscher Abstammung ist, die Mutter war kaschubisch-polnischer Herkunft, verbrachte seine Kindheit und Jugend in einem Danziger Vorort, wo seine Eltern ein Lebensmittelgeschäft besaßen. Er besuchte das Gymnasium, war Mitglied der Hitlerjugend, Messdiener, Flakhelfer und Soldat.

Im Jahr 1945 kam der verwundete Grass in amerikanische Kriegsgefangenschaft. Der Verlust der Heimat (Danzig seit 1945 unter polnischer Verwaltung) war für ihn ein wichtiger Impuls für seine spätere schriftstellerische Arbeit. 1985 äußerte er sich dazu in einem Gespräch: „Bei mir war sehr früh die politische Erkenntnis da, daß das auf begründete Art und Weise verloren ist durch deutsche Schuld. Aber damit ... war nicht gesagt, dass es ganz und gar weg sein mußte. Das war auch ein Antrieb, mir zumindest literarisch, mir schreibend, das wiederherzustellen, was verloren war."

Schon als junger Mann begriff Grass Geschichte (wie ▶ Döblin, den er oft als seinen Lehrer bezeichnet) als absurden Prozess, in dem Vernunft nur mit vorsichtigem Schneckentempo möglich sei. Freiheit erblickte er hauptsächlich in der Kunst, weshalb er nach einer Steinmetzlehre Malerei und Bildhauerei in Düsseldorf und Berlin studierte. 1955 trat er der ▶ Gruppe 47 bei. Danach lebte er eine Zeit lang in Paris und

Italien, seit 1960 in Berlin und auf dem Lande in Schleswig-Holstein.
1956 bis 1959 entstand der Roman *Die Blechtrommel,* dessen Erscheinen großes Aufsehen erregte und für den er 1999 mit dem Nobelpreis für Literatur ausgezeichnet wurde.

Der Roman schildert aus der Sicht des in einer Heilanstalt einsitzenden, sich selbst als Held verstehenden Oskar Matzerath in mehreren übereinander gelagerten und sich durchdringenden Erzählebenen dessen Lebensgeschichte. Sie beginnt mit der Zeugung der Mutter auf einem weiten Feld und führt über die Kaschubei und Danzig bis in das Düsseldorf der 1950er-Jahre.

Oskar ist bereits bei seiner Geburt im Jahre 1924 geistig voll entwickelt. An seinem dritten Geburtstag, zu dem er eine Trommel geschenkt bekommt, beschließt er, „auf keinen Fall Politiker und schon gar nicht Kolonialwarenhändler zu werden, vielmehr einen Punkt zu machen, so zu verbleiben". „Der Dreijährige, der Gnom, der Däumling, der nicht aufzustockende Dreikäsehoch" will aus Protest gegen das Spießertum seiner Zeit nicht mehr wachsen. Ausgestattet mit einer durchdringenden Stimme, die Glas zerspringen lässt und mit seiner Trommel lebt er ein Außenseiterdasein voller Protest und erotischer Fantasien. Er bleibt ein Zwerg, der die Gesellschaft aus der Froschperspektive betrachtet, der aber auch hinter dieser Maske als kaltschnäuziger Verführer handelt.

„Was soll ich noch sagen: Unter Glühbirnen geboren, im Alter von drei Jahren vorsätzlich das Wachstum unterbrochen, Trommel bekommen, Glas zersungen, Vanille gerochen, in Kirchen gehustet, Luzie gefüttert, Ameisen beobachtet, zum Wachstum entschlossen, Trommel begraben, nach Westen gefahren, den Osten verloren, Steinmetz gelernt und Modell gestanden, zur Trommel zurück und Beton besichtigt, Geld verdient und den Finger gehütet, den Finger verschenkt und lachend geflüchtet, aufgefahren, verhaftet, verurteilt, eingeliefert, demnächst freigesprochen, feiere ich heute meinen dreißigsten Geburtstag und fürchte mich immer noch vor der Schwarzen Köchin – Amen."

Der Schriftstellerkollege Hans Magnus **Enzensberger** titulierte 1962 den Roman zwar euphorisch mit „Wilhelm Meister auf Blech getrommelt". Der Roman *Die Blechtrommel* sperrt sich jedoch gegen eine bloß klassifizierende Zuordnung zu einer bestehenden literarischen Richtung. Er ist weder ganz Entwicklungsroman, noch ▶ Schelmenroman oder ▶ Satire.
Die satirisch-ironische Analyse des kleinbürgerlichen Lebens, die unbekümmerte Durchbrechung von Tabus und der bedenkenlose Umgang mit herkömmlichen Erzählformen verbinden *Die Blechtrommel,* die Novelle *Katz und Maus* und den Roman *Hundejahre* (die drei Werke erschienen zwischen 1959 und 1963) zur „Danziger Trilogie". In den nächsten Jahren erschienen das Zeitstück *Die Plebejer proben den Aufstand* (1966), der Zeit-Roman *Örtlich betäubt* (1969), 1972 das literarische Resümee seiner Unterstützung der SPD

Selbstbildnis mit Butt

im Wahlkampf 1969 in *Aus dem Tagebuch einer Schnecke*. 1977 folgte der Roman *Der Butt,* wo Grass Kulturgeschichte und Mythologie zu einer alles umfassenden Menschheitsgeschichte entfaltete.

In neun historischen Stationen, von der Jungsteinzeit beginnend bis zum Nationalsozialismus, erzählt er episodenhaft die Geschichte seiner Geburtsstadt Danzig. Im Erzählrahmen greift Grass auf das romantische Märchen „Von dem Fischer und syne Fru" zurück, in dem sich eine unersättliche Fischersfrau von einem allmächtigen Butt immer mehr Macht und Reichtum wünscht. Den Kern des Romans bilden neun Frauenschicksale, die als Mütter und Köchinnen Leben spenden und erhalten. Diese neun Biographien kreuzen sich immer wieder mit den Lebensgeschichten bedeutender Männer (z. B. Bischof Albert von Prag, Martin Opitz, August Bebel), die als Liebhaber oder Ehemänner der Köchinnen erscheinen. Der sprechende Butt ist dabei jeweils dem Mann als Berater an die Seite gestellt und wird am Ende des Romans in einem großen Schauprozess, der in einem Berliner Kino stattfindet, für das gewalttätige Patriarchat verantwortlich gemacht. Die neun über ihn zu Gericht sitzenden Feministinnen lassen den Butt aber am Schluss frei mit der Auflage, künftig die Frauen zu beraten.

Mit der 1979 erschienenen Erzählung *Das Treffen in Telgte* verband Grass eine Hommage an die Gruppe 47 und ihren Gründer Hans Werner Richter. 1986 folgte *Die Rättin* als tief pessimistische Vision. Der Erzähler, die Erde in einer Weltraumkapsel umkreisend, führt im Traum Gespräche mit einer Ratte, jenem Tier, das nicht einmal in die Arche Noah durfte. Die Rättin beschwört das Ende der Menschheit im atomaren Holocaust mit den Worten: „Nie gesehenes Licht. Sie sind geblendet. Hitze haucht sie verzehrend an. Sie vergehen. Wo ich hindeute, ist nichts mehr – hinterm nördlichen Horizont wachsen die oft beschriebenen Pilze."

Während Grass mit *Ein weites Feld* (1995), dem Roman zur deutschen Wiedervereinigung, wenig positive Resonanz erfuhr, feierte die Kritik seine jüngste Novelle *Im Krebsgang* (2002) geradezu euphorisch. Parallel zu seinem Prosawerk, manchmal es inhaltlich vorwegnehmend, entstanden Gedichte. Wenn es ihm die Sprache verschlug, dann zeichnete Grass, womit er immer wieder an seine künstlerischen Wurzeln zurückkehrte. Als Grass während seines Studiums an der Kunstakademie seine Zeichnungen für einen Wettbewerb einreichte, wurden sie ihm zurückgeschickt mit der Bemerkung: „Großartige Zeichnungen, aber leider gegenständlich." „Realismus" hat für Grass auch viel mit dem Wirklichkeitsbezug eines engagierten Zeitgenossen zu tun. Als Grass nach dem Erfolg der *Blechtrommel* zum „Gewissen der Nation" hochstilisiert werden sollte, wehrte er sich ärgerlich dagegen. Wolle man einem einzelnen Menschen das aufbürden, dann könnte wohl der Rest der Bevölkerung ohne Gewissen dahinvegetieren.

Grimmelshausen, Hans Jakob Christoffel von, wurde 1621 im hessischen Gelnhausen geboren. Dort besuchte er – seine Familie war ursprünglich adelig, hatte den Titel aber abgelegt – die lutherische Lateinschule. 1634 wurde seine Geburtsstadt von kaiserlichen Truppen zerstört. Grimmelshausen floh nach Hanau, von wo aus er als Söldner auf verschiedene Kriegsschauplätze verschleppt wurde. Um 1639 zum Katholizismus konvertiert, avancierte er 1649 zum Verwalter des Dorfes Gaisbach, wo er auch eine Wirtschaft betrieb. Es folgten weitere Tätigkeiten als Verwalter und bischöflicher Bürgermeister in Renchen. Während dieser Zeit entstanden die meisten seiner Werke. 1676 starb Grimmelshausen als Teilnehmer im Pfälzischen Erbfolgekrieg. Im Renchener Totenbuch wird er als ein Mann „magno in-

genio et eruditione" (von großer Begabung und Bildung) bezeichnet. Er gilt zu Recht als der bedeutendste Barock-Epiker Deutschlands.
Grimmelshausens Werk ist geprägt durch seine Erfahrungen aus dem Dreißigjährigen Krieg, aber auch beeinflusst von deutscher, französischer und spanischer Literatur. Literarisch begonnen hat Grimmelshausen mit höfisch-historischen Romanen wie *Der Satyrische Pilgrim I, II (1666/67)* und *Des Vortrefflichen Keuschen Josephs in Egypten ... Lebensbeschreibung*. Es folgten modische Kunstromane (1670, 1672). Vor allem der spanische ▶ Schelmenroman und der französische Roman *Francion* von Charles Sorel bildeten die Vorbilder für seinen bekanntesten Roman *Der Abenteuerliche Simplicissimus Teutsch* (1659). In den Roman gehen auch autobiographische Erlebnisse von Grimmelshausen ein.

Titelkupfer der Erstausgabe des „Simplicissimus", 1669

Simplicius, ein unerfahrener Junge wie Wolfram von Eschenbachs *Parzival*, wird von einer Bauernfamilie im Spessart aufgezogen, verlässt aber den Hof seines Vaters, nachdem schwedische Reiter das Anwesen überfallen und schrecklich verwüstet haben. Er wird schließlich von einem Einsiedler aufgenommen. Nach dessen Tod kommt er zu dem schwedischen Obristen Ramsey, der ihn, da der Junge zum Pagen nicht taugt, zum Narren ausbilden lässt. Ein Versuch, Eremit zu werden, scheitert. Er begibt sich in Kriegsdienst, wird zum erfolgreichen „Grünen Jäger" von Soest. Nach der Flucht vor einer unglücklichen Ehe bringt er es in Paris zu Vermögen und wird zum Frauenliebling. Er erkrankt an Blattern, wird zum Räuber und wieder zum Soldaten. Erneut kehrt er in sein Heimatdorf zurück und erfährt von seinen Pflegeeltern, dass der Eremit sein Vater gewesen ist. Nach erlebnisreichen Reisen lässt er sich als Eremit nieder. In einer 2. Auflage wurde der Roman durch ein Fortsetzungskapitel ergänzt. Weitere simplicianische Geschichten folgten.

Der Roman *Die Lebensbeschreibung der Ertzbetrügerin und Landstörtzerin Courage* (1670) stellte Simplicius ein weibliches Pendant gegenüber. Dieses war das Vorbild von Brechts Drama *Mutter Courage und ihre Kinder*. Die beiden *Vogelnest*-Romane umfassen verschiedene Episoden, die der Besitzer des magischen Vogelnestes erlebt, ohne dass ihm dies Glück oder Erfolg bringt. Bedeutung erlangten auch Grimmelshausens Erzählungen, von denen ein Teil im *Ewigwährenden Kalender* (1670) veröffentlicht wurden. Grimmelshausens Kurzprosa ist den ▶ Kalendergeschichten zuzurechnen.

Großstadtdichtung Mit diesem Begriff bezeichnet man literarische Werke, in denen (fast durchweg negative) Erlebnisse, Erfahrungen und Konflikte von Menschen in der als bedrohend empfundenen Unüberschaubarkeit und Anony-

mität der modernen Großstadt dargestellt werden.
Als geeignetste literarische Form, die Komplexität der Großstadt darzustellen, erweist sich der auf Vielsträngigkeit und Perspektivenfülle angelegte ▶ Roman. Autoren von Großstadtromanen waren im 19. Jh. u. a. Eugène **Sue**, Victor **Hugo**, Charles **Dickens**, ▶ Zola. Im frühen 20. Jh. wird das Bild der Großstadt durch drei große Romane bestimmt: ▶ Joyce, *Ulysses* (1922), John **Dos Passos**, *Manhattan Transfer* (1925) und ▶ Döblin, *Berlin Alexanderplatz* (1929). In diesem Werk, dem ersten und bedeutendsten Großstadtroman Deutschlands, zeichnet der Dichter mit Montagen und Collagen ein höchst komplexes und zugleich eigenwilliges Bild von Berlin. Der Leser erfährt die Atmosphäre der Stadt in einem vielschichtigen und doch genau rhythmisierten Sprachorchester von Börsenberichten, Zeitungsannoncen, Statistiken, Behördenformularen, Schlagern, Gassenhauern und Straßenjargon. Mit der Hauptfigur Franz Biberkopf schlägt er sich durch die brausende, lebensmörderische Hauptstadt der 20er-Jahre, in der sich die Lebenssphären komisch und grotesk, dadaistisch und absurd überschneiden. So entsteht ein futuristisches Panorama, das sich zum religiösen Welttheater ausweitet.
Seit dem ▶ Expressionismus ist die Großstadt auch häufig Gegenstand der Lyrik, wo sie als ▶ Chiffre für Lebensangst und Bedrohung überhaupt steht, so z. B. bei Georg **Heym**, Jakob van **Hoddis**, ▶ Rilke, Georg **Trakl** und ▶ Brecht. Auch nach dem Zweiten Weltkrieg wurde die Großstadt wiederholt zum literarischen Thema, z. B. in den Romanen *Die Erde ist unbewohnbar wie der Mond* (1973) von Gerhard **Zwerenz** und *Das Hochhaus* (1975) von Ingeborg **Drewitz**.

Groteske leitet sich als Begriff (ital.: grottesco = wunderlich, verzerrt zu Grotta = grottenartige Räume) aus der bildenden Kunst ab. Im 16. Jh. entdeckte man in unterirdischen Räumen Italiens Fresken mit Pflanzen, Tieren und Fabelwesen. So bezeichnet der Begriff eigentlich dekorative, oft derbe antike Wandmalereien, Ornamente und Verzierungen, die gegenüber der Realität über- oder unterproportioniert sind. Gegenstand waren auch menschliche Körperteile wie Gesicht, Bauch, Nase, Genitalien, die verzerrt wiedergegeben wurden. Ursprünglich verstand man die Darstellungen religiös, eng verbunden mit Elementen des Volks- und Aberglaubens. Die „überzeichneten" Figuren an den Säulen und Außenwänden der mittelalterlichen Kirchen sollten die Dämonen abwehren. In der Renaissance wurde die Groteske säkularisiert und auf den weltlichen Bereich ausgedehnt, z. B. mit prächtigen Verkleidungskostümen während des Karnevals.
Die Groteske existiert auch als literarische Form, die Natürliches mit Fantastischem (▶ Fantastische Literatur) verbindet und bewusst die Wirklichkeit verlässt. François **Rabelais'** Roman *Gargantua und Pantagruel* stellt eine der ersten großen literarischen Grotesken dar. Mit der ▶ Romantik erlebt die Groteske einen Höhepunkt. ▶ Hoffmann und ▶ Poe beziehen die Groteske in ihre Thematik der menschlichen Entfremdung im Zuge der Industrialisierung mit ein. Der Maschinenmensch als Bild des entindividualisierten Menschen wird zur Metapher der Zeit.
Die Groteske scheint einer Welt zu entsprechen, die unübersichtlich ist, in der paradox Widersprüchliches nebeneinander existiert, ohne dass dieses aufgelöst werden kann. So wird die Groteske auch als eine Form realistischer Weltsicht betrachtet und ist mit den literarischen Strömungen wie Sturm und Drang, Romantik, Expressionismus, Surrealismus verbunden. Die Groteske kann sowohl die ganze literarische Form wie Epik (Gattung Groteske), Lyrik (Dada-Bewegung) und das Drama (Tragikomödie, ▶ absurdes Theater) bestimmen

als auch innerhalb eines Gesamtwerkes auftreten. Sie spielt eine wichtige Rolle bei Autoren wie Eugène **Ionesco**, ▶ Schnitzler, Frank **Wedekind**, Samuel **Beckett**, ▶ Brecht, ▶ Dürrenmatt, ▶ Kafka, ▶ Grass, H. ▶ Mann, Wilhelm **Busch** und Christian **Morgenstern**.

Gruppe 47 bezeichnet einen losen Zusammenschluss von zuletzt über 200 deutschsprachigen Schriftstellern, der von 1947 bis 1967 bestand und einen prägenden Einfluss auf die Entwicklung der Literatur der Bundesrepublik ausübte.
Durch die Einladung von Verlegern, Kritikern und Lektoren (seit 1955) sowie ein wachsendes Medieninteresse erzielte die Gruppe eine große Breitenwirkung. Sie wurde Treffpunkt, mobile Akademie, „literarische Ersatzhauptstadt" (Böll) und fungierte als eine Art Literaturmesse. Kein jüngerer Schriftsteller von Rang, zumal der ▶ Trümmerliteratur, der sich nicht zur Gruppe 47 zählen wollte. Bereits die Liste der von ihr gekürten Preisträger (ab 1950) nennt führende Repräsentanten der westdeutschen Nachkriegsliteratur und reicht von Günther **Eich**, ▶ Böll, Ilse **Aichinger**, ▶ Bachmann, Martin **Walser** und ▶ Grass bis hin zu Johannes **Bobrowski**, Peter **Bichsel** und Jurek **Becker**. Fern indes hielten sich konservative Autoren wie Ernst **Jünger** oder ▶ Benn sowie Einzelgänger wie Hans Henny **Jahnn**, Wolfgang **Koeppen**, Hans Erich **Nossack** oder Arno **Schmidt**.
Gründungsvater und Organisator der Gruppe 47 war Hans Werner **Richter**, der nach dem Verbot der von ihm und Alfred **Andersch** herausgegebenen Zeitschrift *Der Ruf* (1946/47) eine neue Plattform zur Sammlung und Förderung der jungen Literatur suchte. Im erklärten Gegensatz zu den Wortführern der Literatur der ▶ Inneren Emigration wie Rudolf Alexander **Schröder** sollte dabei gleichzeitig ein Beitrag zum Aufbau einer demokratischen Kultur geleistet werden: „Nein, es bestand kein Verständnis für Dichterlesungen bei

Tagung im Haus des Literarischen Colloquiums am Wannsee in Berlin, 1965 (erste Reihe, rechts: Erich Fried; zweite Reihe: Peter Weiss und Siegfried Unseld; vierte Reihe, Mitte: Uwe Johnson)

weihevoller Stille und Kerzenschein. Man wünschte sich etwas anderes: Kritik, Auseinandersetzungen, Unruhe. Und die Sprache, diese gebeutelte und verdorbene Sprache, es war keine ‚Dichtersprache' mehr" (Richter).
Den Mittelpunkt der Gruppenaktivitäten bildeten alljährliche Tagungen, bei der die von Richter eingeladenen Autoren aus unveröffentlichten Manuskripten vortrugen. Anschließend wurden sie der Kritik unterzogen. Gemäß einem strengen Ritual war dem Lesenden die Gegenrede untersagt. Politisches Ziel vieler Tagungen war die Verabschiedung von Resolutionen wie z. B. anlässlich der Niederschlagung des ungarischen Volksaufstands 1956.

Von ihren literarischen und weltanschaulichen Gegnern geschmäht und von Anfang an gekennzeichnet durch Fraktionskämpfe und persönliche Animositäten, sah sich die Gruppe 47 ab Mitte der 1960er-Jahre erneut heftigen Vorwürfen ausgesetzt. ▶ Handke geißelte ihre „Beschreibungsimpotenz" und die Sterilität ihrer Aussprachen. Wenig später konstatierten Vertreter der Studentenbewegung ein mangelndes politisches Bewusstsein der Gruppe und lösten dadurch heftige Auseinandersetzungen aus. Versuche Richters seit 1972, die 1968 abgebrochene Tagungstradition wieder aufleben zu lassen, scheiterten am mangelnden Interesse der Autoren. 1977 löste sich die Gruppe 47 auf.

H

Haiku (japan. = humoristischer Vers, Posse) bezeichnet eine Kurzform der japanischen Lyrik, bestehend aus drei ursprünglich humoristischen Versen zu 5 – 7 – 5 Silben. Diese kürzeste Gedichtform der Weltliteratur zwingt zu knapper, überlegter Wortwahl und zu pointiertem Erfassen des Gegenstandes. Das traditionelle Haiku ist inhaltlich ein Naturgedicht. Es konzentriert eine Welt in siebzehn Silben und gilt als gelungen, wenn eine eigene Naturbeobachtung oder -erfahrung in noch unverbrauchten Worten und Bildern innerhalb der vorgegebenen Begrenzung ausgedrückt wird:

Und auch die dürren
laublosen Äste nicht stumm –
sie ächzen im Wind.

Die Gattung, die heute noch gepflegt wird, erlebte im 17. Jh. ihren Höhepunkt. Seit dem späten 19. Jh. lassen sich Einflüsse auf westliche Literaturen feststellen, so etwa in der inneren und äußeren Struktur einzelner Gedichte von Manfred **Hausmann**, der Haikus nachdichtete, aber auch bei Max **Dauthendey**, Arno **Holz**, Richard **Dehmel**, Stefan **George** und **Klabund**.

Handke, Peter (geb. 1942) österreichischer Schriftsteller. Als 1966 sein Roman *Die Hornissen* veröffentlicht wurde, brach er sein Jura-Studium in Klagenfurt ab.
Im selben Jahr löste er mit seinem spektakulären Auftritt bei der Tagung der ▶ Gruppe 47 in Princeton (USA) einen Skandal aus und profilierte sich als Sprecher einer jungen Autorengeneration. Seit 1979 lebt Handke in Salzburg bzw. in Paris. Mit seinen frühen „Sprechstücken" erteilte Handke der deutschsprachigen Literatur

der 60er-Jahre mit ihrer Fixierung auf politisch-ideologisches Engagement und ihrem Sprachrealismus eine klare Absage. In ihnen durchbricht der Autor die gewohnten Wahrnehmungsweisen, um eine kritische Sensibilität gegenüber der kollektiven Macht der Sprachsysteme zu vermitteln. In der *Publikumsbeschimpfung* (1965) sollen die Zuschauer mit verbalen Provokationen und Schmähungen zur Reflexion über ihr Selbstverständnis und ihre Erwartungen an das Theater herausgefordert werden. Eine Abkehr vom Illusionstheater stellt auch das Stück *Kaspar* (1968) dar. In 65 Szenen wird gezeigt, wie der Mensch mittels Sprache manipuliert werden kann.

In den Erzählungen *Die Angst des Tormanns beim Elfmeter* (1970), *Wunschloses Unglück* (1972) und *Die linkshändige Frau* (1976) geht es um Rollenzuweisungen und den Versuch bzw. das Unvermögen, sich aus ihnen zu befreien.

Handkes schnell zunehmende Publizität war begleitet von heftigen Attacken namhafter Kritiker, die glaubten, ihn mit Schlagworten wie ▶ Neue Subjektivität oder „Neue Innerlichkeit" abqualifizieren zu können. Seine Antwort darauf war der Essay-Band *Ich bin ein Bewohner des Elfenbeinturms* (1972).

Handkes Texte verweisen auf prägende Vorbilder. So liegt dem *Kurzen Brief zum langen Abschied* (1972) ▶ Kellers *Der grüne Heinrich* zu Grunde, der gleichermaßen wieder entdeckt und verfremdet wird.

Handke setzte sich schon früh mit akustischen und optischen Medien auseinander. 1970 erschien die Hörspielsammlung *Wind und Meer*, 1971 das erste Filmbuch, die *Chronik der laufenden Ereignisse*, 1975 die Filmerzählung *Falsche Bewegung*. Es folgten eigene Regieversuche und Arbeiten mit dem Regisseur Wim Wenders (*Der Himmel über Berlin*, 1987).

Die 1979 erschienene Erzählung *Langsame Heimkehr*, erster Teil einer Tetralogie gleichen Titels, markiert einen Einschnitt. Als

Peter Handke

Fortsetzung folgten *Die Lehre des Sainte-Victoire* (1980) und die *Kindergeschichte* (1981) sowie das „dramatische Gedicht" *Über die Dörfer* (1981). Dic vier Teile stellen poetische Versuche einer grundlegenden Orientierung in einer Welt ohne Religion und verbindliche Werte dar. Stilistisch entfernte sich Handke in ihnen weit von seinen früheren Arbeiten.

Das dominierende Motiv der größeren Erzähltexte zwischen 1983 und 1987 (*Der Chinese des Schmerzes*, 1983; *Die Wiederholung*, 1986; *Die Abwesenheit. Ein Märchen*, 1987) ist die Angst vor der Endgültigkeit, die keinen Wandel mehr zulässt.

Trotz heftiger Polemik gerade gegen seine jüngeren Arbeiten, z. B. den Roman *Mein Jahr in der Niemandsbucht – Ein Märchen aus den neuen Zeiten* (1994), wurde Handke mit vielen Preisen ausgezeichnet.

Hauptmann, Gerhart (1862–1946) ist der bedeutendste deutschsprachige Vertreter des ▶ Naturalismus. Er wurde am 15. November 1862 in Ober-Salzbrunn in Schlesien geboren. Von 1874–1878 besuchte Hauptmann die Realschule am Zwinger in Breslau, doch ab 1877 gerieten seine Eltern, Hotel- und Gasthofbesitzer, in wirtschaftliche Schwierigkeiten. Deshalb wurde er 1878/79 Landwirtschaftseleve in Striegau, trat aber 1880 in die Bildhauerklasse an der Königlichen Kunstschule in Breslau ein. 1883/84 hielt er sich als Bildhauer in Rom auf. Eine Typhuserkrankung zwang ihn zur Rückkehr und er besuchte wieder die Kunstakademie und nahm zudem Schauspielunterricht. Die Heirat mit Marie Thienemann, der Tochter eines Großkaufmanns, 1885 ermöglichte ihm ein finanziell unabhängiges Leben als Künstler.

1888 erschien die novellistische Studie *Bahnwärter Thiel*. In der kurzen Erzählung schildert Hauptmann den zunehmenden Verfall des im Grunde peniblen Bahnwärters, der zum Mord an seiner zweiten Frau und seinem Kind getrieben wird und im Wahnsinn endet.

Mit der Uraufführung seines ersten sozialen Dramas *Vor Sonnenaufgang* am 20. Oktober 1889 an der *Freien Bühne* in Berlin, einem Theaterverein, der in geschlossenen Veranstaltungen meist von der ▶ Zensur verbotene, naturalistische Stücke vorstellte, löste Hauptmann einen Skandal aus. Es wurden ihm Zügellosigkeit und Umstürzlerei vorgeworfen, weil er darin Alkoholismus und den Zerfall familiärer Bindungen thematisierte. Auch mit seinen weiteren Theatererfolgen befand er sich immer in Konflikt mit den staatlichen Behörden, z. B. mit *Die Weber* (1893).

Den historischen Hintergrund des Stücks bildet der spontane Aufstand schlesischer Weber gegen die Ausbeutung durch ihre Arbeitgeber 1844, der mit Militärgewalt niedergeschlagen wurde. In Massenszenen und an einzelnen Familien werden das Elend der Weber und seine Auswirkungen dargestellt. Im letzten Akt kommt der alte Hilse, der aus religiösen Gründen den gewaltsamen Aufstand ablehnt, ums Leben. Dieser Schluss und die traditionelle fünfaktige Form löste eine Diskussion darüber aus, ob Hauptmann ein sozialkritisches Kampfstück oder ein von Mitleid motiviertes Drama geschrieben habe.

Hauptmann orientierte sich in seinem Werk an den Naturalisten seiner Zeit. Ausführliche Regieanweisungen, die das Milieu und die Atmosphäre der Stücke genau beschreiben und eine charakteristische Sprechweise seiner Figuren, die durch Dialekt oder Stottern u. Ä. ihre soziale Schicht und ihre Eigenschaften widerspiegelt, sind kennzeichnende Merkmale. Bei der Figurengestaltung geht er aber über die Darstellung von Typen hinaus und schafft meist gebrochene, von ihrer Seele und ihren Trieben geprägte Menschen.

Mit der Diebskomödie *Der Biberpelz* (1893) gelang Hauptmann eine der wenigen bedeutenden Komödien in der deutschen Literatur. Im Berlin der ausgehenden 1880er-Jahre versucht die tatkräftige und geschäftstüchtige Mutter Wolffen ihre Familie, ihren schwerfälligen Mann und zwei Töchter, so gut wie möglich über die Runden zu bringen. Von Familie Krüger, bei der sie wäscht und bei der ihre älteste Tochter in Dienst steht, bringt sie einen Stapel trockenes Holz und einen Biberpelz an sich. Den Pelz verkauft sie dem Spreeschiffer Wulkow und mit dem Erlös kann sie all ihre Schulden abbezahlen. Krüger zeigt den Diebstahl beim Amtsvorsteher von Wehrhahn an, der aber ist mehr daran interessiert, „reichs- und königsfeindliche Elemente" zu überführen. Mutter Wolffen weiß zudem alle Verdachtsmomente von sich abzuweisen, und so werden die Diebstähle nicht aufgeklärt. Hauptmann karikiert hier die Repräsentanten des Kaiserreichs, das mit den Sozialistengesetzen jegliche Kritik zu unterdrücken versuchte. In dem Privatgelehrten Dr. Fleischer, der politisch verdächtig ist, weil er zwanzig verschiedene Zeitungen abonniert und mit freigeistigen Literaten verkehrt, stellt Hauptmann sich selbst dar.

In den folgenden Jahren entstanden weitere bekannte Stücke: *Fuhrmann Henschel* (1898), *Rose Bernd* (1903) sowie die Tragikomödie *Die Ratten* (1911).

1912 wurde Hauptmann der Nobelpreis für Literatur verliehen. Der Weimarer Repub-

Gerhart Hauptmann, Nobelpreisträger von 1912, im Alter von 80 Jahren

lik galt er als ihr geistiger Repräsentant, ab 1933 umwarben ihn die nationalsozialistischen Kulturpolitiker. Hauptmann hisste die Hakenkreuzfahne auf seinem Haus in Agnetendorf, um in Ruhe gelassen zu werden. Nach dem Ende des Zweiten Weltkriegs verehrte ihn die sowjetische Besatzungsmacht als den Verfasser der *Weber*.
In seinem späteren Werk richtete er den Blick in ferne utopische Bereiche und als Höhepunkt seiner Prosa wurde der Roman *Der Narr in Christo Emanuel Quint* (1910) bekannt. 1932 feierte er noch einmal einen Bühnenerfolg mit *Vor Sonnenuntergang*, das sich mit dem Altwerden beschäftigt. Mit dem Dramenzyklus *Die Atriden-Tetralogie* (1941–1944) setzt er Goethes klassischem Drama *Iphigenie* seine Deutung des antiken Mythenstoffs entgegen.

Heimatliteratur bezeichnet jene Dichtung, in der ein Autor einen begrenzten ländlichen Raum – meist die eigene Heimat – mit dessen Brauchtum und Sprache zum Handlungszentrum eines epischen oder dramatischen Werks macht. Dabei geht es kaum einem Dichter darum, ein getreues Abbild der Wirklichkeit zu geben. Die fast immer idealisierten und sentimental überhöhten Darstellungen der bäuerlichen Lebensformen sollen vielmehr das Bild einer heilen und noch intakten Ordnung vermitteln.
Entstehen konnte die Heimatliteratur in Deutschland zur Mitte des 19. Jh.s, als mit der zunehmenden Industrialisierung die Wahrnehmung für ländliche Lebensformen geschärft wurde. Unter dem Eindruck von Landflucht und städtischer Verelendung schienen vielen Lesern gerade im bäuerlichen Milieu die wahren Werte zu liegen. So erklären sich auch die großen Erfolge für eher triviale Texte (▶ Trivialliteratur): angefangen bei Berthold **Auerbachs** *Schwarzwälder Dorfgeschichten* (1843–1854), über die Dramen von Ludwig **Anzengruber** (*Der Meineidbauer*, 1871; *Die Kreuzelschreiber*, 1872) und die Romane Ludwig **Ganghofers** (z. B. *Edelweißkönig*, 1886; *Das Schweigen im Walde*, 1899) bis zu Peter **Roseggers** autobiographischen Erzählungen (*Als ich noch der Waldbauernbub war*, 1902).
Um 1900 stellten konservative Kulturkritiker wie Adolf **Barthels** oder Friedrich **Lienhard** der Großstadtliteratur der Jahrhundertwende (▶ Naturalismus und ▶ Fin de Siècle), die sie als „Mileudichtung" ablehnten, die sog. Heimatkunst oder „Hochlandliteratur" entgegen. Ihre Forderungen nach einer „Kunst der vollsten Hingabe, des innigsten Anschmiegens an die Heimat und ihr eigentümliches Leben" verbreiteten sie in Zeitschriften wie dem *Kunstwart* oder der *Heimat. Blätter für Literatur und Volkstum*. Für diese Richtung der Heimatliteratur stehen Werke wie *Der Büttnerbauer* (1895) von Wilhelm von **Polenz**, *Die Dithmarscher* (1898) von Adolf **Barthels** und *Jörn Uhl* (1901) von Gustav **Frenssen**. Rühmliche Ausnahmen von dieser einseitig ausgerichteten Heimatdichtung bilden dagegen die vielschichtigen Werke von Clara **Viebig** (*Das Weiberdorf*, 1900; *Das schla-*

fende Heer, 1904), Ludwig **Thoma** (*Der Wittiber*, 1911; *Magdalena*, 1912; *Der Ruepp*, 1921), Lena **Christ** (*Die Rumplhanni*, 1916; *Madam Bäuerin*, 1920) und Oskar Maria **Graf** (*Die Chronik von Flechting*, 1925; *Bolwieser*, 1931; *Unruhe um einen Friedfertigen*, 1947).
Nachdem in der Zeit des Nationalsozialismus die Heimatkunst im Sinne einer „Blut-und-Boden-Kultur" für ideologische Zwecke umgedeutet worden war (Joseph Georg **Oberkofler**, *Der Bannwald*, 1939), spielte sie nach dem Zweiten Weltkrieg als literarische Gattung kaum mehr eine Rolle. Dagegen füllten kitschige Heimatfilme nach Romanen von Ganghofer und dem Norweger Bjørnsterne **Bjørnson** die Kinos. Mit einem insgesamt stärkeren Interesse an Vergangenheit und Geschichte entdeckten seit den 1980er-Jahren verschiedene Autoren die Heimat wieder als Handlungszentrum. Ein großer Erfolg wurde z. B. der in einem kleinen Dorf in der Vorarlberg spielende Roman *Schlafes Bruder* von Robert **Schneider** (1992).

Heine, Heinrich, (1797–1856) zählt zu den bedeutenden Lyrikern des 19. Jh.s. Auch wenn in seinem Werk das Nachwirken der ▶ Romantik spürbar wird, gehört der zeitlebens politisch engagierte Dichter ganz in die Epoche des ▶ Vormärz. Daher verstand sich dieser „Meister der Sprache" immer auch als „braver Soldat im Befreiungskriege der Menschheit".
Harry Heine – den Vornamen Heinrich legte er sich erst nach seiner Taufe im Jahre 1825 zu – kam in Düsseldorf als Sohn einer großbürgerlich-jüdischen Familie von Ärzten, Intellektuellen und Bankiers zur Welt. Seine Erziehung stand noch ganz unter dem Einfluss von aufklärerischem Gedankengut. Doch genauso prägend waren die romantischen Volkslieder, Märchen und Sagen. Nach den Schuljahren in einem Franziskanerkloster und dem gescheiterten Versuch einer Kaufmannskarriere studierte er Rechtswissenschaften. In die Zeit des Studiums – ab 1819, dem Jahr der „Karlsbader Beschlüsse" – fielen auch Heines erste bedrückende Erfahrungen mit den politischen Zuständen in Deutschland, die auf Wiederherstellung einer obrigkeitsstaatlichen Ordnung abzielten. Sein Plan, eine bürgerliche Existenz aufzubauen und Universitätsprofessor zu werden, scheiterte, da allen ungetauften Juden nach 1815 diese Laufbahn versperrt war. Er ließ sich gegen seine Überzeugung und ohne den erhofften Erfolg protestantisch taufen. Doch dem „nie abzuwaschenden Juden" blieben auch ferner die Türen zur besseren Gesellschaft verschlossen.

Heinrich Heine, 1829

Zwischen 1822 und 1830 führten ihn Reisen nach Polen, England, Italien und Helgoland. Zwar war Heine noch immer ohne einen festen Beruf, aber durch die Veröffentlichung einiger Gedichtbände und Reisebeschreibungen hatte er eine gewisse Bekanntheit erreicht, um sich als freier Schriftsteller zu etablieren. Weil ihn das politische und soziale Klima in Deutschland zunehmend bedrückte, ging Heine 1831 ins Exil nach Paris. Von dort aus kämpfte er mit Worten gegen die reaktionären Zu-

stände in seiner Heimat. Aber auch in Paris blieb Heine ein Außenseiter. Stets hielt er sich in kühler Distanz zu den deutschen Emigranten, als deren Wortführer sich Ludwig **Börne** verstand. Börne war für Heine nur ein politischer Publizist, während er sich selbst stolz als Dichter bezeichnete. Dagegen pflegte er enge Kontakte zu den Künstlerkreisen der vornehmen Pariser Gesellschaft.
Die letzten acht Jahre lag der an einer Rückenmarkskrankheit leidende Heine in seiner „Matratzengruft". Doch auch hier blieb er bis zu seinem Tode für die großen Fragen der Religion und der europäischen Politik aufgeschlossen.
In seinen ersten Gedichten steht Heine deutlich in der Tradition der Romantiker. So dominiert in den Bänden *Gedichte* (1822), *Lyrisches Intermezzo* (1823) und *Buch der Lieder* (1827) noch ganz der romantische Liedton. Doch unmerklich gesellt sich die genaue Wahrnehmung der Wirklichkeit zu bekannten lyrischen Motiven wie Liebesklage und Weltschmerz. Diese bewusste Entdeckung des leidenden Einzelnen macht Einsamkeit und Isolation erlebbar und verweist zugleich auf das Fragwürdigwerden menschlicher Gefühle. Bis in unsere Zeit sind vor allem Heines große Balladen wie *Die Grenadier* oder *Belsazar* berühmt geworden. Neu für die Balladendichtung war, dass Heine in *Die schlesischen Weber*, *Das Sklavenschiff*, *Die Wanderratten* das Proletariat zum Handlungsträger machte.
Seinen Zeitgenossen wurde Heine nicht als Lyriker, sondern als Prosa-Schriftsteller zum Begriff. Ganz dem Geschmack der bildungshungrigen und reiselustigen Epoche folgend, hatte Heine in den vier Bänden seiner *Reisebilder* (1826–1831) eine neue Gattung der Reiseliteratur geschaffen. Darin bricht er völlig mit der Tradition früherer Reiseberichte wie etwa **Seumes** *Spaziergang nach Syrakus* (1803) oder ▶ Goethes *Italienischer Reise* (1816). Der Aufbruch in eine neue Zeit, das Streben nach Freiheit und Befreiung aus politischen und gesellschaftlichen Zwängen – all dies wird in einem ironisch-satirischen oder heiter-plaudernden Ton erzählt. Dabei gaukelt er dem Leser kein beschaulich-idyllisches Bild der geschilderten Landschaft vor. Heine weiß sehr wohl um die Zerrissenheit der Welt, kennt die Widersprüche in Staat und Gesellschaft. Dazu wechselt er zwischen Erfundenem mit dokumentarisch Belegtem, assoziiert frei, steigert sich zum Humorvollen oder bricht unvermittelt ab. Das Wechselvolle und Gegensätzliche dieser Erzählweise wird auch an den Inhalten deutlich: Auf der einen Seite die gesellschaftskritische Satire in der *Harzreise* (1826), auf der anderen die autobiographischen Erinnerungen in *Ideen. Das Buch Le Grand* (1827); hier die poetische Selbstbestimmung in den *Bädern von Lucca* (1830), dort die Religionskritik in *Die Stadt Lucca* (1831).
Mit der Spottschrift *Aus den Memoiren des Herren von Schnabelewopski* (1834) – einer humoristischen Schrift gegen Goethe, der Heine einmal einen „Gassenjungen" genannt hatte – und der fragmentarischen historischen Novelle *Der Rabbi von Bacherach* (1840) hat sich Heine zudem erfolgreich als Erzähler versucht.
Auch wenn sich Heine in Paris wohl fühlte, so blieb er doch in Deutschland verwurzelt – „das Vaterland an den Schuhsohlen", wie er einmal gestand. Daher war es ihm ein besonderes Anliegen, das politische, soziale und kulturelle Leben des jeweils anderen Landes wechselseitig zu vermitteln. Von 1832 an schrieb Heine für die *Augsburger Allgemeine Zeitung* kenntnisreiche und informative Berichte über die französischen Zustände, die aber wegen ihrer brisanten politischen Bezüge auf Deutschland bald verboten wurden. Als „eine Fortsetzung" von Mme. de **Staëls** *De l'Allemagne* (1810) kündigte Heine 1833 dem französischen Publikum *Studien Zur Geschichte der neue-*

ren schönen Literatur in Deutschland an, die 1836 in deutscher Sprache und in Buchform als *Romantische Schule* erscheinen.
Im Spätherbst 1843 machte sich Heine zu seiner letzten Deutschlandreise auf – zusammen mit seiner Frau besuchte er Verwandte in Hamburg und traf sich mit seinem dortigen Verleger Heinrich Campe. Nach seiner Rückkehr verfasste er eines seiner schönsten Bücher: das humoristische Werk *Deutschland. Ein Wintermärchen* (1844). Es steht in einer Reihe mit den Zeitgedichten *Neue Gedichte, Atta Troll. Ein Sommernachtstraum,* in denen sich Heine mit den politischen und gesellschaftlichen Zuständen – vornehmlich in Deutschland – auseinander setzte.
Die Diskussion um die Bedeutung Heinrich Heines für die deutsche Literatur hat bis in unsere Tage nichts von ihrer ursprünglichen Schärfe verloren. Für national konservative Zeitgenossen war der franzosenfreundliche Heine nur ein „Nestbeschmutzer", Radikaldemokraten wie Ludwig Börne sahen in ihm hingegen einen „Royalisten". Für Antisemiten Ende des 19. Jh.s war er gar ein „Pfahl in unserem Fleische". Und die Nazis, die die Bücher des „Literaturjuden" öffentlich verbrannten, nahmen sein populäres Gedicht von der *Loreley* in die Lesebücher auf – allerdings mit dem Hinweis „unbekannter Dichter".
Wie sehr Heines Außenseiterstellung als deutscher Dichter und europäischer Kosmopolit, als unverstandener Patriot und verfemter Exilant bis ins 20. Jh. nachwirkte, zeigte sich an den mehrmaligen Versuchen, ein Heine-Denkmal in seiner Vaterstadt zu errichten. Und 1972 lehnte es die neu gegründete Düsseldorfer Universität zunächst ab, diesen großen Dichter als Namenspatron zu führen.

Held nannte man ursprünglich einen Krieger, der sich durch Tapferkeit und besonders ruhmreiche Taten auszeichnete.
In dieser Bedeutung ist er die Hauptperson in der Heldensage, später dann generell die Hauptperson in dramatischen und epischen Dichtungen, wobei sich die Bedeutung des Begriffes im Verlauf der Literaturgeschichte mehrmals verschiebt: Im Drama und Roman des Barock zeichnet sich der Held noch durch seine soziale Fallhöhe, seine Willenskraft und seine heroische Vorbildlichkeit aus, ganz im Gegensatz zu als Helden bezeichneten Hauptfiguren, die aus sozial niederen Schichten stammen und oft an seelischer Labilität und Willensschwäche leiden, wie etwa ▶ Büchners *Woyzeck*.
Der Begriff des Helden als Verkörperung positiver Ideale wird im negativen Helden, der eher als Opfer denn als Handelnder in Erscheinung tritt, und schließlich im **Antihelden** ad absurdum geführt. Als Träger positiver Ideale findet man den Helden ab Mitte des 19. Jh.s nur noch in der ▶ Trivialliteratur und in der Literatur der Sowjetunion (ab 1932) und der Ostblockstaaten (ab 1945), die als Literatur des ▶ sozialistischen Realismus bezeichnet wird.

Hemingway, Ernest (1899–1961) ist einer der großen Künstler der „lost generation" (verlorene Generation) in der ▶ amerikanischen Literatur des 20. Jh.s. Der immer unstete Hemingway bereiste viele Länder; auch nahm er an beiden Weltkriegen sowie am Spanischen Bürgerkrieg teil.
In Paris schloss er sich der Gruppe der freiwillig aus den USA Ausgebürgerten an. Hemingway veröffentlichte dort unter dem Einfluss von Ezra L. **Pound** und Gertrude **Stein** zunächst Gedichte und karge Kurzgeschichten: *Three Stories and Ten* Poems (1923, *Drei Geschichten und zehn Gedichte*) und *In Our Time* (1925, *In unserer Zeit*). Dies waren reportagehaft knappe Skizzen von Kriegs- und Stierkampfepisoden, in denen Hemingway die Enttäuschung über verlorene Werte darstellte. In seinen Kurzgeschichten, mit ihrer rau und

Ernest Hemingway, Nobelpreisträger von 1954

brutal erscheinenden Welt, schwingt jedoch immer die Sehnsucht nach Glück und Frieden mit. Neben William **Faulkner** gilt Hemingway als der eigentliche Erneuerer und Meister der modernen amerikanischen **Shortstory**.

Auch in seinen Romanen nutzte Hemingway Techniken der ▶ Kurzgeschichte. So analysiert der Autor seine Personen nicht, sondern beschränkt sich auf eine Beschreibung des Äußeren. Auf diese Weise kann der Leser den seelischen Zustand seiner Helden allein aus einem kurzen Gespräch, einer Handlung oder einer Geste erschließen.

In *The Sun Also Rises* (1926, *Fiesta*) sucht eine Gruppe junger Menschen, durch den Krieg aus der Bahn geworfen, in Exzessen und im Stierkampf ihr Leid zu betäuben. Der halb autobiographische Kriegsroman *A Farewell to Arms* (1929, *In einem anderen Land*) ist die Liebesgeschichte einer englischen Krankenschwester und eines amerikanischen Sanitätsoffiziers während des Ersten Weltkriegs in Italien. Weitere Kriegsromane sind *For Whom the Bell Tolls* (1940, *Wem die Stunde schlägt*) über den Spanischen Bürgerkrieg und *Across the River and Into the Trees* (1950, *Über den Fluss und in die Wälder*), in dem ein vom Tod gezeichneter amerikanischer Oberst rückblickend über den Zweiten Weltkrieg erzählt.

Sein letztes und bedeutendstes Werk ist die Erzählung *The Old Man and the Sea* (1952, *Der alte Mann und das Meer*). Der alte kubanische Fischer Santiago, der seit 84 Tagen keinen Erfolg mehr gehabt hat, fängt plötzlich einen gewaltigen und schönen Schwertfisch. Erst nach zwei Tagen und Nächten gelingt es Santiago, den Fisch zu harpunieren. Als er aber den Fisch erlegt hat, beginnt der Kampf gegen die Haie, die Stück für Stück das kostbare Fleisch wegreißen. Am Ende bringt der völlig erschöpfte alte Fischer nur noch das riesige Skelett nach Hause.

Der Fischer ist der Hemingway'sche Held in Reinform. Trotz seines hohen Alters steht Santiago den ungleichen und aussichtslosen Kampf durch und bewahrt, der Übermacht des Schicksals zum Trotz, seine Würde.

Nach der Veröffentlichung von *The Old Man and the Sea* wurde Hemingway 1954 den Nobelpreis für Literatur verliehen.

Hoffmann, Ernst Theodor Amadeus (1776–1822) verkörpert wie kein anderer Dichter seiner Zeit das Ideal des romantischen Universalkünstlers. Der gelernte Jurist, der sich aus Verehrung für Mozart dessen zweiten Namen „Amadeus" zulegte, war Literat und Zeichner, Kritiker und Komponist, Theaterdirektor und Dirigent zugleich. Mit seinem Prosawerk aus Novellen und Erzählungen, Märchen und Romanen zählt er zu den bedeutenden Dichtern der deutschen ▶ Romantik.

In Königsberg (Ostpreußen) in bürgerlichen Verhältnissen geboren, durchlebte das fantasievolle, musikalische Kind eine harte Jugend. Mit 16 begann er ein Jura-Studium, das er rasch und erfolgreich abschloss. Doch als Hoffmann 1798 als junger Referendar nach Berlin kam, interessierten ihn vor allem Musik und Kunst. Die weiteren beruflichen Stationen bis zum Jahre 1806 waren Posen und schließlich Warschau. Nach der preußischen Niederlage gegen Napoleon verlor Hoffmann seine Stellung und musste sich bei seiner Rückkehr nach Berlin mit Gelegenheitsarbeiten durchschlagen. Hunger und Armut schienen zu Ende und die lang ersehnte künstlerische Entfaltung möglich, als er 1808 die Berufung zum Musikdirektor in Bamberg erhielt. Doch die Hoffnungen trogen: Das fränkische Theater erwies sich als schlecht geführte Provinzbühne, Intrigen und Feindschaften brachten ihn um seinen Posten.

Dennoch haben ihn die Bamberger „Lehr- und Marterjahre", wie er diese Zeit nannte, verändert. Hoffmann schaffte den Durchbruch zum Schriftsteller. Er verfasste zahlreiche Musikkritiken und 1809 erschien seine erste bedeutende Erzählung: *Ritter Gluck*. Während der Kriegswirren 1813/14 versuchte er sich erneut als Musikdirektor – nun in Dresden und Leipzig. Hier komponierte er nach der Märchen-Vorlage des Dichterkollegen **Fouqué** seine romantische Oper *Undine*. Noch stärker war allerdings Hoffmanns Liebe zur Literatur. In dieser Zeit entstanden das Meisterwerk *Der goldene Topf* und Teile des Romans *Die Elexiere des Teufels*. Im Frühjahr 1814 erschien sein erstes Buch *Fantasiestücke in Callots Manier*.

1816 kehrte Hoffmann in den preußischen Staatsdienst zurück. Damit war endgültig die wirtschaftliche Unsicherheit beendet und Hoffmanns literarisch produktivste Phase setzte ein. So veröffentlichte der inzwischen bekannte Dichter bis zu seinem Tod neben vielen kleineren Gelegenheitsarbeiten für die damals beliebten Almanache die Novellensammlung *Nachtstücke* (1817), aus der Schauergeschichten wie der *Sandmann, Das öde Haus* oder *Das Majorat* die berühmtesten sind. In den folgenden Jahren schrieb er an dem großen Erzählband *Serapionsbrüder* (1819–21). In der Anlage ähnlich wie in **Boccaccios** *Decamerone* erzählen sich hier sechs Freunde Geschichten und Märchen, z. B. *Das Fräulein von Scuderi* oder *Nussknacker und Mäusekönig.*

Im selben Zeitraum entstand sein großer *Kater Murr*-Roman. In diesem als Gegenentwurf zu ▶ Goethes *Wilhelm Meister* angelegten (Anti-) ▶ Bildungsroman hat Hoffmann ein humoristisches Meisterwerk geschaffen.

Der vollständige Titel des Fragment gebliebenen Romans lautet: *Lebensansichten des Katers Murr nebst fragmentarischer Biographie des Kapellmeisters Johannes Kreisler in zufälligen Makulaturblättern.* Schon dieser skurrile Titel zeigt, dass hier mehr durcheinander gekommen ist als zwei ineinander geratene Manuskripte – nämlich die geordneten Aufzeichnungen eines bildungshungrigen Katers und die bruchstückhafte Biographie eines von innerem Zwiespalt geplagten Künstlers. Mit dem übersteigerten Wissensdrang Murrs parodiert und kritisiert Hoffmann einerseits den zweifelhaften Charakter des klassischen Bildungsideals. Andererseits deutet die nur zufällig und höchst lückenhaft überlieferte Lebensgeschichte des Kapellmeisters auf den alten ungelösten Konflikt zwischen Künstlertum und den Ansprüchen des bürgerlichen Lebens. Verhöhnt der altkluge Kater nur die kunstfeindliche Welt, so droht der sensible Kreisler an ihr zu zerbrechen. Dass Hoffmann seinen Roman im alles überwindenden Humor enden lässt, versöhnt schließlich die äußerlich widerstrebenden Teile zu einem harmonischen Ganzen.

Am Ende seines Lebens kam der korrekte Jurist noch einmal mit dem Staat in Konflikt. Seit 1819 war er als Mitglied einer Untersuchungskommission mit der „Ermitt-

Der Musiker Johannes Kreisler, gezeichnet von E. T. A. Hoffmann

lung hochverräterischer Verbindungen und anderer Umtriebe" befasst. Als Hoffmann nicht „mitspielt" und sein Wissen über die oft rechtswidrigen Methoden gegen politisch unliebsame Personen in seinem Märchen *Meister Floh* schonungslos offen legte, drohte dem bereits Schwerkranken ein Disziplinarverfahren, vor dem ihn nur der Tod „rettet". Der Nachwelt bleibt der schreibende Kammergerichtsrat als Schöpfer fantastischer Märchen- und skurriler Künstlergestalten in Erinnerung. So konnte sich auch bald nach seinem Tod die Vorstellung vom „Gespenster- Hoffmann" bilden.

Hoffmanns Werke haben den dauerhaften Konflikt zwischen Künstler und Bürger und die daraus erwachsenden leidvollen Erfahrungen zum Thema. Nicht umsonst sind Doppelgänger und gespaltene Existenzen Grundmotive seines Schreibens. Angeregt von der zeitgenössischen Medizin interessierte sich E.T.A. Hoffmann besonders für die „Nachtseiten" der Seele. In virtuoser Weise entführt er vielfach den Leser in neue Welten oder lässt das Unheimliche in die alltägliche Wirklichkeit hereinbrechen, sodass die sicher geglaubten Grenzen zwischen Traum und Realität aufgehoben werden. Hoffmann wurde damit zu einem Wegbereiter der ▶ fantastischen Literatur des 20. Jh.s.

Hofmannsthal, Hugo von

(1874–1929) wurde in Wien als Sohn einer böhmisch-jüdischen Bankiers- und Fabrikantenfamilie geboren. Nach dem Besuch des Gymnasiums studierte er Jura und Romanistik in seiner Heimatstadt.

Schon als Sechzehnjähriger erregte er in literarischen Kreisen Aufsehen durch erste Gedichte, die er unter dem Pseudonym „Loris" veröffentlichte. Bald kam er in Kontakt mit den Autoren der ▶ Wiener Moderne (Bahr, Beer-Hofmann, Salten, ▶ Schnitzler) und verkehrte in den Wiener Literatencafés. Zu seinen frühen Werken gehören vor allem Gedichte (*Vorfrühling,* 1893; *Ballade des äußeren Lebens,* 1895) sowie kleine lyrische Dramen (*Gestern,* 1891; *Der Thor und der Tod*, 1893), die sich am Vorbild der französischen proverbes orientierten. Im Zentrum dieser Dichtungen stehen das Lebensgefühl des ▶ Fin de Siècle, impressionistische Stimmungsbilder und ein sehr künstlerischer Umgang mit Sprache. Bis heute ist in der Forschung umstritten, inwieweit Hofmannsthals ▶ Ästhetizismus und seine Sprachskepsis (z. B. im sog. *Chandos-Brief* 1902) biographisch zu deuten seien.

Nach seiner Promotion lebte Hofmannsthal als freier Schriftsteller in Rodaun bei Wien. Seine Freundschaft mit Stefan **George** endete 1906 mit einem Zerwürfnis. Seit der Jahrhundertwende entstanden vor allem Essays, Erzählungen und Gesellschaftskomödien wie *Der Unbestechliche* (1923) und *Der Schwierige* (1921).

Einen Schwerpunkt in Hofmannsthals späterem Schaffen bildete die Zusammenarbeit mit dem Komponisten Richard Strauss, für den er eine Reihe von Opernlibretti schrieb (*Ariadne auf Naxos*, *Der Ro-*

Holzschnitt zu „Jedermann“

senkavalier, *Die Frau ohne Schatten*, *Arabella*). Zusammen mit Strauss und dem Regisseur Max **Reinhardt** rief Hofmannsthal 1920 die **Salzburger Festspiele** ins Leben. Sein an mittelalterlichen Mysterienspielen orientiertes Stück *Jedermann* (1911) gehört seither zum ständigen Repertoire der Festspiele und wird jährlich auf dem Domplatz in Salzburg aufgeführt.

Hölderlin, Friedrich (1770–1843) wird nicht zu Unrecht als „größter Sprachgenius“ der deutschen Literatur bezeichnet. Hineingeboren in eine gewaltige politische Umbruchzeit, stand er zwischen ▶ Klassik und ▶ Romantik.
Hölderlin verbrachte die Kindheit in Lauffen am Neckar, besuchte verschiedene Latein- und Klosterschulen der Region und trat 1788 zum Theologiestudium in das angesehene Tübinger Stift ein. Um sich aus der beklemmenden, von strengen Regeln gekennzeichneten Atmosphäre des Stiftsalltags zu befreien, flüchtete Hölderlin in die Welt der Literatur – schon 1791 veröffentlichte er erste Gedichte und arbeitete an seinem erst Jahre später veröffentlichten Roman *Hyperion* (1797/99).
Die Wanderjahre Hölderlins begannen mit dem Verlassen des Stiftes im September 1793. Statt ein Predigeramt anzustreben, musste sich Hölderlin seinen Lebensunterhalt in häufig wechselnden Hauslehrerstellen, damals als Hofmeister bezeichnet, verdienen. Auf Vermittlung ▶ Schillers arbeitete er zunächst in Waltershausen (Thüringen), wo er allerdings nach zwei Jahren mit seinen pädagogischen Vorstellungen scheiterte. Hölderlin nutzte die geistig anregende Atmosphäre im Umkreis der großen Klassiker ▶ Goethe und Schiller, aber auch **Herder** und **Wieland**, um seinen eigenen Stil zu finden. Als er Anfang des Jahres 1796 das Erzieheramt im Hause des Frankfurter Bankiers Gontard übernahm, wurde dies zur schicksalhaften Wendung seines Lebens: Hölderlin verliebte sich in Susette Gontard, die Mutter seiner Zöglinge – die Diotima aus dem *Hyperion*. Er musste Frankfurt verlassen und hielt sich von 1798 bis 1801 in Homburg in der Nähe seines Freundes Sinclair auf.
Die persönliche Unrast dieser Jahre wirkte sich literarisch sehr fruchtbar aus: Der erste Band seines Romans *Hyperion* erschien und er arbeitete an seinem Trauerspiel *Empedokles*. Nach Aufenthalten bei der Familie und in Stuttgart bei Freunden trat der Ruhelose erneut Hofmeisterstellen in St. Gallen und Bordeaux an, bevor es im Juni 1802 – Hölderlin erfuhr damals gerade vom Tode Susette Gontards – zur seelischen und körperlichen Katastrophe kam. Den kranken Hölderlin konnte Sinclair in der Zeit von 1804 bis 1806 noch einmal ins „bürgerliche Leben“ zurückholen – er verschaffte ihm eine Bibliothekarsstelle in Homburg. Jedoch ließ der nächste geistig-seelische Zusammenbruch nicht lange auf sich warten: Am 11. September 1806 wurde Hölderlin mit Gewalt nach Tübingen abtransportiert. Zunächst lebte er sieben Monate in einer Klinik und nach der endgültigen

Diagnose „geisteskrank“ bis zu seinem Tode 1843 im Hause eines Tübinger Tischlermeisters, im sog. Hölderlin-Turm.

Im Zentrum seiner Jugendlyrik stehen die „Tübinger Hymnen“ mit ihrem feierlichen Ton und dem spannungsreichen Verhältnis von abstrakter Gedankenlyrik und zeitbezogener Lehrdichtung. Hölderlin preist darin einerseits die griechischen Humanitätsideale wie Schönheit (*Hymne an die Schönheit*) und Liebe (*Hymne an die Liebe*), Freiheit (*Hymne an die Freiheit*) und Freundschaft (*Hymne an die Freundschaft*), andererseits begrüßt er in der *Hymne an die Menschheit* (1791) die eingetretenen politischen Umwälzungen seiner Epoche. Neben die „Natur“ tritt bei Hölderlin immer die „Schönheit“ und wird so zu einem weiteren Schlüsselbegriff seiner Dichtung. In diese Phase gehören ferner eine Vielzahl von Hymnen mit zeit- und landschaftsbezogenen Themen, die Hölderlin selbst als „vaterländische Gesänge“ bezeichnete. Die auch formal aus dem Rahmen fallenden Gedichte – sie sind unter Verzicht auf die strengen klassischen Versmaße in freien Rhythmen gestaltet – verknüpfen eine individuelle Erfahrungswelt mit einem übergreifenden Geschichtsbild. Vornehmlich in der *Rhein-Hymne* wie auch in der erst in unserem Jh. wieder entdeckten *Friedensfeier* werden dabei Zeitereignisse und mythologische Bilder spannungsreich aufeinander bezogen.

Hölderlins Werk zählt zweifellos zu den sprachlich reinsten und gleichzeitig anspruchsvollsten Kunstwerken deutscher Literatur. Im Zentrum seines Dichtens steht ein „Auserkorener“ oder „Priester“, der nach Wahrheit und Schönheit sucht. Das Ideal für die erstrebte Harmonie zwischen Gott, Mensch und Natur meinte Hölderlin wie viele im humanistischen Geiste erzogene Intellektuelle um 1800 im klassischen Griechenland zu finden – wohin er auch seinen Roman *Hyperion* verlegte.

Friedrich Hölderlin, 1792

Der Fragment gebliebene, formal streng gegliederte Roman beeindruckt zunächst durch seine erzähltechnische Raffinesse, mit der Handlungs- und Reflexionsebenen immer wieder verknüpft werden. Das Geschehen fußt auf geschichtlichen Ereignissen – dem gescheiterten Aufstand der Griechen in ihrer Heimat gegen die Türken im Jahre 1770 –, ohne dabei freilich ein historischer Roman zu sein. Der Grieche Hyperion berichtet aus der Rückschau seinem Freund Belarmin in Deutschland sein höchst bewegtes Leben. Seine Kindheit und Jugend werden durch die Leitfiguren Adamas und Alabanda geprägt. Der eine erzieht Hyperion im Geiste des französischen Philosophen Rousseaus zur „Versenkung in die Natur“, der andere weckt in ihm den Durst nach Freiheit und die Hoffnung auf eine bessere Welt. In seinem rastlosen Suchen nach Identität findet er in Diotima das Idealbild von Schönheit und Vollkommenheit.

Ein wichtiger Abschnitt auf dem Bildungsweg Hyperions ist seine Teilnahme am Freiheitskampf der Griechen. Doch all seine Ideale gehen im Rauben, Plündern und Morden der Massen unter. Resignierend und enttäuscht zieht er sich vor der Welt ins Eremitendasein zurück. Als neuer „Robinson" baut er sich eine künstliche Welt des schönen Scheins auf, in der allein es noch Hoffnung auf Überleben zu geben scheint.

Damit trägt der Roman auch autobiographisch-prophetische Züge. Zum einen kann der in blindwütige Gewalt ausgeartete Freiheitskampf als Kritik an den Auswüchsen der Französischen Revolution gelesen werden. Zum anderen verweist Hyperions Rückzug aus der Welt auf Hölderlins eigenes Schicksal in seinem Tübinger Turm.

Das andere große nichtlyrische Werk Hölderlins ist sein Dramenfragment *Der Tod des Empedokles* (1798–1800). Hier spannt er einen weiten Bogen von der mythologischen Deutung der Antike bis hin zu zeitgeschichtlichen Bezügen seiner Zeit. Thema des Stücks ist die Frage, wie der Philosoph und Staatsmann zur gerechten Herrschaft gelangen kann. Hatte der Reformer Empedokles anfangs noch geglaubt, das Volk für seine Ideale von Freiheit und Gleichheit gewinnen zu können, so wendet er sein Scheitern schließlich ins Religiös-Mystische. Konsequent ist damit auch sein Entschluss, „durch freiwilligen Tod sich mit der unendlichen Natur zu vereinen".
Bei dem Versuch, die Werke Hölderlins ganz zu verstehen, wird man ständig an Grenzen stoßen. Denn seine Fähigkeit, immer neue Sinnbezüge herzustellen, war schier unerschöpflich. Noch am ehesten kommt man diesem genialen Dichter über Peter **Härtlings** 1976 erschienenen Roman *Hölderlin* auf die Spur.

Homer steht am Beginn des abendländischen Schrifttums. Er war die überragende Bezugsperson der griechischen wie römischen ▶ Antiken Literatur nicht nur im literarischen Bereich: Auch das Götter- und Menschenbild des Altertums wurde von ihm gestaltet, für Philosophie und Geschichtsschreibung legte er die Grundlagen. Zu keiner Zeit geriet sein Name in Vergessenheit.
Und doch ist sich die philologische Forschung nicht im Klaren darüber, ob der Dichter, der in der zweiten Hälfte des 8. Jh.s vor Christus gelebt haben soll, überhaupt eine real fassbare historische Gestalt ist. Solche jahrhundertelang geäußerten Zweifel mündeten ein in Friedrich August Wolfs *Prolegomena ad Homerum* (1795). Dieses Werk war die Programmschrift der „Analytiker", die den Dichter Homer als Person für schlicht inexistent und die homerischen Epen für eine inkohärente Sammlung von Einzelstücken erklärten. Den geistigen Widerpart dieser Forschergruppe bildeten die „Unitarier", die die Einheitlichkeit der Werke Homers und damit seine Existenz zu beweisen suchten. Beiden Positionen kann eine gewisse Berechtigung zuerkannt werden: Homer scheint Material gesammelt zu haben, das über Jahrhunderte von fahrenden Sängern, den **Rhapsoden**, nach feststehenden Regeln entwickelt worden war. Seine Epen sind somit neu gestaltende, abschließende Fixierungen einer langen mündlichen Tradition (▶ Oral Poetry), die bis ins 2. Jt. zurückreicht.

Die *Ilias* umfasst etwa 15 000 Verse in 24 Büchern. Der Titel des Werkes leitet sich ab von „Ilion", dem zweiten Namen der kleinasiatischen Stadt Troja, vor deren Mauern sich die Handlung der *Ilias* abspielt. Geschildert werden 49 Tage aus dem Ende des bereits zehn Jahre andauernden Kampfes zwischen Griechen und Trojanern. Das zentrale Motiv des Epos ist der Zorn des griechischen Helden Achilleus über seinen Anführer Agamemnon sowie die daraus entstehenden Leidenschaften und Verwicklungen. In das konfliktreiche Geschehen greifen auf beiden Seiten auch die Götter ein, denen der Dichter bisweilen recht menschliche Züge verleiht.

Die *Odyssee* schildert in 12 000 Versen und 24 Büchern die zehnjährigen Irrfahrten und die glückliche Heimkehr des Odysseus, des

Die Versammlung der Helden im Lager von Troja, griech. Vasenmalerei, 490 v. Chr.

Königs von Ithaka, der zu Beginn des Trojanischen Krieges mit den anderen griechischen Helden ausgezogen war. Im Gegensatz zur *Ilias* rücken moralische Kategorien zunehmend in den Vordergrund: Das Gute siegt letztendlich, Odysseus wird zum Vorbild eines gerechten Herrschers stilisiert, die Götter strafen den, der Unrecht tut.

Homers Wirkung ist kaum zu ermessen. Jeder Epiker des abendländischen Kulturkreises beruft sich in offener oder verdeckter Weise auf ihn. Der Bogen reicht von **Vergils** *Aeneis,* die ohne die Vorbilder von *Odyssee* und *Ilias* undenkbar ist, bis hin zu ▶ Joyce mit seinem *Ulysses* (1922).

Horaz (Quintus Horatius Flaccus, 65-8 v. Chr.) ist mit seinem Zeitgenossen Vergil der berühmteste der römischen Dichter.
Horaz ist der Sohn eines Freigelassenen aus Venusia im süditalienischen Apulien. Er kam früh mit östlichen Kultureinflüssen in Kontakt. Trotz spärlicher Mittel ermöglichte ihm sein Vater eine auserlesene Bildung bis hin zu einem Aufenthalt in Athen, der selbst für die Vornehmen Roms zu der Zeit eine Besonderheit war.
Aus diesen Studien riss ihn die Ermordung Caesars am 15.03.44. Horaz schloss sich den Verteidigern der alten Republik an. Als die republikanischen Ideale auf dem Schlachtfeld von Philippi 42 geblieben waren, flüchtete er zunächst, kehrte dann auf Grund einer allgemeinen Amnestie nach Rom zurück und kaufte sich in eine Schreiberstelle ein.
Bereits durch seine ersten *Epoden* gewann er die Freundschaft des **Vergil**. Dieser stellte ihn im Frühjahr 38 dem umsichtigen und großzügigen Förderer Maecenas vor. Dieser schenkte ihm ein Landgut in den Sabinerbergen, damit er dort, unberührt von der Hektik Roms, seiner literarischen Arbeit nachgehen konnte. Das Leben des Horaz spielte sich fortan zwischen diesen Polen Maecenas/Rom und Sabinum ab. Das bewusste Streben nach Unabhängigkeit hat ihm in Verbindung mit seiner lebensfreudigen, hintergründigen Einstellung das Interesse der Nachwelt gesichert.

Horaz ist als Mensch relativ gut fassbar, da er in fast all seinen Werken als konkrete Person unter konkreten zeitlichen Umständen präsent ist. So spiegeln die *Epoden* (Jamben), geschrieben um 41, eine kritische Phase seines Lebens wider. Die Ideale, für die er gekämpft hatte, waren untergegangen, er war mit den gegenwärtigen Umständen zerfallen, musste sich erst wieder eine Existenz und ein eigenes Ich aufbauen. Er wählte hierzu den Weg der scharfen Kritik an den vorherrschenden Missständen und die entsprechende literarische Form.
In den *Satiren* (35–30) gestaltet Horaz in künstlerischer Weise geistreiche Plaudereien, Erzählungen von Anekdoten und Begebenheiten, aber auch Gespräche über echte Lebenskunst. So wird die Satire Instrument für die Suche nach dem rechten Weg in der Mitte, wo kein Platz ist für persönliche Schärfen. Es herrscht ein eher versöhnlicher Grundton vor, was sein Leitspruch bestätigt: lachend die Wahrheit sagen.
In den 88 *Oden* (23–17) erweist sich Horaz als Schüler der großen griechischen Lyriker **Anakreon**, **Alkaios**, **Pindar** und **Sappho**. Er schildert die bescheidenen Freuden des ländlichen Lebens, preist die Heiterkeit, das bescheidende Glück, die Mitmenschlichkeit.

Titelblatt einer Horaz-Ausgabe des 17. Jh.s

Hörspiel Im Unterschied zum Roman entwickelte sich das Hörspiel nicht organisch aus tradierten Formen, vielmehr wurde in den 1920er-Jahren für das neue Medium Rundfunk eine adäquate Kunstform gesucht. Neben dem Wort werden v. a. Geräusche und Musik eingesetzt; technische Hilfsmittel, wie Blende, Schnitt, Montage, erweitern die Illusionsmöglichkeiten und erlauben den schnellen Raum- und Zeitwechsel. Man unterscheidet das literarische Hörspiel, das sich aus dem Drama entwickelt hat, vom „Neuen" oder „Experimentellen" Hörspiel, wo das Wort als Bedeutungsträger in den Hintergrund gedrängt wird. Hörspiele von Brecht und Döblin markieren 1929–1932 einen ersten Höhepunkt. Nach 1945 setzen Autoren wie Günther **Eich** (*Träume*, 1951), ▶ Frisch (*Herr Biedermann und die Brandstifter*, 1956), ▶ Bachmann (*Der gute Gott von Manhattan*, 1958) und ▶ Böll (*Klopfzeichen*, 1960) die Tradition des literarischen Hörspiels fort. In den 60er-Jahren geriet dieses „Hörspiel der Innerlichkeit", wie es gelegentlich von Kritikern bezeichnet wurde, in die Krise, v. a. unter dem Einfluss der Stereophonie und später der Kunstkopftechnik begann ein „Spielen mit dem Hören". Die **Hör-Collage** und besonders das **O-Ton-Hörspiel** stehen in der Tradition der ▶ Dokumentarischen Literatur und wollen Authentizität und Unmittelbarkeit erzeugen. ▶ Jandl und Friederike **Mayröcker** (*Fünf Mann Menschen*, 1968), Helmut **Heissenbüttel** (*Projekt Nr. 2*, 1970) und Ludwig **Harig** (*Staatsbegräbnis*, 1970/73) sind Vertreter dieser neuen Formen. Die Arbeiten der Komponisten John Cage und Mauricio Kagel seit Ende der 70er-Jahre überschreiten die Grenze zur Musik.

Humanismus und **Renaissance** sind so untrennbare Begriffe, dass sie bisweilen unterschiedslos gebraucht werden. Doch meint „Renaissance“ mehr die historische Epoche des 14. bis 16. Jh.s, während mit „Humanismus“ die gleichzeitige literarische und philosophische Strömung bezeichnet wird, die ihr Selbstverständnis wie ihre Legitimation aus der Beschäftigung mit Texten der Antike bezieht.

Im Laufe des 14. Jh.s erscheint in den Schriften von Francesco **Petrarca** und Giovanni **Boccaccio** ein von mittelalterlichen Vorgaben abweichendes Menschenbild. Im Zentrum steht nicht mehr der Mensch im Allgemeinen, als Teil des Volkes Gottes, betrachtet wird nunmehr das Individuum, das sich sucht und findet, das seinen nur ihm eigenen Weg zum Heil finden kann. Was bis dahin als Indiz des menschlichen Elends gewertet wurde, enthüllt sich nun als Privileg. Zwar ist der Mensch unfertig, der steten Versuchung durch das Böse unterworfen, doch ist dies der Preis für eine allseitige Freiheit zum Guten wie zum Schlechten. Der Mensch ist nicht einem vorgegebenen Schicksal unterworfen, er kann sich selbst modellieren und dadurch die göttliche Schöpfung vollenden. Der reinste Ausdruck dieses neuen Menschenverständnisses findet sich in der Schrift *De hominis dignitate* (posthum 1496, *Über die Würde des Menschen*) von Giovanni **Pico della Mirandola**.

Unterstützung findet die neue Geisteshaltung durch byzantinische Gelehrte, die nach der Besetzung Konstantinopels durch die Türken (1453) nach Italien kommen und die Entwicklung der Philologie und Archäologie fördern. Von Florenz aus, der eigentlichen Wiege des Humanismus, wo der Philosoph Marsilio **Ficino** die erste vollständige lateinische Übersetzung Platons liefert, verbreitet sich humanistische Gelehrsamkeit über ganz Europa. Stehen im italienischen Humanismus Literatur und Kunst im Zentrum wissenschaftlicher Beschäftigung, so erfährt im übrigen Europa die Bewegung eine thematische Erweiterung: Johannes **Reuchlin**, **Melanchthon** und **Erasmus** von Rotterdam nehmen sich auch pädagogischer und theologischer Fragen an.

Erasmus von Rotterdam – bekanntester Vertreter des Humanismus, 1523

Humor meint eine heiter gelassene Gemütsverfassung einer Person, sei es als Autor, Figur oder Leser eines literarischen Werkes. Im Unterschied zur **Komik** und zum ▶ Witz, deren Eigenart Beziehungen von zwei oder mehr Personen voraussetzt, wird unter Humor eine individuelle psychologische Grundgestimmtheit verstanden.

Humor, erst im 18. Jh., vor allem durch die englischen Humoristen Henry **Fielding**, Laurence **Sterne** und Jonathan **Swift** zum ästhetischen Begriff geworden, hat wie ▶ Ironie, ▶ Parodie und ▶ Satire seine Wurzeln in der Diskrepanz zwischen objektiver Realität und subjektiver Wahrnehmung von Wirklichkeit. Von Humor zu trennen sind die eher derbe Komik, der mit Wortbedeutungen spielende und mit einer Pointe abschließende Witz, die Satire mit ihrem beißenden, oft verletzenden Spott und die Ironie mit ihrer verschlüsselten Kritik, wobei der Humor nicht mit kritischer Schärfe, sondern mit versöhnlicher Heiterkeit, Lächeln, Gelassenheit oder auch mit spöttischer Duldung des Unausweichlichen („Galgenhumor") auf diesen Realitätsbruch reagiert. Der „schwarze Humor" beinhaltet Groteskes und Makabres und bewältigt das Grauen und Schrecken durch Lachen.

Drei Verwendungsweisen des Humors als literarisches Gestaltungsmittel lassen sich unterscheiden:

1. Humor als literarischer Stoff, d. h. die Schilderung komischer, amüsanter oder liebenswürdiger Geschehnisse aus einer humoristischen Weltsicht des Autors, z. T. bei ▶ Kleist (*Der zerbrochne Krug*), Wilhelm **Raabe**. Hierzu gehören auch humoristische Einschübe in Werken, die nicht zur humoristischen Literatur zählen (▶ Lessings *Minna von Barnhelm*).

2. Humor als Darstellungstechnik, z. B. durch Verwendung eines unangemessenen Erzähltons, eines inkompetenten Erzählers, durch Stilmischungen, Selbstironie oder Dialekt (Ludwig **Thoma**). Hierzu zählen auch Wechsel der Perspektive und des Standorts, Abschweifungen und Reflexionen über die Handlung (François **Rabelais**, **Jean Paul**).

3. Humor als funktionales Gestaltungsprinzip. Hier bestimmt der Humor den Sinn des Geschilderten, d. h., der Widerspruch von Idee und Erscheinung prägt die gesamte Struktur des Werkes, wie in ▶ Shakespeares Komödien oder bei ▶ Cervantes' Roman *Don Quijote*, auch bei den Romanen von **Fielding** (*Tom Jones*, 1749), Jean Paul (*Flegeljahre*, 1804/05) und schließlich bei Th. ▶ Mann (*Joseph und seine Brüder*).

Zwar ist der Humor aus der Literatur des späten 20. Jh.s nicht völlig verschwunden, doch wird er in jüngster Zeit zunehmend von anderen Darstellungsmöglichkeiten wie Absurdes, Abstraktes, Dokumentarisches überlagert.

Hymne (griech.: Lied, festlicher Gesang) bezeichnete in der Antike ursprünglich einen Preisgesang zu Ehren der Götter. Daher weisen Hymnen häufig einen pathetischen oder auch ekstatischen Stil auf, der dem Anlass entspricht. In der Literatur des ▶ Humanismus und des ▶ Barock wird die Hymne wieder belebt und meist mit christlichen Inhalten versehen. In der späteren Literatur können sich Hymnen auch mit weltlichen Themen befassen, sie bleiben aber stark pathetisch und gefühlsbetont.

I

Ibsen, Henrik (1828–1906) ist der bekannteste norwegische Dramatiker und prägte den ▶ Naturalismus in der ▶ skandinavischen und deutschen Literatur.

Ibsen wurde als Sohn eines wohlhabenden Kaufmanns in Skien geboren und wollte zunächst Maler werden. Nach dem Bankrott seines Vaters musste er 1844 in Grimstad eine Ausbildung als Apotheker beginnen. Bis 1850 arbeitete er in diesem Beruf, schrieb unter dem Einfluss der Februarrevolution von 1848 Gedichte und verfasste unter Pseudonym sein erstes Schauspiel *Catilina* (1850). Darin tauchen bereits Elemente auf, die in seinen späteren **Gesellschaftsdramen** immer wiederkehren, z. B. der Konflikt zwischen Wille und Möglichkeit sowie das Motiv eines Mannes zwischen zwei Frauen. 1851 wurde Ibsen Mitherausgeber einer Wochenzeitschrift und freundete sich mit dem norwegischen Journalisten und Dichter Bjørnstjerne **Bjørnson** an. Im selben Jahr übernahm er die künstlerische Leitung eines neuen Theaters in Bergen.

Zunächst verarbeitete Ibsen in einer Reihe von romantisch-heroischen **Versdramen** Stoffe aus der Geschichte und Sagenwelt Norwegens. In seinen **Ideendramen** will Ibsen mit Hilfe des Handlungsablaufs und der Figurencharakterisierung eine allgemein gültige Weltanschauung vermitteln: Obwohl es erst 20 Jahre nach seinem Erscheinen uraufgeführt wurde, erregte das dramatische Gedicht *Brand* (1866) großes Aufsehen und verhalf Ibsen zum literarischen Durchbruch und einer sicheren Existenz. Der negative Held *Peer Gynt* (1876), der Typ des Träumers und Fantasten, und die episodenhafte Darstellung seines Lebens weisen bereits Merkmale des modernen ▶ epischen und ▶ absurden Theaters auf.

Die späteren Gesellschaftsdramen Ibsens zeigen schonungslos die Lebenslügen der bürgerlichen Welt in Ehe und Familie sowie die mangelnde Anerkennung der Frau als eigenständige Persönlichkeit.

Nora. Ein Puppenheim (1879), ein Schauspiel in drei Akten, stellt in realistischer Weise die Widersprüche und Probleme der bürgerlichen Gesellschaft Norwegens dar. Nora lebt als Frau des Advokaten Torvald Helmer, der mit seiner Beförderung zum Direktor einer Bank endlich den Höhepunkt seiner Karriere erreicht hat und seiner Familie ein sicheres Einkommen bieten kann, nach außen hin sorgenfrei. Am Weihnachtstag erfährt Torvald von einer Unterschriftenfälschung, die sie ihm zuliebe begangen hat, und sofort will er seine Frau aus dem Haushalt entfernen, um seinen Ruf und seine berufliche Laufbahn zu retten. Nachdem eine glückliche Fügung die Gefahr eines Skandals abwendet und für Helmer das Familienleben unverändert bleiben soll, verlässt Nora ihn und die Kinder. Sie erkennt, dass sie für ihren Mann ein Spielzeug, eine Puppe war, und will nun versuchen, sich zu einem selbstständigen Menschen zu entwickeln.

Zeitgenössische Inszenierung von „Nora", Königliches Theater Kopenhagen

Ibsens Dramen waren meist wegen ihrer ungeschminkten Darstellung der sozialen Zustände umstritten. Das Familiendrama *Gespenster* (1881) schockierte mit Tabuthemen wie Geschlechtskrankheit und Inzest sogar liberale Bildungsbürger, wurde aber von den Anhängern des Naturalismus begeistert aufgenommen. Mit *Hedda Gabler* (1891) schildert Ibsen das Schicksal einer Frau in den gesellschaftlichen Zwängen des 19. Jh.s.
Seine Stücke haben nichts an Aktualität verloren und sind häufig gespielte Bühnenklassiker. Die Frauenrollen gehören für viele Schauspielerinnen zu den begehrten Herausforderungen.

Idylle (griech.: eidyllion = Bildchen, kleines Gedicht) ist eine seit der Zeit des Griechen Theokrit (um 310 v. Chr.) und den Eklogen des Römers **Vergil** in Vers oder Prosa verklärende Darstellung unschuldsvoller, beschaulicher Geborgenheit in rustikaler Umgebung. Diese von Hirten und Schäferinnen bevölkerten ländlichen Szenen sind seit der Renaissance in allen europäischen Literaturen zu finden (▶ Bukolik). Im 18. Jh. erlangten die *Idyllen* (1756) des Schweizers Salomon **Geßner** große Berühmtheit. In diesen Prosaminiaturen, fern aller gesellschaftlichen Zwänge und Konflikte, leben die Menschen in einer idealisierten Harmonie. Die Beliebtheit der literarischen Form im 18. Jh. erklärt sich aber auch aus dem Glücksstreben der sich aus religiösen Bindungen lösenden bürgerlichen Kreise. Besonders produktiv in dieser Zeit war Johann Heinrich **Voß**, dessen Darstellungen des Alltagslebens von der Bauernidylle (*Die Heumad*, 1777) über die Dialektidylle (*De Winterawend*, 1777) bis hin zur bürgerlichen Idylle (*Luise*, 1783) reichen. Im 19. Jh. führten v. a. Eduard **Mörike** mit seiner *Idylle vom Bodensee* (1846) und Friedrich **Hebbel** in *Mutter und Kind* (1859) die Tradition fort, die schließlich in der Zeit des ▶ Realismus und ▶ Naturalismus in der Dorfgeschichte (▶ Heimatliteratur) aufging. Zu den wenigen Beispielen der Idylle im 20. Jh. darf Th. ▶ Manns *Herr und Hund. Ein Idyll* (1919) gezählt werden.

Impressionismus (lat.: impressio = Eindruck, dazu: Eindruckskunst), eine gegen Ende des 19. Jh.s in Frankreich entstandene literarische Stilrichtung, als deren Wegbereiter die Gebrüder **Goncourt** gelten. Abgeleitet von Claude Monets Bild *Impression*, versteht man darunter die subjektiv-sinnliche Wiedergabe von unterschiedlichsten Stimmungen und Sinneswahrnehmungen.
Im Gegensatz zum ▶ Naturalismus, der die harte soziale Wirklichkeit akribisch ausleuchtete, und zum ▶ Expressionismus mit seiner revolutionären Lyrik versuchten die impressionistischen Dichter, individuelle Eindrücke, flüchtige Augenblicke, zartes Seelenempfinden und sinnliche Reize äußerst differenziert und feinfühlig zum Ausdruck zu bringen. Als Stilmittel wurden besonders gerne die Onomatopöie zur Wiedergabe von akustischen Ereignissen, die Synästhesie zur Darstellung von Reizverschmelzungen, die Parataxe zur Verdeutlichung des vielschichtigen Nebeneinanders und die direkte Rede zur Verlebendigung des Dargestellten (▶ rhetorische Figuren) benutzt. Ihre angemessenen Genres findet die impressionistische Dichtkunst besonders in der Lyrik, der **Skizze** (einem vorläufigen bzw. bewusst nicht stilistisch ausgeformten Prosatext) und später im Roman.
Hauptvertreter des literarischen Impressionismus in Frankreich waren u. a. Anatole **France**, André **Gide**, Paul **Claudel**, mit Einschränkungen Paul **Valéry** und ▶ Proust. Für den norwegischen Impressionismus stehen die Namen Knut **Hamsun**, für den dänischen Jens Peter **Jacobsen** und Herman **Bang** (▶ Skandinavische Literatur). Zu den Repräsentanten im

Claude Monets „Impression, soleil levant", 1872

deutschsprachigen Raum zählen vor allem Detlev von **Liliencron**, Max **Dauthendey**, Richard **Dehmel**, Eduard von **Keyserling**, Stefan **George**, ▶ Rilke, ▶ Hofmannsthal, ▶ Schnitzler, Richard **Beer-Hofmann** und der Bohemien Peter **Altenberg**, der besonders die literarische Skizze kultivierte. In einer Szene aus *Wie ich es sehe* (1896) beweist er diese Meisterschaft des stichwortartigen Andeutens:

Er und Sie sitzen auf der Bank in einer Linden-Allee.
Sie: Möchten Sie mich küssen?!
Er: Ja, Fräulein –.
Sie: Auf die Hand –?
Er: Nein, Fräulein.
Sie: Auf den Mund –?!
Er: Nein, Fräulein.
Sie: Oh, Sie sind unanständig.
Er: Ich meinte, auf den Saum „Ihres Kleides!"
Sie erbleicht –.

Innere Emigration Gemeint sind jene bürgerlich-konservativen Schriftsteller, die nach 1933 in Deutschland blieben und gegenüber dem Nationalsozialismus eine gleichgültige bis feindselige Haltung einnahmen. Ob und inwieweit sie literarisch gegen den Nationalsozialismus opponiert haben, muss der Prüfung der Einzelbiographie und des Einzelwerks überlassen bleiben.
Das Selbstverständnis der inneren Emigration war das einer „geistigen Opposition" gegen den herrschenden „Ungeist". Ihre Autoren propagierten zumeist ein christlich-humanistisches Ethos, das sich dem europäischen Erbe verpflichtet fühlte. Gemeinsam war der Verzicht auf direkte politische Appelle an den Leser.
Angesichts der umfassenden Zensur des NS-Staates wurde die ▶ Camouflage zum bevorzugten literarischen Ausdrucksmittel. Die verdeckten Schreibweisen setzten freilich einen gleich gesinnten Leser vor-

Werner Bergengruen, 1957

Elisabeth Langgässer

aus, der fähig war, zwischen den Zeilen zu lesen, um die beabsichtigte Aussage zu entschlüsseln. Ein weiteres Merkmal stellt der bewusste Kontrast zum Phrasendeutsch des „Dritten Reiches" dar. Viele Autoren pflegten mit Absicht einen gehobenen Stil. Vor allem die Lyrik erfreute sich großer Beliebtheit. Religiöse Autoren wie Rudolf Alexander **Schröder**, Jochen **Klepper**, Reinhold **Schneider** oder Werner **Bergengruen** schrieben eine Vielzahl geistlicher Lieder und Gedichte, die auf die Existenznot ihrer selbst und ihrer Leser reagierten. Naturlyriker wie Oskar **Loerke**, Wilhelm **Lehmann**, Elisabeth **Langgässer** oder Gertrud **Kolmar** stellten den existierenden Verhältnissen Bilder einer überzeitlichen Natur entgegen, die in kosmischen Zusammenhängen gesehen wurde. Traditionalisten wie Rudolf **Hagelstange**, Georg **Britting**, Hans **Carossa** und Friedrich Georg **Jünger** zeichneten sich durch ein hohes Stilbewusstsein aus, das sich am überlieferten Formenkanon orientierte und dadurch ein geistiges Bollwerk gegen den Nationalsozialismus errichten wollte.

Den bedeutsamsten Beitrag zur Erzählprosa der inneren Emigration leisteten die Bearbeitungen historischer Stoffe. Sie stellten eine Domäne der christlichen Autoren dar und waren überwiegend als kritische Parabeln auf die Gegenwart gedacht. Bekannteste Beispiele sind die Romane *Der Großtyrann und das Gericht* (1935) von Werner Bergengruen, *Der Vater* (1937) von Jochen Klepper, *Die Magdeburgische Hochzeit* (1938) von Gertrud v. **Le Fort**, die Künstlernovelle *El Greco malt den Großinquisitor* (1936) von Stefan **Andres** und die Erzählung *Las Casas vor Karl V.* (1938) von Reinhold Schneider. Am deutlichsten auf das NS-Regime zielte der Roman *Bockelson. Geschichte eines Massenwahns* (1937) von Friedrich Percyval **Reck-Malleczewen**, der am Beispiel des Münsteraner Wiedertäuferreichs die Manipulationsmechanismen und sozialen Voraussetzungen der Diktatur analysiert. Ebenso scharfsichtig diskutiert Ernst **Jünger** in *Auf den Marmorklippen* (1939) das Problem des Widerstands gegen ein barbarisches System.

Ernst **Wiechert** veröffentlichte 1924 den völkischen Roman *Der Totenwolf* und schien seither den Nazis über jeden Zweifel erhaben. Übersehen wurde jedoch, dass Wiechert mit seiner religiösen Naturverbundenheit dem Nationalsozialismus durchaus ablehnend gegenüberstand. Eine kritische öffentliche Rede, die öffentliche Lesung aus einer verbotenen Erzählung, Protest gegen die Verhaftung Martin Niemöllers – dies brachte ihn 1938 für mehrere Wochen ins Konzentrationslager Buchenwald. Unter dem Eindruck des dort Erlebten schrieb er den Bericht *Totenwald*, den er aus Angst vor Entdeckung im Garten vergrub. Wiecherts letztes im „Dritten Reich" erschienenes Werk ist der Roman *Das einfache Leben* (1939), dessen Protagonist als Gegenfigur zum soldatischen Männlichkeitswahn der NS-Ideologie konzipiert ist.
Wer sich dem Diktat der indirekten Aussage, dem Schreib- und Redeverbot oder der Einstellung seiner Publikationsorgane nicht beugen wollte, dem blieb als letzte, freilich monologische Möglichkeit des Schreibens nur das ▶ Tagebuch wie im Falle von Oskar Loerke, Friedrich **Hartlaub**, Jochen Klepper und Viktor **Klemperer**. Sozialgeschichtlich bedeutsame Aufschlüsse über das Innenleben der Diktatur verdanken wir nicht zuletzt dem *Tagebuch eines Verzweifelten* des Monarchisten **Reck-Malleczewen**, der Anfang 1945 in das Konzentrationslager Dachau eingeliefert wurde und wenig später seinen Haftbedingungen erlag. Die unter dem Titel *Strahlungen* zusammengefassten Kriegstagebücher **Jüngers** sind dagegen von dem soldatischen Blick eines Geistesaristokraten geprägt.
Besondere Beachtung unter den Autoren der inneren Emigration verdient Albrecht **Haushofer**, der Verbindungen zum Widerstand hatte und bereits 1941 verhaftet und unter Gestapo-Aufsicht gestellt worden war; die SS ermordete ihn kurz vor dem Einmarsch der Roten Armee. Er hinterließ die während seiner Haft entstandenen *Moabiter Sonette*, die zu den eindrucksvollsten Dokumenten des literarischen Widerstands gegen den Nationalsozialismus gehören.

Innerer Monolog bezeichnet eine Darstellungstechnik in Prosawerken, die – im Gegensatz zum traditionellen Erzählstil, der geprägt ist von der Überlegenheit bzw. Allwissenheit des ▶ Erzählers – unausgesprochene Gedanken, Assoziationen, Sinneseindrücke und Bewusstseinsströme des Protagonisten ausschließlich in der Ich-Form wiedergibt. Die so erreichte größere Identifikation des Lesers mit der die Handlung tragenden und die Perspektive bestimmenden Figur lässt dabei den lenkend eingreifenden Erzähler völlig verschwinden. Als Stilmittel finden der reihende, oft äußerst knappe Satzbau, Ausrufe, Wortwiederholungen, syntaktische und chronologische Brüche Anwendung.
Erstmals angewandt wurde diese neue Erzähltechnik in dem Roman *Der beschnittene Lorbeer* (1888) von Éduard **Dujardin**, der den Begriff definierte; später dann von ▶ Joyce in *Ulysses* (1922), von Virginia **Woolf** in ihrem Roman *Die Fahrt zum Leuchtturm* (1927), in dem sie Erinnertes und Erlebtes gleichzeitig darzustellen versuchte, und von William **Faulkner** in *Schall und Wahn* (1930).
In die deutschsprachige Literatur führte ▶ Schnitzler die neue Erzähltechnik in seiner Novelle *Leutnant Gustl* (1900) ein. Die Figur des jungen, angeblich satisfaktionsunfähigen Offiziers, der in seinem ausweglosen Beziehungsgeflecht und persönlichen Nöten keinen anderen Ausweg sieht als die Selbsttötung, wurde so noch plastischer. In Gustls nächlichem Nachdenken wird dies besonders sichtbar: „Es laufen viele herum, denen ärgere Sachen passiert sind, als mir ... Was hat man nicht alles von dem Deckener erzählt, wie er sich mit dem Rederow geschossen hat ... und der Ehrenrat hat entschieden, das Duell darf stattfinden

... Aber wie möcht' der Ehrenrat bei mir entscheiden? – Dummer Bub – dummer Bub ... und ich bin dagestanden –!"
Auch im Roman *Berlin Alexanderplatz* von ▶ Döblin, in Th. ▶ Manns *Lotte in Weimar* und nicht zuletzt in Hermann **Brochs** *Tod des Vergil* (1945), wo der Dichter den Leser an den körperlichen und geistigen Qualen eines Sterbenden teilhaben lässt, ist der innere Monologs ein bestimmendes Stilelement.

Ironie (griech.: eironeia = Verstellung im Reden) ist eine ▶ rhetorische Figur, bei der das tatsächlich Gesagte zur wörtlichen Bedeutung des Geschriebenen oder Gesprochenen im Widerspruch steht. Dabei ist die jeweilige Aussage so angelegt, dass dieser Widerspruch dem Leser oder Hörer sofort deutlich werden kann. Um eine solche ironische Wirkung hervorzurufen, bedient sich der Autor entweder des feinen, versteckten Spotts oder er gibt vor, etwas offensichtlich Lächerliches ernst zu nehmen, was gleichfalls entlarvend wirkt. Ironie kann auf diese Weise alle Schattierungen von heiter bis bitter durchlaufen. Beißender Spott wird als **Sarkasmus** bezeichnet.
Bei der literarischen Ironie unterscheidet man grundsätzlich zwischen objektiver und subjektiver Ironie. Die Erstere ist schicksalhaft und treibt den Betroffenen durch scheinbare Erfolge in den Übermut, der ihn dann vernichtet. Eine Form dieser objektiven Ironie ist die tragische Ironie. Sie verstärkt die erschütternde Wirkung einer ▶ Tragödie dadurch, dass der Zuschauer bereits das Verhängnis sieht, während sich der Held noch in Sicherheit wiegt (**Sophokles**, *König Ödipus;* ▶ Schiller, *Wallenstein*).
In der subjektiven Ironie macht sich der Autor oder eine handelnde Figur selbst zum Ziel der spöttischen Vernichtung. ▶ Heine nutzte die Ironie, um Abstand von den Gefühlen und Empfindungen in seinem Werk zu finden. Dabei ironisierte er seinerseits die romantische Vorstellung von der Vereinbarkeit des Idealen mit der Wirklichkeit, indem er diesen Trugschluss in seinen Werken thematisierte.
Im Zeitalter des ▶ Bürgerlichen Realismus war es vor allem ▶ Keller, der die Darstellung eines allzu harmonischen Bildes von der Wirklichkeit durch ▶ Humor und ironische Zwischentöne störte.
Thomas ▶ Mann setzte in seinem Roman *Der Zauberberg* (1924) Ironie dazu ein, um sich in einem intellektuellen Spiel von der Tragik des Daseins zu entfernen, um nicht in dieser Tragik unterzugehen. Der Erzähler bekennt, dass er des Helden Geschichte nicht um seinetwillen, sondern nur wegen der Geschichte an sich erzählt habe.
Ironie findet sich aber auch in der Alltagssprache: „Du bist mir aber ein schöner Freund."

Italienische Literatur Von einer eigentlich italienischen Literatur kann nicht vor dem 13. Jh. gesprochen werden. Während die französische und provenzalische Dichtung bereits im 12. Jh. in voller Blüte stand, war das Interesse der italienischen Städte eher auf praktische Fragen des juristischen oder politischen Bereichs gerichtet. Folgerichtig beginnt die Dichtung in italienischer Sprache auch nicht im kommunalen Umfeld, sondern am sizilianischen Kaiserhof Friedrichs II. Die Bedeutung der **scuola siciliana** (Sizilianische Dichterschule) liegt also nicht in ihrer mangelnden Originalität, vielmehr gewann erstmals die Volkssprache literarischen Rang.
Ein halbes Jh. später wurde auch in den kulturell erstarkten Kommunen der Wille spürbar, in der bislang dem geschäftlichen Bereich vorbehaltenen Volkssprache dau-

erhafte Kunstwerke zu schaffen. Deutlicher Ausdruck hierfür ist ▶ Dantes lateinische Abhandlung *De vulgari eloquentia* (1303/1304, *Über die Ausdruckskraft der Volkssprache*) in der er dafür eintritt, der Volkssprache einen ihr angemessenen Platz zuzubilligen.

Petrarca

Mit **Petrarca** beginnt ein allgemeingeschichtlich wie literarisch gänzlich neuer Abschnitt. In seinem Jh., dem Trecento, wächst zunehmend das Interesse an den Schriften der antiken Autoren, eine Strömung, die wenige Jahrzehnte später in den ▶ Humanismus der **Renaissance** einmünden wird. Zum alleinigen Vorbild stilisiert wird ▶ Cicero. Petrarcas *Canzoniere*, ein 366 Sonette, Kanzonen, Sestinen, Balladen und Madrigale umfassender Gedichtzyklus, in dem seine ideale Geliebte Madonna Laura besungen wird, resultiert so aus der gründlichen Kenntnis antiker Dichtung und der Adaption provenzalischer Liebeslyrik.

Die Novellensammlung *Il Decamerone* (1349–1353, *Das Dekameron*) von Giovanni **Boccaccio** ist nicht nur das Vorbild aller europäischen Novellensammlungen, mit ihm beginnt eigentlich die italienische Prosa: Zehn Vertreter der Florentiner Aristokratie fliehen 1348 vor der Pest auf ein Landgut und vertreiben sich dort die Zeit mit Erzählungen. Die hundert Novellen des Buches tragen neben dem Werk Dantes und Petrarcas entscheidend dazu bei, dass die Volkssprache auch für die Humanisten des 15. Jh.s einen dem Lateinischen ebenbürtigen Rang erhält.

1516 schuf Ludovico **Ariosto** das größte Epos der italienischen Renaissance, vielleicht eines der schönsten Heldengedichte überhaupt: *Orlando Furioso* (*Der rasende Roland*). Kunstvoll verschlungen paradieren hier die Motive des mittelalterlichen Epos: Glaubenskampf, ritterliche Bewährung und Minnedienst – Ungeheuer, Feen und Zauberer wirken mit an der Beschwörung ritterlicher Ideale. Noch einmal wird die Welt mittelalterlichen Rittertums im Epos *La Gerusalemme liberata* (1581, *Das befreite Jerusalem*) von Torquato **Tasso** aufgenommen.

Im Vergleich zum Cinquecento erstarrt das literarische Leben im barocken Seicento, dem 17. Jh. Nur das Bühnenspiel wird mehr denn je gepflegt. So kommt die ▶ Commedia dell'Arte erst in diesem Jh. zur vollen Blüte und gewinnt großen Einfluss auf die Entwicklung des europäischen ▶ Theaters.

Hohen Rang besitzt wiederum die wissenschaftliche Literatur. Tommaso **Campanella** verfasst in Anlehnung an **Platons** *Staat* und an die *Utopia* (1516) des Engländers Thomas Morus (▶ Utopie) seine sozialistisch anmutende Schilderung eines idealen Staatswesens *La città del sole* (1602, *Der Sonnenstaat*).

Das Settecento (18. Jh.) ist durch zwei gegensätzliche Entwicklungen charakterisiert. Zunächst bleibt auch Italien von der ▶ Aufklärung nicht unberührt.

Carlo **Goldonis** Komödien kommen ohne die für die Commedia dell'Arte typischen Masken und Improvisationen aus. Dafür zeichnet er in Anlehnung an ▶ Molière lebensnahe Charaktere, die ihre italienischen Besonderheiten aber bewahren. Zum andern dringt in der zweiten Hälfte des Jh.s die stark national gefärbte italienische Romantik vor, die dem Erbe des Klassizismus verbunden ist. Vittorio **Alfieri**, geprägt von Montesquieu, Voltaire und Rousseau, preist in seinen patriotischen Tragödien und Gedichten heroische Größe und Freiheit, die er vor allem in England verkörpert sah. Sein Werk zählt zu den gedanklichen Grundlagen für die italienische Einigungsbewegung.

Einer der größten Lyriker des Novecento, des 19. Jh.s, Giacomo **Leopardi**, ist durch die Erhabenheit und Reinheit seines Stils dem Klassizismus zuzurechnen, gehört jedoch durch seinen Pessimismus und die sehnsuchtsvolle Suche nach dem Unerreichbaren ebenso der romantischen Empfindsamkeit an. Doch ließ ihn seine fortschrittsfeindliche Haltung zum Außenseiter werden, der nicht zur gegenwärtigen Situation des Landes Stellung nahm wie Alessandro **Manzoni**, dessen Werk das politische Engagement und die Zeit des Autors widerspiegelt. Sein historischer Roman *I promessi Sposi* (1842, *Die Verlobten*) zeigt am Schicksal eines bäuerlichen Brautpaars aus der Lombardei zur Zeit des Dreißigjährigen Krieges, wie weit das gegenwärtige und kommende Italien entfernt ist von den unhaltbaren sozialen Zuständen der Vergangenheit. Manzonis Werk setzte, vor allem durch die Wahl des toskanischen Dialektes, die sprachlichen Normen für die moderne italienische Prosa.

Gegen Ende des Jh.s versuchte Giosuè **Carducci** durch den Rückgriff auf die klassischen italienischen und lateinischen Dichtungsvorbilder die italienische Poesie zu erneuern. 1906 erhielt er als erster Italiener den Nobelpreis für Literatur.

Als Folge der Einigung Italiens (1860) geriet der agrarische Süden wirtschaftlich ins Hintertreffen. Seinen literarischen Niederschlag fand diese Entwicklung im **Verismus**, einer wesentlich sizilianischen Strömung, die im Anschluss an ▶ Zola ihre Thematik im Elend und in der Unwürdigkeit der Lebensbedingungen in den ländlichen Gebieten des Südens fand. Der Haupttheoretiker des Verismus, Luigi **Capuana**, forderte, Grundlage jeglicher Literatur dürfe nur die unmittelbare und leidenschaftslose Wirklichkeitsbeobachtung sein, ein Postulat, das er in seinem naturalistischen Roman *Giacinta* (1879) einlöste. Der Hauptvertreter des Verismus ist jedoch der Sizilianer Giovanni **Verga**, der in seinen Romanen *I Malavoglia* (1881, *Die Malavoglia*), *Mastro-Don Gesualdo* (1889) sowie seiner Novellensammlung *Vita dei campi* (1880, *Landleben*) die Trostlosigkeit und Brutalität einer zusammenbrechenden Welt beschreibt.

Auf der Schwelle zum 20. Jh. begegnet eine zwischen Symbolismus und Dekadenz angesiedelte Generation, die von Antonio **Fogazzaro**, Giovanni **Pascoli** und vor allem Gabriele **D'Annunzio** verkörpert wird, der ebenso durch seine Phantasmen vom Übermenschen auffällt wie durch die größenwahnsinnige Stilisierung seines eigenen Lebens. Eine nicht minder eigenartige Zwischenstellung nimmt Filippo Tommaso **Marinetti** ein, der Begründer des ▶ Futurismus.

Die italienische Literatur des 20. Jh.s ist durch eine ungeheure Vielfalt von Themen und Formen gekennzeichnet. Italo **Svevo** beschreibt die Welt der kleinen Angestellten, die Probleme der Anpassung und der Entfremdung, des Scheiterns durch Ener-

gielosigkeit und Antriebsarmut. Seine Werke, vor allem die Romane *Una vita* (1892, *Ein Leben*), *Senilità* (1898, *Ein Mann wird älter*) und *La coscienza di Zeno* (1923, *Zeno Cosini*) werden heute in ihrer Bedeutung in die Nähe von ▶ Proust gerückt.
▶ Pirandello, der zweite große Kritiker, der die Widersprüche der ▶ Moderne aufdeckt, dominiert als Nobelpreisträger von 1934 sein literarisches Umfeld vor allem durch seine Bühnenwerke, in denen er versucht, den Kontakt zwischen Bühne und Publikum zu intensivieren.
Eine Renaissance erlebte die italienische Lyrik durch die Poesia **Ermetica**, die hermetische Poesie, die mit den Namen Giuseppe **Ungaretti**, Eugenio **Montale** und Salvatore **Quasimodo** verbunden ist. Die Gruppe strebt im Anschluss an den französischen ▶ Symbolismus die Rückkehr zur Reinheit und Absolutheit des Wortes und der Dichtung an.
Die Literatur der Nachkriegszeit verwirft den hermetischen Wortkult als literarische Weltflucht, lädt vielmehr unter dem Einfluss des marxistischen Kulturkritikers und Politikers Antonio **Gramsci** zur Teilnahme und zum aktiven Engagement ein. Das Ergebnis wird als **Neorealismus** bezeichnet, eine Strömung, die ebenso im literarischen Bereich wie in der Filmkunst (Rossellini, Visconti, de Sica) beherrschende Stellung erlangte. Carlo **Levi** wurde berühmt durch *Cristo si è fermato a Eboli* (1946, *Christus kam nur bis Eboli*), einen autobiographischen Tatsachenbericht, der die Schilderung des sozialen Elends im Süden Italiens mit der Darstellung seiner persönlichen Verbannung in das Dorf Gagliano verbindet. Ebenfalls dem Neorealismus zuzuordnen sind Elio **Vittorini**, Vasco **Pratolini**, Mario **Soldati**, Cesare **Pavese** und Giuseppe Tomasi di **Lampedusa**, dessen Roman *Il gattopardo* (1958, *Der Leopard*) weltweite Beachtung fand und in Viscontis Verfilmung ein Welterfolg wurde.
Die Betonung des Engagements im Neorealismus weicht in der Folgezeit nuancenreicheren Motiven. Alberto **Moravia**, bereits 1929 mit dem Roman *Gli indifferenti* (*Die Gleichgültigen*) hervorgetreten, gelangt mit *La ciociara* (1957, *Cesira*) zu internationalem Ansehen. Das Werk wurde ebenso verfilmt wie der Roman *Il giardino dei Finzi-Contini* (1962, *Die Gärten der Finzi-Contini*) von Giorgio **Bassani**, der das Leiden einer vornehmen jüdischen Familie im faschistischen Ferrara nachzeichnet.
Auch das Werk von Natalia **Ginzburg** behandelt die Zeit des Faschismus und der Resistenza, doch dies in einem sehr kargen, unpathetischen Stil, der Emotionslosigkeit suggeriert. In ihrem bekanntesten Werk *Lessico famigliare* (1963, *Mein Familienlexikon*) schildert sie das Alltagsleben in der Isolierung, die ihrer Familie in den dreißiger und vierziger Jahren vom Regime aufgezwungen war. Im Unterschied zu Natalia Ginzburg, die sich der nachträglichen Sinngebung ihrer Erlebnisse verweigert, sucht Primo **Levi** in seinen Romanen *Se questo è un uomo* (1947, *Ist das ein Mensch?*) und *La tregua* (1963, *Die Atempause*) Erklärungen für das Unbegreifliche, das er in Auschwitz erlebt hat.
Eine der facettenreichsten Gestalten der italienischen Nachkriegskultur ist Pier Paolo **Pasolini**, der als Literat, Regisseur, Schauspieler und Maler hervortritt. Das Bewusstsein, als Homosexueller anders zu sein als die Mehrheit, treibt ihn zu nie erlahmender Rebellion gegen jegliche Art von Konformismus, der er in seinen Wer-

Pier Paolo Pasolini

ken *Ragazzi di vita* (1955), *Una vita violenta* (1959, *Via violenta*), *Teorema* (1968, *Teorema oder die nackten Füße*) sowie *Scritti corsari* (1975, *Freibeuterschriften*) deutlichen Ausdruck verleiht.
Relativ früh überwindet Italo **Calvino** den Neorealismus, um in märchenhaft-ironischer Distanz die italienische Nachkriegsgesellschaft zu analysieren. Trotz der beinahe fantastischen Züge seines Werks wird immer wieder deutlich, dass Literatur für ihn Weltbewältigung ist, so vor allem in *Il visconte dimezzato* (1952, *Der geteilte Visconte*), *Il barone rampante* (1957, *Der Baron auf den Bäumen*), *Il castello dei destini incrociati* (1973, *Das Schloss, darin sich Schicksale kreuzen*) und *Palomar* (1983, *Herr Palomar*).
Einen angesichts der Komplexität seiner Werke eher mysteriös wirkenden Welterfolg erzielt ▶ Eco mit seinen postmodernen Romanen (▶ Postmoderne). Umstritten ist dagegen der Nobelpreis für Literatur, der dem Schauspieler, Sänger, Autor und Regisseur Dario **Fo** mit seinem provokativ-volkstümlichen Polittheater 1997 verliehen wurde.

J

James, Henry (1843–1916), in New York geboren, gilt neben ▶ Joyce und ▶ Proust als einer der bedeutendsten Erneuerer des Romans. James lebte überwiegend in Europa und wurde 1915 britischer Staatsbürger. Er schrieb zahlreiche Romane und Kurzgeschichten.
So wie James zwischen neuer und alter Welt steht, ist er auch ein Bindeglied zwischen 19. und 20. Jh. Sein **psychologischer Realismus** bringt die entscheidende Wendung zum modernen ▶ Roman und unter seinem Einfluss bilden sich zwei Romanformen heraus. Die eine ist der künstlerisch anspruchsvolle, Neues suchende Roman, der nur kleine Leserschichten anspricht, die andere ist der auf Altes zurückgreifende Unterhaltungsroman für das Massenpublikum.
1879 veröffentlichte er den Kurzroman *Daisy Miller*, dessen unbekümmert offene

Henry James, um 1895

und zugleich naive Hauptfigur in Europa Sinnbild der Amerikanerin schlechthin wurde.

Portrait of a Lady (1880/1881, *Bildnis einer Dame*), zunächst als Fortsetzungsroman geschrieben, beschreibt die Situation der Heldin, die sich entscheiden muss, welchen von drei Bewerbern sie heiraten will. Die Handlung der Geschichte besteht in den vielfältigen Beziehungen, Gedanken und Reaktionen der Hauptfigur.

Im Jahre 1903 veröffentlichte James den Roman *The Ambassadors* (*Die Gesandten*), der als sein Meisterwerk betrachtet wird. Auch hier wird die Erzählweise eines allwissenden Erzählers vom perspektivisch gelenkten Erzählstil (▶ Erzähler) abgelöst: Der Leser nimmt das Geschehen ausschließlich durch die Brille des Helden wahr. Über entfernte Ereignisse erfährt er nur durch die häufigen Dialoge. Dieses Werk war, trotz seines anspruchsvollen Stils, bahnbrechend für den europäischen Roman.

Jandl, Ernst (1925–2000), in Wien geboren, studierte Germanistik und Anglistik und arbeitete nach seiner Promotion 1950 als Gymnasiallehrer. Schon während dieser Zeit veröffentlichte er erste Gedichte, wobei er sich zunächst noch an traditionelle Formen hielt. Unter dem Einfluss der ▶ Wiener Gruppe und der Autoren der „konkreten Poesie" fand Jandl in den 50er-Jahren zu einem ganz eigenen Umgang mit Sprache. Groteske und spielerische Elemente sind für seine Lyrik bestimmend. Jandl nannte diese neue Schreibart „Sprechgedichte", weil sie nicht nur mit der Sprache, sondern auch mit den Möglichkeiten der Stimme arbeiten. Sprechgedichte muss man deshalb auch laut lesen. Um diese Wirkung seiner Lyrik zu betonen, hat Jandl selbst eine Fülle seiner Gedichte auf Platte und MC, später auf Video und CD aufgenommen. Das Sprechgedicht *schtzngrmm* zeigt, was er mit seiner Lyrik be-

Ernst Jandl, 1995

zwecken will. Es führt klanglich vor, wovon das Gedicht handelt: „schtzngrmm / schtzngrmm / t-t-t-t / t-t-t-t / grrrmmmmm / t-t-t-t / s-------c-------h ....".
Zusammen mit der Schriftstellerin Friederike **Mayröcker** entwickelte Jandl auch eine neue Form des ▶ Hörspiels. In *Fünf Mann Menschen* (1968) wird – übrigens erstmals mit der neuen Technik der Stereophonie – das Leben eines Durchschnittsmannes beschrieben. Dabei erzählen die Autoren nicht einfach die Geschichte, sondern schildern das Schicksal des Mannes klischeehaft und verzerren es sprachlich fast bis zur Unkenntlichkeit. Mayröcker/Jandl erhielten für das Stück den renommierten „Hörspielpreis der Kriegsblinden". Im Laufe der letzten dreißig Jahre folgten für Jandl eine Reihe weiterer, bedeutender Literaturpreise: u. a. 1984 der Georg-Büchner-Preis und 1993 der Kleist-Preis. Öfters hat Jandl auch Gastprofessuren an verschiedenen Universitäten angenommen. Er gilt als einer der großen deutschsprachigen Autoren der Gegenwart.

Jiddische Literatur Sammelbegriff für das gesamte Schrifttum des mittel- und osteuropäischen Judentums, aufgezeichnet in hebräischer Schrift. Das spezifisch „Jiddische" als Schrift- und Volksprache setzt sich zusammen aus verschiedenen deutschen Dialekten, dem Hebräischen, Sprachelementen aus dem griechisch-römischen und slawischen Kulturkreis. Erste Zeugnisse finden sich in der mittelalterlichen ▶ Spielmannsdichtung des fahrenden Volkes, z. B. *Widuwilt, Dietrich v. Bern, Dukus Horant* und *König Rother*. Mit der jüdischen Geschichte, besonders aber mit dem „heldenhaften" König David, befasst sich das *Samuelbuch* (*Schmuelbuch,* 1544) von Esrim Wearba; eine Verschmelzung von hebräischen und deutschen Traditionen wird in der damals beliebten jiddischen Fabelsammlung *Kuhbuch* (1595) sichtbar. Aber auch deutsche **Volksbücher** wie die moralisierende und unterhaltende Prosa des ausgehenden Mittelalters, z. B. *Fortunatus, Eulenspiegel* oder *Magellone*, fanden im 16. und 17. Jh. zahlreiche jüdische Bearbeiter und waren als „tajtsche bicher" sehr beliebt. Spezielle Frauenbibeln, Sittenbücher, Gebetbücher und andere Druckerzeugnisse unterhaltender und belehrender Art erschienen in „wajber tajtsch" vor allem für jüdische Frauen, die des Hebräischen nicht (mehr) mächtig waren. Mit der Aufklärung entfaltete sich besonders in Osteuropa eine neue jiddische Literatur, die sowohl inhaltlich als auch sprachlich eine stärkere Realitätsanbindung suchte und in Mendel **Lefin** und Isaak Baer **Levinsohn** ihre ersten Vertreter fand. Einen Höhepunkt erreichte die neue ostjiddische Literatur in den Werken von Mendele Mojcher **Sforim**. Er stellte sozialkritisch das Alltagsleben seiner Landsleute im zaristischen Russland dar (*Doss klejne mentschele,* 1863; *Die takse,* dt. *Die Steuer,* 1869; *Fischke der krumer,* dt. *Fischke der Krumme,* 1918). **Scholem Aleichem** begann als

Szene aus „Anatevka" mit Shmuel Rodensky als Milchmann Tewje

Feuilletonist. Weltweit berühmt wurde der jüdische Humorist mit seinem Roman *Menachim Mendel, der Spekulant* (1892–1913) und der Erzählung *Tewje der milchiger* (1894, *Tewje, der Milchmann*), die als Musical *Fiddler on the Roof* 1964 in New York uraufgeführt wurde. Der Dramatiker, Erzähler und Lyriker Isaak Leib **Perez** orientierte sich an westeuropäischen Literaturstilen und bereicherte durch die Verbindung moderner Ausdrucksformen mit überkommenen jiddischen Erzähltraditionen das Schrifttum seiner Heimat (1907, *Die goldene kejt,* dt. *Die goldene Kette*; 1900, *Chassidisch,* dt. *Chassidische Erzählungen*; 1909, *Folkstimleche geschichten,* dt. *Volkstümliche Erzählungen*). Ab 1930 wurde die jiddische Literatur durch politische Ideologisierung zunehmend reglementiert. Mit dem Überfall der Deutschen Wehrmacht auf die Sowjetunion 1941 und dem Völkermord an den osteuropäischen Juden kam die literarische Produktion schließlich vollständig zum Erliegen.
Ganz in der Tradition der jiddischen Literatur steht der amerikanische Erzähler Isaac Bashevis **Singer**, der in Polen geboren wurde und Werke bedeutender europäischer Autoren ins Jiddische übertrug. Seine eigenen Bücher lassen erkennen, wie stark er dem jüdisch-polnischen Kulturkreis verbunden war. 1978 erhielt er den Nobelpreis für Literatur für sein Gesamtwerk (u. a. *Die Familie Moschkat,* 1984; *Der Zauberer von Lublin,* 1960; *Das Landgut,* 1967; *Schoscha,* 1978; *Der Büßer,* 1987).
Zentrum jiddischer Literatur nach dem Zweiten Weltkrieg wurde v. a. der Staat Israel, wo sich um den amerikanischen Autor David **Pinski** eine Gruppe moderner Schriftsteller mit der Bezeichnung „Jung Israel“ bildete.

Joyce, James (1882–1941) wurde in Irland geboren und entwickelte schon früh seinen Widerstand gegen die englische Herrschaft in Irland, gegen die kirchliche

James Joyce, um 1940

Autorität und gegen Kulturprovinzialismus allgemein. In den Jahren zwischen 1888 und 1898 war er Jesuitenschüler und studierte dann Philosophie und Sprachen in Dublin. 1902 schrieb er sich an der Pariser Universität für das Fach Medizin ein, doch reichten seine Mittel nicht dazu aus, um das Studium zu beenden. Er lebte nun zunächst in Triest und Zürich, ab 1920 aber wieder in Paris in ärmlichen Verhältnissen. Die Jahre von 1940 bis zu seinem Tode verbrachte er erneut in Zürich. Die Urteile über Joyce reichen von höchster künstlerischer Anerkennung bis hin zu scharfer Ablehnung. Fast alle neueren englischen und amerikanischen, aber auch deutschen Romanschriftsteller, sind von ihm beeinflusst worden, vor allem durch seine Technik des ▶ inneren Monologs bzw. des Bewusstseinsstroms.
Joyce begann mit Gedichten in betont musikalischer Sprachgebung (*Kammermusik*, 1907) und mit Kurzprosa. Mit *Dubliners* (1903–1907), einer Sammlung von Kurzgeschichten, in der sich naturalistische und

symbolistische Elemente durchdringen, tritt die moderne Form der **Shortstory** in die englische Literatur ein. Das große Thema dieser bis zur Veröffentlichung im Jahre 1914 mehrmals umgeschriebenen 15 Kurzgeschichten ist die Spannung zwischen Selbsttäuschung und Wirklichkeitserkenntnis in einer von Religion, Bürgerlichkeit, Beruf und Ehe eingeengten Welt.
Der autobiographische Roman *A Portrait of the Artist as a Young Man* (1916, *Jugendbildnis des Dichters*) schildert die inneren Kämpfe eines unter jesuitischen Erziehungsfesseln leidenden Künstlers, der mit einer Absage an die herrschenden Mächte schließt. Im *Jugendbildnis* nähert sich Joyce bereits der radikalen Darstellung des Bewusstseins mit seinen ständig wechselnden Inhalten, also der Erzähltechnik des sog. **Bewusstseinsstroms**.

Lange als Jahrhundertwerk gefeiert und Höhepunkt von Joyces Erzähltechnik ist der Roman *Ulysses* (1922). Dargestellt werden die vielfältigen geistigen und sinnlichen Abenteuer des jungen Stephen Daedalus, der Hauptfigur aus dem *Jugendbildnis*, sowie jenen des Ehepaares Leopold und Mary Bloom. Die Handlung beginnt mit einer ersten Episode am 16. Juni 1904 beim morgendlichen Rasieren und endet mit der achtzehnten Episode in den Frühstunden des nächsten Tages, als Molly im Halbschlaf noch einmal über ihr sinnliches Leben nachdenkt. Dieses letzte Kapitel ist in innerem Monolog pausen- und satzzeichenlos erzählt. In den dazwischen liegenden Episoden erfährt der Leser ebenfalls etwas über Denken und Tun der Personen während des Tages. Die Figur des Stephen Daedalus weist durchaus Züge des Autors auf, während Molly seiner Frau Nora ähnelt, mit der Joyce am 16.6.1904 sein erstes Stelldichein hatte. Leopolds Erlebnisse lehnen sich bildhaft verfremdet an die Irrfahrten des Odysseus von Homer an.

Durch die Vielschichtigkeit der Bedeutungen und die Raffinesse im Einsatz moderner Erzähltechniken, aber auch wegen der Symbol- und Motivfülle ist das Werk eine einzigartige Erscheinung des 20. Jh.s. *Ulysses* ist Epos, Chronik, Essay, Reportage, Drama und Entwicklungsroman in einem. Unter den zahlreichen durchgängigen Motiven ist jenes von der Suche nach dem geistigen Vater zu einem ausdrucksstarken Symbol für die Heimatlosigkeit des Menschen geworden.
Finnegans Wake (geschrieben 1923–1938) gilt als einer der schwierigsten Romane der Weltliteratur. Als „der seltsamste Traum, der je halb geträumt wurde“ hat *Finnegans Wake* die unterschiedlichsten Deutungen und Bewertungen erfahren. Der Roman will ein Epos der Menschheitsgeschichte sein, ist aber wohl auch die Summe eines Traumes, den der Dubliner Humphrey C. Earwicker während einer einzigen Nacht erfährt. Diese zyklische Traumsaga vom Fall und der Wiederauferstehung der Menschheit kann ohne Erläuterungen kaum ganz verstanden werden.

Junges Deutschland (1830–1840)

Nach 1830 – Frankreich hatte gerade seine zweite Revolution hinter sich – verschärften sich auch in Deutschland die politischen und sozialen Konflikte. Auf den Bürgerprotest beim Hambacher Fest (1832) folgte ein Jahr später der Sturm auf die Frankfurter Hauptwache; 1844 kam es in Schlesien zum Weberaufstand und 1848 stiegen auch hier zu Lande die Bürger auf die Barrikaden.
In dieser Umbruchszeit meldeten sich einige junge Autoren zu Wort, die genug hatten von staatlicher ▶ Zensur und die zugleich die Gefühlskultur des ▶ Biedermeier ablehnten. Dichter wie Karl **Gutzkow** forderten daher die „Politisierung unserer Literatur“. Diese Meinung teilten auch die Wortführer der Gruppe, ▶ Heine und Ludwig **Börne**, sowie Heinrich **Laube**, Ludolf **Wienbarg** und Theodor **Mundt**. Sie alle wurden bekannt unter der Bezeichnung das „Junge Deutschland“.

Szene während des Hambacher Festes, 1832

Ihren Namen verdankte die Gruppe der Abgrenzung von „jungem" und „altem Deutschland", wie sie Ludolf Wienbarg in seiner literaturtheoretischen Schrift *Ästhetische Feldzüge* (1834) vornahm.

Was diese jungen Literaten als ihr Programm vertraten, war nicht mehr das Schöne, Erhabene aus der Epoche der Klassik, sondern die Forderungen des Hier und Jetzt. Respektlos nannten sie den alten Goethe einen „Stabilitätsnarren", den romantischen Dichter Ludwig **Tieck** einen bloßen „Formkünstler" und erhoben die französischen Aufklärer **Voltaire** und **Diderot** sowie den deutschen Dichter **Jean Paul** auf ihren Thron. Die Literatur sollte bewusst populär, auf Wirkung bedacht und der gesprochenen Sprache nahe sein. Für sie war die Schriftstellerei „kein Spiel schöner Geister".

Ihre scharfe Zeitkritik musste sich freilich wegen der strengen Zensur häufig hinter geistreichen Plaudereien und Anspielungen verstecken. Solch geschickt verdeckte, vor allem von Heine meisterhaft beherrschte Schreibweise nannte Karl Gutzkow „Ideenschmuggel". Besonders gern tarnte sich die politische Aussage der Jungdeutschen in Reiseberichten über fremde Länder, verbarg sich in romanhafter Einkleidung oder in Abhandlungen über den Zweck der Kunst (Wienbarg, *Ästhetische Feldzüge*).

Dabei waren diese Autoren keine politischen Agitatoren, das geschriebene Wort blieb ihre schärfste Waffe. Ob als ▶ Satire oder literarische Kritik in einem Journal, als Roman oder spöttisches Gedicht, stets wandten sie sich in ihren Texten den drängenden Fragen der Zeit zu und stellten so-

ziale Konflikte und gesellschaftliche Tabus in den Mittelpunkt ihres Schaffens. Berühmt wurde Gutzkows Skandalroman *Wally, die Zweiflerin* (1835). Er handelt von einer jungen, verwöhnten, von religiösen Skrupeln geplagten Aristokratin, die auf ihren Liebhaber verzichten und einen reichen alten Lebemann heiraten muss.
Das Buch wurde zum unmittelbaren Auslöser für das Verbot der Jungdeutschen durch einen Beschluss der Bundesversammlung (1835). Den aufbegehrenden Geist der Zeit konnten die alten Mächte damit freilich nicht ersticken. Den agitatorischen Gedanken der Jungdeutschen folgten im März 1848 in ganz Deutschland revolutionäre Taten.

K

Kabarett (franz.: cabaret = Schenke) Eine (oft auch improvisierte) Kleinkunstbühne („Brettl"), auf der in einem Nummernprogramm durch Einzelvortrag, ▶ Chanson, Zwie- und Mehrgespräch, Duett und Gruppenlied in humoristisch-satirischer Form Zeiterscheinungen angeprangert und kritisiert werden. Die Inhalte und Themen sind witzig und pointiert gewählt und vereinen Elemente des ▶ Theaters (Szene, Monolog, Dialog), der Literatur (Lyrik, Prosa) und der Musik.
Das Kabarett ist die deutsche Spielart der im 19. Jh. vor allem in Paris gegründeten Cabarets. Das 1901 in Berlin eröffnete „Überbrettl" wurde im deutschsprachigen Raum bahnbrechend. 1916 gründeten die Dadaisten (▶ Dadaismus) Hugo **Ball** und Hans **Arp** in Zürich das „Cabaret Voltaire" mit stark antimilitaristischer Tendenz. Volkskomiker, wie Liesl **Karlstadt** und Karl **Valentin**, traten in München hervor. Während des Nationalsozialismus wurden eine ganze Reihe von Kabarettisten in Konzentrationslager gebracht (Soyfer, Finck).
Nach 1945 setzten „Schaubude" (München 1945), „Kom(m)ödchen" (Düsseldorf 1947), „Stachelschweine" (Berlin 1949) und „Münchner Lach- und Schießgesellschaft" (1955) die kritisch-oppositionelle Haltung der Kabaretts der 20er-Jahre fort. Seit Mitte der 60er-Jahre entstand ein radikales, antibürgerliches Kabarett wie „Floh de Cologne" 1966; „Lokomotive Kreuzberg" 1972. Seit Ende der 70er-Jahre dominieren Solokabarettisten (Dieter Hildebrandt, Bruno Jonas u. a.).

Kafka, Franz (1883–1924) kam als Sohn einer jüdischen Kaufmannsfamilie in Prag zur Welt. Nach dem Abitur studierte Kafka auf Wunsch der Eltern Jura bis zur Promotion. Von 1908 an führte er als Angestellter eine „Kanzleiexistenz" in der Prager „Arbeiter-Unfall-Versicherungs-Anstalt". Hier wurde ihm die moderne Bürokratie mit ihren Aktenvorgängen und Fehlentscheidungen in ihrer Bezugslosigkeit zum konkreten Menschen gespenstisch vertraut und sie diente häufig als Vorlage zu seinem literarischem Schaffen.
Bald schon stellte sich bei Kafka eine Unlust am Brotberuf und eine verzehrende Sehnsucht nach der Literatur ein. Dass Schreiben für Kafka schließlich zu der einzig möglichen Existenzform wurde, erläu-

terte er später in einem Brief an seinen Freund Max **Brod**: „Damit meine ich natürlich nicht, dass mein Leben besser ist, wenn ich nicht schreibe. Vielmehr ist es dann viel schlimmer und gänzlich unerträglich und muss mit dem Irrsinn enden."

Kafkas Beziehungen zu Frauen waren kompliziert und endeten tragisch: Mit seiner zweimaligen Verlobten (1914 und 1917) Felice **Bauer** pflegte er einen intensiven Briefwechsel. Wohl aus Furcht vor einer Vereinnahmung durch die energische und praktisch veranlagte Frau entschied er sich jedoch für seine literarische Arbeit und gegen eine dauerhafte Lebensgemeinschaft. Die Trennung löste im bereits von Krankheit gezeichneten Kafka heftige Schuldgefühle aus, seine seelische Verfassung schwankte zwischen dem Wunsch nach familiärer Wärme und intimer Partnerschaft einerseits und einem tief verwurzelten Bedürfnis nach Abgeschiedenheit andererseits, die der Nährboden für seine schriftstellerische Arbeit war. Von Ängsten und Schuldgefühlen geplagt sah er nur im Schreiben einen Ausweg. 1920 lernte Kafka die tschechische Journalistin Milena **Jesenská** kennen. Ausdruck dieser von tiefer gegenseitiger Zuneigung getragenen Beziehung wurde ein Briefwechsel von hohem literarischen Wert. Mit der Persönlichkeit des Dichters intim vertraut schrieb Milena im Nekrolog auf Franz Kafka 1924: „Er war ein schüchterner, ängstlich besorgter, sanfter und guter Mensch, aber die Bücher, die er schrieb, waren grausam und schmerzhaft."

Franz Kafka starb 1924 im Sanatorium Kierling bei Klosterneuburg, treu umsorgt von der aufopferungsvollen Dora Dymant, deren Bekanntschaft er im Sommer 1923 gemacht hatte. Auf Kafkas Wunsch sollte sein gesamter Nachlass, d. h. der größte Teil des literarischen Werkes, vernichtet werden. Sein lebenslanger treuer Freund und Testamentsvollstrecker, Max **Brod**, hielt sich jedoch nicht an diesen Auftrag, sondern veröffentlichte – mit redaktionellen Überarbeitungen – bedeutende Manuskripte aus dem Nachlass: Die drei berühmten Romane *Der Prozess* (1925), *Das Schloss* (1926), *Der Verschollene* (1927, von M. Brod *Amerika* betitelt), die Kurzgeschichten *Beim Bau der Chinesischen Mauer* (1931) und *Vor dem Gesetz* (1931), die *Tagebuchaufzeichnungen 1910–1923* (1951), *Briefe an Milena* (1952) und *Briefe an Felice* (1958).

In seinen Erzählungen, Parabeln und Romanen verarbeitete Kafka Motive, die auch die übrige expressionistische Dichtung (▶ Expressionismus) bewegten: der Vater-Sohn-Konflikt, die Einsamkeit, die gnadenlose Natur, die Gleichgültigkeit des Schicksals, die Abwesenheit Gottes, die Hilflosigkeit des Menschen in undurchschaubaren Situationen. Seine Protagonisten führen in einer verlassenen und feindlichen Welt stets einen aussichtslosen Kampf gegen unüberwindlich scheinende Mächte, die in ihrer zwingenden Dämonie schließlich den Menschen überwältigen. Die Absicht ist: die Bewusstmachung der Absurdität des Einzelnen in einer perspektivlosen Welt. Obwohl sich Kafkas erzählerische Welt stark an die zeitgenössische Realität anlehnt, bleibt sie in der ihr eigentümlichen inneren Konsequenz dennoch von der Außenwelt abgeschlossen. Die Faszination der Texte beruht u. a. darauf, dass die Figuren zwar in absurde Situationen geraten, die sprachlich präzise dargestellt und logisch nachvollziehbar sind, jedoch durch ihre bedrohliche Rätselhaftigkeit den Leser verstören.

Den eigentlichen Kern von Kafkas Werk bilden die Erzählungen und die Kurzprosa. Die unheimliche Geschichte von dem Geschäftsreisenden Gregor Samsa (*Die Verwandlung,* 1912), der sich morgens im Bett als großer Käfer wieder findet, ist der Alptraum eines von der Familie Ausgestoßenen, der sich von den gefühlsrohen Angehörigen zu befreien versucht. *Das Urteil*

(1913) reflektiert die eigene Befindlichkeit gegenüber dem dominanten Vater. Dessen „Urteil" über den jungen Helden lautet: „Ich verurteile dich jetzt zum Tode des Ertrinkens!" – was der Sohn durch Selbsttötung sofort vollzieht. *In der Strafkolonie* (1914) erzählt von einem Staatswesen, das gefesselten Missetätern ihre Schuld in labyrinthischer Spiegelschrift blutig auf den Leib schreibt. Der Zirkusbesucher in *Auf der Galerie* (1919) ist versucht, dem Geschehen in der Manege – dargestellt an einer erbarmungswürdigen lungenkranken Kunstreiterin – Einhalt zu gebieten, doch er unterlässt es.

Franz Kafka, 1917

Klassiker der Moderne sind die Romane Franz Kafkas. In dem unvollendeten Roman *Der Verschollene* (von M. Brod *Amerika* betitelt, entstanden 1912), den Kafka für sein „lichtestes" Werk hielt, muss der von seinen Eltern nach Amerika verbannte jugendliche Karl Roßmann die bittere Erfahrung machen, dass das Paradies zunehmend verschlossener wird. So verstrickt sich der junge Europäer auf der Suche nach Geborgenheit immer tiefer in die ihm fremde Medien- und Maschinenwelt. Als Liftboy im Hotel Continental lernt er undurchschaubare Hierarchien und die Unberechenbarkeit der modernen Technik kennen. Karl gelingt es nicht in diesem System Fuß zu fassen; schließlich nimmt den Einsamen das Naturtheater von Oklahoma auf, das jedem eine individuelle Rolle verspricht, freilich auch nur in grotesk-verzerrter Form.

Die Frage nach Schuld und Verantwortung prägen Kafkas zweiten Roman *Der Prozess* (entstanden 1914), der gleichfalls fragmentarisch blieb. Der Bankprokurist Josef K., der plötzlich aus dem Bett heraus verhaftet wird, irrt auf der Suche nach den zuständigen Gerichtsinstanzen durch eine unsichere, brüchige, labyrinthische Welt, deren launenhafte Beamtenhierarchie eine mehr als fragwürdige Autorität verkörpert. Er kommt immer nur mit den untersten Instanzen des in Dachkammern und Hinterhäusern tagenden Gerichts in Berührung. Seine Lebensschuld besteht – wie sich herausstellt – darin, dass er sich für unschuldig hält, dass er sich immer nur in einem Knäuel von Rechtfertigungen, Ausflüchten, Illusionen und Beschuldigungen anderer, in einer halbwahren, den verkommenen Dachkammern entsprechenden Scheinexistenz bewegt. Am Ende ahnt er, dass er den Schuldzusammenhang des Daseins spiegelverkehrt gesehen hat: Auf der Suche nach Wahrheit und Gerechtigkeit hätte er bei sich selbst beginnen müssen.

In eine noch abgeschlossener wirkende Welt zieht Kafka den Leser in seinem letzten Roman *Das Schloss* (Fragment, entstanden 1922). Der Landvermesser K. möchte in eine kleine Dorfgemeinschaft aufgenommen werden, aber die Beamten auf dem Schloss mit ihren Aktenbergen und wechselnden Entscheidungen machen es K. unmöglich, eine würdige Stellung in der Gemeinschaft und einen Arbeitsplatz im Schloss zu finden. K. knüpft zwar im Dorf einige Kontakte mit einfachen Bürgern

– die Schankkellnerin Frieda wird kurzzeitig seine Geliebte –, die Entscheidungsträger auf dem Schloss zu sehen oder gar zu beeinflussen bleibt ihm jedoch verwehrt.

Kafkas Prophezeiung „Niemand wird lesen, was ich hier schreibe" ging nicht in Erfüllung, besonders während und nach dem Zweiten Weltkrieg fanden seine Werke weltweit größte Verbreitung. Das Einmalige, worin sich sein Werk von der Literatur anderer zeitgenössischer Surrealisten (▶ Surrealismus) unterscheidet, ist die beklemmende Darstellung menschlicher Ohnmacht in einer prinzipiell feindlich gesinnten Welt. Er wurde zu einem Mitbegründer der literarischen ▶ Moderne.

Kalendergeschichte nennt man ursprünglich Kurzprosa, die in Kalendern erschien. Seit Ende des Mittelalters wurden mit Erfindung des Buchdruckes einjährige Kalender aufgelegt, die neben dem Kalendarium Fabeln, Anekdoten, Legenden, Erzählungen, Schwänke, Rätsel und andere epische Kleinformen enthielten. Als einer der ersten typenbildenden Kalender gilt Paul **Ebers** *Calendarium Historicum* (1551). Im Zeitalter der ▶ Aufklärung nutzten die Konfessionen die Kalender für ihre didaktischen Zwecke, z. B. Johann Peter **Hebels** protestantischer Landkalender *Der Rheinländische Hausfreund*.
Innerhalb des Jahreskalendariums entwickelte sich die Kalendergeschichte als eine eigene Form, die aber relativ schwer in Regeln zu fassen ist. Sie stellt als unterhaltende, populäre und relativ kurze Erzählung in ihrer Handlung einen Zusammenhang zwischen der privaten Geschichte der kleinen Leute und der großen Historie her; sie verfolgt dabei deutlich didaktisch-moralische Zielsetzungen. Gegenüber der Novelle fehlt ihr der Umfang und die klare Strukturierung, gegenüber der Anekdote die sprachliche Straffheit und die Pointierungsabsicht.
▶ Grimmelshausen beschäftigte sich ausführlich mit der Kalendergeschichte. Hebels Sammlung von ▶ Anekdoten und Kalendergeschichten *Schatzkästlein des rheinischen Hausfreundes* (1811) stellt eine literarische ▶ Anthologie dar, die nicht mehr in den Rahmen eines Jahreskalenders gebunden war. Als eigene Gattung in Buchform benutzten ▶ Brecht und Oskar Maria **Graf** die Kalendergeschichte.

Keller, Gottfried (1819–1890) zählt neben ▶ Fontane, Theodor **Storm** und Conrad Ferdinand **Meyer** zu den großen Erzählern und bedeutenden Lyrikern des ▶ bürgerlichen Realismus. Das erzählerische Werk aus zwei Romanen und zahlreichen Novellen trägt stark autobiographische Züge. Zugleich ist es – ganz in der Schweizer Tradition – dem Gedanken eines demokratischen Humanismus verpflichtet. Gottfried Keller war der Sohn eines angesehenen, früh verstorbenen Züricher Handwerksmeisters. Wegen eines Jungenstreichs von der Kantonsschule verwiesen, war dem künstlerisch vielseitig begabten Jungen der Bildungsweg einer öffentlichen Schule verwehrt. Nach aus Geldmangel gescheiterten künstlerischen Versuchen förderte die liberale Züricher Regierung ab 1848 das literarische Talent Keller mit ei-

Gottfried Keller, 1840

nem Stipendium. Aus der Erfahrung seiner Studien in Heidelberg und Berlin hatte vor allem die Philosophie Feuerbachs, dass die Menschen ihre Wünsche und Glücksvorstellungen auf ein göttliches Wesen richten, großen Einfluss auf Kellers Werk und führte bei ihm zu einer starken Diesseitsorientierung.

Nach seiner Heimkehr in die Schweiz lebte Keller fünf Jahre mehr recht als schlecht von seiner literarischen Arbeit, bis er zum Ersten Staatsschreiber des Kantons Zürich gewählt wurde. Dieses öffentliche Amt legte er 1876 nieder, um sich ausschließlich der Literatur zu widmen.

In der Lyrik Kellers, die noch eine deutliche Nähe zum ▶ Jungen Deutschland verrät, verbinden sich politisches Denken und Bilder persönlicher Naturerfahrungen. Die Sprache seiner Gedichte ist gekennzeichnet von Schlichtheit und Klarheit und bedient sich daher in Vers- und Reimgestaltung traditioneller Muster. Die Motive seiner Naturlyrik (*Neuere Gedichte*, 1851) entstammen dem wirklichen Leben und greifen häufig soziale Fragen auf. So wird die ersehnte Harmonie von Ich und Natur immer wieder als brüchig erkannt.

In Kellers Erzählkunst verschmelzen Poesie und Realität zum „poetischen Realismus". Indem er alles allzu Romantische und Fantastische ausblendet, jedoch nie die vordergründige Wirklichkeit zeigt, entsteht eine farbenfrohe Fülle märchenhafter Bilder. Dabei vertreten seine Figuren immer die Ideale der Humanität und der bürgerlichen Rechtschaffenheit. So wurde Kellers Prosa – vor allem die von ihm zur Blüte geführte Novelle – wieder zum Vorbild für viele deutsche Erzähler.

Sein großer Roman *Der grüne Heinrich*, liegt in zwei Fassungen vor – einem *Ur-Heinrich* (1854/55) und einer formal und inhaltlich stark überarbeiteten Neufassung (1879/80). Er gilt zusammen mit ▶ Stifters *Nachsommer* als einer der bedeutendsten ▶ Bildungsromane des 19. Jh.s.

Der stark autobiographisch geprägte Roman ist eine „geistige Robinsonade". Erzählt werden einerseits die Kindheits- und Jugendgeschichte, andererseits die Erfahrungen in der Fremde und die Heimkehr des Heinrich Lee, der wegen seiner grünen Anzüge nur der „grüne Heinrich" genannt wird. Nach dem Tod des Vaters, dessen beruflicher Aufstieg für Heinrich zum dauerhaften Erfolgsdruck wird, leben Mutter und Sohn in ärmlichen Verhältnissen. Das vom Vater verkörperte bürgerliche Bildungsideal kann der von der Schule verwiesene Heinrich nicht erreichen. Seine Versuche, sich mit autodidaktischen Studien und Malunterricht zu behaupten, verstärken in ihm nur den Zwiespalt zwischen Fantasie und Realität. Gespalten sind auch die Liebeserfahrungen. Mit dem gescheiterten Versuch des Helden, sich in München als Künstler zu etablieren, setzt sich Heinrichs Abstieg weiter fort. Doch mit der Heimkehr ans Sterbebett der Mutter – in der Urfassung begegnet der Erfolglose nur noch ihrem Leichenzug und stirbt ihr bald darauf in Verzweiflung nach – ist der Weg für die Selbstfindung Heinrichs vorgezeichnet.

Die Neufassung des Jahres 1879/80, die nun auch in einer einheitlichen Ich-Erzählperspektive gestaltet ist, entlässt den bürgerlichen Leser in Übereinstimmung mit einem Helden, der zu tätigem Leben gefunden hat und sich als verantwortungsbewusster Bürger öffentlichen Aufgaben widmet.

Neben dem *Grünen Heinrich* ist der Novellenzyklus *Die Leuten von Seldwyla* Kellers bekanntestes Werk. Es erzählt in einer Mischung von Schwank und Märchen von allerlei kleinstädtischen Sonderlingen, Käuzen und Narren.

In *Romeo und Julia auf dem Dorfe* setzt sich Keller bewusst von der zeitgenössischen Dorfgeschichte ab. Das Thema der verbotenen Liebe zwischen Nachbarskindern, das Keller von Shakespeare entlehnte, hat hier einen wirtschaftlichen Hintergrund. Die schon als Kinder befreundeten Sali und Vrenchen finden, nachdem sie der Konflikt der Eltern um ihr Heiratsgut gebracht hat, in der gegenseitigen Leidenschaft ihren einzigen Besitz. Konsequent verlassen daher die beiden den Raum bürgerlicher Ehrbarkeit, tanzen rauschhaft im „Paradiesgärtchen" unter dem ärmeren Volk von Seldwyla, vollziehen wie zwei „richtige" Brautleute ihre Ehe in der Natur und suchen danach den gemeinsamen Liebestod.

Den moralisierenden, vielfach kritisierten Schluss der ersten Fassung – „Was aber die Verwilderung der Leidenschaften angeht [...]" – strich Keller in der späteren Gesamtausgabe.

Der zeitlebens von Selbstzweifeln geplagte Dichter erfuhr erst im Alter die ihm gebührende Anerkennung. Stand bei der Würdigung seines Werks lange der humoristische Aspekt im Vordergrund, so wird heute vor allem der Gesellschaftskritiker Keller gesehen.

Kinder- und Jugendliteratur ist im engeren Sinn die Lektüre, die eigens für Kinder und Jugendliche verfasst ist. Aber auch Texte, die eigentlich Erwachsenen zugedacht sind, von der Jugend aber mit deren Einverständnis gelesen werden, gehören einer weiter gefassten Begriffserklärung nach zur Jugendliteratur. Noch umfassender ist die Definition, die alle von Kindern und Jugendlichen gelesene Literatur darunter versteht.

Schon während der Mittelalters gab es Literatur, die man als geeignet für die schulische Ausbildung der jungen Kleriker, Bürger oder Adeligen erachtete: Fabeln des Avian oder Aesop, Spruchsammlungen, **Notker Balbulus** *De viris illustris* (ca. 890). Ab dem 13. Jh. setzten die ▶ Fürstenspiegel ein, mit der Erfindung des Buchdrucks

religiöse Erbauungsliteratur, Zucht- und Sittenbücher, Anstandslehren, aber auch Tierfabeln wie **Rollenheusers** *Froschmeuseler.*

Im 18. Jh. wurde die Kinder- und Jugendliteratur gezielt als Erziehungsmittel genutzt, um die emanzipatorischen Ziele der ▶ Aufklärung zu verwirklichen. Der Mensch sollte sich Toleranz und Humanität zu Eigen machen und an deren konkreter Umsetzung arbeiten. Kinder- und Jugendliteratur sollte belehren und unterhalten.

In der 2. Hälfte des 18. Jh.s bearbeitete Joachim Heinrich **Campe** den Roman *Robinson Crusoe* des Engländers Daniel **Defoe** für die Jugend und begründete damit die Tradition, Werke der Weltliteratur für die Jugend aufzubereiten. Das bedeutete auch eine gewisse Trivialisierung des jeweiligen Werks. Als geeignet erachtete man Literatur, die eine packende Abenteuerhandlung mit hohen moralischen Intentionen verband. Im 19. Jh. wurden ▶ Cervantes *Don Quijote*, **Aesops** *Fabeln*, ▶ Grimmelshausens *Der Abentheuerliche Simplicissimus Teutsch*, **Swifts** *Gullivers Reisen* und **Melvilles** *Moby Dick* zum festen Bestandteil der Jugendlektüre. Einen anderen Weg zeigte Christian Felix **Weise** auf, der mit dem *Kinderfreund* (1775–1782) eine spezielle Zeitung für die Jugend herausgab.

Die zunehmende Moralisierung des Jugendbuches zeigt sich im 19. Jh. an Johanna **Spyris** Jugendroman *Heidi´s Lehr- und Wanderjahre* (erschienen 1880) oder Heinrich **Hoffmanns** *Der Struwwelpeter.* Während Spyri eine heile Bergwelt schildert, die durch die rasch voranschreitende Industrialisierung längst gefährdet ist, wurde von dem Kinderarzt Hoffmann eine drastische Strafpädagogik propagiert, die aber wegen ihrer grotesken und fantastischen Elemente auch Komik und Rollendistanz vermittelte. Hoffmanns Buch erfuhr eine breite Rezeption; bis heute hat es eine Auflage in mehrstelliger Millionenhöhe erfahren. Weniger moralisch, dafür aber noch grotesker und witziger waren Wilhelm **Buschs** Bildergeschichten. Die bösen Knaben Max und Moritz erfreuen immer noch mit ihrem naiven Anarchismus.

Im Gegensatz zur Intention der Aufklärung sollte dem Kind der ▶ Romantik mit volkstümlicher Literatur wie Märchen, Sagen, Legenden, Volksbüchern, Puppenspielen und Volksliedern ein literarischer Nährboden geschaffen werden. Achim von **Arnims** und Clemens **Brentanos** Liedersammlung *Des Knaben Wunderhorn* (1806/08), *Die Kinder- und Hausmärchen* der Brüder **Grimm** sowie die

Kunstmärchen von Ludwig **Tieck**, Brentano und ▶ Hoffmann wurden zugleich auch Jugendliteratur. Populär bis heute sind die Märchen- und Sagensammlungen von Ludwig **Bechstein** und Gustav **Schwab**. Der Realismus versuchte die Tradition der Aufklärung fortzusetzen, aber auch einzelne Elemente der Romantik aufzugreifen.

Ende des 19. Jh.s entstand eine Literatur, die die Sehnsucht der Jugend nach Erlebnissen, fernen Ländern und Ausbruch aus provinzieller Enge erfüllt. Charles **Sealsfield**, Friedrich **Gerstäcker** und Karl **May** kamen diesen Wünschen entgegen. Vorbilder für sie waren die angelsächsischen Autoren James Fenimore **Cooper**, Herman **Melville** und Robert Louis **Stevenson**. An Karl Mays Reiseromanen – zu den berühmtesten gehört die „Winnetou"-Trilogie – lassen sich eine gewisse Trivialität und ein hoher moralischer Anspruch aufzeigen, der aber auch rassistische Tendenzen nicht immer ausschließt. Mit der Gründung des Deutschen Reiches nahm das Jugendbuch auch imperialistisches und nationalistisches Gedankengut auf.

Dagegen und gegen die starke Marktbezogenheit wandte sich Ende des 19. Jh.s die **Jugendschriftenbewegung**, die künstlerisch wertvolle Literatur forderte, die sich nicht zu sehr an die Kinderperspektive anpassen sollte, da dadurch die ästhetischen Kriterien verletzt würden. In der Weimarer Republik orientierten sich vor allem die Jugendbuchautoren, die der SPD nahe standen, an den Zielen der Jugendschriftenbewegung. Zudem verfassten literarisch anspruchsvolle Autoren eigens für die Jugend gedachte Literatur. Erich **Kästners** *Emil und die Detektive* (1928) begründete zusammen mit Wilhelm **Matthießens** *Das Rote U (1932)* den modernen Jugenddetektivroman. Kurt **Held** schuf mit *Die rote Zora und ihre Bande* (1943) einen Abenteuerroman, der die Problemorientierung der Jugendbuchliteratur der 80er- und 90er-Jahre vorwegnahm.

Nach 1945 zeigte sich ein verstärkter Einfluss der anglo-amerikanischen und skandinavischen Jugendliteratur. Selma **Lagerlöfs** *Wunderbare Reise des kleinen Nils Holgersson* prägte Generationen von Kindern ebenso wie Astrid **Lindgreens** *Pippi Langstrumpf* oder Pamela L. **Travers** *Mary Poppins.* Im Kontrast zu den gesellschaftspolitischen Intentionen der 60er- und 70er-Jahre standen Bücher mit surrealistischen und fantastischen Elementen. Michael **Endes** Märchenromane *Momo (1973), Die unendliche Geschichte* (1979), *Der Wunschpunsch (1989),* werden auch von Erwachsenen begeistert gelesen, stoßen aber auf Misstrauen bei der Kritik, die den Verlust des Realitätsbezugs beklagt. Auch Otfried **Preußler** verwendet in seinem Roman *Krabat* (1971) zahlreiche Märchen- und Sagenmotive. Nicht nur bei Lesern von ▶ Fantasy, sondern auch bei der Jugend wurde J. R. R. **Tolkiens** Trilogie *Der Herr der Ringe* (erschienen 1954/55) zum Kultbuch. Einen bis dahin nicht gekannten Welterfolg erlebte Ende des 20. und zu Beginn des 21. Jh.s die auf sieben Romane angelegte Harry-Potter-Reihe der britischen Autorin Joanne K. **Rowling**. Zunehmend etablierte sich im Jugendbuchbereich Literatur, die sich mit dem Nationalsozialismus auseinander setzt wie Judith **Kerrs** *Als Hitler das rosa Kaninchen stahl* und Hans-Peter **Richters** *Damals war es Friedrich*. Eine Renaissance erlebte im Jugendbuch der Geschichtsroman. Große Auflagen erfahren Bernd **Stövers** im antiken Rom angesiedelte *Quintus*-Trilogie (1987–1993) oder Rosemary **Sutcliffs** historische Romane.

Realismus brachten in die Jugendbuchliteratur Max von der **Grün** mit *Die Vorstadtkrokodile* (1976), Peter **Härtling** mit *Oma* (1975) und *Das war der Hirbel* (1973) sowie Christine **Nöstlinger** mit *Maikäfer flieg* (1980). In der 80er- und 90er-Jahren wird zunehmend die moderne Problemwelt der Jugendlichen aufgegriffen, wie Drogenkonsum, Ausländerfeindlichkeit, Kriminalität und Aussteigerverhalten.
Eine völlig neue Art von Jugendbuch schrieb der norwegische Autor Jostein **Gaarder**, der in *Sofies Welt* (1991) die Geschichte der Philosophie für die Jugend erzählt.
In ihrer Vielfalt ist die Kinder- und Jugendliteratur längst ein Spiegel der Gesamtliteratur geworden. Der maßgebliche Anteil der „heimlichen Erzieher" an der Sozialisierung von Jugendlichen wird von Fachleuten nicht bezweifelt.

Klassik (lat.: classicus = die ersten Bürgerklassen betreffend, übertragen: „ersten Ranges, mustergültig") Als Klassik bezeichnet man literarische Epochen, in denen Dichter als Repräsentanten einer kultivierten Gesellschaft vollendete Werke schaffen, die für den Geist eines Volkes typisch sind. Bedeutungsverwandt, doch verschieden, ist der Begriff des **Klassizismus**, unter dem man jene Strömung in den europäischen Nationalliteraturen versteht, die an die absolute Vorbildhaftigkeit der Antike glaubt und sich an ihr orientiert. Im Mittelpunkt seiner Ästhetik steht die Forderung der Nachahmung der Natur, **Mimesis**, d. h. der Darstellung der „allgemeinen Natur", also des Typischen und Immergültigen. Klassische Zeitalter können sich an der Antike orientieren, dann folgen sie klassizistischen Grundsätzen; eine Klassik erschöpft sich aber nicht im Klassizismus; ihre schöpferischen Impulse führen über sie hinaus.
In der Literaturgeschichte wird in der griechischen Literatur die Zeit des Perikles, in der lateinischen die des Augustus als Klassik bezeichnet; dieses Verständnis von Klassik wurde in späterer Zeit auf andere Völker und Epochen übertragen, so z. B. auf die Zeit der Renaissance in Italien, auf die Zeit von ▶ Calderón de la Barca und ▶ Cervantes Saavedra in Spanien, auf das Elisabethanische Zeitalter (Shakespeare) in England, in Frankreich auf die Epoche Ludwigs XIV. (von **Corneille** bis **Racine**) und in Deutschland auf die **Weimarer Klassik** (1785–1805).

Goethe-Schiller-Denkmal in Weimar

Die vom historischen Bezugspunkt Antike gelöste Begriffsdefinition der Klassik ist also ein Synonym für Blütezeit, Höhepunkt, so auch z. B. für die mittelhochdeutsche Blütezeit um 1200, die staufische Klassik.
Klassische Epochen sind das Ergebnis eines langen kulturellen Prozesses und setzen eine gebildete Gesellschaft voraus, fordern eine große Reife des Geistes, ein historisches Bewusstsein, eine differenzierte Sprache, in der sich nuancenreich formulieren lässt.
Eine solche entwickelte Gesellschaft existierte im weimarischen Zwergstaat und seiner kleinen Residenzstadt. Herzog Karl August von Weimar, von Christoph Martin **Wieland** erzogen, berief 1775 ▶ Goethe an seinen Hof, 1776 übernahm Johann Gottfried **Herder** sein hohes Kirchenamt, 1799 kam ▶ Schiller. Aus dem engen Zusammenleben bürgerlicher Intellektueller mit der höfischen Aristokratie ergab sich eine „Verhöflichung bürgerlicher Menschen", wobei die kulturelle Führungsrolle der Frauen, besonders der Mutter des Herzogs, Anna Amalia, Sophie von **La Roche**, die Wieland die Welt der Salons öffnete, Charlotte von **Kalb**, die entscheidend auf Schiller wirkte, und Frau von **Stein**, die Goethe „erzog", unbestritten war. Zahlreiche Schriftsteller lebten in Weimar und leisteten ihren Beitrag zur Entfaltung der neuen Ideen. Wielands umfangreiche Romane (▶ Aufklärung) und seine Herausgebertätigkeit sowie Herders Humanitätsphilosophie sind aus der literarischen Diskussion nicht wegzudenken. Jena, die Universitätsstadt des Herzogtums, war für ein Jahrzehnt die Hauptstadt des „philosophischen Zeitalters". Die berühmten Philosophen des deutschen Idealismus entfalteten dort ihre Lehrtätigkeit: Johann Gottlob **Fichte**, Friedrich Wilhelm **Schelling**, Georg Friedrich **Hegel**.
Die Entfaltung der Weimarer Klassik begann 1795. Zu jener Zeit hatten Goethe und Schiller ihre ästhetischen und politischen Überzeugungen so weit angenähert, dass es zu einer produktiven Zusammenarbeit kommen konnte. Aber auch ohne die Begegnung mit der europäischen Literatur des 18. Jh.s und ohne den Einfluss von Winckelmann auf Goethe und von Kant auf Schiller wären die klassischen Schöpfungen schwerlich denkbar.
Wesentliche Pfeiler der Klassik sind das Streben nach **Humanität** und die ästhetische Erziehung. Das Streben nach Humanität, Menschlichkeit, beruht auf dem Versuch, aus der Erkenntnis des Wesens des Menschen die Frage nach einer sinnerfüllten Lebensgestaltung zu beantworten. Das Zeitalter der Vernunft hatte die Bausteine für die Humanitätsidee der Klassik geliefert: Die Aufklärung verhalf der Menschenwürde und den Menschenrechten zum Durchbruch, forderte die freie Selbstbestimmung (Kant) sowie Toleranz (▶ Lessings „Ringparabel" im *Nathan*). Von Winckelmann wurde die griechische Kunst zum absoluten Vorbild erklärt. Die klassische Idee der Humanität integrierte diese Einsichten und forderte die Anerkennung des Mitmenschen in seinem Anderssein sowie die Achtung vor anderen Nationen und Kulturen. Sie erblickte in der vollen Entwicklung aller Fähigkeiten des Menschen zu einem harmonischen Ganzen das höchste Ziel eines sinnvollen Lebens, und zwar mit Hilfe von Bildung und Kunst (ästhetische Humanität). Die Totalität des Menschen sollte durch die Erziehung zur „schönen Humanität" wiederhergestellt, der Ausgleich sich widerstreitender Triebe durch die Kunst erreicht werden. Goethes Bildungsroman *Wilhelm Meisters Lehrjahre* (1796) entwirft das

individualutopische Modell einer ganzheitlichen Erziehung. Die ständige Selbstvervollkommnung des Menschen bestimmte die deutsche bürgerliche Mentalität des nächsten Jahrhunderts: Die praktisch-gesellschaftlichen Elemente der Aufklärung wurden abgewertet, Aspekte wie Nützlichkeit, gesellschaftliche Wohlfahrt und Glückseligkeit ausgeschieden zu Gunsten von Zweckfreiheit und Individualität, die ins Zentrum kultureller Bemühungen rückten. Es war die allgemeine Anschauung der Klassik, dass erst der Mensch geändert werden müsse, ehe man staatliche Verhältnisse erfolgreich ändern könne.

Goethes *Iphigenie auf Tauris* (1787), einer der Schlüsseltexte der Weimarer Klassik, lässt die Grundgedanken des ästhetischen Bildungsprogramms deutlich werden. Das zentrale Thema der *Iphigenie* ist das sich wandelnde Verhältnis des Menschen zu den Göttern. Iphigenie und Orest verkörpern beispielhaft die Befreiung aus der mythischen Abhängigkeit. Die Göttin Diana hatte Iphigenie, Agamemnons Tochter, nach Taurien gebracht. Hier wirkt sie segensreich als Priesterin der Göttin. Sie gerät in einen Konflikt, als König Thoas, der sie einst gastfreundlich aufnahm, um sie wirbt. Ihre Heimkehr nach Griechenland ist in Frage gestellt, und da der Abgewiesene die alten Götteropfer wieder einzuführen gedenkt, droht der sittliche Fortschritt erneut in Barbarei umzuschlagen. Iphigenies Bruder, der von Rachegöttinnen gehetzte Muttermörder Orest, soll, einem Orakelspruch zufolge, das Bild der Schwester nach Hause schaffen. Er wird mit seinem

Szene aus Goethes „Iphigenie", Zeichnung von Angelica Kaufmann, um 1800

Freund Pylades am Strand von Taurien gefangen genommen. An ihm soll die Prinzessin das erste Opfer vollziehen. Iphigenie hadert mit den Göttern, ihr anfangs ungebrochenes Weltverständnis gerät in eine Krise. Sie steht vor zwei Bedrohungen: das Opfer durchführen oder beim Bildraub helfen zu müssen. So wird sie vor eine Entscheidung gestellt, die ihre Integrität gefährdet. Sie riskiert ein kühnes Unterfangen: sie wagt, der „Stimme der Menschlichkeit" verpflichtet, den Schritt schonungsloser Wahrhaftigkeit und gesteht Thoas ihren Fluchtplan. Der taurische König, ergriffen vom Vertrauen seiner Priesterin in die Überzeugungskraft reiner Menschlichkeit, erweist sich als humaner Fürst und stimmt der Heimkehr zu.

Die Dichtungsauffassung der Weimarer Klassik beruht auf einer tiefen Menschen- und Weltgläubigkeit. Sie ist überzeugt von der formschaffenden Kraft des Geistes, der die Erscheinungen souverän meistert, und sie glaubt an die Geistesdurchwirktheit der Natur. Das Äußere ist für sie nur Erscheinung eines geistesbestimmten Innern. Das Kunstwerk ist seiner ganzen Organisation nach urverwandt mit den Werken der Natur. „Der Stil ruht", so sagt Goethe, „auf dem Wesen der Dinge, insofern es erlaubt ist, in sichtbaren und greiflichen Gestalten zu erkennen." Die Klassik entwickelt ein strenges Ethos der Form und sucht das Wesentliche, Richtige, allgemein Gültige, das Gattungs- und Gesetzmäßige der Formen. Das klassische Ethos der Form bestimmt auch den Sprachgebrauch: Die Wirklichkeit wird nicht mehr naturalistisch und charakteristisch wiedergegeben, sondern wird gefiltert. Umgangssprachliche Wendungen scheiden aus, Dialektformen werden verbannt, alles Individuelle ist verpönt, alles Subjektive wird gedämpft.

Kleist, Heinrich von (1777–1811) gehört zu den bedeutenden deutschen Dichtern, die zu Lebzeiten kaum Anerkennung fanden. Mit seinem schmalen epischen und dramatischen Werk steht er zwischen ▶ Klassik und ▶ Romantik.

Kleist entstammte einer alten preußisch-pommerschen Adelsfamilie. Früh verwaist, schlug er nach alter Familientradition die Offizierslaufbahn ein, die er bald wieder abbrach, um Naturwissenschaften und Philosophie zu studieren. Es folgten unruhige Jahre, in denen Kleist auf der Suche nach sich selbst zahlreiche Reisen unternahm.

Am Thunersee begann er im Jahre 1802 mit dem Lustspiel *Der zerbrochne Krug* (UA 1808). Es gehört mit ▶ Lessings *Minna von Barnhelm* und ▶ Hauptmanns *Biberpelz* zu den großen Komödien der deutschen Literatur.

Im Mittelpunkt der ins Holland des 17. Jh.s verlegten Handlung steht der lüsterne, klumpfüßige Dorfrichter Adam, der am Gerichtstag in eine arge Zwickmühle gerät. Frau Marthe klagt wegen eines zerbrochenen Krugs, den angeblich der Verlobte ihrer Tochter Eve zerschlagen hat. Der wirkliche Täter ist aber, wie sich in Anwesenheit des zur Revision angereisten Gerichtsrats Walter im Verlauf der Verhandlung herausstellt, der Dorfrichter selbst. Die mit viel Sprachwitz und Situationskomik verlaufende Handlung verweist über den konkreten Rechtsfall hinaus auf die ständige Gefährdung menschlicher Beziehungen. Selbst wenn am Ende Eves Reinheit über Adams Verschlagenheit siegt, bleibt hinter dem stets spürbar Fragwürdigen des Geschehens der Zweifel an wirklicher Gerechtigkeit bestehen.

In diese Zeit fällt auch die Arbeit an dem Drama *Die Familie Schroffenstein*, das als

Heinrich von Kleist, 1801

erstes Werk Kleists – noch anonym – in Bern erscheinen kann. Im Jahre 1803 ging er nach Weimar und war Gast Christoph Martin **Wielands**, der ihn zur Weiterarbeit an seinen Werken ermutigte. Doch Kleist zweifelte an seiner dichterischen Begabung und hegte erste Selbstmordgedanken. Nach den Kriegswirren von 1806 vollendete er in Dresden das Drama *Penthesilea* und das „große historische Ritterschaupiel" *Das Käthchen von Heilbronn oder die Feuerprobe*. Für Kleist war diese Zeit die produktivste Phase seines Lebens. Er entwickelte eine ungeahnte Arbeitskraft und gründete das Kunstjournal *Phöbus*, in dem zahlreiche seiner Novellen erschienen. Doch der Schritt zum Verleger scheiterte ebenso aus finanziellen Gründen wie sein letztes großes journalistisches Projekt, *Die Berliner Abendblätter*. Hier findet man zwischen harmlosen Polizeiberichten, Theaterbesprechungen und Feuilletons seine Anekdoten.

Kleists Franzosenhass entlud sich vor allem in einer patriotischen politischen Lyrik und dem *Katechismus der Deutschen*, wo er zum Kampf gegen den „Wüterich Napoleon" aufrief. Vor dem Hintergrund dieser nationaler Gesinnung sind auch seine beiden letzten Dramen zu verstehen: *Die Hermannsschlacht* (1808) und *Prinz Friedrich von Homburg* (1809/11), das als Kleists reifstes Drama gilt.

Das Stück hat einen historischen Hintergrund, es versetzt uns in das Fehrbellin und Berlin des Großen Kurfürsten im Jahre 1675. Der unaufmerksame Prinz von Homburg, der noch unter dem Eindruck seiner Begegnung mit Natalie steht, überhört bei der Befehlsausgabe des Kriegsrats seine „Order". In der Schlacht führt sein eigenmächtiges Eingreifen zwar zum Sieg gegen die Schweden, doch statt des erwarteten Heldenlorbeers und der Hand Nataliens wird er wegen Befehlsmissachtung vom Kriegsgericht zum Tode verurteilt. Der Kurfürst begnadigt ihn erst, als der Prinz selbst seine Schuld eingesteht und die Rechtmäßigkeit des Urteils anerkennt. In einer der Anfangsszene parallel laufenden Traumhandlung erfüllen sich schließlich doch noch alle Hoffnungen Homburgs, werden Traumwelt und Realität eins. Er erhält die Insignien von Macht und Ruhm und wird Natalie angetraut. Kleist gestaltet im *Prinzen von Homburg* den Widerstreit von individuellem Gefühl und allgemein gültigem Gesetz, von subjektivem Freiheitsanspruch und objektivem Ordnungsgebot. Er setzt dabei aber nicht mehr auf den strahlenden Helden, der sich mutig gegen Gesetze auflehnt. Die Verunsicherung seiner Welt erlaubt nur noch den in sich gefangenen, träumenden Menschen, den der Anblick des eigenen offenen Grabes zutiefst erschüttert. Von da ist es nur noch ein kleiner Schritt zu ▶ Büchners geknechteter Kreatur *Woyzeck*.

Gespalten wie seine Figuren blieb auch Kleist selbst. Er misstraute dem langsam sich einstellenden literarischen Erfolg. 1811 ging er zusammen mit der krebskranken Freundin Henriette Vogel freiwillig in den Tod.

Heinrich von Kleist war auch ein bedeutender Erzähler. Dabei hebt er sich deutlich ab vom verbreiteten Erzählstil seiner Zeit. Kleists Erzählerfiguren treten meist auf als sachlich kühle Vermittler, die sich kaum mit Kommentaren in das Erzählte einschalten oder gar direkt den Leser ansprechen. Dies gilt für alle seine Novellen: *Die Marquise von O..., Das Erdbeben in Chili* (beide 1807), *Das Bettelweib von Locarno, Die heilige Cäcilie, Die Verlobung von St. Domingo* (alle 1810) und *Der Findling, Der Zweikampf* (beide 1811). Hinter seinem kühlen Kanzleistil verbirgt sich eine rätselhafte und ambivalente Realität, die mit Wendungen wie „es schien" und „als ob" permanent in Frage gestellt wird.

Kleists bekannteste Novelle ist *Michael Kohlhaas* (1810). Der aus dem Brandenburgischen stammende Rosshändler Michael Kohlhaas wird auf seinem Weg zur Leipziger Messe von dem sächsischen Junker Wenzel von Tronka unter Vorspiegelung einer falschen Rechtslage um zwei Rassepferde geprellt. Kohlhaas kämpft in der Folge weniger um die Wiedergutmachung des Schadens als die Rehabilitierung seiner Ehre. Als der Betrogene an der Voreingenommenheit von Gerichten und staatlicher Obrigkeit scheitert, wird aus dem Rechtsuchenden der „Räuber und Mörder". Kohlhaas sagt dem Junker die Fehde an, überzieht ganz Sachsen mit Krieg und begeht dabei unwillkürlich Unrecht. Als Kohlhaas am Tage seiner Hinrichtung die dickgefütterten Pferde zurückerhält, erfährt er die lange ersehnte Gerechtigkeit um den hohen Preis des eigenen Lebens. Mit diesem absoluten Gerechtigkeitssinn wurde Michael Kohlhaas zum Vorbild für den unbeugsamen Bürger, der obrigkeitsstaatliche Willkür nicht hinnimmt, sondern bis zur letzten Konsequenz bekämpft.

Das Werk Heinrich von Kleists entzieht sich fester literarhistorischer Einordnung. Ein Drama etwa wie *Penthesilea,* das von Grausamkeiten und Widersprüchen getragen ist, wäre bei den nach Harmonie strebenden Klassikern undenkbar. Von den Romantikern wiederum unterscheidet er sich durch die Radikalität und Unversöhnlichkeit seiner Lösungen sowie die vordergründige Teilnahmslosigkeit und scheinbare Kälte seines Stils.
Von seinen Zeitgenossen blieb Kleist weitgehend verkannt. Berühmt geworden ist Goethes bitteres Wort, dieser Dichter habe ihm „immer Schauder und Abscheu" erregt. Erst im 20. Jh. hat Christa ▶ Wolf ihm in ihrer Erzählung *Kein Ort. Nirgends* (1979), einer fiktiven Begegnung zwischen Heinrich von Kleist und der romantischen Dichterin Karoline von **Günderode**, ein Denkmal gesetzt.

Komödie (griech.: komos = festlicher, ausgelassener Umzug und oidé = Gesang) ist ein literarisches Bühnenstück mit komischem, heiterem Inhalt. Neben der ▶ Tragödie ist sie die wichtigste Form des europäischen ▶ Dramas.
Die Komödie basiert auf dem Urtrieb des Menschen, die Schwächen seiner Mitmenschen lächerlich zu machen. **Komik** entsteht durch harmlose Ungereimtheiten, die zum Lachen reizen, oder durch das lächerliche Missverhältnis von Schein und Sein von Personen, Situationen, Ereignissen und Worten. Was als komisch empfunden wird, hängt größtenteils von den moralischen Werten und Normen ab. Ihre literarische Ausprägung erfährt die Komik in einer eher lächelnden, verständnisvollen Haltung, dem ▶ Humor, oder einer beißenden Kritik, der ▶ Satire.
Der Begriff **Lustspiel** dient allgemein als Übersetzung für „Komödie", es wurde aber auch versucht, beide voneinander abzugrenzen. Das Lustspiel wirkt danach heiter und versöhnlich und zielt auf ein Lachen ab, das dem Wissen um die Unzulänglichkeit des menschlichen Wesens entspringt.
Man unterscheidet grob drei Formen der Komödie. Bei der **Situationskomödie** geraten ganz normale Charaktere durch eine

merkwürdige Verkettung von Umständen in eine komische Lage. Die **Charakterkomödie** stellt die Eigenschaft einer Figur übertrieben dar und macht sie lächerlich, in der **Typenkomödie** werden menschliche Schwächen von Charakteren mit bestimmten Merkmalen verkörpert und damit verspottet.
Die Theorie der Komödie ist nicht so umstritten wie die der Tragödie. Als feste Regel bestand neben den allgemeinen Gesetzmäßigkeiten des Dramas von der Renaissance bis zum Aufkommen des ▶ bürgerlichen Trauerspiels die **Ständeklausel**: Nur bürgerliche Figuren dürfen für ihre menschlichen Schwächen der Lächerlichkeit preisgegeben werden.
Die Anfänge der Komödie gehen zurück auf kultische Lieder; ihre erste klassische Ausprägung erfuhr sie bei **Aristophanes**. Die demokratische Freiheit Athens ermöglichte scharfe Kritik öffentlicher Verhältnisse. Nach dem Niedergang Athens wandte sich die Komödie mehr der privaten Sphäre, d. h. dem Schicksal von Einzelpersonen, zu. Bereits hier treten feste Typen, z. B. der geizige Alte oder der schlaue Sklave, auf. Die Römer (z. B. **Plautus** und **Terenz**) imitierten die griechische Komödie und passten sie ihrem Geist an. Der Chor verschwand und als Zwischenspiel dienten Flöten- oder Gesangseinlagen.
Im Mittelalter kannte man vorwiegend die Terenzbearbeitungen, z. B. der Nonne **Hrosvith** von Gandersheim sowie die ▶ Posse und den ▶ Schwank. In Italien entwickelten sich dann aus der Volks- und Typenkomödie die ▶ Commedia dell'Arte, in Frankreich die Charakterkomödie von ▶ Molière, in Spanien die Situationskomödien von Lope de **Vega** und ▶ Calderón. In England blühte unter ▶ Shakespeare auch die Komödie auf und sie entwickelte sich über die „comedy of manners" der Empfindsamkeit zur **Konversationskomödie** von George Bernard **Shaw** und ▶ Wilde, die überwiegend in der höheren Gesellschaftsschicht spielt und auf geistreiche Pointen, gepflegten Witz und Charme mehr Gewicht legt als auf Handlungs- und Charakterentwicklung.
In Deutschland konnte sich die Komödie bis ins 19. Jh. nicht zu einer selbstständigen Form entfalten – abgesehen von ▶ Lessings *Minna von Barnhelm* (1767). Herausragende Komödien des 19. Jh.s sind *Der zerbrochne Krug* (1808) von ▶ Kleist, *Leonce und Lena* (1836) von ▶ Büchner, *Weh dem, der lügt* (1840) von Franz **Grillparzer**, die Dorfkomödien von Ludwig **Anzengruber** und das ▶ Volksstück von **Nestroy** und **Raimund**. Ein Paradebeispiel der sozialen Komödie des ▶ Naturalismus ist ▶ Hauptmanns *Der Biberpelz* (1893). Im ▶ Impressionismus traten vor allem Frank **Wedekind**, ▶ Schnitzler und ▶ Hofmannsthal (*Der Schwierige*, 1918/19) hervor. Die Autoren des ▶ Expressionismus verliehen der Komödie grotesk-satirische Züge. Heute noch gern gespielt werden die volksstückhaften Lustspiele von Carl **Zuckmayer**. Groteske Formen bildete auch die moderne Komödie aus, etwa im ▶ absurden Theater, bei ▶ Frisch oder der Tragikomödie ▶ Dürrenmatts. Daneben erfuhr das Konversationslustspiel, das von geistreichen Dialogen lebt, eine Wiederbelebung, z. B. bei dem englischen Dramatiker T. S. **Eliot** und dem Franzosen Jean **Anouilh**.
Eine über die Jahrhunderte gleichbleibende Besonderheit der Komödie ist, dass sie sich im Gegensatz zur Tragödie, die an das Gefühl des Zuschauers appelliert, an seinen Intellekt richtet und überwiegend von sozialen Gruppen und Typen handelt.

Konkrete Poesie (lat.: concretus = gegenständlich) nennt man eine Strömung innerhalb der modernen Lyrik (seit etwa 1950), in der versucht wird, sprachliche Elemente (Buchstaben, Silben, Wörter) nach optischen oder akustischen Gesichtspunkten zu einem Textgebilde zusammenzusetzen. Unter Verzicht auf syntaktische Bindungen und grammatikalische Strukturen soll Wirklichkeit möglichst konkret nachgebildet werden. Bedeutungsinhalt und äußere Form sollen dabei weitgehend zusammenfallen.

Kriminalerzählung (lat.: crimen = Verbrechen) ist der Sammelbegriff für ein längeres Prosawerk (Erzählung, Novelle oder Roman), in dem ein Verbrechen, meist Mord, zum handlungstragenden Element wird. Erzählt werden die Vorgeschichte eines Verbrechens, die Tat, die Aufdeckung dieses Verbrechens und damit verbunden die Überführung des Täters und schließlich dessen Sühne oder Bestrafung.
Sonderformen der Kriminalgeschichte sind der **Detektivroman**, wo nicht so sehr die Tat als vielmehr deren Aufdeckung (engl.: to detect = aufdecken) durch einen hartnäckig ermittelnden Fahnder ins Zentrum des Erzählten rückt. Zum anderen zählt der **Agentenroman** dazu, der im Spionagemilieu des Kalten Krieges spielt und den skrupellos handelnden Geheimdienstmann (z. B. James Bond) zum Helden hat.
Der besondere Reiz dieses Genres liegt darin, dass der Leser bei der klassischen Kriminalgeschichte in einem raffinierten Erzählverfahren sowohl die Hintergründe des Verbrechens als auch die psychologische Entwicklung des Verbrechers verfolgen kann. Beispiele sind die Novellen *Der Verbrecher aus verlorener Ehre* (1785) von ▶ Schiller und *Das Fräulein von Scudéri* (1818) von ▶ Hoffmann, ▶ Dostojewskis Roman *Schuld und Sühne* (1866) oder ▶ Fontanes Erzählung *Unterm Birnbaum* (1885).
In der klassischen Detektivgeschichte, wie sie Poe in seiner Erzählung *Die Morde in der Rue Morgue* (1875) erstmals entwickelte, steht dagegen der zu lösende Fall am Anfang. Der Leser begleitet dann den analytisch denkenden und kombinierenden Detektiv – z. B. Sherlock Holmes von Conan **Doyle** – bei dessen Nachforschungen bis zur Lösung des Falls. Am Ende steht dann der Sieg der Gerechtigkeit und damit die Befriedigung, dass die zeitweise aus den Fugen geratene Rechtsordnung wiederhergestellt ist.
Die Anfänge der Kriminalerzählung liegen im 18. Jh., als mit Abschaffung der Folter nicht mehr erzwungene Geständnisse, sondern vornehmlich Indizien und Beweise zur Überführung herangezogen werden mussten. So begannen das entsprechende Vorgehen von Polizei und Justiz sowie die Seelenzustände der Verbrecher auch das bürgerliche Lesepublikum zu interessieren.
▶ Kleist (*Michael Kohlhaas*), ▶ Droste-Hülshoff (*Die Judenbuche*) oder Wilhelm **Raabe** (*Stopfkuchen*) haben mit ihren Geschichten um Schuld und Verbrechen auch im deutschsprachigen Raum eine Tradition anspruchsvoller Kriminalliteratur be-

Ein Klassiker, noch heute im aktuellen Programm des Diogenes Verlages

gründet. Sie wurde im 20. Jh. durch Leonhard **Frank** (*Die Ursache*) Jakob **Wassermann** (*Der Fall Maurizius*), Friedrich **Glauser** (Wachtmeister-Studer-Romane), Heimito von **Doderer** (*Ein Mord, den jeder begeht)* und ▶ Dürrenmatt (*Der Richter und sein Henker, Der Verdacht, Justiz*) fortgesetzt.

Klassiker des Genres sind die verrätselten Kriminalromane aus Großbritannien, die vor allem in der englischen Mittelschicht spielen: Zu nennen sind die Autoren Gilbert Keith **Chesterton** (Pater Brown-Geschichten), Dorothy Leigh **Sayers** und Agatha **Christie** (Miss Marple-Geschichten). Für die „hard boiled"-Geschichten aus den USA sind die namhaftesten Vertreter Dashiell **Hammett**, Raymond **Chandler** und Patricia **Highsmith**.

Kurzgeschichte ist eine Lehnübersetzung des englischen Begriffs **Shortstory**. In der anglo-amerikanischen Literatur verstand man darunter zunächst die Gattung der ▶ Novelle. Der Amerikaner ▶ Poe entwickelte daraus 1839 eine neue Form des Erzählens, in der eine einzelne Episode mit wenigen oder auch nur einer einzigen handelnden Person in knapper Form erzählt wird. Der Schluss kommt oft unerwartet, auch gibt es keine Rahmenhandlung. Gegenüber der Shortstory sind Kurzgeschichten formal und umfangmäßig stärker eingegrenzt.

In Deutschland entwickelte sich die Kurzgeschichte aus dramatischen und epischen Kleinformen wie dem ▶ Schwank oder der ▶ Kalendergeschichte. Von Kurzgeschichte kann man erstmals in den 1920er-Jahren im Zusammenhang mit dem steigenden Zeitungs- und Magazinkonsum sprechen. Da hier das kurze Lesevergnügen für eilige Leser gefragt ist, war diese epische Kurzform die ideale Literatur für den Zeitschriftenmarkt.

Ihre eigentliche Blüte erlebte die deutsche Kurzgeschichte nach dem Zweiten Weltkrieg, als viele junge Autoren (▶ Gruppe 47) begeistert die amerikanische Literatur (Hemingway, Faulkner) rezipierten. Ihre Themen bezog diese Dichtergeneration bis in die 70er-Jahre hinein aus der Aufarbeitung der Vergangenheit. Ihre bekanntesten Vertreter sind ▶ Borchert, ▶ Böll, Wolfdietrich **Schnurre**, Marie-Luise **Kaschnitz**, Günter **Eich** sowie Ilse **Aichinger**.

L

Lateinamerikanische Literatur Als 1492 Kolumbus auf Guanaháni (Bahamas) landete, begannen für den mittel- und südamerikanischen Kontinent Jahrhunderte der Unterdrückung und Ausbeutung durch die Europäer. Die alten Hochkulturen der Mayas, Azteken und Inkas wurden zerstört oder unterworfen. Jahrtausendalte Kulturgüter gingen unwiederbringlich verloren.

In **Bücherverbrennungen** zerstörten die spanischen und portugiesischen Eroberer auch einen Großteil der schriftlichen Äußerungen der Ureinwohner, die sich v. a.

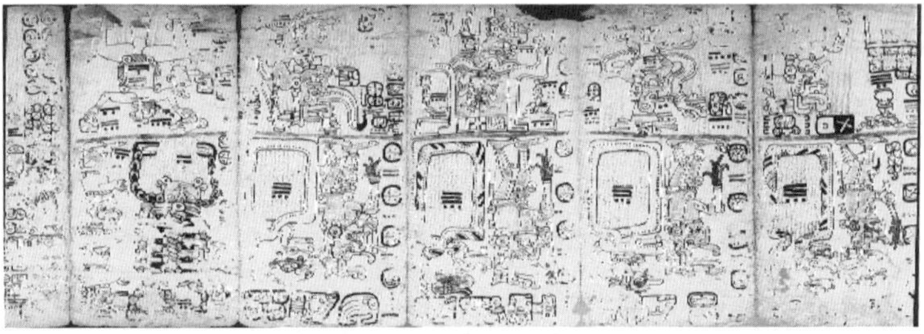

Maya-Handschrift, vermutlich aus Yucatan, 14. Jh.

in Bilderschriften dokumentierte. Die Missionsorden der Franziskaner, Dominikaner und Jesuiten begannen mit einer lateinschriftlichen Alphabetisierung. Die einheimischen Missionsschüler sollten auch das Wissen und die Bilderhandschriften der vorspanischen Zeit in lateinschriftliche Form übertragen. So lieferte der Inka Garcilaso de la **Vega** – Sohn eines spanischen Offiziers und einer Inka-Prinzessin – eine ausführliche Beschreibung der Inka. Stilistisch und sprachlich durchaus eigenwillig zeigt dieses Werk in eindrucksvoller Weise die kulturelle Symbiose vom magischen Wissen des Urvolkes mit dem Renaissancebewusstsein Europas.
In den einzelnen Regionen Mittel- und Südamerikas entstand eine zwar romanisch-lateinisch-katholisch beeinflusste Literatur, die aber ganz unterschiedliche Ausprägungen erfuhr.

Die argentinische Literatur Während der spanischen Kolonialzeit gab es kaum eine eigenständige literarische Kultur. Nach der formellen Unabhängigkeit 1816 orientierte sich die argentinische Literatur v. a. an französischen Vorbildern. Erst ab Anfang des 20. Jh.s begann sie sich auf sich selbst zu besinnen. Horacio **Quiroga** und Jorge Luis **Borges** widmeten sich der lateinamerikanischen Wirklichkeit, ob es nun der Urwald oder die Großstadt Buenes Aires war. Von Realismus und politischem Engagement geprägt, ist die Literatur der „Boedos", einer Gruppe von Literaten, die sich nach einem Arbeitervorort der Haupstadt nannte. In der Dramatik ragt das politisch-didaktische Theater von Samuel **Eichelbaum** heraus. Die Politisierung der Literatur Argentiniens beendeten jäh die Mi-

Jorge Luis Borges

litärs, die sich 1976 an die Macht putschten. Zahlreiche Autoren mussten emigrieren oder wurden ermordet.

Die brasilianische Literatur Bis zum Anfang des 19. Jh.s war Brasilien kulturell völlig von Portugal abhängig. Während einer stark von Europa beeinflussten Phase der Romantik entdeckten die einheimischen Dichter den Indio als literarische Figur. Bei dem Lyriker Antonio Gonçalves **Dias** kann der „edle Wilde" sogar einen Artikel aus **Diderots** Enzyklopädie zitieren. Ein anderer Romantiker, Antonio Castro **Alves** setzte sich nachdrücklich für die Abschaffung der Sklaverei ein. Zu seinem berühmten Gedicht *Navio negreiro* (1868, *Das Sklavenschiff*) inspirierte ihn das gleichnamige Poem von ▶ Heine. Um die Wende zum 20. Jh. bildete die nationale Identitätsbestimmung den wesentlichen Inhalt brasilianischer Literatur. Auch hier nahmen die Dichter Anregungen des europäischen ▶ Futurismus, des ▶ Dadaismus und des ▶ Expressionismus auf und übertrugen sie auf die Probleme des eigenen Landes, wie zunehmende Industrialisierung, Verstädterung und Verarmung. Jorge Mateus de **Lima Barreto** klagte mit seinem 1935 erschienenen Roman *O Calunga* die unhaltbaren Zustände zwischen Großgrundbesitzern und Landarbeitern an. Er, der hauptsächlich als Lyriker bekannt wurde, fand eine Sprache, die in grellen Bildern eher Grauen und Ekel als Mitleid erregen will. Während des Militärregimes (1964–1985) zeichnete Antonio **Callado** in dem Roman *Quarup* (dt. 1988) den Weg eines Mannes vom katholischen Priester, der Indios betreut, zum politischen Aktivisten. Auch Ignácio de Loyola **Brandão** bezieht sich in seinem Großstadtroman *Zero* (1974, *Null*) auf das Zeitgeschehen, weshalb seine Bücher lange Jahre verboten waren. Die nach einer Generalamnestie heimgekehrten politischen Exilanten rechneten gnadenlos mit der Militärdiktatur ab. In Europa hat man aber bislang einen eher lückenhaften Eindruck dieser lebendigen und die Widersprüche der Realität aufdeckenden Literatur. Der wichtigste Theatermacher Südamerikas, Augusto **Boal**, ist gebürtiger Brasilianer. Während der Militärjunta ging er ins Exil und lebt heute in Paris. Boal pflegt eine besondere Form des Volkstheaters, das vom Volk gemacht wird und die Trennung zwischen Schauspieler und Zuschauer aufhebt. Seine bekannteste Schrift *Theater der Unterdrückten* (1979) enthält Erfahrungsberichte über die eigene Theaterarbeit und theoretische Texte, die v. a. an die Lehrstücke ▶ Brechts anknüpfen.

Pablo Neruda

Die chilenische Literatur Die ersten Zeugnisse eigenständiger chilenischer Literatur schilderten den Kampf der Ureinwohner gegen die kolonialen Eroberer (im 16. Jh. Pedro de **Oña**; im

18. Jh. Francisco Núñez de **Pineda y Bascuñán**). Ebenfalls vergleichbar zu den benachbarten Nationalliteraturen war das 19. Jh. geprägt zunächst von einer Überwindung der aus Europa importierten Romantik und später von der Etablierung einer selbstbewussten nationalchilenischen Literatur. Weltweite Anerkennung erfuhr die chilenische Literatur erst im 20. Jh., als mit Gabriela **Mistral** im Jahre 1945 erstmals ein lateinamerikanischer Schriftsteller – zumal eine Frau – den Nobelpreis für Literatur erhielt. Die Lyrikerin wurde ausgezeichnet für ihre von starkem Gefühl getragene Literatur, „die ihren Namen zu einem Symbol für die ideellen Bestrebungen der lateinamerikanischen Literatur gemacht hat" (so der Text der Verleihungsurkunde). Der populärste Lyriker des Subkontinents, und ebenfalls Nobelpreisträger (1971) ist allerdings Pablo **Neruda**. Viele seiner Bücher wurden Bestseller, obwohl seine Leser angesichts von „siebzig Millionen Analphabeten" in den Ländern Lateinamerikas „noch nicht geboren sind". Den Wandel Nerudas vom Dichter der Innerlichkeit zum politisch engagierten Autor zeigt das folgende Gedicht über den Spanischen Bürgerkrieg:

Spanien im Herzen (1937)

Ihr fragt, warum seine Dichtung
uns nichts von der Erde erzählt, von den Blättern,
den großen Vulkanen seines Heimatlandes?

Kommt, seht das Blut in den Straßen,
kommt, seht das Blut in den Straßen,
kommt, seht doch das Blut in den Straßen!

Die kolumbianische Literatur Relativ spät, eigentlich erst während des Bürgerkriegs 1948–1958, entstand eine eigene kolumbianische Literatur. Die alles überragende Gestalt ist ▶ García Márquez, der für sein erzählerisches Werk 1982 mit dem Nobelpreis ausgezeichnet wurde.

Die mexikanische Literatur Die heutige mexikanische Kultur versteht sich als eine Synthese aus indianischen und spanischen Quellen. Die 1701 entdeckte und erst 1857 gedruckte Legendensammlung *Popol-Vuh* verweist auf die indianische Tradition, die Chroniken von Hernán Cortés und Bernal Díaz del Castillo, auf die aus dem Gedankengut des europäischen Spätmittelalters beruhende Traditionslinie. Am Übergang vom Kolonialzeitalter zum freien Mexiko ragt Fernández de **Lizardi** als bedeutender Schriftsteller heraus, der als Herausgeber der Zeitung *El pensador mexicano* auch politisch großen Einfluss ausübte. Das Ende der Diktatur des Porfirio Díaz 1911 und die damit verbundene bürgerlich-liberale Revolution brachten einen Entwicklungsschub in der Literatur. Dabei rückten die Lebensformen und -bedingungen der Indianer in das Hauptaugenmerk der Schriftsteller, z. B. bei Gregorio López y **Fuentes** mit *El Indio* (1935). Die Essayistik beschäftigte sich in der nachrevolutionären Zeit hauptsächlich mit Fragen der eigenen mexikanischen Identität und dem Mestizentum, d. h. der Situation der Nachkommen eines weißen und eines indianischen Elternteils. Ein Sprachrohr dieser v. a. politisch engagierten Literatur bildete die Zeitschrift *Taller* (1938–1941), deren bedeutendster Mitarbeiter Octavio **Paz** war. Dieser sorgte nicht nur wegen seiner grundlegenden Essays

für Aufsehen, sondern v. a. auch wegen seines von ▶ Surrealismus geprägten lyrischen Werks. Im Unterschied allerdings zu den Surrealisten sieht Paz das Ziel der Poesie nicht darin, das Unterbewusste abzubilden, sondern in die Wirklichkeit einzudringen, in der Realität zu *sein*. 1990 wurde sein Werk mit dem Literaturnobelpreis ausgezeichnet.
Ein Beispiel, wie Paz mit Poesie das lineare Fortschrittsdenken der westlichen Zivilisation kritisiert und durch eine „Poetik des ewigen Augenblicks“ ersetzen will, ist eines seiner frühen Gedichte:

In Uxmal

Das Licht blinzelt nicht,
die Zeit entledigt sich der Minuten,
ein Vogel ist stehen geblieben in der Luft.

Nach Jahrzehnten der Herrschaft einer einzigen Partei gilt heute die Literatur in Mexiko als die einzige glaubwürdige Opposition.

Legende (lat.: legendum = das zu Lesende; ein Text, der zu lesen ist) ist eine Geschichte über das Leben und Wirken von Heiligen. Im weiteren Sinn bezeichnet der Begriff aber auch zeitlich weit zurückliegende, historisch nicht greifbare bedeutende Ereignisse. Vor allem die ▶ Fantasy-Literatur und der Film setzen den Begriff gerne ein, um ihr Geschehen mythisch zu überhöhen. In den mittelalterlichen Klöstern wurden die Lebensbeschreibungen von Heiligen an deren Namenstag während der gemeinsamen Mahlzeiten der Mönche vorgelesen. Leben und Taten der Heiligen sollten als Vorbild dienen. Wichtiger Bestandteil der Legende waren der tugendhafte Lebenswandel und die Wunder, die der Heilige vollbrachte. Damit konnte sie ein christliches Pendant zur heidnischen **Heldensage** (▶ Epos) bilden, in der der Protagonist durch besonders tapferes Verhalten besticht. Nebensächlich war, wie in der Heldensage, ob der Heilige tatsächlich gelebt hatte. Vorbildlich an der ▶ Biographie eines Heiligen konnten, ebenfalls in Anlehnung an die Heldensage, der Mut eines Heiligen sein, wie St. Georgs Kampf mit dem Drachen, und seine Tugenden (Mitleid Martins; die Armut des Franz von Assisi). Je nach der Hauptfigur der Legende kann man Christus-, Marien- und Heiligenlegenden unterscheiden. Sie fanden schon Aufnahme in den **Apokryphen** (= nicht kanonisch anerkannte Evangelien) und in den Apostelgeschichten. Große Bedeutung erlangte die mittelalterliche Legendensammlung *Legenda aurea* (um 1270) des Dominikanermönches Jacobus de **Voragine**. Noch heute fortgesetzt wird die von Jean **Bolland** begonnene Legendensammlung *Acta sanctorum*. Früh schon wurde die Legende literarisch gestaltet, so von **Gregor** von Tours (6. Jh.), von **Alkuin** (8. Jh.), von **Hrotsvith** von Gandersheim (10. Jh). **Hartmann** von Aue verfasste als höfisches Epos die Legende *Der arme Heinrich* (1195). Im 14./15. Jh. war die Legende auch Bestandteil der volkstümlichen und weit verbreiteten **Passions**-, **Fronleichnams**- sowie **Mirakelspiele** und wurde auf diese Weise dramatisiert. Als Gattung blieb sie bis in das 20. Jh. lebendig, z. B. in Werken von Gertrud von **Le Fort**, Hermann **Hesse**, Th. ▶ Mann und Selma **Lagerlöf.**

Lenz, Jakob Michael Reinhold

(1751–1792) ist einer der bedeutendsten Vertreter des ▶ Sturm und Drang.

Er wurde in Seßwengen/Livland als Sohn eines Pastors geboren und besuchte ab 1759 die Stadtschule in Dorpat. Dort und in Königsberg studierte er auf Wunsch seines Vaters Theologie und kam dabei mit den Schriften des deutschen Philosophen Immanuel **Kant** und und des französischen Aufklärers Jean Jacques **Rousseau** in Berührung. Ohne das Studium abzuschließen, ging er 1771 als Bursche und Gesellschafter zweier Adeliger nach Straßburg. Dort wurde er unter anderem mit ▶ Goethe bekannt und schrieb seine wichtigsten Werke.

In der sozialkritischen Tragikomödie *Der Hofmeister oder Vorteile der Privaterziehung* (1774) stellt Lenz fortschrittlich liberale Ideen vor allem in Bezug auf das öffentliche Schulwesen dar und zeigt an der Figur des Privatlehrers (Hofmeister) Läuffer die Problematik der sozialen Rolle. Mit seiner Bildung hat er sich der Unterschicht, der er entstammt, entfremdet, aber auch die höheren Klassen akzeptieren ihn nicht. Läuffer unterrichtet die beiden Kinder des ostpreußischen Majors von Berg, verführt und schwängert die Tochter des Hauses und flieht daraufhin als Gehilfe zu einem alten Dorfschulmeister. Nun gelobt er, ein einfaches und enthaltsames Leben zu führen. Um diesen Entschluss zu verwirklichen, entmannt er sich selbst. Schließlich findet er eine Frau, die ihn dennoch liebt, der Major verzeiht seiner Tochter und holt sie mit ihrem Kind nach Hause, damit sie ihren Verlobten heiraten kann.

Mit den *Anmerkungen übers Theater* (1774) lehnt sich Lenz an die Dramatik ▶ Shakespeares an, die er in seinen Stücken konsequent durchführt. So kehrt er sich von den drei aristotelischen Einheiten (▶ Drama) ab, stellt individuelle Charaktere dar und lässt die Handlung in lockeren Szenenfolgen ablaufen.

Jakob Michael Reinhold Lenz

Auch in seinem reiferen Stück *Die Soldaten* (1776) übt Lenz Kritik an Gesellschaft und Adel sowie dem Offiziersstand.

1776 folgte Lenz Goethe nach Weimar, wurde aber wegen seines exzentrischen und sogar beleidigenden Verhaltens vom Hof verwiesen. In den folgenden Jahren führte er ein unstetes Leben und es zeigten sich die ersten Anzeichen seiner Geisteskrankheit. Eine Zeit lang hielt er sich bei Pfarrer Oberlin im Elsass auf, dessen Tagebücher ▶ Büchner zu der Novelle *Lenz* verarbeitete.

Nach einer vorübergehenden Besserung der Wahnvorstellungen scheiterten alle Bemühungen um eine feste Anstellung. Zuletzt schloss er sich der Freimaurerbewegung in Moskau an und entwarf Reformprojekte. Im Frühjahr 1792 wurde er tot in einer Moskauer Straße aufgefunden.

Gerade der sozialkritische Aspekt in seinem Werk wird auch in der Gegenwart anerkannt, wie Bearbeitungen, z. B. von ▶ Brecht und Heinar **Kipphardt**, zeigen.

Lesen/Leser „Das Verb ‚lesen' duldet keinen Imperativ. Eine Abneigung, die es mit ein paar anderen teilt: dem Verb ‚lieben', dem Verb ‚träumen'...
Man kann es natürlich trotzdem versuchen. Probieren Sie es mal: ‚Liebe mich!' ‚Träume!' ‚Lies! jetzt lies doch, zum Teufel, ich befehle dir zu lesen!'
‚Geh in dein Zimmer und lies!' Ergebnis? Null. Er ist über seinem Buch eingeschlafen."
In seinem kleinen Büchlein *Wie ein Roman* formuliert der Schriftsteller und Lehrer Daniel **Pennac** zehn „unantastbare Rechte des Lesers":

1. Das Recht, nicht zu lesen
2. Das Recht, Seiten zu überspringen
3. Das Recht, ein Buch nicht zu Ende zu lesen
4. Das Recht, noch einmal zu lesen
5. Das Recht, irgendetwas zu lesen
6. Das Recht auf Bovarysmus (die buchstäblich übertragbare Krankheit, den Roman als Leben zu sehen)
7. Das Recht, überall zu lesen
8. Das Recht herumzuschmökern
9. Das Recht, laut zu lesen
10. Das Recht, zu schweigen.

Allen von uns sind sie schon begegnet: diejenigen, die keine Zeit zum Lesen haben, jene, die nie gelesen haben, diejenigen, die keine Romane lesen, aber „nützliche" Bücher, andere, die Bücher nur so „verschlingen" vor Gier nach Wissen und Unterhaltung.

Als wichtigste Freizeitbeschäftigung rangiert das Fernsehen mit etwa 70% unangefochten an erster Stelle. Dabei geht man davon aus, dass die Deutschen an einem Werktag durchschnittlich über vier Stunden Freizeit, an den Wochenenden über sechs bis acht Stunden Freizeit verfügen. Bei der Frage, was das Lesen verhindert, stehen das wachsende Unterhaltungs- und Freizeitangebot und die schnelleren Informationsmöglichkeiten durch Hörfunk und Fernsehen an der Spitze der Antworten. Eine ganze Reihe von Befragten gab auch die Unübersichtlichkeit des Bücherangebotes als Lesehindernis an.

„Der heilige Hieronymus im Gehäuse" von Albrecht Dürer, 1514

Bei den durchschnittlichen Lesern (6 bis 20 Bücher pro Jahr) ergab die Befragung der STIFTUNG LESEN,

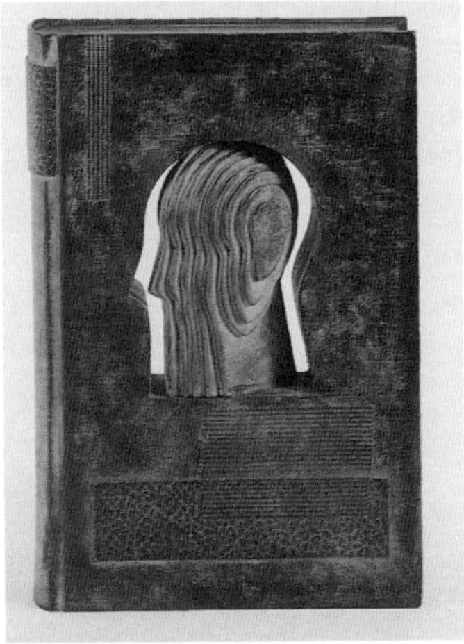

„Der Leser" von Wolfgang Nieblich, 1994

dass zwischen den Lektüren Pausen von einer Woche bis zu einem Monat eingeschoben werden. 57% in den neuen gegenüber 34% in den alten Bundesländern meinen, sie kämen heute weniger zum Lesen als früher. Trotz der Ausweitung des Buch-, Zeitungs- und Zeitschriftenmarktes zeichnet sich eine allgemeine Abnahme der Lesebereitschaft ab: Konkurrenz der anderen Medien, verändertes Freizeitverhalten, Hinwendung zu elektronischen Medien dürften die Ursache sein.
Die Literaturwissenschaft unterscheidet vier verschiedene Lesertypen:

1. der ***reale Leser*** , der die breite Masse des Lesepublikums bildet;
2. der vom Autor ***intendierte Leser***, der der ideale Leser sein könnte, weil er mit den Ideen des Autors übereinstimmt;
3. der ***fiktive Leser***, der als Partner des auktorialen Erzählers auftritt und in den Text integriert ist;
4. der ***implizite Leser***, der im Idealfall eine Synthese zwischen den ersten drei Typen darstellt, indem er den Text „entdeckt" und dessen „Leerstellen" mit seinen eigenen Vorstellungen und Wertungen besetzt (**Rezeption**).

Wer sich selbst schon einmal beim Lesen beobachtet hat, kommt vielleicht auf ganz andere Arten des Lesens und damit auch Typen des Lesers. Natürlich wird ein Leser, der ein Buch zur Hand nimmt, nicht seine Alltagserfahrungen ablegen. Er wird, im Idealfall, das Buch nutzen, um real erlebte Erfahrungen und Informationen zu vertiefen und einzuordnen. Ein anderer Leser wird sich selbstvergessen versenken und dabei nicht mehr an Raum und Zeit denken. Manch einer lässt sich in fremde Geschichten hineinziehen. In all diesen Fällen verändern sich beim Lesen die Welt und der Erfahrungshorizont des Lesers. Leser sind meist keine „besseren Menschen", doch wird eine Fülle positiver Persönlichkeitsmerkmale wie Aufgeschlossenheit, Mündigkeit und Kritikfähigkeit mit ihnen in Verbindung gebracht.
Das Leseinteresse entwickelt sich in der frühen Kindheit. Das Verhalten der Eltern ist Modell für die Kinder; die Schule bildet die zentrale Instanz bei der Vermittlung des Lesens als Kulturtechnik. Das Lesen lernen in der Grundschule ist in den Industriegesellschaften eine Selbstverständlichkeit, in Entwicklungsländern gelten der Alphabetisierung große Anstrengungen. Die eigentliche Kompetenz zum Lesen entfaltet sich zwischen dem 8. und 14. Lebensjahr. Mit zunehmendem Alter entfernen sich die Art und Auswahl der Lektüre in der Schule mehr und mehr von den

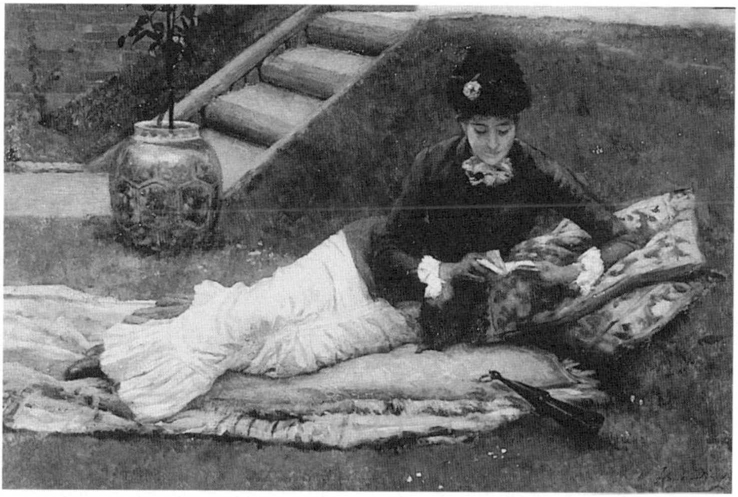

„Junge Frau bei der Lektüre im Garten", um 1880

privaten Lesegewohnheiten. Die Empfehlungen von Freunden oder das Angebot in Bibliotheken und Buchhandlungen dominieren.
In den alten Hochkulturen blieb das Lesen wie das Schreiben einer kleinen Anzahl Auserwählter vorbehalten. In Ägypten beispielsweise bildete sich ein eigener Schreiberstand heraus, der Verwaltungsaufgaben übernahm. In der griechischen Antike stand der öffentliche mündliche Vortrag im Vordergrund. Sokrates beispielsweise weigerte sich zu schreiben, **Platon** lehnte das Lesen ab, bediente sich aber der Schrift. Im Römischen Reich war Lesen für die gebildete Oberschicht Pflicht, während im Mittelalter nur Geistliche und Mönche die Schreib- und Lesekultur aufrecht erhielten. Herrscher wie Karl der Große konnten weder lesen noch schreiben. Erst mit den zunehmenden Handelsbeziehungen und der Gründung von Universitäten entwickelte sich seit dem 12. Jh. die Schrift- und Lesekultur. Die Erfindung des Buchdrucks (▶ Buch) machte Niedergeschriebenes einer größeren Zahl von Lesern zugänglich, sodass Ende des 15. Jh.s etwa 15% der Bevölkerung lesen konnten. Mit der Gründung von **Lesegesellschaften**, **Leihbibliotheken** und **Lesezirkeln** vom 17. bis ins 19. Jh. und von Arbeiterbildungsvereinen seit der Mitte des 19. Jh.s konnte der Alphabetisierungsgrad drastisch erhöht werden. Trotzdem gab es um 1900 noch ein Drittel Analphabeten unter der Bevölkerung Deutschlands. Heute liegt nach Schätzungen der UNESCO die Zahl der Analphabeten in den Industrieländern bei 1-3% der Bevölkerung. Mit der Geschichte des Lesens ist eng die Geschichte der Emanzipation der Menschen verbunden. Vom Lesen der Bibel führt ein gerader Weg zu **Kants** Aufklärungspostulat, dass der mündige Bürger seinen eigenen Verstand gebrauchen solle.

Ob wir heute bei abnehmender Leseneigung wieder in einen unmündigen Zustand zurückfallen, lässt sich abschließend nicht beurteilen. Während aber diejenigen, die sich Lesekompetenz aneignen können, mit Unterhaltung und Information in Zukunft vernünftig und wissend umgehen, haben Nichtlesende von Anfang an geringere Chancen der Teilhabe und können diesen Nachteil angesichts wachsender Komplexität der Informationen und des Wissens später auch nicht mehr ausgleichen.

Lessing, Gotthold Ephraim

(1729–1781) gilt sowohl mit seinem literarischen als auch theoretischen Werk als Hauptvertreter der deutschen ▶ Aufklärung.

Als Sohn eines protestantischen Pfarrers wurde er in Kamenz in der Oberlausitz (Sachsen) geboren und besuchte dort die Stadtschule. Ab 1741 konnte er mit einem Stipendium in die Fürstenschule St. Afra in Meißen eintreten, ein Eliteinstitut, das für seine hervorragende Ausbildung in den alten Sprachen bekannt war, aber auch die neuere Literatur nicht ausklammerte. Auf Grund seiner ausgezeichneten Leistungen konnte er sich bereits 1746 zum Studium der Theologie in Leipzig einschreiben. Doch fühlte er sich nicht zum Pastor und Prediger berufen und wechselte daher zu Ostern 1748 zur Philosophie über. Unter dem Einfluss seines Vetters genoss er ein fröhliches Studentenleben und wandte sein Interesse dem Theater zu, insbesondere der Truppe von Caroline **Neuber**. Die „Neuberin" leitete seit 1727 ein eigenes Theater und führte Lessings erste Lustspiele auf: *Der junge Gelehrte* (1747), *Der Freygeist* und *Die Juden* (1749). Finanzielle Schwierigkeiten zwangen jedoch den Dichter Leipzig zu verlassen und im November 1748 ließ sich Lessing als einer der ersten freien Schriftsteller und Journalisten in Berlin nieder. Die Arbeit als Rezensent bei der *Vossischen Zeitung* nutzte er, um Erfahrungen in der Literaturkritik zu sammeln. In dieser Zeit schloss er Freundschaft mit dem jüdischen Philosophen Moses **Mendelssohn**, dem Schriftsteller und Verleger Friedrich **Nicolai** sowie dem Offizier und Dichter Ewald von **Kleist**.

1755 kehrte er nach Leipzig zurück, begann die Zeitschrift *Theatralische Bibliothek* herauszugeben und knüpfte Kontakt zur *Koch'schen Theatergesellschaft*. Im selben Jahr erschien sein erstes ▶ bürgerliches Trauerspiel *Miss Sara Sampson*. Das Neue an diesem Stück ist, dass erstmals die tragische Handlung ins bürgerliche Milieu verlegt und das feste antike Versmaß (Alexandriner) durch Prosa ersetzt wird. Das Publikum zeigte sich zutiefst gerührt, wie die handelnden Personen in der Katastrophe, die sie selbst verursacht haben, untergehen und doch die verführte Tugend über das Laster siegt.

1758, wieder in Berlin, gab Lessing mit Nicolai und Mendelssohn die *Briefe die neueste Literatur betreffend* (1759–65) heraus, in denen er die zeitgenössische deutsche Literatur kritisch kommentierte, um die Urteilskraft seines Publikums zu schulen. Besondere Bedeutung erlangte der *17. Literaturbrief* (1759), in dem Lessing sowohl die Regelhaftigkeit in **Gottscheds** Dramentheorie als auch in jener des französischen Dramas angreift. Stattdessen stellt er die schöpferische Fantasie und Spontaneität ▶ Shakespeares als Vorbild dar.

Der finanziellen Sicherheit wegen nahm Lessing 1760 eine Stellung als Sekretär des Generals von Tauentzien in Breslau an. Hier schrieb er den tragischen Einakter *Philotas* (1759), eine Reaktion auf die Eindrücke des Siebenjährigen Krieges, entwarf die kunsttheoretische Schrift *Laokoon: oder über die Grenzen der Malerei und Poesie*, die 1766 erschien.

Das Lustspiel *Minna von Barnhelm oder Das Soldatenglück* (1763) entstand ebenfalls in dieser Zeit, wurde aber erst 1767 im Deutschen Nationaltheater in Hamburg uraufgeführt. Die Besonderheit des Stücks ist, dass es in der Gegenwart spielt. Der junge Offizier Major Tellheim, der durch ein Missverständnis unehrenhaft aus der preußischen Armee entlassen und mittellos geworden ist, glaubt deshalb in seinem übertriebenen Ehrgefühl, seine Verlobung mit dem reichen sächsischen Edelfräulein Minna von Barnhelm auflösen zu müssen. Ein Zufall führt die beiden in einem Gasthof zusammen und Minna kann mit Klugheit ihren Geliebten zurückgewinnen. Die Komödie war schon damals ein großer Erfolg, nicht zuletzt, weil sich das Publikum mit den Figuren identifizieren konnte. Damit erfüllte Lessing eines seiner eigenen Kriterien für das Drama: Der Zuschauer soll durch Mit-Leiden zu Einsicht und Besserung gelangen.

Doch auch der Durchbruch auf dem Theater brachte ihm keine sichere Stellung in Berlin ein und so folgte er im Frühjahr 1767 dem Angebot als Dramaturg und Kritiker an das neu gegründete Deutsche Nationaltheater in Hamburg. Die Aufgabe reizte ihn, weil hier die Idee eines vorbildlichen, nationalen Theaters und eines Forums für die Interessen des Bürgertums verwirklicht werden sollte. In der *Hamburgischen Dramaturgie* (1767–1769) sammelte er seine Theaterkritiken und seine Dramentheorie. Lessing wendet sich darin von der höfischen Regeltragödie des ▶ Barock und Gottscheds ab. Vielmehr spricht er sich für Natürlichkeit in der Konzeption und Sprache des Dramas aus. Nicht mehr beispielhafte Moralität und gefühllose Wohlanständigkeit sollen die tragischen Figuren kennzeichnen, sondern ein psychologisch motivierter „gemischter" Charakter, in dem sich der Zuschauer wiederfinden

Gotthold Ephraim Lessing, 1760

kann. Das dargestellte Menschenbild soll die Grundgedanken der Aufklärung widerspiegeln, den Glauben an die Fähigkeit des Menschen, seiner Vernunft nach zu handeln. Lessings dramaturgisches Konzept wird bis ins 19. Jh. wegweisend für die deutsche Dramatik.
Doch das ehrgeizige Projekt scheiterte an mangelnder Unterstützung durch das Publikum und – ebenso wie sein selbst gegründeter Verlag – an fehlenden finanziellen Mitteln. Als ihm 1770 die Leitung der Bibliothek in Wolfenbüttel angeboten wurde, griff Lessing trotz des bescheidenen Gehalts zu und entfaltete in den folgenden Jahren eine rege schriftstellerische und publizistische Tätigkeit.

Mit dem Trauerspiel *Emilia Galotti* (1772) vollendete Lessing die jahrelange Arbeit an dem antiken Motiv der Virginia (Jungfrau), die von ihrem Vater getötet wird, weil er sie nur so vor den Nachstellungen eines Höhergestellten bewahren kann. Erstmals wird in einem deutschen Drama die höfische Welt mit der bürgerlichen konfrontiert. Ein italienischer Fürst liebt die Bürgertochter Emilia Galotti und weist seinen Kammerherrn an, ihre Heirat mit dem Grafen Appiani zu vereiteln. Da das nicht gelingt, lässt dieser auf der Fahrt zur Hochzeit den Bräutigam töten, Emilia entführen und auf ein Lustschloss bringen. Gräfin Orsina, die Geliebte des Prinzen, die ihre Stellung gefährdet sieht, gibt Emilias Vater einen Dolch mit dem Rat, den Prinzen umzubringen. Emilia ist mittlerweile so von dem Prinzen eingenommen, dass sie sich ihrer Standhaftigkeit nicht mehr sicher ist. Um ihre Tugendhaftigkeit zu wahren, bittet sie ihren Vater, sie zu töten. Lessing kritisiert in seiner Tragödie einerseits die willkürliche Machtausübung eines absolutistischen Herrschers, gleichzeitig aber auch den bürgerlichen Anspruch der Integrität, die nur noch mit dem Verlust des Lebens erhalten werden kann.

Um die öffentliche Diskussion religiöser Fragen anzuregen, veröffentlichte Lessing eine Schrift seines Freundes Samuel **Reimarus** unter dem Titel *Fragmente eines Ungenannten* (1772). Darin werden der Offenbarungscharakter der ▶ Bibel und die Göttlichkeit Christi angezweifelt. Der Hamburger Hauptpastor Johann Melchior **Goeze** nahm die Herausforderung an und bald musste sich Lessing gegen seine immer unfairer werdenden Angriffe im *Anti-Goeze* (1778) verteidigen.

In dem dramatischen Gedicht *Nathan der Weise* (1779) entwarf Lessing sein Ideal einer toleranten und harmonischen Gesellschaftsordnung. Kernstück des Dramas bildet die „Ringparabel". Ein Vater vermacht seinen drei Söhnen jeweils einen Ring, ohne preiszugeben, welches das echte Familienerbstück ist. Lessing lässt die Geschichte in einem zentralen Gespräch zwischen der Titelfigur und Sultan Saladin über die wahre Religion als Gleichnis für die Verwandtschaft und Legitimität der drei Weltreligionen erzählen. Die Handlung verlegt er ins Jerusalem zur Zeit der Kreuzzüge. Der reiche jüdische Kaufmann Nathan hat bei einem Pogrom seine Familie verloren und danach ein christliches Waisenmädchen als Adoptivtochter nach humanen Grundsätzen erzogen. Nach einer Geschäftsreise erfährt er, dass ein junger Ritter eines christlichen Ordens Recha das Leben gerettet hat. Der wiederum steht nun in Konflikt zwischen seiner Liebe zu dem jüdischen Mädchen und seiner christlichen Überzeugung. Schließlich kann Nathan die Verwicklungen auflösen, da sich herausstellt, dass der Tempelherr Rechas Bruder und zugleich der Neffe des islamischen Herrschers Saladin und seiner Schwester ist. Lessing relativiert in seinem Stück den Absolutheitsanspruch der Religionen und zeigt in der Reaktion Nathans auf das Verbrechen an seiner Familie, wie der vorbildliche Gebrauch der Vernunft die Leidenschaften überwinden kann.

Mit 52 Jahren starb Lessing vereinsamt bei einem Besuch in Braunschweig. Schon seine Zeitgenossen erkannten seine Bedeutung für den Geist der Aufklärung und das deutsche Drama. Heute gehören seine Werke sowohl zum Standardrepertoire der deutschen Bühnen als auch zum Lektürekanon an den Schulen.

Lexikon (im 17. Jh. entstandenes Kunstwort, zu griech.: lexis = Wort), ein in der Regel alphabetisch geordnetes Nachschlagewerk, das von wissenschaftlich ausgebildeten Lexikographen verfasst ist und stichwortartig bestimmte Wissensgebiete behandelt. Der Ausdruck wird ebenfalls verwendet für Bücher, die den Wortschatz einer Sprache enthalten. Auch Begriffe aus sog. Fach-, Gruppen- und Sondersprachen sind in Lexika (so der Plural) verzeichnet und erläutert. Grundsätzlich unterscheidet man zwischen Enzyklopädien, Konversationslexika und Wörterbüchern.
Die vielbändige ▶ Enzyklopädie deckt alle Wissensgebiete einer Zeit umfassend ab und setzt in der Regel einen hoch gebilde-

ten Benutzerkreis voraus. Das **Konversationslexikon**, im 19. Jh. aus der Enzyklopädie hervorgegangen, ist als umfangreiches Sachwörterbuch in allgemein verständlicher Sprache eher für das damals aufstrebende, bildungsbeflissene Großbürgertum konzipiert.

Wörterbücher beinhalten den gesamten Wortschatz einer Sprache (in der Regel alphabetisch geordnet) und dienen den verschiedensten Zwecken. So gibt es z. B. das etymologische Wörterbuch, das den Ursprung, die Geschichte und Verwandtschaft der Wörter erläutert, während das Fremdwörterbuch Ausdrücke, die (noch) nicht eingedeutscht sind, erklärt. Im Wörterbuch der Synonyme sind Begriffe mit gleicher oder ähnlicher Bedeutung zusammengetragen und Fremdsprachenwörterbücher sind unerlässlich bei Übersetzungen.

Bedeutende Lexika und Wörterbücher zur deutschen Sprache und Literatur sind (in Auswahl): Grimm, *Deutsches Wörterbuch*, Wahrig, *Deutsches Wörterbuch*; Duden, *Die deutsche Rechtschreibung*; Jens (Hrsg.), *Kindlers Neues Literaturlexikon*; Killy (Hrsg.), *Literaturlexikon*; *Harenberg Literatur-Lexikon*; Wilpert, *Sachwörterbuch der Literatur*.

Lied

Lied ist die für den Gesang bestimmte lyrische Gattung, die meist aus mehreren gleich gebauten und gereimten Strophen besteht. Die Definition wird durch die große Bandbreite des Begriffs erschwert. Zum Lied zählt man den frühgermanischen Heldengesang ebenso wie die mittelhochdeutschen Epen (*Nibelungenlied*, *Kudrun*) bis hin zum trivialsten Schlager der Gegenwart. Die ▶ Textsorte Lied lässt sich nach der Entstehung in **Volkslied** und **Kunstlied** einteilen, nach ihrem Inhalt in geistlich-religiöse und weltliche Lieder, nach ihrer gesellschaftlichen Zuordnung oder nach der Art des Vortrags.

Die ersten überlieferten deutschen Lieder (9./10. Jh.) waren religiösen Inhalts; seit dem 12. Jh. gab es das Liebeslied, das v. a. im höfischen ▶ Minnesang gepflegt wurde und entsprechend der sich gewandelten sozialen Struktur in das ständisch-bürgerliche Gemeinschaftslied (Trink-, Scherz-, Schwank-, Handwerkerlied) mündete. Neben in ihrer Struktur meist einfachen bürgerlichen Liedern findet man den ▶ Meistersang, der sich formal und inhaltlich an den Minnesang und die ▶ Spruchdichtung des höfischen Mittelalters anlehnte.

In Renaissance, Barock und Rokoko trat das volkstümliche Element zu Gunsten literarisch differenzierter Formalistik zurück; ähnlich vernachlässigt wurde die musikalische Notation. Erst mit J. G. **Herders** *Volkslieder* (1778, 1807) rückte das Lied im **Volkston** ins Zentrum des wissenschaftlichen und künstlerischen Interesses. Nun kam eine rege Sammel- und Herausgebertätigkeit in Gang. Die nachhaltigste Wirkung übte *Des Knaben Wunderhorn* (▶ Romantik) aus.

Durch die Vertonung bedeutender Komponisten wie Franz Schubert erreichte das Kunstlied eine Vollendung, die es seitdem zu einer der führenden musikalischen Gattungen werden ließ.

Limerick

Limerick (engl. für die irische Stadt und Grafschaft: Luimneach = ödes Land) nennt man eine feste Form der englischen Unsinnsdichtung ungeklärter Herkunft. Die erste schriftliche Sammlung von Limericks wurde 1820 geschrieben. Die Gedichte sind einstrophig mit fünf Versen. Die Verse 2 und 3 sind meist zweihebig, während die anderen drei Hebungen aufweisen. Die bevorzugten Versmaße sind Daktylus und Anapäst (▶ Metrik). Das Reimschema ist a a b b a.

Ein Limerick beginnt häufig mit einer Ortsangabe (z. B. Riga) und schildert eine komische Situation (z. B. Tigerritt), die dann ins Groteske abgewandelt wird wie im folgenden, anonym verfassten Limerick:

There was a young Lady of Riga
Who smiled as she rode on a Tiger;
They came back from the ride,
With the Lady inside
And a smile on the face of the Tiger.

Literatur (Buchstabenlehre, Kunst des Lesens und Schreibens) In der deutschen Sprache im Sinne von „Schrift", „Schriftkunst" erstmals im 16. Jh. belegt. Im 18. Jh. wird der Begriff auf schriftlich fixierte, lesbare Texte, im Unterschied zu mündlich tradierten Formen wie Märchen oder Sage eingeengt. Heute versteht man im weiteren Sinne unter Literatur alle Schriftwerke, in einem engen Sinn nur dichterische Werke. Literatur unterteilt man oft auch in „hohe" Literatur, ▶ Belletristik, Trivial- und Gebrauchsliteratur. Die Hauptwerke der verschiedenen Nationalliteraturen werden unter der Bezeichnung „Weltliteratur" zusammengefasst.

Literaturgeschichte versucht Werke, Autoren, Epochen, Gattungen, Themen und Motive einer bestimmten Literatur (Literatur einer Nationalsprache oder Weltliteratur) zu sammeln und zu ordnen. Biographische Darstellung und Werkinterpretation werden in der Literaturgeschichte häufig verbunden. In der ▶ antiken Literatur finden sich literarisch-historische Darstellungen in Form von bibliothekarischen Bestandsaufnahmen und als Sammlung mustergültiger Texte. An die Vitensammlung **Suetons** (1./2. Jh.) knüpfte **Hieronymus** im 4. Jh. an, wobei er Schriften heidnischer Autoren (Literatura) abgrenzte von den Werken christlicher Verfasser (Scriptura). Seit dieser Zeit ist Literaturgeschichte nicht immer von der ▶ Literaturkritik zu trennen. Das Werk des Hieronymus war für die Literaturgeschichtsschreibung des Mittelalters vorbildhaft. Das aufklärerische 18. Jh. schuf keine eigene Literaturgeschichte, obwohl bei **Gottsched**, ▶ Lessing und **Herder** das Interesse an altdeutscher Literatur groß war. Zu ersten Literaturgeschichten in Deutschland kam es erst in der ▶ Romantik – herausragend war Friedrich **Schlegels** *Geschichte der alten und neuen Literatur* (1812). Stilbildend für die epochenhafte Darstellung von Literatur wurde *Die romantische Schule* (1836) von ▶ Heine. Der eigentliche „Klassiker" der deutschen Literaturgeschichtsschreibung ist aber die *Geschichte der deutschen Dichtung* (1835ff.) des Historikers G. G. **Gervinus**. Er ordnete die Literatur in die politische Geschichte ein, um eine größere nationale Begeisterung zu schaffen. Die deutschsprachige Literatur hatte für ihn eine einheitsstiftende Aufgabe. Im 20. Jh. widmete sich die Literaturgeschichtsschreibung stärker der modellhaften Darstellung einzelner Epochen und geht verstärkt sozialhistorischen, kultur-, geistes- und mentalitätsgeschichtlichen Fragestellungen nach.

Literatur im „Dritten Reich" Nur wenige Wochen nach der Machtübernahme Hitlers am 30. Januar 1933 kam es zu ersten Verhaftungen von Schriftstellern, z. B. des Bohemeliteraten Erich **Mühsam** (ermordet 1934 im Konzentrationslager Oranienburg) sowie des Herausgebers der *Weltbühne* und Friedensnobelpreisträgers von 1935, Carl von **Ossietzky**, der 1938 den Nachwirkungen seiner langjährigen KZ-Haft erlag.
Folge der unmittelbaren Existenzbedrohung war eine Massenflucht von Dichtern und Publizisten. Von den Autoren von Rang waren lediglich ▶ Benn, Ernst **Jünger** und der bereits betagte ▶ Hauptmann geblieben. Nach einer zweiten Emigrationswelle 1938/39, die durch die Judenpogrome der sog. „Reichskristallnacht" ausgelöst wurde, waren ca. 1600 Schriftsteller vertrieben. Für die deutsche Literatur bedeutete dies die Aufspaltung in zwei Hauptliteraturen: die innerdeutsche Literatur und die ▶ Exilliteratur.

Bücherverbrennung vor der Deutschen Staatsoper in Berlin, 10. Mai 1933

Die Bücherverbrennungen vom 10. Mai 1933 bildeten das weithin sichtbare Fanal für die von den Nationalsozialisten erstrebte Gleichschaltung des Geisteslebens: In fast allen Universitätsstädten wurden Werke missliebiger Autoren auf den Scheiterhaufen geworfen, u. a. von Erich **Kästner**, ▶ Heine, Erich Maria **Remarque** und Kurt **Tucholsky**. Organsiatoren dieses barbarischen Spektakels waren die Deutsche Studentenschaft und der nationalsozialistische **Kampfbund für deutsche Kultur**.

Die Gleichschaltung der Schriftstellerorganisationen durch den Nationalsozialismus hatte zum Zeitpunkt der Bücherverbrennung bereits begonnen. Ihren Anfang bildete die „Säuberung“ der Sektion für Dichtkunst an der **Preußischen Akademie der Künste.** H. ▶ Mann musste von seinem Amt als Vorsitzender zurücktreten und die Akademie verlassen. Zahlreiche Autoren erklärten ihren Austritt oder wurden ausgeschlossen. An ihre Stelle traten Vertreter der ▶ Heimatliteratur und der völkisch-nationalen Literatur.

Die Vorgänge in der Preußischen Akademie waren kein Einzelfall: Der **Bund proletarisch-revolutionärer Schriftsteller** wurde verboten, der Schutzverband deutscher Schriftsteller in den nationalsozialistischen **Reichsverband Deutscher Schriftsteller** überführt.

Zur Durchsetzung ihres kulturellen Machtanspruchs richteten die Nationalsozialisten im März 1933 das Reichsministerium für Volksaufklärung und Propaganda (RMVP) ein, das sich unter Joseph Goebbels zur mächtigsten Überwachungsinstanz des literarischen Lebens entwickelte. Weitere Kontrollinstanzen wie die Reichsschrifttumskammer (RSK) folgten. Alle an der Herstellung und dem Vertrieb von Literatur beteiligten Berufsgruppen mussten fortan Mitglied sein. Ein Ausschluss bedeutete Berufsverbot. Voraussetzung für die Aufnahme waren der „Ariernachweis“

und die Unterwerfung unter das Diktat der NS-Ideologie und NS-Kunstanschauung.
Die Indizierungspraxis des NS-Regimes fußte auf der von 1935–1942 jährlich erscheinenden Liste des schädlichen und unerwünschten Schrifttums der RSK. Sie sollte die seit dem Frühjahr 1933 andauernden „Säuberungen“ von Leihbüchereien, Buchhandlungen und Bibliotheken systematisch und nach einheitlichen Kriterien vorantreiben.
Die Verbotslisten waren nicht zum öffentlichen Gebrauch bestimmt. In Zweifelsfällen hatten sich Verleger und Buchhändler persönlich an die RSK oder Gestapo zu wenden. Dies sollte ihre Einschüchterung und somit die Selbstzensur bewirken.
Die Vertreibung demokratischer und jüdischer Autoren sowie die schrittweise „Arisierung“ ihrer Verlage führten zu einer spürbaren Verarmung des deutschen Buchmarktes. In der Folge dominierte eine mit zahlreichen Literaturpreisen, Preisausschreiben, Autorenlesungen sowie offiziellen Empfehlungslisten geförderte Literatur, die den ideologischen Vorgaben des NS-Regimes entsprach.
An die Seite der regimekonformen ▶ NS-Literatur trat eine schier unüberschaubare Produktion broschierter Massen- und Gebrauchsliteratur antisozialistischen, antisemitischen und militaristisch-imperialistischen Inhalts. Die Auflagen der politischen Grundschriften des NS-Regimes gingen in die Millionen. Die Ideologisierung des Schrifttums erstreckte sich schließlich bis hin zum Jugend- und Sachbuch bzw. den Lexika. Daneben existierte eine Unterhaltungsliteratur, die der Ablenkung diente und politischen Widerspruch zurückhielt. Sie war Teil einer staatlich tolerierten Zerstreuungssphäre, der inmitten eines politisierten Alltags eine bedeutende Ventilfunktion zukam.
Trost und Erbauung, zum Teil aber auch verdeckte Regimekritik fanden die deutschen Leser nach 1933 bei den Autoren der ▶ Inneren Emigration. Die Tolerierung ihrer Werke ermöglichte dem NS-Staat, den Schein der Liberalität zu wahren und die Lesebedürfnisse bürgerlich-christlicher Schichten zu befriedigen. Von Anfang an verfolgt wurden hingegen alle Vertreter der ▶ antifaschistischen Literatur.

Literaturkritik setzt sich durch Interpretation, Vergleich und Wertung mit Literatur auseinander. Von der Literaturkritik (griech.: kritike = Kunst der Beurteilung) werden Methoden entwickelt, wie Dichtung betrachtet und bewertet werden kann, während die ▶ Literaturwissenschaft sich mehr beschreibend mit allen Aspekten der Literatur auseinandersetzt. Diese Unterscheidung gibt es im angelsächsischen und romanischen Sprachbereich nicht. Dort reichen „Literary criticism“ und „Critique lit-

Versuch
einer
Critischen Dichtkunst
vor die Deutschen;
Darinnen erstlich die allgemeinen Regeln der Poesie,
hernach alle besondere Gattungen der Gedichte,
abgehandelt und mit Exempeln erläutert werden:
Uberall aber gezeiget wird
Daß das innere Wesen der Poesie
in einer Nachahmung der Natur
bestehe.
Anstatt einer Einleitung ist Horatii Dichtkunst
in deutsche Verße übersetzt, und mit
Anmerckungen erläutert
von
M. Joh. Christoph Gottsched.
Leipzig 1730
Verlegts Bernhard Christoph Breitkopf.

Titelblatt von Gottscheds „Versuch einer Critischen Dichtkunst“, 1730

téraire“ in den Bereich der Literaturwissenschaft hinein.
Im deutschen Sprachgebrauch setzt sich Literaturkritik v. a. mit zeitgenössischer Literatur auseinander. Sie hat die Aufgabe, Stärken und Schwächen eines Werkes aufzudecken und die Wirkungsursachen zu analysieren. Keine leichte Aufgabe angesichts der Vielschichtigkeit von Literatur und der persönlichen Vorlieben und Abneigungen der Kritiker. Hauptziel der Literaturkritik ist, eine öffentliche Diskussion der ▶ Leser über ein literarisches Werk anzuregen.
Bis zum 18. Jh. entnahm die Literaturkritik ihre Maßstäbe meist dem Regelkatalog der ▶ Rhetorik und Poetik. Mit der ▶ Aufklärung erreichte die Literaturkritik in Deutschland ihren Höhepunkt. Hauptvertreter waren J. Ch. **Gottsched** (*Versuch einer Critischen Dichtkunst,* 1730) und ▶ Lessing (*Briefe, die neueste Literatur betreffend,* 1759/60, *Hamburgische Dramaturgie* 1767/69). In der Auseinandersetzung mit Gottsched forderte Lessing eine Abkehr vom traditionellen Regelwerk und eine Hinwendung zur Beachtung des „inneren Gesetzes“, womit er einen freieren und selbstbewussteren Umgang mit Literatur erreichen wollte. Immanuel **Kant** hat diesen Aspekt in seiner *Beantwortung der Frage: Was ist Aufklärung?* (1784) philosophisch aufgegriffen, indem er die Freiheit fordert, dass jemand als Gelehrter bzw. Schriftsteller, „in seiner eigenen Person“ sprechend, dem „ganzen Publikum der Leserwelt“ seine Schriften zur Beurteilung vorlegt. ▶ Schiller formulierte daraus die idealistische Maxime, dass „das, was den Besten gefällt“, sich „in Jedermanns Händen finden sollte“. Der Literaturwissenschaftler Emil **Staiger** hat diese Forderung 1966 wieder aufgenommen, daraus eine moralische Verurteilung zeitgenössischer Literatur formuliert und eine heftige Diskussion ausgelöst. Man warf ihm vor, das „reale“ Massenpublikum von einem „idealen“ Publikum zu trennen. Damit setzte sich die Literaturkritik selbst der Kritik aus, sie vernachlässige das breite Publikum und schreibe für die wolkige Idee „Leser“. Diese Diskussion ist noch nicht abgeschlossen. Sie findet ihren Niederschlag in literarischen Zeitschriften und in den Feuilletons der Zeitungen.

Literaturpreise werden regelmäßig vergeben und sind meist mit einem Geldpreis verbundene Auszeichnungen von Schriftstellern zur Würdigung ihres literarischen Schaffens. Nach dem Kreis der Empfänger unterscheidet man internationale (Nobelpreis für Literatur, Friedenspreis des Börsenvereins des Deutschen Buchhandels) und nationale Literaturpreise (Georg-Büchner-Preis, Lessing-Preis, Kleist-Preis). Gestiftet werden Literaturpreise von – Staaten (in der Bundesrepublik Deutschland z. B. der Deutsche Jugendbuchpreis und das Villa-Massimo-Stipendium oder in Österreich die Staatspreise für Literatur und für Kinder- und Jugendbücher), – Bundesländern (z. B. der Schiller-Gedächtnispreis des Landes Baden-Württemberg, der Jean-Paul-Preis des Freistaates Bayern), – Städten (z. B. der Frankfurter Goethe-Preis, der Heinrich-Böll-Preis der Stadt Köln, Ingeborg-Bachmann-Preis der Stadt Klagenfurt), – Verbänden (z. B. der Hörspielpreis der Kriegsblinden des Bundes der Kriegsblinden), – Stiftungen (z. B. der Bertelsmann-Literatur-Preis), – Akademien (z. B. der Georg-Büchner-Preis der Akademie für Sprache und Dichtung, der Theodor-Fontane-Preis der Berliner Akademie der Künste), – Einzelpersönlichkeiten (z. B. der Alfred-Döblin-Preis – gestiftet von Günther Grass – oder die amerikanischen Pulitzer-Preise). Die angesehenste internationale Literaturauszeichnung ist der **Nobelpreis**, der jährlich am Todestag seines Stifters, des schwedischen Industriellen Alfred Nobel, am 10. Dezember durch den schwedischen König überreicht wird. Berühmte Preisträger sind ▶ Hauptmann

(1912), George Bernard **Shaw** (Großbritannien, 1925), Th. ▶ Mann (1929), ▶ Pirandello (1934), Pearl S. **Buck** (USA, 1938), William **Faulkner** (USA, 1949), ▶ Hemingway (1954), Albert **Camus** (Frankreich, 1957), Boris **Pasternak** (UdSSR, 1958 – musste den Preis unter politischem Druck wieder zurückgeben!), ▶ Sartre (1964, lehnte die Annahme des Preises ab!), Samuel Josef **Agnon**/Nelly **Sachs** (1966, Israel/Deutschland), Yasunari **Kawabata** (Japan, 1968), Samuel **Beckett** (Irland, 1969), Pablo **Neruda** (Chile, 1971), ▶ Böll (1972), ▶ García Márquez (1982), William **Golding** (England, 1983), Jaroslaw **Seifert** (Tschechoslowakei, 1984), Wole **Soyinka** (Nigeria, 1986), Nagib **Mahfus** (Ägypten, 1988), Nadine **Gordimer** (Südafrika, 1991), Dario **Fo** (Italien, 1997), ▶ Grass (1999). Die renommierteste deutsche Literaturauszeichnung ist der Georg-Büchner-Preis, der seit 1951 von der deutschen Akademie für Sprache und Dichtung verliehen wird. Literaturpreise dienen u. a. auch dazu, öffentliches Interesse für Literatur zu schaffen, und sind damit auch ein Mittel der Kulturpolitik.

Literaturtheorie sollte man auf zwei Ebenen betrachten. Einerseits werden darunter alle grundsätzlichen Äußerungen eines ▶ Autors zum literarischen Schaffen verstanden: z. B. der Briefwechsel Goethe-Schiller oder die Manifeste des Naturalismus und des Expressionismus. Andererseits bilden diese programmatischen Äußerungen die Grundlage für die moderne wissenschaftliche Literaturtheorie, die sich als Teil der ▶ Literaturwissenschaft mit einer Fülle von sich ergänzenden oder widersprechenden Theorien über Literatur auseinander setzt. Die Literaturtheorie grenzt sich ab von der eher wertenden ▶ Literaturkritik und der eher beschreibenden ▶ Literaturgeschichte.

In der weitgehend abgehobenen, wissenschaftlich geführten Diskussion der neueren Literaturtheorie lassen sich grob vier Richtungen unterscheiden: eine zeichentheoretische (Frage nach der Abweichung der literarischen Sprache von der Normalsprache), eine linguistisch-strukturale (Frage nach der Vermittlung literarischer Sprache), eine literatursoziologische (Frage nach der Beziehung von Autor und ▶ Leser im gesamtgesellschaftlichen Rahmen) und eine marxistische (sie fasst Literatur als Produkt eines allgemeinen Bewusstseins auf). Neueste Ansätze befassen sich mit ▶ Postmoderne, „Poststrukturalismus" und „Narratologie" und bewegen sich weitgehend in einer eigenen Begriffswelt.

Literaturverfilmung, Umarbeitung eines literarischen Textes (Drama, Erzählung, Roman) in ein Drehbuch und Übertragung in ein anderes Medium (Film oder Fernsehen).

Seit Beginn der Filmgeschichte wird auf literarische Werke als Drehbuchvorlage zurückgegriffen. Literaturverfilmungen lassen sich danach typisieren, welche Funktion die literarische Vorlage einnimmt: 1. genaue Übernahme der erzählten Ereignisse der Vorlage (z. B. *Der Tod in Venedig* von L. Visconti, 1970, oder *Die Blechtrommel* von V. Schlöndorff, 1979); 2. Umgestaltung der Erzähl- und Ereignisstruktur (z. B. *Effi Briest* von R. W. Fassbinder, 1972/74, oder *Die Marquise von O....* von E. Rohmer, 1976); 3. Aktualisierung des Stoffes (z. B. *Michael Kohlhaas – ein Rebell* von V. Schlöndorff, 1969).

In der ▶ Literaturwissenschaft und beim lesenden Publikum (▶ Leser) wird heftig darüber diskutiert, ob Umarbeitungen von literarischen Vorlagen in Film- oder Fernsehproduktionen legitim seien. Eine Meinung dazu: „Es ist unsinnig, sich über die Verluste zu entrüsten, die literarische Meisterwerke bei der Übertragung auf die Leinwand erleiden, jedenfalls dann, wenn man das im Namen der Literatur tut. Denn die Adaption, wie groß auch immer ihr Annäherungswert an das Original sein mag,

Szene aus „Effi Briest", verfilmt von Rainer Werner Fassbinder

kann diesem in den Augen der Minderheit, die es kennt und schätzt, keinen Schaden zufügen" (André Bazin, 1975).
Verfilmte Literatur für das Kino hat mittlerweile den Rang eines eigenständigen künstlerischen Produkts gewonnen. Filmemacher, wie etwa Volker Schlöndorff, verstehen sich als Interpreten der Literatur, die sie verfilmen. Auch für den Leser kann die Verfilmung nur e i n e mögliche Interpretation sein.

Literaturwissenschaft „Bis heute ist die Literaturwissenschaft auf der Suche nach ihrem Gegenstand, und eher noch scheint es oft, als sei sie auf der Flucht vor ihm", urteilt selbstkritisch der Literaturwissenschaftler Karlheinz Stierle. Ein Grund für diese Unsicherheit liegt sicher in der geschichtlichen Entwicklung der Literaturwissenschaft als eigenständiges Universitätsfach.

Tatsache ist, dass sich die wissenschaftliche Auseinandersetzung mit Literatur im 19. Jh. erst von der dominierenden **Philologie** und der ▶ Literaturgeschichte lösen musste. Wesentlichen Anteil an diesem Emanzipationsprozess hatte G. W. F. **Hegel**, der in seinen Berliner Ästhetik-Vorlesungen von 1820–1829 die „denkende Betrachtung" des Lesers forderte. Hegel wollte, dass sich Kunstkritik vom bloßen Geschmacksurteil löse und den nationalen Blickwinkel, der damals in der Wissenschaft üblich war, verlasse.
Wichtige Einflüsse erhielt die Literaturwissenschaft am Ende des 19. Jh.s vom skandinavischen **Positivismus** und dem russischen **Formalismus**. Beide Richtungen wollten die Literatur mit wissenschaftlichen Methoden analysieren und eine objektive Distanz beim Beschreiben von Literatur einnehmen. In dieser Tradition stehen die französischen **Struk-**

turalisten seit den 1960er Jahren, die um Claude **Lévi-Strauss** eine Methode der Literaturbetrachtung entwickelten, die Literaturwissenschaft als „Wissenschaft vom Text" (▶ Text; ▶ Textkritik) versteht. Die strukturale Literaturwissenschaft betrachtet v. a. den Zusammenhang, in dem ein Text mit einem einem anderen steht, von dem er abhängt oder den er inspiriert, sowie seine Situierung in einem historischen, sozialen und kulturellen Kontext. Heftige Widersprüche hat diese Art der Literaturbetrachtung in Frankreich selbst ausgelöst. Die Arbeiten von Jacques **Derrida** und Michel **Foucault** z. B. stellen Zusammenhänge prinzipiell in Frage und bestreiten die Anschauung, ein Kunstwerk besitze so etwas wie eine bestimmte Form oder habe einen spezifischen Sinn.

Gleichwohl kann man unterschiedliche Arbeitsfelder der Literaturwissenschaft benennen. Forschungsgegenstand ist der gesamte Bereich der Texterstellung und -ausgestaltung, die Aufnahme und Wirkung eines Textes durch den Leser (**Rezeption**) und die Wirkung und Bewertung von Literatur. Die Hauptaufgabe der Literaturwissenschaft liegt in der Auslegung eines bestimmten literarischen Werkes. Im Idealfall könnte der wissenschaftliche Interpret der „Vermittler" und „Übersetzer" zwischen ▶ Autor und ▶ Leser sein. Diese Instanz der Interpretation scheint umso nötiger zu sein, je größer die zeitliche Distanz von Leser und Werk ist.

In seinem *Traktat über philologische Erkenntnis* (1962) warf Peter **Szondi** der Literaturwissenschaft vor, dass sie „die Eigenart des philologischen Wissens zu wenig beachtet". So fordert er, und vielleicht ist es ein gangbarer Weg der Literaturwissenschaft in der Zukunft, dass sie sich wieder mehr dem Eigenleben eines literarischen Textes zuwendet. Es komme nicht so sehr auf die wissenschaftliche Methode und Objektivität an, sondern darauf, wie der jeweilige Text seinen jeweiligen Leser anspreche. Leser und Text seien „wechselseitig Bedingung für die Lebendigkeit eines Sinns, der sich erst in ihrer Zusammenkunft ereignet".

Lyrik (griech.: lyra = Leier, Attribut des Apoll, des Gottes der Dichtkunst) bildet neben ▶ Epik und ▶ Drama eine der drei Hauptgattungen der Dichtung. In seinen *Notizen und Abhandlungen zum besseren Verständnis des West-östlichen Divans* (1819) unterschied ▶ Goethe diese drei „Naturformen der Dichtung". Charakteristisch dafür seien beim Epos das Erzählen von Ereignissen, beim Drama das Handeln der Personen und bei der Lyrik die Gestaltung von Stimmungen und Gefühlen.

Für lyrische Werke ist außerdem eine ausgeprägte literarisch-künstlerische Gestaltung typisch. Formal sind Gedichte in ▶ Verse und Strophen gegliedert, sie weisen ein metrisches Schema, Reim und Rhythmus auf (▶ Metrik). All diese Elemente können mehr oder weniger kunstvoll gestaltet oder auch bewusst weggelassen werden. Inhaltlich zeichnet sich Lyrik im Unterschied zu vergleichsweise längeren epischen und dramatischen Werken durch Konzentration, Verdichtung und Intensität des Inhalts aus. Deshalb sowie wegen der häufig verwendeten Bilder, Metaphern und ▶ Symbole bedürfen Gedichte der Interpretation.

Inhaltlich findet sich in Gedichten eine große Vielfalt von Themen und Motiven, so gibt es z. B. **Liebes-** und ▶ Naturlyrik oder **politische Lyrik**. Die Begriffe Stim-

mungs- und **Erlebnislyrik** beziehen sich auf die Darstellung subjektiver Gefühle, wobei Subjekt und Objekt, Ich und Welt gleichsam ineinander aufzugehen scheinen. Das häufig auftretende **lyrische Ich**, der Sprecher im Gedicht, darf allerdings nicht ohne weiteres mit dem Autor gleichgesetzt werden.
In der deutschen Lyrik des Mittelalters war zunächst das geistliche Lied vorherrschend, das bis heute im Kirchenlied weiterlebt. Zu den frühesten weltlichen Dichtungen zählt die **Vagantendichtung** (▶ Carmina Burana) und der ▶ Minnesang, der wie auch das höfische Epos aus Frankreich nach Deutschland kam. Die Blütezeit der Minnelyrik, das 12. Jh., bildete gleichzeitig auch den Höhepunkt der ritterlichen höfischen Kultur. Die ursprünglich tatsächlich gesungenen Lieder thematisieren die „minne", die entsagungsvolle Liebe zu einer verheirateten adligen Frau. Zu den wichtigsten Vertretern gehören der **Kürenberger**, ▶ Walther von der Vogelweide und **Dietmar** von Aist:

Ich zoch mir einen valken mere denne ein jar.
do ich in gezamete als ich in wolte han
und ich im sin gevidere mit golde wol bewant,
er huop sich uf vil hohe und fluog in anderiu lant.

Der Kürenberger, Das Falkenlied

In der Übergangszeit vom Mittelalter zur Neuzeit gewann der ▶ Meistersang besondere Bedeutung, Dichtung der städtischen Handwerker des 15. und 16. Jh.s, als deren bedeutendster Vertreter der Nürnberger Schuhmacher Hans **Sachs** gilt. Die humanistische Lyrik orientierte sich vor allem an antiken Vorbildern und war häufig lateinische Gelehrtendichtung. Größere Vielfalt zeigt die deutsche Lyrik im ▶ Barock mit Gesellschaftsdichtung (Schäferidyllen, galante Lyrik, Scherzgedichte) und religiös geprägten Texten, die den historischen Hintergrund von Gegenreformation und Dreißigjährigem Krieg spiegeln. Zu den wichtigsten inhaltlichen Merkmalen der Barocklyrik zählt der „vanitas"-Gedanke (Vergänglichkeit des irdischen Lebens):

Der schnelle Tag ist hin; die Nacht schwingt ihre Fahn
Und führt die Sternen auf. Der Menschen müde Scharen
Verlassen Feld und Werk, wo Tier und Vögel waren,
Traurt itzt die Einsamkeit. Wie ist die Zeit vertan!

Andreas ***Gryphius****, Abend*

Im 18. Jh. versuchten v. a. die Dichter der ▶ Empfindsamkeit, subjektive Gefühle im Gedicht zu gestalten. Eine besondere Rolle spielte nun die Wahrnehmung von Naturphänomenen, die in engster Verbindung mit dem Seelenzustand des lyrischen Ich stehen:

Wann der silberne Mond durch die Gesträuche blinkt,
Und sein schlummerndes Licht über den Rasen streut,
Und die Nachtigall flötet,
Wandl' ich traurig von Busch zu Busch.

L. Chr. H. ***Hölty****, Die Mainacht*

Deutlich sozialkritischere Töne enthält die Lyrik des ▶ Sturm und Drang. Auflehnung und Rebellion des sich als Genie empfindenden Einzelnen stehen häufig im Mittelpunkt, so z. B. in ▶ Goethes *Prometheus*:

Bedecke deinen Himmel, Zeus,
Mit Wolkendunst!
Und übe, dem Knaben gleich,
Der Disteln köpft,
An Eichen dich und Bergeshöhn!
Musst mir meine Erde
Doch lassen stehn.

Die Autoren der ▶ Klassik distanzierten sich von dem stark gefühlsbetonten Aufbegehren der Sturm-und-Drang-Generation. Im Gegensatz zum Rebellen, der letztlich scheitert, propagierten Goethe und ▶ Schiller den in sich ruhenden, ausgeglichenen Menschen, der in Harmonie mit sich selbst und seinen Emotionen lebt und sich als Teil einer allumfassenden Seinsordnung versteht:

Edel sei der Mensch,
Hilfreich und gut!
Denn das allein
Unterscheidet ihn
Von allen Wesen,
Die wir kennen.
Heil den unbekannten
Höhern Wesen,
Die wir ahnen!
Ihnen gleiche der Mensch.
Sein Beispiel lehr' uns
Jene glauben.

Goethe, Das Göttliche

Stärkere Betonung von Gefühlen wie Liebe oder Sehnsucht nach geheimnisvoller Ferne sowie Abkehr von dem vernunftbetonten Menschenbild der Aufklärung sind Merkmale der Literatur der ▶ Romantik:

Es schienen so golden die Sterne,
Am Fenster ich einsam stand
Und hörte aus weiter Ferne
Ein Posthorn im stillen Land.
Das Herz mir im Leib entbrennte,
Da hab ich mir heimlich gedacht:
Ach, wer da mitreisen könnte
In der prächtigen Sommernacht!

▶ *Eichendorff, Sehnsucht*

In der Epoche des ▶ bürgerlichen Realismus stand vorwiegend die Epik (Roman und Novelle) im Vordergrund. Zu den wichtigsten Lyrikern dieser Zeit zählt C.F. **Meyer**:

Aufsteigt der Strahl und fallend gießt
Er voll der Marmorschale Rund,
Die, sich verschleiernd überfließt
In einer zweiten Schale Grund;
Die zweite gibt, sie wird zu reich,
Der dritten wallend ihre Flut,
Und jede nimmt und gibt zugleich
Und strömt und ruht.

C.F. ***Meyer****, Der römische Brunnen*

Die Jahrhundertwende markiert den Übergang zur ▶ Moderne mit ihrem spezifischen Lebensgefühl. Die ▶ impressionistische und ▶ symbolistische Literatur gestaltete Stimmungen, so z. B. ▶ Hofmannsthal in seinem Gedicht *Vorfrühling*:

Es läuft der Frühlingswind
Durch kahle Alleen,
Seltsame Dinge sind
In seinem Wehn.

Zu den bedeutendsten Lyrikern dieser Zeit gehören auch ▶ Rilke und Stefan **George**:

Komm in den totgesagten park und schau:
Der schimmer ferner lächelnder gestade
Der reinen wolken unverhofftes blau
Erhellt die weiher und die bunten pfade.

George, Komm in den totgesagten park

In der Lyrik des ▶ Expressionismus geht es weniger um die Vermittlung von Stimmungen als um den Ausdruck von Pathos, Kraft und Bewegung. Bewusster Einsatz von Farben, Verfremdung und eindringliche Bilder charakterisieren diese Gedichte, in denen sich die Umbruchzeit zu Beginn des 20. Jh.s widerspiegelt:

Aufgestanden ist er, welcher lange schlief,
Aufgestanden unten aus Gewölben tief.
In der Dämmrung steht er, groß und unerkannt,
Und den Mond zerdrückt er in der schwarzen Hand.

Georg ***Heym****, Der Krieg*

Der Expressionismus gilt als letzte große eindeutig zu benennende Epoche der deutschen Lyrik. Seither ist die Dichtung geprägt von formaler und thematischer Vielfalt, das Spektrum reicht von politischen Gedichten bis zu subjektivster Darstellung von Gefühlen. In formaler Hinsicht lösen sich viele Autoren von den Traditionen, Metrum, Rhythmus, Strophe, Vers, Reim werden beliebig veränderbar. Eines der Kennzeichen der modernen Lyrik ist gerade der Verzicht auf eine sofort erkennbare äußere Struktur. Gleichzeitig verstärkte sich auch die Tendenz zu Verschlüsselung und Verwendung von ▶ Chiffren und Bildern, die nicht mehr zum allgemeinen Bildungsgut gehören. Damit wachsen die Ansprüche an den Le-

„Der Krieg" von Alfred Kubin

ser, der mitunter eine schwierige Entschlüsselungs- und Deutungsarbeit leisten muss:

Die große Fracht des Sommers ist verladen,
das Sonnenschiff im Hafen liegt bereit,
wenn hinter dir die Möwe stürzt und schreit.
Die große Fracht des Sommers ist verladen.

▶ *Bachmann, Die große Fracht*

Neben ernsthafter Gedankenlyrik kann aber auch das Spiel mit der Sprache (▶ konkrete Poesie) typisch für moderne Lyrik sein:

rininininininininDER
brüllüllüllüllüllüllüllEN
schweineineineineineineineinE
grununununununununZEN."

▶ *Jandl, Auf dem Land*

M

Manierismus (franz.: maniéré = geschraubt, affektiert) bezeichnet in der Literaturgeschichte den Übergang von der Renaissance zum ▶ Barock, also etwa die Zeit vom frühen 16. bis zum frühen 17. Jh. Eine exakte Abgrenzung zwischen dem Manierismus und den beiden anderen Epochen ist schwierig. Allerdings häufen sich in manieristischen Kunstwerken bestimmte Ausdrucksformen und gestalterische Elemente, die den Eindruck des Übertriebenen, Übersteigerten und Bizarren hervorrufen. Der historische Hintergrund der Epoche ist geprägt von allgemeinem Krisenbewusstsein (Übergang vom Mittelalter zur Neuzeit), Unsicherheit und Orientierungslosigkeit. Auf Grund dieses Lebensgefühls ist die Darstellung der Wirklichkeit häufig verzerrt, irrational, übertrieben oder extrem gekünstelt. Ziel war weniger die realistische Darstellung als vielmehr die Betonung des Geheimnisvollen und daher Interessanten. Die Sprache des Manierismus enthält überaus viele ▶ rhetorische Figuren, stilistische Mittel und gelehrte Anspielungen, wodurch sie auch stark künstlich, manchmal sogar schwülstig wirkt.
Der Manierismus ist eine gesamteuropäische Erscheinung und findet sich auch in der bildenden Kunst der Zeit. Die bedeutendsten Theoretiker und Dichter stammen aus dem romanischen Kulturkreis (Spanien, Italien), in Deutschland fand der Manierismus erst spät, im 17. Jh., Eingang in die Literatur. Wichtige Autoren sind Georg Philipp **Harsdörffer**, Daniel Casper von **Lohenstein** und Christian **Hofmann von Hofmannswaldau**.

Das Labyrinth, Symbol des Manierismus als Bildgedicht, 1562

Es wird der bleiche todt mit seiner kalten hand
Dir endlich mit der zeit um deine brüste streichen/
Der liebliche corall der lippen wird verbleichen;
Der schultern warmer schnee wird werden kalter sand

H. v. Hofmannswaldau, Vergänglichkeit der Schönheit

Manieristische Stilelemente treten auch in anderen Epochen auf, z. B. im Jugendstil.

Mann, Heinrich (1871–1950), der ältere Bruder Thomas ▶ Manns, stammte aus einer wohlhabenden Lübecker Kaufmanns- und Patrizierfamilie. Noch vor dem Abitur verließ er die Schule, begann in Dresden eine Buchhändlerlehre, dann ein Volontariat beim S. Fischer Verlag, studierte an der Berliner und Münchner Universität, unternahm Reisen nach West- und Südeuropa und führte insgesamt eine komfortable Junggesellenexistenz. Allmählich aber wandelte sich der konservative H. Mann zum Gesellschaftskritiker, was besonders in seinem ersten großen Roman *Im Schlaraffenland* (1900) zum Ausdruck kommt. Hier geißelt er den modernen Kapitalismus und die Hemmungslosigkeit und Machtbesessenheit neureicher Emporkömmlinge, denen jedes soziale Verantwortungsbewusstsein fehlt. *Die Göttinnen oder Die drei Romane der Herzogin von Assy* (1903), eine ▶ Trilogie, d. h. eine Folge aus drei zu einer Einheit zusammengefassten Bänden, gehören zum Schönheitskult der Jahrhundertwende und behandeln die Themen Leidenschaft, Tod, Erhöhung des Lebens durch Kunst und Befreiung der Sinne.

Filmplakat zu „Der blaue Engel“

Professor Unrat oder Das Ende eines Tyrannen (Roman, 1905), 1930 mit Marlene Dietrich und Emil Jannings als skurrilem Schulmeister Raat verfilmt und weltberühmt geworden *(Der blaue Engel)*, ist ein mit allen Mitteln der ▶ Satire und ▶ Groteske geführter Angriff auf die hohle bürgerliche Bildung des Kaiserreichs. Ihre Haltlosigkeit wird an einem bis zum Entsetzen bedauernswerten Gymnasialprofessor demonstriert. Unrat (eigentlich Raat), Vertreter der Autorität in einer norddeutschen Kleinstadt, verfällt der attraktiven Tingel-Tangel-Künstlerin Rosa Fröhlich. Sein entwürdigendes Ende – er heiratet die Chansonnette, verliert seine Stellung und wird schließlich durch Kuppelei und Glücksspiel kriminell – entlarvt die Fassadenhaftigkeit des wilhelminischen Bildungsbürgertums.
Der Roman *Die kleine Stadt* (1909) dagegen entwirft ein liebenswürdiges Gegenbild zum obrigkeitsstaatlichen Kaiserreich und zeigt als politische Utopie die Hinwendung des Dichters zur demokratisch-republikanischen Lebensform.

Der bekannteste Erzähltext H. Manns ist der satirische Roman *Der Untertan* (1914, komplett 1918), der zur Kaiserreich-Trilogie *Die*

Armen (1917) und *Der Kopf* (1925) gehört und die „Geschichte der öffentlichen Seele unter Wilhelm II." erzählt. Der Protagonist Diederich Heßling, ein typischer Untertan, der sich rücksichtslos zum erfolgreichen Papierfabrikanten emporarbeitet, der den Kaiser, die Macht und das Militär vergöttert, spielt sich als Herrenmensch auf. In Einzelepisoden lernt der Leser zunächst den zarten Knaben Diederich und dessen Träume kennen, dann den national-konservativen Studenten in Berlin und schließlich den skrupellosen Geschäftsmann, herrischen Familienvorstand und politischen Agitator in seiner Heimatstadt Netzig, wo er sich listig und zu seinem Vorteil gegen alles wendet, was nicht in sein deutsch-monarchistisches Weltbild passt: liberales Bürgertum, Sozialdemokratie und Judentum. In seiner Fabrik hält er auf Zucht und Ordnung, drückt die Arbeiter und ist nicht minder brutal gegen Frauen. Wie sehr H. Mann seinen Helden ironisch der völligen Lächerlichkeit preisgibt, zeigt z. B. die Darstellung der Begegnung Heßlings mit dem Deutschen Kaiser am Bahnhof von Rom, wohin der Untertan Diederich auf der Hochzeitsreise seinem vergötterten Idol gefolgt war: „Diederich schwenkte den Hut, er brüllte auf, dass die Herren im Wagen ihr Gespräch unterbrachen. Der rechts neigte sich vor – und sie sahen einander an, Diederich und sein Kaiser. Der Kaiser lächelte kalt prüfend mit den Augenfalten und die Falten am Mund ließ er ein klein wenig herab. Diederich lief ein Stück mit, die Augen weit aufgerissen, immer schreiend und den Hut schwenkend, und einige Sekunden lang waren sie, indes ringsum dahinter eine fremde Menge ihnen Beifall klatschte, in der Mitte des leeren Platzes und unter einem knallblauen Himmel ganz miteinander allein, der Kaiser und sein Untertan." Der Roman wurde damals als bösartigste Verzerrung des deutschen Erscheinungsbilds verschrien und hat dem Autor tiefe Verachtung eingebracht. Doch mit der Figur des dumpf-patriotischen Heßling nahm er treffend die spätere Geisteshaltung eines typisch deutschen Nationalsozialisten vorweg.

Nach dem Ersten Weltkrieg verteidigte der Pazifist H. Mann in zahlreichen Essays und Schriften (*Diktatur der Vernunft,* 1923; *Sieben Jahre. Chronik der Gedanken und Vorgänge,* 1929; *Das öffentliche Leben,* 1932) leidenschaftlich die Weimarer Republik und setzte sich sogar für die „Vereinigten Staaten von Europa" ein. Seine tiefe humanistische Grundhaltung brachte er auch als Präsident der **Preußische Akademie der Künste** zum Ausdruck, bis auch seine Werke 1933 auf dem Scheiterhaufen der Nationalsozialisten verbrannten.

Der Autor emigrierte zunächst nach Frankreich, wo er die Romane vom guten König *Henri Quatre* als Gleichnis toleranten, um das Volkswohl besorgten Herrschertums schrieb. In den beiden Bänden *Die Jugend des Königs Henri Quatre* (1935) und *Die Vollendung der Königs Henri Quatre* (1938) setzte er Heinrich IV. von Frankreich ein literarisches Denkmal. Die Titelfigur, die von ihrem Autor als Gegenbild zu Hitler konzipiert ist, vereinigt in sich alle humanistischen Tugenden wie Vernunft, Toleranz, die Liebe zur Freiheit und Gerechtigkeit.

Nach dem Einmarsch der Deutschen 1940 in Frankreich floh H. Mann über die Pyrenäen in die USA und arbeitete als „scriptwriter" für einen amerikanischen Filmkonzern. In den Jahren des Exils (▶ Exilliteratur) entstand das Memoirenwerk *Ein Zeitalter wird besichtigt* (1945), ein Lebensrückblick und eine Epochenbilanz der politischen und kulturellen Ereignisse. Die späten Romane *Der Atem* (1949) und *Empfang bei der Welt* (posthum 1956) spiegeln die zunehmende Vereinsamung und Isolation des Dichters wider. Nach dem Zweiten Weltkrieg versuchte die DDR u. a. mit dem Appell „Deutschland ruft Heinrich Mann", den großen europäischen Humanisten und ausgewiesenen Gegner des Nationalsozialismus zu einer Rückkehr nach Ostdeutschland zu bewegen. Doch der Dichter erkrankte schwer und starb am 12. März 1950 in Kalifornien.

H. Mann, dessen Werk Novellen (z. B. *Pippo Spano,* 1940), Essays (*Geist und Tat,* 1911; *Zola,* 1915), zahlreiche Kritiken und Satiren, Dramen (*Madame Legros,* 1913) und vor allem Romane umfasst, hat als politischer Moralist zeitlebens für Weltoffenheit gekämpft und Untertanengeist, Imperialismus und Nationalismus abgelehnt. Der Stil seines literarischen Schaffens zeichnet sich aus durch die Verwendung von satirischen, grotesken und burlesken, d. h. derb-komischen Elementen in Verbindung mit einer expressiven Sprache (▶ Expressionismus). Wegen der Nähe zur ▶ Trivialliteratur ist sein Werk in der Literaturwissenschaft allerdings bis heute umstritten.

Mann, Thomas (1875–1955), stammte aus einer Lübecker Patrizierfamilie, die es durch Kornhandel während der napoleonischen Kriege zu Wohlstand und Ansehen gebracht hatte. Nachdem die väterliche Getreidehandelsfirma mangels geeigneter Nachfolger – auch sein älterer Bruder Heinrich fühlte sich nicht zum Kaufmann geboren – 1891 liquidiert worden war, zog die Familie nach München, wo Thomas Mann bei einer Versicherungsgesellschaft ein Volontariat begann. Gleichzeitig entstanden erste Novellen (z. B. *Gefallen,* 1894), später dann während eines gemeinsamen Italienurlaubs mit seinem Bruder die Konzeption zu den *Buddenbrooks*. Der Erfolg dieses ersten Romans machte den Dichter, der in seinem ganzen Lebensstil den bewussten Nachfahren norddeutscher Großbürger verkörperte, berühmt und finanziell unabhängig.

Die *Buddenbrooks* (1901), ein zweibändiger Roman über den *Verfall einer Familie* (so der Untertitel), war das geniale Erstlingswerk des damals erst 25-jährigen Dichters, der für diese Darstellung der „Seelengeschichte des europäischen Bürgertums" 1929 mit dem Nobelpreis für Literatur ausgezeichnet wurde. An vier Generationen wird nicht nur der Niedergang einer Getreidehandelsfirma, sondern auch der Werte- und Realitätszerfall in einer Kaufmannsfamilie geschildert. Hat der Senior Johann Buddenbrook noch tatkräftig und praktisch das Leben und die Geschicke der Firma gemeistert, so zeigt sein Sohn aus zweiter Ehe, Johann (Jean) Buddenbrook, durch seine Frömmigkeit bereits Zeichen der Dekadenz, er kann nicht mehr guten Gewissens bei seinen Geschäften sein und bleibt deshalb als Kaufmann erfolglos. Sein ältester Sohn Thomas, der die Leitung der Firma in der dritten Generation übernimmt, ist schon von Selbstzweifeln geplagt und verfällt dem ▶ Ästhetizismus: Kunst wird ihm zur Lebensflucht und berauschenden Droge. So heiratet er auch keine bodenständige Lübeckerin, sondern eine exotische Gesangskünstlerin von „nervöser Kälte". Sein Bruder Christian verkehrt in Künstlerkreisen und hat finanzielle Probleme, seine ältere Schwester Antonie bleibt trotz zweier gescheiterter Ehen in ihrem Herzen ein Kind. Clara, die kränkelnde jüngere Schwester, stirbt kurz nach ihrer Heirat an Tuberkulose. Hanno Buddenbrook, der letzte Spross der Familie, ist zum praktischen Leben völlig untauglich. Dass er an Typhus stirbt, ist nur noch das äußere Zeichen für die Schwächung und Loslösung von einem nicht mehr tatkräftigen, wertgesicherten bürgerlichen Leben.

Der ungeahnte Erfolg dieses prophetischen **Gesellschaftromans** ermöglichte Mann den Zugang zu den höchsten Gesellschaftskreisen, 1905 heiratete er Katja Pringsheim, die vermögende Tochter eines Universitätsprofessors und Wagner-Verehrers. Bis 1933 lebte Mann mit seiner Familie in München, wo er in einer Atmosphäre kultivierter Gelehrsamkeit arbeitete. Hier entstanden in rascher Folge die Novelle *Tristan* (1903) und die Erzählung *Tonio Kröger* (1903) sowie das allegorische Märchen in Romanform *Königliche Hoheit* (1909).

Manns bedeutendste Novelle *Der Tod in Venedig* (1912, von Visconti 1970 verfilmt), the-

Szene aus der Verfilmung von „Tod in Venedig“

matisiert die Bedrohung der künstlerischen Existenz durch den „Einbruch von Leidenschaft". Angeregt durch die seltsame Gestalt eines fremden Reisenden auf dem Münchner Nordfriedhof, begibt sich Gustav von Aschenbach, ein selbstdisziplinierter, erfolgreicher Schriftsteller mit gesicherter Existenz, nach Venedig um sich von seiner entbehrungsreichen Arbeit zu erholen. In der heiteren, aber bereits von der Cholera bedrohten Stadt begegnet er dem schönen polnischen Knaben Tadzio. Aschenbach erkennt seine Neigung, ist jedoch nicht fähig und willens, sich dagegen zu wehren. Den vergötterten Knaben im Blick stirbt der an Cholera erkrankte Dichter am Strand. Todesboten kündigen allenthalben den tragischen Untergang seiner Existenz an: der unheimliche Reisende in München, der Gondoliere mit der schwarzen Barke, der geschminkte Greis und vor allem der kränklich-schöne Tadzio.

Den Ausbruch des Ersten Weltkriegs feierte Thomas Mann, wie viele andere namhafte deutsche Schriftsteller und Intellektuelle als einen „großen, grundanständigen, ja feierlichen Volkskrieg“. In den *Betrachtungen eines Unpolitischen* (1918) verteidigte er die deutsche Sache und bezeichnet sich selbst als antidemokratisch-konservativ und die Demokratie als „Fortschrittsradikalismus“. Unter dem Eindruck des verlorenen Krieges und der Ausrufung der Volksherrschaft vollzog sich jedoch Manns Wandlung zum Republikaner. Als konservativer Deutscher sprach er in der Rede *Von deutscher Republik* (1922) besonders die Jugend an. Er bekannte sich zu dem, „was Demokratie genannt wird und was ich Humanität nenne“ und endete mit dem Ausruf: „Es lebe die Republik!“

Im Jahre 1919 nahm Thomas Mann die Arbeiten an seinem großen Zeitroman *Der Zauberberg* wieder auf. Das 1924 erschienene Werk hat keine eigentliche Handlung: Hans Castorp, ein junger Hamburger Ingenieur, besucht seinen Vetter in einem Lungensanatorium im Schweizer Hochgebirge. Dort wird er, wie jeder, der auf den Zauberberg kommt, krank und verbringt hier sieben Jahre, bis der Krieg ausbricht und er Soldat wird. Auf dem Zauberberg wird der junge Mann allerdings bekannt gemacht mit Europas Politik, geistigen Strömungen, Wissenschaft, Kunst, Aberglauben und Fadenscheinigkeiten; er verlässt das Sanatorium, bereichert um die Kenntnis der deutschen und europäischen Seelenverfassung vor dem Ersten Weltkrieg.

In der Weimarer Zeit warnte Thomas Mann in Reden und Essays vergebens vor dem Nationalsozialismus. Seine antifaschistische Publizistik brachte ihn in Gegensatz zum rechtskonservativen Bürgertum und so kehrte er 1933 nach einer Erholungsreise – rechtzeitig von seinen Kindern gewarnt – nicht mehr nach Deutschland zurück und blieb in der Schweiz. Die Nationalsozialisten bürgerten Thomas Mann aus und die Universität Bonn erkannte ihm die Ehrendoktorwürde ab. Mann wurde zunächst tschechischer Staatsbürger, übersiedelte dann 1938 in die USA, wo er sein Engagement gegen die Nationalsozialisten wieder aufnahm und Mitherausgeber der Exilzeitschrift *Maß und Wert* wurde.
1933 veröffentlichte Thomas Mann mit *Die Geschichten Jakobs* den ersten Band eines am Ende 2000 Seiten umfassenden Romanprojekts, das ihn seit 1926 beschäftigte: die dichterische Ausgestaltung und Vergegenwärtigung der biblischen Josephslegende. 1934 folgte *Der junge Joseph*, 1936 *Joseph in Ägypten*, 1943 *Joseph der Ernährer*. Die erste Gesamtausgabe der **Tetralogie**, d. h. eine Folge von vier zu einer Einheit zusammengefassten Bänden, erschien 1948 unter dem Titel *Joseph und seine Brüder*. Dieses Werk zeugt von einem intensiven Studium religiöser, historischer sowie orientalischer und psychologischer Fachliteratur und beschwört mit Blick auf Hitler-Deutschland die jüdisch-christlich-humanistische Tradition als Gegenbild zur menschenverachtenden Ideologie des Nationalsozialismus. Manns Beschäftigung mit der Josephslegende wurde ab 1936 durch die Arbeiten an dem Roman *Lotte in Weimar* (1939) unterbrochen, der am Beispiel Goethes das Spannungsverhältnis von Kunst und Leben umkreist. Im amerikanischen Exil entstand Thomas Manns berühmter Deutschlandroman *Doktor Faustus. Das Leben des deutschen Tonsetzers Adrian Leverkühn, erzählt von einem Freunde* (1947), in dem die Biographie eines fiktiven Komponisten erzählt wird, der sich zur Steigerung seiner Kreativität in die Krankheit flüchtet und einen Pakt mit dem Teufel schließt. Grundsätzlich ging es Mann dabei um die Frage, wie es zum Rückfall des hoch entwickelten Geistes und der Kultur in die Barbarei des Nationalsozialismus kommen konnte.
Als zu Beginn des Kalten Krieges in den USA die Verfolgung von vermeintlichen Kommunisten in Staat und Gesellschaft einsetzte (McCarthy-Ära), wandte sich Thomas Mann enttäuscht von seinem Exilland ab. Er zog 1952 als amerikanischer Staatsbürger in die Schweiz, wo er 1955 in Kilchberg bei Zürich starb.

Der ▶ Schelmenroman *Bekenntnisse des Hochstaplers Felix Krull* (1954) war das letzte große Werk Thomas Manns, an dem er seit 1910 arbeitete und das in Teilen schon früher veröffentlicht worden war. Felix Krull, der Protagonist der Handlung, ist der Sohn eines bankrotten Sektfabrikanten im Rheingau. Als „fantastisches Kind" schon in jungen Jahren vergöttert, gelingt es ihm später, sich durch Simulieren eines epileptischen Anfalls vor dem Wehrdienst zu drücken. In Paris im Hotelfach beschäftigt, entwickelt er sich zum Dieb und

Don Juan. Schließlich gelingt ihm ein Existenztausch mit dem Marquis de Venosta. Ausgestattet mit der Identität und den finanziellen Mitteln des Adligen, begibt sich der leichtlebige und fantasiebegabte Krull auf eine Weltreise. Im Zug lernt er den berühmten Paläontologen Professor Kuckuck, später in Lissabon auch dessen Frau und Tochter kennen, die sich mit ihm auf ein erotisches Abenteuer einlassen. Hier bricht das Werk ab. Mit dem Roman *Felix Krull* findet Thomas Mann auf heitere und selbstironische Weise in die Welt der Bürgerlichkeit zurück, indem er die Memoirenliteratur, vor allem ▶ Goethes *Dichtung und Wahrheit*, parodiert.

Der umfassend gebildete Thomas Mann war besonders beeinflusst von der verführerischen Musik Richard **Wagners**, von Arthur **Schopenhauers** *Metaphysik des Willens* und von Friedrich **Nietzsches** Idee von der Vergänglichkeit der Werte. Tief verwurzelt in der Erzähltradition des 19. Jh.s (▶ Fontane, ▶ Dostojewski) thematisierte Thomas Mann in seinen epischen Werken immer wieder das Spannungsverhältnis zwischen Künstlertum und Bürgertum, Todessehnsüchten und Lebenspflichten, Dekadenz und Vitalität. Seine sprachlich brillante und psychologisch äußerst verfeinerte Erzählkunst und sein tief empfundener Humanismus, in dem sich Vernunft und Heiterkeit gleichermaßen widerspiegeln, machen ihn zu einem der bedeutendsten deutschen Dichter, der mit Recht als Repräsentant der abendländischen Kultur bezeichnet werden kann.

H. C. Andersen's
Sämmtliche Märchen.
Deutsch von Julius Reuscher.
Illustriert
von
Ludwig Richter,
Paul Thumann, Oscar Herrfurth, Theodor Hosemann, Graf Pocci
und
Oscar Pletsch.
Mit über 100 in den Text gedruckten Holzschnitt-Illustrationen, 6 Tonbildern und 1 Buntbild.
Neunundzwanzigste vermehrte Auflage.
Leipzig,
Verlag von Abel & Müller.

Titelblatt zu Hans Christian Andersens Märchen, 1895

Märchen (Verkleinerungsform von mhd.: mære = Erzählung, Geschichte, Bericht) ist ein von den Brüdern Jackob und Wilhelm **Grimm** stammender und auch in andere Sprachen übernommener Begriff für fantastisch-wunderbare Erzählungen. Als Erzähltypus wird das Märchen u. a. neben ▶ Legende, ▶ Sage und ▶ Mythos zu den einfachen Formen gezählt; vom Mythos lässt es sich durch das Fehlen der Göttersphäre abgrenzen, von der Sage durch fehlende historische und geographische Bezüge, von der Legende durch das Aussparen der religiösen Dimension. Eine strikte Abgrenzung ist allerdings nicht immer möglich, da in diesen Gattungen z. T. dieselben Kompositionselemente verwendet werden. Die beiden Hauptformen des Märchens sind Volksmärchen und Kunstmärchen. Die im **Volksmärchen** sichtbar werdende Weltordnung ist denkbar einfach: Aus dem totalen Gegensatz der Eigenschaften der handelnden Personen (gut–böse, schön–hässlich, tapfer–feige, dumm–schlau) erwachsen Konflikte. Diese finden eine glückliche Lösung, die dem Wunschdenken von Erzähler und Zuhörer entspricht, da sie im Unterschied zu den tatsächlichen Erfahrungen mit der sozialen Umwelt das Walten einer ausgleichenden

Gerechtigkeit zeigen. In der Regel ist das Märchen gekennzeichnet durch Raum- und Zeitlosigkeit, die Aufhebung der Natur- und Kausalgesetze (Verwandlungen, sprechende Tiere, Pflanzen, Gegenstände), das Auftreten von Fabelwesen (Riesen, Zwerge, Hexen, Drachen usw.), Zentrierung auf Heldin oder Held, Handlungsstereotypen (Auszug, Vertreibung, Missachtung des Helden, seine Bewährung durch Aufgaben- oder Rätsellösung), stereotypen Schluss (Sieg des Guten, Wiederherstellung einer harmonischen Ordnung durch z. T. grausame Bestrafung des Bösen) formelhafte Wendungen am Anfang („Es war einmal ...") und am Schluss („und wenn sie nicht gestorben sind ..."). Ferner tauchen bestimmte Symbolzahlen – z. B. drei Wünsche, drei Aufgaben, sieben Zwerge – immer wieder auf. Auch bedient es sich gern eines typisierten Personals (König, Königstochter, böse Schwestern, Stiefmütter usw.). Das Volksmärchen ist eine der ältesten Überlieferungen der Menschheit überhaupt. Die ältesten heute bekannten Vorformen des Märchens (▶ Epos) stammen aus dem Orient: Die *Etana-Erzählung* (seit 2000 v. Chr.) und die *Gilgamesch-Epen* (seit 1800 v. Chr.). Sehr bedeutsam für die Entwicklung des europäischen Märchens waren die teils über Byzanz, teils über Spanien und Nordafrika bestehenden Verbindungen zur orientalischen Geisteswelt. Die Fülle von Märchenstoffen wurde von Spielleuten (▶ Oral Poetry) weiterverbreitet. Eine der ältesten Märchensammlungen des christlichen Mittelalters sind die *Gesta Romanorum* (13./14. Jh., *Die Taten der Römer*). Die ersten gesammelten Märchenzyklen von G. Straparolas *Le piacovoli notte* (*Ergötzliche Nächte*) und von G. Basiles *Lo cunto de li cunti* (1634–36, *Das Pentameron*) enthalten bereits die bekanntesten Stoffe aus der Märchen-Überlieferung wie z. B. *Rotkäppchen*, *Dornröschen* und *Aschenputtel*. Diese Zyklen bildeten die Grundlage für Ch. **Perraults** *Histoires ou contes du temps passé*, 1697; (*Märchen aus alter Zeit*), der die Stoffe in ihre heute verbindliche Form brachte. Über Frankreich kam das Märchen im 18. Jh. vor allem durch Übertragungen von Christoph Martin **Wieland** und Johann Karl August **Musäus** auch in Deutschland in Mode. Ein außergewöhnliches Interesse am Volksmärchen hatten die Romantiker, da es am vollkommensten der romantischen Vorstellung vom Ursprung und Wesen der Dichtung entsprach: Man erkannte im Märchen die schöpferischen Kräfte des Volksgeistes und sah in der Verquickung des Realen mit dem Irrealen eine bewusste Poetisierung der Welt. In der ▶ Romantik wurden Volksmärchen systematisch gesammelt. Die *Kinder- und Hausmärchen* (1812–1815) der Brüder Grimm gelten als die erste planmäßige und wisssenschaftliche Sammlung, in die auch Tiergeschichten, Fabeln, Legenden, Novellen, Schwänke, Lügengeschichten usw. mit einbezogen wurden. Ebenfalls in der Romantik entstanden bekannte **Kunstmärchen**, die sich in der Wertschätzung des Naiven, Volksnahen häufig den Volksmärchen anglichen, aber auch satirische (vgl. Ludwig **Tieck**) und dämonische Elemente (▶ Hoffmann) und philosophische Einsichten, wie z. B. bei ▶ Novalis enthielten. Bekannte Kunstmärchen stammen von Clemens **Brentano** (*Die Geschichte vom schönen Annerl und vom braven Kasperl*), F. de la Motte **Fouqué** (*Undine*), Wilhelm **Hauff** (*Kalif Storch*, *Zwerg Nase*), Hans Christian **Andersen** (*Des Kaisers neue Kleider*), Charles **Dickens** (*Weihnachtsgeschichte*), ▶ Wilde (*Der glückliche Prinz*) und ▶ Hofmannsthal (*Die Geschichte der 672. Nacht*).

Meistersang bezeichnet den Liedvortrag von in Zünften organisierten Meistersingern, die seit dem 14. Jh. in den deutschen Städten nachweisbar sind. Sie knüpften dabei in Form und Inhalt an die Tradition der ▶ Spruchdichtung des Hoch- und Spätmittelalters an. Zentren des Meistersangs waren süd- und südwestdeutsche Städte, allen voran Mainz, Nürnberg, Augsburg neben Straßburg, Freiburg, Colmar, Ulm. Hatte der Meistersang nach dem Tod von Hans **Sachs** bald seinen Niedergang erlebt, so existierten Meisterschulen in Ulm und Memmingen doch noch weiter bis in das 19. Jh.

Die Meistersinger sahen in den fahrenden Sängern **Frauenlob**, **Heinrich** von Mügeln, **Regenbogen** und **Marner** ihren Ursprung. Meistersingervereinigungen bildeten in den Städten Schulen, die ihre Hauptschule, das Singen von religiösen Liedern in den Kirchen, das Zechsingen, den weltlichen Gesang in den Wirtschaften abhielten. Wie in Handwerksberufen – als solche verstanden sich die Singschulen – bildeten sie ihre Mitglieder aus und ermöglichten ihnen einen hierarchisch gegliederten Aufstieg. Die Sänger trugen vorgegebenes Liedgut vor; die Dichter waren in der Lage, zu bestehenden Melodien neue Texte zu schreiben, und die Meister schließlich komponierten neue Töne, das heißt eine eigene, neue Melodie mit einem eigenen Text. Diese Entwicklung ergab sich um 1480 in Nürnberg unter Hans **Folz**. Vorher war es nicht gestattet, neue Töne zu komponieren. Die „Merker" überwachten als Schiedsrichter den Vortrag. Dieser bestand aus einem Solo ohne instrumentale Beteiligung in einer Wettbewerbssituation. Die Töne durften nicht gedruckt werden und waren Besitz der Singschule.

Mit der Reformation wurde der Meistersang immer mehr zum Medium der neuen Konfessionen.

Metrik (griech.: metrike techne=Kunst des Messens, das Silbenmaß betreffende Kunst) nennt man die Lehre vom Versmaß, welche die Gesetzmäßigkeiten der gebundenen Sprache im Unterschied zur Prosasprache beschreibt.

Metrische Grundeinheit ist der ▶ Vers, der wiederum Teil einer Versgruppe, der **Strophe**, sein kann. Grundsätzlich gibt es zwei Arten der Metrik, die silbenzählende legt nur die Anzahl der Silben innerhalb eines Verses fest, die zweite Art unterscheidet die Silben nach ihrer Dauer (lang oder kurz=quantitierende Metrik, z. B. die antike Metrik), nach dem **Akzent** (betont oder unbetont=akzentuierende Metrik, z. B. die englische und deutsche Metrik) oder nach dem Ton (hoch oder tief, z. B. die chinesische Metrik). Die jeweilige Metrik hängt stets von der Sprache ab, die sie beschreibt, und von deren Grundprinzipien: So ist etwa für das Griechische die Länge einer Silbe von Bedeutung, im Deutschen dagegen die Betonung. Daher lässt sich die griechische Metrik nicht ohne weiteres auf die deutsche Sprache übertragen. Dennoch beruht auch die deutsche Metrik auf antiken Grundlagen, etwa bei der Beschreibung von Versfüßen wie Jambus, Trochäus oder Daktylus (▶ Vers).

Darüber hinaus untersucht die Metrik auch Strophen, Reim und Rhythmus eines lyrischen Textes.

Eine bereits in der ▶ antiken Literatur häufig verwendete Strophe ist das zweizeilige Distichon, welches aus einem Hexameter (daktylischer Vers mit 6 Versfüßen) und einem Pentameter (daktylischer Vers mit 5 Versfüßen) besteht (▶ Epigramm):

Ist denn die Wahrheit ein Zwiebel, von der man die Häute nur abschält?
Was ihr hinein nicht gelegt, ziehet ihr nimmer heraus. (Goethe)

Vorbild für zahlreiche deutsche Dichtungen des Mittelalters wurde die sog. Nibelungenstrophe aus dem *Nibelungenlied* (12. Jh.):

Uns ist in alten maeren wunders vil geseit,
von helden lobebaeren, von grozer arebeit,
von freuden, hochgeziten, von weinen und von klagen,
von kuener recken striten muget ir nu wunder hoeren sagen.

Eine genau definierte Gedichtform ist das ▶ Sonett, welches aus zwei vierzeiligen (Quartetten) und zwei dreizeiligen (Terzetten) Strophen besteht. Es war vor allem im ▶ Barock beliebt, wird aber bis heute immer wieder verwendet.
Eher einfach, gleichmäßig gebaut und daher leicht zu singen ist die **Volksliedstrophe**. Die Länge der Verszeilen ist nicht festgelegt:

Am Brunnen vor dem Tore
Da stand ein Lindenbaum.
Ich träumt in seinem Schatten
So manchen süßen Traum.

Die Regelmäßigkeit wird hier auch durch den **Reim** unterstützt. Unter Reim versteht man den Gleichklang bestimmter Wörter. In der ▶ germanischen und althochdeutschen Literatur (▶ Mittelalterliche Dichtung) findet sich häufig der sog. **Stabreim** (Alliteration), bei dem mehrere Worte mit demselben Laut beginnen:

Welaga nu, waltant got/ wewurt shihit.
= Wehe nun, waltender Gott, Unheil geschieht.

(Hildebrandslied, 8. Jh.)

In der deutschen Literatur setzte sich allerdings der **Endreim** durch, der auf dem Gleichklang von Vokalen in der letzten betonten Silbe eines Verses beruht. Man unterscheidet im Allgemeinen vier Arten, je nach Stellung des Reims:

Paarreim (Schema aabb):

Es war einmal ein Lattenzaun,
mit Zwischenraum hindurchzuschaun."

Christian ***Morgenstern****, Der Lattenzaun*

Kreuzreim (Schema abab):

Seltsam, im Nebel zu wandern!
Einsam ist jeder Busch und Stein,
Kein Baum sieht den andern,
Jeder ist allein.

Hermann ***Hesse****, Im Nebel*

Umarmender Reim (Schema abba):

Schenke mit Geist ohne List.
Sei eingedenk,
Dass dein Geschenk
Du selber bist.

Joachim ***Ringelnatz****, Schenken*

In engem Zusammenhang mit dem Metrum eines Gedichtes steht auch dessen **Rhythmus**. Man versteht darunter den Klang, die Sprachmelodie eines Textes. Da der Rhythmus auch vom Inhalt sowie vom individuellen Lesen mitbestimmt wird, ist es sehr schwierig, ihn objektiv zu beschreiben. Es gibt daher auch keine allgemein gültigen Kriterien und Begriffe, um den Rhythmus eines Gedichtes eindeutig zu erfassen. Man behilft sich mit Aussagen wie „fließend", „schnell", „stockend", „regelmäßig", „unregelmäßig" u. Ä.

Miller, Arthur (geb. 1915) gilt als einer der führenden zeitgenössischen amerikanischen Bühnenautoren. Geboren in New York, arbeitete der mittelmäßige Schüler zunächst in einem Warenhaus, begann aber nach seinem ersten Theaterbesuch erfolgreiche Bühnenstücke zu schreiben. Seine Ehe mit der Schauspielerin Marilyn Monroe, die nur fünf Jahre währte, machte ihn ebenso bekannt wie seine offenen Sympathien zu kommunistischen Ideen. Miller ist der realistischen Tradition zuzuordnen und der analytischen Methode ▶ Ibsens sehr verpflichtet.
Bereits *All My Sons* (1947, *Alle meine Söhne*), in dem Miller das Kriegsgewinnlertum anprangerte, wurde ein großer Publikumserfolg und ließ ihn in die erste Reihe der großen amerikanischen Dramatiker aufsteigen. Das mit dem Pulitzer-Literaturpreis ausgezeichnete Schauspiel *Death of a Salesman* (1949, *Tod eines Handlungsreisenden*) verhalf ihm zu internationalem Ruhm.

Die Handlung dieses Dramas spielt während der zwei letzten Lebenstage Willy Lomans, der einst ein erfolgreicher New Yorker Handelsvertreter war. Mit 63 Jahren fühlt er sich nun als Versager, da er bei seinen Kunden keinen Erfolg mehr hat und auch mit seiner Familie nicht mehr zurechtkommt. Seinen gesamten Besitz hat er auf Ratenzahlung erworben. Gerade als er die letzte Rate für sein Haus bezahlt hat, wird er von seiner Firma entlassen. Loman fährt zuletzt mit dem Auto in den Tod, um seiner Familie die Lebensversicherung zukommen zu lassen.

Miller zerstört mit diesem Drama die Illusion des „American way of life". Am Modellfall eines hart arbeitenden Menschen, der sich diesem Traum verschrieben hat, aber abgeschrieben wird, sobald er keinen Nutzen mehr bringt, zerstört er die brüchigen Vorstellungen des „amerikanischen

Szene aus der Verfilmung von „Tod eines Handlungsreisenden" mit Dustin Hoffman in der Hauptrolle

Traums". Der Einfluss dieses Dramas auf andere Dramatiker und Filmautoren hält noch heute an.

Das andere herausragende Drama Millers *The Crucible* (1953, *Hexenjagd*) spielt in Massachusetts im Jahre 1692. In der engstirnig-puritanischen Stadt Salem bricht ein Hexenwahn aus. Hunderte Menschen müssen ins Gefängnis und Dutzende werden gehängt, nur weil sie verleumdet worden sind. Miller stellt mit seiner Parabel auch Bezüge zu den Kommunistenverfolgungen unter Senator McCarthy her, der zwischen 1945 und 1954 in den USA überall kommunistische Verschwörungen sah. McCarthy nahm zuletzt selbst die Armee und Präsident Eisenhower ins Visier.

A View from the Bridge (1955, *Blick von der Brücke*) ist die psychologische Studie eines Vaters, der aus Eifersucht und Beschützungswahn seiner Nichte gegenüber sich selbst zerstört.
Die moralische Grundhaltung Millers tritt auch in dem weithin autobiographischen *After the Fall* (1964, *Nach dem Sündenfall*) hervor. Dieses Drama knüpft technisch an den Aufbau des *Handlungsreisenden* an und ist die schonungslose Beichte eines Mannes, der sich an den Frauen, denen er begegnete, schuldig machte.
The Prize (1968, *Der Preis*) ist der Versuch der Vergangenheitsbewältigung und Versöhnung zweier Brüder, von denen der eine die Familie in schwerer Notlage verließ und es zu Geld gebracht hat, während der andere für die Familie auf Reichtum und Ansehen verzichtete.
Millers spätere Dramen haben die Erwartungen ebenso wenig erfüllt wie sein Roman *Focus* (1945, *Brennpunkt*).

Minnesang umfasst in der weiteren Definition verschiedene Lyrikformen des Hochmittelalters (12.–14. Jh.) Volkslied, Vagantendichtung, Kreuz-, Tanzlieder, Sangspruch und das Minnelied im engeren

Sinn. In welchem Maße antike, arabische oder französische Einflüsse geltend gemacht werden können, ist umstritten.
Der Minnesang entwickelte sich vor dem Hintergrund der höfischen Welt des Hochmittelalters, die ihren Glanz unter der Dynastie der Stauferkaiser entfaltete. An den Höfen der Staufer, auf den Reichstagen, an den Fürstenhöfen (Wien, Wartburg) fanden die Minnesänger ihr Publikum. Seinen Ausgang nahm der Minnesang zwischen 1150 und 1170 im bayerisch-österreichischen Raum, dem Sänger wie **Kürenberg**, die Burggrafen von Regensburg und Riedenburg, **Dietmar** von Aist zuzurechnen sind. Relativ unabhängig von den provenzalischen **Troubadouren** bildete sich eine eigenständige Literaturlandschaft. Häufig wurde die sog. Frauenstrophe verwendet, die als fiktives Rollenspiel das Minnebegehren adeliger Damen zum Gegenstand hat.
Die Vorstellung von der **Hohen Minne** entwickelten im rheinischen Raum **Heinrich** von Veldeke und **Bligger** von Steinach. Im Mittelpunkt dieser Lyrik steht der Frauendienst. Sie zielt auf die höfische Dame als

„Der Sängerkrieg auf der Wartburg", Manessische Liederhandschrift, 14. Jh.

unerreichbare Idealfigur einer Liebeswerbung. Die Erfüllung dieser Liebe wird als hoffnungslos vorausgesetzt. Somit aber ist erst die Werbung möglich, da die Lyrik nur im Rahmen einer höfischen Fest-Gesellschaft vorgetragen wurde und von dieser ein Nachgeben von verheirateten wie unverheirateten Frauen gegenüber der männlichen Werbung nicht akzeptiert worden wäre. Minnelyrik ist damit ein gesellschaftliches Ereignis, das als Rollenspiel die Verehrung einer entindividualisierten Dame zum Gegenstand hat, wobei der Sänger innerhalb eines vorgegebenen Verhaltensmusters agiert und einem starren Wertesystem unterworfen ist. Die Unerfüllbarkeit der Liebe dient dazu, Begriffe wie „staete", „triuwe", „maze" und „hôhen muot", im Sinne von Beständigkeit, Treue, Mäßigung und höfischer Gesinnung als sittliche Bewährung einer adeligen Welt zu propagieren. Tatsächliche Liebesbeziehungen innerhalb der engen, überschaubaren und streng kontrollierten Welt der Höfe gab es sicherlich auch, aber sie standen außerhalb des Wertesystems und wurden in der patriarchalischen Welt nicht geduldet, sodass sie geheim gehalten werden mussten, da sie im Falle der Entdeckung streng bestraft wurden. Die **Minnesänger** waren entweder Berufssänger mit unsicherem gesellschaftlichem Status oder auch adelige Dilettanten. Die soziale Distanz zur höher gestellten Dame spiegelte die Abhängigkeitsbezüge der Ministerialen und der Bediensteten auf einer erotischen Ebene wider.

Den Höhepunkt erreichte die Minnelyrik unter **Reinmar** dem Alten, **Heinrich** von Morungen, ▶ Walther von der Vogelweide. Dieser, anfangs Vertreter der Hohen Minne, wendet sich in der berühmten **Dichterfehde** mit Reinmar gegen die als zunehmend erstarrt und ritualisiert empfundene Lyrik seines Vorbildes und Konkurrenten am Wiener Hof. Der Verehrung der Herrin und Dame, „frouwe", stellt er die auf Gegenseitigkeit beruhende Beziehung zu einer Frau, „wîp", entgegen. Mit seinen Mädchenliedern, die die **ebene Minne**, Liebe ohne Standesgrenzen zu einem unverheirateten Mädchen, „maget", propagieren, errichtet er ein Gegenmodell zur höfischen Minne. Damit wird die realisierbare Beziehung zu einer Frau, auch wenn sie unhöfischer Herkunft ist, Thema der Lyrik. ▶ Wolfram von Eschenbach geht ebenfalls von der Hohen Minne ab, indem er die eheliche Minne zum Ideal erhebt. Die Thematisierung eines Liebeserlebnisses war sonst nur den **Tageliedern** vorbehalten, in denen zwei Liebende bei Tagesanbruch über die schmerzliche Trennung nach einer heimlich verbrachten Nacht sprechen.

Neidhard von Reuental verkehrt die höfische Vorstellung von Minne gänzlich in ihr Gegenteil, wenn er sie in seinen Winter- und Sommerliedern in den Bereich der Dorfwelt verlegt und ihr damit lächerliche Züge verleiht.

Im ausgehenden Mittelalter werden die vorgegebenen Muster ausgebaut und bestehen parallel nebeneinander. Der artifizielle Umgang mit der Form gewinnt zunehmend an Bedeutung. Wichtige Vertreter sind **Burkhart** von Hohenfels, **Gottfried** von Neifen, **Frauenlob**, **Heinrich** von Mügeln, **Oswald** von Wolkenstein. Wurde der Minnesang des Spätmittelalters früher als epigonenhaft, also imitierend, abgewertet, so hat er in jüngerer Zeit eine Aufwertung erfahren, da man ihn als Ausdruck einer zunehmend individualisierten dichterischen Betrachtung und als wertvollen Mentalitätsspiegel seiner Zeit ansieht (▶ epigonale Literatur).

Mit dem Untergang der höfisch-ritterlichen Welt verliert der Minnesang die gesellschaftlichen Voraussetzungen. Seine Tradition setzt der ▶ Meistersang des städtischen Bürgertums fort.

Die Weitergabe des Minnesangs verlief über berühmte Handschriften des 13. und 14. Jh.s: *Kleine* und *Große Heidelberger*, *Stuttgarter* und *Weingarter Handschrift*.

Im 18. Jh. setzte eine erneute Beschäftigung mit dem Minnesang ein, als der Dichter der Aufklärung Johann Jakob **Bodmer** eine Sammlung von Minneliedern herausgab. Die wissenschaftlich-philologische Betrachtung hat ihren Ursprung in Karl Lachmanns historisch-kritischer Ausgabe von Walters Werk (1827) und in Moriz Hauptmanns Lyriksammlung *Des Minnesangs Frühling* (1857).

Mittelalterliche Dichtung umfasst die deutsche Literatur von ca. 800 bis 1500. Ihren Ausgang nimmt sie in der vorchristlichen Dichtung (▶ Germanische Literatur).

Bestimmend für den Beginn einer schriftlich überlieferten Literatur ist die Festigung des Karolingerreiches seit dem 7. Jh. Mündlich tradiertes Erzählgut wird in lateinischer Schrift fixiert. Die Quellen, auf die man sich stützte, reichten weit in vorchristliche Zeit (▶ Antike Literatur) zurück. Während des gesamten Mittelalters wurden Stoffe aus der Zeit der Völkerwanderung (*Nibelungen, Dietrich von Bern, Ältere Edda*) bearbeitet. Die Themen der Dichtung der Karolingerzeit entstammen der germanischen Dichtung, ihren Mythen, Schöpfungs- und Göttersagen, Stammesgeschichten und **Heldenliedern** (▶ Epos), sowie dem kultischen Bereich, den **Zaubersprüchen**. Formales Kennzeichen der germanischen Dichtung ist der **Stabreim**, die Alliteration (▶ Metrik), die bei drei der vier Hebungen einer Verszeile verwendet wird.

Skriptorium der Benediktinerabtei Echternach, Illustration aus einem liturgischen Buch für Kaiser Heinrich II., 11. Jh.

Erhalten ist uns das *Hildebrandslied*, das um 800 im Kloster Fulda geschrieben wurde. Es berichtet von Hildebrand, einem Gefolgsmann Dietrichs von Bern, der zwischen zwei feindlichen Heeren auf seinen Sohn Hadubrand trifft, diesen aber nicht von einem Kampf gegen ihn abhalten kann. Bei der Schilderung des Kampfes bricht das Fragment ab; der ursprünglich tragische Ausgang des Geschehens, Hadubrand fällt durch die Hand seines Vaters, ist aus der germanischen Schicksalssicht erschließbar. Erst das *jüngere Hildebrandslied* konstruiert einen versöhnlichen Ausgang. Die *Merseburger Zaubersprüche*, die in einer Handschrift aus dem 10. Jh. erhalten sind, tradieren den Glauben an die magischen Handlungen, einen Gefangenen zu befreien oder die Verletzung eines Pferdes zu heilen.

Im Reich Karls des Großen übernahmen die Klöster und die kaiserliche Hofschule die kulturelle Vorreiter-Rolle. Latein war die Sprache der Gebildeten und die Spra-

che der römisch-christlichen Kultur. Gebete und Liturgie wurden aus dem Lateinischen ins Althochdeutsche übersetzt. **Glossare** (= Wortlisten) und **Interlinearübersetzungen** (= deutsche Übersetzung über dem lateinischen Text) wurden angelegt. Es entstanden christliche Stabreimdichtungen wie das *Wessobrunner Gebet* (Wessobrunn, 9. Jh.) und das *Muspilli* (Regensburg, Ende 9. Jh.), welche Schöpfungsmythos und Weltende beschreiben. Deutlich sind hinter der christlichen Version noch Vorstellungen germanischen Glaubens zu erkennen. Im *Heliand* (um 830) werden die vier Evangelien in etwa 6000 Langzeilen nacherzählt. Auch in diesem altsächsischen Gedicht sind die Vorstellungen von der germanischen Gefolgschaftstreue noch zu erkennen. Als der erste namentlich bekannte Autor tritt uns der elsässische Mönch **Otfried** von Weissenburg in der Mitte des 9. Jh.s entgegen. Er verfasste eine **Evangelienharmonie**, eine Zusammenfassung der Evangelien. Die Volkssprache sollte damit in Konkurrenz zur lateinischen treten und die heidnischen **Heldenlieder** verdrängt werden. Otfried führte auch den Endreim (▶ Metrik) in die Literatur ein.
Mit dem Zerfall der Karolingermacht Ende des 9. Jh.s, tritt auch die deutschsprachige Literatur in den Hintergrund. Unter den Ottonen, den sächsischen Herrschern, wurde die Literatur hauptsächlich in Latein verfasst, sodass man von der lateinischen Literatur der Ottonenzeit spricht. Die volkstümlich missionarisch geprägte Literatur wich nun einer mehr theologisch-innerkirchlichen, die sich nicht auf die Volksliteratur stützte. Im Kloster St. Gallen schuf **Notker Balbulus**, der Stammler, lateinische Sequenzen (= Chorgesänge). Das sog. *Waltharielied* (vermutlich 10. Jh.) stammte aus der Hand eines Mönches, der die Heldensage zwar tradiert, sie aber gleichzeitig parodiert und sarkastisch hinterfragt. Die Nonne **Hrotsvith** aus dem sächsischen Benediktinerkloster Gandersheim verfasste als erste namentlich bekannte deutsche Dichterin Dramen bzw. dialogisierte ▶ Legenden (z. B. *Abraham*, *Pafnutius*, *Sapientia*) und versuchte den als frivol empfundenen lateinischen Komödien, z. B. eines **Terenz**, eine christlich geläuterte entgegenzustellen. Von ihr stammen auch ein Legendenbuch sowie eine *Vita Ottos I.* (▶ Biographie). Eine Ausnahme innerhalb der dominierenden lateinischen Literatur bildete der St. Gallener Mönch **Notker der Deutsche**, der als Lehrer, Philologe, Verfasser von Unterrichtswerken und Übersetzungen wirkte. Er löste sich von den starren, wortgetreuen Übertragungen und gelangte zu Übersetzungen, die sich bemühten, den gesamten Sinn zu vermitteln.
Während des Investiturstreites setzt wieder die deutschsprachige Literatur ein. Eine deutlich verinnerlichte Auffassung des Religiösen tritt zu Tage. In dem nach ihm selbst benannten Lied (1063) des Bamberger Chorherren **Ezzo** wird die Weltgeschichte im Sinne einer heilsgeschichtlichen Ausrichtung interpretiert. Auch das um 1180 entstandene *Annolied* sieht Weltgeschichte als Heilsgeschichte. Jedoch wird hier das Leben des Erzbischofs Anno von Köln als krönender Abschluss von Welt- und Heilsgeschichte betrachtet. Mit der Dominanz der ritterlich-höfischen Lebensform der Stauferzeit gewinnt eine **höfische Literatur**, die sich nun wieder weltlichen Themen zuwendet und auch von Laien geschrieben ist, an Bedeutung.
Zu Beginn der Stauferzeit entstehen Geschichtsdarstellungen in deutscher Sprache. Die *Kaiserchronik* reicht von den Anfängen des Römerreiches bis zur Herr-

schaft Lothars III. Wie schon die Vorgänger proklamierte die Chronik den Übergang der Kaiserherrschaft der römischen Imperatoren auf die Karolinger und ihre Nachfolger. Erst im christlichen Kaiserreich könne sich die Geschichte vollenden. Der Pfaffe **Lambrecht** verfasste etwa zur selben Zeit das *Alexanderlied* nach einer altfranzösischen Vorlage. Die Person Alexanders dient als Beispiel für Überheblichkeit, Stolz und Ruhmsucht zur Kritik und zur Entwicklung einer idealen christlichen Herrscherfigur. Um 1172 entstand in Regensburg, vermutlich im Auftrag Heinrichs des Löwen, das *Rolandslied* des Pfaffen **Konrad**, eine Übertragung des französischen *Chanson de Roland*. Es wird in 9094 Verszeilen über den Überfall der Basken auf die Nachhut des Heeres Karls des Großen in den Pyrenäen bei Roncesvalles berichtet und die von dem Vassallen Graf Roland vollbrachten Heldentaten.

In der sog. ▶ Spielmannsdichtung *König Rother*, *Herzog Ernst* (Ende 12. Jh.), *Oswald*, *Orendel*, *Salman* und *Morolf*, wird die Bewährung von ritterlichen Tugenden in oft sagenhaften Abenteuern dargestellt.

In der Maske der **Tierfabel** (▶ Fabel) wurde seit der Antike die Gesellschaft kritisiert. Ein Mönch des Klosters St. Asper in Toul verfasste um 1150 das Tierepos *Ecbasis cuiusdam captivi* (= Flucht eines Gefangenen), in dem er ▶ Schwank und Fabel miteinander verband und zu einer beißenden Satire des Klosterlebens formte. Etwa zur selben Zeit verfasste der Kleriker **Nivardus** aus Gent das Epos *Ysengrimm* (Wolf). Um 1192 folgte *Reinhart Fuchs* des Elsässers **Heinrich** Glîchezaere.

Die Dichtung des Hochmittelalters ist eng mit mäzenatischen Adelsgeschlechtern verbunden und blühte in den literarischen Zentren Regensburg (Welfen), Wien (Babenberger), Freiburg (Zähringer), Wartburg (Thüringer Landgrafen), Passau (Bischof Wolfger von Erla).

Eine neue Romankunst begründete **Heinrich** von Veldeke mit *Enid*, der Vergils *Äneis* auf dem Umweg über den altfranzösischen Roman *Roman d'Eneas* ins Deutsche übertrug. **Hartmann** von Aue, ▶ Wolfram von Eschenbach und ▶ Gottfried von Straßburg führten die mittelalterliche Epik zu ihrem Gipfel. Hartmann schuf mit *Erec* (1180) den ersten deutschsprachigen Roman, der auf den Sagenkreis um den König Artus (▶ Artusdichtung) zurückgriff. Während sich in *Erec* der Ritter im Zwiespalt zwischen der Liebe zu seiner Frau und zu seinen Pflichten befindet, steht in *Iwein* (um 1205) der adelige Abenteuerer im Mittelpunkt. Die Verslegende *Der arme Heinrich* (um 1295) zeigt den Ritter im Konflikt zwischen der Suche nach Ehre und der gebotenen Demut gegenüber Gott. Um 1200 entsteht auch das *Nibelungenlied*, wohl am Hof des Passauer Bischofs Wolfger von Erla. Aller Wahrscheinlichkeit nach hat ein Geistlicher verschiedene Sagen- und Liedstoffe zu einem zusammenhängenden Epos verbunden und die Geschehnisse um den berühmten Königssohn Siegfried neu gestaltet. Die Lyrik entwickelt unterschiedliche Formen: ▶ Minnesang, ▶ Spruch-, Kreuzzugs- und Vagantendichtung und Marienlyrik. In der Minnelyrik steht die Verehrung der Frau im Mittelpunkt mit durchaus verschiedenen Auffassungen über die Minne. Auf eine literarisch-religiöse Ebene hob die **Marienlyrik**, in Anklang an den Minnesang, die Verehrung der Mutter Christi. Die Spruchdichtung, meist von professionellen fahrenden Sängern vorgetragen, nahm Einfluss auf politische Streitigkeiten und bezog Stellung, konnte aber

auch ethische Grundsätze zum Thema haben. Die lateinische **Vagantendichtung**, verbreitet von den Vaganten, fahrenden Studenten und anstellungslosen Universitätsangehörigen, oft aber anonym von hohen Geistlichen verfasst, setzte sich mit weltlichen Themen wie Trink-, Tanz-, Spiel- und Liebesfreuden auseinander. Unbekümmert wurde mit diesen Liedern gebettelt, verspottet und parodiert.
Im Spätmittelalter gewannen Territorialfürsten, Städte und Bürgertum an Ansehen und Einfluss, das Königtum verlor seine Universalität. Die Literatur wird nun durch die Kultur der Stadt und ihres Bürgertums geprägt. Minnesang und Spruchdichtung wurden weiterhin gepflegt. **Oswald** von Wolkenstein war der herausragendste Lyriker des Spätmittelalters. Aus Sängergemeinschaften der Pfarreien entstanden die bürgerlich geprägten Schulen des ▶ Meistersangs, welche weiterhin in der lyrischen Tradition des Hochmittelalters standen. Beliebt waren Satiren und Schwankdichtungen wie die Ständesatiren *Der Ring* (um 1400) von Heinrich **Wittenweiler** und *Das Narrenschiff* des Juristen Sebastian **Brant**. Ebenfalls auf die Gesellschaft zielten die Fabeln, die – basierend auf antiken Fabelsammlungen – neu erzählt wurden. Populär waren auch die Geschichten um *Reinke de Vos* (um 1498), die in der hochdeutschen Fassung *Reineke Fuchs* (1544) zum ▶ Volksbuch wurden. Die größte Verbreitung fand aber das Schwankbuch *Till Eulenspiegel*. Schwankhaften Charakter hatten auch die ▶ Fastnachtsspiele. Hauptvertreter waren die Nürnberger Bürger Hans **Rosenplüt**, Hans **Folz** und Hans **Sachs**. Einen neuen Weg zu Gott, den des eigenständigen demütigen Ringens um eine persönliche Beziehung, suchten die **Mystiker**. **Meister Eckhart** verfasste über 60 Predigten, die von der Sehnsucht des Menschen nach Gott künden. Heinrich **Seuse** und Johannes **Tauler** versuchten der Verehrung Gottes einen neuen Ausdruck zu geben und wirkten auch auf **Erasmus** von Rotterdam, der wie die übrigen Humanisten (▶ Humanismus) auf der Schwelle zur Neuzeit stand.

Illustration aus der Erstausgabe von Sebastian Brants „Narrenschiff", 1494

Moderne (lat.: modernus = neu) bezeichnet im weiteren Sinne sämtliche avantgardistische Strömungen (▶ Avantgarde) in der bildenden Kunst und Literatur, die das Ziel haben, sich gegen Altes und Überkommenes durchzusetzen.

Den Begriff literarische Moderne im engeren Sinne prägte der Literaturhistoriker Eugen Wolff im literarischen Verein *Durch* im Jahr 1886 für das Programm des ▶ Naturalismus. Die **Berliner Moderne** wurde 1888 eingeleitet durch den Abdruck der

Thesen zur literarischen Moderne (anonym) in der *Allgemeinen Deutschen Universitätszeitung*, in denen es u. a. heißt: „Die deutsche Literatur ist gegenwärtig allen Anzeichen nach an einem Wendepunkt ihrer Entwicklung angelangt, von welchem sich der Blick auf eine eigenartige bedeutsame Epoche eröffnet. [...] Unser höchstes Kunstideal ist nicht mehr die Antike, sondern die Moderne." In der Folgezeit wurde der Begriff Moderne auf alle antinaturalistischen europäischen Literaturströmungen, z. B. den ▶ Impressionismus und den ▶ Symbolismus, die ▶ Neuromantik, den ▶ Expressionismus, ▶ Surrealismus, ▶ Futurismus und ▶ Dadaismus ausgedehnt. Wegen der häufigen Gleichzeitigkeit inhaltlicher wie stilistischer Überlappungen der einzelnen Bewegungen sind trennscharfe Abgrenzungen und die Angabe einer exakten Reihenfolge nicht möglich; man spricht in diesem Zusammenhang vom **Stilpluralismus** um und nach der Jahrhundertwende. Neben den Schriftstellern der Berliner Moderne etablierte sich in Österreich ein Dichter- und Kritikerkreis um Hermann **Bahr**, der unter dem Namen Jung-Wien die ▶ Wiener Moderne repräsentierte und den Naturalismus norddeutscher Ausprägung ablehnte. In München hielt die literarische Moderne Einzug mit dem Erscheinen der gesellschaftskritischen Zeitschrift *Simplicissimus* (1896) und den Literaten und Intellektuellen der Schwabinger ▶ Boheme. Auch in den benachbarten Künsten ist zu dieser Zeit eine Abkehr von der tradierten Kunstästhetik festzustellen: Die Malerei wandte sich der gegenstandslosen Abbildung zu und betonte den Eigenwert der Farben und Formen, in der Musik wurden die gewohnten melodischen Klänge durch das atonale System revolutioniert.

Molière (1622–1673) steht in der mit **Aristophanes** beginnenden Reihe der Komödienautoren in vorderster Linie. Ein Großteil der seither verfassten ▶ Komödien entstand in Auseinandersetzung und Nachahmung mit ihm.

Jean-Baptiste Poquelin, so Molières eigentlicher Name, wurde in Paris als Sohn eines in königlichen Diensten stehenden Dekorateurs geboren. Die Beziehungen des Vaters zum Hofe sicherten dem Sohn eine hervorragende Ausbildung im Jesuitenkolleg von Clermont. Entgegen dem Wunsche seines Vaters, der in ihm seinen Nachfolger sah, gründete er 1643 in Paris seine eigene Theatergruppe, das Illustre-Théâtre. Das Unternehmen scheiterte derart gründlich, dass Molière für einige Tage eingekerkert wurde. Nach seiner Freilassung schloss er sich einer wandernden Theatergruppe an, die ihn 1650 zu ihrem Leiter wählte. Erst 1658 trat die Truppe wieder in Paris auf. Der junge König Ludwig XIV., von der Premiere der Komödie *Les Précieuses ridicules* (1659) sehr angetan, wies dem Ensemble den Saal des Palais-Royal zu, in dem Molière bis zu seinem Tode spielte. Der nunmehr errungene äußere Erfolg war überschattet von vielfältigen beruflichen wie privaten Schwierigkeiten. So schreckten die Hofschauspieler vor keiner Intrige zurück, um die Eindringlinge aus der Provinz zu diskreditieren. Noch erbitterter wandten sich die Dévots, die unbedingt kirchentreue Partei, gegen ihn, als er sie in seinem *Tartuffe* (1669) erbarmungslos der Lächerlichkeit preisgab. Auch *Ärzte* (*L'Amour médecin*, 1665) und Adlige waren nicht sicher vor Molières Nadelstichen. Selbst sein Privatleben war ihm kein ungetrübter Anlass zur Freude: Es gab Gerüchte, seine Frau sei seine eigene Tochter, außerdem schmerzte ihn ihre Untreue. All diese Widrigkeiten warfen Molière 1665 auf das Krankenbett, von dem er sich nicht mehr dauerhaft erheben sollte.

Von 1662 bis 1672 schreibt Molière seine großen Komödien. Die erste, *L'École des femmes* (1662), allein 1663 über sechzigmal aufgeführt, wurde Gegenstand heftigen öf-

fentlichen Streites, auf den der Dichter mit einem zweiten Stück, *La Critique de l'école des femmes*, antwortete.
In *Dom Juan* (1665) nimmt Molière das Thema des Verführers aus Sevilla wieder auf, verstärkt aber noch den Zynismus der titelgebenden Hauptfigur. Bei ihm ist Dom Juan ein Ästhet und vollkommener Meister seiner Leidenschaften. Molière akzentuiert dessen Grausamkeit und Gottlosigkeit derart, dass dieser letztendlich nur noch Gott als gleichwertigen Gegner anerkennt. Sein Kammerdiener Sganarelle dient ihm lediglich als Stichwortgeber.

Die Handlung von *Le Misanthrope* (1666) besteht nur darin, dass der reizbare Menschenfeind Alceste eine Aussprache mit seiner koketten, allzu vielen Rivalen gefälligen Geliebten Célimène wünscht. Die Unterredung wird jedoch ständig durch unvorhergesehene Zwischenfälle verhindert. Als sie nach fünf Akten schließlich zu Stande kommt, stellt Alceste seiner Célimène ein Ultimatum, das nicht zu seinen Gunsten entschieden wird. Alceste zieht sich zurück in die Einsamkeit, weil er durch seinen allzu großen Wunsch nach Offenheit mit allen Menschen in seiner Umgebung in Konflikt geraten ist. So zeigt sich, dass reinste Tugend ebenso wertlos und hohl ist wie das Laster.

Die Komödie *Tartuffe* entsteht eigentlich schon 1664, wird jedoch erst 1669 zugelassen.

Tartuffe, ein falscher Frömmler, erschleicht sich das Vertrauen Orgons, eines ganz und gar priesterhörigen Einfaltspinsels. Dieser verspricht ihm die Hand seiner Tochter Mariane, die aber bereits mit Valère verlobt ist. Als es Elmire endlich gelingt, ihren Gatten Orgon von der Falschheit seines Schützlings Tartuffe zu überzeugen, hat sich dieser schon des ganzen Vermögens des Orgon bemächtigt. Orgon wird nur durch die Gerechtigkeit der königlichen Justiz gerettet.

Szene aus der Verfilmung von „Tartuffe" mit Emil Jannings in der Hauptrolle

Großen Erfolg hatten und haben auch die anderen Komödien Molières: *Amphitryon* (1668), *L'Avare* (*Der Geizige*, 1668), *Le Bourgeois gentilhomme* (*Der Bürger als Edelmann*, 1670), *Les Fourberies de Scapin* (*Scapins Schelmenstreiche*, 1671), *Les Femmes savantes* (*Die gelehrten Frauen*, 1672), *Le Malade imaginaire* (*Der eingebildete Kranke*, 1673).

Motiv (lat.: movere = bewegen) nennt man ein einzelnes Element innerhalb eines literarischen Stoffes. Während das **Thema** eines Werkes einen größeren inhaltlichen Bereich umfasst (z. B. Liebe, Tod), sind die Motive kleinere Einheiten, die sich auf Abstraktes, Gegenstände oder Personen beziehen können (z. B. Ehebruch, Liebestrank, böse Stiefmutter). Begriffe wie Stoff, Thema, Motiv oder **Topos** sind nur ungenau voneinander abzugrenzen.
Berühmte literarische Motive sind z. B.
die feindlichen Brüder: Genesis 4,1–16; ▶ Shakespeare, *König Lear*; ▶ Schiller, *Die Räuber*; ▶ Steinbeck, *Jenseits von Eden*,
unmögliche Liebe: *Tristan und Isolde*; Shakespeare, *Romeo und Julia*; ▶ Fontane, *Irrungen, Wirrungen*,
der Doppelgänger: Shakespeare, *Was ihr wollt*; ▶ Hoffmann, *Die Elixiere des Teufels*; ▶ Dostojewski, *Der Doppelgänger*; R. L. **Stevenson**, *Dr. Jekyll und Mr. Hyde.*

Heiner Müller

Müller, Heiner (1929–1995) war einer der herausragenden Schriftsteller in der DDR (▶ DDR-Literatur) und zählt heute zu den wichtigsten Dramatikern des europäischen Theaters. Für Müller, in Sachsen als Sohn eines Angestellten und einer Arbeiterin geboren, noch 1945 zu Reichsarbeitsdienst und Kriegsteilnahme verpflichtet, wurde die NS-Zeit, die sein Vater als KZ-Häftling erlebte, zur authentischen Erfahrung.
Nach dem Abitur 1949 war er als Journalist, als wissenschaftlicher Mitarbeiter beim Schriftstellerverband der DDR, als Redakteur, ab 1958 als Mitarbeiter des Maxim-Gorki-Theaters, von 1970 bis 1976 als Dramaturg beim **Berliner Ensemble**, danach als künstlerischer Berater der *Volksbühne* tätig. Ab 1959 arbeitete Müller als freier Autor. Er erhielt zahlreiche Auszeichnungen sowohl in der DDR als auch in der Bundesrepublik.
Bekannt wurde Müller in den 50er Jahren mit den sog. „Produktionsstücken", u. a. *Der Lohndrücker* (1957), die das Weiterwirken des Faschismus zeigen und neue gesellschaftliche Widersprüche während des Aufbaus des Sozialismus in der DDR aufdecken, was Müller immer wieder in Konflikt mit der SED geraten ließ.
In der Folgezeit gestaltete Müller vor allem antike und klassische Stoffe als Modelle für aktuelle Themen: u. a. *Philoktet*, 1965; *Ödipus Tyrann*, 1969.
Die Stücke in den 70er- und 80er-Jahren behandeln das Verhältnis von Staat und Revolution, den Nord-Süd-Konflikt und die erhofften revolutionären Umwälzungen in der Dritten Welt sowie gesellschaftlich vermittelte individuelle Revolten.

Die Auseinandersetzung mit deutscher Geschichte wie mit Revolutionsgeschichte ist die wichtigste Konstante in Müllers Werk. Gescheiterte Aufstände, die nationalsozialistischen Gräueltaten oder die Widersprüchlichkeiten des DDR-Sozialismus werden nicht als historische Ereignisse geschildert, sondern als virulente Obsessionen in greller Weise vorgeführt. Aufs Äußerste zugespitzte Situationen und Konflikte, plötzliche historische Umbrüche und Verschlingungen von Alt und Neu, Tod und Geburt, Schrecken und Hoffnung, Destruktion und Konstruktion, haben Müller fasziniert und ließen ihn nach neuen Ausdrucksformen suchen. Das permanente Experiment wird zum Postulat Müllers.

In *Germania Tod in Berlin* (1956/71, UA 1978) wird die Geschichte als Schlachthaus mit aufwändigen szenischen Mitteln vorgeführt: Clownnummern, groteske Parodien, alptraumhafte Horrorszenen, Pantomimen der Grausamkeit. Müller kontrastiert Momente der DDR-Geschichte mit Szenen aus deutscher Mythologie und Geschichte. Während die groteske Geburtsszene der Bundesrepublik mit Hitler als Gottvater die Kontinuität des Faschismus im Westen verdeutlichen soll, zeigen die anderen Szenen, dass auch in der DDR kein völliger Neubeginn möglich ist. Mit der Vision deutscher Einheit unter den „roten Fahnen über Rhein und Ruhr" endet das Stück.

In seinem Werk versucht er mehrere Traditionslinien des modernen Theaters fortzuführen, die Anregungen von **Artraud** und **Beckett** (▶ Absurdes Theater) einerseits, die sowjetische Revolutionsdramatik, die politischen Revuen **Piscators** und die Lehrstück-Theorie ▶ Brechts andererseits. Theater hat in den gesellschaftlichen Prozess einzugreifen, bedarf aber auch der aktiven Mitwirkung des Zuschauers. Gelernt werden kann nicht – wie bei Brecht – durch kritische Distanz und Reflexion, sondern durch Erzeugung von Furcht und Schrecken, von Mitleid und Mitgefühl.

In *Die Hamletmaschine* (1977, UA 1979) weitet Müller die Kritik an der deutschen Geschichte aus zu einer schwarzen Tragödie des modernen Intellektuellen und seines Versagens angesichts der mörderischen Geschichte. *Die Hamletmaschine* ist eine „Abrechnung" mit der Theaterfigur der „Tragödie des Sohnes" und zugleich eine programmatische Absage an herkömmliche Dramenformen und „hohe Sprache". An ihre Stelle tritt eine konzentrierte Bildlichkeit: „Ich war Hamlet. Ich stand an der Küste und redete mit der Brandung BLABLA, im Rücken die Ruinen von Europa."

Müller, in dessen letzten Dramen Hoffnungslosigkeit und Ohnmacht, Verachtung und Verzweiflung, finstere Skepsis und tiefer Pessimismus herrschen, war sich wohl bewusst, mit diesen Werken an eine Grenze gestoßen zu sein. Schon 1978 sagte er: „Es gilt, eine neue Dramaturgie zu entwickeln oder das Stückeschreiben aufzugeben. Vor dieser Alternative stehe ich. Da weiß ich selbst nicht weiter."

Mundartliteratur bezeichnet im Unterschied zur Literatur in der Hochsprache diejenige Dichtung, die im Dialekt einer bestimmten Region verfasst ist. Mundartliteratur wird erst dann als solche deutlich, wenn sich für einen bestimmten Sprachbereich eine Hochsprache herausgebildet hat. In Deutschland geschah das zur Zeit Martin **Luthers** im 16. Jh.
Durch Mundartliteratur wird die Vielfalt sprachlicher Ausdrucksweise im Unterschied zur stark normierten Schriftsprache deutlich. Beispiele für deutsche Dialekte wären etwa das Bayerische, das Sächsische oder das Plattdeutsche. Es kann ein ganzes Werk in der Mundart geschrieben sein (häufig mündlich vorzutragende Werke wie Gedichte und Theaterstücke), mundartliche Ausdrücke können aber auch als bewusste Stilmittel eingesetzt werden. Im ▶ Naturalismus spielte der Dialekt eine besonders wichtige Rolle, da man möglichst natur- und

milieugetreu die Sprache der einfachen Leute wiedergeben wollte (▶ Hauptmann, *Die Weber*). Im Extremfall ist Mundartliteratur nur für Leser verständlich, die selbst die Mundart beherrschen.

Musil, Robert (1880–1942) stammte aus einer alten österreichischen Beamten-, Offiziers- und Ingenieursfamilie. Er besuchte die Militär-Oberrealschule in Mährisch-Weißkirchen, verließ diese jedoch vor der Ausmusterung als Offizier und studierte danach Maschinenbau in Brünn. Hier begann er mit ersten literarischen Versuchen. Nach seinem Examen arbeitete Musil 1902/03 als Assistent an der Technischen Hochschule in Stuttgart. Diesen Berufsweg gab er allerdings während der Arbeit an seinem ersten Roman *Die Verwirrungen des Zöglings Törleß* auf und studierte Philosophie, Logik und experimentelle Psychologie in Berlin und promovierte in Philosophie. Das Angebot, sich zu habilitieren, schlug Musil aus, um sich ganz einem freien Schriftstellerleben zu widmen. Musils Denken und Sprache blieben jedoch stark von dem in dieser Zeit erworbenen wissenschaftlichen Präzisionsideal beeinflusst.

Sein erster Roman *Die Verwirrungen des Zöglings Törleß* (1906) bringt ihm eine gewisse literarische Anerkennung. In ihm verarbeitet er seine Schulzeit in Weißkirchen. Der heimwehgeplagte pubertierende Internatsschüler Törleß erlebt auf dem Dachboden einer Kadettenanstalt, wie die dominierenden Beineberg und Reiting sadistische Grausamkeiten an dem gemeinsamen Mitschüler Basini begehen. Törleß, der beobachtend an dem Geschehen teilnimmt, gerät in eine schwere Krise: Eltern, Schule, Mitschüler, seine Sprache und Sexualität werden ihm zu Bruchstücken einer sinnlosen Welt.

Der Erste Weltkrieg, den er als österreichischer Offizier erlebte, offenbarte dem bürgerlichen Intellektuellen Musil die heillose

Robert Musil, um 1940

Entwurzelung und Desorientierung seiner Generation. Die sozialen und politischen Umwälzungen zwangen den eher unpolitischen Schriftsteller zur Auseinandersetzung mit den Ursachen und Folgen des geistigen Zusammenbruchs. Hier liegen die Wurzeln für Musils Hauptwerk *Der Mann ohne Eigenschaften*, mit dem er „Beiträge zur geistigen Bewältigung der Welt geben" will. Ab 1923 absorbierte die Arbeit an diesem Werk alle schöpferischen Kräfte Musils. 1930 und 1933 erschienen die ersten Teile, die übrigen Entwürfe wurden erst 10 Jahre nach seinem Tod ediert.

Auf breitester Grundlage entwirft der Autor ein Sittengemälde der untergehenden k. u. k. Monarchie Österreich-Ungarn, die Musil liebevoll-spöttisch „Kakanien" nennt. Für das Jahr 1918 ist in Deutschland eine Feier zum Regierungsjubiläum Wilhelms II. geplant. Österreich fürchtet dabei ins Hintertreffen zu geraten, weshalb man in Wien auf die Idee einer parallelen Aktion kommt. Das gesamte Jahr soll dem habsburgischen „Friedenskaiser" Franz Joseph gewidmet werden. Zur Vorbereitung der Feierlichkeiten wird ein Komitee gegründet, dem der ehemalige Offizier, Ingenieur und Mathematiker Ulrich vorsteht. Im August 1913, dem Zeitpunkt, da die Handlung einsetzt, ist er 32 Jahre alt, und alle Versuche bis dahin „ein bedeutender Mann" zu werden, sind gescheitert. Er fühlt sich als „Mann ohne Eigenschaften". Alle komisch-überhöhten Bemühungen für das „Weltösterreichjahr" enden jedoch im begeistert begrüßten Ausbruch des Ersten Weltkrieges und schließlich im Untergang der beiden Monarchien. Symbolisch dafür steht der verrückte Mörder Moosbrugger, der eine junge Prostituierte bestialisch zerstückelt. Sein Todesurteil kommentiert er mit den Worten: „Ich bin damit zufrieden, wenn ich Ihnen auch gestehen muss, dass sie einen Irrsinnigen verurteilt haben!" Ulrich inspiriert dieser Satz zu dem unheimlichsten Gedanken des Romans: „Das war deutlich Irrsinn, und ebenso deutlich bloß ein verzerrter Zusammenhang unsrer eignen Elemente des Seins; wenn die Menschheit als Ganzes träumen könnte, müsste Moosbrugger entstehn."

Im 2. Buch beschreibt Musil die Liebe der beiden Geschwister Ulrich und Agathe, die „eine Reise an den Rand des Möglichen" ist. Ulrich weiß, dass der Inzest, der „andere Zustand", zum Scheitern verurteilt ist, trotzdem erlebt er die Beziehung rauschhaft als eine andere Wirklichkeit. Andererseits ist es aber auch eine Reise „ins tausendjährige Reich" (so der Titel des 3. Buches, das uns nur als Fragment erhalten ist).

Unter Verzicht auf stilistische Effekte wandelt der Autor Musil gekonnt auf dem schmalen Grat zwischen modernem Gefühlschaos und dogmatisch-verfestigter Begriffswelt. Zu Lebzeiten ist Musil aber damit nicht berühmt geworden. Mühsam hielt sich der Schriftsteller mit Theaterkritiken und kleineren literarischen Arbeiten über Wasser. Die letzten Jahre im Schweizer Exil verbrachte er in bitterer materieller Not. Heute gilt Musil neben ▶ Proust und ▶ Joyce als Mitbegründer des modernen europäischen ▶ Romans. Unübertrefflich sind Musils Fähigkeit, durch Bilder und Vergleiche die überholten Denkmuster und mittels der Sprache die Orientierungslosigkeit der Zeit kenntlich zu machen.

Mythos (griech. = Rede) ist als erzählende Bewältigung der Probleme zu begreifen, vor die sich eine Kultur in ihrem Frühstadium gestellt sieht. Die Fragen nach der Existenz höherer Mächte, ihrer wie der Menschen Entstehung, die Rätsel der sie umgebenden Welt und des menschlichen Seins werden in symbolreichen Erzählungen zu erklären und zu deuten versucht.
Des Öfteren liegen kultischen Handlungen mythische Elemente zu Grunde, die im Ritus beschwörend nachvollzogen werden. Die Gesamtheit der Mythen einer Kultur bezeichnet man als **Mythologie**. Es ist zu beachten, dass die uns literarisch überlieferten Mythen in ihrer künstlerischen Geformtheit bereits eine Interpretation darstellen, die zu ihrer Entstehungszeit den ursprünglichen Weltdeutungszweck nicht mehr erfüllen konnte. So fassen beispielsweise ▶ Homer und **Hesiod** in ihren Epen Stoffe zusammen, die bis ins 2. Jt. v. Chr. zurückreichen. Die Lebenszeit beider Dichter fällt mit einer kulturellen Schwellenepoche zusammen, die man mit dem Schlagwort „Vom Mythos zum Logos" zu bezeichnen pflegt. Dies will sagen, dass im 7. Jh. die traditionellen mythischen Weltdeutungen abgelöst werden durch Frühstufen naturwissenschaftlicher Beobachtung und rationaler Erklärung.
In der Gegenwart ist eine von den Massenmedien gesteuerte Form der Mythisierung zu beobachten, bei der es sich um die Verklärung einzelner meist jung oder unter ungeklärten Umständen verstorbener Personen (James Dean, Marilyn Monroe, Grace Kelly, Lady Diana) handelt. Man bezeichnet diese neuerdings als **Ikonen**, weil ihnen ein gewisser kultbildhafter Ideal- oder Symbolwert beigelegt wird.

N

Nachdichtung nennt man eine freiere Form der Übersetzung, die das Original relativ selbstständig nachschafft, gleichzeitig aber darauf bedacht ist, Form und Gehalt der Vorlage weitgehend zu wahren. Zu den bedeutendsten Beispielen gehören Stefan **Georges** Nachschöpfungen der *Blumen des Bösen* (1857) von Charles **Baudelaire**, der Lyrik weiterer französischer Symbolisten (Paul **Verlaine**, Stéphane **Mallarmé**, Arthur **Rimbaud** u. a.) sowie einzelner Stellen aus Dantes *Göttlicher Komödie* und der Sonette ▶ Shakespeares. Hervorzuheben sind auch ▶ Rilkes kongeniale Nachdichtungen von Sonetten der englischen Dichterin Elizabeth **Barrett-Browning** aus dem Jahr 1908, der *Sonette der Louise Labé Lyoneserin* sowie von André **Gides** Erzählung *Die Rückkehr des verlorenen Sohnes*.

Nationalliteratur bezeichnet die in einer bestimmten Sprache verfasste Dichtung. Der Begriff entstand im späten 18. Jh., als man sich aus politischen Gründen für Volkstum und Nation zu interessieren begann. Im Vordergrund stand dabei die Abgrenzung der eigenen Kultur und Literatur von der anderer Völker. Vor allem Johann Gottfried **Herder** entwickelte in seinen Schriften die Vorstellung von einer historisch gewachsenen, für das jeweilige Volk typischen nationalen Dichtung. Diese Tendenz verstärkte sich im 19. Jh. nach den Befreiungskriegen und in der Zeit der nationalen Einigung noch mehr. Parallel zur Geschichtsschreibung wurde Literatur dazu benutzt, um einen bestimmten „Nationalcharakter“ nachzuweisen. Vergleichbare Bestrebungen finden sich auch in anderen europäischen Ländern. In Deutschland erhob man das im 18. Jh. wieder entdeckte mittelalterliche *Nibelungenlied* zum Nationalepos (▶ Epos), in dem vermeintlich typisch deutsche Charaktereigenschaften wie Treue oder Tapferkeit verherrlicht würden. Zumeist wurde man dabei durch einseitige Betrachtungsweise dem tatsächlichen Gehalt der Werke und ihrer Qualität kaum gerecht.

Naturalismus bezeichnet zum einen jeden Kunststil, der die Wirklichkeit naturgetreu darstellt, und zum anderen eine Strömung in der europäischen Literatur von etwa 1880–1900.
Der literarische Naturalismus ist eine Reaktion der Abgrenzung gegen die verklärende Darstellung der Wirklichkeit in den Romanen und Gesellschaftsstücken des ▶ bürgerlichen Realismus. Thematisch greift er die Probleme der Zeit auf: das Proletariat und die Massengesellschaft des Industriezeitalters, die Schattenseiten der Zivilisation und der herrschenden Gesellschaftsordnung, wie Alkoholismus, Geisteskrankheit und das Elend in den Großstädten.
Das Programm des Naturalismus basiert auf der Wissenschaftsgläubigkeit der Zeit. Der französische Romancier ▶ Zola forderte, die Dichtung müsse das naturwis-

„Weberzug" von Käthe Kollwitz in Anlehnung an Hauptmanns „Die Weber"

senschaftliche Mittel des Experiments übernehmen und überprüfbar sein (*Le roman expérimental*, 1880). Die Aufgabe des Schriftstellers sei es, die Kausalzusammenhänge des Lebens und die psychologischen Gesetzmäßigkeiten zu ergründen. Die Milieutheorie, nach der der Mensch durch seine Herkunft, sein soziales Umfeld und die Zeitumstände bestimmt ist, wurde weithin anerkannt. Da sie die einzige Möglichkeit eines sozialen Fortschritts in der Veränderung der äußeren Faktoren sahen, betrachteten die Literaten die Aufklärung der Menschen und die Verbesserung der Situation als ihr Ziel. Trotz der naturwissenschaftlichen Denkweise bleibt in der Kunst eine gewisse Subjektivität bestehen, und so stellte Arno **Holz** die Formel Kunst = Natur – x. auf, d. h., Literatur kann nur eine Annäherung an die Wirklichkeit sein.

Der Naturalismus prägte sich zunächst in Frankreich, Russland und Skandinavien aus. Zolas *Germinal* (1884) wurde zur „Bibel des Naturalismus". Die Russen ▶ Tolstoi und ▶ Dostojewski beeindruckten vor allem mit ihren genauen psychologischen Analysen gesellschaftlicher Konflikte. Aus Skandinavien kamen die Gesellschaftsdramen des Schweden ▶ Strindberg und des Norwegers ▶ Ibsen, die die Brüchigkeit der bürgerlichen Weltordnung aufdeckten und zu neuen dramatischen Formen anregten.

In Deutschland trat der Naturalismus vor allem in der Dramatik hervor. Kennzeichen des naturalistischen Dramas sind ausführliche Regieanweisungen, eine meist geringe Personenzahl, die Einhaltung der Einheiten des Ortes und der Zeit und die Auflösung der geschlossenen Form zu analytischen Stimmungsbildern. Ein künstlerisches Hauptmerkmal des Naturalismus ist der **Sekundenstil**. Mit akribischer Genauigkeit werden der Zeitablauf einer Handlung, die Personen mit ihren Eigenheiten, z. B. Dialekt, Stottern und Stammeln sowie die äußeren Gegebenheiten dargestellt. In *Familie Selicke* (1890) von Arno **Holz** und Johannes **Schlaf** erscheint die Handlung wie ein langes Warten.

1889 gründete Otto **Brahm** die „Freie Bühne" in Berlin und im selben Jahr trat der bedeutendste Vertreter des deutschen Naturalismus, ▶ Hauptmann, mit seinem sozialen Drama *Vor Sonnenaufgang* an die Öffentlichkeit. In Berlin wurden auch die

Die Freie Bühne in Berlin, zeitgenössische Karikatur

zahlreichen Stücke Ibsens und Strindbergs aufgeführt. Der zunächst gefeierte, aber bald heftig kritisierte Dramatiker Hermann **Sudermann** wendet sich in seinem Erstlingswerk *Die Ehre* (1889) dem Thema des Standeskonflikts, hier zwischen großbürgerlichem Vorderhaus und proletarischem Hinterhaus, zu.

Die Prosa des Naturalismus versuchte ebenfalls die neuen sozialen Strukturen mit Hilfe genauer Beschreibung zu erfassen. Sie griff wiederum das Motiv des Zerfalls der alten Ordnungen auf und erschien meist als psychologischer oder gesellschaftskritischer Großstadtroman. Das herausragendste Werk aber ist Hauptmanns Novelle *Bahnwärter Thiel* (1888).

Die naturalistische Lyrik brach deutlich mit traditionellen Formen. In dem Gedichtzyklus *Phantasus*, das er zwischen 1898 und 1925 immer wieder überarbeitete, versuchte Arno Holz eine neue Beziehung zwischen Sprache und Wirklichkcit herzustellen. Er verzichtete auf Reim und Strophen, ordnete die Zeilen um eine Mittelachse an und so sollte das Gedicht nur vom Sprachrhythmus getragen werden.

Sich selbst als „literarische Moderne" verstehend, erschlossen die jungen Naturalisten der Literatur neue Erlebnisbereiche und so prägnante Ausdrucksmöglichkeiten wie die Umgangssprache. Der wirklichkeitsgetreue Darstellungsstil beeinflusste später vor allem die modernen amerikanischen Erzähler, wie Norman **Mailer** und Thomas **Wolfe**.

Naturlyrik nennt man diejenige Lyrik, in der die Natur das zentrale Thema bildet. Es kann sich dabei um Natur als Lebensraum im weitesten Sinn handeln oder auch um einzelne Phänomene wie Landschaften, Tiere, Pflanzen und Naturvorgänge jeder Art. Über die reine Darstellung der Natur hinaus beschäftigt sich die Naturlyrik vor allem mit der Beziehung des Menschen zur Natur (Naturerfahrung, Naturgefühl, Naturmystik, Naturphilosophie).

Im ▶ Barock dienten Naturerscheinungen als Sinnbilder für das Wirken Gottes in der Welt. Im Laufe des 18. Jh.s verlor die Dichtung allmählich ihren religiösen Bezug, seit der ▶ Empfindsamkeit wird in der Lyrik die Naturerfahrung häufig rein subjektiv gedeutet, die Natur dient als Spiegel des Seelenzustands des lyrischen Ich. Wegen der engen Verquickung von Naturerscheinung und Gefühl spricht man auch von **Erlebnislyrik**, wobei die Gefahr besteht, dass man in jedem Gedicht ein wirkliches Erlebnis des Autors sucht und dabei den fiktiven Charakter von Literatur außer Acht lässt. Besonders poetische Naturdarstellung findet man in den Gedichten der ▶ Romantik:

Es war, als hätt der Himmel
Die Erde still geküsst,
Dass sie im Blütenschimmer
Von ihm nun träumen müsst.

J. v. Eichendorff, Mondnacht

Bis heute spielt das Thema Natur eine wichtige Rolle in der Lyrik. Natur kann sehr unterschiedlich dargestellt und gedeutet werden, das Spektrum reicht von idealistisch-schwärmerischer Betrachtung über das Erzeugen von Stimmungen bis hin zur Zivilisationskritik und dem Anprangern der Zerstörung natürlicher Lebensräume:

Die Möwe im Sonnenuntergang,
zartrot gefärbte Schwingenspitzen,
hoch über Dünen und Meer
auf einer Plastikhülle
in einer Klarsichtplastiktasche
im Feierabendverkehr.

Ralf ***Thenior****, Naturgedicht*

Neue Sachlichkeit, Bezeichnung für eine literarische Stilrichtung, die zu Beginn der 20er-Jahre des 20. Jh.s als Gegenbewegung zum ausklingenden ▶ Expressionismus entstand.

Viele Dichter spürten nach dem verlorenen Ersten Weltkrieg eine „Erschlaffung von grandiosem Umfang“ und wollten nichts mehr wissen von „Krieg und Revolution und Welterlösung! Lasst uns bescheiden sein und uns anderen, kleineren Dingen zuwenden“, forderte der Schriftsteller Paul **Kornfeld**. Der klassisch-elitäre Dichtungsbegriff wurde in Frage gestellt und die realistische Darstellung der banalen Alltagswelt – wie hässlich oder abstoßend diese auch immer sei – in den Vordergrund gerückt, damit auch die Masse der Bevölkerung aktiv an der Kultur teilhaben könne. Der Publizist Siegfried **Krakauer** ermunterte die Autoren dazu, ihre subjektiv-bewertende Position bzw. ihren Autonomiestatus aufzugeben und stattdessen sachlich „Rechenschaft abzulegen über unsere aktuelle Situation“. So erlebte denn auch die ▶ Gebrauchsliteratur in ihrer journalistisch-dokumentarischen Funktion einen Höhepunkt, z. B. als Tatsachenberichte, wissenschaftlich fundierte ▶ Biographien, ▶ Sachbücher zur Technik, Reiseberichte (▶ Reiseliteratur) und vor allem als sozialkritische **Reportagen**, d. h. atmosphärisch dichte Augenzeugenberichte, die der Schriftsteller und Publizist Egon Erwin **Kisch** als literarische Gattung zur Kunstform erhob. Im Vorwort zu seinem berühmten Sammelband *Der rasende Reporter* (1925) legte er seine Sicht der neuen Wirklichkeit dar: „Nichts ist verblüffender als die einfache Wahrheit, nichts ist exotischer als unsere Umwelt, nichts ist fantasievoller als die Sachlichkeit. Und nichts Sensationelleres in der Welt gibt es als die Zeit, in der man lebt!“

Neue Impulse für den Roman, in dem „Tatsachen“ den „ganzen Zauber einer verlogenen Gefühlsdichtung“ brechen sollten, gaben u. a. Hans **Fallada**, Erich **Kästner**, ▶ Döblin und vor allem Lion **Feuchtwanger** mit seinen desillusionierenden Geschichtsromanen.

„Gebrauchslyrik“ statt Stimmungs- oder Erlebnislyrik produzierten Dichter wie Erich Kästner, Walter **Mehring**, Joachim **Ringelnatz** (eigent. Hans Bötticher) und besonders Kurt **Tucholsky**, der sich als scharfsinniger Essayist, Kritiker und Satiriker in der Weimarer Zeit einen Namen machte. ▶ Bänkelsang, **Moritat**, ▶ Ballade und Song als volksnahe literarische Gattungen wurden zu den dominierenden lyrischen Zweckformen, die einen unmittelbaren Zugang zum Publikum herstellen sollten. Auf der Bühne revolutionierte neben ▶ Brecht der Regisseur Erwin **Piscator** als Vertreter einer politisch-dokumentarischen Dramaturgie das Geschehen. Nicht mehr der leidende Mensch stand im Mittelpunkt, sondern die ihn bestimmenden gesellschaftlichen Kräfte: Revolution, Krieg, Wirtschaft und Technik. Um gesellschaftliche Zusammenhänge aufzudecken und eine größere Authentizität des Geschehens zu erreichen, bediente sich Piscator der neuen Medien: Zum Einsatz auf der Bühne kamen Filmszenen, Fotografien, Dokumentarmaterialien und Musikstücke.

Neue Subjektivität Der Begriff, der sich gegen konkurrierende Bezeichnungen wie „Neue Innerlichkeit", „Neue Sensibilität" oder „Neuer Irrationalismus" durchsetzte, kennzeichnet eine Tendenzwende in der westdeutschen Literatur der 70er-Jahre, die sowohl als Gegenbewegung zu kulturellen und politischen Positionen aus dem Umkreis der Studentenproteste der späten 60er-Jahre verstanden werden kann als auch als deren Weiterentwicklung.
Die Neue Subjektivität ist geprägt vom Unbehagen an gesellschaftstheoretischen Abstraktionen und politischen Aktionismen, die die Befindlichkeit des Einzelnen vernachlässigten. Die Autoren der Neuen Subjektivität wandten sich den Träumen und Fantasien des Einzelnen zu, den Erfahrungen mit dem eigenen Körper und den persönlichen Problemen in privaten Beziehungen. Charakteristische Beispiele hierfür sind Peter **Schneiders** Erzählung *Lenz* und Karin **Strucks** tagebuchartige Aufzeichnungen *Klassenliebe* (beide 1973). Der heftig diskutierte Roman, in dem sie die Erlebnisse einer Arbeiterin wiedergibt, die allmählich zur Intellektuellen wird, ist ein Dokument zwanghafter Selbstanalyse und schonungsloser Selbstoffenbarung, in dem die Autorin ohne jede Distanzierung ihre eigenen Erfahrungen verarbeitet hat.
Wo die Neue Subjektivität sich nicht in der weinerlichen Auseinandersetzung mit privaten Nöten erschöpfte, sondern die politischen Ansprüche der 68er-Generation fortentwickelte, gelangte sie zur Skepsis gegenüber Fortschritt und einseitiger Vernunftgläubigkeit. Thematisiert wurden Gegensätze wie Zivilisation und Wildnis, Technik und Natur, Vernunft und ▶ Mythos, Mann und Frau (▶ Frauenliteratur).
Von der Rückbesinnung auf die Faszination der subjektiven Wahrheit profitierte vor allem die Lyrik. Die neue Innerlichkeit dieser Lyrik bedeutet keineswegs eine Rückkehr zu den verklausulierten ▶ Metaphern der Symbolisten oder zur hermetischen Poesie des 1970 verstorbenen ▶ Celan. Jede Art von elitärer Sprache, die sich der gesellschaftspolitischen Realität verschloss, wurde abgelehnt. Nicolas **Born**, Jürgen **Theobaldy** und Wolf **Wondratschek** u. a. suchten in betont einfacher, kunstloser Sprache das Einverständnis mit dem Leser, thematisierten Alltagserfahrungen des Einzelnen.
Mit seinen frühen Gedichtbänden *Sperrsitz* (1973), *Blaue Flecken* (1974) und *Zweiter Klasse* (1976) wurde Jürgen Theobaldy zum Repräsentanten dieser „Alltagslyrik", in der bei aller Subjektivität ein gesellschaftspolitischer Hintergrund sichtbar wird. Der Gedichtband *Westwärts 1 & 2* (1975) von Rolf Dieter **Brinkmann** wurde zum Kursbuch der Neuen Subjektivität. Vorbilder und Anregungen für seine Protestlyrik waren die amerikanischen Alternativszenen der ▶ Pop- und Untergrundliteratur, die er in Deutschland bekannt machte.
Ursula **Krechel** gab in ihren Gedichtbänden *Nach Mainz* (1977) und *Verwundbar wie in den besten Zeiten* (1979) Einblicke in ihre persönlichen Entwicklungsphasen. Auch für Krechel bedeutet Subjektivität nicht Flucht, sondern persönliche Auseinandersetzung mit der Realität.
Der Roman der Neuen Subjektivität ist charakterisiert durch die Vorliebe für autobiographisches und biographisches Erzählen, bei dem der Anspruch auf Authentizität,

Ursula Krechel

Elisabeth Plessen

den die ▶ dokumentarische Literatur der 60er-Jahre erhoben hatte, mit dem Bedürfnis nach Selbstaussprache verknüpft werden kann. Verena **Stefans** *Häutungen* (1975) und Bernward **Vespers** Werk *Die Reise* (1977) wurden große Publikumserfolge. Aufsehen erregten auch Fritz **Zorns** *Mars* (1977), Elisabeth **Plessens** *Mitteilungen an den Adel* (1976) und Maria **Erlenbergers** Bericht *Hunger nach Wahnsinn* (1977) sowie Botho **Strauß'** *Die Widmung* (1978).

▶ Handke und Botho Strauß, in den 70er-Jahren bedeutende Autoren der Neuen Subjektivität, distanzierten sich um 1980 von einer Kunst der Verzweiflung, der Endzeitstimmung und der „Werbung für die eigene Hochempfindlichkeit". Mit der Wiederaufwertung des Fiktiven, der ästhetischen Distanz, des Formbewusstseins, des Schönen und Spielerischen werden deutliche Gegenpositionen zur Neuen Subjektivität artikuliert, die schließlich der ▶ Postmoderne weicht.

Neuromantik, in der Literaturwissenschaft umstrittene Bezeichnung für eine literarische Strömung in Deutschland von ca. 1900 bis in die frühen 30er-Jahre des 20. Jh.s, die sich zusammen mit dem ▶ Impressionismus, der Dekadenzliteratur und dem Jugendstil als Gegenbewegung zum ▶ Naturalismus verstanden wissen will. Viele Werke antinaturalistischer, zeitgenössischer Dichter erschweren allerdings wegen des Facettenreichtums und der feinen Differenzierungen dieser sprachlich und inhaltlich eng verwandten Stilrichtungen eine eindeutige Zuordnung und werden deshalb oft pauschal dem europäischen ▶ Symbolismus zugeschrieben. Inhaltlich griffen die Neuromantiker zurück auf Themen und Motive der Romantik, wie z. B. Historisches, Geheimnisvolles, Ungewöhnliches, Exotisches, Religiöses, Gemüthaftes und Mythisches. Erneuert wurden ▶ Sage, Legende und besonders die ▶ Ballade, z. B. von der Ostpreußin Agnes **Miegel** (*Balladen und Lieder,* 1907) und dem Gutsbesitzer Börries von **Münchhausen** (*Das Herz im Harnisch,* 1912); großer Beliebtheit erfreuten sich auch ▶ Anthologien.

Ricarda **Huchs** literarhistorische Untersuchungen über Blütezeit und Verfall der *Romantik* (2 Bde., 1899–1902) hatten die neu-

Ricarda Huch, 1914

Stefan Zweig, um 1925

romantische Bewegung in Deutschland mit eingeleitet. In den frühen Romanen der Dichterin (*Aus der Triumphgasse,* 1902; *Michael Unger,* 1913) wird die Ergriffenheit vom ▶ Ästhetizismus, die Neigung zu einem aristokratischen Individualismus und die Klage über die Vergänglichkeit der vornehmen Kultur als Ausdruck neuromantischer Stimmung besonders spürbar. Ihr Spätwerk dominieren historische Stoffe (u. a. *Die Geschichte von Garibaldi,* 1906/1907; *Wallenstein,* 1915, *Luthers Glaube,* 1916). Der Österreicher Stefan **Zweig** wurde bekannt durch *Sternstunden der Menschheit* (1927) und die *Schachnovelle* (1941). Sein schmales lyrisches Werk (*Silberne Saiten,* 1901; *Die frühen Kränze,* 1906) ist gekennzeichnet durch „Süßlichkeit" und „Manieriertheit" (= gekünstelter Ausdruck, ▶ Manierismus) der Sprache – beides Kennzeichen der Neuromantik. In seinen psychologisierenden Novellen stellte er besonders die komplizierte Seelenverfassung des Menschen an der Schwelle zur ▶ Moderne dar.

Weitere bedeutende Dichter, die der Stilrichtung der Neuromantik zugerechnet werden, sind Jakob **Wassermann** mit seinen Romanen *Das Gänsemännchen* (1915) und *Christian Wahnschaffe* (1919) sowie Hermann **Hesse**, der besonders in seiner frühen Prosa (*Peter Camenzind,* 1904; *Gertrud,* 1910; *Roßhalde,* 1914) die kalte, technisierte Zivilisationswelt ablehnte und den Einklang mit der Natur suchte. ▶ Hauptmann griff in seinen Dramen *Hanneles Himmelfahrt* (UA 1893), *Und Pippa tanzt!* (UA 1906) und *Die versunkene Glocke* (UA 1896) märchenhafte und traumdeuterische Elemente auf, und die düsteren Figuren in Hermann **Stehr**s schlesischen Romanen sind gekennzeichnet von Aussichtslosigkeit und Irrationalität (*Der begrabene Gott,* 1905; *Der Heiligenhof,* 2 Bde., 1918).

In Anlehnung an Goethes Ausspruch „Das Klassische nenne ich das Gesunde und das Romantische das Kranke" wurden auch diesmal „Stimmen laut, die vor ‚der unselig-romantischen Richtung', vor dem irrationalen Gefühls- und Seelenkult warnten. Leo **Berg** meinte: „Das geistige Deutschland steht wieder einmal vor der Gefahr, an seinen Gemütsmenschen zu ersticken."

Und Joseph **Roth** witterte „Gift in veilchenblauen Kelchen“ (K. Rothmann).

Nonsense-Dichtung (engl.=Unsinn) ist eine Bezeichnung für Dichtungen, die unter dem Aspekt der Logik oder der Semantik betrachtet, unsinnig sind. Nonsense-Dichtung spielt mit Klängen, Wörtern und deren oft doppeltem Sinn, ist eine Schöpfung grotesker Fantasie und führt häufig in den Bereich des Traumes oder einer verkehrten Welt. Einzelne Elemente der Nonsense-Dichtung findet man schon in alten Kinderreimen und in den Reden der Narrengestalten ▶ Shakespeares. Von eigentlicher Nonsense-Dichtung kann man erst seit der Mitte des 19. Jh.s sprechen, etwa seit E. **Lears** *Book of nonsense* (1846), woher der Begriff Nonsense-Dichtung stammt, und L. **Carolls** *Alice's adventures in wonderland* (1865, *Alice im Wunderland*). Nonsense-Verse sind ein Phänomen der englischen Literatur, das in den ▶ Limericks bis in die Gegenwart gepflegt wird. Vertreter in Deutschland waren u. a. Christian **Morgenstern**, Joachim **Ringelnatz** und Paul **Scheerbart**. Verbindungslinien bestehen auch zu neueren Kunstrichtungen wie Futurismus, ▶ Dadaismus (Kurt **Schwitters**, Hans **Arp**), ▶ Surrealismus und zu neueren Tendenzen der abstrakten Dichtung, z. B. zu H. C. **Artmann**.

Novalis (1772–1801) ist ein Pseudonym und bedeutet „der Brachland Bebauende“ oder der „Sämann“. Novalis' bürgerlicher Name war Friedrich von Hardenberg. Mit seinem schmalen lyrischen und erzählerischen Werk ist er einer der Hauptvertreter der frühen ▶ Romantik in Deutschland.

Der Lebensweg des in Oberwiedenstedt (Harz) Geborenen führte über eine strenge Erziehung im pietistisch geprägten Elternhaus, ein Jura-Studium in Jena und Leipzig hin zu schnellem beruflichen Aufstieg als Bergbau- und Salinenbeamter in Thüringen und Sachsen. Die Verlobung mit Sophie von Kühn und deren früher Tod war ein existentieller Einschnitt, der Novalis zeitlebens prägte: „Es ist eine Verzweiflung in mir, deren Ende ich nicht absehe.“ In den *Hymnen an die Nacht* (1799) sollte er Jahre später diese Erfahrung künstlerisch „verarbeiten“. Leiden und Tod, unerfüllte Liebe und mystische Naturschwärmerei sind fortan Grundthemen seines Schreibens.

Um 1798 fand Friedrich von Hardenberg Kontakt zum Kreis der Frühromantiker in Jena und verzauberte mit seinen „verklärten Augen“ vor allem die Frauen. In der Zeitschrift *Athenäum* erschien im selben Jahr seine Fragmentsammlung *Blütenstaub.*

In den Jahren bis zu seinem frühen Tod vertiefte er seine naturwissenschaftlichen Kenntnisse auf der Bergakademie in Freiberg (Sachsen), organisierte als Salinenassessor den Bergbau in Weißenfels, schrieb

Friedrich von Hardenberg, zeitgenöss. Stahlstich

das Romanfragment *Die Lehrlinge zu Sais* (1798) sowie die Gedichtzyklen *Hymnen an die Nacht* und *Geistliche Lieder* (1799).

Der Gedichtzyklus *Hymnen an die Nacht* ist Novalis' erste große und zugleich seine bedeutendste lyrische Dichtung. Die in rhythmischer Prosa verfasste Sammlung entstand vor dem Hintergrund persönlicher Todeserfahrung. Novalis gelingt eine magische Beschwörung des Todes. Nicht die äußere Realität bemüht er sich zu begreifen, sondern „nach innen führt der geheimnisvolle Weg". Erst in der Spannung von Licht und Finsternis, Liebe und Sterben wird die unerfüllte Sehnsucht des lyrischen Ich nach Heilung und Erlösung spürbar. Der auf Rettung Hoffende wendet sich in visionär beschwörenden Traumbildern der „heiligen, unaussprechlichen, geheimnißvollen Nacht" zu.

Mit dem Fragment gebliebenen Roman *Heinrich von Ofterdingen* (1799 – 1800) gelang Novalis die literarische Umsetzung der in der Romantik verbreiteten Vorstellung vom Dichter als Universalkünstler, den er zum Magier und Verkünder eines goldenen Zeitalters stilisierte.

Der zum Dichter berufene Heinrich unternimmt mit seiner Mutter eine Wanderung von Eisenach nach Augsburg. Nach der Beschreibung der Reise folgt im zweiten Abschnitt die Erhöhung zum priesterlichen Dichter. Wie im Märchen verläuft die Geschichte spiralartig: Auf die Beschreibung des „Zuhause" folgt der Aufbruch in die „Fremde" mit Gefahr, Abenteuer und Bewährung, um am Schluss wieder in die Ruhe und Erfüllung des „Zuhause" zu münden.

Zu Beginn des Romans steht die Traumvision Heinrichs: das Bildnis der Geliebten in den „Blütenblättern der blauen Blume", *dem* romantischen Symbol für Liebe und Vereinigung (Mensch und Natur), Unendlichkeit (Farbe der Sehnsucht) und Dichtung (Universalpoesie). Damit wird die Wanderschaft zum Weg der Selbsterkenntnis, zum Signal seiner Berufung als Dichter. Die Fahrt entwickelt sich zu einer „inneren Reise" zurück in die „goldene Ferne" des Mittelalters. Am Ziel der Fahrt verklärt sich für Heinrich in doppelter Weise die Welt: Er begegnet in der Realität seiner Traumgestalt Mathilde und wird von ihrem Vater tatsächlich zum Dichter ausgebildet. Der zweite Teil bleibt unvollendet.

1801 – nicht einmal 29-jährig – starb Friedrich von Hardenberg, mit dem sich bis heute die Vorstellung vom romantischen Dichter verbindet.

Novelle (ital.: novella = kleine Neuigkeit, zu lat.: novus, novellus = neu) gehört zu den epischen Klein- und Kurzformen (▶ Epik), im Gegensatz zu Großformen wie Epos und Roman.
Wie der Name bereits sagt, erzählt die Novelle zielgerichtet und in straffer Form „Neuigkeiten" von einem unserer Erfahrungswelt entnommenen bzw. einem möglichen Ereignis. Im Mittelpunkt der dort geschilderten Handlung steht meist ein Konflikt, an dem sich immer auch gegensätzliche Positionen entzünden und damit einen Ausgleich zwischen Neuartigem und Bestehendem, Außergewöhnlichem und Gewohntem einfordern.
Um die oft einlinige Handlung im Hinblick auf die angestrebte Konfliktlösung voranzutreiben, gehorcht die Novelle ganz eigenen formalen Gesetzen. Das Herausstellen von Höhe- und Wendepunkten dient dabei ebenso der Leserlenkung wie erzählerische Vorausdeutungen, die Leitmotivtechnik oder die Verwendung von **Dingsymbolen**. Das sind stets wiederkehrende, die Handlung bestimmende und vorantreibende Motive wie die „Buche" in ▶ Droste-Hülshoffs Novelle *Die Judenbuche*. Sehr beliebt ist auch die Distanz schaffende **Rahmenerzählung**. Mit solch kunstvoller Komposition und ihrer geschlossenen Form steht die Novelle dem ▶ Drama näher als dem oft ausufernd erzählenden ▶ Roman.

Anfänge novellistischen Erzählens finden sich bereits in indischen und orientalischen Märchensammlungen (z. B. *Tausendundeine Nacht*) und in antiken Erzählungen bei Herodot, Livius, Apuleius und Lukian (▶ Antike Literatur).

Als Geburtsstunde der modernen Novelle gelten **Boccaccios** *Decamerone* (1348–53) und **Chaucers** *Canterbury Tales* (1391–99). Seither haben alle bedeutenden Erzähler der Weltliteratur Novellen verfasst. Besonders herausragende Dichter auf diesem Feld waren die Russen **Puschkin**, **Gogol**, **Turgenjew**, ▶ Dostojewski, ▶ Tolstoi und **Tschechow**, die Franzosen **Stendhal**, ▶ Balzac, **Maupassant** und ▶ Flaubert sowie die Amerikaner **Stevenson**, ▶ Poe, **Hawthorne** und **Melville**.

In der deutschen Literatur wird die Novelle erst im 18. Jh. heimisch – mit Verserzählungen des Aufklärungsdichters Christoph Martin **Wieland** und ▶ Goethes Rahmenerzählung *Unterhaltungen deutscher Ausgewanderter* (1795). Im Alter verfasste Goethe dann noch eine Art Musternovelle, die zudem den Gattungsnamen *Novelle* (1828) als Titel trägt.

Ihre Blüte erlebte die Novelle im 19. Jh., vorzüglich in der ▶ Romantik und im ▶ bürgerlichen Realismus. Meister der Novellenkunst waren ▶ Kleist, Clemens **Brentano** (*Geschichte vom schönen Annerl und braven Kasperl*), Adelbert von **Chamisso** (*Peter Schlemihl*), Ludwig **Tieck** (*Der blonde Eckbert*), ▶ Eichendorff, ▶ Hoffmann, ▶ Stifter, ▶ Keller, Theodor **Storm** (u. a. *Pole Poppenspäler, Hans und Heinz Kirch, Der Schimmelreiter*), Conrad Ferdinand **Meyer** (u. a. *Das Amulett, Der Heilige, Die Hochzeit des Mönchs*) und Wilhelm **Raabe** (u. a. *Else von der Tanne, Horacker, Zum wilden Mann*). Als eigenständige Kunstform gepflegt wurde die Novelle im 20. Jh. nur noch vereinzelt, so von Werner **Bergengruen**, Ernst **Wiechert** oder Gertrud von **Le Fort**. Zudem wurde sie stetig von anderen Kleinformen wie der ▶ Parabel und der ▶ Kurzgeschichte verdrängt. Nur noch wenige bedeutende Autoren bekennen sich bereits im Titel (▶ Schnitzler, *Traumnovelle*; Stefan **Zweig**, *Schachnovelle*) oder zumindest im Untertitel (Th. ▶ Mann, *Herr und Hund*; ▶ Grass, *Katz und Maus;* Christoph **Hein**, *Drachenblut*) zu dieser Erzählform.

NS-Literatur Die von der nationalsozialistischen Literaturpolitik (▶ Literatur im „Dritten Reich“) geförderten Schriftsteller entstammten größtenteils dem Lager der Antimoderne und ▶ Heimatliteratur. Sie vertraten eine irrationale Weltsicht und pflegten einen volkstümelnden Realismus, der bereits im Kaiserreich und während der Weimarer Republik ein großes Publikum gefunden hatte.

In der NS-Prosa erlebte der **historische Roman** eine ungeahnte Blüte. Ziel war der Nachweis der Überlegenheit der arischen Rasse. Die germanische Frühgeschichte, die mittelalterliche Ostkolonisation und der deutsche Ordensstaat, der Bauernkrieg, die preußische Geschichte sowie die Befreiungskriege gegen das napoleonische Frankreich stellten dabei beliebte Themen dar. Große Einzelne und charismatische Führer standen im Mittelpunkt.

Bauernromane machten über die Hälfte der jährlich vom NS-Regime empfohlenen Romantitel aus. Die harmonische Darstellung dörflichen Lebens sollte die Existenz einer intakten Volksgemeinschaft vorgaukeln und die Bedeutung des „Reichsnährstandes“ unterstreichen.

Im **Siedlerroman** spiegelte sich der nationalsozialistische Anspruch wider, den Lebensraum der Nation zu vergrößern. Naturkult und bäuerliche Existenzweise mischen sich mit militärischen Formen der Selbstorganisation. Neben die Romane der „inneren Kolonisation“ traten auch solche, die unter Hinweis auf die Kulturleistungen deutscher Bauernfamilien im Ausland die Expansionsbestrebungen des NS-Regimes nach Osteuropa legitimieren sollten.

Szene aus dem Thingspiel „Deutsche Passion 1933" von Richard Euringer

In den **Kriegsromanen** dominierte die Form des ideologischen Berichts, der durch klischeehafte Hasstiraden auf den äußeren Feind und die immer wieder beteuerte Siegesgewissheit geprägt war.

Die **Frauenromane** des „Dritten Reiches" weisen dem weiblichen Geschlecht die traditionellen Rollen der Hausfrau, Mutter und Erzieherin zu. In der bedingungslosen Unterordnung in der Ehe findet die Frau Erfüllung und Mutterglück. An die Stelle der Selbstverwirklichung tritt die Pflichterfüllung im Dienst der Nation.

Im Theater sahen die Nationalsozialisten ein ideales Medium der Massenbeeinflussung. „Heroisch, sachlich, stählern, romantisch, national, gemeinsam und verpflichtend" wünschte sich Goebbels das neue deutsche Drama, das als Gegenentwurf zum experimentell-sozialkritischen Theater der Weimarer Republik konzipiert war und sich am überlieferten **Handlungs**- und **Spannungsdrama** orientierte. Die Themen der NS-Dramatik glichen denen des NS-Romans: **Märtyrerdramen** wie *Schlageter* (1933) von Hanns **Johst** stellten antiintellektuelle Kampfnaturen und Willensmenschen vor, die für den Nationalsozialismus extreme Opfer auf sich nahmen und sich bedingungslos dem Befehl von außen unterwarfen. **Kriegsdramen** wie Heinrich **Zerkaulens** *Jugend von Langemark* (1933) feierten die Frontgemeinschaft und den Kampfesmut deutscher Soldaten. **Geschichtsdramen** wie der groß angelegte Preußen-Zyklus (1934–37) von Hans **Rehberg** ließen Friedrich den Großen als Vorläufer Hitlers erscheinen.

Versuche, eine eigenständige nationalsozialistische Dramatik zu begründen, scheiterten. Eine Ausnahme bildete jedoch das **Thingspiel**, das ungeachtet seiner Rückgriffe auf die Tradition (antikes Theater, mittelalterliche Mysterienspiele, ▶ Agitprop- und Massentheater) eine vergleichsweise neue Spielform darstellte. Die überaus emotionalen Aufführungen waren als kultische Veranstaltungen und Staatsakte gedacht. Massensprechchöre vermittelten das Erlebnis der NS-„Volksgemein-

schaft“. Wegen der monumentalen Aufmärsche und der beabsichtigten Aufhebung der Trennung von Darstellern und Publikum spielte man in Hallen und Stadien sowie auf zum Teil eigens errichteten Freilichtbühnen. Modernste Licht- und Tontechnik sorgten für die erwünschte Wirkung. Meist behandelten diese faschistischen ▶ Gesamtkunstwerke Ereignisse aus der deutschen Geschichte. Ähnlich der altgermanischen Gerichtsversammlung, dem Thing, sprach dabei am Schluss das Volk den Richterspruch über die historischen Akteure. Höhe- und Schlusspunkt des Genres bildete das *Frankenburger Würfelspiel* (1936) von Eberhard Wolfgang **Möller**, das während der Berliner Olympiade mit großem Erfolg uraufgeführt wurde.
Die nationalsozialistische Lyrik steht in erklärtem Gegensatz zur modernen Lyrik, wie sie sich seit der Jahrhundertwende entwickelte. Stattdessen ist eine starke Anlehnung an die klassisch-romantische Überlieferung zu beobachten, die nunmehr in den Dienst der Propaganda gestellt wurde. Das Ergebnis war ein in weiten Teilen überaus platter Traditionalismus. Das Vokabular (Erde, Scholle, Rasse, Art usw.) war das der Blut-und-Boden-Ideologie. Schwulst und Pathos dieser Dichtung fanden gleichwohl den Beifall eines kleinbürgerlichen Massenpublikums.
Das **Gemeinschaftslied** stellte ein besonders beliebtes Medium dar. Kaum ein Schriftsteller, der sich nicht in der Abfassung von Feier- und Bekenntnisliedern, von Marsch- und Kampfgesängen versucht hätte, die oft auf ältere Soldaten- und Volkslieder zurückgriffen und auch das Liedgut der Jugend- und Arbeiterbewegung beerbten (▶ Arbeiterliteratur).

O

Ode (griech. = Gesang) war in der Antike eine Sammelbezeichnung für alle zu Musikbegleitung vorgetragenen Einzel- oder Chorgesänge. Im engeren Sinn versteht man darunter eine lyrische Gattung von strenger, getragener Form, die in gehobener Sprache Feierlich-Erhabenes und Weihevolles, Gegenstände wie Religion, Vaterland, Wahrheit und Freundschaft zum Ausdruck bringt. Die verschiedenen Formen der meist reimlosen Odenstrophe (fast durchweg aus elfsilbigen Versen mit festen Versfüßen bestehend) werden nach den griechischen Lyrikern **Alkaios**, **Asklepiades** und **Sappho** benannt, von denen sie im 7. Jh. v. Chr. geschaffen wurden.

a) **Alkäische Strophe:**

Nur einen Sommer gönnt, ihr Gewaltigen!
xx́x/x́x/x́xx/x́x/x́
Und einen Herbst zu reifem Gesange mir,
xx́x/x́x/x́xx/x́x/x́
Dass williger mein Herz,vom süßen
x/x́x/x́x/x́x/x́x
Spiele gesättiget, dann mir sterbe!
x́xx/x́xx/x́x/x́x

F. **Hölderlin**, *An die Parzen*

b) **Asklepiadeische Strophe:**

Schön ist, Mutter Natur, deiner Erfindung Pracht,
x́x/x́xx/x́/ /x́xx/x́x/x́

auf die Fluren verstreut, schöner ein froh Gesicht,
x́x/x́xx/x́//x́xx/x́x/x́
Das den großen Gedanken
x́x/x́xx/x́x
Deiner Schöpfung noch einmal denkt.
x́x/x́xx/x́x/x́

F. G. ***Klopstock****, Der Zürchersee*

c) **Sapphische Strophe:**

Öder Denkstein, riesig und ernst beschaust du
x́x/x́x/x́xx/x́x/x́x
Trümmer bloß, Grabhügel, den Scherbenberg dort,
x́x/x́x/x́xx/x́x/x́x
Hier die weltschuttführende,weg von Rom sich
x́x/x́x/x́xx/x́x/x́x
Wendende Tiber!
x́xx/x́x

A. v. ***Platen****, Pyramide des Cestius*

Ihren Höhepunkt erreicht die griechische Ode mit **Pindar**. Bedeutende lateinische Beispiele stammen von **Catull** und ▶ Horaz. In der Renaissance dringen die Odenstrophen in die deutsche Literatur ein, werden aber erst bei Friedrich Gottlieb **Klopstock**, dem ersten großen Meister der deutschen Ode, wirksam. Einen weiteren Höhepunkt erlebt die Gattung bei ▶ Hölderlin als mythische, dialektische oder tragische Ode. Beide Dichter beginnen mit der Befolgung der antiken Formen und gelangen zu einem zunehmend hymnischen Charakter. Im 19. Jh. bricht die Odendichtung weitgehend ab. Im 20. Jh. entsteht eine neue ekstatische Ode bei Rudolf Alexander **Schröder**, Johannes R. **Becher** und Franz **Werfel**. Erst Josef **Weinheber** gelingt wieder der Anschluss an die strenge, klassische Odenform.

Oral Poetry (engl. = mündliche Dichtung) bezeichnet eine Forschungsrichtung, die sich mit mündlich tradierter Literatur, deren Formen und Thematik beschäftigt. Sie wurde von den Altphilologen Milman Parry und Albert B. Lord anhand der Epen ▶ Homers und serbokroatischen Materials entwickelt, die als Oral Poetry aufgefasst wurden.
Formelhafter Aufbau, **Topoi** (sich wiederholende Beschreibungen), ähnliche oder gleiche Melodienabfolgen wurden als strukturelle Kennzeichen von Oral Poetry ausgemacht und auch an bekannten Versepen wie *Odyssee*, *Beowulf* und dem *Nibelungenlied* nachgewiesen. Sie ermöglichten dem vortragenden **Sänger**, sich umfangreiche Handlungselemente zu merken, diese zu variieren und während des Vortrages neu zu kombinieren. Heldenschicksale, Brautwerbungen, Abenteuer, aber auch übersinnliche Erlebnisse bildeten die Themen.
Die Trennung zwischen schriftlicher und mündlicher Tradition scheint aber fraglich, weil auch schriftlich tradierte Texte in die Oral Poetry eindrangen und verwendet wurden. So hatten seit dem 17. Jh. Flugblatt-Texte (▶ Flugschrift) großen Einfluss auf die seit dem Mittelalter kursierenden Volksballaden. Ob die festgestellten Merkmale als Gesetzlichkeit für die gesamte Oral Poetry gilt, wird ebenfalls bezweifelt. Außer Frage aber steht ihre Bedeutung für die Vermittlung und Verbreitung von Texten.

Ovid (Publius Ovidius Naso, 43 v. Chr. – 18 n. Chr.) nimmt durch seine sprachliche Meisterschaft, seinen Witz und seine Originalität einen besonderen Platz in der römischen Literatur ein.
Der Dichter stammt aus Sulmo, einer kleinen Stadt etwa 125 km östlich von Rom. Der wohlhabenden Schicht zugehörig, widmete sich Ovid in Rom einem intensiven Rhetorikstudium. Nach dem klassischen Studienaufenthalt in Athen, später auch in Kleinasien und Sizilien, unternahm er die ersten Schritte auf der römischen Ämterlaufbahn, die er jedoch bald aufgab, um sich

Titelblatt der Metamorphosen, um 1780

ganz der Dichtung zu widmen. Einflussreiche Redner und Politiker unterstützten dieses für einen Römer seiner Schicht eher revolutionäre Vorhaben, und der Erfolg ihres Schützlings gab ihnen Recht. Etwa 20 v. Chr. veröffentlichte Ovid sein Erstlingswerk, fünf Bücher *Amores* (23–16 v. Chr., *Liebesgedichte*), in denen er in witzig-ironischer Weise typische Situationen des Liebeslebens präsentiert: das Warten vor der verschlossenen Tür seiner angebeteten Corinna, deren kleine Schmerzen, die Freude über den ersten Triumph, beginnende Eifersucht. Dies alles wirkt nicht sonderlich tief empfunden, dafür glänzen diese Gedichte durch ihre bisweilen distanzierende Ironie und Leichtigkeit.

Bald darauf erschienen die *Heroides* (10 v. Chr., *Heldenbriefe*), eine Zusammenstellung fingierter Liebesbriefe, in denen mythische Heldinnen wie Briseis, Medea oder Phaedra in rhetorischer Perfektion ihre Empfindungen gegenüber in der Ferne weilenden oder ungetreuen Gatten und Liebhabern äußern, deren Antworten eine zweite Briefserie beinhaltet.

Als nächste Werke erschienen die *Ars amatoria* (1 v. Chr, *Liebeskunst*), ein die damalige Mode der Handbücher parodisierendes ironisches Lehrgedicht für Liebende, sowie die *Remedia amoris* (*Liebesheilmittel*), die Ratschläge dafür geben, wie man sich von einer unbequem werdenden Leidenschaft befreien, wo man Eroberungen machen oder wie man gefallen kann.

Ovids Hauptwerk sind die *Metamorphosen* (2–8 n. Chr., *Verwandlungen*). In 15 Büchern und etwa 250 Sagenerzählungen gibt er über das Leitmotiv der Verwandlung eine chronologisch verknüpfte mythische Darstellung vom Anfang der Welt bis zu Caesars Vergöttlichung. Dieses umfangreiche „Märchenbuch" gelangte als Handbuch der griechischen Mythologie zu unsterblichem Ruhm.

Alle diese Werke hatten großen Erfolg und Ovid war der gefeiertste Dichter Roms, als er im Jahre 8 n. Chr. plötzlich durch kaiserliche Kabinettsorder ans Schwarze Meer verbannt wurde. Als Vorwand mussten seine erotischen Dichtungen herhalten, die freilich schon recht lange zurücklagen. Der eigentliche Grund dürfte sein Wissen um eine Affäre der Kaiserenkelin Julia gewesen sein.

Den gesellschaftlich gewandten und modischen Dichter konnte nichts Ärgeres treffen, als einsam in halbbarbarischem Milieu so fern von Rom leben zu müssen. Doch alle seine Bemühungen um eine Revision des Urteils waren vergebens. Im Jahre 18 n. Chr. starb Ovid, ohne sein geliebtes Rom wieder gesehen zu haben.

P

Panegyrik verweist auf die praktische Umsetzung der Vorschriften, die die antike ▶ Rhetorik für das *genus demonstrativum,* eine ihrer drei katalogisierten Gattungen, vorsah. Der Panegyrikus ist also zunächst eine feierliche Rede, die auf einer Festversammlung (griech.:=panegyris) zu Ehren einer verdienten Persönlichkeit, zum Lobpreis hervorragender Taten gehalten wurde. Beispielhaft wurden Reden des **Isokrates**, **Demosthenes** sowie ▶ Ciceros Rede *De imperio Gnaei Pompei* (66, *Über den Oberbefehl des Gnaeus Pompeius*), in der er die Fähigkeiten und Vorzüge des Feldherrn Pompeius hervorhob. In der späten römischen Kaiserzeit erstarrte der Panegyrikus zur poetischen Huldigung des Herrschers in rituellen, schmeichlerisch-überschwänglichen Formen und wandelte sich zur Hofdichtung. Besonders beliebt war die Gattung in der Barockzeit mit ihrer Vorliebe für prunkvolle Umzüge und Festspiele. Verwandte Formen sind die **Eloge**, die **Epideixis** und das **Enkomion**, das für die parodisierende Schrift *Morias enkomion seu laus stultitiae* (1511, Lob der Torheit) des **Erasmus** von Rotterdam titelgebend war.

Parabel (griech.=Gleichnis) meint einen in einer meist kurzen Erzählung dargestellten Vergleich, wobei die erzählte Geschichte durch Analogie auf den tatsächlich gemeinten Sachverhalt übertragen werden muss. In der abendländischen Literatur hat die Parabel ihren Ursprung in den neutestamentlichen Gleichnissen Jesu, wo etwa im Gleichnis vom verlorenen Sohn das Verhältnis des Sünders zu Gott verdeutlicht wird. Auch aus der Antike sind Parabeln bekannt, z. B. die Geschichte vom Magen und den Gliedern des Menenius Agrippa. In der modernen Literatur dienen Parabeln häufig zur Darstellung einer verrätselten Welt, so z. B. in den Parabeln ▶ Kafkas:

„Ach", sagte die Maus, „die Welt wird enger mit jedem Tag. Zuerst war sie so breit, dass ich Angst hatte, ich lief weiter und war glücklich, dass ich endlich rechts und links in der Ferne Mauern sah, aber diese langen Mauern eilen so schnell aufeinander zu, dass ich schon im letzten Zimmer bin, und dort im Winkel steht die Falle, in die ich laufe." – „Du musst nur die Laufrichtung ändern", sagte die Katze und fraß sie.

(Kafka, Kleine Fabel)

Parodie (griech.: parodía, eigentlich „Gegengesang") In einer Parodie wird ein bei den Adressaten als bekannt vorausgesetztes literarisches Werk ganz oder in Teilen unter Beibehaltung kennzeichnender Formmerkmale in satirischer, kritischer oder polemischer Absicht verzerrend nachgeahmt. Die Verzerrung kann durch das Einfügen, Auswechseln, Umstellen, aber auch durch das Weglassen von Textteilen Inkongruenz, Mechanisierung oder beides zusammen erzeugen: *Dort drunten an dem Brünnlein / da sitzet eine Maid / die wäscht sich ihre Füßelein / Es war die höchste Zeit.* Die Verkleinerungssilben im Reim mechanisieren den Volksliedton, die letzte Zeile fügt ein unpassendes Detail hinzu.
Die Parodie, die nach wie vor im Erzählen von Kindern und Erwachsenen, etwa im spöttischen Rollenspiel oder im Nachah-

men von Stimmführung, Mimik und Gestik eine Rolle spielt, richtet sich hauptsächlich gegen 1. alle Formen des Heroischen und 2. des konventionell Sentimentalen.
Die Parodie ist so alt wie das Dichten selbst. Ursprünglich mündlich vorgetragen, drang sie mit zunehmender Verschriftlichung der Literatur auch in die Schreibweise ein. Sie ist meist nicht nur eine Form der innerliterarischen Auseinandersetzung, sondern oft noch mehr literarische Zeitkritik. Durch ihren höheren Kunstanspruch, ihre formalen Übernahmen und ihre umfassende kritische Absicht unterscheidet sich die Parodie von der ▶ Travestie und der ▶ Satire.
Die reiche Geschichte der Parodie beginnt mit den gegen ▶ Homer gerichteten komischen Epen vom schlauen Tölpel *Margites* oder vom pseudoheroischen *Froschmäusekrieg* (5. Jh. v. Chr.). Es folgen Parodien auf die Tragödien des **Euripides** durch **Aristophanes**, Eubulos, Menander u. a. Die Epen und Dramen betreffenden antiheroischen Parodien wenden sich im Mittelalter gegen höfische Ritterdichtungen (H. **Wittenweilers** *Ring*, **Rabelais**' *Gargantua et Pantagruel*), in der neueren Literatur v. a. gegen antikisierende Heldengedichte; in Frankreich entstehen im 17. Jh. Parodien auf die klassische Tragödie. J. **Gays** *Beggars Opera* wendet sich gegen die heroische Barockoper. Antiheroisch und antiklassisch sind die deutschen Parodien auf Werke von ▶ Goethe (F. **Nicolai**, *Freuden des jungen Werther*, F. Th. **Vischer**, *Faust III. Teil*) und ▶ Schiller, später Johann **Nestroys** Hebbel- und Wagner-Parodien. Die gegen das konventionell Sentimentale gerichteten Formen beginnen mit Parodien gegen Vergil, setzen sich in den mittellat. Parodien der Vaganten und in den Parodien auf den ▶ Minnesang (Neidhart, Steinmar) fort, finden reichen Stoff in der empfindsamen und trivialen Dichtung des späten 18. und des gesamten 19. Jh.s bis hin zu den Parodien Robert **Neumanns** (*Mit fremden Federn*, 1927) oder der Heidegger-Parodie in *Hundejahre* (1963) von Grass.
Goethes Gedicht *Mignon* (1780) wurde häufig parodiert, u. a. von F. **Dingelstedt** (*Kennst du das Land, wo Einheitsphrasen blühen?*, 1848), A. **Kerr** und E. **Kästner** (*Kennst du das Land, wo die Kanonen blühen?*, 1928).

Kennst du das Land, wo die Zitronen blühn,
Im dunklen Laub die Gold-Orangen glühn,
Ein sanfter Wind vom blauen Himmel weht,
Die Myrte still und hoch der Lorbeer steht,
Kennst du es wohl?
Dahin! Dahin
Möcht' ich mit dir, o mein Geliebter, ziehn!

Goethe, Mignon (1. Strophe)

Kennst du das Land, wo die Zitrone sanft
Im dunklen Glühwein scheibenförmig
dampft,
Ein kalter Hahn zum grauen Himmel kräht,
Die Myrte still und tief der Lire steht?
Kennst du es wohl?
Heim nach Berlin
Lass zur Erwärmung mein Gefrierfleisch
ziehn!

*Parodie von A. **Kerr**, 1925*

P.E.N.-Club. P.E.N., in Anlehnung zu engl. pen (= Schreibfeder) ist die Abkürzung für engl. *poets* (= Lyriker), *playwriters* (= Dramatiker), *essayists* (= Essayisten), *editors* (= Herausgeber), *novelists* (= Romanschriftsteller).
Damit wird die internationale Schriftstellervereinigung bezeichnet, die 1921 von der Engländerin C.A. **Dawson-Scott** gegründet wurde und für die weltweite Verbreitung von Literatur und den freien Gedankenaustausch eintritt. In über 100 Staaten gibt es P.E.N.-Zentren. Mitglied können „qualifizierte Schriftsteller, Herausgeber und Übersetzer“ werden, wenn sie sich für die Bekämpfung von Rassismus, Klassen- und Völkerhass einsetzen und aktiv für die Presse- und Meinungsfreiheit eintreten. Jährlich finden auf internationaler und nationaler

Ebene Kongresse statt. Nach dem Zweiten Weltkrieg hat sich der P.E.N.-Club besonders für die Förderung der ▶ Nationalliteraturen jüngerer und kleinerer Staaten Verdienste erworben. Seit der Präsidentschaft von Heinrich Böll setzt sich der P.E.N. verstärkt für politisch verfolgte Schriftsteller ein.
Das deutsche P.E.N.-Zentrum wurde 1937 wegen Verstoßes gegen die P.E.N.-Charta ausgeschlossen, gründete sich 1949 neu, spaltete sich aber schon zwei Jahre später wegen ideologischer Gegensätze in ein west- und ein ostdeutsches P.E.N.-Zentrum. Nach der Wiedervereinigung Deutschlands sollten auch die beiden Zentren vereinigt werden. Dieses Vorhaben gestaltet sich aber besonders schwierig.

Pietismus nennt man eine religiöse Bewegung des deutschen Protestantismus von der zweiten Hälfte des 17. Jh.s. bis etwa Mitte des 18. Jh.s., die aber noch darüber hinaus nachwirkte.
Ihr Begründer Philipp Jakob **Spener** wandte sich in seiner Schrift *Pia Desideria* (1675) gegen die dogmatisch erstarrte und gefühllose lutherische Kirche. Nach dem Vorbild der Urkirche sollte zu Gefühl und Fantasie im kirchlichen Leben zurückgekehrt werden. Die intensive Bibellektüre verschaffte den Gläubigen einen eigenen Zugang und eine Steigerung der persönlichen Frömmigkeit. Diese Wiedergeburt sollte der Einzelne als „Erweckung“, „Bekehrung“ oder „Durchbruch der Gnade“ erleben. Der Weg zu Gott führte über ein praktisches Christentum. In der Praxis äußerte sich das z. B. in den Francke'schen Stiftungen in Halle, in deren Mittelpunkt die Erziehung der Jugend stand, oder in der seelsorgerischen, pädagogischen und missionarischen Arbeit.
Insgesamt missbilligte der Pietismus die Kunst und besonders die fiktionale Literatur als Zerstreuung, die vom Wesentlichen ablenke. Dennoch erhielt er durch seine gefühlsbetonte Sprache literaturgeschichtliche Bedeutung. Die geistliche Lieddichtung markiert mit ihren Naturschilderungen, ihrer religiösen Begeisterung und langatmigen Schwärmerei den Übergang zur ▶ Empfindsamkeit. In der ▶ Autobiographie fanden die Pietisten eine literarische Form, in der sie ihre Bekenntnisse und Visionen darstellen und die Zufälle ihres Lebens als Vorsehung Gottes deuten konnten.
Vor allem aber leistete der Pietismus mit seiner Lyrik einen eigenständigen Beitrag zur deutschen Literatur. Ihr bedeutendster Vertreter ist Friedrich Wilhelm **Klopstock**, der in seinen Gedichten erhabene Empfindungen von der Unendlichkeit der Welt festhält. In zahlreichen ▶ Oden greift er aber auch die Regierungsweise des Absolutismus an und feiert den Ausbruch der Französischen Revolution in einer ▶ Hymne. Die gebundenen und gereimten Verszeilen der antiken Formen gab Klopstock jedoch bald auf und gestaltete freie Rhythmen ohne feste metrische Form.
Das pietistische Gedankengut und vor allem seine Sprache beeinflusste Immanuel **Kant** und ▶ Lessing ebenso wie Vertreter des ▶ Sturm und Drang, etwa Johann Gottfried **Herder** und ▶ Goethe.

Pirandello, Luigi (1867–1936) schuf im Laufe seines Lebens vier Gedichtsammlungen, sieben Romane, mehr als 200 Novellen, vierzig Theaterstücke und zwei Essaysammlungen. Berühmt wurde er durch seine Arbeiten für das Theater, insbesondere durch sein Drama *Sei personaggi in cerca d'autore* (1921, *Sechs Personen suchen einen Autor*), obwohl die Novellen den reichsten und eigenständigsten Teil seines Werks darstellen. Als einer der bedeutendsten italienischen Dramatiker und Erzähler dieses Jh.s wurde er 1934 mit dem Nobelpreis für Literatur ausgezeichnet.
Pirandello wuchs in Agrigento (Sizilien) in zunächst begüterten Verhältnissen auf.

Luigi Pirandello

Nach einem Studium der Rechts- und Literaturwissenschaft in Palermo, Rom und Bonn arbeitete er zunächst an verschiedenen römischen Literaturzeitschriften mit, trat dann aber 1897 als Dozent für italienische Literatur in das Höhere Institut für Lehrerausbildung ein. Wirtschaftliche Schwierigkeiten trieben ihn bis an die Grenze des Freitodes. Diese existentiellen Erfahrungen gingen in den Roman *Il fu Mattia Pascal* (1904, *Die Wandlungen des Mattia Pascal*) ein, dessen über Italien hinausgehender Erfolg aber auch seine finanziellen Verhältnisse verbesserte. Die Mitarbeit bei der Zeitung *Corriere della sera*, die Veröffentlichung seines Novellenbandes *La vita nuda* (1910) und die Erstaufführung seiner ersten Einakter etablierten ihn im italienischen Kulturleben. In dieser Zeit entstand sein berühmtestes Stück, *Sei personaggi in cerca d'autore.*

Sechs Personen suchen einen Autor ist zunächst ein sentimentales Melodram in einer gespiegelten Verpackung: Die Bühne stellt die Bühne eines Theaters dar, auf dem Schauspieler ein Stück von Pirandello proben. Die Proben werden gestört durch die Ankunft von sechs Personen, die ein Autor entworfen, dann aber unbearbeitet liegen gelassen hat: der Vater, sein Sohn, die Mutter, die mit ihrem Geliebten drei Kinder hat, darunter die Stieftochter, die der Stiefvater im Bordell findet. Dieses Zerrbild einer Familie sucht nun einen Autor, der den einzelnen Mitgliedern ihr Sein, ihre Identität geben soll. Auf einer zweiten Ebene wird aber die Tragödie dieser Einzelpersonen deutlich: der Zweikampf zwischen Stiefvater und Stieftochter, die Verweigerungshaltung von Mutter und Sohn, der Todesinstinkt aller Beteiligten, der durch die beiden kleinen, nicht sprechenden Kinder verkörpert wird. Fiktion und Wirklichkeit überlagern sich dazu in der parodistischen Oberflächlichkeit, mit der die ursprünglichen Schauspieler diesen Ansatz zu einer Familiengeschichte nachspielend wiederholen. Das Drama führt in Perfektion die Analyse des Innenlebens der Personen und ihre Übertragung auf die Bühne vor. Es kennt keine Illusionen, aber auch keine Lösung.

Pirandellos Hauptthemen sind die Einsamkeit des Menschen und die Brüchigkeit der zwischenmenschlichen Beziehungen. Der Mensch zeigt seinem Gegenüber ein vielfältig schillerndes, stets wechselndes, ungreifbares Gesicht, so als vereinte jeder in sich mehrere getrennte Personen. Nicht einmal sich selbst erscheint der Mensch als Einheit. Alles Erfahrbare ist nur Schein, es gibt keine Sicherheiten, lediglich Zweifel. Dieser Pessimismus erscheint bei Pirandello oft in humorvollem Gewand. Das so provozierte Lachen schafft jedoch keine befreiende Heiterkeit, löst vielmehr das Bewusstsein der Absurdität alles gesellschaftlichen Handelns, ja der Existenz überhaupt aus. Pirandello ist so ein Wegbereiter ▶ Sartres und des ▶ absurden Theaters **Ionescos** und **Becketts**.

Poe, Edgar Allan (1809–1849) ist als Dichter, Erzähler und Theoretiker gleichermaßen bedeutend. Untrennbar ist sein Name mit der Weiterentwicklung und Vollendung der **Shortstory** (▶ Kurzgeschichte) verbunden.

Poe wandte sich in literarischen Essays gegen den zu seiner Zeit vorherrschenden Hang zum Moralisieren. Daneben brach er mit der romantischen Vorstellung, Schönheit und Wahrheit seien unlösbar miteinander verbunden. Vielmehr erklärte Poe die Schönheit zum einzigen Sinn der Kunst.

Die Kurzgeschichte, die Washington **Irving** begründet hatte, erhob er zur eigenständigen Kunstform, die er meisterlich beherrschte. Poe verlangte, dass sich die Shortstory an die drei klassischen Einheiten des ▶ Dramas halte, und forderte zudem einen einheitlichen Stimmungsgehalt sowie einen melancholischen Grundton.

Poe entstammte einer Wanderschauspielerfamilie und wurde mit drei Jahren Waise. Ein reicher Kaufmann, der ihn adoptierte, verstieß ihn jedoch 1826 wegen seiner großen Spielschulden. Ab 1831 lebte er meist in ärmlichen Verhältnissen und bestritt seinen Lebensunterhalt ganz von der Schriftstellerei.

Edgar Allan Poe

Poe verfasste stimmungsvolle Versgedichte, die er zum Beispiel in der Sammlung *Tamerlane* (1827) veröffentlichte. Darin zeigt sich sein starkes Empfinden für Schönheit und Liebreiz der Frauen. Einige dieser Gedichte wenden sich an Elmira, seine Angebetete.

Zur dunklen Seite seines Lebens passen düstere, rätselhafte Gedichte wie das berühmte *The Raven* (1845, *Der Rabe*). Einige von Poes Geschichten wirkten stark auf die damals noch junge Gattung der Kriminalliteratur. Dazu gehört unter anderen seine wohl bekannteste Geschichte *The Murders in the Rue Morgue* (1841, revidierte Fassung 1845, *Der Doppelmord in der Rue Morgue*).

Die Doppelmordgeschichte wird von einem namenlosen Erzähler eingeleitet, der sich in einem weitschweifigen Exkurs über verschiedene geistige Fähigkeiten verbreitet. Analytisches Denken und Intuition werden dabei gegeneinander abgegrenzt. Ein Freund des Erzählers, C. Auguste Dupin, benutzt ebendiese Fähigkeiten, um einen grausamen und für die Polizei unerklärlichen Mordfall zu lösen.

Dupin wurde zum ersten Serienhelden der Detektivliteratur. Einer der zahlreichen Nachfahren Dupins in der Literatur ist Sherlock Holmes in den Erzählungen von Arthur Conan **Doyle** (▶ Kriminalerzählung).

The Fall of the House of Usher (1839, *Der Untergang des Hauses Usher*) ist ein meisterhaftes Beispiel der fantastischen Schauererzählung (▶ Fantastische Literatur). *The Gold-Bug* (*Der Goldkäfer*) gehört zu Poes Abenteuererzählungen.

Poeta doctus (lat. = gelehrter Dichter) bezeichnet einen durch seinen Intellekt bestimmten Dichtertypus von hoher Bildung, der in seinen Werken umfängliche Wissensbestände verarbeitet und sich an ein entsprechendes Publikum wendet. Er kennt die klassischen Muster seiner Genres, neigt zur Reflexion künstlerischer Probleme, zu Anspielungen, Verweisen und versteckten Zitaten. Die Wissenschaften seiner Zeit sind ihm vertraut. Hoch-Zeit des *poeta doctus* waren der Hellenismus und Humanismus, der ▶ Barock und die frühe ▶ Aufklärung. In der deutschen Literatur des 20. Jh.s findet der Begriff bei Autoren wie Th. ▶ Mann, ▶ Benn oder ▶ Musil seine Entsprechung. Als älterer Gegenbegriff erscheint der *poeta vates*, der Dichter als Seher, der aus göttlicher Inspiration seine Werke schafft, oder die Vorstellung des ▶ Sturm und Drang vom Dichter als **Originalgenie**.

Poetik (griech.: poietike techne) bezeichnet ursprünglich die Beschrcibung von Regeln und Verfahren zur Herstellung gesprochener oder schriftlicher Texte, wurde aber im Verlauf der Begriffsgeschichte auf die Lehre von der Dichtkunst eingeschränkt. Poetik in diesem Sinne bildete bis zur Etablierung der ▶ Literaturwissenschaft einen Teilbereich der ▶ Ästhetik. Sie beschäftigte sich zum einen mit dem spezifischen Wesen der Dichtung und ihrer Gattungen (▶ Literaturtheorie), zum anderen mit praktischen Anweisungen zum „richtigen" Dichten (= normative Poetik). Hieraus entstand – als dritte Dimension – die ▶ Literaturkritik.

Von maßgeblicher Bedeutung für die Entwicklung der Poetik in Europa erwies sich neben den *Dialogen* **Platons** die *Poetik* des **Aristoteles** (entst. nach 335 v. Chr.), die das Verhältnis von Dichtung und Wirklichkeit thematisierte und bis heute nachwirkt (▶ Tragödie). Von ähnlich weitreichender Wirkung war die *Ars poetica* des ▶ Horaz, der als zentrale Aufgaben des Dichters das „prodesse et delectare" (= nützen und unterhalten) sah.

Während des Mittelalters wurden poetische Fragestellungen weitgehend im Rahmen der ▶ Rhetorik behandelt. Diese orientierte sich ausschließlich an lateinischen Schriften, vor allem an ▶ Cicero. Erst im Frühhumanismus veränderte sich der Blick. ▶ Dante bereitete den Boden für eine volkssprachliche Literatur. **Bocaccio** und **Petrarca** leiteten eine Neubewertung der Dichtkunst ein, indem sie diese der Theologie gleichsetzten.

Vom ▶ Humanismus bis zur ▶ Aufklärung lassen sich zwei Hauptrichtungen der Poetik unterscheiden: Klassizisten, die sich nach der Wiederentdeckung Aristoteles' an dessen *Poetik* orientierten und die die Nachahmung antiker Werke forderten. Die zweite Richtung bestritt die Gültigkeit des überlieferten Normensystems und klagte eigene poetische Ausdrucksweisen ein.

Auch in der deutschen Poetik, die mit der *Ars versificandi* (1486) des Humanisten Conrad **Celtis** beginnt und lange Zeit unter dem Einfluss der Dichtungslehre des Auslandes stand, lassen sich ähnliche Konstellationen finden. Bereits dem klassizistischen Denken im Gefolge von Martin **Opitz'** (*Von der Teutschen Poeterey*, 1624) standen die vom Manierismus geprägten Poetiken eines Philipp von **Zesen**, Johann **Klaj** oder Georg Philipp **Harsdörffer** gegenüber. Im Zeitalter der Aufklärung kam es zum Streit zwischen dem Leipziger Professor Johann Christian **Gottsched** (*Versuch einer Critischen Dichtkunst*, 1741) und Johann Jacob **Bodmer** sowie Johann Jakob **Breitinger**, die sich für eine gefühlsbezogene Poesie aussprachen. Sie redeten der schöpferischen Fantasie und dem Wunderbaren das Wort und verwarfen die von Gottsched aufgestellte Forderung nach Vernunft und Wahrscheinlichkeit. Zu den entschiedensten Gegnern Gottscheds zählte ▶ Lessing, der in seiner *Hamburgischen Dramaturgie* (1767–69) eine Neuinterpretation der Tragödientheorie Aristoteles' unternahm und mit Blick auf **Diderot** und

▶ Shakespeare gegen die starre Regelhaftigkeit des Klassizismus polemisierte.

Die radikalste Abkehr von der Poetik der Antike vollzogen die Autoren des ▶ Sturm und Drang, die zu einem gänzlich subjektivistischen Dichtungsbegriff gelangten und den Dichter zum **Originalgenie** aufwerteten. Der Dichter ahme die vorgefundene Welt nicht einfach nach, sondern schaffe sich eine eigene, lautete die Botschaft dieser rebellischen Generation, die der Dichtung eine gesellschaftskritische Funktion zuwies. Regeln der klassizistischen Tradition wie die **Ständeklausel** oder die Lehre von den **drei Einheiten** (▶ Drama) wurden mit Verachtung gestraft.

Die deutsche ▶ Klassik richtete noch einmal den Blick in die Vergangenheit. ▶ Goethe, ▶ Schiller oder ▶ Hölderlin orientierten sich am Maß und der Harmonie antiker Kunstwerke. An die Stelle des Herzens und der Regellosigkeit trat das Bekenntnis zu Vernunft und strenger Form, an die Stelle des politischen Anspruchs die Forderung nach Autonomie.

Gegenüber der Klassik forderten die Theoretiker der ▶ Romantik eine Mischung der Gattungen. ▶ Novalis, Friedrich **Schlegel**, Jean **Paul** verneinten das antike Formideal und betonten die unbegrenzte Freiheit des Poeten. Der durch keinerlei Vorgaben gelenkte Entwurf fantastischer und wunderbarer Welten sollte eine Universalpoesie erzeugen und ein romantisches ▶ Gesamtkunstwerk hervorbringen.

Nach Klassik und Romantik geriet die deutsche Poetik zusehends unter den Einfluss realistischer Theorien, zunächst bei den Programmatikern des ▶ Jungen Deutschland und des ▶ Vormärz, sodann im ▶ Realismus. Der Übergang zum Industriezeitalter förderte eine materialistisch bestimmte Weltsicht und die Hinwendung zu gesellschaftlichen Problemen. An die Stelle der Darstellung der Idee trat die des sinnlich Wahrgenommenen. Literatur sollte ein Abbild der Realität sein. Gemäß dem Vorbild ▶ Zolas wurde der Anschluss der Literatur an die naturwissenschaftlichen Methoden des Positivismus und der Milieutheorie gefordert.

Gemeinsames Merkmal des poetologischen Denkens der literarischen ▶ Moderne war die Abkehr von einem naturalistischen Dichtungsverständnis. Wegbereiter dieser epochalen Wende waren Hermann **Bahr** (▶ Wiener Moderne) und ▶ Hofmannsthal. Die Vordenker des ▶ Symbolismus enthoben die Dichtung nicht nur jeglichen Wirklichkeitsbezugs, sondern auch aller moralischer Zwecke. Gleiches gilt für den ▶ Dadaismus und den ▶ Futurismus, die gegenüber einer aus den Fugen geratenen Welt die kompromisslose Demontage der literarischen Konventionen zum Programm erhoben. Eher gemäßigt nehmen sich dagegen die zahlreichen Definitionsversuche und Manifeste des ▶ Expressionismus aus, in denen sich der Drang zu Abstraktion und Pathos zu Wort meldete.

Fragt man nach den wichtigsten poetologischen Ansätzen im weiteren Verlauf des 20. Jh.s, so sieht man sich neben den entsprechenden Beiträgen aus Literaturwissenschaft und Literaturtheorie vor allem auf die unterschiedlichen Positionen des ▶ sozialistischen Realismus verwiesen, auf das theoretische Œuvre ▶ Brechts, Stellungnahmen von ▶ Benn, ▶ Frisch und ▶ Dürrenmatt. Hinzu kommen die Vertreter der ▶ konkreten Poesie, der ▶ dokumentarischen Literatur, des ▶ absurden Theaters und – zuletzt – der ▶ Postmoderne.

Poetischer Realismus Die Formel wird zuerst von Friedrich Wilhelm **Schelling** verwendet, der mit seiner Philosophie Kunst und Literatur der ▶ Romantik stark beeinflusste. Als Kennzeichnung für die Stil- und Schreibformen einer Epoche erscheint der Begriff in den posthum veröffentlichten *Shakespeare-* (1871) und *Roman-Studien* (1891) von Otto **Ludwig**, der damit auf die idyllisierend-resignativen

Ausprägungen des Realismus in Deutschland zielte. Poetischer Realismus wird oft auch als Synonym für ▶ bürgerlichen Realismus gebraucht und steht in deutlichem Gegensatz zum Konzept des ▶ sozialistischen Realismus.

Politische Dichtung ist eine Sammelbezeichnung für Dichtungen, die politische Ideen, Aspekte oder Vorgänge zum Thema haben oder auf die Kritik der Gesellschaft zielen. Im engeren Sinne versteht man darunter Werke, die eine direkte Wirkung beabsichtigen und sich als **engagierte Literatur** oder **Tendenzdichtung** in den Dienst des politischen Tageskampfes stellen. Dies kann die gegebenen Verhältnisse verklären bzw. legitimieren oder sie kritisieren. Die Spannweite der Texte reicht vom Appell und Traktat bis hin zum kunstvoll geformten Gedicht. Der angeschlagene Ton kann ernst oder pathetisch, aber auch der ▶ Satire und dem ▶ Witz verpflichtet sein. Leicht verständlichen Botschaften stehen mehr oder minder verschlüsselte Texte gegenüber, mit denen die ▶ Zensur umgangen werden sollte.

Bevorzugte Gattungen der politischen Dichtung sind lyrische Kleinformen wie Lied, Spruch, Hymne, Chanson, Protestsong oder Ballade, epische Kleinformen wie die Fabel oder Kurzgeschichte sowie kurze Prosaformen wie Flugschrift, Pamphlet, Dialog, Brief, Bericht, Essay oder Reportage. Daneben wurden nicht zuletzt auch das Drama (Agitprop, Straßentheater, Dokumentarische Literatur) und Kabarett für politische Zwecke in Anspruch genommen. Politische Dichtung entsteht vor allem in historischen Umbruchs- und Krisenzeiten, ist auf eine konkrete geschichtliche Situation bezogen und kann nur aus dieser heraus verstanden werden.

Die Anfänge der politischen Dichtung in Europa gehen bis auf das 5. Jh. v. Chr. zurück (▶ Antike Literatur). Hohen Bekanntheitsgrad erlangten die *Perser* von **Aischylos**, die auf den Zerfall des athenischen Stadtstaats anspielenden Komödien des **Aristophanes** und die *Antigone* des **Sophokles**. In römischer Zeit ist an die ▶ Epigramme und Gesellschaftssatiren **Martials** und **Juvenals** zu denken.

In Deutschland liegen die Wurzeln der politischen Dichtung im satirischen Tierepos und der Vagantenlyrik des 12. und 13. Jh. (▶ Mittelalterliche Dichtung). Unter dem Eindruck der staufischen Reichsidee entstanden das in lateinischer Sprache verfasste *Spiel vom Antichristen*, die Werke des **Archipoeta**, die Spruchdichtung ▶ Walthers von der Vogelweide und die Kreuzzugsdichtung eines **Friedrich von Hausen** oder **Freidank**.

Anfang des 16. Jh.s führten Reformation und Bauernkrieg zu einer Blüte des Genres. Proreformatorische Autoren wie **Luther** und Ulrich von **Hutten** wetteiferten mit den Verteidigern der alten Ordnung wie Thomas **Murner**. Durch die Erfindung des Buchdrucks (▶ Buch) fanden ihre Schriften eine weite Verbreitung. Auch ist an die Schriften des Humanisten Johannes **Reuchlin** zu denken, der sich für eine gemäßigte Haltung gegenüber den Juden einsetzte und in seinem Streit mit der Inquisition durch die satirischen *Dunkelmännerbriefe* (1515/17) von Crotus **Rubeanus** unterstützt wurde (▶ Humanismus).

Gegen die Schrecken des Dreißigjährigen Krieges und der Türkenkriege schrieben im 17. Jh. ▶ Grimmelshausen, Friedrich von **Logau** und Andreas **Gryphius**. Gegen die Verherrlichung des Feudalismus wandten sich die antihöfischen Satiren Johann

Alfred Andersch

Martin Walser

Michael **Moscheroschs**, der zu den vielseitigsten Kritikern des ▶ Barock zählt.
Im Zeitalter der ▶ Aufklärung äußerte sich das erwachende politische Selbstbewusstsein des Bürgertums in den politischen Traktaten eines Justus **Möser** und den Werken ▶ Lessings sowie den utopischen Staatsromanen und ▶ Robinsonaden Johann Gottfried **Schnabels** und Christoph Martin **Wielands**. Vor allem mit Dramen und Gedichten wandten sich die Dichter des ▶ Sturm und Drang gegen die Fürstenwillkür – allen voran ▶ Lessing, ▶ Lenz, Heinrich Leopold **Wagner**, der junge ▶ Schiller und Christian Friedrich Daniel **Schubart**. Gleichzeitig riefen die Eroberungszüge Friedrichs des Großen eine Welle propagandistischer Lyrik hervor, die der Pathetik der Dichtung der Befreiungskriege eines ▶ Kleist, Theodor **Körner** oder Ernst Moritz **Arndt** einen fruchtbaren Boden bereitete.
Gegen die Wiederherstellung der Fürstenherrschaft nach dem Wiener Kongress (1815) wandten sich die Dichter des ▶ Vormärz und des ▶ Jungen Deutschland wie ▶ Heine oder ▶ Büchner, die sich für liberale Freiheitsrechte und soziale Gerechtigkeit einsetzten. Mit Georg **Weerth**, Georg **Herwegh** und Ferdinand **Freiligrath** traten um die Jahrhundertmitte auch erstmals Vertreter der ▶ Arbeiterliteratur auf, die in anklägerischer Absicht die Lebenslage des frühen Industrieproletariats thematisierten.
Aufgeschreckt durch das wachsende Elend des Vierten Standes kam es in den 1880er-Jahren im ▶ Naturalismus zu einer erneuten Hochblüte der politischen Dichtung. Sie orientierte sich an ▶ Ibsen und ▶ Zola und fand in ▶ Hauptmann ihren überzeugendsten Vertreter. Zur selben Zeit hielten die gesellschaftsanalytischen Romane ▶ Fontanes und Wilhelm **Raabes** der wilhelminischen Gesellschaft einen kritischen Spiegel vor.
Der Erste Weltkrieg brachte zunächst eine wahre Flut nationaler Kriegsdichtung hervor, die den Krieg als einigendes und reinigendes Stahlgewitter feierte. Erst im Verlauf der Krieges und in Anbetracht der militärischen Niederlage mehrten sich

Wolf Biermann

Rolf Hochhuth

die pazifistischen Stimmen, die ein Ende des europäischen Brudermords forderten. „Arbeiter aller Länder, vereinigt euch“, lautete nunmehr die Parole. Mittel hierzu waren das Antikriegsgedicht, Flugblätter, Essays und das politische Kabarett, die einen wesentlichen Teil der Literatur des ▶ Expressionismus und ▶ Dadaismus ausmachen. Durch die Revolution von 1918/19 erhielt sie wesentliche Impulse. Ernst **Toller**, Erich **Mühsam**, Johannes R. **Becher** und viele andere sozialkritische Autoren nahmen aktiv an ihr teil.

Die Krisen der Weimarer Republik verstärkten nicht nur die Polarisierung der deutschen Gesellschaft, sondern auch die ihrer Literatur. Während nationalsozialistische bzw. national-konservative Autoren wie Ernst **Jünger** das Erlebnis des Weltkriegs besangen oder sich um den Nachweis deutscher Größe bemühten, bekannten sich die Schriftsteller des linksbürgerlichen, sozialistischen und kommunistischen Lagers (z. B. ▶ Brecht, ▶ Döblin, H. ▶ Mann oder Erich Maria **Remarque**) zum Pazifismus, Sozialismus und Internationalismus. Traditionellen Darstellungsweisen standen neue Formen der politischen Dichtung gegenüber, wie sie im Umkreis der ▶ Neuen Sachlichkeit, des **Bundes proletarisch-revolutionärer Schriftsteller** (BPRS) und des ▶ Agitprop entwickelt wurden.

Nach der Machtübernahme des Nationalsozialismus wurden die Werke nationalkonservativer und nationalsozialistischer Autoren zur Staatsliteratur aufgewertet (▶ NS-Literatur), die ihrer weltanschaulichen Gegner verbrannt. Das zeitgenössische Literaturschaffen stand vollends unter der Kontrolle der NS-Zensur (▶ Literatur im „Dritten Reich“). Kritisches zum NS-Staat konnte lediglich in der Literatur der ▶ Inneren Emigration geäußert werden. Eine offene Stellungnahme erlaubten nur das Exil (▶ Exilliteratur) oder die schriftstellerische Arbeit im Untergrund (▶ Antifaschistische Literatur).

Nach 1945 ging die politische Dichtung in Deutschland getrennte Wege. In der sowjetischen Besatzungszone gestaltete sie sich vorwiegend systemstabilisierend und

war den Vorgaben des ▶ sozialistischen Realismus unterworfen. Erst in den 70er-Jahren mehrten sich die kritischen Töne, die die Staatssicherheit mit nicht nachlassendem Eifer zu ersticken suchte (▶ DDR-Literatur).
In den Westzonen und der Bundesrepublik hingegen konnte sich die politische Dichtung – ▶ Trümmerliteratur und die ▶ Gruppe 47 – vergleichsweise frei entwickeln. Erzähler wie ▶ Böll, Alfred **Andersch**, Wolfgang **Koeppen** oder Martin **Walser** und ▶ Grass, Dramatiker wie ▶ Frisch, Tankred **Dorst**, Heiner **Kipphardt**, Peter **Weiss** oder Rolf **Hochhuth** setzten sich mit der jüngsten Vergangenheit auseinander, dem konservativen Klima der Adenauerära, der Wiederaufrüstung und den Auswüchsen der Konsumgesellschaft. Lyriker wie Günter **Eich** riefen zum zivilen Ungehorsam auf oder erklärten wie Hans Magnus **Enzensberger** ihre tiefe Skepsis gegenüber dem Wirtschaftswunder und seiner Bewusstseinsindustrie.
Mitte der 60er-Jahre politisierten der Vietnamkrieg und die durch ihn ausgelöste Studentenbewegung viele Autoren. Für die Literatur bedeutete dies einen tief greifenden Themen-, Gattungs- und Stilwandel. Der Primat des Politischen führte zu einem Wiedererwachen der ▶ dokumentarischen Literatur sowohl auf der Bühne wie auf dem Feld der Reportage. Die politische Lyrik erlebte durch Erich **Fried** eine neue Blüte. Die mundartlichen ▶ Volksstücke Franz-Xaver **Kroetz'** beschrieben die ausweglose Situation des Kleinbürgers und Arbeiters und interpretierten sie als Folge kapitalistischer Ausbeutung. Die Protestsongs und Politballaden der Liedermacher Wolf **Biermann**, Franz Josef **Degenhardt** oder Hannes **Wader** fanden ein ebenso aufgeschlossenes Publikum wie das politische Kabarett. Zum wichtigsten Sprachrohr wurde die Zeitschrift *Das Kursbuch* (seit 1965), die 1968 den „Tod der Literatur" verkündete.
Nach dem Scheitern der Protestbewegung verschob sich das politische Interesse vieler Autoren auf die Ebene des Individuums. Die 1970er-Jahre standen im Zeichen der ▶ Neuen Subjektivität. Bemühungen um weibliche Schreibweisen setzten neue Akzente (▶ Frauenliteratur). Die Direktheit des politischen Angriffs nahm ab und bereitete die umfassende Vernunft- und Zivilisationskritik der 1980er Jahre vor (▶ Postmoderne). In den 1990er-Jahren war es dann vor allem die Wiedervereinigung Deutschlands, die zum Thema der politischen Dichtung wurde. „Wenderomane" wie *Ein weites Feld* von Grass erregten großes Aufsehen und erbitterten Widerspruch.

Pop-Literatur Der leicht missverständliche Begriff kommt wahrscheinlich vom amerikanischen „popular art". Gemeint ist damit ein Literaturtyp vornehmlich der 60er-Jahre unseres Jh.s, der in den Vereinigten Staaten entwickelt wurde und weder auf die Pop-Kultur insgesamt noch auf die vielfältigen Formen „populärer" Literatur oder Texte der Pop-Musik anwendbar ist.

Pop-Literatur richtet sich gegen triviale Unterhaltung einerseits und die großen Formen der europäischen Literaturtradition andererseits. Sie vertritt eine Ästhetik, bei der Geschmack und Kultur des Durchschnittskonsumenten richtungweisend sein sollen. Bei der Übernahme in Deutschland tritt das seit der Herrschaft des Nationalsozialismus vermiedene Wort „Volk" („volkstümliche Kunst") wieder auf, und zwar in einer etwas verschwommenen Bedeutung: Es meint nicht die „Gebildeten“, sondern die Proletarier oder Werktätigen, also diejenigen, die nur eine eingeschränkte Sprache beherrschen: Angehörige der Unterschicht und Kinder. Das Interesse an diesen Gruppen ist ein wesentliches Merkmal der Pop-Literatur.

Der Blick auf die Sprache des Volkes ist auch ein Blick auf Sprach- und Denkformen, die der Literatur immer wieder frische Impulse gegeben haben, etwa im ▶ Sturm und Drang und in der ▶ Romantik. So befasst sich die ▶ Wiener Gruppe nicht allein wegen der sprachlichen Reize mit **Dialektdichtung**. Hans Carl **Artmann** knüpft beispielsweise an Texte des ▶ Surrealismus an, karikiert und parodiert Wiener Mundarten und kombiniert die Stile der verschiedensten Epochen mit dem Großstadtjargon des 20. Jh.s. Unter Dialekt versteht er nicht eine sentimentale Variante der Standardsprache, sondern sieht dessen Nuancenvielfalt.

Hans Magnus **Enzensberger** sammelte Kinderreime und veröffentlichte sie 1969 unter dem Titel *Allerleirauh*. Seine eigenen Gedichte bezeichnet er als „Gebrauchsgegenstände“, die provozieren, keinesfalls gefällige Konsumartikel sein sollen. Wie ▶ Brecht arbeitet Enzensberger mit Verfremdungseffekten: Er entlarvt gängige Redewendungen als Verschleierungsfloskeln, indem er sie in einen neuen Zusammenhang stellt, der ihre Brüchigkeit sichtbar werden lässt. Peter **Rühmkorf** kritisiert in seiner Schrift *Über das Volksvermögen* die Verballhornung von Volks- und Kinderpoesie in Schlagertexten.

Die **Gruppe 61** untersuchte die Denkweisen und Lebensinhalte der Werktätigen. Günther **Wallraff** ließ sich als Fließband- und Werftarbeiter anstellen, schlüpfte in die Rolle des Gastarbeiters und veranschaulichte in seinen dokumentarischen *Unerwünschten Reportagen* (1969) das selbstentfremdete und sinnentleerte Leben der proletarischen Menschen.

Die Autoren interessierten sich dafür, wie der Mensch am Arbeitsplatz und in seiner Freizeit spricht, womit er sich beschäftigt und wie er auf die Einwirkungen seiner Umwelt reagiert. Damit richtete sich das Augenmerk auf Comics, Werbung, Trivialliteratur, Fernsehen, Schlager – also Bereiche, die mit dem traditionellen Begriff des

Elfriede Jelinek

Hans Magnus Enzensberger

Kunstgenusses unvereinbar sind. In großem Umfang beziehen die Autoren der Pop-Literatur Anregungen und Mittel aus diese außerliterarischen Erfahrungswelten. Ror **Wolf** verwendet die Sprache der Fußballreporter zu Collagen, in denen hinter der Spielbeschreibung eine ganz andere Thematik, etwa die des Krieges, auftaucht (*Die heiße Luft der Spiele*, 1980). Seine Methode, eine Sprache zu sprechen, die alle verstehen, um etwas zu sagen, was dem Leser sonst nicht bewusst würde, ist kennzeichnend für die Pop-Literatur. Elfriede **Jelineks** 1970 erschienenes Buch *wir sind lockvögel baby* wurde von der Kritik als erster deutschsprachiger Pop-Roman gefeiert. Die Autorin mixt vorgeformtes Sprachmaterial aus Comics und Horrorclips, aus Beatles-Songs und Heintje-Liedern, sodass die Banalität der Sprechhülsen entlarvt und groteske und satirische Effekte erzielt werden.

Bedeutende amerikanische Pop-Romane sind Andy **Warhols** Tonbandroman *a* (1968), Donald **Barthelmes** Märchenroman *Snow White* (1967, *Schneewittchen*) und Charles **Bukowskis** *Post Office* (1971, *Der Mann mit der Ledertasche*).

Posse ist ein Begriff für eine recht anspruchslose Form der ▶ Komödie. Ursprünglich war ihre Handlung meist unwahrscheinlich, derb und oft mit erotischen Anspielungen durchzogen. Die Posse wurde häufig als improvisiertes Bühnenstück dargeboten. Im Mittelpunkt stand in der Regel eine lustige Figur, die der komödiantischen Volkskunst entstammte und auf die das Stück zugeschnitten war. Im deutschsprachigen Raum war das die Figur des Kasperl, in Italien die des Pantalone und in England die des Pickelhäring.

Die Posse geht zurück auf die ▶ antike Literatur, die bereits possenhafte Elemente enthält (z. B. bei **Aristophanes**). Im Mittelalter findet sie sich im ▶ Fastnachtsspiel, später in der italienischen ▶ Commedia dell'Arte und im barocken ▶ Singspiel wieder. Bis in 19. Jh. war es teilweise üblich, dass ein Theaterabend von einer einaktigen Posse abgeschlossen wurde. Zur Zeit der ▶ Aufklärung wurde die Posse aus dem Theater verbannt. Die treibende Kraft war Johann Christoph **Gottsched**, der diese dramatische Form ablehnte und stattdessen die Komödie in Deutschland etablierte.

In Österreich wirkten die Reformversuche Gottscheds nicht so nachhaltig und so konnte sich die Posse weiterentwickeln. Im Wiener ▶ Volksstück Johann **Nestroys** und Ferdinand **Raimunds** etwa stieg sie zu abendfüllenden Stücken von literarischem Rang auf.

Auch in der modernen Literatur werden Elemente der Posse immer wieder aufgegriffen, z. B. in ▶ Brechts *Kleinbürgerhochzeit*.

Die Posse befriedigt das Bedürfnis des Menschen nach Lachen über komische Situationen. Heute finden sich Anklänge daran in TV-Sitcoms, etwa in einer amerikanischen Kultserie mit ihrer Hauptfigur Al Bundy.

Postmoderne Der seit den 1970er-Jahren zunächst in der Architektur gebräuchliche Begriff wurde bald auf all jene

geistigen und kulturellen Tendenzen ausgedehnt, die sich von den gesellschaftlichen Modernisierungsprozessen seit Beginn des 20. Jh.s abgrenzen. Mit einer neuen Hinwendung zur Natur ist gleichzeitig eine klar distanzierte Haltung zu Technisierung, Industrialisierung und Bürokratisierung verbunden. Diese Frontstellung der Postmoderne zu den Errungenschaften der ▶ Moderne schließt auch eine Abwendung von deren literarischen Leitfiguren ein. Danach gelte es, die ästhetische Moderne mit den Werken von ▶ Kafka, ▶ Joyce, ▶ Proust, Samuel **Beckett** und ▶ Celan ebenso zu überwinden wie die künstlerischen Strömungen des ▶ Fin de Siècle, des ▶ Expressionismus, des ▶ Dadaismus und des ▶ Surrealismus. Mit solcher Distanzierung von avantgardistischen und experimentellen Ansätzen ging bei vielen Autoren ein eigenes gesteigertes Formbewusstsein einher, das sich (in der Epik) in einer traditionellen Erzählweise dokumentiert. Weitere, zentrale Merkmale postmoderner Literatur sind die Rückgriffe auf Geschichte (Eco, *Der Name der Rose*) und Mythos (Ransmayr, *Die letzte Welt*). Gedankenschwere Dichtung, in deren Mittelpunkt beispielsweise die Identitätssuche des Helden steht, wird zu Gunsten einer Literatur aufgegeben, die ihre Handlung schnörkellos erzählt und mit dieser Geschichte Unterhaltung bieten und Vergnügen bereiten will.
Bekanntestes Beispiel ist wohl Patrick **Süskinds** Erfolgsroman *Das Parfüm. Die Geschichte eines Mörders* (1985), in dem der Autor vielfältige Stile und Themen mischt. So greift er geschickt ironisierend auf Motive von Kleist über E.T.A. Hoffmann bis Grass zurück und scheut sich auch nicht, Anleihen bei dem Musical *Das Phantom der Oper* oder Polanskis Film *Rosemary's Baby* zu nehmen.

Der Roman versetzt uns ins Frankreich des 18. Jh.s, wo der hässliche Gnom Jean-Baptiste Grenouille – ausgestattet mit der phänomenalen Fähigkeit, Tausende von Düften zu identifizieren – zum Massenmörder wird, um den „absoluten Duft" zu erfinden. Schließlich wird der geniale Parfumeur entdeckt und zum Tode verurteilt. Doch als Grenouille hingerichtet werden soll, versetzt er die zu dem Spektakel herbeiströmenden Schaulustigen mittels eines geheimnisvollen Parfüms in einen ekstatischen Taumel, der ihm kurzzeitig zur Freiheit verhilft. Denn in seinen Geburtsort zurückgekehrt, wird er von Ausgestoßenen der Gesellschaft in einer Art rituellem Opfer getötet.

Kritiker werfen den Vertretern der literarischen Postmoderne vor, dass sie ihrem Anspruch, über die literarische Moderne hinauszuweisen und sich so als Antimoderne zu etablieren, mit dem Rückgriff auf traditionelle Formen und konventionelle Inhalte nicht gerecht werden.

Proust, Marcel (1871–1922) hat mit seinem Werk *A la recherche du temps perdu* (*Auf der Suche nach der verlorenen Zeit*, 1913–27) einen Markstein in der Entwick-

Marcel Proust

lung des modernen Romans geschaffen. In besonderer Weise sind bei ihm Leben und Werk miteinander verzahnt: Er hat in fast besessener Weise sein Dasein der Entstehung seines Werkes untergeordnet.
Proust wuchs in einem großbürgerlichen Elternhaus in Paris auf. Von klein an äußerst sensibel, bald auch von Asthmaanfällen geplagt, befasste er sich mit literarischen, philosophischen und juristischen Studien, ohne jedoch zu einem Abschluss zu gelangen. Kurzzeitig arbeitete er in einer Notariatskanzlei und einer Bibliothek, gab dann aber jede abhängige Tätigkeit auf und widmete sich vollständig seiner schriftstellerischen Passion. Von kürzeren Reisen, vor allem nach Venedig, abgesehen, zog er sich von 1905 an, dem Tod seiner angebeteten Mutter, bis zu seinem Ende in eine schallisolierte Wohnung zurück. Gelegentliche, bis heute mitunter rätselhafte Ausflüge ins mondäne Pariser Nachtleben unternahm er wohl zu Studienzwecken.
Proust schrieb seit seiner frühen Jugend Gedichte, Porträts, Essays, die großenteils Eingang in die Textsammlung *Les Plaisirs et les jours* (1895) fanden. Viele Themen führen ihn übergangslos zur Arbeit an dem, was dann zu seinem siebenbändigen Lebenswerk *A la recherche du temps perdu* werden sollte. 1913 erscheint der erste Band *Du côté de chez Swann* (*In Swanns Welt*), 1919 *À l'ombre des jeunes filles en fleurs* (*Im Schatten junger Mädchenblüte*), der bald nach seinem Erscheinen den angesehenen französischen Prix Goncourt gewann.

Der Ich-Erzähler erwacht in tiefer Nacht, ist jedoch unfähig, sich zu orientieren, und erkennt nicht das Zimmer, in dem er sich befindet. Schlaflos ruft er sich alle Örtlichkeiten, in denen er jemals genächtigt hat, ins Gedächtnis, ganz besonders jedoch sein Kinderzimmer in Combray, wo er Abend für Abend auf den rituellen Gute-Nacht-Kuss seiner Mutter wartete. Die Bemühung, sich weiterer Erlebnisse seiner Kindheit zu entsinnen, scheitert gerade an der Krampfhaftigkeit, mit der die Erinnerung herbeigezwungen werden soll. Proust entwickelt im Laufe des Romans eine Theorie der Erinnerung. Er unterscheidet die willentliche, *la mémoire volontaire*, von der eher zufälligen Erinnerung, *la mémoire involontaire*, die durch sinnliche Erlebnisse ausgelöst wird. Dies wird durch die berühmte Madeleine-Episode verdeutlicht: der Geschmack einer in Lindenblütentee getauchten Madeleine, eines muschelförmigen Gebäckstücks, ruft dem Erzähler Marcel (der trotz vieler Ähnlichkeiten nicht mit dem realen Autor verwechselt werden darf) die Teezeremonie bei seiner Tante Léonie ins Gedächtnis zurück. Zugleich ersteht in seiner Erinnerung das gesamte Universum seiner Kindheit, das in zwei räumlich und sozial klar unterschiedene Bezirke geteilt ist: die Welt Swanns, eines Freundes seiner Eltern, und die Welt des Adelsgeschlechts der Guermantes, zwei Schichten, die im Laufe des Romans schließlich miteinander verschmelzen.

Auch *Le côté de Guermantes* (*Die Welt der Guermantes*, 1920/21) und *Sodome et Gomorrhe* (*Sodom und Gomorra*, 1921–23) fanden rasche Beachtung. Erst nach Prousts Tod wurden die letzten drei Teile veröffentlicht: *La Prisonnière* (*Die Gefangene*, 1923), *Albertine disparue* (*Die Entflohene*, 1925) und *Le Temps retrouvé* (*Die wiedergefundene Zeit*, 1927).
Prousts *Recherche*, ähnlich wie ▶ Balzacs *Comédie Humaine*, der Entwurf eines riesigen romanesken Kosmos, ist keinem literarischen Genre eindeutig zuzuordnen. Das Werk umfasst ebenso Elemente des psychologischen wie soziologischen, des philosophischen wie des ▶ Bildungsromans. Als Gesellschaftsporträt des ausgehenden 19. Jh.s behandelt es die Pariser Bourgeoisie und den Verfall der französischen Aristokratie. Ebenso vielfältig ist die Thematik: subjektives Empfinden, Mutter-Sohn-Problematik, Krankheit und Tod, Entwicklung und Verfall. Zentral ist freilich immer der Begriff der Zeit.

R

Rätsel bezeichnet eine Denkaufgabe, bei der es einen Gegenstand, einen Vorgang oder eine Person, meist bildhaft umschrieben, zu erraten gilt. Als eine der einfachsten Formen literarischer Gestaltung ist das Rätsel in fast allen Kulturkreisen als älteste Volksdichtung zu finden, so als **Silbenrätsel** (Scharade), **Buchstabenrätsel** (▶ Anagramm), **Zahlenrätsel** oder **Bilderrätsel** (Rebus). In ▶ Sage, ▶ Märchen und Mythos sind Rätsel oft mit der Handlung verknüpft und ihre Lösung entscheidet mitunter über Leben und Tod des Helden.
Der Ursprung des Rätsels liegt im Orient. Die zu den ältesten Rätseln zählenden Sanskriträtsel des *Rigweda* (etwa 1000 v. Chr.) haben die abendländische Rätselüberlieferung stark beeinflusst; frühe Zeugnisse für Rätselspiele und -dichtungen findet man bei den Arabern, in der hebräischen Literatur und in der griechischen Antike, wo das Rätsel als didaktische Gattung gepflegt wurde. Die mittelalterliche Tradition der Rätseldichtung bis zu den Humanisten (Zusammenfassung der humanistischen Rätseldichtung in der *Aenigmatographia* von N. Reusner, 1599) hat ihr Vorbild in der Rätselsammlung des Römers Symphosius (4./5. Jh.).
Die deutschsprachige Tradition der Rätseldichtung beginnt mit der Spruchdichtung **Reinmars** von Zweter und wird im ▶ Meistersang weitergeführt. Mit dem Buchdruck (▶ Buch) begann eine rasche Verbreitung billiger Rätselhefte (um 1500 *Straßburger Rätselbuch*). Sehr beliebt waren vor allem das Bilderrätsel im ▶ Barock, dann die Volksrätsel, die im 18. Jh. und später in der ▶ Romantik entdeckt und gesammelt wurden (J. G. **Herder**, J. von **Görres**). In der Folgezeit zeichnete man in aller Welt Rätsel aus mündlicher Überlieferung auf. Das Rätsel als literarische Kunstform, als einfache Frage in Prosaform bis zur mehrzeiligen Strophe, erlebte im 18. Jh. und im frühen 19. Jh. eine Blüte (bei ▶ Schiller, Johann Peter **Hebel**, Clemens **Brentano**, Wilhelm **Hauff**, Arthur **Schopenhauer**).

Realismus als Schreib- und Stilform ist nicht an eine bestimmte Zeit oder Epoche gebunden. Die Nachahmung der Natur in der künstlerischen Gestaltung, die **Mimesis**, wurde schon bei Platon und Aristoteles (▶ Ästhetik) als Möglichkeit einer höheren Wirklichkeitserkenntnis gedacht. Ein solches Streben nach „Wahrheit" bestimmte die Literatur bis ins 18. Jh. und verlangte damit, dass alles Erzählte „mit dem Laufe der Welt übereinstimme" – so formulierte es in der ▶ Aufklärung Christoph Martin **Wieland** in der Vorrede zu seinem Roman *Agathon* (1766). Auch ▶ Goethe sprach gern von der „Nachahmung der Natur", doch verwandelt in seinem Verständnis der Künstler das Reale im Prozess der Bearbeitung zum „Überzeitlichen" und Idealen von höherem Wert.
Im 19. Jh. wurde der Begriff Realismus prägend für die ganze Literaturepoche. Für sie bildeten sich – je nach Betrachtungsweise – unterschiedliche Bezeichnungen aus: Will man den literarischen Aspekt stärker betonen, spricht man von ▶ poetischem Realismus. Vor allem triviale Werke, die sich an die seinerzeit formulierten theoretischen Aussagen von Otto **Ludwig**, Friedrich

Spielhagen, Julian **Schmidt** oder Theodor **Vischer** gehalten haben, bezeichnet man als **programmatischen Realismus**. Zur Kennzeichnung der Gesamtepoche mit all ihren Spielarten und Facetten hat sich dagegen der Begriff ▶ bürgerlicher Realismus durchgesetzt.

Im 20. Jh. wurde realistisches Schreiben im Sinne von wirklichkeitsgetreuer Spiegelung der Welt immer gepflegt. Besonders im Roman der ▶ Neuen Sachlichkeit wie in der ▶ Kurzgeschichte nach 1945 ging es – bei aller erzählerischen Brechung des Dargestellten – um präzise Beschreibungsmuster.

Reiseliteratur bezeichnet Berichte von Reiseerlebnissen, die entweder einen rein dokumentarischen Charakter haben oder aber literarisch bearbeitet sind, das heißt mit erfundenen, oft der Literatur entnommenen Ereignissen angereichert wurden. Der **Reiseroman** dagegen behandelt ein fiktives Geschehen, zu dem die Reise den Hintergrund oder die Voraussetzung abgibt.
Beschreibungen von Reiseerfahrungen und der Geographie ferner Länder gibt es seit der Antike. **Skylax** von Karyanda, ein Seemann und Geograph, verfasste im letzten Viertel des 6. Jh.s, im Auftrag des Perserkönigs Dareios, einen verloren gegangenen Bericht über seine Expedition indusabwärts und der persischen und arabischen Küste entlang. Sein Werk wurde von dem griechischen Historiker **Herodot** benutzt, der uns wiederum auch auf Grund eigener Erfahrungen in seinen Historien über die damals bekannte antike Welt auch unter geographischen und völkerkundlichem Aspekt berichtet. Verloren sind die Aufzeichnungen über die Alexander-Expedition des Griechen **Pytheas**. Großen Einfluss auf das geographische Weltbild hatte bis in die Neuzeit die Einführung in die Geographie des Griechen Klaudios **Ptolemäus**. Der romanisierte Spanier Pompoinus **Mela**, wohl phönizischer Abstammung, hat 44 n. Chr. seine *Kreuzfahrt durch die Alte Welt* niedergelegt. Von dem kleinasiatischen Griechen **Pausanias** stammt eine **Periegese** (= Reisebeschreibung) von Griechenland. Zudem kursierten **Periploi** (= Beschreibungen von Schiffs- und Forschungsreisen).
Im Mittelalter zeichneten die islamisch-arabischen Reisenden **Ibn Fahlan**, **Ibn Battuta** und **Abu Said** ihre mit persönlichen Erlebnissen angereicherten Reiseerfahrungen in der islamischen und christlichen Welt auf. Ihre Werke beinhalteten auch geographische Wörterbücher und Reiserouten. Sie waren innerhalb der christlichen Welt ebenso weitgehend unbekannt wie die Berichte des spanischen Juden Rabbi **Benjamin** von Tudela und des Prager Juden **Petachja** von Regensburg, der Polen, die Ukraine, die Krim, Armenien, Syrien und den Irak bereiste. Der berühmteste christliche Reisebericht des Mittelalters ist der Marco **Polos**, der allerdings Sagen, Fabeln und Märchen einfügte. Ob er tatsächlich auf seinen Reisen bis nach China kam, ist umstritten. Sachlicher und verlässlicher ist der Bericht von **Wilhelm** von Rubruks Reise nach Karakorum, der Hauptstadt des Mongolenreiches. **Johann** von Mandeville, ein in Lüttich lebender Adeliger, verfasste 1356 den Bericht einer Reise in nahezu alle damals bekannten Länder. Tatsächlich hat er die beschriebenen Reisen niemals selbst unternommen, stattdessen stützte er sich auf eine Vielzahl von schriftlichen und mündlichen Berichten; Mandevilles Buch wurde der „Reisebestseller“ des Spätmittelalters.

Illustration einer deutschen Ausgabe von Las Casas' Bericht

Genauer und zuverlässiger werden die Reiseberichte der Neuzeit. Wissenschaftlich geprägtes Denken und eine neue Technik erzwingen Log- und Tagebücher, die sich wesentlich mehr am Tatsächlichen orientieren. Schon das *Bordbuch* (1492) von Christoph **Kolumbus** weist in diese Richtung. Mit der Entdeckung der Neuen Welt setzt im Zuge der Kolonisation eine neue Welle von Berichten ein: Bartholomé de **las Casas** berichtet über seine Erlebnisse bei den Indios und klagt die weißen Eroberer an. Weniger intellektuell schreibt der aus dem bayerischen Straubing stammende Landsknecht Ulrich **Schmidl** über die Gründung von Buenos Aires. Immer komplexer, sorgfältiger und im Bemühen um eine universale Weltsicht gerieten die Reiseberichte im 18. und 19. Jh. zu einer Bestandsaufnahme der entdeckten Welt, wie Alexander v. **Humboldts** *Amerikareise*.
Die Berichte der großen Entdeckerpersönlichkeiten des 19. und 20. Jh.s wurden zu belletristischen Erfolgen: Sven **Hedin**, David **Livingstone**, Fridtjof **Nansen**, Robert F. **Scott**, Henry M. **Stanley** erlangten auch durch ihre Reisebeschreibungen Berühmtheit. In unserer Zeit sind es die Expeditionen des Südtiroler Bergsteigers Reinhold **Messner** oder die Seereisen des Archäologen Thor **Heyerdahl**. Hohe Auflagenzahlen erreichten auch die Reiseberichte von Herbert **Rittlinger**, der zwischen

den Weltkriegen Europa, China, Japan, die Südsee, Australien und die Urwälder Südamerikas durchstreifte. Seine Ein-Mann-Expedition zum Amazonas wurde unter dem Titel *Ich kam die reißenden Flüsse herab* (1938) zu einem Welterfolg, in *Sieben Schiffe oder Die große Sehnsucht* (1950) berichtet der überaus belesene Dichter ironisch reflektierend über skurrile Begebenheiten während seiner Fahrten über die Weltmeere, und in dem heiter-beschwingten Roman *Das baldverlorene Paradies* (1942) greift er schon früh die Problematik der Umweltzerstörung auf.
Schwer von den dokumentarischen sind die literarisch gestalteten Reiseberichte zu trennen. Im 15. Jh. hat Hans **Schiltberger** seine Erlebnisse in türkischer Gefangenschaft aufgeschrieben. Einfach im Stil, griff er auf unterschiedliche Quellen zurück. Im 18. Jh. verfasste ▶ Goethe auf der Grundlage seiner Aufzeichnungen *Die italienische Reise* (erschienen 1829). In *Deutschland. Ein Wintermärchen* (1843) verarbeitete ▶ Heine ironisch-kritisch die Eindrücke seines Deutschlandbesuchs aus dem Pariser Exil. In einer Tradition von Reiseimpressionen stehen ▶ Fontanes *Wanderungen durch die Mark Brandenburg* (1862–1882), Hans **Carossas** Kriegserlebnisse aus dem Ersten Weltkrieg *Rumänisches Tagebuch*, ▶ Bölls *Irisches Tagebuch* (1957) und ▶ Canettis Miniaturen *Die Stimmen von Marrakesch* (1968).
Reiseromane thematisieren fiktive allgemein gültige Erlebnisse und Erfahrungen, häufig in der Form des **Abenteuerromans**. Mehrere der bekanntesten Werke der Weltliteratur zählen zu den Reiseromanen. In der altägyptischen Erzählung *Sinue* werden die Bestrebungen des Helden erläutert, gerade in der barbarischen Fremde die ägyptischen Werte aufrecht zu erhalten. Die *Odyssee* ▶ Homers berichtet von den 10-jährigen Bemühungen des Helden, wieder in seine Heimat Ithaka und

Illustration zu Jules Vernes' „Von der Erde zum Mond“

zu seiner Frau Penelope zurückzukehren. Die Ritterepen des Hochmittelalters, ▶ Wolfram von Eschenbachs *Parzival*, ▶ Gottfried von Straßburgs *Tristan* sind ebenfalls Reiseepen, die die Erfahrungssuche des Helden zeigen. Der spanische ▶ Schelmenroman *Das Leben des Lazarillo von Tormes* (1554) greift die Reise ebenso auf wie ▶ Cervantes' *Don Quijote*.

Das Genre der ▶ Robinsonade begründete Daniel **Defoes** *Robinson Crusoe*. Im 19. Jh. waren es die Romane von Charles **Sealsfield** und Karl **May**, die eine Unterhaltungsliteratur schufen, die in fernen Ländern, zum Beispiel Nordamerika oder Asien angesiedelt, auch dem Fernweh des Lesers entgegenkam. Die ▶ Exilliteratur der aus Hitler-Deutschland emigrierten Autoren ist zum Teil auch Reiseliteratur, so Anna ▶ Seghers *Transit*. Die Reise spielt sowohl im Kriminalroman eine große Rolle als auch im Roman der Moderne. In ▶ Frischs *Homo faber* wird die Reise zur Metapher der Identitätssuche des Helden.

Im fantastischen Roman (▶ Fantastische Literatur), der ▶ Utopie und der ▶ Sciencefiction ist die Reise häufig unerlässlicher Hintergrund für die Erfahrungen der Helden. Jules **Vernes** Romane sind zum Teil auch Reiseromane, die Reisen um die Erde, zum Mond oder zum Mittelpunkt der Erde schildern. Herbert George **Wells** erweitert in seiner Zukunftserzählung *Die Zeitmaschine* die Reise um die Dimension der Zeit.

Der empfindsame Roman (▶ Empfindsamkeit) des 18. Jh.s benutzt ebenso wie der ▶ Bildungsroman die Reise als Medium, um dem Helden zu seiner positiven Weiterentwicklung zu verhelfen. Die Hauptfiguren in Karl Philipp **Moritz'** Roman *Anton Reiser* (1785), ▶ Goethes *Wilhelm Meisters Lehrjahre* (1795) und Ludwig **Tiecks** *Franz Sternbalds Wanderungen* (1798) reifen charakterlich während der Reise auf Grund der hier gemachten Erfahrungen.

Rezension (lat.: recensere = kritisch begutachten) heißt eine kritische Besprechung und Bewertung von literarischen oder wissenschaftlichen Neuerscheinungen sowie von Konzerten, Theater-, Film- und Fernsehaufführungen. Rezensionen erscheinen in Tageszeitungen (Feuilletonteil) und in wissenschaftlichen Fachzeitschriften. Sie dienen dazu, den Leser über Buchneuerscheinungen und kulturelle Ereignisse zu informieren und ihm eine möglichst objektive Beurteilung zu vermitteln. Dies gelingt nicht immer, da Rezensionen häufig nur die subjektive Meinung des Rezensenten widerspiegeln.

Rhetorik Die soziale Daseinsform der Antike hatte ihren Schwerpunkt im öffentlichen Leben. Gerichtspraxis wie politischer Alltag führten bei den Griechen schon sehr früh zur Ausbildung einer rhetorischen Theorie, die nach anfänglichen Widerständen vom 2. Jh. v. Chr. an in Rom übernommen wurde und in ihren wesentlichen Merkmalen ihre Gültigkeit bis heute bewahrt hat, ja sogar in Massenmedien, politischen Reden usw. eine lebhafte Erneuerung erfährt.

Im angelsächsisch/romanischen Kulturkreis findet diese Renaissance der Rhetorik breiten Widerhall in der wissenschaftlichen Diskussion, von den entsprechenden Gremien der deutschsprachigen Länder wird sie jedoch kaum wahrgenommen. Der Grund für das schlechte Ansehen der Redekunst ist wohl im Missbrauch zu sehen, den die – rhetorisch beschlagenen – Machthaber des „Dritten Reiches" damit trieben. Wollen wir jedoch nicht willige Opfer der Verführungsmechanismen werden, die beispielsweise tagtäglich von der Werbung wie nach den Regeln eines Lehrbuchs gehandhabt werden, müssen uns die Grundzüge wirksamer Sprachäußerung geläufig sein.
Rhetorik setzt sich für die antiken Theoretiker aus drei Bestandteilen zusammen: der Kunst der **Überredung** (*persuasio*), der schönen Form der Rede und der auf gründlicher Einübung beruhenden Erfahrung.
Wie sieht nun diese lehrbare Theorie in ihren Grundsätzen aus? Zunächst wurden von ihrer Funktion her drei Gattungen der Rede unterschieden:
Die **Gerichtsrede** (*genus iudiciale*), also die Anklage- und Verteidigungsrede vor Gericht. Sie umfasste eine Beurteilung vergangener Vorgänge. Heute verstehen wir darunter Plädoyer, Bittschrift, Streitschrift u. Ä.
Die **politische Rede** (*genus deliberativum*): Wie ist die gegenwärtige Situation zu beurteilen? Welche Maßnahmen sollen künftig ergriffen (*suasio*) oder unterlassen (*dissuasio*) werden? Darunter fallen Manifeste, Aufrufe, Petitionen u. Ä.
Die **Lob- und Tadelrede** (*genus demonstrativum*): Darstellung einer Person oder Sache in rühmender oder tadelnder Weise; keine direkte (nur verschleierte) Aufforderung zu einer Handlung. Heute wird dieses Genus als Communiqué, Kritik, Pamphlet, Laudatio u. Ä. bezeichnet.
Sodann katalogisierte man die Tätigkeit des Redners:
Die Auffindung des Stoffes (*inventio*) und seiner Hauptgesichtspunkte ist der erste und wichtigste Schritt. Diese **Stoffsammlung** wird durch Leitfragen erstellt: wer, was, wo, womit, warum, wie, wann?
Nach vollendeter Stoffsammlung ist die **Gliederung** zu erstellen (*dispositio*). Die natürliche Einteilung in Anfang, Hauptteil und Schluss wurde folgendermaßen verfeinert und präzisiert:
Die **Einleitung** (*exordium*) soll den Hörer-/Leserkreis begrüßen, ihn wohlgesonnen (*captatio benevolentiae*) und aufmerksam (*attentum*) machen, weiterhin das Thema ankündigen und präzisieren (*propositio*).
Der **Hauptteil** umfasst gewöhnlich die *narratio*, eine Darstellung der vergangenen Ereignisse oder der gegenwärtigen Lage, die *argumentatio*, eine Darstellung der Folgerungen, die sich aus der narratio ergeben. Diese können durch positive Tatsachen (*confirmatio*) oder durch eine Widerlegung der gegnerischen Partei (*refutatio*) untermauert werden.
Der **Schluss** (*peroratio*) soll die Beweise nochmals kurz zusammenfassen und eventuelle Forderungen daraus ableiten.
Nun kann der gegliederte Stoff formuliert werden (*elocutio*). Die **Stilhöhe** muss dem Thema entsprechend gewählt werden: Der schlichte Stil (*genus subtile*), besonders geeignet für Zivilprozesse, akzentuiert das Belehren (*docere*). Der mittlere Stil (*genus medium*), darauf angelegt, im politischen Alltagsleben zu überzeugen, legt besonderen Wert auf Gefälligkeit (*delectare*). Der erhabene Stil (*genus

grande) bleibt der Darstellung wichtigster staatlicher oder moralischer Themen sowie der Pathosschaffung einer Preisrede vorbehalten. Erste Pflicht des Redners ist es hier, das Publikum emotionell anzurühren (*permovere*).
Eine Rede muss, um wirksam zu sein, konventionelle Stilbahnen verlassen und Variationsmöglichkeiten im Ausdruck finden. Dies ist die Aufgabe des in der Antike vollendet ausgearbeiteten Systems der ▶ rhetorischen Figuren. Vom Redeschmuck abgesehen sind selbstverständlich die Stilqualitäten der Sprachrichtigkeit, der Deutlichkeit, Klarheit und Sauberkeit im Ausdruck und der Angemessenheit der Wortwahl zu beachten.
Der Redner prägt sich sodann die fertige Rede ein (*memoria*). Abschließend werden Stimme, Gestik und Mimik geübt, um die gewünschte Suggestion beim Vortrag (*pronuntiatio*) zu erreichen.
Die Antike wusste freilich um das Spannungsfeld zwischen rhetorischer Brillanz, die nur auf Überzeugungskraft und Scheinbeweisen beruht, und dem Ringen um Wahrheit, Aufrichtigkeit und Inhalt. Wahres Wissen und die Kenntnis um dessen Vermittlung und Weitergabe stellen nur die zwei Seiten einer Einheit dar. Den Worteklingler wird der rhetorisch Gebildete ebenso schnell durchschauen wie den stammelnd-weltfremden Stubengelehrten bedauernd verlassen.

Rhetorische Figuren Innerhalb des Systems der Rhetorik gehört die Beherrschung der rhetorischen Figuren zur *elocutio*, der Ausformulierung der bereits angeordneten Redeteile. Eine auf Wirksamkeit angelegte Rede wird sich nämlich mannigfacher sprachlicher Kunstmittel bedienen, um einem eventuellen Nachlassen der Aufmerksamkeit in den Reihen der Zuhörer zu begegnen und um die inhaltliche Wichtigkeit der eigenen Sache durch eine kunstvolle äußere Form zu stützen. Eine rhetorische Figur erregt deshalb Aufmerksamkeit, weil sie als Abweichung von der Normalform der alltäglich gewohnten Sprache definiert werden kann. Diese Abweichung basiert auf vier formalen Prinzipien: der Auswechslung/Ersetzung von Wörtern, der Umordnung der Wörter im Satzgefüge, der Hinzufügung oder der Wegnahme eines oder mehrerer Wörter.

Figuren der Ersetzung (Tropen)

Allegorie: Ersetzung eines abstrakten Begriffs durch eine bildhaft-anschauliche Einheit, oftmals verbunden mit einer Personifikation, z. B. die Darstellung des Alters durch einen Greis

Euphemismus: Ersetzung einer inhaltlich unangenehmen Sinneinheit durch einen mildernd-beschönigenden Begriff aus Gründen religiöser oder sozialer Scheu, z. B. transpirieren = schwitzen

Hyperbel: Ersetzung des Normalbegriffs zum Zwecke quantitativer oder qualitativer Steigerung des Bedeutungsgehaltes (= Übertreibung), z. B. das Geschrei dringt zum Himmel

Ironie: Ersetzung durch gegenteilige Bedeutung, indem man sich z. B. oft der gegnerischen Wertmaßstäbe bedient. Da es keine Mechanismen gibt, die die Ironie sofort als solche kenntlich machen, müssen kontextuelle Hinweise gegeben sein, die als Ironiesignale bezeichnet werden, z. B. „Brutus is an honorable man" (Antonius in Shakespeares *Julius Caesar*).

Litotes: Hervorhebung eines Begriffes durch Verneinung seines Gegenteils, z. B. nicht übel = gut

Metapher: Ersetzung auf Grund einer Teilüberschneidung des Bedeutungsbereichs. Die Merkmalsmengen des ersetzten und des ersetzenden Ausdrucks haben einen gemeinsamen Durchschnitt. Somit entsteht ein bildhaft-vergleichender Ausdruck. Hierbei kann neben dem ersetzenden Ausdruck der ersetzte Ausdruck im Text erhalten bleiben, z. B.: „Die Flammen seiner Liebe verzehrten ihn" (die Begriffe Feuer und Liebe weisen als gemeinsames Merkmal das Verzehrende auf), oder es findet sich im Text nur der ersetzende Ausdruck, z. B.: „Ich möchte ihre Rubine küssen" (die Rubine stehen hier für Augen, als gemeinsames Merkmal fungiert das feurige Strahlen).
Metonymie: Ersetzung auf Grund einer realen, textexternen Beziehung zwischen ersetztem und ersetzendem Ausdruck, z. B.: Ort statt Person: „das Weiße Haus meint ...", Erzeuger statt Erzeugnis: „im Schiller lesen..."
Personifikation: Übertragung des Merkmals „belebt" auf abstrakte oder kollektive Begriffe, z. B.: „Autos lieben Shell"
Synekdoche: Ersetzung durch einen Ausdruck, der eine Teilmenge des ersetzten Ausdrucks oder umgekehrt bezeichnet, also ein Teil für das Ganze (*pars pro toto*) oder das Ganze für einen Teil (*totum pro parte*). Beispiele: „Unter einem Dach wohnen" („Dach" ersetzt „Haus": *Pars pro toto*), „Amerika gewann den Länderkampf" („Amerika" ersetzt „die amerikanische Mannschaft": *Totum pro parte*)

Figuren der Umordnung

Anastrophe/Inversion: Umkehrung der geläufigen Wortstellung im Einzelausdruck oder im Satzganzen, z. B.: „zweifelsohne"
Chiasmus: Überkreuzstellung gleichrangiger Texteinheiten mit dem Effekt spiegelbildlicher Anordnung: a + b :: b + a: „Die Kunst ist lang, und kurz ist unser Leben"
Parallelismus: Symmetrische Anordnung gleichrangiger Texteinheiten: a + b :: a + b. Gegenteil des Chiasmus: „Heiß ist die Liebe, kalt ist der Schnee"

Figuren der Hinzufügung/Wiederholung

Alliteration: Kombination von Wörtern mit gleichem Anlaut, z. B.: „Schimpf und Schande"
Anapher: Wiederholung eines Wortes zu Beginn mehrerer aufeinander folgender Sätze/Satzteile, z. B.: „Das Wasser rauscht, das Wasser schwoll."
Assonanz: Kombination von Wörtern mit gleichen Vokalen bei Verschiedenheit der Konsonanten: „ein wunderbares Unterpfand"
Etymologische Figur: Kombination etymologisch (= von ihrer Herkunft her) verwandter Wörter: „ein lebenswertes Leben"
Klimax/Gradation: Anordnung von Wörtern/Wortgruppen nach stufenweise gesteigertem (= positive Klimax) bzw. abnehmendem (= negative Klimax) Sinngehalt: „Heute back ich, morgen brau ich, übermorgen hol ich der Königin ihr Kind."
Oxymoron: Verbindung scheinbar widersprüchlicher Begriffe zu einer Einheit: „alter Knabe"
Paradoxon: Scheinbar widersinnige Kombination gegensätzlicher Aussagen, die sich erst bei näherem Hinsehen als sinntragend erweist: „Wer mit sich selbst zufrieden ist, hat allen Grund, mit sich selbst unzufrieden zu sein."
Paronomasie: Koppelung klanglich ähnlicher, aber etymologisch nicht verwandter Wörter: „Eile mit Weile"
Pleonasmus: Ein Begriff wird durch Worte ergänzt, die keine neue Information bringen, deren Gehalt vielmehr im Ausgangsbegriff selbst schon enthalten sind: „weißer Schimmel"
Polysyndeton: Mehrfache ungewöhnliche Wiederholung derselben Konjunktion, Gegenteil des Asyndetons: „Und es wallet und siedet und brauset und zischt."

Tautologie: Bezeichnung einer Sinneinheit durch Häufung von Synonymen, meist zum Zweck stärkerer Eindringlichkeit: „nackt und bloß“, „immer und ewig“, „einzig und allein“.
Zeugma: Koppelung syntaktisch gleichartiger Wörter (meist Substantive) mit einem weiteren Wort (meist Verb, Adjektiv), das innerhalb des gleichen Ausdrucks eigentlich nur mit einem verbunden werden kann: „Nicht nur der Ofen, sondern auch sein Vater war ausgegangen.“

Figuren der Wegnahme von Wörtern

Aposiopese: Bewusstes Abbrechen inmitten des Satzes, um den Leser den weiteren Zusammenhang selbst erraten zu lassen: „Ich werde euch ...“
Asyndeton: Reihung syntaktisch gleichwertiger Wörter/Satzteile ohne verbindende Konjunktion, Gegenteil des Polysyndetons: „Elegant, korrekt, bequem – Diolen“
Ellipse: Auslassung eines aus dem Sinnzusammenhang leicht ergänzbaren, jedoch für die vollständige Konstruktion notwendigen Wortes: „Je schneller, desto besser.“

Rilke, Rainer Maria (1875–1926),

wurde in Prag, dem damaligen Schmelztiegel aus deutscher, jüdischer und tschechischer Kulturtradition, geboren. Nach dem gescheiterten Besuch der Kadettenschule und der Handelsakademie in Linz bereitete sich der junge René (erst später änderte er den Vornamen) privat auf das Abitur vor, das er 1895 ablegte. Das Studium der Kunstgeschichte schloss er nicht ab, sondern entschied sich endgültig für den Schriftstellerberuf.

Rilkes erste lyrische Werke (*Leben und Lieder,* 1894, *Larenopfer,* 1896, *Traumgekrönt,* 1897) waren noch geprägt von verschiedenen europäischen Stilrichtungen der Zeit. Erst in München, im Bannkreis der Schriftstellerin Lou **Andreas-Salomé**,

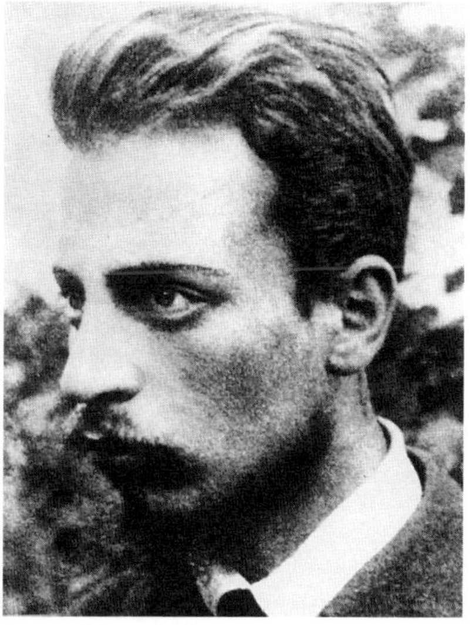

Rainer Maria Rilke, 1903

seiner lebenslangen Freundin, reifte Rilke zum Dichter mit eigenem Ausdrucksvermögen.

Nach einem unsteten Wanderleben durch Europa ließ sich Rilke in der Künstlerkolonie Worpswede nieder und heiratete 1901 die Bildhauerin Clara Westhoff. In dieser Zeit entstand die Prosadichtung *Die Weise von Liebe und Tod des Cornets Christoph Rilke,* die als erster Band der Insel-Bücherei 1912 erschien und den Dichter schlagartig bekannt machte. Rilke erzählt darin in 26 lyrischen Stimmungsbildern emphatisch vom Soldatentum, von erotischen Abenteuern eines jungen Offiziers und dessen rauschhaftem Tod in der Schlacht.

Sein erster bedeutender Lyrikband, das *Stunden-Buch* (1905), sprach besonders religiöse Gefühle an, wie schon der Untertitel *Vom moenchischen Leben / Von der Pilgerschaft / Von der Armuth und vom Tode* andeutet.

Rilke gelang es nicht, sich auf Dauer niederzulassen und ein bürgerliches Leben zu führen. In Paris entstand unter dem Eindruck einer abstoßenden Großstadtrealität Rilkes fingierter Tagebuchroman *Die Aufzeichnungen des Malte Laurids Brigge* (1910), in dem er die Unbehaustheit des modernen Menschen, unterbrochen durch Kindheitserinnerungen, darzustellen versuchte.

Die Erfahrungen des jungen Dänen Malte, der als Dichter in Paris Fuß zu fassen sucht, drücken sich u. a. aus in der schockierenden Darstellung von Krankenhäusern, Elendsvierteln und Räumen, durch die in „unsäglich widerlichen, wurmreichen, gleichsam verdauenden Bewegungen die offene, rostfleckige Rinne der Aborttröhre" kriecht: „Elektrische Bahnen rasen läutend durch meine Stube. Automobile gehen über mich hin. Eine Tür fällt zu. Irgendwo klirrt eine Scheibe herunter, ich höre ihre großen Scherben lachen, die kleinen Splitter kichern." Indem Rilke in diesem Roman auf eine kontinuierliche Handlung verzichtete und Assoziationen freien Lauf ließ, brach er mit den herkömmlichen realistischen Darstellungsformen und wurde dadurch zum Mitbegründer der literarischen ► Moderne.

Rilkes **Ding-Gedichte** (*Neue Gedichte,* 1907/1908) als Gegentypus zur subjektiven Stimmungslyrik behandeln unter Verzicht auf das lyrische Ich ein sinnlich fassbares Kunstwerk, später auch Gegenstände aus dem Alltag, und deuten sie symbolisch. In der Tradition von Eduard **Mörike** (*Auf eine Lampe*) und Conrad Ferdinand **Meyer** (*Der Römische Brunnen*) steht u. a. Rilkes Ding-Gedicht *Römische Fontäne* (1906):

Zwei Becken, eins das andre übersteigend
aus einem alten runden Marmorrand,
und aus dem oberen Wasser leis sich
neigend
zum Wasser, welches unten wartend stand,

dem leise redenden entgegenschweigend
und heimlich, gleichsam in der hohlen Hand,
ihm Himmel hinter Grün und Dunkel zeigend
wie einen unbekannten Gegenstand;

sich selbst ruhig in der schönen Schale
verbreitend ohne Heimweh, Kreis aus Kreis,
nur manchmal träumerisch und tropfenweis

sich niederlassend an den Moosbehängen
zum letzten Spiegel, der sein Becken leis
von unten lächeln macht mit Übergängen.

1923 beendete Rilke die eher versöhnlichen *Sonette an Orpheus* (1923) und die *Duineser Elegien* (1923), die von der Verlassenheit und Schwäche des Menschen, von der Liebe und den Engeln handeln. Die zehn ► Elegien, die der Dichter für sein Hauptwerk hielt, gelten mit ihrer Lebens- und Todesbejahung als mystisch-visionär. Sie sind nur schwer verständlich und zählen deshalb zu den meistinterpretierten Gedichten überhaupt.
Das Einzigartige und Unnachahmliche an der Lyrik Rilkes liegt in ihrem Vermögen, persönliche Empfindungen und alltägliche Erfahrungen äußerst sensibel in Reime zu setzen und dabei eine bezwingende Sprachmagie zu entfalten. Nach ► Musil gehört sein Werk „zu den Jahrhundertzusammenhängen der deutschen Dichtung, nicht zu denen des Tages".

Robinsonade, eine Sonderform des **Abenteuerromans**, ist benannt nach Daniel **Defoes** *Robinson Crusoe* (1719), in dem der schiffbrüchige Matrose Alexander Selkirk auf einer einsamen Insel die kulturelle Entwicklung der Menschheit nachvollzieht. Nach den Prinzipien der ► Aufklärung (Vernunft, Pragmatismus, Optimismus) wird dieser Neuaufbau in lehrhafter Weise der als verderbt angesehenen zeitgenössischen Kultur gegenübergestellt. Der Roman war ein großer Erfolg und in der Folge erschienen zahlreiche Übersetzungen und Nachahmungen.
Doch schon früher taucht das Motiv des unfreiwilligen Aufenthalts in der völligen Abgeschiedenheit einer Insel in der Literatur auf, so etwa im morgenländischen Roman und als Episode im Barockroman, z. B. das

Illustration von Gerhard Goßmann zu Daniel Defoes „Robinson Crusoe", 1957

6. Buch ▶ Grimmelshausens *Simplizissimus* (1669).

Die in Deutschland bedeutendste Robinsonade ist Johann Gottfried **Schnabels** *Insel Felsenburg* (1731). Die hier beschriebene Gründung eines Gemeinwesens, das auf den sozialen und moralischen Grundgedanken der Aufklärung beruht, weitete den Roman zur sozialen und staatsrechtlichen ▶ Utopie aus.

In der weiteren Entwicklung bildete sich neben dem Abenteuerroman und dem utopischen Staatsroman der **Erziehungsroman** (z. B. J. H. Campe *Robinson der Jüngere*, 1779/80, J. D. Wyß *Der Schweizerische Robinson*, 1812–1813) heraus.

Eine Variation des Motivs stellen die **Reiseromane** von Frederick **Marryats** *Masterman Ready* (1843) und Jules **Vernes** dar, die naturwissenschaftliche Kenntnisse und aktuelle Zeittendenzen einbeziehen.

Seit dem 19. Jh. entstanden vielfältige Um- und Weiterdichtungen, z. B. von dem dänischen Lyriker und Dramatiker Adam Gottlob **Oehlenschläger** die Komödie *Robinson in England* (1819) und von Karl v. **Holtei** *Staberl als Robinson* (1845), von Friedrich **Forster** das Volksstück *Robinson soll nicht sterben* (1932) und von ▶ Hauptmann die Parodie *Insel der großen Mutter* (1924). Die Robinsonade wurde aber auch in Opern, Operetten, Balletten und Verfilmungen häufig aufgegriffen.

Rokoko (franz.: rocaille = Muschel, rundes Ornament) bezeichnet die Spätphase des ▶ Barock zwischen 1730 und 1780. Der Begriff stammt ursprünglich aus der bildenden Kunst (Architektur, Malerei) und wurde dann auf die Literatur übertragen. Seit dem Ende des 18. Jh.s in Verwendung, wurde „Rokoko" zunächst abwertend gebraucht für einen altmodischen und lächerlichen Stil. Erst seit dem frühen 20. Jh. bedient man sich des Begriffes wertfrei.

In der Rokoko-Dichtung dominieren heitere Themen wie Lebensfreude und Sinnengenuss auf dem Hintergrund der galanten Hofgesellschaft. Ästhetisches Spiel (z. B. künstliche Schäferszenen) und graziös-scherzhafte Motive bestimmen vor allem die Lyrik, eine Hauptgattung im Rokoko. Natur wird stets anmutig, lieblich und stark künstlich dargestellt, so etwa wenn Schäfer-Idyllen inszeniert werden, die mit der Lebenswirklichkeit von Hirten wenig oder gar nichts gemeinsam haben. Man bevorzugt kleine literarische Formen (Gedicht, Verserzählung, ▶ Singspiel, ▶ Idylle). Zu den Hauptvertretern der deutschen Rokoko-Dichtung gehören Friedrich von **Hagedorn**, Christian Fürchtegott **Gellert**, Christian Felix **Weiße** sowie der junge ▶ Goethe.

Roman ist eine Großgattung der Erzähldichtung (▶ Epik), die sich durch die Prosaform vom Epos oder dem Versroman, durch ihren Umfang und die komplexe Gestaltung der Handlung von epischen Kleinformen wie ▶ Novelle, ▶ Erzählung oder ▶ Kurzgeschichte unterscheidet. Der Begriff kommt aus Frankreich, wo man im 12. Jh. den im gelehrten Latein verfassten Schriften („lingua latina“) die in der Volkssprache der „lingua romana“ geschriebenen Texte entgegensetzte. Später bezeichnete das Wort Roman jegliche Art von Prosaschriften im Gegensatz zu Versdichtungen. Heute ist Roman als die verbreitetste unter allen Gattungen vielfach zum Synonym für Dichtung überhaupt geworden.

Man kann den Roman als eine Weiterentwicklung des ▶ Epos in Prosa bezeichnen. Allerdings gibt es im Roman keine mythische Verankerung des Geschehens mehr, auch fehlt die einseitige Typisierung des Helden. Kennzeichnend ist vielmehr, dass die handelnden Personen – vorzüglich natürlich der Held – individuelle Charakterzüge annehmen und die Möglichkeit zur Persönlichkeitsentwicklung haben. War der Held im Epos noch eingebunden in unverrückbare Ordnungsmuster und in eine überschaubare Welt, so sieht sich der Roman-Held – vor allem in der ▶ Moderne – mit einer komplexen und sich stetig wandelnden Wirklichkeit konfrontiert.

War der Roman vom ausgehenden Mittelalter bis ins 17. Jh. noch vielfach auf das Thema „Liebesgeschichte“ festgelegt, so entwickelte er sich danach zunehmend zu einem Spiegelbild der gesellschaftlichen Realität. Dabei entstand ein Formenreichtum, der eine systematische Einteilung unter Berücksichtigung der unterschiedlichen Aspekte schwer macht. So sind thematische Gliederungen wie ▶ Bildungs-, Erziehungs-, Gesellschafts- und Staatsroman ebenso möglich wie Einteilungen nach inhaltlichen bzw. personenbezogenen Gesichtspunkten: Abenteuer-, Ritter-, Räuber-, ▶ Schelmen-, Künstler-, Großstadt-, Heimat-, Kriminalroman (▶ Kriminalerzählung) oder ▶ Robinsonade. Nach Aussageweise und Autorabsicht lassen sich Zuordnungen vornehmen in den empfindsamen, idealistischen, realistischen, satirischen, humoristischen, fantastischen (▶ Fantastische Literatur), didaktischen, erbaulichen oder religiösen Roman. Ferner kann man daran denken,

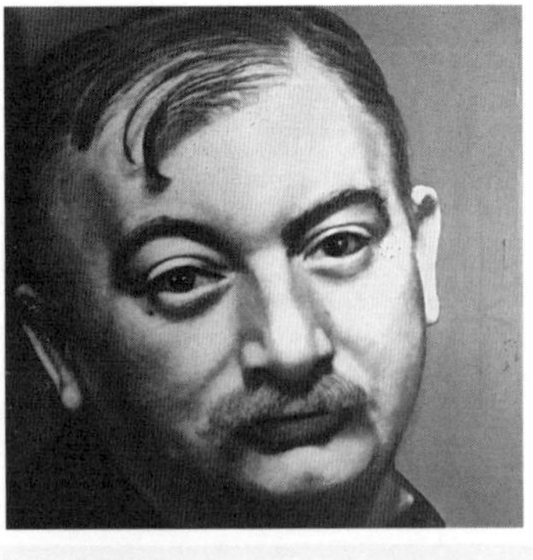

Joseph Roth

Franz Werfel

den Roman unter den Aspekten des äußeren Aufbaus (Brief-, Tagebuch-, Chronik- oder Fortsetzungsroman) sowie der **Erzählsituation** zu betrachten. Der Literaturwissenschaftler Franz K. **Stanzel** hat dazu die Unterscheidung in die drei Erzählsituationen Ich, auktorial und personal (▶ Erzähler) vorgeschlagen. Schließlich bietet sich eine Einteilung nach Wertungskriterien an, die den künstlerisch hoch stehenden Roman vom Schund-, Trivial- oder Unterhaltungsroman (▶ Trivialliteratur) trennt.

Die Anfänge romanhaften Erzählens liegen in Indien und im Orient (▶ Epik). Antike Vorbilder wie der geschichtliche *Alexanderroman* (um 200 v. Chr.) oder der Abenteuer- und Reiseroman *Die Wunder jenseits von Thule* (um 100 v. Chr.) wurden in dem vom Epos beherrschten Mittelalter kaum weitergeführt. So beginnt die Geschichte des abendländischen Romans in der Renaissance mit dem spanischen *Amadisroman* (1490) um Liebe und Rittertum. Mit der rasant steigenden Verbreitung von Büchern insgesamt durch die Erfindung des Buchdrucks (▶ Buch) wurden auch Schwank-, Schelmen- und satirische Romane wie das *Lalebuch*, (1597), *Gargantua et Pantagruel* (1532–1564) und *Lazarillo de Tormes* (1554) ein beliebter Lesestoff.

Die ersten Romane von literarischem Rang entstehen allerdings erst im 17. Jh. und frühen 18. Jh. Zur Weltliteratur zählt noch heute ▶ Cervantes *Don Quijote*, in dem er einerseits satirisch mit dem Rittertum abrechnet und andererseits ein getreues Bild seiner Zeit liefert. Für die Entwicklung des Romans in

Hermann Hesse, Nobelpreisträger von 1946

Lion Feuchtwanger, 50er Jahre

Siegfried Lenz

Deutschland wurde ▶ Grimmelshausens *Simplicissimus* bedeutsam. In England wurde **Defoes** *Robinson Crusoe* (1719) nicht nur der Anstoß für einen neuen Romantypus (▶ Robinsonade), sondern er markiert auch den Beginn des bürgerlichen Romans. Mit der ▶ Aufklärung vollzieht sich Mitte des 18. Jh.s ein fundamentaler Wandel in der Gestaltung der Romanwelt. Die Erzähler beschränken sich nicht mehr (wie im ▶ Barock) auf die äußere Beschreibung ihrer Figuren und deren Handlungen, sondern stellen auch deren Gedanken und Gefühlswelt dar. Beispielhaft wurden Laurence **Sternes** *Tristram Shandy* (1759–67) sowie die Briefromane von **Richardson** (*Pamela*, 1740), **Rousseau** (*Julie oder Die neue Heloise*, 1761) und ▶ Goethe (*Leiden des jungen Werthers*, 1774).
Den Roman des 19. Jh.s, der vorzüglich im bürgerlichen Milieu spielt, prägte der sog. ▶ Bildungs- oder **Erziehungsroman**. Nach Christoph Martin **Wielands** *Geschichte des Agathon* (1766) und Karl Philipp **Moritz'** psychologischer Studie *Anton Reiser* (1785–1790) schrieb Goethe mit seinem *Wilhelm Meister* (1795/96) das vielfach bewunderte und immer wieder entlehnte Vorbild (▶ Novalis, *Heinrich von Ofterdingen*; ▶ Keller, *Der grüne Heinrich*; ▶ Stifter, *Der Nachsommer*). Dabei blieben kritische und schelmische Gegenentwürfe nicht aus, wie die Beispiele *Kater Murr* (▶ Hoffmann), *Münchhausen* (**Immermann**) und *Stopfkuchen* (**Raabe**) zeigen. Von der Mitte bis zum Ende des 19. Jh.s wird das Interesse der Leser an sozialen und historischen Themen größer. So entstanden zahlreiche **Geschichts-** und **Gesellschaftsromane**, die aber vielfach nur den Massengeschmack befriedigten. Beispiele aus der damaligen Trivialliteratur sind Felix **Dahns** *Ein Kampf um Rom* (1876) und Eugenie **Marlitts** *Im Hause des Komerzienrats* (1877).
Romankunst von weltliterarischem Rang findet man – sieht man einmal von Goethe und ▶ Fontane ab – im 19. Jh. kaum in Deutschland. Die großen und bedeutenden Romanciers kommen aus Frankreich (▶ Balzac und ▶ Zola), England (**Dickens** und **Thackeray**), Amerika (**Melville** und **Twain**) und Russland (▶ Tolstoi und ▶ Dostojewski).
Die gesellschaftliche und künstlerische Umbruchstimmung zu Beginn des 20. Jh.s (▶ Fin de Siécle) führte zu einer Verunsicherung der Autoren im Hinblick auf ihre erzählerischen Möglichkeiten. Die noch im 18. und 19. Jh. selbstverständliche Verfügungsgewalt allmächtiger Erzählerfiguren war durch die allgemeine Relativierung des Ich nicht mehr gegeben. Erzähler wie handelnde Figuren verloren in einer zunehmend undurchschaubar gewordenen Welt ihre Souveränität. Man spricht daher auch von einer **Krise des Erzählens** um 1900. Zugleich begann mit Autoren wie Thomas und Heinrich ▶ Mann, ▶ Kafka, ▶ Musil, ▶ Döblin, Hermann **Broch**, Hermann **Hesse**, Jakob **Wassermann**, Lion **Feuchtwanger**, Franz **Werfel**, Joseph **Roth** und Heimito von **Doderer** eine bislang einzigartige Vielfalt und Qualität in der deutschen Romanliteratur.
Der Traditionsbruch durch das „Dritte Reich" (▶ Literatur im „Dritten Reich") machte im Nachkriegs-Deutschland einen völligen Neuanfang notwendig – wobei die 1949 entstandenen beiden Staaten völlig unterschiedliche Wege gingen (▶ DDR-Literatur). Vor allem im Westen bezogen sich junge Autoren nach 1945 nicht auf Thomas Mann oder Musil, sondern blickten zunächst fasziniert auf die amerikanische (**Wolfe**, ▶ Hemingway, **Faulkner**), französische (**Camus**, **Gide**) und

britische (**Beckett**) Erzählliteratur. In der Bundesrepublik Deutschland wurde der Roman – neben der Kurzgeschichte und dem Drama – zur wichtigsten literarischen Möglichkeit, die Schrecken des Krieges und die Zeit der NS-Diktatur zu verarbeiten. Autoren wie ▶ Böll, ▶ Grass, Alfred **Andersch** (*Sansibar oder der letzte Grund*, 1957) und Siegfried **Lenz** (*Deutschstunde*, 1968) stellten diese Themen bis in die 70er-Jahre ins Zentrum ihrer Romane. Diese Nachkriegsdichtergeneration (▶ Gruppe 47) wurde in den 70er- und 80er-Jahren von jungen Autoren (z. B. Nicolas **Born**, ▶ Handke, Brigitte **Schwaiger**) abgelöst, die sich von politischen Themen abwandten und das persönliche Empfinden wieder stärker in den Mittelpunkt stellten (▶ Neue Subjektivität). Ende der 80er- und zu Beginn der 90er-Jahre distanzierte sich eine neue Schriftstellergeneration unter dem Stichwort ▶ Postmoderne von der literarischen Moderne, ohne sie künstlerisch wirklich zu überwinden. Die Romane von Christoph **Ransmayr** (*Die letzte Welt*, 1988), Patrick **Süskind** (*Das Parfüm. Die Geschichte eines Mörders*, 1985), Sten **Nadolny** (*Die Entdeckung der Langsamkeit*, 1983) oder Robert **Schneider** (*Schlafes Bruder*, 1992) verarbeiten vielmehr traditionelle Erzählmuster und spielen lediglich mit bekannten Erzählformen. Mit dem Aufgreifen mythischer Bereiche werden auch Anklänge des **magischen Realismus** der modernen ▶ lateinamerikanischen Literatur spürbar.

Romantik (1795–1830) Parallel zur Weimarer ▶ Klassik bildete sich seit 1795 in Deutschland die Romantik als bedeutende literarische und künstlerische Bewegung aus. Ihre Wurzeln als einer Protestbewegung junger Künstler und Dichter liegen in der Kritik am Rationalismus des 18. Jh.s (▶ Aufklärung). Vergleichbar der Aufbruchstimmung des ▶ Sturm und Drang grenzte sich die Romantik als „ästhetische Revolution" von der Klassik ab und entwickelte ein eigenes künstlerisches Programm, das unter dem Stichwort „Universalpoesie" auf die Verschmelzung von Leben und Kunst hinauslief. Mit Jena, Berlin und Heidelberg bildete sie lokale Zentren aus, die wiederum in andere Städte ausstrahlten. Die Epoche zerfiel in drei große Phasen, die man als Früh-, Hoch- und Spätromantik bezeichnet.
Das Wort Romantik gelangte erst im 18. Jh. von England über Frankreich nach Deutschland. Als Bezeichnung für wunderbare und fantastische Abenteuer- und Liebesromane bürgerte sich der Begriff auch in Deutschland ein. Umgangssprachlich verbindet sich noch heute mit „romantisch" die klischeehafte Vorstellung vom gefühlsbetonten, schwärmerischen Naturerleben („Mondscheinromantik"). Die Romantiker selbst verstanden diesen Begriff dagegen vielschichtiger: Er meinte für sie die Beziehung von Kunst, Geschichte und Natur ebenso wie eine bestimmte Lebenshaltung. Damit wurde romantisch bald mit Poesie schlechthin gleichgesetzt – einer Poesie, die gleichermaßen alle Kunstgattungen wie Lebensbereiche erfasst, also universal ist.
Grundlage für die Kunstauffassung der Romantiker, die den Gegensatz von schöpferischem Ich und unabhängiger Realität aufzuheben trachteten, waren die philosophischen Überlegungen Johann Gottlieb **Fichtes** und Friedrich Wilhelm **Schellings**.

Die bestimmenden weltanschaulichen und ästhetischen Prinzipien der Romantik waren **Universalität** und **Subjektivität**. Im Mittelpunkt stand das schöpferische Genie, das mit seiner Einbildungskraft alle Lebensbereiche poetisch zu erfassen suchte. Ziel war das universelle ▶ Gesamtkunstwerk, das alle künstlerischen Gattungen, wissenschaftlichen Disziplinen und politisch-sozialen Strömungen in sich vereinigt. So wurden Malerei und Musik, Naturwissenschaften und Medizin, Philosophie und Ästhetik, Religion und Pädagogik, Geschichte und Staatstheorie gleichermaßen in den künstlerischen Prozess mit einbezogen. Von daher erklärt sich auch das breit gefächerte Interesse der Romantiker an allen Künsten und Wissenschaften sowie an politischen und gesellschaftlichen Fragen.

Titelseite des ersten Bandes der Liedersammlung, 1806

Die romantische Bewegung war – bei aller Naturverbundenheit – auf die Stadt bezogen. In diesem Umfeld entwickelte sich in Zirkeln und literarischen **Salons** ein regelrechter Geselligkeitskult. Beispiele aus dem Umfeld der Literatur sind die großbürgerlichen Salons in Berlin oder der „Jenaer-Kreis“ um die Brüder Schlegel. Im Gegensatz zu solch intensivem Gemeinschaftsleben standen ausgeprägte Individualtalente, wie die künstlerischen Mehrfachbegabungen zahlreicher Romantiker beweisen – berühmtestes Beispiel ist zweifellos E.T.A. ▶ Hoffmann.
Die Beziehung der Romantiker zur **Natur** war durchaus zwiespältig. Einerseits werden Wörter wie *Wald* und *Waldeinsamkeit* zu Schlüsselbegriffen der Epoche. Andererseits erfährt der Mensch den Schutzraum Natur immer auch als bedrohlich und gefährlich. Besonders eindringlich wird das Doppelgesicht der Natur in den schaurig-schönen Bildern von Caspar David Friedrich.
Stärker noch als die Malerei wurde für die Romantiker die **Musik** zur „romantischsten aller Künste“. Niemals wieder in der Literatur wurde deshalb so viel gesungen und musiziert wie in den Romanen und Erzählungen der Romantik. Musikalität wurde damit zum Vorschein des Unendlichen, zum tiefsten Gefühlsausdruck und einer Sehnsucht nach dem Geheimnisvollen und Wunderbaren. Nicht von ungefähr sammelten Arnim und Brentano *Volkslieder* und nannte Novalis seine Lyrik um die Rätsel des Todes *Hymnen an die Nacht.*
Die Erschütterungen der Französischen Revolution und die gesellschaftlichen Umwertungen in deren Folge hatten eine Rückbesinnung auf vermeintlich glücklichere historische Epochen ausgelöst. Als goldenes Zeitalter mit christlichen Zügen galt

den Romantikern das Mittelalter. Damit war nicht nur eine Distanzierung von der Antiken-Rezeption der Weimarer Klassik verbunden. Zugleich wurde in den Zeiten äußerer Bedrohung (Befreiungskriege gegen Napoleon) das Interesse an deutscher Kunst des Mittelalters und der Renaissance zur Stärkung der eigenen Identität genutzt. Dabei ging die Wiederentdeckung altdeutscher Literaturzeugnisse stets einher mit der Rezeption und Übersetzung europäischer Kulturdenkmäler, etwa eines Petrarca, Milton, ▶ Shakespeare, ▶ Cervantes oder ▶ Calderón. Zugleich wurde für viele Romantiker das Mittelalter zum „Zeitraum der vorherrschenden Fantasie", aus dem Dichtung und Kunst bevorzugt ihre Motive wählten, z. B. Romane wie **Tiecks** *Sternbald*, Novalis' *Ofterdingen* oder Arnims *Kronenwächter* (1817), Erzählungen wie Fouqués *Undine* (1811) und Arnims *Isabella von Ägypten* (1812) oder Eichendorffs Novelle *Das Marmorbild* (1819).
Aus der spontanen Mittelalterbegeisterung der Frühromantiker wurde in der Heidelberger Romantik (Hochromantik) eine systematische, oft wissenschaftlich fundierte Sammlertätigkeit alter Texte. Besonders während der Befreiungskriege (1812–1815) bestand freilich die Gefahr, **Volksbücher** und **Volkslieder** im patriotischen Überschwang zu verklären und unreflektiert zu aktualisieren. So rühmte man das *Nibelungenlied* als die germanische *Ilias*, und mittelalterliche Heldenepen wurden zu Leitbildern im nationalen Kampf gegen Napoleon stilisiert.
Das Zentrum der **Frühromantik** war die in der Nähe Weimars gelegene Universitätsstadt Jena. Zwischen 1795 und 1800 sammelten sich dort um die Brüder August Wilhelm und Friedrich **Schlegel** von der Aufbruchsstimmung begeisterte Dichter und Philosophen (Novalis, Ludwig Tieck und Clemens Brentano, Fichte, Schelling und Steffens) und geistreiche Frauen.
Das erste romantische Buch waren *Die Herzensergießungen eines kunstliebenden Klosterbruders,* 1796 anonym erschienen, von Wilhelm Heinrich **Wackenroder** (1773–98) verfasst. Mit seinen Kunstbetrachtungen zur Renaissance und seiner Aufwertung der Musik hatte das schmale Bändchen Programmcharakter. Weitere bedeutende Werke der Frühromantik sind Tiecks Künstlerroman *Franz Sternbalds Wanderungen* (1798), den Novalis zum Vorbild für seinen *Ofterdingen*-Roman nahm, sowie Tiecks Märchen *Die Heymonskinder, Die schöne Magelone, Die Schildbürger, Der blonde Eckbert* (1797).
Als Idealbild des romantischen Dichters gilt noch heute Friedrich von Hardenberg, ▶ Novalis. In seinem ▶ Bildungsroman *Heinrich von Ofterdingen* schuf er mit der blauen Blume *das* romantische Sehnsuchtssymbol. Mit dem Tod von Novalis (1801) endete die Frühromantik.
Die **Hochromantik** oder **Heidelberger Romantik** beginnt 1805, als sich Clemens **Brentano**, Achim von **Arnim**, der Publizist Joseph **Görres** und weitere Gelehrte in Heidelberg, einem kulturellen Zentrum der Zeit, zusammenfanden. Ihrem Kreis standen die Brüder Jacob und Wilhelm Grimm, Ludwig Tieck und Friedrich Schlegel sowie Bettina von Arnim, Caroline von Günderode und Joseph von Eichendorff nahe. Brentano und Arnim gaben ihre Volksliedanthologie *Des Knaben Wunderhorn* (1805) heraus und Görres sammelte Volksbücher (1807) aus dem Spätmittelalter und dem 15./16. Jh. Den eigentlichen Mittelpunkt in Brentanos Werk bildet allerdings seine Lyrik, wo volksliedhafte Balladen (*Lore Lay*) ebenso zu finden sind

Illustration zu Adelbert von Chamissos Erzählung „Peter Schlemihls wundersame Geschichte", 1835

wie sinnliche Liebesgedichte, schlichte Naturlyrik und geistig-religiöse Klagelieder. Daneben hat er auch Kunstmärchen verfasst.
In dieser Zeit entstand auch das in aller Welt bekannteste deutsche Buch: die Märchen der Brüder Grimm. Auf Anregung Brentanos sammelten Jacob und Wilhelm **Grimm** ebenfalls Lieder für das *Wunderhorn* sowie Zeugnisse altdeutscher Dichtung (*Deutsche Sagen*, 1812–16). Dabei stießen sie auch auf schriftliche wie mündliche Zeugnisse von Volksmärchen, die sie in einem kunstvollen Märchenton literarisch umarbeiteten. Unter dem Titel *Kinder- und Hausmärchen* veröffentlichten sie zwischen 1812 und 1815 eine zweibändige Märchensammlung (1819 um einen dritten Band erweitert). So wurde die Wiederentdeckung und Belebung der Volkspoesie zur eigentlichen Leistung der Heidelberger Romantik.
Die **Spätromantik**, auch **Berliner Romantik** genannt, wird vor allem mit zwei Dichtern verbunden: ▶ Eichendorff und E.T.A. Hoffmann.
Einzeltalente sind Friedrich de la Motte **Fouqué** mit seiner später auch vertonten Erzählung *Undine* (1811) und Adelbert von **Chamisso** mit der Novelle *Peter Schlemihls wundersame Geschichte* (1813). Gelegentlich werden auch die Vertreter der sog. **Schwäbischen Romantik** zur Epoche gezählt: etwa der Lyriker Justinus **Kerner**, der Balladendichter Ludwig **Uhland**, der auch historische Dramen verfasste, und der früh vollendete Märchendichter Wilhelm **Hauff**.
Die Romantik war eine gesamteuropäische Erscheinung. Allerdings erfährt die Romantik nicht in allen Ländern die gleiche Ausprägung, die der Entwicklung in

Deutschland vergleichbar ist. In der englischsprachigen Literatur trägt sie eher realistische Züge, während sie in der französischen Literatur an die Aufbruchstimmung des Sturm und Drang erinnert. Gemeinsam ist allen, dass sie die Natur als gefühlsbetonten Ort entdecken, auf die jeweiligen nationalen Literaturdenkmäler zurückgreifen (vorzüglich aus dem christlichen Mittelalter) und sich von den Fesseln eines klassizistischen Literaturverständnisses lösen (Verabsolutierung des Schönen) sowie in ihren Werken die starren Gattungsgrenzen zu überwinden suchen.

Romanze ist das romanische Gegenstück zur germanischen ▶ Ballade. Die Romanze ist ein episch-lyrisches Preislied auf einen Glaubens- oder Freiheitshelden der altspanischen Sage und Geschichte. Da diese Gattung meist nicht zum Gesang bestimmt war, ist sie heiterer und im Erzählstil breiter angelegt als die Ballade, die mit ihr aber grundsätzlich verwandt ist.
Die Romanze wurde zunächst im 14. und 15. Jh. mündlich überliefert (▶ Oral poetry) und seit dem 15. Jh. auf Druckblättern verbreitet. Bedeutende Vertreter der Romanze sind für Spanien Lope de **Vega**, Francisco de **Quevedo**. Antonio **Machado** und ▶ García Lorca haben die Gattung in neuerer Zeit wieder aufgegriffen.
In Deutschland wurde sie durch Johann Wilhelm **Gleim** eingeführt (1756). Zunächst sah man Romanze in als gleichbedeutend mit der Kunstballade, so zur Zeit des ▶ Sturm und Drang durch ▶ Goethe und ▶ Schiller. Johann Gottfried **Herder** wies dann durch sinnverwandte Übersetzungen, insbesondere in seinem Romanzenzyklus *Cid* (veröffentlicht 1805) darauf hin, dass die ursprüngliche Romanze volkstümlichen Charakters sei. Damit leitete er eine Blüte der Romanze in der ▶ Romantik ein. A. W. und F. **Schlegel**, Ludwig **Tieck**, ▶ Eichendorff, Ludwig **Uhland**, Clemens **Brentano** und andere veröffentlichten in der Folge Romanzen und Romanzenübersetzungen.

Russische Literatur gibt es erst seit dem hohen Mittelalter, als nach der Christianisierung des Reichs von Kiew im 9. Jh. die altslawische Kirchensprache und die Sprache des Volkes verschmolzen. Zu den frühesten Zeugnissen der alten russischen Literatur (11. – 17. Jh.) zählen geistliche Texte, vor allem Evangelienübersetzungen, Predigten, Heiligenlegenden und Schriften der Kirchenväter der Ostkirche. Reste vorchristlicher Traditionen enthalten Überlieferungen aus der Volksdichtung, z. B. Zaubersprüche und ▶ Sprichwörter. Auch frühe Heldenlieder sind nachweisbar, wie das *Igor*-Lied aus dem 12. Jh.
Nachdem der Sitz des Großfürsten im 14. Jh. von Kiew nach Moskau verlegt worden war, verstärkte sich der byzantinische Einfluss auf die russische Literatur. Besondere Bedeutung gewannen die Heiligenviten, die jahrhundertelang zum allgemeinen Bildungsgut gehörten.
Das frühe 18. Jh. bedeutete sowohl für die politische Geschichte als auch für die Literatur einen wichtigen Einschnitt: Zar Peter der Große revolutionierte Staat und Gesellschaft, indem er eine weitgehende Öffnung seines Landes nach Westen voll-

zog. Damit ermöglichte er das Vordringen der westeuropäischen ▶ Aufklärung. Die russische Literatur orientierte sich vor allem an französischen Vorbildern. M. W. **Lomonossow** versuchte, eine russische Literatursprache zu schaffen, es entstanden Gesellschaftssatiren und klassizistische Dramen für ein russisches Nationaltheater. Sogar die Zarin Katharina die Große verfasste Komödien und gab literarische Zeitschriften heraus. Nach 1789 allerdings verstärkte die Französische Revolution auch bei der russischen Obrigkeit die Revolutionsfurcht, daher verschärfte man die ▶ Zensur, um kritische Äußerungen zu unterdrücken.
Weltrang erreichte die russische Literatur vor allem im 19. Jh. mit großen Romanautoren wie Ivan S. **Turgenjew**, ▶ Tolstoi und ▶ Dostojewski.
Zu Beginn des 19. Jh.s bewiesen v. a. Ivan A. **Krylow** mit seinen Fabeln und Alexander S. **Puschkin** weitgehende Unabhängigkeit von altrussischen und französisch-klassizistischen Vorbildern. Puschkin schrieb neben Gedichten und Erzählungen vor allem Dramen wie *Eugen Onegin* (1840) und *Boris Godunow* (1831), die zur Vorlage für die Opern von Tschaikowsky und Mussorgski wurden.
Nikolaj W. **Gogols** groteske *Petersburger Erzählungen* – berühmt daraus wurden vor allem *Die Nase* und *Der Mantel* – und sein unvollendeter Roman *Die toten Seelen* (1846) karikieren den beschränkten Horizont und das engstirnige Verhalten sowohl des städtischen Kleinbürgertums als auch der adligen Gutsbesitzer.
Das 19. Jh. stand im Zeichen gesellschaftlicher Spannungen zwischen den Traditionalisten, die das autokratische Zarenregime und die feudalistische Gesellschaftsordnung bewahren wollten, und den an Westeuropa orientierten Intellektuellen, die sozialistische und nihilistische Ideen verbreiteten. Obwohl man die Zensur verschärfte, gelang es auf Dauer nicht, die neuen Bewegungen zu unterdrücken. Das starre Festhalten am alten System führte schließlich zur Revolution von 1917 und zur Umgestaltung von Staat und Gesellschaft durch die Kommunisten.
Die bedeutenden Epiker des 19. Jh.s thematisierten neben ihrer Analyse der Gesellschaft auch die aktuellen weltanschaulichen Auseinandersetzungen, vor allem zwischen Christentum und Atheismus (Tolstoi, Dostojewski). Auf groteske Weise

Alexander Puschkin, 1827

Nikolaj W. Gogol

veranschaulicht Ivan A. **Gontscharow** in seinem Roman *Oblomow* (1859) die Selbstaufgabe eines Adligen durch zunehmende Trägheit. Anton **Tschechow** stellte in seinen von melancholischer Grundstimmung getragenen Dramen (*Die Möwe, Drei Schwestern, Der Kirschgarten*) den moralischen und materiellen Niedergang der Gutsbesitzerschicht dar. Der Adel hat seine gesellschaftliche Führungsrolle verloren und wird abgelöst durch ein geschäftstüchtiges Bürgertum, für das Reichtum der wichtigste Wert ist.
Die Revolution von 1917 hatte auch für die Literaturszene erhebliche Folgen. Zahlreiche Schriftsteller mussten emigrieren oder sich dem kommunistischen System anpassen. Zu Letzteren gehörte Maxim **Gorki**, dessen Heimatstadt Nischni Nowgorod sogar nach ihm benannt wurde. Die massive staatliche Einflussnahme verstärkte sich seit den frühen 30er-Jahren, nachdem sich Stalins Alleinherrschaft ge-

Michail A. Bulgakow

Alexander I. Solschenizyn, Nobelpreisträger von 1970

Anton P. Tschechow

Maxim Gorki

festigt hatte. Bestehende Schriftstellerverbände wurden aufgelöst, Autoren erhielten Publikationsverbot, wurden verhaftet, interniert oder ermordet. Trotz dieser Terrormaßnahmen entstanden literarische Werke von hohem Rang, die teilweise erst Jahrzehnte später gedruckt werden konnten. Eine bissige Satire auf den Moskauer Literaturbetrieb der 30er-Jahre bietet der Roman *Der Meister und Margarita* von Michail **Bulgakow**, der zu Lebzeiten des Autors nicht erscheinen durfte. Der Teufel und seine Gehilfen besuchen Moskau und richten ein Chaos in der korrupten Bevölkerung an. Boris **Pasternaks** Roman *Doktor Schiwago* erschien 1958 im Ausland, der Autor musste auf staatlichen Druck hin den Nobelpreis ablehnen. Alexander **Solschenizyn** veröffentlichte seine Auseinandersetzungen mit dem kommunistischen Regime ebenfalls im Westen (*Der Archipel Gulag*, *Ein Tag im Leben des Iwan Denissowitsch*). Solschenizyn lebte jahrzehntelang im Ausland und kehrte erst in den 1980er-Jahren nach Russland zurück.
Unter den zeitgenössischen Autoren sind vor allem der Lyriker Jewgenij **Jewtuschenko**, Wladimir **Woinowitsch** und Tschingis **Aitmatow** mit seiner Erzählung *Dshamilja* im deutschen Sprachraum bekannt geworden.

S

Sachbuch Im weiteren Sinn bezeichnet man jede Art von Literatur, die nicht der ▶ Belletristik zugerechnet wird, als Sachbuch (im Angloamerikanischen als *Nonfiction*); im engeren Sinne wird der Begriff etwa seit den 30er-Jahren für eine populärwissenschaftliche Darstellung von Fakten und Erkenntnissen auf wissenschaftlichem, sozialem, politischem, wirtschaftlichem, kulturellem und kulturhistorischem Gebiet verwendet.
Vom wissenschaftlichen Fachbuch unterscheidet sich das Sachbuch durch seine allgemein verständliche, oft fesselnde Darstellung. Ansätze zu Sachbüchern lassen sich schon in der Antike bei **Thukydides** und **Herodot** und im Mittelalter im *Buch der Natur* des **Konrad** von Megenberg (1349/50) feststellen. Im 17. und 18. Jh. kommen die Sachbücher dem Bildungsbedürfnis des emanzipierten Bürgertums entgegen (z. B. Voltaires *Éléments de la philosophie de Newton*), im 19. Jh. kommt es im Zuge verbesserter Volksbildung und des Aufstiegs der Arbeiterschaft zu einer steigenden Nachfrage an Sachbüchern. Einen ungeheuren Aufschwung und weltweite Verbreitung erlebte das Sachbuch nach dem Zweiten Weltkrieg. Bestseller waren u. a. *Götter, Gräber und Gelehrte* (1949) von C. W. **Ceram** sowie *Das sog. Böse* (1963) von Konrad **Lorenz**. Zunehmend spielen **Neue Medien** wie CD-ROM und das **Internet** eine wichtige Rolle bei der Vermittlung von Wissen.

Sage gehört zu den epischen Kleinformen (▶ Epik). So wird seit den Brüdern Jacob und Wilhelm **Grimm** eine volkstümliche, wohl zuerst mündlich überlieferte Erzählung genannt, die Personen, auffällige Orte und Plätze, wichtige Ereignisse, historische Zeiträume, Naturereignisse einer Region mit wunderbaren, magischen Erlebnissen verbindet. Dabei wird die Begegnung mit dem Wunderbaren, im Gegensatz zum ▶ Märchen, von den Protagonisten (▶ Held) meist als unheimlich und schrecklich empfunden. Ansonsten entspricht das Personal der Sage weitgehend dem des Märchens. Hexen, Geister, Gnome, Zwerge, Riesen begegnen dem Helden aus der diesseitigen Welt, sind aber an Orte und Zeiten gebunden. Die Sage ist in ihrer Struktur oft geradlinig und einsträngig, ihre Sprache meist einfach und manchmal in der Mundart.

Man unterscheidet verschiedene Formen der Gattung. Die **Wandersage** wird verschiedenen Regionen und Zeiten angepasst, sodass die Vorstellungen von Vampiren, Werwölfen, Jungfrauenopferung, Kindeseinmauerung in verschiedenen Landschaften auftauchen. Dabei scheinen Sagen von Jungfrauenopfern auf frühsteinzeitliche, archäologisch nachweisbare Menschenopfer hinzuweisen. Andererseits sind Sagen häufig auch recht jungen Entstehungsdatums.

Nach Inhalten kann man **Teufels-, Hexensagen** u. a. unterscheiden, nach der Funktion **Erklärungs-** und **Erlebnissagen,** die die Entstehung von Orten oder unheimliche Erlebnisse erhellen wollen. Gemäß der Struktur kann man zwischen **mystischer, dämonischer** und **historischer Sage** trennen.

Die Sagen sind wichtige Quellen für die Volkskunde, Kulturgeschichte, Namens-, Sprachforschung und Motivgeschichte. Mit der Sagensammlung der Brüder Grimm (*Deutsche Heldensagen*, 1816–1818) begann die wissenschaftliche Auseinandersetzung und Auswertung dieser Literaturform. Zudem wurde der Begriff, der vorher verallgemeinernd in gleicher Weise eine Erzählung, ein Gerücht oder eine Kunde bezeichnete, nun eingeengt und präzisiert. Eingang fanden Sagen auch in die Literatur. Sagenmotive sind in ▶ Schillers Drama *Wilhelm Tell* ebenso zu finden wie in Jeremias **Gotthelfs** bekannter Novelle *Die schwarze Spinne*, die den Teufelsbund aufgreift und an die **Lokalsage** anknüpft.

Eine eigene Gattung stellen die nordischen Sagas, die Götter- und Heldensagen (▶ Germanische Literatur) dar.

Sartre, Jean-Paul (1905–1980), Philosoph, Dramatiker, Romanautor und Journalist, prägte entscheidend, obgleich nicht unumstritten, das geistige Leben Frankreichs in der zweiten Hälfte des 20. Jh.s. Seine klar akzentuierte Parteinahme in fast allen Bereichen der Tagespolitik brachte ihm Publizität und Gegnerschaft ein.

Nach abgeschlossenem Philosophiestudium wurde Sartre 1929 Gymnasiallehrer. Während eines einjährigen Berlin-Aufenthaltes lernte er die Philosophie Edmund Husserls kennen, die die Entwicklung des **Existentialismus** stark beeinflusste. Obwohl er sich nicht aktiv am Widerstand gegen die deutsche Besatzung beteiligte, ließen ihn die Veröffentlichung des philosophischen Werks *L'Être et le Néant* (1943, *Das Sein und das Nichts*) und die Aufführung der Dramen *Les Mouches* (1943, *Die Fliegen*) und *Huis-Clos* (1944, *Bei geschlossenen Türen*) zu einem Hauptvertreter der Gedanken der Résistance werden.

Nach Kriegsende gründete Sartre die Zeitschrift *Les Temps Modernes*, die zu einem wichtigen Forum der linken Intelligenz werden sollte. In den 50er-Jahren wurde Sartre zur Hauptfigur des Existentialismus. Obgleich ursprünglich Weggefährte der kommunistischen Partei, kritisierte er vor allem nach der gewaltsamen Unterdrückung des ungarischen Volksaufstandes 1956 den dogmatischen Marxismus. Er setzte diesem in *Critique de la raison dialectique* (1960, *Kritik der dialektischen Vernunft*) eine auf der individuellen Praxis be-

Jean-Paul Sartre mit Simone de Beauvoir auf einer Demonstration in Paris, 1975

ruhende existentialistische Marxismusauffassung entgegen. Nach dem Ende des Prager Frühlings brach er endgültig mit den Kommunisten. Stets bezog Sartre Position im antikolonialistischen Kampf, vor allem anlässlich der kubanischen Revolution wie auch der Konflikte in Indochina, Algerien und Vietnam.
Sartre, der 1964 den Nobelpreis für Literatur ablehnte, sah sich selbst nur in dem Maße als Schriftsteller, wie er seine philosophischen Thesen durch das Medium Literatur propagieren konnte. Er war deshalb gleichermaßen am Theater wie am Roman interessiert. Berühmt wurde er durch seinen philosophischen Roman *La Nausée* (1938, *Der Ekel*), in dem die Hauptfigur Antoine Roquentin die Erfahrung der durchgängigen Beliebigkeit, Zufälligkeit und Sinnlosigkeit des Daseins macht. Unvollendet blieb sein Romanzyklus *Les Chemins de la liberté* (*Die Wege der Freiheit*), in dessen drei Teilen *L'Age de la raison* (1945, *Die Zeit der Reife*), *Le Sursis* (1945, *Der Aufschub*) und *La Mort dans l'âme* (1949, *Der Pfahl im Fleisch*) sich seine Auseinandersetzung mit den großen Romanciers des 20. Jh.s, ▶ Joyce, John **Dos Passos** und William **Faulkner**, widerspiegelt.
Sartre war zwar kein eigentlicher Literaturtheoretiker. Gleichwohl behandelte er in drei Werken literarische Themen: 1947 erschien sein viel beachteter Essay *Qu'est-ce que la littérature* (*Was ist die Literatur*), in dem er eine Theorie des literarischen Engagements entwirft. In *Saint Genet, comédien et martyr* (1952, *Saint Genet, Komödiant und Märtyrer*) versucht er, die Grenzen des literaturkritischen Genres zu überwinden und soziologische, psychoanalytische und ethnographische Ansätze zu integrieren. Umstritten ist sein Essay über ▶ Flaubert, *L'Idiot de la famille* (1971/72, *Der Idiot der Familie*), eine wunderliche Verbindung von „existentieller Psychoanalyse" und kriminalistischem, biographisch orientiertem Spürsinn.

Satire ist eine in allen literarischen Gattungen mögliche Darstellungsform, die durch Übertreibung, Ironie und beißenden Spott an Personen und Ereignissen Kritik übt, sie der Lächerlichkeit preisgibt, Zustände anprangert und mit scharfem Witz geißelt.
Kurt **Tucholsky** schreibt: „Übertreibt die Satire? Die Satire muss übertreiben und ist ihrem tiefsten Wesen nach ungerecht. Sie bläst die Wahrheit auf, damit sie deutlicher wird, und sie kann gar nicht anders arbeiten als nach dem Bibelwort: Es leiden die Gerechten mit den Ungerechten." (*Was darf Satire,* 1919).
Die vielen Formen der Satire lassen sich grob in direkte und indirekte Satire einteilen, wobei in der direkten Satire der Sprecher in der ersten Person seinem Gegner in der zweiten Person gegenübertritt, entweder als urbaner Weltmann wie in den Sati-

ren des ▶ Horaz oder als entrüsteter Moralist, der wie **Juvenal** nur Verachtung für seinen Gegner hat. Die indirekte Satire wählt statt des Diskurses die Erzählung zur Vermittlung der kritischen Absicht. In ihr erscheinen die Opfer meist als fiktive oder verkleidete Figuren, die sich durch ihre Reden und Taten lächerlich machen.

Elemente der Satire finden sich schon in Ägypten und im alten Griechenland. Ein für die Folgezeit wirksames Muster gaben die Prosasatiren des Griechen **Menippos**, die von **Lukian** und auch in der römischen Literatur (M. T. **Varro**, G. **Petronius**) nachgeahmt wurden. Römisch-italischen Ursprungs waren dagegen die Verssatiren. Als Erfinder der aggressiven Satire gilt G. **Lucilius**, ihre Hochform erreichte sie mit Horaz und dem aggressiven Juvenal.

Im Mittelalter sind satirische Elemente v. a. im Tierepos (▶ Fabel), das meist als Ständesatire angelegt war, zu finden. Wegen der Zensur und starkem politischen und gesellschaftlichen Druck musste die Satire auf diese indirekte Form ausweichen. Elemente der Verssatire finden sich auch in der politischen Sangspruchdichtung ▶ Walthers von der Vogelweide und in den Liedern **Neidhards** von Reuental. Im ausgehenden Mittelalter schufen Hugo von Trimberg mit seinem Lehrgedicht *Der Renner* (1300) und H. **Wittenweiler** mit dem komischen Epos *Der Ring* (um 1400) bedeutende Satiren.

Die Tradition der Satire wurde in Renaissance und ▶ Humanismus fortgesetzt, so u. a. von Sebastian **Brant** mit seinem *Narrenschiff* (1494) und von Ulrich von **Hutten**. In den geistigen Kämpfen der Reformationszeit spielte die Satire eine bedeutende Rolle, u. a. in den Fastnachtsspielen. F. **Rabelais'** Roman *Gargantua et Pantagruel* (1532-1564) und ▶ Cervantes Saavedras Roman *El ingenioso hidalgo Don Quixote de La Mancha* setzten die satirische Tradition fort, wie die Romane von Ch. **Weise** und Ch. **Reuter** sowie von J. M. **Moscheroch** im ▶ Barock.

Beispiele für Satiren des 18. Jh.s sind u. a. J. **Swifts** *Travels into several remote nations of the world...*, (1726, *Gullivers sämtliche Reisen*), **Voltaires** *Candide ou l'optimisme* (1759, *Candide oder Die beste Welt*) sowie die mehr ironische Form des satirischen Romans *Geschichte der Abderiten* von Christoph Martin **Wieland** (1774). Klassik und Romantik kannten fast nur die epigrammatische (▶ Schiller und ▶ Goethe, *Xenien*, 1796) oder die dialogische und dramatische Literatursatire (Ludwig **Tieck**, *Der gestiefelte Kater*, 1797).

Erst ▶ Heine führte die Satire mit *Deutschland. Ein Wintermärchen* (1844) und *Atta Troll* (1847) zu einem neuen Höhepunkt. In Österreich näherte sich Johann **Nestroy** mit seinen ▶ Possen der satirischen Sozialkritik (*Der böse Geist Lumpazivagabundus*, 1835). Nach der Jahrhundertwende erweckte H. ▶ Mann mit seinem Roman *Der Untertan* (1916) die Satire zu neuem Leben, die bisher lediglich in der neuen Form der satirischen Zeitschriften *Kladderadatsch* (1848–1944) und *Simplicissimus* (ab 1896) oder in ▶ Kabaretts (ab 1900) weitergelebt hatte. Meister der satirischen Kleinformen waren K. Tucholsky und Erich **Kästner**, bedeutendster satirischer Dramatiker der ersten Hälfte des 20. Jh.s war G. B. **Shaw**. ▶ Brecht veröffentlichte 1957 die dramatische Satire *Der aufhaltsame Aufstieg des Arturo Ui* (entstanden 1941), die gegen den Nationalsozialismus gerichtet war.

Wolfgang **Hildesheimer**, ▶ Böll (*Dr. Murkes gesammeltes Schweigen*, Satiren 1958), ▶ Frisch (*Herr Biedermann und die Brandstifter*, Hörspiel 1956, Drama 1958) und ▶ Dürrenmatt (*Der Besuch der alten Dame*, Komödie, 1956) sind als bedeutende deutschsprachige Satiriker zu nennen. Englischsprachige Autoren wie Aldous **Huxley** (*Brave new world*, *Schöne neue Welt*, 1932) und George **Orwell** (*1984*, erschienen 1949) überschreiten mit ihren gesellschaftskritischen Satiren bereits die Grenze zur ▶ Sciencefiction.

Schelmenroman (pikarischer, pikaresker Roman), eine früh ausgebildete, jahrhundertelang variierte Form des ▶ Romans, in dessen Mittelpunkt die Gestalt des Picaro (span. = Gauner) steht.
Der Held (und meist auch Ich-Erzähler) oder Schelm ist ein sozial niedrig stehender Abenteurer, den die Existenznot, der Wechsel des Glücks oder auch die Wirren des historischen Umbruchs durch viele verschiedene Situationen und gesellschaftliche Bereiche führen. Der pikarische Held, der den Typ des Abenteurers, des Weltklugen, des Schalks, des Einfältig-Naiven und des Habenichts in sich vereinigt, besteht mit Gerissenheit, Sprachwitz und einem praktischen Sinn für den eigenen Vorteil teils gefährliche, teils alltägliche Abenteuer und kritisiert und verspottet meist die verschiedenen Gesellschaftsschichten, mit denen er in Berührung kommt. So ist der pikarische Held zugleich Erzählmedium der Kritik an der jeweiligen Gesellschaftsordnung und ihrem Moralsystem.
Wie im **Ritter-** oder **Abenteuerroman** ist die lockere Aneinanderreihung von Episoden, dic nur durch die Figur des Helden verbunden sind, das Erzählprinzip. Dies ermöglicht die Integration volkstümlich-schwankhafter Motive und satirischer Elemente, aber auch moralisierender und religiöser Kommentare und Deutungen. Typisch sind neben diesem Erzählprinzip die Fülle der Geschehnisse, Figuren und Schauplätze, komische, realistische und abenteuerliche Passagen in immer neuer Mischung und Akzentuierung, was den Abenteuerroman über fast fünf Jahrhunderte als eine der vitalsten Erzählformen erhalten hat.
Der europäische Schelmenroman entstand in der 2. Hälfte des 16. Jh.s in Spanien. Als frühestes Beispiel gilt der anonym erschienene Roman *La vida de Lazarillo de Tormes y de sus fortunas y adversidades* (1554, *Lazarillo von Tormes*). Diesem Prototyp der Gattung folgen in Spanien im 16. und 17. Jh. zahlreiche verwandte Werke, ehe sich die Form im 17. Jh. in ganz Europa verbreitet. In Deutschland bereiteten Übersetzungen aus dem Spanischen den Weg für ▶ Grimmelshausens *Der Abentheuerliche Simplicissimus Teutsch* (1669). Dieser wichtigste deutsche Schelmenroman beeindruckt mit der Prägnanz seiner Weltschilderung wie durch seine religiöse Ernsthaftigkeit.
Literarischer Höhepunkt des Schelmenromans in Frankreich war *Histoire de Gil Blas de Santillane* (1715–1735, *Die Geschichte des Gil Blas von Santillana*) von Alain-René **Lesage**, der seine scharfe Kritik der zeitgenössischen Feudalgesellschaft ins Gewand des vorigen Jahrhunderts in Spanien kleidete.
Eine feste Tradition des pikarisch-realistischen Erzählens bildete sich in der angloamerikanischen Literatur heraus, beispielsweise mit Daniel **Defoe** (*The Fortunes an Misfortunes of the Famous Moll Flanders*, 1722), und Henry **Fielding** (*The History of Tom Jones, a Foundling*, 1749) über Marc **Twain** (*The Adventures of Huckelberry Finn*, 1884) bis zu John ▶ Steinbeck (*Tortilla Flat*, 1935) und Saul **Bellow** (*The Adventures of Augie March*, 1953).
Bedeutende Schelmenromane des 20 Jh.s sind *Die Abenteuer des braven Soldaten Schweijk während des Weltkrieges* (1926/27) des tschechischen Autors Jaroslaw **Hašek**, *Don Camillo und Peppone* (1948) von Giovannino **Guareschi**, *Bekenntnisse des Hochstaplers Felix Krull* (1954) von Thomas ▶ Mann, *Die Blechtrommel* (1959) von ▶ Grass, *Ansichten eines Clowns* (1963) von ▶ Böll oder *Leben und Abenteuer der Trobadora Beatriz ...*“ (1974) von Irmtraud **Morgner**.

Schiller, Friedrich (1759–1805) zählt zu den bedeutendsten und bekanntesten deutschen Dichtern. In seiner frühen Schaffensphase gehörte er zu den Hauptvertretern des ▶ Sturm und Drang. Die

Friedrich Schiller

Zeit der Weimarer ▶ Klassik, als ▶ Goethe und Schiller ihre Meisterwerke schrieben, gilt als Höhepunkt der idealistischen Dichtung in Deutschland.
Schiller wurde als Sohn eines Regimentsarztes in Marbach/Neckar geboren. Nach dem Besuch der Volks- und Lateinschule musste er auf Anordnung des württembergischen Herzogs in dessen neu gegründete Militärakademie, die Karlsschule, eintreten. Die dort herrschende strenge Disziplin bedrückte den sensiblen Jungen sehr und verstärkte seinen Freiheitsdrang. Trotz seiner literarischen und philosophischen Interessen musste Schiller zunächst Jura und dann Medizin studieren. Gleichzeitig beschäftigte er sich in den 1770er-Jahren intensiv mit ▶ Shakespeare sowie der Literatur der ▶ Aufklärung. In dieser Zeit entstand auch sein erstes Drama, *Die Räuber* (vollendet 1780), das noch Züge des Sturm und Drang trägt. 1780 verließ er die Schule als Regimentsmedikus. 1782 wurden *Die Räuber* in Mannheim mit großem Erfolg uraufgeführt. Da ihm jedoch der Herzog zunehmend Schwierigkeiten machte und seine literarische Tätigkeit verbot, verließ Schiller noch im selben Jahr das Herzogtum Württemberg und lebte zunächst bei verschiedenen Freunden in Mannheim, Frankfurt a. M. und Bauerbach. Unermüdlich arbeitete er an neuen Stücken. 1783 ging er als Theaterdichter wieder nach Mannheim, wo sein ▶ bürgerliches Trauerspiel *Kabale und Liebe* Premiere hatte.
Anders als in ▶ Lessings *Emilia Galotti,* in dem der Handlungsort in das ferne Italien verlegt wurde, spielt Schillers Drama in der deutschen Gegenwart. So wurde das Stück zu einer scharfen künstlerischen Kritik an den korrupten Zuständen des Absolutismus.

Den zentralen Konflikt bildet die idealistische Liebe des Präsidentensohnes Ferdinand zur schwärmerischen, kleinbürgerlichen Musikertochter Luise über die Standesschranken hinweg. Dieser unerhörte Normbruch muss tragisch enden, weil das fromme, dem Vater und dem Vatergott ergebene Mädchen dem Intrigenspiel und der Skrupellosigkeit ebenso wenig gewachsen ist wie Ferdinand dem Anschlag der Kabale, der Mätressenwirtschaft und der Ämtergier. Erst sterbend erkennen sie die Verruchtheit der Hofwelt. Letzten Endes aber ist die ichbezogene Liebe des durch die höfisch-aristokratische Gesellschaft geprägten Ferdinand, der die Geliebte als unveräußerliches Kleinod betrachtet, unvereinbar mit Luisens durch absolute Vaterautorität bestimmte Denkweise. Sie geht schließlich an der „grausam-liebevollen Repression bürgerlicher Moral" zu Grunde. Die Hofkamarilla mit dem Präsidenten wird durch den tragischen Untergang bloßgestellt, die Nemesis (griechische Rachegöttin) triumphiert über den absolutistischen Despotismus.

Die folgenden Jahre waren geprägt von Schillers schwacher Gesundheit und drückenden Geldsorgen, bis er Ende der 1780er-Jahre eine Professur für Geschichte in Jena erhielt, verbunden mit einem eini-

germaßen ausreichenden jährlichen Gehalt. Dazu kamen noch weitere Stipendien. In diese Zeit fiel auch die Arbeit an *Don Carlos* (1787), die Schiller zu intensiverer Beschäftigung mit der Geschichte führte, ein Interesse, das ihn sein weiteres Leben begleiten sollte. Nahezu alle folgenden Dramen haben historische Stoffe zum Inhalt. Schiller verfasste auch geschichtsphilosophische und historische *Aufsätze (Geschichte des Abfalls der vereinigten Niederlande 1788, Was heißt und zu welchem Ende studiert man Universalgeschichte*, Antrittsvorlesung in Jena 1789).
Allmählich wurde die Gesellschaftskritik der Sturm-und-Drang-Dramen abgelöst von der Frage nach der Selbstverwirklichung des Menschen im Zwiespalt von Neigung und Pflicht. Angeregt wurde Schiller zu solchen philosophischen Überlegungen ab 1791 durch die Lektüre der Schriften des Aufklärers Immanuel **Kant**. In den folgenden Jahren entstanden mehrere philosophische und ästhetische Aufsätze, die Schillers Menschenbild theoretisch fundieren und daher unerlässlich sind zum Verständnis seiner Dramen. Dazu gehören u. a. *Über Anmut und Würde, Über das Pathetische* (beide 1793) und *Über die ästhetische Erziehung des Menschen* (1795).

Die Frage nach der Beziehung zwischen Dichtkunst und Künstler erörtert Schiller eingehend in seiner großen Abhandlung *Über naive und sentimentalische Dichtung* (1795). Darin unterscheidet er zwei Typen: den naiven und den sentimentalischen Dichter. Der naive empfindet natürlich, fühlt eins mit der Natur, schafft unbewusst; der sentimentalische dagegen ist sich des Verlusts der Einheit mit der Natur bewusst, er reflektiert, er empfindet das Natürliche. Seine Sehnsucht geht dahin, den durch die Arbeitsteilung aufgerissenen Zwiespalt wieder zu schließen. Schiller sieht sehr scharf die möglichen Gestaltungsweisen des sentimentalischen Dichters. Es gibt für ihn drei Wege, den durch den Zwiespalt hervorgerufenen Kontrast zwischen Wirklichkeit und Ideal, zwischen Idee und Erscheinung dichterisch zu formen: Die satirische Dichtung tadelt einen dem Ideal nicht entsprechenden Zustand, die elegische ersehnt sentimentalisch das Ideal, die idyllische stellt das Ideal als verwirklicht dar. Satirische Empörung, elegische Wehmut und idyllische Resignation sind die vorherrschenden Grundstimmungen, aus denen heraus der moderne Dichter die Zerrissenheit des Menschen zu überwinden trachtet.

Ein entscheidendes Ereignis in Schillers Leben bildete die Begegnung mit dem ebenfalls in Weimar lebenden ▶ Goethe. Dieser Kontakt entwickelte sich zu einer äußerst fruchtbaren Zusammenarbeit und zu einem regen brieflichen Gedankenaustausch. Die Zeit der Freundschaft zwischen Goethe und Schiller 1794–1805 bildet die **Weimarer Klassik**.
Im Jahre 1797 schrieben beide – gewissermaßen im Wettstreit – Balladen. Zu Schillers wichtigsten Balladen zählen *Der Taucher, Der Handschuh* und *Die Bürgschaft*:

Zu Dionys dem Tyrannen schlich
Damon, den Dolch im Gewande,
Ihn schlugen die Häscher in Bande.
„Was wolltest du mit dem Dolche, sprich!"
Entgegnet ihm finster der Wüterich.
„Die Stadt vom Tyrannen befreien!"
„Das sollst du am Kreuze bereuen."

Zunehmend orientierten sich Goethe und Schiller auch an der antiken Ästhetik sowie am Menschenbild der Griechen.
Eine Frucht von Schillers Beschäftigung mit dem Dreißigjährigen Krieg ist die Dramen-Trilogie *Wallensteins Lager, Die Piccolomini* und *Wallensteins Tod* (1798/99). Der Protagonist Wallenstein, General des Kaisers, steht vor der Frage, ob er von seinem Herrn abfallen und zum Feind überlaufen soll. Während er zwischen Machtstreben und Pflichtgefühl schwankt, rollen die Ereignisse bereits über ihn hinweg.

Zwar glaubt er noch an seine Entscheidungsfreiheit, jedoch sind bereits die Mörder unterwegs, die ihn im Auftrag des Kaisers töten werden.

Im Jahre 1800 wurde das Drama *Maria Stuart* uraufgeführt, das die letzten Tage im Leben dieser schottischen Königin zeigt. Ihre Gegenspielerin, Königin Elisabeth I. von England, lässt sie widerrechtlich hinrichten, da sie sie als Rivalin um den englischen Thron sieht. Maria akzeptiert schließlich den Tod als Buße für frühere Verfehlungen und stirbt in Frieden mit sich selbst. Sie verkörpert den Menschen, der die Affekte und Triebe überwunden und dadurch wahre Freiheit gefunden hat. Höhepunkt des fünfaktigen Dramas ist die Begegnung der beiden Königinnen im III. Akt, die in einem sowohl Privates als auch Politisches einschließenden Streit endet:

Maria: Mäßigung! Ich habe
Ertragen, was ein Mensch ertragen kann.
Fahr hin, lammherzige Gelassenheit,
Zum Himmel fliehe, leidende Geduld,
Spreng endlich deine Bande, tritt hervor
Aus deiner Höhle, langverhaltner Groll -

Weitere wichtige Dramen Schillers, der 1802 geadelt wurde, sind *Die Jungfrau von Orléans* (1801), *Wilhelm Tell* (1804) und *Die Braut von Messina* (1803), wo er den antiken Chor wieder belebte.
Wenig bekannt ist, dass Schiller, der den Roman als „schlechterdings nicht poetisch" ablehnte, auch Prosatexte verfasst hat. Der Fragment gebliebene Roman *Der Geisterseher. Eine Geschichte aus den Memoires des Grafen von O*** (1789) steht ganz in der Tradition des Schauerromans des 18. Jh.s und war eine reine Auftragsarbeit. Erzählt wird die Geschichte eines schwärmerischen Prinzen aus einem protestantischen Fürstenhaus, der in Venedig das Opfer raffinierter Machenschaften einer jesuitischen Geheimgesellschaft wird. Mit der Erzählung *Der Verbrecher aus verlorener Ehre* (1787) legte Schiller, der durchaus eine Vorliebe für das Kolportagehafte hatte, eine meisterhafte kriminalpsychologische Studie vor. In ihr wird auf der Grundlage eines authentischen Falls die Geschichte eines Gastwirtsohns geschildert, der auf die schiefe Bahn gerät, immer mehr Verbrechen begeht, schließlich seine Untaten einsieht und Sühne leisten will. Doch das Gericht verurteilt ihn und er wird hingerichtet. Schillers Absicht ist es, die Ursachen verbrecherischer Handlungen aufzuzeigen und die Tatmotive sichtbar zu machen. Der Leser bleibt mit der Empfehlung zurück, über Schuld und Sühne nachzudenken.
Bis zu seinem Tod 1805 lebte Schiller mit seiner Familie in Jena und Weimar. Während des 19. Jh.s wurde Schiller – fast noch mehr als Goethe – verehrt und auch als politischer Dichter verstanden. Im Zeitalter der nationalen Begeisterung empfand man Goethe und Schiller als deutsche Nationaldichter, die unerreichbare Vorbilder darstellten. Jenseits solcher Ideologisierung und Verklärung werden Schillers Dramen bis heute häufig gespielt, was auch ihre literarische Qualität und Zeitlosigkeit zeigt.

Schlüsselliteratur (Lehnübersetzung des franz. *livre à clef*) Sammelbezeichnung für literarische Werke, in denen wirkliche Ereignisse und Zustände sowie die Schicksale realer Personen mehr oder weniger verschleiert dargestellt werden. Um der ▶ Zensur oder anderen staatlichen Maßnahmen zu entgehen, verschlüsselt der Autor die Namen seiner Gestalten und die zeitlichen und örtlichen Umstände, kleidet sie in ein allegorisches oder historisches Gewand, fügt aber doch genügend Anspielungen oder explizite Hinweise („Schlüssel") in sein Werk ein, damit der Leser (oft nur ein Kreis von Eingeweihten) die verfremdete Szenerie wieder entschlüsseln kann und weiß, worum und um wen es sich handelt.

Während unzählige literarische Werke auf Vorfällen ihrer Zeit fußen und reale Personen das Vorbild für ihre fiktiven Figuren abgeben, die von den Zeitgenossen häufig wieder erkannt wurden (z. B. ▶ Goethes *Die Leiden des jungen Werthers*, ▶ Fontanes *Effi Briest* und Th. ▶ Manns *Buddenbrooks*), sind als Werke der Schlüsselliteratur nur solche anzusehen, in denen die verschleierten Gestalten und Handlungen nach dem Willen des Autors durchschaut und vor der Folie der realen Vorgänge und Personen gelesen werden sollen. Besonders geeignet für die Verschlüsselungstechniken sind Roman, Fabel und Drama.

Entsprechend den meist äußerlichen Voraussetzungen, die zur Verschleierung führen, lassen sich bestimmte Typen unterscheiden. Anstoß für viele Werke der Schlüsselliteratur waren politische Ereignisse, die zur Chiffrierung reizten oder zwangen. So stellt ▶ Brecht in seinem Drama *Der aufhaltsame Aufstieg des Arturo Ui* (1941) den Aufstieg Hitlers dar, indem er die Handlung in das Gangstermilieu Chicagos verlegt. Von den zunehmend faschistischen Tendenzen handeln auch Lion **Feuchtwangers** Roman *Erfolg* (1930) und Ernst **Jüngers** *Auf den Marmorklippen* (1939), der als Schlüsselroman gelesen wurde, obwohl der Autor ihn nicht als solchen beabsichtigt hatte.

In einem zweiten Typus werden in zum Teil stark satirischer Weise Skandale, zumeist Liebesverhältnisse, politische und gesellschaftliche Konflikte sowie die allzu menschlichen Schwächen von Zeitgenossen oder politischen Gruppen verkleidend enthüllt. Zu ihm gehören Henri **Murgers** *Scènes de la vie de Bohème* (1851), Otto Julius **Bierbaums** *Prinz Kuckuck* (1906/07) und Klaus **Manns** Roman *Mephisto* (1936), in dem in freier Anlehnung die Karriere des Schauspielers Gustaf Gründgens in der NS-Zeit erzählt wird. Der Streit, ob die Freiheit der Kunst oder das Persönlichkeitsrecht des Einzelnen vorgehe, hat in den 60er-Jahren die Gerichte beschäftigt.

Einen dritten Anstoß zur Verschlüsselung bieten die unterschiedlichen Standpunkte literarischer Gruppen, die in **Künstlerromanen**, Pamphleten und Literatursatiren ausgetragen werden. In Ludwig **Tiecks** Dramen *Der gestiefelte Kater* (1797) und *Die verkehrte Welt* (1800) finden sich eine Reihe verschlüsselter Gestalten und literarischer Ereignisse, die jedoch nur für ein eingeweihtes Publikum erkennbar sind und waren, ebenso wie in Goethes *Faust II* (1832) und H. ▶ Manns Roman *Die Jagd nach Liebe* (1903).

Erstes deutsches Beispiel für ein Werk der Schlüsselliteratur ist der *Teuerdank* (1517) Kaiser Maximilians. Zur literarischen Mode wurde die Verschlüsselung im Schäferroman und historisch-galanten Roman des ▶ Barock nach dem Vorbild von Jacobo **Sannazaros** *Arcadia* (1495) und J. **Barclays** *Argenis* (1621). Diesem Typus, der durch zahlreiche Übersetzungen nach Deutschland gelangte, sind u. a. Martin **Opitz'** *Nimfe Hercinie* (1630) und Philipp von **Zesens** *Sofonisbe* (1647) verpflichtet.

Die ausgeprägtesten selbstständigen Schlüsselromane sind **Anton Ulrich** von Braunschweigs *Aramena* (1669–73) und *Octavia* (1712–14) und Daniel Caspar von **Lohensteins** *Arminius* (1689/90). Für das 18. Jh. ist u. a. der junge Goethe zu nennen (*Die Laune des Verliebten*, 1767/68; *Das Jahrmarktsfest zu Plundersweilern*, 1773), für das 19. Jh. ▶ Hoffmanns *Serapionsbrüder* (1819/21) und *Meister Floh* (1822), später die Romane Friedrich **Spielhagens**. Bedeutende Werke der Schlüsselliteratur des 20. Jh.s sind außer den schon genannten Grass' Drama *Die Plebejer proben den Aufstand* (1965), Carl **Zuckmayers** *Des Teufels General* (1946), George **Orwells** *Animal Farm* (1984) sowie Dramen von Rolf **Hochhuth** (▶ Dokumentarische Literatur) und Romane von Böll.

Schnitzler, Arthur (1862–1931) wurde in Wien geboren und stammte aus großbürgerlichen Verhältnissen. Nach der Reifeprüfung 1879 begann Schnitzler mit dem Studium der Medizin, wobei ihn besonders psychologische Phänomene interessierten, die in seinem späteren literarischen Schaffen einen breiten Raum einnehmen sollten. Schnitzler lernte die Größen des damaligen Literaturbetriebs kennen, zusammen bildeten sie den Kern der Gruppe „Jung-Wien" (▶ Wiener Moderne).

Die Figuren in Schnitzlers Werken sind unverkennbar österreichisch, wienerisch; es sind Adelige, Offiziere, Künstler, Nichtstuer und „süße Mädels" mit ihren flüchtigen erotischen Abenteuern, die der Dichter zur Zeit des ▶ Fin de Siècle psychologisch einfühlsam darstellt. So wird in *Anatol* (1893, UA 1910), einer dramatischen Skizze, ein verzärtelter, melancholischer Genießer ohne Illusionen vorgeführt. Anatol, ohne Beruf und finanziell abgesichert, genießt seine Damenbekanntschaften, die sich aus allen gesellschaftlichen Schichten rekrutieren. Zu einer tiefen, dauerhaften Bindung ist er jedoch nicht fähig, er bleibt labil, unentschlossen und oberflächlich. Ähnliche Zeitbilder entwerfen die Dramen *Der einsame Weg* (1903) und *Das weite Land* (1911). Auch die Figurenpaare in der erotischen Komödie in zehn Dialogen *Der Reigen* (1897, UA Berlin 1920) decken in ihrer Abhängigkeit von sozialen Normen und Verhaltensweisen ihre Unfähigkeit zu echter Hinwendung auf. Den „Reigen" eröffnen eine Dirne und ein Soldat, um dann immer aufs Neue abgelöst zu werden von wechselnden Paarbeziehungen, bis sich der Kreis mit einem Adligen und der Dirne wieder schließt. Die Aufführung des skandalumwitterten Stücks wurde mehrmals verboten, es erschien zu gewagt, ja geradezu pornographisch. Erst in den 80er-Jahren des 20. Jh.s kam es wieder auf die Bühne.

Arthur Schnitzler, um 1922

Mit dem Antisemitismus in Österreich setzte sich Schnitzler in der Komödie *Professor Bernhardi* (UA 1912) auseinander. In der vom angesehenen jüdischen Professor geleiteten Privatklinik kommt es zum Eklat, als Bernhardi sich weigert, einen Priester zu einer Sterbenden vorzulassen, die – dem Tode nahe – eine letzte Euphorie erlebt, aus der sie der Mediziner nicht mehr zur furchtbaren Wirklichkeit erwachen lassen will. Die Patientin stirbt, ohne die Sterbesakramente durch den Geistlichen empfangen zu haben. Bernhardis Gegner deuten seinen humanitären Akt jedoch bewusst in eine Missachtung religiöser Gefühle und speziell des Katholizismus um, der Fall wird zum Politikum. Der Professor wird wegen „Religionsstörung" zu zwei Monaten Haft verurteilt. Prozessführung und Urteilsbegründung lassen deutlich eine antisemitische Haltung erkennen. Nach seiner Freilassung wird Bernhardi in der Öffentlichkeit jedoch als „Märtyrer" gefeiert – die gewünschte Wirkung des Urteils hat sich in ihr Gegenteil verkehrt.

In seinem umfänglichen erzählerischen Werk zeichnete Schnitzler psychologisch fundiert und einfühlsam den Zustand der Wiener Seelenverfassung um 1900 nach, vor allem in *Leutnant Gustl* (Novelle, 1900). Um die Figur Gustls in ihrer Ausweglosig-

keit, ihren Nöten und Abhängigkeiten noch plastischer darstellen zu können, bediente sich Schnitzler – erstmalig in der deutschsprachigen Literatur – des ▶ inneren Monologs, der auch die Darstellungstechnik der Novelle *Fräulein Else* (1924) kennzeichnet. Hier gerät die Tochter eines angesehenen Rechtsanwalts in einen schweren seelischen Konflikt zwischen Selbstachtung und Prostitution für die Familie.
Der *Weg ins Freie* (1926) bleibt wie Schnitzlers zweiter Roman *Therese* (1928) deutlich hinter seiner Novellenkunst zurück.
Als scharfer Beobachter der Wiener Gesellschaft zur Zeit des Fin de Siècle und der untergehenden k. u. k. Monarchie hielt Schnitzler Menschen und Milieu in atmosphärisch dichten Szenen fest. Dabei klagte er in seinen Werken nicht an, sondern stellte als Dichter und Arzt lediglich „Diagnosen“. Seine Figuren sind in ihrer Schwäche, ihrem Charme, ihrer Suche nach Liebe und Geborgenheit und in ihrer Angst vorm Sterben konsequent angelegte, fesselnde Charakterstudien und noch heute von hoher Aktualität.

Schrift (abgeleitet von lat.: scribere = schreiben, eigentlich mit dem Griffel eingraben) kann als eine der größten Erfindungen der Menschheit angesehen werden und bildet mit dem Schreiben und Lesen eine untrennbare Einheit. Sie besteht aus einem System **graphischer Zeichen** zum Zwecke der **Kommunikation**, die auf Stein, Ton, Rinde, Wachstafeln, Papier und Ähnlichem gezeichnet, gemalt, eingekerbt oder -geritzt werden. Die Weitergabe von Informationen hing nicht mehr von der mündlichen Tradierung und der mit ihr verbundenen Zufälligkeit ab, sondern konnte zeitliche und räumliche Beschränkungen überwinden. Die Schrift diente von Beginn an dem Kult, der Poesie und der Verwaltung, wobei der Kult die beiden anderen Funktionen einschloss, da jeder uns „weltlich“ scheinende Bereich in den frühen Ackerbauern- und Hochkulturen eine religiöse Legitimation erfuhr und aus ihr erst seine Berechtigung abgeleitet wurde.
Die Geschichte der Schrift beginnt mit den Höhlenmalereien oder Felsritzungen, **Petrographien**, aus dem Eiszeitalter (ab ca. 25.000 v. Chr.), die wohl vorrangig magischen Zwecken wie zum Beispiel den verschiedenen Formen des Jagdzaubers dienten, die aber auch manchmal Informationen zu der Größe von Tierbeständen beinhalteten. Den eigentlichen Schritt zur Schrift sieht man dann vollzogen, wenn ein Gegenstand oder eine Vorstellung als ein mehr oder weniger stark abstrahiertes Bild seinen Niederschlag fand als **Piktographie** (lat.: pictus = gemalt) oder als **Ideographie** (griech.: ideo = Aussehen). Während ein piktographisches Zeichen einen Gegenstand konkret benennt, assoziieren **Ideogramme** mit ihrem Zeichen abstrakte Begriffe oder Vorgänge, die in keiner direkten Beziehung zum Zeichen mehr stehen. So kann in der **Hieroglyphenschrift** der Azteken das Bild eines brennenden Tempels allgemein *Zerstörung* bedeuten. Eine solche **Begriffsschrift** kann ohne Zuordnung zur Sprache verstanden werden, wenn die Symbole bekannt sind. Unsere Verkehrszeichen oder bestimmte Zeichen auf der Tastatur eines PC stellen somit auch eine ideographische Schrift dar.
Die Anfänge der ersten komplexen Schrift sehen viele Forscher mittlerweile in „Alteuropa“, im südosteuropäischen Raum. Man vermutet, dass sich zwischen 5300 und 3500 v. Chr. in der sog. Vinçu-Kultur, eine vorindoeuropäische Ackerbauern-

kultur, für kultische Zwecke die erste Schrift herausgebildet hat, und zwar in dem Sinne, dass gewisse Schriftsymbole mit sprachlichen Zeichen verbunden wurden. Diese Schrift wirkte später noch in der kretischen **Linear-A-Schrift** nach, verschwand dann aber im Zuge des Untergangs der vorindoeuropäischen Zivilisationen in Europa. Um 3000 v. Chr. entstanden im Zweistromland von Euphrat und Tigris und in Ägypten mit der **Keilschrift,** eine mit Sticheln in den Ton geritzte ursprüngliche Bilderschrift, und den **Hieroglyphen**, einer **Bilderschrift**, weitere Schriftsysteme. In China wurde die erste Schrift unter der Shang-Dynastie (1751–1111 v. Chr.) entwickelt. Frühe Zeugnisse chinesischer Schrift finden sich auf Orakelknochen, zumeist auf den Schulterknochen von Hirsch und Rind. Die Schreibkultur Indiens reicht noch weiter zurück, in die Zeit der Induskulturen zwischen 2600 und 2000 v. Chr.
Folgenreich für den Werdegang der Schrift war der Übergang mancher Bilderschriften zu **Silbenschriften**. Bilderschriften, bei denen ein Zeichen für ein Wort steht, fordern einen hohen Aufwand an Zeichen, um auch nur einen geringen Teil an Gegenständen, Sachverhalten und Vorgängen darstellen zu können, und vermögen dies zudem nur ungenau, weil Tempus (Zeit), Genus (Geschlecht), Konditionen (Umstände) nicht immer verdeutlicht werden können. So ging man in manchen Kulturen dazu über, den Inhalt der Schrift durch Silben-, Einzellaut- und weitere Bestimmungszeichen genauer festzulegen. Silbenschriften bezeichnen Silben von Wörtern durch Zeichen, die einen von dem Begriff unabhängigen Lautwert haben können. Die Silbenschrift zeichnet sich dadurch aus, dass ein bildlich nur sehr schwer darstellbarer Begriff durch das Bild eines lautlich anklingenden Begriffs, dem aber der sachliche Bezug fehlt, angedeutet wird. Damit konnten die Schriftzeichen bereits Grundelemente der Lautstruktur angeben und erhielten eine phonetische (= lautliche) Zuordnung, die unabhängig war von der eigentlichen Bedeutung. Indem man zum Beispiel in Sumer Wort- und Silbenzeichen durch die Hinzufügung von **Phonogrammen** (= Einzellautzeichen) und anderen Hinweisen genauer bestimmen und in neuer Zusammensetzung mehrfach nutzen konnte – auch wenn es sich um dasselbe Zeichen handelte – war die Möglichkeit gegeben, die Zahl der Zeichen von 2000 auf 600 zu reduzieren. Ähnliche Entwicklungen machte die ägyptische Schrift mit, nicht in dem Maße jedoch die chinesische, die auf dem Stand einer reinen **Wortschrift** verharrte. Wort- und Silbenschriften bleiben „Schlagwortschriften“, die den Inhalt eines wiedergegebenen Satzes nicht in völliger Klarheit angeben; Geschlecht, Numerus (Zahl), Zeitstufe und die konkrete Bedeutung muss zum Teil mühsam erschlossen werden. Trotzdem sind diese Schriftarten so in der Tradition der Völker verwurzelt, dass man zum Beispiel weder in Japan noch in China zu Lautschriften überging.
Ein geradezu revolutionär anmutender Schritt von den Wort- und Silben- hin zu den **Lautschriften** war die Entwicklung von **Alphabetschriften**, die sich an den Einzellauten orientierten. Mit einer geringen Anzahl von Zeichen kann nun jedes Wort der gesprochenen Sprache angegeben werden. Die älteste dieser Schriften ist die semitische **Konsonantenschrift**, die nur das konsonantische Sprachgerüst angab, wie wir es noch heute in der arabischen und hebräischen Schrift finden. Dort, wo Vokale dargestellt werden, sind sie Extrazeichen, auch diakritische Zeichen ge-

nannt, die unter- oder oberhalb der Schriftzeichen hinzugefügt werden. Von den Phöniziern, die aus der ägyptischen Hieroglyphen- eine reine **Konsonantenschrift** entwickelt hatten, übernahmen die Griechen vermutlich im 9. Jh. v. Chr. deren Schriftsystem und gestalteten daraus eine Lautschrift, in der auch Vokale angegeben wurden. Um 403 v. Chr. wurden in Athen die verschiedenen Varianten griechischer Schreibweisen des **Alphabets** reformiert. Dies leitete eine gewisse Normierung ein. Die ursprünglichen Großbuchstaben, **Majuskeln** (lat.: majusculus = etwas größer) wurden durch Kleinbuchstaben, **Minuskeln** (lat.: minusculus = etwas kleiner) erweitert. Die Basis für die europäischen Schriften war damit geschaffen. Die griechische Schrift verbreitete sich strahlenförmig in Europa. Auf sie stützten

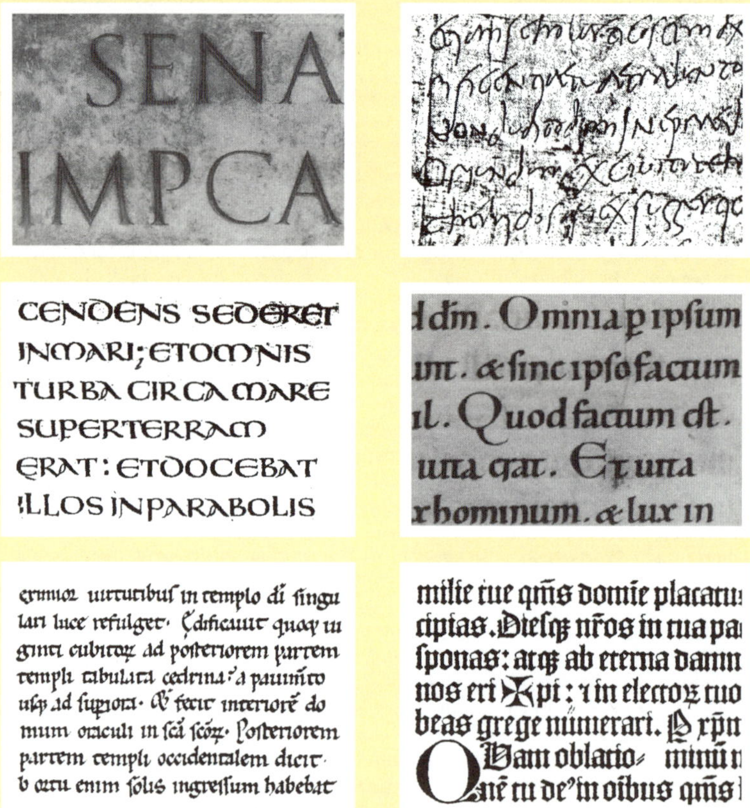

Entwicklung der Schrift: römische Kapitale, römische Kursive, Unziale, karolingische Minuskel, gotische Buchschrift, Textur

sich unter anderen die von dem Westgoten Wulfila für seine Bibelübersetzung (4. Jh. n. Chr.) geschaffene Schrift sowie die **kyrillische Schrift**. Die griechische Schrift gelangte über die Etrusker zu den Römern, nach neueren Forschungen auch zu den Germanen. Die **Runenschrift**, erhalten sind zwei Alphabetschriften, umfasst zwei Schriftsysteme, das gemeingermanische **Futhark** (nach den ersten 6 Buchstaben F, U, TH, A, R, K) mit 24 Zeichen sowie das nordgermanische Futhark mit 16 Zeichen. Die gemeingermanische Runenschrift wurde wohl nur in einem kleinen Kreis von eingeweihten Runenmeistern als geheime Kunst geübt; weitere Verbreitung fand das nordgermanische Futhark.
Die Römer entwickelten auch noch Schriften für verschiedene Verwendungszwecke, so Großschrift für Monumente, Kursivschriften für den Alltagsgebrauch und verschiedene Buchschriften.
Aus diesen entstand Ende des 8. Jh.s die **karolingische Minuskel** (= Kleinschrift), die in der Verwaltung, aber auch in der Literatur und Wissenschaft verwendet wurde. Sie wandelte sich später zur **gotischen Buchschrift** (Textura für geschäftliche und Missalschrift für kirchliche Belange), weitere Urkunden- und Geschäftsschriften mit runden Formen kamen im 14. Jh. dazu.
So bedeutend die Entwicklung des Buchdrucks (▶ Buch) mit beweglichen Lettern durch Gutenberg war, für die Schrift änderte sich wenig. Seine Bibel druckte er 1455 in der Textura. Die Rotunda benutzte er für Texte in der Volkssprache, die Bastarda für lateinische Schriften. Im 16. Jh. entstehen in Italien als weitere Schreibschriften die Antiqua, verwandt mit der karolingischen Minuskel, und die aus den gotischen Buchschriften abgeleitete Fraktur.
Die Schreibschriften lehnen sich bis in die Neuzeit an die gotische Kursive an. Daraus entwickelt sich die deutsche Schreibschrift in verschiedenen Formen. Die letzte dieser Form, die **Sütterlinschrift** seit 1935, wird 1941 durch die lateinische Schrift abgelöst.
Die Schrift wird immer wieder in ihrer Bedeutung für den zivilisatorischen Fortschritt gesehen. Es ist dabei aber auch vor Augen zu führen, dass die Schrift nicht mehr das wichtigste Medium ist, um die Informationsflut unserer Gesellschaft zu bewältigen. Ein Großteil aller Informationen wird mittlerweile elektronisch verarbeitet. Ausschlaggebend ist das binäre Prinzip (von lat. bin = je zwei), das sowohl dem Morseverfahren als auch dem elektronischen Datenaustausch zu grunde liegt. Um die Daten für alle lesbar und verfügbar zu machen, braucht man jedoch weiterhin die Schrift.

Schwank (von mhd. swanc = schwingende Bewegung, boshafter, listiger Streich oder Erzählung eines solchen) bezeichnet seit dem 15. Jh. eine scherzhafte Erzählung in Versform oder Prosa und seit dem 19. Jh. auch derb-lustige Schauspiele mit Situations-, Typen- oder Charakterkomik (▶ Komödie).

Der Schwank erhebt nicht den Anspruch auf literarische oder künstlerische Wirksamkeit, sondern ist lediglich auf harmlose Fröhlichkeit ausgerichtet. Als epische Form ist er wie die ▶ Anekdote, die ▶ Fabel und der ▶ Witz auf eine Pointe zugespitzt, es gibt aber auch der ▶ Novelle ähnlich ausgeschmückte Varianten. Es wird eine komi-

sche Begebenheit mit oft derbem oder gar obszönem Inhalt erzählt, manchmal auch mit lehrhaftem Charakter. Gegenstand der Handlung sind meist die Tücken des Alltags oder die Verspottung eines Dummen durch einen Schlauen, wobei der Mächtige zumeist der Unterlegene ist.
Seit dem 9. Jh. sind in Frankreich und Deutschland lateinische Schwänke mit antiken oder orientalischen Motiven verbreitet. Auch in der ▶ Spielmannsdichtung kannte man sie und die Kreuzzüge lieferten ihnen neue Motive. Ab dem 13. Jh. wurden in den sog. **Predigtmärlein** neben anderen Erzählformen auch Schwänke für Unterricht und Predigten gesammelt. Von da an entwickelte sich der Schwank in Deutschland zu einer selbstständigen epischen Gattung, der **Schwankmäre**. Der **Stricker** schuf in dem Schwankzyklus *Pfaffe Amis* (1230) eine Figur, die immer wieder nachgeahmt wurde, z. B. Neidhart Fuchs, der Paffe von Kalenberg, Bruder Rausch und Eulenspiegel. Hans **Sachs** griff in seinen von biederem Humor geprägten Schwänken, in denen er an die Darstellung des Falschen eine moralische Belehrung anhängt, auf die Versform zurück.
Im 15. Jh. wandelte sich der Schwank unter dem Einfluss der **Fazetie**, einer schwankhaften Rede oder Erzählung mit witziggeistreicher Pointe der italienischen Renaissance, zur geschliffeneren Form der Anekdote. Ausgelöst von Jörg **Wickrams** Schwanksammlung *Rollwagenbüchlein* (1555), erlebte die schwankhafte Anekdotendichtung im 16. Jh. einen Aufschwung. Der Typus der Anekdotensammlung hielt sich bis ins 19. Jh., etwa im *Schatzkästlein des Rheinischen Hausfreundes* (1811) von Johann Peter **Hebel**. Der Schwankroman, wie *Ein kurtzweilig Lesen von Dil Ulenspiegel* (1515), *Das Lalebuch* (1597) und *Die Schiltbürger* (1598), begründete eine Tradition, die im ▶ Schelmenroman fortgesetzt wurde. Ähnlich lebte auch die **Münchhausiade** wieder auf, eine Form der Lügendichtung, die an Freiherrn von Münchhausen anknüpft, der nach seiner Heimkehr aus dem russisch-türkischen Krieg humorvoll pointierte Abenteuer erzählte.
Im 19. Jh. entstand eine der ▶ Posse verwandte dramatische Form des Schwanks mit einer komischen Person im Mittelpunkt. Bekannte Beispiele sind *Raub der Sabinerinnen* (1885) von den Gebrüdern Schönthan, *Im weißen Rößl* (1898) von R. Benatzky/Kandelburg/Blumenthal u. a. sowie *Die Medaille* und *Erster Klasse* von Ludwig **Thoma**.
Heute findet man die beliebten Elemente des Schwanks an den Volksbühnen und in der leichten Fernsehunterhaltung.

Sciencefiction (engl.: science fiction = wissenschaftliche Literatur) ist ein verbreitetes und beliebtes Literaturgenre, das auf wissenschaftliche oder pseudowissenschaftliche Erkenntnisse zurückgreift, um in fiktionaler Form gesellschaftliche Wandlungsprozesse durchzuspielen. Vorrangig beschäftigt sie sich in spekulativer Weise mit zukünftigen Entwicklungen oder Möglichkeiten der Menschheit oder der Technik. Die Sciencefiction wählt dazu die unterschiedlichsten Formen: Das Spektrum reicht von Zeitreisen, Weltraumabenteuern über Liebes-, Kriminal- und Kriegsromane bis hin zu fantastischen Geschichten (▶ Fantastische Literatur) und psychologischen Romanen. Davon abzugrenzen ist die ▶ Utopie, die aber eine Reihe von Gemeinsamkeiten mit der Sciencefiction aufweist.
Die meisten Sciencefiction-Romane sind der ▶ Trivialliteratur zuzurechnen. Herkömmliche Massenproduktionen erhalten das Etikett „Sciencefiction“, wenn etwa eine Pistole zur Laserwaffe wird. Daneben gibt es eine kleine exklusive Gemeinde von Autoren, die Sciencefiction-Texte von hohem literarischem Rang schreiben.
Im Gegensatz zur Utopie, die bis in die Antike zurückreicht, hat die Sciencefiction

ihre Wurzeln im 19. Jh. Jules **Verne** gilt als Vater dieses Genres mit *De la terre à la lune* (1865, *Von der Erde zum Mond*) und anderen Romanen. Herbert George **Wells** schrieb 1895 mit *The Time Machine (Die Zeitmaschine)* die wohl bekannteste Zeitreisegeschichte. Zur selben Zeit verfasste Kurt **Laßwitz** sein Meisterwerk *Auf zwei Planeten* (1897), das in mehrere andere Sprachen übersetzt und möglicherweise die populärste europäische Weltraumutopie jener Zeit wurde. Von den Nationalsozialisten verboten, ist Laßwitz heute fast unbekannt.

Der bis heute andauernde Erfolg der Sciencefiction wurde vor allem durch die ab Mitte der 20er-Jahre in den USA erschienenen einschlägigen Magazine getragen. Hugo **Gernsback** veröffentlichte 1926 *Amazing Stories*, das erste Sciencefiction-Magazin der Welt. Gernsback war es auch, der den Begriff Sciencefiction erstmals in der heute verwendeten Bedeutung gebrauchte.

Viele der älteren englischen und amerikanischen Autoren – wie etwa Isaac **Asimov** – haben ihre Karriere als Magazin-Schreiber begonnen. Asimov veröffentlichte über dreihundert Bücher: zwar vorwiegend Sachbücher, aber auch mehr als dreißig Sciencefiction-Romane neben mehreren hundert Erzählungen dieses Genres. Zu seinen Meisterwerken zählen die Kurzgeschichte *Nightfall* (1941, *Einbruch der Nacht*), der Roman *I, Robot* (1950, *Ich, der Robot*) und die *Foundation-Serie* (1942–1993). Auch Raymond **Bradbury** mit seinem bekannten, inzwischen auch verfilmten Roman *Fahrenheit 451* (1953), zählte zunächst zu den Magazin-Autoren. In dieselbe Gruppe gehört Piers **Anthony**, dessen Roman *Chthon* (1967, *Chthon oder der Planet der Verdammten*) literarische und stilistische Qualitäten besitzt, die keiner seiner zahlreichen Nachfolger wieder erreichen konnte. Sein Roman *Firefly* (1990, *Glühwurm*) verbindet Sciencefiction, psychologischen Roman und Schauerroman zu einer sehr eigenwilligen Einheit. Weitere berühmte Werke angelsächsischer Autoren sind Daniel **Keyes'** gefühlvolles Drama *Flowers for Algernon*, Anne **McCaffreys** Raumschiffserie (1970–1994), die mit *The Ship Who Sang* (1970, *Ein Raumschiff namens Helva*) begann. Christopher **Priests** jüngstes Werk *The Prestige* (1995, *Das Prestige*) handelt von zwei verfeindeten Magiern, die nicht nur auf der Bühne ihr Publikum, sondern durch ihre Tagebuchaufzeichnungen auch den Leser täuschen.

Da die angelsächsische Sciencefiction die weltweit größte Bedeutung hat, gibt es eine Fülle weiterer bekannter Namen wie Poul **Anderson**, David **Brin**, Stephen **Donaldson**, Frank **Herbert**, Robert **Heinlein**, Frederik **Pohl**, Kim S. **Robinson** oder David **Wingrove**. Thomas **Pynchon** steht mit *Gravity's Rainbow* (1973, *Die Enden der Parabel*) zwischen Sciencefiction und gängiger Belletristik.

Im ausgehenden zaristischen Russland wie in der ehemaligen Sowjetunion hatte der soziale bzw. sozialkritische Aspekt der Sciencefiction große Bedeutung. In Alexander A. **Bogdanovs** *Der Rote Stern* (1907) entwickelt sich die Zivilisation auf dem Mars unter kommunistischen Vorzeichen. Lenin selbst hatte diesen Roman angeregt. Die wichtigsten Autoren der russischen Sciencefiction dürften Arkadi und Boris **Strugazki** sein. In ihren Schlüsselromanen *Es ist nicht leicht, ein Gott zu sein* (1964) und *Die bewohnte Insel* (1971) findet der Held rückständige Gesellschaftsformen auf anderen Planeten.

Der Pole Stanistaw **Lem** ist einer der erfolgreichsten zeitgenössischen Autoren der Sciencefiction und der meistübersetzte Autor der polnischen Gegenwartsliteratur. Als sein Meisterwerk gilt *Solaris* (1961), in 20 Sprachen übersetzt und für die Verfilmung mit Preisen ausgezeichnet. In *Solaris* versuchen Menschen, mit einem fremden Lebewesen in Kontakt zu treten.

Doch ihre Unfähigkeit, dieses Geschöpf in seiner Eigenart zu erfassen, vereitelt diese Pläne.
Der bedeutendste italienische Sciencefiction-Autor ist Lino **Aldani**, als dessen bestes Werk bis heute der Roman *Quando le radici* (1976, *Arnos Flucht*) gilt.
In Frankreich ragen Michel **Jeurys** preisgekrönte Werke heraus, von denen *Soleil chaud, poisson des profondeurs* (1976) als sein bestes gilt. Seine Romane wurden in mehrere Sprachen, jedoch bisher nicht ins Deutsche übersetzt.
In Deutschland konnte sich bei der Flut ausländischer Titel eine eigene, literarisch hoch stehende Sciencefiction-Szene nicht etablieren. Hier findet sich Hans Joachim **Dominik** z. B. mit *Atomgewicht 500* (1935) und die Heftserie *Perry Rhodan, der Erbe des Universums* (seit 1961). Gegenüber diesen marktbeherrschenden trivialen Sciencefiction-Romanen haben es ernsthafte Autoren des Genres wie Wolfgang **Altendorf** oder Wolfgang **Jeschke** eher schwer. Altendorf hat beispielsweise mit seinen fantastischen Erzählungen und dem Sciencefiction-Roman *Das Stahlmolekül* (1983) kaum Beachtung gefunden. Einem größeren Leserkreis (auch im Ausland) ist Jeschke ein Begriff. Sein jüngster Roman *Midas* (1989) spielt im 21. Jh., als sich die Kluft zwischen Erster und Dritter Welt weiter vertieft hat.

Seghers, Anna (1900–1983), Pseudonym für Netty Radványi, die zu den bedeutendsten Erzählerinnen des 20. Jh.s zählt, war die Tochter eines wohlhabenden jüdischen Kunst- und Antiquitätenhändlers aus Mainz. Sie studierte ab 1919 Kunstgeschichte, Geschichte und Sinologie in Köln und Heidelberg bis zur Promotion. Aufgerüttelt durch den Ersten Weltkrieg und das Massenelend der Nachkriegszeit, wandte sich Seghers dem Kommunismus zu. Sie brach mit dem jüdischen Glauben und wurde 1928 Mitglied der Kommunistischen Partei Deutschlands (KPD), 1929

Titelblatt der Erstausgabe, 1942

des **Bundes proletarisch-revolutionärer Schriftsteller** (BPRS).
Im März 1933 floh Seghers nach Paris und gehörte seither zu den politisch aktivsten Autoren der ▶ Exilliteratur. Sie übernahm die Mitherausgeberschaft der *Neuen deutschen Blätter* (Prag), schrieb zahlreiche Beiträge für die Exilpresse, hielt Vorträge auf internationalen Schriftstellertreffen. Nach dem Überfall deutscher Truppen auf Frankreich 1941 flüchtete Seghers nach Mexiko-Stadt.
Nach dem Ende der Nazi-Herrschaft ging Seghers nach Ost-Berlin und wurde Mitglied der SED. Von 1952 bis 1978 hatte sie den Vorsitz des Schriftstellerverbandes der DDR inne, danach wurde sie Ehrenvorsitzende, mehrmals mit dem Nationalpreis der DDR ausgezeichnet. In der Bundesrepublik stieß Seghers lange Zeit auf große Widerstände auf Grund ihrer Loyalität gegenüber dem SED-Staat. Erst das wachsende Interesse an der Exilliteratur seit den

70er-Jahren verhalf der Trägerin des Georg-Büchner-Preises von 1947 zu einer gebührenden Wertschätzung.
Seghers' Schreiben stand von Beginn an im Zeichen der Parteinahme für die Entrechteten und Unterdrückten. Bereits ihre ersten, mit dem Kleist-Preis ausgezeichneten Novellen, *Grubetsch* (1927) und *Der Aufstand der Fischer von St. Barbara* (1928), thematisieren den Kampf gegen eine ungerechte soziale Ordnung. Beeinflusst durch die ▶ Neue Sachlichkeit, verweisen sie auf den Grundimpuls des Seghers'schen Schreibens: Die Hoffnung, eine krisenhafte und sinnentleerte Welt überwinden und ein Leben in Würde führen zu können, so die Botschaft in der Erzählung *Auf dem Weg zur amerikanischen Botschaft* (1930), dem Roman *Die Gefährten* (1932) und in *Bauern von Hruschowo* (1930).
Früh setzte sich Seghers intensiv mit dem internationalen Faschismus auseinander. In *Kopflohn. Roman aus einem deutschen Dorf im Spätsommer 1932* (1933) werden die wirtschaftlichen und sozialpsychologischen Hintergründe aufgezeigt, die die ländliche Bevölkerung in die Fänge des Nationalsozialismus trieben. Weiter zu nennen sind die Romane *Der Weg durch den Februar* (1935), die Erzählung *Der letzte Weg des Koloman Wallisch* (1936) und der Roman *Die Rettung* (1937).
Weltweiten Ruhm erntete Seghers, die seit Beginn der 30er-Jahre mit dem Erzählmittel des ▶ inneren Monologs und der **Simultantechnik** experimentierte, mit ihrem auf authentischen Berichten beruhenden Roman über die Flucht eines KZ-Häftlings (*Das siebte Kreuz*, 1942). Der Roman stellte das NS-Regime an den Pranger und setzte durch die Rettung des Protagonisten ein Zeichen der Hoffnung. Durch die Verfilmung von Fred Zinnemann erreichte die Botschaft des Buches ein großes Publikum.

Ebenso zur Weltliteratur zählt der um die Identitätsproblematik kreisende und an die Prosa Kafkas erinnernde Roman *Transit* (engl. 1944, dt. 1948), der auf eigene Erfahrungen der Autorin zurückgeht. Er erzählt von der ausweglosen Situation politischer Flüchtlinge in Marseille 1940/41 und verweist dabei parabelhaft auf die Ohnmacht des Einzelnen gegenüber Behördenwillkür und totalitärer Bedrohung. Am Ende des Werkes verzichtet der Ich-Erzähler auf die sich ihm bietende Gelegenheit zur Flucht und schließt sich dem Widerstand an.

Die späteren Romane Seghers' orientieren sich an dem offiziellen Programm der ▶ DDR-Literatur und wollten die Vorgaben des ▶ sozialistischen Realismus erfüllen, z. B. *Die Toten bleiben jung* (1949), *Die Entscheidung* (1959), *Das Vertrauen* (1968). Künstlerisch bedeutsamer indes erscheinen die späten Erzählungen (*Die Kraft der Schwachen*, 1965; *Überfahrt*, 1971).
Ein Schlüsseltext für das Verständnis der Autorin, deren Werk voller mythischer und religiöser Anspielungen ist und auch Sagen (*Die schönsten Sagen vom Räuber Woynok*, 1938) und Märchen (*Karibische Geschichten*, 1949) umfasst, ist die autobiographische Erzählung *Der Ausflug der toten Mädchen* (1948). Seghers erinnert darin an ihre einstigen Schulkameradinnen, die zum Opfer von Diktatur und Krieg wurden.

Shakespeare, William (1564–1616), war nicht nur der größte Dramatiker seiner Zeit, auch seine Wirkungsgeschichte ist kaum mit der eines anderen neuzeitlichen Dramatikers vergleichbar. So beeinflusste er im 18. Jh. ▶ Lessing, Herder und ▶ Goethe. Auch entzündete sich an der Shakespearebegeisterung die Dramatik des ▶ Sturm und Drang.
Shakespeare wurde in Stratford-upon-Avon als Sohn eines Handschuhmachers oder Geschäftsmannes geboren. 1582 heiratete er die acht Jahre ältere Anne Hathaway, die ihm zwei Töchter und einen Sohn gebar, der jedoch früh verstarb. Spätestens

ab 1594 gehörte Shakespeare als Schauspieler, Stückeschreiber und Teilhaber einer der beiden damals führenden, wirtschaftlich unabhängigen Theatertruppen an, den sog. „King's Men". Ferner war er Mitbesitzer des **Globe** und **Blackfriars Theaters**. Zu Wohlstand gelangt, lebte er wohl ab 1610 wieder in Stratford-upon-Avon.

Shakespeare genoss bereits bei seinen Zeitgenossen beachtlichen Ruhm. Von den 36 Dramen erschienen nur 19 zu seinen Lebzeiten, erst 1623 wurden alle Dramen in einem Band veröffentlicht. Das Besondere an seinen ▶ Sonetten war die Ausgestaltung des persönlichen Gefühls, womit er sich deutlich von seinem Vorbild Francesco **Petrarca** abhob. Auch schuf er wegen der Reimarmut der englischen Sprache ein neues Reimschema, das „Shakespearesonett". In seinen Verserzählungen führte er die Lyrik von Christopher **Marlowe** fort. Da die Entstehungszeiten von Shakespeares Dramen nur ungefähr bekannt sind, ist es sinnvoll, sein Schaffen nach inhaltlichen Kriterien zu gruppieren.

1. Komödien und Problemstücke

Shakespeares Komödien nehmen häufig Stoffe früherer Werke wieder auf, besonders die des älteren John **Lyly** – so etwa *Verlorene Liebesmüh* (1590), das als sein Erstlingswerk gilt. In dieser Zeit entstanden auch *Die beiden Veroneser* (1592/93) und *Ein Sommernachtstraum* (1593/94). *Der Widerspenstigen Zähmung* (1597) ist die Umarbeitung eines älteren frauenfeindlichen Bühnenstücks. Daneben gibt es Stücke, wie *Die Komödie der Irrungen* (1591), eine Farce, die frühere Stoffe nur aufgreift, um solche Traditionen zu überwinden. *Die lustigen Weiber von Windsor* (1598) ist ein Bürgerschwank, den Shakespeare auf Wunsch von Königin Elisabeth I. schrieb.

Die drei romantischen Stücke *Viel Lärm um Nichts* (1598), *Was ihr wollt* (1600) und *Wie es euch gefällt* (1599) tragen von allen Komödien am stärksten Shakespeares Handschrift. Die Handlung von *Wie es euch gefällt* folgt zwar weitgehend einem Schäferroman von Thomas **Lodge**, doch hat Shakespeare allein die Hälfte der Vorlage zur reinen Exposition des ersten von fünf Akten gemacht. Von zentraler Bedeutung ist in dieser Komödie weniger die Handlung an sich als die Darstellung der leichten Verführbarkeit von Verliebten durch den Augenschein – vor allem am Beispiel zweier Schäferpaare.

Eines der frühen Problemstücke Shakespeares ist *Romeo und Julia* (1594). Die Liebesgeschichte zweier Jugendlicher aus verfeindeten Häusern sollte eines der berühmtesten Stücke Shakespeares überhaupt werden. Um ihren Eltern zu entfliehen und mit Romeo zusammen zu sein, bekommt Julia von ihrem Beichtvater Lorenzo einen Trunk, der sie für kurze Zeit scheintot macht. Die Katastrophe nimmt ihren Lauf, als Romeo – von Lorenzo nicht rechtzeitig benachrichtigt – Julia leblos findet und sie für tot hält. Um mit der Geliebten vereinigt zu sein, begeht er in ihrer Gruft Selbstmord. Als Julia erwacht, entdeckt sie Romeo tot neben sich und bringt sich aus Verzweiflung um.

Hier findet sich noch nicht die Shakespear'sche Tragik, die im Charakter des Helden ihren Ursprung hat. Vielmehr sind es zufällige, äußere Umstände, die zum bitteren Ende führen.

Das der Komödie am meisten verwandte Problemstück ist *Der Kaufmann von Venedig* (1594), in dem nach einer turbulenten Handlung das Gute siegt und sich die Paare am Schluss vereinen. Weitere Problemstücke sind: *Ende gut, alles gut* (1601–1604), *Troilus und Cressida* (1601–1603) und *Maß für Maß* (1603/04). Die Tragikomödie *Die beiden edlen Vettern* (1612/13) ist vermutlich von Shakespeare in Zusammenarbeit mit John **Fletcher** entstanden.

2. Historien- und Römerdramen

Am Beginn der Shakespeare'schen Historiendramen steht die *York*-Tetralogie (Vie-

rerreihe), die den Zeitraum von 1422 bis 1485 behandelt. Seit 1455 kämpften die Häuser York und Lancaster in den sog. Rosenkriegen um das Königtum in England. Die Reihe besteht aus *König Heinrich VI.* (1590/92) und *König Richard III.* (1592/94). Während *Heinrich VI.* noch ein „Chronicle Play“ ist, das geschichtliche Ereignisse nachzeichnet, herrscht bereits in *Richard III.* eine einheitliche Handlung. Richard bestimmt das Geschehen von Anfang an, doch ist sein Charakter starr, denn der Zuschauer weiß von Anbeginn, dass er einen machtbegeisterten und menschenverachtenden Bösewicht vor sich hat.
In *König Johann* (1594/97) geht es weniger um ein getreues Bild der Geschichte dieses Königs. Auch ist Johann als Titelfigur nicht Held des Dramas, sondern wird vom Bastard Philipp Faulconbridge, einem rasch handelnden, mitreißenden Menschen, in den Hintergrund gedrängt. Zu Ende des Dramas lässt Philipp mit den Worten: „Dies England lag noch nie und wird auch nie / Zu eines Siegers stolzen Füßen liegen, / Als wenn es erst sich selbst verwunden half...“ nicht nur den Nationalstolz der Epoche anklingen, sondern spricht auch das Urteil über den unfähigen König.
Die geschichtlich um 1398–1422 angesiedelte *Lancaster*-Tetralogie vereinigt *König Richard II.* (1594/95), ein Drama am Übergang zur Charaktertragödie und Dramen, in denen sich ernste und komische Szenen mischen: *König Heinrich IV.* (1596/98) und *König Heinrich V.* (1599).
Am Drama *König Heinrich VIII.* wird zumindest ein Mitwirken Shakespeares angenommen. Es behandelt die Zeit von 1521 bis 1536.
Die tragischen Römerdramen bilden *Julius Caesar* (1599), das geschichtlich sich anschließende *Antonius und Cleopatra* (1606/07) und *Coriolan* (1608), in dem der große Kriegsheld Coriolan wegen der Feindschaft des römischen Volkes zu den benachbarten Volskern flieht, von diesen aber erschlagen wird. *Titus Andronicus* (vor 1594) ist eine blutige Rachetragödie ohne seelische Charakterzeichnung des Helden.

William Shakespeare

3. Tragödien
In der Anlage seiner Tragödien ist Shakespeare noch weitgehend mittelalterlichem Denken verpflichtet. Dabei wird ein früheres Glück einem außergewöhnlichen Leiden und Fall entgegengesetzt. Der Held ist stets mitschuldig an seinem Untergang. Shakespeare gestaltete seine tragischen Helden so überzeugend, dass er eine neue Tragödientradition schuf, nämlich die der **Charaktertragödie**, bei der die antike Schicksalsentwicklung durch eine Reihe von Verwicklungen ersetzt ist, die der sich entfaltenden Veranlagung des Helden folgen.
Hamlet (1600/02) ist Shakespeares erste reine Tragödie. Zwar weist die Handlung acht gewaltsame Todesfälle auf, doch steht die Figur Hamlet und nicht die Geschichte an sich im Zentrum.

Der Geist von Hamlets Vater, der von seinem Bruder Claudius ermordet wurde, fordert Hamlet auf, Claudius, den jetzigen König, zu töten. Statt jedoch Rache zu planen, versucht Hamlet die Wahrheit zu erfahren, denn er weiß nicht, ob der Geist ihn nicht belogen hat. Die große Aufgabe, die er auf sich nimmt: „Die Zeit ist aus den Fugen; Schmach und Gram, / dass ich zur Welt, sie einzurichten kam", tritt damit in den Hintergrund. Hamlet kann sich nicht entscheiden, wie er zu handeln hat, denn wenn er getäuscht worden ist, bedeutet seine versprochene Rache nur neues Unrecht. Ein weiteres Dilemma Hamlets ist die Entscheidung über Leben oder Tod. Ist der Tod die geeignete Flucht aus seinem Zwiespalt, der Schlaf, der „das Herzweh und die tausend Stöße endet, die unsers Fleisches Erbteil", oder finden sich in diesem Schlaf Träume, die es besser erscheinen lassen, das Elend des Lebens lange anhalten zu lassen? Nach vielen Verwirrungen führt der sensible Grübler Hamlet den Auftrag seines Vaters aus, stirbt aber selbst dabei.

Hamlet ist zwar bei weitem nicht so künstlerisch geschlossen wie *Othello* (1603), doch ist die seelische Weite des Werkes bedeutend größer. Die Gratwanderung des Helden zwischen den Welten von Tod und Leben rührt an das tragische Geheimnis menschlicher Vergänglichkeit, und so wurde *Hamlet* das große Vorbild und eine wichtige Herausforderung gerade für die deutsche Literatur. Im Sturm und Drang folgte die „Hamletkrankheit" dem „Wertherfieber". Selbst Goethes *Faust* zeigt Anklänge an *Hamlet*. Autoren wie Döblin übertrugen den Stoff auf zeitgenössische Verhältnisse.
Weitere große Tragödien sind der episch breit angelegte *König Lear* (1604/05) und der straff geformte *Macbeth* (1606). Dagegen ist in *Timon von Athen* (1605/08) der dramatisch gestalterische Wille bereits erschlafft und ab dem 4. Akt steht die Handlung still.

4. Märchenspiele oder Romanzen
Shakespeares Märchenspiele bzw. Romanzen führen alle von Glück über Zerstörung zu neuem Glück. Den leidenden und erfahrenen Alten stehen die jugendlich frischen Erneuerer gegenüber. Den Romanzen sind märchenhafte Geschehnisse gemeinsam, die sich über viele Jahre erstrecken. Die Einheit der Zeit des klassischen Dramas ist damit durchbrochen.
Die früheren Stücke *Perikles, Fürst von Tyrus* (1606/08) sowie *Cymbeline* (1608/09) sind Versuche, episch breite Handlung im Drama darzustellen.

Das Wintermärchen (1610/11) vereint Elemente der beiden früheren Märchenspiele in sich. Auf Letzteres verweist besonders das Eifersuchtsmotiv, auf Ersteres dagegen der Held, der Frau und Tochter verliert und sie nach langer Zeit überraschend wiedererhält.

König Leontes verdächtigt seine Gemahlin, ihn mit seinem Freund Polixenes betrogen zu haben. Er setzt seine neugeborene Tochter aus und klagt seine Frau des Hochverrates an. Erst als er seinen Sohn verliert, vermag der König seine Fehler einzusehen. Nach sechzehn Jahren Buße für seine Sünden wird der König mit Frau und Tochter wieder glücklich vereint.

Shakespeares letztes Märchenspiel *Der Sturm* (1611) ist entlang der drei klassischen Einheiten Ort, Zeit, Handlung (▶ Drama) konstruiert und dreht sich vornehmlich um den mit magischen Kräften ausgestatteten Prospero, den von seinem Bruder vertriebenen Herzog von Mailand, der aber zuletzt seinen Widersachern verzeiht. *Der Sturm* hat Stoff für musikalische Umsetzungen geliefert (z. B. Berlioz, Tschaikowsky, Sibelius).
Shakespeare ist bis heute – auch in Deutschland – einer der meistgespielten Dramatiker der Weltliteratur geblieben. Da seine Stücke keine vordergründigen Lehren oder Heilsbotschaften verkünden, sondern immer offen sind für zeitgemäße

Inszenierungen, wird dieses grandiose Werk seine Faszination auch für künftige Generationen behalten.

Singspiel, heiteres, musikalisches Bühnenstück, in dem sich gesprochene Prosadialoge und Musikeinlagen abwechseln. Grundlage für das Bühnengeschehen bildet i. d. R. eine einfache, oft volkstümliche Spielhandlung, die durch Instrumentalbegleitung, Solo- und Chorgesang, Duette und Terzette angereichert ist. Als literarische Gattung in Verbindung mit Musik steht das Singspiel als Vorläufer der Operette zwischen ▶ Komödie und Oper; die Grenzen sind fließend.
Erste derbe Singspiele in deutscher Sprache schrieb der Dramatiker Jakob **Ayrer**, z. B. *Die Erziehung des bösen Weibes* (o. J.) mit dem bezeichnenden Untertitel *Ein schöns neus singet Spil.* Seine eigentlichen Wurzeln findet das Singspiel jedoch in der komischen Oper Italiens (Opera buffa) und Frankreichs (Opéra comique) des 18. Jh.s, im französischen **Vaudeville**, ein vom ▶ Chanson geprägtes Unterhaltungstheater, und besonders in der englischen Ballad-opera (Liederoper), die sich in ihrer Volksliedhaftigkeit als satirischer Gegenpol zur sog. ernsthaften Oper (Opera seria) verstand.
Bedeutender Textlieferant für das englische Singspiel war John **Gay** mit seiner *Beggar´s opera* (1728), die von Brecht als *Dreigroschenoper* (UA 1928) mit der Musik von Kurt Weill erneuert wurde. Als Mitbegründer des französischen Singspiels profilierte sich der Lustspieldichter Charles **Favart** und vor allem Jean Jacques **Rousseau**.
In Deutschland wirkte sich die Zusammenarbeit des Schriftstellers Christian Felix **Weiße** mit dem Komponisten Johann Adam von Hiller äußerst positiv aus. Viel beachtet waren ihre Singspiele *Lottchen am Hofe* (1767), *Die Liebe auf dem Lande* (1768) und *Die Jagd* (1770). Auch viele namhafte Dichter schrieben Singspieltexte, u. a. Goethe (*Erwin und Elmire,* 1774; *Claudine von Villa Bella,* 1776), Christoph Martin **Wieland** (*Aurora,* 1772; *Die Wahl des Herkules,* 1773), Ludwig **Tieck** (*Das Ungeheuer und der verzauberte Wald,* 1797), E.T.A. Hoffmann (*Die Maske,* 1799) und Clemens von **Brentano** (*Die lustigen Musikanten,* 1805). Einen künstlerischen Höhepunkt erlebte das deutsche Singspiel in Wolfgang Amadeus Mozarts *Entführung aus dem Serail.*
Im 19. Jh. ging das Singspiel über in die Operette.

Skandinavische Literatur ist die Dichtung des germanischen Nordens in den drei Sprachen Dänisch, Norwegisch und Schwedisch, die auf einem Dialekt basieren, der die nordgermanischen Völker von denen der ost- und westgermanischen unterschied.
Beeinflusst wurde die skandinavische Literatur durch die Christianisierung mit ihrer lateinischen Sprache und Kultur, später dann durch die Ideen des mitteleuropäischen Rittertums, dessen Versepos in der vertrauten Form der alten nordgermanischen Saga (▶ Germanische Literatur) erschien. Im ausgehenden Mittelalter gingen bedeutende Impulse auf Sprache und Literatur auch von Kaufleuten und Handwerkern der Hanse aus. Philosophische und literarhistorische Strömungen wie z. B. Humanismus, Renaissance, Aufklärung, Romantik, Realismus, Naturalismus und Expressionismus prägten sich ebenfalls in der skandinavischen Literatur aus, die – im Gegensatz zum mitteleuropäischen Schrifttum – beinahe durch-

gängig getragen wird von überragenden schriftstellerischen Einzelpersönlichkeiten. Gattungsmäßig liegt der Schwerpunkt nordischer Literatur weniger in der Lyrik, sondern viel mehr im Bereich des Dramas und der Epik.

Dänische Literatur. Erste Spuren finden sich auf dem Jellingstein in Jütland. **Saxo Grammaticus** schrieb um 1200 seine *Gesta Danorum* (*Die dänische Geschichte des Saxus Grammaticus*); für die Zeit des Hochmittelalters stehen neben Gesetzestexten, religiöser Dichtung und Ritterromanen die *Folkeviser* (*Volkslieder*) und die *Kaempeviser* (*Heldenlieder*) als Zeugnisse dänischer Volkskultur.

Peter Høeg

Überragender Dichter der Aufklärung war der in Bergen (Norwegen) geborene Ludvig v. **Holberg**. In der ersten Hälfte des 18. Jh.s verfasste er 33 Charakterkomödien und Burlesken, z. B. *Jeppe paa Bjerget* (1722, *Jeppe vom Berge*), aber auch satirisch-moralische und historische Schriften und machte damit das Dänisch zur Literatursprache.

Das „goldene Zeitalter" (= Guldalder) der Romantik und des Realismus wurde eingeleitet durch die Kopenhagener Vorlesungen des Naturphilosophen und Schriftstellers Henrik **Steffens**, der in Deutschland die Ideen der Romantik kennen gelernt hatte. Literarisch umgesetzt wurden sie besonders von dem jungen Adam Gottlob **Oehlenschläger**, dessen Gedichte, Erzählungen und Dramen stilistisch und formal überwiegend zur deutschen Romantik zählen. Weltberühmtheit erlangten die Märchen von Hans Christian **Andersen**, der auch als Mitbegründer des realistischen Romans in Dänemark gilt (*Kun en Spillemand,* 1837; *Nur ein Geiger*). Andersens *Märchen* sind nach volkstümlichen Motiven gestaltete Kunstmärchen (▶ Märchen) mit sentimentalem, naivem und moralisierendem Einschlag.

Mit den Vorlesungen von Georg **Brandes** über die *Hauptströmungen der Literatur des 19. Jh.s* setzte die literarische Epoche des ▶ Naturalismus in Dänemark ein. Hauptvertreter waren u. a. Jens Peter **Jacobsen** mit seinem evolutionären Roman *Niels Lyhne* (1880), Herman Joachim **Bang** als Schöpfer des dänischen ▶ Impressionismus und Henrik **Pontoppidan**, der in seinem melancholischen Romanwerk (u. a. *Lykke-Peer,* 1898ff.; *Hans im Glück*) treffend das ▶ Fin de Siècle beschrieb. Den ▶ Symbolismus brachten ihren Landsleuten die dänischen Lyriker Johannes **Jorgensen**, Sophus **Claussen** und Helge **Rode** nahe.

Nach dem Ersten Weltkrieg wandten sich viele dänische Schriftsteller der Psychoanalyse und dem Marxismus zu. Große Beachtung fand vor allem der Roman *Hærværk* (1931, *Verwüstung*) des Avantgardisten Tom **Kristensen**, in dem unter Verwendung der Erzähltechnik des ▶ inneren Monologs die Ich-Suche eines Menschen

auf verschiedenen Bewusstseinsebenen nachgezeichnet wird. Mit der „Krise des modernen Menschen" beschäftigte sich auch Hans Christian **Branner** in seinem Roman *Rytteren* (1949; *Der Reiter*). Weitere bedeutende Erzähler dieser Zeit waren Nis **Petersen** und vor allem Hans **Kirk** mit seinem Klassiker *Fiskerne* (1928, *Die Fischer*), in dem er so sensible Bereiche wie Religion und Sexualität thematisierte. Emil **Bønnellyke** schrieb expressionistische Gedichte, und das Bühnengeschehen bereicherte der von der Gestapo ermordete Kaj **Munk**, der nach seiner Abkehr von der Idee des Nationalsozialismus religiöse und politische Dramen schrieb, die zur dänischen Widerstandsliteratur gerechnet werden. Die aristokratische Erzählerin Tania **Blixen** brachte ihre Erinnerungen aus ihrer Zeit in Afrika zu Papier (*Den afrikanske Farm,* Roman, 1937; *Afrika, dunkel lockende Welt*), die allerdings erst 1985 durch die Verfilmung (*Jenseits von Afrika*) ein Welterfolg wurden.
Nach dem Zweiten Weltkrieg debütierte der experimentierfreudige Lyriker Klaus **Rijfberg** mit der Gedichtsammlung *Konfrontation* (1960), Zeitbilder der Gegenwart skizzieren auch seine zahlreichen Romane (u. a. *Den kroniske Uskyld,* 1958; *Unschuld*). Neorealistische Gesellschaftsromane schrieben auch Anders **Bodelsen** und Christian **Kampmann**. Als Vertreterinnen der ▶ Frauenliteratur wurden vor allem Herdis **Møllehave**, Dea **Trier Mørch** und Inger **Christensen** mit ihrem Band *alfabet* (1981, *Alphabet*) und ihrem Großgedicht *det* (1969, *Das*) bekannt. Unter den jüngeren Autoren ist u. a. Peter **Høeg** zu nennen, der mit Romanen wie *Fräulein Smillas Gespür für Schnee* (1992), *Der Plan von der Abschaffung des Dunkels* (1995) und *Die Frau und der Affe* (1997) auch international bekannt wurde.
Norwegische Literatur. Erste Zeugnisse sind in der anonymen *Edda,* einer mythologischen und heldischen Liedersammlung, und der Skaldendichtung an den norwegischen Königshöfen mit ihren Preis- und Lobgedichten, Gelegenheits- und Lie-

Knut Hamsun, Nobelpreisträger von 1920

Jostein Gaarder

besgedichten im 11. Jh. zu sehen. Im 12. und 13. Jh. entstanden neben ritterlichen Epen, die überwiegend aus deutschen und französischen Heldensagen schöpfen, und dem sog. *Königsspiegel* (*Konungs skuggsjá*) auch schriftlich fixierte Gesetzessammlungen und Geschichtswerke.
Eine eigenständige norwegische Nationalliteratur entwickelte sich weit nach der politischen Loslösung des Landes von Dänemark 1814. Die Nationalromantik setzte ein, die die kulturelle Vergangenheit literarisch reflektierte. Sie begann mit dem Erscheinen der *Norske Folkeeventyr* (1841ff., *Norwegische Volksmärchen*), herausgegeben von Peter **Asbjørnsen** und Jørgen **Moe**. Ivar **Aasen** schuf mit seinem *Wörterbuch der norwegischen Volksprache* (1848) die Grundlage für die norwegische Schriftsprache, der Balladensammler Magnus Bostrup **Landstad** löste mit seinem Gesangbuch in norwegischer Sprache ab 1861 die dänischen Versionen ab.
Einen Höhepunkt erreichte die norwegische Literatur durch die Werke ▶ Ibsens und Bjørnstjerne **Bjørnsons**, der dem realistischen Theater zum Durchbruch verhalf. Ibsen machte den ▶ Naturalismus seinen Landsleuten bekannt.
In den 1880er-Jahren wurde der Naturalismus überlagert von der sog. Sittlichkeitsdebatte der Kristiania-Boheme in der norwegischen Hauptstadt (▶ Boheme), die vornehmlich ausgelöst wurde durch die radikal-feministischen Romane von Amalie **Skram** und dem Sittenroman *Albertine* (1886) von Christian **Krohg**. Thematisch leiteten ihre Werke den ▶ Symbolismus und den ▶ Impressionismus im ausgehenden 19. Jh. ein.
Im frühen 20. Jh. entwickelte sich eine landschaftsgebundene Erzählliteratur, die vorwiegend den Konflikt zwischen moderner Zivilisation und traditioneller Bauernkultur thematisierte. Bedeutende Vertreter dieser Zeit waren neben Johann Petter **Falkberget**, Olav **Duun**, Trygve **Gulbranssen** als „Ganghofer Norwegens“ mit seinem Bestseller *Og bakom synger skogene* (Roman, 1933, *Und ewig singen die Wälder*) und Sigrid **Undset**, die für ihr schriftstellerisches Werk 1928 den Nobelpreis für Literatur zugesprochen bekam. Als „Homer des Nordens“ wird gelegentlich Knut **Hamsun** bezeichnet, der in seinen Romanen die „seelenlose“ amerikanische Lebensweise kritisierte und das bäuerliche Leben verklärte. Auch an Hamsun, der in den 40er-Jahren mit nationalsozialistischem Gedankengut sympathisierte, wurde 1920 für *Segen der Erde* der Literatur-Nobelpreis verliehen.
Die Moderne kam mit der Gruppe „Profil“ erst spät nach Norwegen. Hauptvertreter dieser experimentellen Stilrichtung war in den 60er-Jahren Dag **Solstad**, der sich in den folgenden Jahren zu einem Verfechter des ▶ sozialistischen Realismus entwickelte. In seiner Tradition stehen Kjartan **Fløgstad**, Edvard **Hoem** und der Kriminalschriftsteller Jon **Michelet**.
Vertreter der ▶ Postmoderne sind Jan **Kærstad** und Jostein **Gaarder**, der in *Sofies Welt* (1993) „Erwachsene ab 14 Jahre“ in die Geschichte der Philosophie einführt.
Schwedische Literatur. Aus germanischer Zeit sind bruchstückhaft Heldenlieder, Götterhymnen und Spruchdichtung auf zahlreichen Runensteinen erhalten. Erst mit der Christianisierung im 11. Jh. breitete sich die lateinische Schrift aus. Die religiöse Literatur erlebte einen Höhepunkt mit den mystischen und visionären *Revelationes* (1492, *Offenbarungen*) der zeitkritischen heiligen **Birgitta von Vadstena**.

Selma Lagerlöf, Nobelpreisträgerin von 1909, in 1925

Astrid Lindgren

Eine Zäsur in der Entwicklung der schwedischen Literatur ist die *Gustav-Vasa-Bibel,* (komplett 1541), deren Verbreitung ein Erstarken der schwedischen Sprache bewirkte.

Das Zeitalter der in Schweden französisch geprägten ▶ Klassik wird vertreten durch den Kritiker Johan Henrik **Kellgren**, den Naturdichter und Tagebuchschreiber Johan Gabriel **Oxenstierna** und die Idyllikerin Anna Maria **Lenngren**, die mit den vom Sturm und Drang beeinflussten Dichtern Thomas **Thorild** und Bengt **Lidner** im Wettstreit lagen.

Die ▶ Romantik kam recht spät nach Schweden, dafür stehen die Namen Per Daniel Amadeus **Atterboom** mit seinem Märchenspiel *Lycksalighetens ö* (1824ff., *Die Insel der Glückseligkeit*), Erik Gustaf **Geijer**, Esaias **Tegnér** und Erik Johan **Stagnelius** als Lyriker.

Zwischen Romantik und Realismus ist das schriftstellerische Werk von Carl Jonas Love **Almqvist** anzusiedeln, dessen Erzählung *Det gîr an* (1839, *Es geht an*) bahnbrechend war und nachfolgende Dichtergenerationen beeinflusste.

Mit ▶ Strindberg – neben dem Norweger Ibsen die bedeutendste Figur der skandinavischen Literatur – beginnt die literarische Moderne. Neuromantische Tendenzen spiegeln das Romanschaffen der Nobelpreisträgerin Selma **Lagerlöf**, die, verwurzelt in der Tradition ihrer Heimat und der nordischen Sagenwelt, mit ihrem moralisierenden Erstlingswerk *Gösta Berlings Saga,* (1891, *Gösta Berling*) zu Weltruhm gelangte. Die Landschaftsverbundenheit vieler Autoren kennzeichnet die schwedische Literatur bis weit ins 20. Jh.

Die Moderne in Schweden zur Zeit des ▶ Fin de Siècle war vertreten durch den von der Décadence beeinflussten Impressionisten Hjakmar **Söderberg** und Bo **Bergmann** mit seinen tragischen Novellen und seiner melancholischen Lyrik.

Vorwiegend sozialkritische Erzählprosa, deren Stil bis in die heutige Zeit fortwirkt, dominierte nach dem Ersten Weltkrieg das Literaturgeschehen und ist besonders in den Werken des populären Sigfrid **Siwertz** zu finden. Der Nobelpreisträger von 1951 Pär Fabian **Lagerkvist** verteidigte in seinen expressionistischen Romanen humanistische Ideale gegen die faschistische Bedrohung, während Hjalmar **Gullberg** und Johannes **Edfelt** thematisch der traditionellen Lyrik verhaftet waren. Der Arbeiterschriftsteller und Antifaschist Vilhelm **Moberg** schilderte in seiner Prosa eindrucksvoll das entbehrungsreiche Leben der Landbevölkerung. Berühmtheit erlangte er mit seiner Auswanderer-Tetralogie über eine Gruppe von Landsleuten, die im 19. Jh. von Schweden nach Amerika übersiedelte (*Romanen om utvandrarna,* 1949–1959).
Nach dem Zweiten Weltkrieg trat vor allem der experimentierfreudige Lars Johan **Gyllensten** hervor, der in seinen existenzialistischen Romanen (u. a. *Kains memoarer,* 1963, *Kains Memoiren*) jeglichen weltlichen Dogmatismus ablehnte. Vertreter einer engagierten ▶ dokumentarischen Literatur ist der linksradikale Jan **Myrdal**; die ▶ Kriminalerzählung belebten die gesellschaftskritischen Schriftsteller Maj **Sjöwall** und Per **Wahlöö** mit ihrer zehnteiligen Romanserie *Roman om ett brot* (1965–1975, *Roman eines Verbrechens*).
Die berühmteste Schriftstellerin Schwedens ist jedoch Astrid **Lindgren**, die mit ihren fantasievollen und spannenden Geschichten von *Pippi Langstrumpf* (1945–1948), den drei Detektivromanen *Kalle Blomquist* und den Erzählungen aus *Bullerby* (ab 1947) die moderne ▶ Kinder- und Jugendliteratur nachhaltig prägte.

Sonett (altfranz.: sonet = kleines Lied) bezeichnet eine seit dem 17. Jh. in fast allen europäischen Literaturen feststehende Gedichtform. Die Grundform des Sonetts umfasst 14 Zeilen, die sich in zwei vierzeilige (Quartette) und zwei dreizeilige (Terzette) Strophen gliedern. Quartette und Terzette haben meist ein unterschiedliches Reimschema, häufig abba und cdc. Im ▶ Barock war das gängigste Versmaß der Sonette der Alexandriner (6-hebige Jamben, ▶ Metrik):

Der schnelle Tag ist hin; die Nacht schwingt ihre Fahn
Und führt die Sternen auf. Der Menschen müde Scharen
Verlassen Feld und Werk, wo Tier und Vögel waren,
Traurt itzt die Einsamkeit. Wie ist die Zeit vertan!

Andreas Gryphius, Abend; erstes Quartett

Die innere Struktur wird gerne dialektisch angelegt, d. h. mit These und Antithese in den Quartetten sowie einer Synthese in den Terzetten. Häufig enthält der letzte Vers die entscheidende Aussage. Diese in der Barockzeit vielfach angewandte strenge Form (z. B. bei Gryphius) wurde bis zur Gegenwart häufig nachgeahmt, variiert oder auch parodiert.

Sozialistischer Realismus Nach der Oktoberrevolution 1917 war in der Sowjetunion zunächst eine große Vielfalt literarischer Stile zu beobachten. Neben der staatlich geförderten Bewegung des **Proletkult**, die durch die Mittel des ▶ Agitprop die Bevölkerung für die Ziele des Kommunismus einnehmen sollte, wurden auch traditionalistische und avantgardistische Richtungen geduldet. Erst die Machtübernahme Stalins (1927) bereitete diesem Pluralismus ein definitives Ende. Der Anspruch, alle Lebensbereiche der Sowjetgesellschaft der Parteiführung zu unterwerfen, führte 1932 zur Auflösung sämtlicher selbstständigen literarischen Vereinigungen und zur Gründung eines einheitlichen sowjetischen Schriftstellerverbands. Gleichzeitig wurde eine für alle Autoren verpflichtende Kunstlehre entwickelt, die die Darstellungsprinzipien des ▶ Realismus für die Zwecke des Sozialismus instrumentalisierte, der sozialistische Realismus. Gefordert wurde „vom Künstler eine wahrhafte, historisch konkrete Darstellung der Wirklichkeit in ihrer revolutionären Entwicklung. Hierbei müssen Wahrheit und historische Konkretheit der künstlerischen Darstellung der Wirklichkeit in Abstimmung mit der Aufgabe der ideellen Umformung und Erziehung der Werktätigen im Geiste des Sozialismus gebracht werden."

Verbindliche Vorgaben des sozialistischen Realismus, der die Schriftsteller zu „Ingenieuren der menschlichen Seelen" (Stalin) degradierte und nach dem Zweiten Weltkrieg auf alle Länder des Warschauer Paktes ausgedehnt wurde (▶ DDR-Literatur), waren eine bedingungslose Parteilichkeit der Autoren sowie die sprachlich-stilistische Volkstümlichkeit ihres Schreibens. Im Gegensatz zu den meist gebrochenen Figuren des ▶ bürgerlichen Realismus wurde ein durchweg „positiver Held" erwartet, dessen Optimismus und Opferbereitschaft zur Identifikation und Nachahmung einladen sollten. Zweifel an der Zukunft des Sozialismus waren dabei ausgeschlossen. Als historische Vorbilder dienten die Romane *Was tun?* (1863) von Nikolaj G. **Cernysevskij**, *Die Mutter* (1906) von Maxim **Gorki**, *Capaev* (1923) von Dmitrij A. **Furmanov** und *Zement* (1925) von Fedor V. **Gladkov**. Richtungsweisend für die weitere Entwicklung des sozialistischen Realismus, der im Industrie-, Erziehungs- und Geschichtsroman seine bedeutendsten Genres fand, aber auch eine Flut politischer Trivialliteratur nach sich zog, erwiesen sich die Romane *Neuland unterm Pflug* (1932 ff.) von Michail A. **Scholochow**, *Wie der Stahl gehärtet wurde* (1932 ff.) von Nikolaj A. **Ostrowskij** und *Die junge Garde* (1946) von Alexander A. **Fadejew**.

Die avantgardistischen Ausdrucksweisen der literarischen ▶ Moderne galten den Verfechtern des sozialistischen Realismus als „formalistisch" und „dekadent" (▶ Expressionismusdebatte). Wer sich den staatlich verordneten Schreibweisen verweigerte, sah sich mit dem Verlust seiner Schriftstellerexistenz, mit Verfolgung, Lagerhaft oder gar physischer Liquidierung bedroht.

Spanische Literatur bezeichnet im Allgemeinen die Literatur in kastilischer Sprache. Davon zu unterscheiden sind galizisches, katalonisches und baskisches Schrifttum sowie die spanischsprachige Literatur Lateinamerikas.

Prägend für die Entwicklung einer spanischen Literatur waren verschiedene kulturelle Einflüsse, die bis in Antike und Mittelalter zurückreichen. Neben den iberischen und keltischen Wurzeln leisteten vor allem das westgotische, maurische, jüdische und christliche Element einen wesentlichen Beitrag zur spanischen Kultur. Ebenso wie die kulturelle Vielfalt spielen auch historische Ereignisse für das spezifisch Spanische der Literatur eine Rolle. Dazu gehören vor allem die „Reconquista", die christliche Rückeroberung der von den Mauren besetzten Gebiete Spaniens (711–1492), die Kolonialzeit zwischen dem 15. und 19. Jh. und schließlich die Zeit der faschistischen Franco-Diktatur von 1936 bis 1975.

Lope de Vega auf einem Kupferstich des 18. Jh.

In der alten spanischen Literatur lassen sich zwei unterschiedliche Traditionsstränge ausmachen, zum einen eher volksnahe Literatur mit schelmenhaft-satirischen Zügen, zum anderen die Gelehrtendichtung mit philosophisch-religiösen Schwerpunkten. Zur ersten Gruppe gehört das anonyme ▶ Epos *Cantar de mio Cid* (um 1140), dessen Protagonist zum Volkshelden wurde. Der *Cid* bildet einen Vorläufer der breit angelegten Ritterromane, die meist Abenteuer während der Kämpfe gegen die Mauren beschreiben. Im 12. Jh. liegen auch die Anfänge einer dramatischen Literatur mit kirchlichen Mirakel- und Mysterienspielen.

Als klassisches Zeitalter der spanischen Literatur gelten das 16. und 17. Jh. („siglo de oro"), eine Zeit, in der Spanien unter den Habsburgern eine Weltmachtstellung einnahm. Drama, asketisch-mystische Literatur und Roman erlebten einen Höhepunkt. Zu den wichtigsten Bühnendichtern zählen Lope de **Vega**, ▶ Calderón de la Barca und **Tirso de Molina**, der zum ersten Mal die Figur des Verführers Don Juan auf die Bühne brachte. Die Gegenreformation beeinflusste die religiöse Dichtung in hohem Maße, neben den geistlichen Spielen vor allem die mystischen Schriften von Ignacio de Loyola (Gründer des Jesuitenordens), Theresa von Avila oder Johannes vom Kreuz. In der Epik dominierten die ▶ Schelmen- und Ritterromane, etwa *Lazarillo de Tormes* (1671) oder *Guzman de Alfarache* (1599–1604), die beide auch bald ins Deutsche übersetzt wurden. Vor allem ▶ Cervantes Saavedra zählt mit seiner Ritterromanparodie *El ingenioso hidalgo Don Quixote de La Mancha* (1605–1615) bis heute zu den meist gelesenen spanischen Schriftstellern.

Mit dem Verlust an politischer Bedeutung im 18. und 19. Jh. ließ auch die Qualität der literarischen Produktion nach. Die Aufklärung verbreitete sich nur langsam in dem von der Inquisition und konservativen Regenten beherrschten Land. Im 19. Jh. finden sich in Spanien zwar alle wichtigen Strömungen der europäischen Literaturgeschichte wie Romantik, Realismus oder Naturalismus, zu einer Wirkung über die Grenzen Spaniens hinaus kam es jedoch nicht. Zumeist orientierten sich die spanischen Dichter an französischen Vorbildern.

Der Verlust der überseeischen Kolonien am Ende des 19. Jh.s führte zu einer kritischen Haltung vieler Schriftsteller gegenüber der bürgerlichen Kultur und zu ästhetischer Neubesinnung. Es bildeten sich Dichtergruppen, z. B. die sog. **Generation von 1898** (nach der Niederlage im Kuba-Krieg 1898) und die **Generation von**

Javier Marias – einer der zeitgenössischen Schriftsteller Spaniens

1922, die dem Symbolismus und dem Surrealismus nahe stand. Wesentliche Impulse kamen dabei auch vom französischen Surrealismus. Vor allem die 20er- und frühen 30er-Jahre zeichneten sich durch künstlerisches Experimentieren zwischen den Bereichen Literatur, Malerei und Film aus. Zu den wichtigsten spanischen Künstlern zählen etwa Luis **Buñuel** und Salvador **Dalí**. ▶ García Lorca revolutionierte das spanische Theater, indem er volkstümliche Elemente mit neuen Ausdrucksformen vermischte. Der Spanische Bürgerkrieg 1936–1939 und die daran anschließende Franco-Diktatur unterbrachen zunächst alle modernen Ansätze, viele Intellektuelle mussten emigrieren wie Jorge **Semprun** oder die Katalanin Mercé **Rodoreda**, soweit sie nicht wie García Lorca dem Terror zum Opfer fielen. Bis in die 70er-Jahre kontrollierte eine staatliche und kirchliche Zensur die literarische Produktion. Inzwischen wird die moderne spanische Literatur wieder zunehmend auch in Deutschland rezipiert, so etwa die Werke von Miguel **Delibes** oder die Kriminalromane von M. **Vasquez Montalban**. In den letzten Jahren erregte Javier **Marias** besondere Aufmerksamkeit mit seinen Romanen *Alle Seelen* (1989) und *Mein Herz so weiß* (1992) und den Erzählungen *Als ich sterblich war* (1996).

Spielmannsdichtung bezeichnet zum einen eine Gruppe von fünf anonymen mittelhochdeutschen Epen (▶ Mittelalterliche Dichtung): *König Rother* (entst. ca. 1140), *Herzog Ernst* (entst. ca. 1175), *Oswald*, *Orendel*, *Salman und Morolf* (ca. 1200). Als Handlungsschema liegen häufig Brautwerbung und Brautfahrt zu Grunde, immer eine abenteuerliche Handlung, meist vor dem Hintergrund der orientali-

schen Welt, die durch die Kreuzzüge bekannt wurde. Die Entstehungszeit der Werke bzw. ihrer Vorläufer lässt sich in das 12. Jh. zurückverlegen.
Den Namen bezieht die Gattung aus einer romantischen und historisch nicht gesicherten Autorenzuweisung an **Spielmänner**, die fahrenden Sänger (▶ Spruchdichtung) des Mittelalters. Diese waren recht- und ehrlos; sie trugen ihre Dichtung mündlich, meist im Gesang und mit instrumentaler Begleitung in Dörfern, Städten, aber auch an den Adelshöfen vor. Die Brüder Jacob und Wilhelm **Grimm** hatten als Vertreter der Romantik versucht, die Spielmänner in die direkte Tradition der germanischen Sänger (▶ Germanische Literatur), der **Skalden** oder **Skopen**, zu stellen. Im Zuge dieser Betrachtungsweise sah man die Spielmänner als die Überlieferer von alten ▶ Mythen, ▶ Sagen, Heldenepen (▶ Epos) und verschiedenen Formen von Volksdichtung an. Als Kennzeichen von Spielmannsdichtung galten Komik, Drastik und eine volksnahe Erzählweise. Heute ist man bemüht, den Begriff aus seiner romantischen Verbrämung zu lösen.
Spielmannsdichtung nennt man andererseits auch die verschiedenen Formen von mündlich tradierter Kleindichtung wie Lied, Ballade, Spruchdichtung und Rätsel. Der Spielmann fand seine literarische Würdigung in der Figur des stets tapferen, mutigen und wehrhaften Volkers des *Nibelungenlieds*. Spielmann ist auch Tristan in ▶ Gottfrieds von Straßburg gleichnamigem Versepos.

Sprache/Sprachgeschichte

Sprache/Sprachgeschichte Die Sprache ermöglicht dem Menschen, Dinge zu benennen, Erkenntnisse zu formulieren und sein Selbst- und Weltverständnis auszudrücken. Dabei liegt in der Sprache nach Wilhelm von **Humboldt** aber auch eine eigene, die Wahrnehmung der Gegenstände prägende „Weltansicht".
Sprache ist das bedeutendste Vehikel bei Denkprozessen, wenn auch Denken nicht ausschließlich an Sprache gebunden ist. Sie dient seit den ersten schriftlichen Zeugnissen (4./3. Jt. v. Chr.) über die funktionale, sachliche Kommunikation hinaus dem Kult und der Dichtung.
Im biblischen Schöpfungsbericht (Genesis 1,1–2,4) ist das Wort Gottes zugleich auch ein Wirklichkeit schaffender Akt. Der Mensch wird als sprachliches Wesen geschaffen. Mit dem Schöpfungsakt entsteht eine menschliche Sprache, die die Wirklichkeit „richtig" benennt. Mit dem Zweifel an einem göttlich bestimmten oder naturgegebenen, im ▶ Mythos deutlich werdenden Zusammenhang von Wort und

Zeichen einer Sprachgesellschaft im 17. Jh.

Wirklichkeit beginnt bei den Griechen das philosophische Nachdenken über Sprache. Für die Sophisten sind die Wörter nur konventionell, durch Übereinkunft festgelegte Zeichen, die der Verständigung dienen. Der Philosoph **Platon** stellt dieser Position die Auffassung gegenüber, dass es eine natürliche Verbindung von Wort und Wirklichkeit gibt, und ordnet damit die Sprachverwendung der Wahrheitssuche unter. Daneben stellt die **Sprachphilosophie** auch die Frage nach dem Ursprung der Sprache sowie nach der Entstehung der sprachlichen Zeichen und damit nach dem Wesen des Menschen, seiner geistig-seelischen Natur und seiner Beziehung zur Außenwelt.
Bereits in der griechischen Antike war die Sprache aber nicht nur Gegenstand philosophischer Reflexion, sondern auch einer an ihrer Verwendung orientierten Untersuchung und Beschreibung. Ihre Bauformen und Regeln wurden in **Grammatiken** beschrieben, die eine Grundlage für eine Kategorisierung und Klassifizierung geschaffen haben, die bis in unsere heutige Zeit ihre Gültigkeit besitzen.
Als Mittel der Verständigung ist Sprache auf Konstanz und Eindeutigkeit angewiesen. Dem scheint zu widersprechen, dass Sprache ein geschichtliches Phänomen und damit einem ständigen Wandel unterworfen ist. Von ihren indoeuropäischen Wurzeln bis zur **Gegenwartssprache** änderten sich im Deutschen nicht nur die Lautgestaltung, sondern auch die Wortformen, Wortbedeutungen (Semiotik), der Wortschatz (Lexik), der Satzbau (Syntax) und die Rechtschreibung (Orthographie) entsprechend der Differenzierung des menschlichen Denkens, neuen Bedürfnisse, Erfahrungen und Gegenstände.
Sprachen entstehen, wandeln sich und sterben ab („tote" im Gegensatz zu den „lebenden", von einem Volk oder einer Volksgruppe noch gesprochenen Sprachen) und werden oft nur durch wissenschaftliche Überlieferung erhalten.
Gegenstand der wissenschaftlichen Betrachtung wurde die geschichtliche Entwicklung der deutschen Sprache erst in der ▶ Romantik, als man die Sprache als Ausdruck einer Nation auffasste und die alten **Sprachdenkmäler** als kulturelles Erbe ins Bewusstsein hob. So entstand eine **historische Sprachwissenschaft**, die die Anfänge einer **Nationalsprache** aus oft nur rekonstruierbaren Wurzeln nachzeichnete, Gesetzmäßigkeiten im Laut- und Formenwandel zu erkennen suchte und die Grammatik der einzelnen Sprachstufen beschrieb. Bis ins 18. Jh. hinein war Deutsch weder die Sprache der Bildung und Wissenschaft noch der adeligen Kultur. Latein dauerte auch nach dem Untergang Roms als internationale Kirchen- und Gelehrtensprache fort, der deutsche Adel sprach Französisch. Noch 1783 wurde nur an einem einzigen deutschen Fürstenhof, dem zu Weimar, Deutsch als Umgangssprache gebraucht. Der Aufklärer Christian **Wolff** begann Anfang des 18. Jh.s seine Vorlesungen in deutscher Sprache zu halten, aus der Erkenntnis heraus, dass „unsere Sprache zu Wissenschaften sich viel besser schickt als die lateinische". Erst mit der Entwicklung einer klassischen deutschen Literatur und Philosophie – beginnend in der ▶ Aufklärung (▶ Lessing) und vollendet in der Goethezeit – erhielt das Deutsche die „kulturelle Legitimation" als abendländische Kultursprache, an deren Niveau sich Sprachkritiker lange orientierten.
Als „lingua vulgaris", als Sprache des Volks, blieb das Deutsche lange Zeit geprägt durch die Vielfalt der Dialekte. Die ältesten Schriftzeugnisse, die wir als „deutsch"

bezeichnen, stammen aus der zweiten Hälfte des 8. Jh.s. Wir nennen sie **althochdeutsch** und meinen damit den ältesten für uns erfassbaren Zustand der hochdeutschen Sprache. Ein Beispiel ist das *Wessobrunner Gebet* (um 800), ein Weltschöpfungshymnus, der nach dem Fundort der Handschrift, dem Kloster Wessobrunn, benannt ist.
Im Laufe der Zeit veränderte sich die damalige Hochsprache, am Ende der Entwicklung steht das **Mittelhochdeutsche** (11.-14. Jh.), eine überregionale Dichtersprache, in der beispielsweise die Lyrik ▶ Walthers von der Vogelweide, ▶ Wolframs von Eschenbach Versroman *Parzival* und das *Nibelungenlied* verfasst wurden. Erst im 15. und 16. Jh. entwickelte sich mit dem Vordringen der Volkssprache in Verkehr und Handel und deren Aufnahme in den kirchlichen Raum sowie auf Grund der Verbreitung der von Martin **Luther** ins Deutsche übertragenen Bibel eine überregionale Schriftsprache, das **Neuhochdeutsche**, das allerdings erst im 19. Jh. endgültig zu einer allgemein gültigen Gemein-, Hoch- oder Standardsprache wurde.
Eine **Nationalsprache** zerfällt auf Grund sprachlicher Entwicklungen in Dialekte (▶ Mundartliteratur). Daneben gibt es auch verschiedene Ausprägungen von Umgangssprache. Diese einem bestimmten Zweck dienenden **Sondersprachen** führen zu einer gewollten oder ungewollten Abgrenzung von der Gemeinsprache. Dazu gehören Standes-, Berufs- oder Fachsprachen, Gruppensprachen (z. B. Jugendjargon) und Geheimsprachen (Rotwelsch, Argot).
Im Gegensatz zu der im 19. Jh. vorherrschenden historischen Betrachtung von Sprache richtete sich das Interesse der Sprachwissenschaft seit Beginn des 20. Jh.s vor allem auf die Beschreibung der Sprache als Zeichensystem, dessen Strukturen man erforschen wollte. Bahnbrechend war dabei der Genfer Sprachwissenschaftler Ferdinand de **Saussure**. Doch lieferte die Beschreibung des Sprachsystems auf der Laut-, Wort- und Satzebene noch keine Antwort auf die Frage, wie man die Fähigkeit (Kompetenz) eines Sprechers, Sätze zu bilden und zu verstehen, erklären kann. Vielmehr hat jeder Sprachteilnehmer eine individuell, sozial, bildungsmäßig und regional gesteuerte Teilhabe am Wort- und Formeninventar einer Sprache, die er unterschiedlich in gesprochene und geschriebene Sprache umsetzt. Seine Sprachkompetenz entwickelt der Einzelne durch ständigen Austausch mit der Sprachgemeinschaft. Aus dem Angebot an Sprachinhalten und -formen bilden sich jeweils auch Literatur- und Dichtersprachen. Dichterische Sprache dient nicht wie die Alltagssprache der knappen, eindeutigen Mitteilung von Aussagen, sondern ist auch ästhetisches Mittel, das vorgegebenen oder selbst geschaffenen Gestaltungsprinzipien folgt, besonders in der Lyrik, aber auch in der Prosa. Dichtung als Kunst beginnt dort, wo Sprache nicht nur Mittel, sondern zugleich Zweck ist. Sie vereinigt die in der Sprache angelegten, in der Mitteilungsrede jedoch verblassten Wirkungsmöglichkeiten dieses Mediums. Die dichterische Sprache erfasst die Welt tiefer als die abstrahierende Mitteilungsweise von Wissenschaft und Philosophie.
Dichterische Sprache kann als Sprachartistik (▶ Barock) oder in Form von Sprachexperimenten (▶ Experimentelle Dichtung) auftreten. Die verschiedenen Bereiche der ästhetischen Verwendung von Sprache werden in der Stilistik (▶ Stil), ▶ Rhetorik und Metaphorik, die poetische Verwendung in der ▶ Poetik systematisch behandelt.

Sprichwort Ein einprägsam formulierter volkstümlicher Erfahrungsgrundsatz, der häufig lehrhafte Tendenz hat und Anspruch auf Allgemeingültigkeit erhebt. Es ist daher weder schichtenspezifisch noch historisch gebunden und unterstellt eine „ewige Wiederkehr des Gleichen" im Gegensatz zum ▶ Aphorismus, der mehr individuellen Charakter zeigt. Durch seine syntaktisch abgeschlossene Form (z. B. „Morgenstund hat Gold im Mund") unterscheidet es sich von der Redensart, die erst in einen Satz eingepasst werden muss, um sich mit Inhalt zu füllen. Die dem anonymen Sprichwort verwandte Sentenz steht in der Regel in einem dichterischen Situationskontext, d. h., sie hat Zitatcharakter.
Das Sammeln von Sprichwörtern geht bis auf das antike Griechenland zurück, wo sich **Aristoteles** und **Chrysippos** von Soloi aus philosophischem Interesse mit Sprichwörtern befassten, und wurde in der spätantiken Philologie von Alexandria und im Mittelalter fortgesetzt. Deutschsprachige Sprichwörter findet man zuerst bei **Notker** Labeo und häufig in den Werken der mhd. Literatur. Große, z. T. gelehrte Sprichwörtersammlungen haben die Humanisten angelegt (z. B. die *Adagia* von Erasmus von Rotterdam, 1500).
Im Zuge der Aufwertung und Erforschung aller Gattungen der Volkspoesie im 19. Jh. (▶ Romantik) entstehen wissenschaftliche Sprichwortkompendien – etwa K. F. W. Wanders fünfbändiges *Deutsches Sprichwortlexikon*, 1867–1880 herausgegeben, mit etwa 300000 Sprichwörtern und Redensarten. Auch heute noch werden Sprichwörter im mündlichen Sprachgebrauch verwendet, z. T. auch kombiniert oder verändert „Morgenstund hat Gold im Mund und Blei im Knie".

Spruchdichtung wurde als Begriff 1833 von Karl Simrock, Herausgeber der Lyrik Walthers von der Vogelweide, geprägt, um die Unterschiede zur Minnelyrik andeuten zu können. Unterschiedliche Gattungen fallen unter diesen Begriff.
Der **Sprechspruch** transportiert didaktische Inhalte. Er besteht aus vierhebigen Reimpaaren. Als Hauptvertreter gelten im 13. Jh. **Freidank** (Bescheidenheit), im 14. Jh. **Heinrich** der Teichner und **Suchenwirt**, von denen Reimreden, **Beispielsgeschichten** (= **Bîspel**), ▶ Fabeln und ▶ Parabeln stammen.
Der **Sangspruch** wurde gesungen und hauptsächlich von den fahrenden, nicht adeligen Sängern vorgetragen. Diese Sprüche sind strophenähnlich, nicht jedoch inhaltlich zwingend zusammengehörig aufgebaut und thematisieren Persönliches wie die Bitte an den Gönner mit sog. **Heischesprüchen**, Biographisches, Streitigkeiten in literarischen Fragen (= **Dichterfehden**) mit anderen Sängern, aber auch politische Anliegen wie Propaganda oder die Herabsetzung von Gegnern. Gegenstand konnten aber auch Lebensweisheiten, religiöse Anliegen und die Minne sein. Im letztgenannten Fall ist die Abgrenzung zum ▶ Minnesang schwierig, wie insgesamt die Übergänge zu den verschiedenen Formen des lyrischen Repertoires der Fahrenden fließend sind. Als erste Spruchdichter gelten die Fahrenden **Spervogel** und **Herger**. Zur Blüte führte ▶ Walther von der Vogelweide die Gattung; er setzte sie zum Beispiel ein, um das Königtum so erfolgreich in seiner papstfeindlichen Politik zu unterstützen, dass der Domherr von Aquilea Thomasin von Zerclaere klagte, Walther habe „tûsent man betoeret", unzählige Menschen in seinen Bann gezogen. Im 13. Jh. folgten ihm **Reinmar** von Zweter, der **Marner**, **Neidhard** von Reuental, Bruder **Wernher**, im 14. Jh. **Frauenlob**, **Heinrich** der Teichner, Peter **Suchenwirt**, im 15. Jh. **Oswald** von Wolkenstein, Hans **Folz**, Hans **Rosenplüt**.

Steinbeck, John (1902–1968) studierte Naturwissenschaften und lebte lange als Gelegenheitsarbeiter in ärmlichen Verhält-

nissen, bevor er 1929 seine literarische Karriere begann. Steinbeck gilt als einer der besten amerikanischen Romanschriftsteller und erhielt 1962 den Nobelpreis, obwohl verschiedene seiner Werke heftig kritisiert wurden.
Zwei der sozialkritischen Texte Steinbecks ragen aus seinem Schaffen heraus: *Of Mice and Men* (1937, *Von Mäusen und Menschen*) ist sein gelungenstes Werk, eine Mischung aus Drama und Erzählung. Der Kurzroman erzählt die Geschichte zweier völlig ungleicher Wanderarbeiter, die von einem eigenen Stück Land träumen. Als der eine seinen Kameraden erschießt, um ihn vor der Demütigung und Hinrichtung durch andere zu bewahren, verliert er selbst auch die Grundlage seines Traumes vom besseren Leben.

Der Roman *The Grapes of Wrath* (1939, *Die Früchte des Zorns*) ist Steinbecks nachdrücklichste Anklage gegen die Besitzenden und die in ihre Hände arbeitende Obrigkeit. Während der großen Wirtschaftskrise in den 30er-Jahren des 20. Jh.s wurden vielen tausend Kleinfarmern im amerikanischen Südwesten die Kredite gekündigt, obwohl sie bereits durch Missernten und Staubstürme am Ende waren. In Kalifornien versprach man ihnen gute Arbeitsbedingungen, doch dort wurden sie als Streikbrecher missbraucht und in Lager eingepfercht. Von der Öffentlichkeit nicht beachtet oder als „Rote" brutal misshandelt, mussten diese Farmer, die alles verloren hatten, zusehen, wie die Großgrundbesitzer Land brach liegen ließen, um die Preise für landwirtschaftliche Güter hochzuhalten.

Steinbeck stellt in dem „Propaganda-Roman" *The Grapes of Wrath* die Zustände dieser Zeit anhand der Erlebnisse der fiktiven Familie Joad dar. Zwischen die einzelnen Kapitel fügte er immer wieder Texte ein, die die sozialen und wirtschaftlichen Hintergründe der Ereignisse deutlich machen.
In Kalifornien wurde das Buch nach dem Erscheinen verboten, verbrannt und vom Erzbischof Spellman verdammt. Dem steht die literarische Anerkennung in Form des renommierten Pulitzer-Preises (1940) für dieses Werk gegenüber.

John Steinbeck, Nobelpreisträger von 1962

Neben seinem sozialkritischen Œuvre veröffentlichte Steinbeck zahlreiche weitere Romane, von denen die humorvoll-komischen Prosaidyllen *Tortilla Flat* (1935, *Die wunderlichen Schelme von Tortilla Flat*) und *Cannery Row* (1945, *Cannery Row. Die Straße der Ölsardinen*) nicht nur künstlerisch ausgeglichen, sondern auch genussvoll zu lesen sind.
In *East of Eden* (1952, *Jenseits von Eden*), versuchte er, anhand der Chronik einer kalifornischen Familie die Macht der Sünde zu gestalten. Steinbecks Kurzgeschichten, in denen er vor allem das menschliche Empfinden thematisierte, sind in zwei Sammlungen veröffentlicht: *The Pastures of Heaven* (1932, *Das Tal des Himmels*) und *The Red Pony* (1937, *Gabilan, der rote Pony*).

Stifter, Adalbert (1805–1868) Der im südböhmischen Oberplan geborene Sohn eines Leinwandwebers ist der bedeutendste Dichter des österreichischen ▶ Biedermeier.

Stifter wuchs im Bannkreis einer noch unberührten Natur auf und war davon auch lebenslang geprägt. Das 1826 in Wien begonnene Jura-Studium sowie seine naturwissenschaftlichen Studien blieben ohne Abschluss. Stifter bestritt seinen Lebensunterhalt zunächst als Hauslehrer und Redakteur. 1848 zog sich Stifter – tief erschüttert von der Revolution – nach Linz zurück, wo er seine Ideen einer Bildungs- und Schulreform verfocht. Auf die Fürsprache von Gönnern wurde er 1850 zum Landschulinspektor für die Volksschulen in Oberösterreich ernannt. Berufliche Enttäuschungen, nachlassendes Interesse der literarischen Öffentlichkeit und ein schweres Leberleiden führten zu Rückzug und Resignation.

Zentrum seines Erzählens bleibt stets das wechselvolle Verhältnis von Mensch und Natur als grausame Ambivalenz von „Wonne und Entzücken“ sowie „Entsetzlichem und Zugrunderichtendem“. Aus diesem Schaudern vor dem Wirken der Elementargewalten und ihrer Existenzgefährdung fordert er zugleich immer den versöhnenden Ausgleich und damit die Wiederherstellung der gestörten Ordnung im Vertrauen auf die Beherrschbarkeit der Naturkräfte. Die in der Natur waltende Gesetzlichkeit sollte denn auch Leitbild für den Menschen sein.

Wirklich berühmt als „Böhmerwalddichter“ wurde Stifter mit der Novelle *Der Hochwald* (1842/44). In Stifters erster Geschichtserzählung, die in ihren ausgreifenden Naturschilderungen auf den Amerikaner J. F. **Cooper** verweist, bricht Krieg und in seinem Gefolge Not und Schuld in die harmonische Waldeinsamkeit des Schlosses Wittinghausen. Zwar kann der Schlossherr seine beiden Töchter Johanna und

Adalbert Stifter, 1846

Klarissa vor den Grausamkeiten des Dreißigjährigen Krieges in der paradiesischen Wildnis des Waldhauses in Sicherheit bringen, nicht aber vor den zerstörerischen menschlichen Leidenschaften und unergründlichen Schicksalsfügungen. Dennoch bleibt den Überlebenden der Trost, dass in der Natur eine göttliche Ordnung waltet, die auch Katastrophen ertragen hilft.

Das Thema des gefährdeten und bedrohten Menschen bestimmt auch die Novelle *Brigitta* (1844/47). Die Geschichte der hässlichen Brigitta, die in ihrer Ehe Liebe und Hass, Zuwendung und Untreue, Trennung und Rückkehr des Gatten erfährt, wird durch das versöhnliche Ende zum gelungenen Modell für das absolute Streben nach Harmonie und Ausgleich in der Beziehung von gegensätzlichen Menschen.

1853 erschien die Sammlung *Bunte Steine, Ein Festgeschenk* als Überarbeitung und Neuherausgabe zahlreicher, bereits in den 40er-Jahren entstandener Erzählungen.

Die bekannteste Novelle aus der Sammlung wurde *Bergkristall* (zunächst: *Der Heilige Abend*, 1845). Sie gilt als eine der schönsten unter den vielen deutschen Weihnachtserzählungen. Die Geschichte vom Verirren und Wiederfinden der beiden Kinder Konrad und Sanna in den Eiswüsten der Berge zwischen den Wohnorten der Eltern und der Großeltern am Weihnachtsabend ist jedoch weit mehr als das idyllische Bild einer glücklich bestandenen göttlichen Prüfung. Fast unmerklich hat Stifter in die anrührende Schilderung der Natur das Bedrohliche und Abgründige eingewebt.

In seinem dreibändigen ▶ Bildungsroman *Der Nachsommer. Eine Erzählung* (1857) entfaltet Stifter – in bewusster Abgrenzung zu ▶ Goethes *Wilhelm Meister* – das Modell einer durch stetige Verfeinerung der Bildungsmittel gesteuerte Erziehung zu „höherer Lebensanschauung". Eine nur utopisch zu nennende Weltabgeschiedenheit, der rosenbewachsene Asperhof des Freiherrn von Risach, stellt zum einen den Rahmen dar für naturwissenschaftliche Studien, Gespräche über Natur, Kunst und Gesellschaft zwischen dem Hausherrn und seinem gelehrigen Schüler Heinrich Drendorf – dem eigentlichen Helden des Romans. Neben der bis zur Langeweile ausgereizten Handlungsarmut des Erzählfortganges geht es um die Vermittlung eines in allem waltenden Ordnungsdenkens und die Vorstellung Stifters vom „irdischen Lebensglücke". So versteht sich der *Nachsommer* als Modell einer Gegenwelt in Zeiten gesellschaftspolitischer Krisen und naturwissenschaftlich-technischer Umwälzungen.

Der literarisch-künstlerischen Wiederentdeckung Stifters zu Beginn des 20. Jh.s ist Anfang der 90er-Jahre eine zweite, historisch-politische gefolgt. Nach dem Zusammenbruch des Kommunismus in Osteuropa begann in Tschechien eine Rückbesinnung auf die Traditionen deutschsprachiger Künstler und Wissenschaftler. Seither wird das Werk des „Böhmen" Adalbert Stifter als gemeinsames Erbe von Deutschen und Tschechen verstanden.

Stil (lat.: stilus = Schreibstift, Schreibart) meint in der Literatur eine bestimmte Art des Schreibens. Eine solche charakteristische Schreibweise kann sich auf inhaltliche Elemente ebenso beziehen wie auf die sprachliche Gestaltung. Neben dem individuellen Stil eines Schreibers unterscheidet man auch verschiedene Stilebenen, z. B. gehobener Stil, Umgangssprache oder Sprachen unterschiedlicher sozialer Gruppen. Literarischen Stil untersucht man nach bestimmten Gesichtspunkten, z. B. grammatikalische Konstruktionen, Satzbau, Nominal- oder Verbalstil, Wortwahl, ▶ rhetorische Figuren, Bildlichkeit.

Straßentheater bezeichnet eine Theaterform ohne abgegrenzte Bühne oder speziellen Theaterraum. Es wird in der Öffentlichkeit gespielt, auf offener Straße und Plätzen. Die Tradition des Straßentheaters reicht zurück auf die Spielpraxis des antiken Tragödiendichters **Thespis** im 6. Jh. v. Chr. (▶ Antike Literatur), die geistlichen Prozessionsspiele des Mittelalters (▶ Mittelalterliche Dichtung) sowie das Theater des ▶ Agitprop. Infolge der weltweiten Protestbewegung seit Mitte der 1960er Jahre erlebte das Straßentheater einen neuen Aufschwung. Das **Living Theatre** und New Yorker **Bread and Puppet Theatre** wurden zum Vorbild zahlreicher Spielgruppen in Europa und Deutschland.

Das Straßentheater dient überwiegend zur politischen Propaganda und Agitation seines Publikums. Es wird in der Regel von Laien dargeboten und ist meist Teil einer aktuellen Kampagne. Im Gegensatz zum konventionellen ▶ Theater herrscht entsprechend seiner Zielsetzung das Gebot der Allgemeinverständlichkeit. Dem trägt auch eine Ästhetik der offenen Form Rechnung: die Schlichtheit der theatralischen Mittel (Masken, Transparente), die Kürze der Szenen und die Verständlichkeit der Sprache, die Typisierung der Figuren, eine einprägsame Handlung, hohe Improvisationsanteile, Sketche, Songs und Sprechchöre.

Strindberg, August (1849–1912) ist der bedeutendste schwedische Erzähler und Dramatiker des ▶ Naturalismus.
Strindberg wurde in Stockholm in armen, bürgerlichen Verhältnissen geboren und hatte eine schwierige Kindheit. 1867 begann er zunächst das Studium der Medizin, wechselte später zur Philosophie, unterbrach aber mehrmals, um sich als Lehrer, Maler, Schriftsteller und Schauspielschüler zu versuchen. So blieb er zwar ohne Studienabschluss, verfasste jedoch in dieser Zeit seine ersten Einakter, die ihm die Beachtung des schwedischen Königs einbrachten. Ab 1872 bemühte er sich, als Journalist Fuß zu fassen, und wurde 1874 Sekretär der Königlichen Bibliothek. Nun schrieb er die ersten Aufsehen erregenden Werke, wie das Drama *Meister Olof* (1878) und den Roman *Das rote Zimmer* (1879), mit dem er den literarischen Durchbruch schaffte.

August Strindberg, 1881

Seine politischen Äußerungen in dem Pamphlet *Das neue Reich* lösten einen Skandal aus. Daraufhin hielt er sich von 1882 an abwechselnd in Frankreich, in der Schweiz und in Deutschland im freiwilligen Exil auf. In dieser Phase wandte er sich in seinen Werken gegen reformfeindliche Strömungen, problematisierte das Zusammenleben der Geschlechter in der modernen Gesellschaft als Kampf und trat für die Gleichberechtigung der Frau ein. Dennoch wurde seine Novellensammlung *Heiraten* (1884) von der Frauenbewegung ebenso wie von den Konservativen wegen ihrer sexuellen Offenheit angegriffen.
Auf dem Höhepunkt seines literarischen Schaffens entstanden der autobiographische Roman *Sohn einer Magd* (1886), das Trauerspiel *Der Vater* (1887) und der Roman *Die Leute auf Hemsö* (1887). Das einaktige Trauerspiel *Fräulein Julie* (1888) rief in einigen spektakulären Aufführungen, wie der deutschen Erstaufführung am Residenztheater in München, Empörung wegen seiner Unsittlichkeit hervor.

In der Mittsommernacht ermutigt die nach männlichem Vorbild erzogene Grafentochter Julie den gesellschaftlich aufstrebenden Diener Jean, sie zu verführen. Der Lakai sieht darin seine Chance, mit dem adeligen Mädchen als Geldgeber seine Aufstiegspläne zu verwirklichen. Doch Julie ist zu sehr den traditionellen Vorstellungen von Ehre und Ansehen verhaftet, um sich mit der neuen emporkommenden Klasse zu verbinden. Als Ausweg bleibt ihr nur der Selbstmord, wozu sie aber auch die suggestive Unterstützung Jeans braucht.

Das Vorwort zur Erstausgabe gilt als Programmschrift des schwedischen Naturalismus.
Finanzielle Schwierigkeiten und eine persönliche Krise mit Verfolgungswahn und Schizophrenie verarbeitete er in *Inferno* (1897). Der Dramenzyklus *Nach Damaskus* (1898) leitete eine Erneuerung des schwedischen Dramas ein. In dem **Stationendra-**

ma verläuft die Handlung nicht mehr in kontinuierlicher Abfolge, vielmehr reihen sich einzelne Szenen locker aneinander.
1899 kehrte Strindberg endgültig nach Stockholm zurück und verschrieb sich nun einer subjektivistisch-symbolistischen Dramatik, wie er sie in *Ein Traumspiel* (1901) verwirklicht.
1912 starb Strindberg an Magenkrebs. Weil er stets gegen konservative Ansichten ankämpfte, wurde Strindberg schon zu Lebzeiten mit der Arbeiterbewegung und der Sozialdemokratie in Verbindung gebracht. Kurz vor seinem Tod erhielt er den „Anti-Nobelpreis" des schwedischen Volkes.

Sturm und Drang, auch „Geniezeit" genannt, ist eine geistige Bewegung in Deutschland von etwa 1770 bis 1790. Die Bezeichnung Sturm und Drang geht auf das gleichnamige Drama (1776) von Friedrich Maximilian **Klinger** zurück.

Titelkupfer zu Friedrich Maximilian Klingers Drama „Die Zwillinge", 1777

Die Epoche wurde von den Traditionen des ▶ Pietismus und der ▶ Empfindsamkeit vorbereitet und erhielt Anregungen von den Emanzipationsbestrebungen der ▶ Aufklärung sowie verschiedenen Kulturkritikern wie etwa J. J. Rousseau, dessen Motto „Zurück zur Natur" begeistert aufgenommen wurde.
Die Auffassungen dieser Strömung basieren auf den aufklärerischen Idealen des kritischen Denkens, der Freiheitsidee, dem Selbstbewusstsein des Einzelnen sowie dem Kampf gegen weltanschauliche und religiöse Starrheit. Andererseits aber wandten sich die Stürmer und Dränger gegen die einseitigen und dogmatischen Auffassungen der Aufklärung. So lehnten sie deren Rationalismus und Fortschrittsoptimismus ebenso ab wie die Vorstellungen von einer Gesellschaftsordnung mit strengen Ständeschranken und erstarrten Konventionen.
Der unmittelbare Wegbereiter der Epoche war Johann Georg **Hamann**, der die Bedeutung des Gefühls betonte und der Ansicht war, Wahrheit könne nicht begriffen, sondern nur erahnt werden. Die Grundideen des Sturm und Drang formulierte jedoch Johann Gottfried **Herder** – u. a. in *Fragmente über die neuere deutsche Literatur* (1767), *Journal meiner Reise im Jahre 1769* und *Blätter von deutscher Art und Kunst* (1773). Er wies nachdrücklich auf die Kraft der natürlichen Sprache der Volkskunst und die natürlichen Gesetze der Kunst hin und lenkte die Aufmerksamkeit auf ▶ Shakespeare als schöpferisches Genie. In der Literatur und insbesondere für das Drama gilt ▶ Lessing mit seiner Ablehnung strenger Regeln und seiner Bewunderung für Shakespeare als Vorläufer dieser Strömung.
Die jungen Dichter waren gefangen vom eigenen „Genius", der schöpferischen Kraft des Dichtens, und stellten in ihren Werken die unkonventionelle Originalität und Spontaneität über die Beachtung von

Regeln. Ihre Leitideen waren Selbsterfahrung und die Befreiung des Individuums. Die Natur war für sie die Quelle des Lebendigen und Schöpferischen. Im Genie sahen sie absolute und höchste Verkörperung des Dichters, in dem sich die schöpferische Kraft auf einmalige und unmittelbare Weise offenbart. Ihre Vorbilder waren neben ▶ Homer und Shakespeare, der Dichter der Empfindsamkeit Friedrich Gottlieb **Klopstock** und der „**Ossian**", das sind alte Sagenüberlieferungen, die der schottische Dichter und Übersetzer James **Macpherson** als von ihm gefundene gälische Dichtungen des blinden Barden Ossian ausgab.

Aus den Vorstellungen des Sturm und Drang entwickelte sich auch eine neue Geschichtsauffassung. Völker, ihre Kulturen und Sprachen wurden von ihrem Ursprung her in ihrer Einzigartigkeit betrachtet. Damit erhielten die archaische Dichtung und die Volkskunst einen ganz neuen Stellenwert.

Als Ausgangspunkt des literarischen Sturm und Drang wird die Begegnung zwischen Herder und dem jungen ▶ Goethe 1770 in Straßburg angesehen. Beeinflusst von den ästhetischen Vorstellungen Herders verfasste Goethe die *Sesenheimer Lieder* (1771), das Drama *Götz von Berlichingen* (1773) und den Roman *Die Leiden des jungen Werthers* (1774).

Die von den Stürmern und Drängern bevorzugte Gattung war das ▶ Drama und hier insbesondere die ▶ Tragödie. Die strengen Regeln der aristotelischen und klassizistischen Form lehnten sie allerdings ab. Großzügig setzten sie sich über die Vorgabe hinweg, die drei Einheiten einzuhalten. Stattdessen wechselt der Schauplatz häufig, wird beliebig über die Zeit verfügt, und die Handlung zentriert sich meist in vielfältigen Strängen um die Hauptfigur. Der überwiegende Teil der Dramen ist in Prosa verfasst. Besonders deutlich formulierte ▶ Lenz diese Vorstellungen in seinen *Anmerkungen übers Theater* (1774).

Die Themen und Motive im Drama des Sturm und Drang kreisen vor allem um menschliche und politische Freiheit. Goethes *Götz von Berlichingen* (1773) und ▶ Schillers *Die Verschwörung des Fiesko zu Genua* (1783) sprechen den tragischen Zusammenstoß des Einzelnen mit dem unabänderlichen Verlauf des Ganzen an. Den Generationskampf zwischen Vätern und Söhnen sowie den Konflikt zwischen Brüdern zeigen etwa Schillers *Die Räuber* (1781), Klingers *Die Zwillinge* (1776) und *Julius von Tarent* (1776) von J. A. **Leisewitz**. Die politischen und sozialen Zustände der Zeit, die korrupten Stände und die Standesgrenzen kritisieren Lenz' *Der Hofmeister* (1774), *Die Soldaten* (1776), Klingers *Das leidende Weib* und Schillers *Kabale und Liebe* (1784).

In der Epik herrschen autobiographische Romanformen vor. Richtungweisend wurde Goethes *Werther*, der auf Grund seiner Absolutheit des Gefühls, seiner Idealisierung der Natur und seiner Gesellschaftskritik Begeisterung auslöste und zahlreiche Nachahmer fand. Eine der bedeutendsten echten Autobiographien ist *Heinrich Stillings Jugend* (1777) von Johann Heinrich **Jung-Stilling**. Psychologisch genau zeichnet Karl Philipp **Moritz** die Titelfigur seines *Anton Reiser* (1785–1790) und verfasst so eine erschütternde Seelenstudie zwischen Autobiographie und Roman.

Die Lyrik des Sturm und Drang äußert sich vor allem als Ausdruck persönlichen Erlebens in der sog. **Erlebnislyrik**. Auch in dieser Gattung wirkte Goethe – vor allem in den *Sesenheimer Liedern* – mit der Gestaltung spontanen Gefühls und intensiver Naturerfahrung bahnbrechend. Besonders beeindruckte die Zeitgenossen seine einfach erscheinende, volksliedhafte Sprache. Gleichzeitig erlangte die Ballade große Bedeutung. In Goethes *Erlkönig* sowie in den Geisterballaden *Eleonore* von Gottfried August **Bürger** und *Adelstau und Röschen* von Ludwig **Hölty** drückt sich die Gewalt irrationaler Kräfte aus. In Goethes Frankfurter Hymnen wird das Genie als Ich-Erfahrung (*Wanderers Sturmlied*, *An Schwager Kronos*) oder als Mythos (*Prometheus*, *Ganymed*, *Mahomeds Gesang*) dargestellt. Zum Teil hatten die Vertreter des Sturm und Drang politisch revolutionäre Ansichten, die sie aber nicht umsetzten. Ihre geistigen Impulse jedoch wirkten fort über die Weimarer Klassik, die Romantik und den Naturalismus bis zum Expressionismus im 20. Jh.

Surrealismus (franz.: surréalisme = Kunst jenseits der Wirklichkeit, Überwirklichkeitskunst), eine neue, revolutionäre Literatur- und Kunstbewegung, die zu Beginn des 20. Jh.s in Frankreich entstand und eine tiefe Abneigung gegen die bürgerliche Gesellschaft mit ihren verkrusteten Strukturen und ästhetischen Traditionen zeigte. Stark beeinflusst von der Psychoanalyse Sigmund Freuds (▶ Wiener Moderne), der den Bereich des „Unbewussten" aufdeckte, richtete sich die literarische Stilrichtung des Surrealismus strikt gegen eine ausschließlich realistische Darstellungsweise der Wirklichkeit, da sie den Menschen in seiner Vorstellungswelt zu sehr einenge. Folgerichtig propagierten die Surrealisten, deren führende Köpfe sämtlich aus Frankreich stammten, alternative Möglichkeiten der Lebens- und Welterfahrung, die sie in der Fantasie und im Traum sahen und unter Aufhebung der Grenzen zwischen Ding- und Traumwelt zum Ausgangspunkt ihrer künstlerischen Produktion machten. Methodisch kennzeichnend war die *écriture automatique,* die sog. **automatische Schreibweise**, die – oft unter Verzicht auf Logik und Syntax – den literarischen Schaffensprozess dem Unbewussten des Dichters (z. B. Traum, Vision, Halluzination, rauschhafte Zustände) überlässt, um so durch eine bildreiche Sprache in eine Überwirklichkeit vorzudringen, wie folgendes apokalyptisches Textbeispiel aus der

„Weiche Konstruktion mit gekochten Bohnen, Vorahnung des Bürgerkrieges" von Salvador Dalí, 1936

Tragödie *Medea* (UA 1926) von Hans Henny **Jahnn** verdeutlicht: „Ein stinkend Loch, in dem Betasten wir nur uns können. Reißt eure Körper auf, noch können eure Hände. In wenig Augenblicken wird Nacht den Augen nicht nur, Nacht den Ohren auch. Taub. – Wenn ihr gellt, taub."
Namensgeber dieser Stilrichtung war Guillaume **Apollinaire** mit seinem Stück *Les mamelles de Tirésias* (1917), das mit dem Untertitel *drame surréaliste* gattungsbezeichnend war. Weitere bedeutende Vertreter des Surrealismus in Frankreich waren der Schriftsteller und Theoretiker dieses extremen literarischen Stils André **Breton** mit seinem *Manifest des Surrealismus* (1924), Louis **Aragon**, Antonin **Artaud**, Paul **Éluard**, Jacques **Prévert** und Philippe **Soupault**. In der spanischen bzw. südamerikanischen Literatur zeigen Texte von Federico ▶ García Lorca und besonders die Lyrik des Literaturnobelpreisträgers Pablo **Neruda** eindeutig surrealistisches Gepräge. Henry **Miller** machte den neuen Stil in den USA bekannt; sein Einfluss auf die **Beat Generation** ist nicht unerheblich. Im deutschsprachigen Raum sind es vor allem

Werke von ▶ Döblin, Hermann **Hesse**, Hans Henny Jahnn, ▶ Kafka, Hermann **Kasack** und Elisabeth **Langgässer**, die Elemente des Surrealismus aufweisen.
Auswirkungen auf den Film zeigte der Surrealismus besonders in den 20er-Jahren des 20. Jh.s, als der sozialkritische spanische Regisseur Luis **Buñuel** erstmals die revolutionären Ausdrucksformen der avantgardistischen Bewegung nutzte, indem er zusammen mit dem Maler Salvador **Dalí** extreme Bildsequenzen herstellte, um dadurch Unbewusstes aufzudecken (*Un chien andalou,* 1928). Auch die heutigen Videoclips tragen mit ihren oft sprunghaft-willkürlichen und ins Übersinnliche abgleitenden Szenen deutlich Spuren des Surrealismus.

Symbol (griech.: symbolon = Kennzeichen) In der Antike war mit dem Begriff ein konkretes Erkennungszeichen gemeint, z. B. die Hälften eines auseinander gebrochenen Ringes oder Geldstücks, die von Eheleuten, Vertragspartnern oder Gastfreunden bei einer Wiederbegegnung, Vertragserneuerung oder Nachrichtenübermittlung nach Jahren zusammengepasst wurden und als Beglaubigung dienten. Wenn das Kennzeichen stimmte, vermittelte es also eine untrügliche Botschaft und ersetzte viele Worte.
In der Dichtung ist ein Symbol ein wahrnehmbares Zeichen, das etwas, was nicht greifbar, sichtbar oder wahrnehmbar ist, veranschaulicht und damit eine tiefere Bedeutung besitzt. Der eine Teil des Symbols ist ein Bild, etwas Anschauliches und Vorstellbares. Ihre Bedeutung erhält diese „Hälfte" aber erst, wenn sie auf etwas bezogen wird, das sie verdeutlichen oder erklären soll. Dieser andere Teil, die andere „Hälfte", ist ein Gedanke, ein Begriff oder eine Idee, die durch das fassbare Zeichen „versinnlicht" und „versinnbildlicht" wird. Das Symbol weist also über sich hinaus auf eine abstrakte, geistige Ebene, es ist mehr als nur das Dargestellte.
So ist das Herz Symbol für die Liebe, die leuchtende Scheibe des Mondes Symbol des Trostes, die Farbe Schwarz steht für die Trauer, Grün für Hoffnung und Leben.
In der Literatur werden existenzielle Grunderfahrungen in mehrschichtige, bedeutungstiefe Bilder, Figuren und Vorgänge gefasst.
In der ▶ Romantik ist das Symbolische Substanz der Dichtung – zum Beispiel ▶ Novalis' „blaue Blume". Im Konkreten spiegelt sich das Unendliche, die Seele wird durch den Anblick der Welt, vor allem der Natur, sehnsüchtig nach der in ihr „erscheinenden" Tiefe, die für uns nur symbolisch erfassbar ist.
Im Verlauf des 19. Jh.s erscheint das Symbol wieder mehr auf Einzelzüge begrenzt. So steht die gespenstische Buche in Annette von ▶ Droste-Hülshoffs Novelle *Die Judenbuche* (1842) für den Fluch, der auf einem Verbrechen lastet und wird zum Zeichen der sühnenden Gerechtigkeit. Vorbild derartiger Symbole ist der Falke aus Giovanni **Boccaccios** *Falkennovelle*, ein Sinnbild für bedingungslose Liebe (1348–1353, *Decamerone*).
Bedeutende Romane des 20. Jh.s spielen in bestimmten Symbolbereichen, etwa *Der Zauberberg* (1924) von Th. ▶ Mann, *Das Schloss* (1922) von ▶ Kafka und *Berlin Alexanderplatz* (1929) von ▶ Döblin. Der Alexanderplatz, dieser Hexenkessel der modernen Großstadt, symbolisiert das erbarmungslose Leben, das die einfachen, nach Lebensglück suchenden Menschen zerreibt.

Symbolismus, eine um die Mitte des 19. Jh.s von Frankreich ausgehende antinaturalistische europäische Stilepoche, die bis in die Gegenwart fortwirkt. Er propagierte die Existenz einer jenseitigen Welt, lehnte einen aufklärerischen Anspruch der Literatur ab und verlangte stattdessen die sog. **Poésie pure** (= reine Dichtung), die sich im Unterschied zur gesellschaftspolitisch engagierten Literatur als Selbstzweck versteht und deren Inhalte hinter die ästhetische Gestaltung eines Textes zurücktreten. Die Poesie sollte der verbrauchten Mitteilungssprache entrissen werden und nur demjenigen zugänglich sein, der sich auf ihre Mysterien verstand. Ähnliches forderte die Kunsttheorie des **L'art pour l'art** (= Kunst um der Kunst willen), nach der die Kunst autonom und eigengesetzlich ausschließlich das „Schöne", „Nutzlose" und „Überflüssige" darstellen soll. Der Dichter sieht in der Realität ▶ Symbole, d. h. Sinnbilder, die ihm zum „Zeichen einer Erkenntnis" werden. Die Symbole, in die die Wirklichkeit in einem künstlerischen Schaffensakt zerlegt und neu zusammengefügt wird, entspringen dem tiefsten Seelenempfinden des Menschen.

Die im Symbolismus angestrebte Magie und Musikalität der Sprache wird entfaltet durch die bewusste Verwendung von sprachlichen und klanglichen Mitteln, wie z. B. Reim, Synästhesie, Onomatopöie (▶ Metrik, Rhetorische Figuren), exotische Wörter, Wortneuschöpfungen und gelegentlich die **vers libres**, d. h. freie Verse.

Auswirkungen auf die dem Symbolismus nachfolgenden Stilrichtungen der ▶ Avantgarde sind besonders für den ▶ Dadaismus, den ▶ Futurismus, die ▶ Neuromantik und den ▶ Surrealismus festzustellen.

Bedeutende Impulse empfing der Symbolismus von Charles **Baudelaire**, der wegen seiner Aufsehen erregenden Gedichtsammlung *Les fleurs du mal* (1857, *Die Blumen des Bösen*) als Mitbegründer der modernen Lyrik gilt. Der amerikanische Dichter ▶ Poe, der in seinen Erzählungen eine Vorliebe für Groteskes und Fantastisches zeigte, gab in seiner theoretischen Schrift *The Poetic Principle* (1850, *Das poetische Prinzip*) der Schönheit der Dichtung den Vorzug vor ihrer Wahrheit. Anregungen kamen auch von der deutschen ▶ Romantik, besonders von ▶ Novalis.

Lyriker und Theoretiker des Symbolismus in Frankreich war Stéphane **Mallarmé**. Gewöhnliche Gegenstände werden bei ihm aus ihrem Kontext gerissen und in einen neuen, rätselhaften und verfremdeten Zusammenhang gestellt. Dabei bedient er sich der Kunst des Andeutens, der Verwendung ungewöhnlicher Wörter, syntaktischer Brüche und des Verzichts auf Interpunktion. In den Versen Paul **Verlaines** ist vor allem eine ausgeprägte Musikalität der Sprache zu spüren. Sein Freund Arthur **Rimbaud**, der mit dem Gedicht *Das trunkene Schiff* für Aufsehen sorgte, zählt mit seiner aufbegehrenden Lyrik, die eine Absage an Formstrenge, vers- und reimtechnische Perfektion darstellt und sich besonders im *vers libre* dem Transzendentalen widmet, zum Typus des ausgestoßenen, verfluchten Schriftstellers. Unter Paul **Valéry** erreichte die symbolistische Lyrik in Frankreich einen Höhepunkt (*La jeune parque,* 1917; *Die junge Parze,* 1960; *Charmes*, 1922, dt. 1927).

In Belgien taten sich v. a. der Nobelpreisträger für Literatur (1911) Maurice **Maeterlink** als Dramatiker und der Pazifist und Sozialist Émile **Verhaeren** mit seiner melancholischen Lyriktrilogie als Repräsentanten des Symbolismus hervor. Als englische Verteter dieser Stilepoche sind zu nennen T. S. **Eliot**, A. **Swinburne**, A. **Symons** und der Ire W. B. **Yeats**; für Italien steht der Name Gabriele **D'Annunzio** mit seinen dreibändigen *Lobpreisungen des Himmels, des Meeres, der Erde und der Helden* (1903/1904).

In Deutschland kam der Symbolismus nicht voll zur Entfaltung, auch wenn die Jugendlyrik ▶ Hofmannsthals und ▶ Rilkes deutlich symbolistische Tendenzen trägt. Einzig Stefan **George** pflegte zeitlebens und ausschließlich die hermetisch abgeschlossene Exklusivität symbolistischer Lyrik.

T

Tagebuch Bezeichnung für in der Regel tägliche oder zumindest regelmäßige chronologische Aufzeichnungen eines Autors sowohl aus seinem persönlichen Umfeld und gegenwärtigen Schaffen als auch generell zum aktuellen Zeitgeschehen. Die Darstellungsformen der monologischen Prosatexte eines Tagebuchs, das häufig eine wichtige Geschichtsquelle ist, können aus Kurznotizen, flüchtigen Skizzen (die oft als Grundlage für spätere ▶ Autobiographien dienen), Fragmenten oder längeren essayistischen Abhandlungen bestehen. Die Tradition des Tagebuchschreibens pflegten u. a. so berühmte Schriftsteller wie Charles **Baudelaire**, ▶ Brecht, Lord **Byron**, ▶ Eichendorff, ▶ Goethe, ▶ Hoffmann, ▶ Hofmannsthal, ▶ Kafka, Th. ▶ Mann, Friedrich **Nietzsche**, ▶ Rilke, ▶ Schnitzler und ▶ Tolstoi. Weltberühmt wurde das *Tagebuch der Anne Frank* (deutsch 1950), in dem die gleichnamige jüdische Schriftstellerin in Briefform an eine fiktive Freundin über ihr Leben in einem Hinterhausversteck in Holland und ihre Eindrücke von der Besatzungszeit berichtet. Das Werk wurde in fast alle Kultursprachen übersetzt und mehrfach verfilmt; auch eine Bühnenfassung liegt vor. Grundsätzlich unterscheidet man zwischen authentischen (= „echten") und fingierten (= vorgetäuschten) Tagebüchern. **Authentische Tagebücher**, besonders aus früheren Epochen, z. B. das *Tagebuch eines Pariser Bürgers 1405–1449,* haben vornehmlich Privates zum Inhalt und sind v. a. von kulturhistorischer Bedeutung. Das sog. literarische Tagebuch berücksichtigt die Möglichkeit einer späteren Veröffentlichung, gelegentlich fehlt ihm dadurch der Reiz der Spontaneität und des Unfertigen. Literarische Tagebücher ermöglichen jedoch einen Einblick in die psychische Verfassung eines Dichters, in seinen gegenwärtigen Schaffensprozess und seine Planungen für die Zukunft, wie z. B. ▶ Frischs *Tagebuch 1946–1949* belegt. **Fingierte Tagebücher** dienen hauptsächlich als Strukturelemente in Erzähltexten, so z. B. in Daniel Defoes Abenteuerroman *Robinson Crusoe* (1719, ▶ Robinsonade), wo der Ich-Erzähler (▶ Erzähler) als einzig Überlebender eines Schiffbruchs seine verzweifelte Situation durch das Führen eines Tagebuchs erträglich macht, indem er Vorteile und Nachteile seiner Lage abwägt. Tagebuchauszüge fingierten Inhalts finden sich auch in Goethes *Wahlverwandtschaften* (1809), Eduard **Mörikes** *Maler Nolten* (1832) und Uwe **Johnsons** *Jahrestagen* (1970–1983).
Eine Sonderstellung nimmt der **Tagebuchroman** in Ich-Form ein, der auf eine Rahmenhandlung verzichtet und nur die fingierte Niederschrift wiedergibt. In Rainer Maria Rilkes *Aufzeichnungen des Malte Laurids Brigge* (1910) wird dies an den vom Dichter unkommentierten Eintragungen des fiktiven dänischen Tagebuchschreibers Malte besonders deutlich.
Verwandt ist die Gattung des Tagebuchs mit der Autobiographie, den ▶ Annalen, Chroniken und Memoiren.

Text (lat.: textus = Geflecht, Gewebe der Rede). Der Begriff umfasst alle schriftlich fixierten Wortfolgen, die ein mehr oder weniger geschlossenes Ganzes bilden. Es spielt dabei keine Rolle, ob ein Text eine Zeile oder hunderte von Seiten umfasst. Damit ein Text als Grundlage für Forschungen der ▶ Literaturwissenschaft dienen kann, ist es entscheidend, dass der genaue Wortlaut eines literarischen Werkes vorliegt.

Textkritik Mit ihrer Hilfe versuchen Philologen, den ursprünglichen Wortlaut eines Textes, dessen vorliegende Fassungen den Originaltext nur unvollkommen oder fehlerhaft wiedergeben, so genau wie möglich zu erschließen. Dies wird v. a. bei antiken und mittelalterlichen Texten nötig, aber auch bei Schriftstellern, wo keine vom Autor beglaubigte, endgültige Fassung vorliegt (z. B. das Werk Grimmelshausens) oder wo es mehrere Fassungen eines Werkes gibt (v. a. bei Hölderlin).
Für die Herstellung eines kritischen Textes sollten folgende methodischen Schritte beachtet werden:
1. Sammlung und Ordnung aller Textzeugnisse (z. B. der Handschriften, Drucke, Übersetzungen usw.); 2. Den Vergleich der gesammelten Textzeugnisse; 3. Erstellen eines **Archetyps**, d. h. einer dem Original möglichst nahe kommenden Fassung; 4. Behutsame Anpassung des Textes an die heute gültige Grammatik und Orthographie.
Wird der so hergestellte Text ediert, muss er mit einem **kritischen Apparat** ausgestattet sein, wo in Fußnoten und Anmerkungen die nicht berücksichtigten Varianten des Textes dokumentiert sind.

Textsorten oder **Textarten** bezeichnen alle Möglichkeiten von schriftlich fixierten ▶ Texten. Die ältere ▶ Literaturwissenschaft orientierte sich dabei an der herkömmlichen Einteilung in die drei Großgattungen ▶ Epik, ▶ Drama und ▶ Lyrik. Diese können wiederum in Untergattungen wie ▶ Roman, ▶ Novelle, ▶ Erzählung (Epik), ▶ Komödie, ▶ Tragödie und ▶ Ballade, ▶ Limerick, ▶ Ode, ▶ Hymne (Lyrik) gegliedert werden. Ferner kann man Texte nach **Genres** wie ▶ fantastische Literatur, ▶ Heimatliteratur oder ▶ Kriminalerzählung systematisieren. All diese Kategorisierungen stellen den poetischen und fiktionalen Aspekt der Texte in den Vordergrund. Heute ist die Einteilung der Texte verstärkt nach funktionalen und sozialen Kriterien ausgerichtet und bezieht auch **Reklametexte**, **Reportagen** und wissenschaftliche Schriften mit ein.

Theater (griech.: theatron = Ort des Zuschauens) entstand in der Antike im Zusammenhang mit religiösen Kulthandlungen. Seit Mitte des 6. Jh.s v. Chr. entwickelten sich in Athen Maskentänze zu Ehren des Gottes Dionysos über chorische Gesänge, die später an den sog. **Großen Dionysien** als Sängerwettstreit (Dithyrambos) ausgetragen wurden, hin zur Tragödie. Mitte des 5. Jh.s gab es bei den Tragödien und Komödien nicht nur die **Dichterwettbewerbe** (Agon), sondern auch Schauspielerausscheidungen.
Die Leitung der Theaterfeste lag stets in Händen hoher Staatsbeamter, die darüber entschieden, welche Stücke aufgeführt werden durften. Dem Dichter, der anfangs noch selbst mitspielte und stets Regie führte, stellte man einen **Choregen** zur Seite, einen wohlhabenden Bürger, der den Chor und die Bühnenausstattung für die Zeit der Festspiele (drei Tage mit drei Tragödien und einem Satyrspiel) zu finanzieren hatte. Die Schauspieler bezahlte der Staat.
Das griechische Theater setzt sich aus drei wesentlichen Bestandteilen zusammen: Orchestra, Theatron und Skene. Als **Orchestra** (= Tanzplatz) bezeichnete man den

Ort, an dem der Chor sang und tanzte. **Theatron** (= Ort zum Schauen) war zunächst der Zuschauerraum, aus dem sich allmählich das gesamte Bühnenhaus entwickelte. **Skene** (= Hütte, Zelt) schließlich war der Platz vor den Zuschauern, wo dem Chor Schauspieler entgegengestellt wurden – zunächst nur einer, dann zwei, später drei.

Mysterienbühne aus dem Spätmittelalter

Verstand man also unter Theater zunächst nur den Zuschauerraum der griechischen Tragödie, bezeichnete der Begriff später alle im Rahmen einer Aufführung genutzten baulichen Anlagen. Seit dem 17. Jh. wurde es – von Frankreich ausgehend – üblich, darunter generell die Werke von Dramatikern zu begreifen. Im 19. Jh. setzte sich das noch heute gültige Verständnis von Theater durch: Der Begriff meint danach sowohl das Gebäude als auch den gesamten technischen wie künstlerischen Betrieb.

Heute ist es nötig, Theater von anderen Medien des darstellenden Spiels wie Film, ▶ Hörspiel und Fernsehen abzugrenzen. So geht es beim Theater, vergleichbar den anderen theatralischen Ausdruckskünsten Zirkus oder Varieté, um Unmittelbarkeit, Gegenwärtigkeit und Unwiederholbarkeit. Zum Theater gehört damit auch der gesellschaftliche Rahmen, in dem die Aufführung stattfindet. Diese selbst konstituiert sich als räumlich-zeitliche Einheit von Schauspielern und Publikum und damit als eine besondere Form von ästhetischer Kommunikation. Es handelt sich dabei um eine unausgesprochene Verabredung zwischen Rollenspielern und Zuschauern, wonach die Spielhandlung auf der Bühne vom Theaterbesucher als eine Als-ob-Situation wahrgenommen und akzeptiert wird.

Die europäische Theatertradition beginnt mit der griechischen ▶ Tragödie von **Aischylos**, **Sophokles** und **Euripides**, zu der bald die ▶ Komödie des **Aristophanes** hinzutritt. Das römische Theater fußt in Theorie und Praxis auf den Griechen. Seine bedeutendsten Vertreter sind die Komödiendichter **Plautus** und **Terenz**.

Im Mittelalter wurde der Kirchenraum zur Bühne (**Simultanbühne**), wo die christliche Heilsbotschaft in Form von Heiligen- und **Mysterienspielen** dargeboten wurde. Neben die dramatische Ausgestaltung von Legenden trat die spielerische Darstellung von Bibelszenen. Beliebt waren vor allem die Weihnachtsspiele und die österlichen Passionsspiele. Im Spätmittelalter verlegte man den Bühnenraum immer häufiger vor die Kirche, auch wurden zunehmend Stücke gespielt, die religiöse Themen in bildhafter Form verarbeiteten (z. B. der *Jedermann*).

Das Theater des ▶ Barock stand ganz im Zeichen eines überschwänglichen Lebensgefühls, wo der Spielraum allegorisch zur Weltbühne („Theatrum mundi“)

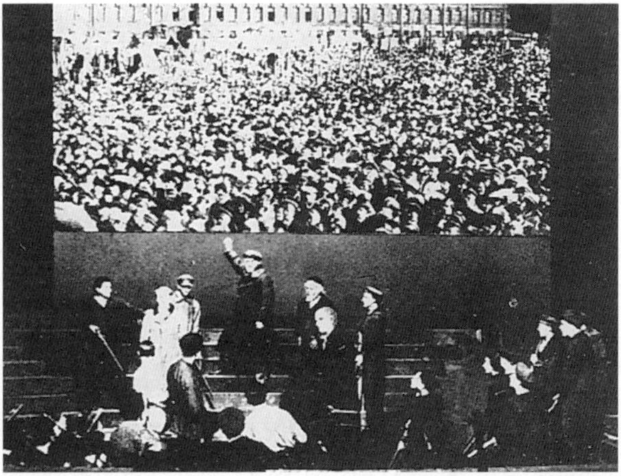

„Sturmflut" von Alfons Paquet in der Inzenierung von Erwin Piscator, Szene mit Filmprojektion, Berlin 1926

wurde. Das mittelalterliche Laientheater wurde – besonders an den Fürstenhöfen – zu professioneller Reife (feste Theaterhäuser, Illusionsbühne) geführt. Dem allgemeinen Repräsentationsbedürfnis kamen die großen Opern- und Festspielaufführungen entgegen. Eine besondere Blüte erlebte das Theater in Spanien mit Lope de **Vega** und ▶ Calderón und in England (elisabethanisches Theater) mit Dichtern wie ▶ Shakespeare und Christopher **Marlowe**. Seit dem Ende des 16. Jh.s zogen vor allem englische **Wanderbühnen** durch Deutschland, die auf großen Messen und Jahrmärkten ihr Aktionstheater breiten Bevölkerungsschichten darboten.

In Deutschland entstand die Idee eines Nationaltheaters in der Zeit der ▶ Aufklärung. Vor allem **Gottsched** wollte die Bühne zur Verbreitung aufklärerischen Gedankenguts nutzen und sprach sich daher für eine Reform des Theaterwesens von der Oper bis zu den Wanderbühnen aus. Danach sollte nicht nur das Ansehen der Schauspieler gehoben und die Urteilskraft der Zuschauer gestärkt werden. Seine Vorschläge betrafen auch den Aufbau des ▶ Dramas selbst: Beachten der Ständeklausel und Einhalten der drei Einheiten. Die Vorbilder für seine Musterbühne fand Gottsched bei den französischen Klassikern. ▶ Lessing hingegen, der Schöpfer des ▶ bürgerlichen Trauerspiels, gab in seiner *Hamburgischen Dramaturgie* Shakespeare den Vorzug.

In der ersten Hälfte des 19. Jh.s war die große Zeit des **Wiener Volkstheaters** (▶ Biedermeier). Nicht für das gehobene Bürgertum, sondern für Dienstmädchen, Gesellen und Kleinkrämer inszenierten Ferdinand **Raimund** und Johann **Nestroy** am Josephstädter wie am Leopoldstädter Theater ihre Lustspiele, ▶ Possen und „Spectakelstücke" (▶ Volksstück). Im biedermeierlichen Österreich sorgte das Volkstheater vor allem für gute Unterhaltung. Daneben übernahm es die Aufgabe der Volksbildung und war einer der wenigen Orte, wo – trotz scharfer Überwachung durch die ▶ Zensur – öffentliche Gesellschaftskritik in Form von ▶ Satire möglich war.

Im ▶ Naturalismus wurde das Drama zur beliebtesten Gattung. Auf öffentlichen Bühnen waren die meisten Stücke von ▶ Ibsen, ▶ Hauptmann oder ▶ Strindberg jedoch nicht zu sehen. Wegen deren freireligiösen oder sozialkritischen Tendenzen konnten sie nur in geschlossenen Gesellschaften von sog. **Theatervereinen** (*Freie Bühne* oder *Freie Volksbühne*) gespielt werden. Gleichwohl blieben Theaterskandale wie bei Hauptmanns *Webern* (1893) oder ▶ Schnitzlers *Reigen* (1920) nicht aus.

Theatergeschichte schrieb der Regisseur Erwin **Piscator**, der in den 1920er-Jahren den Versuch unternahm, die Bühnentechnik zu revolutionieren. Als bedeutender Vertreter des **politischen Theaters** wollte er mit seinen Inszenierungen unmittelbaren Einfluss auf das politische Geschehen seiner Zeit ausüben. Angeregt vom neuen Medium Film, setzte er dazu Spruchbänder, Fotografien, Projektionen von Zeichnungen, Dokumentarfilme, Revuen, Ansprachen sowie Lauf-, Segment und Globusbühnen ein. Sein Plan eines neuartigen **Totaltheaters** – die Entwürfe stammten von dem berühmten Architekten Walter Gropius – konnte zwar aus finanziellen Gründen nicht verwirklicht werden, dennoch inszenierte er Stücke von Shakespeare, Lessing, Schiller bis Kraus und Brecht mit neuen Mitteln der Montage- und Simultantechnik.

Eine noch größere Wirkung für das Theater des 20. Jh.s erzielte allerdings ▶ Brecht mit seinem ▶ epischen Theater. Nach dem Zweiten Weltkrieg zeichneten sich ganz unterschiedliche Entwicklungen ab: Sie reichen vom existenzialistischen Drama **Camus'** und ▶ Sartres, über das ▶ absurde Theater **Becketts** und **Ionescos** bis hin zum dokumentarischen Theater (▶ Dokumentarische Literatur) **Weiss'** und **Kipphardts** oder dem Sprechtheater ▶ Handkes. Zu erfolgreichen Bühnenautoren avancierten die Schweizer ▶ Frisch und ▶ Dürrenmatt. Eine Renaissance erlebte in den späten 1960er-Jahren das ▶ Volksstück mit **Kroetz** und **Sperr**. Dass auch in einer liberalen Gesellschaft Tabuverletzungen auf der Bühne noch möglich sind, zeigte der Theaterskandal um die Uraufführung von ▶ Bernhards Drama *Heldenplatz* 1986 am Wiener Burgtheater.

Tolstoi, Lew Nikolajewitsch

(1828–1910) stammt aus einem alten russischen Adelsgeschlecht. Seine Eltern starben früh (1830 die Mutter, 1837 der Vater) und die Kinder wuchsen bei einer Tante auf. 1844–1847 studierte Tolstoi orientalische Sprachen und Rechtswissenschaften, brach aber das Studium ab, um sich der Verwaltung des väterlichen Gutes zu widmen. 1851 trat er in die Armee ein, auch um seinen Gläubigern zu entkommen. Nach dem Militärdienst unternahm er mehrere Auslandsreisen, bevor er sich endgültig auf seinem Gut Jasnaja Poljana niederließ. Dort entwickelte Tolstoi eine umfangreiche pädagogische Tätigkeit, er beschäftigte sich mit der Schulbildung für Bauernkinder, gründete eine Zeitschrift und bemühte sich um die Verbesserung der Situation der Leibeigenen. Er propagierte ein naturnahes, unverdorbenes Leben, abseits der Zivilisation, und vertrat ein von mystischen Vorstellungen befreites praktisches Christentum, das sich vor allem auf das Diesseits richtete. Solche religiösen Ideen, verbunden mit Kritik an der Amtskirche, führten 1901 zum Ausschluss Tolstois aus der russisch-orthodoxen Kirche. 1910 starb er zweiundachzigjährig in Astapovo.

Szene aus der Verfilmung von „Anna Karenina" mit Tatjana Samoilowa in der Hauptrolle

Berühmt wurde Tostoi vor allem durch seine großen Romane, die alle erst nach 1863, also seinem Rückzug aufs Land, entstanden. *Krieg und Frieden* (1869) ist ein historischer Roman, der zur Zeit Napoleons spielt. Breit angelegt, mit vielen Personen und verzweigten Handlungssträngen, bildet das Werk ein Panorama der russischen Adelsgesellschaft zu Beginn des 19. Jh.s *Anna Karenina* (1878) zählt zu den berühmtesten Ehebruchgeschichten der Weltliteratur.
Zentrales Thema Tolstois ist die Suche nach dem Sinn des Daseins, wobei ihm vor allem christliche Werte wie Nächstenliebe und Uneigennützigkeit wichtig erschienen. Als einer der ersten Schriftsteller wandte er den ▶ inneren Monolog zur Darstellung des Seelenlebens seiner Figuren an. Auch Grenzzustände wie Sterben oder Träume schilderte er äußerst anschaulich.

Tragödie ist neben der ▶ Komödie die Hauptgattung des ▶ Dramas und die dichterische Gestaltung der Tragik. Ihr Ursprung liegt in der ▶ antiken Literatur. **Tragik** war für Aristoteles der Konflikt, in den der Held durch eine Fehleinschätzung gerät und der nicht mehr zu lösen ist. Der Mensch ist dem Schicksal ausgeliefert (Sophokles, *König Ödipus*) oder muss sich zwischen zwei sich gegenseitig ausschließenden Wertesystemen entscheiden (Sophokles, *Antigone*). Das tragische Geschehen muss nicht unbedingt mit dem Tod des Helden, zumindest aber mit seinem Untergehen in der Ausweglosigkeit enden.
Die attische Tragödie gilt als Muster für die Weiterentwicklung des Dramas in Europa. Sie bearbeitete ein abgeschlossenes Kapitel der Heldensage poetisch in erhabenem Stil und wurde von einem Bürgerchor und

2–3 Schauspielern als Teil des öffentlichen Gottesdienstes im Heiligtum des Dionysos aufgeführt (▶ Theater). Stoffe des griechischen Dramas wurden zunächst dem Dionysos-Mythos, später den Heldensagen entnommen.
Aristoteles definiert die Tragödie als **Mimesis** (= Nachahmung) einer in sich geschlossenen Handlung von bestimmtem Umfang und in künstlerischer Sprache gestaltet, die von handelnden Personen vorgeführt wird. Ziel ist die Läuterung der Zuschauer durch Schrecken und Jammer (**Katharsis**). Er fordert auch die Einhaltung der drei Einheiten: die **Einheit der Handlung**, also die Durchführung eines Grundmotivs ohne ablenkende Episoden und Nebenhandlungen, die **Einheit des Ortes**, d. h., dass die dargestellte Handlung an einem gleich bleibenden Schauplatz abläuft, und die **Einheit der Zeit**, womit sich die Vorstellung verband, dass eine in sich geschlossene Handlung in einem engeren zeitlichen Rahmen abläuft. Die **Ständeklausel** geht ebenfalls auf das aristotelische Drama zurück. Ihr zufolge ist tragisches Erleben nur Personen höheren Standes, zumeist historischen, vorbehalten.
Die drei großen Tragiker der antiken Literatur sind **Aischylos** mit 90, **Sophokles** mit 123 und **Euripides** mit 92 Tragödien, von denen allerdings nur ein Bruchteil erhalten ist. Mit dem Tod von Sophokles und Euripides ging die Blütezeit der griechischen Tragödie zu Ende.
Die römische Tragödie orientierte sich seit Livius Andronicus im Wesentlichen an den Stoffen und Motiven der griechischen. Nur der Chor blieb in der römischen Tragödie auf der Bühne und griff sogar in die Handlung ein. Vereinzelt finden sich römische Stoffe im Drama, wie etwa bei den bedeutendsten Tragikern der republikanischen (Naevius, Ennius, Pacuvius, Accius) und der augusteischen Zeit (Cäsar, Asinius, Pollio, Ovids *Medea*). Von ihnen sind – im Gegensatz zu Senecas rhetorischen Tragödien – meist nur Fragmente oder Titel erhalten. Die römische Tragödie war nicht Teil einer kultischen Feier. Sie konzentrierte sich auf moralische, politische und didaktische Stoffe sowie eine rhetorisch prunkvolle Ausgestaltung.
Im Mittelalter war Tragik nicht vorstellbar, da nach dem göttlichen Heilsplan auch Untergang und Tod nur den Übergang in ein besseres Jenseits bedeutet. Somit kann ein Geschehen als traurig, aber nicht als tragisch empfunden werden. Unter christlichem Einfluss entwickelte sich in der Folgezeit die Tragödie lediglich als Trauerspiel weiter. Die Hauptfigur ist sich der Berechtigung ihres Handelns bewusst, entscheidet sich für eine Idee und verteidigt sie bis zur letzten Konsequenz.
In der Renaissance, die sich mehr der Welt zuwendet, wurde auch tragisches Erleben wieder möglich. Von besonderer Bedeutung für die Weltliteratur sind die Tragiker der spanischen Hochrenaissance Lope de **Vega** und ▶ Calderón, die in ihren Werken die Fragwürdigkeit des Irdischen aufzeigen. Im ▶ Barock geht der Held zwar an seiner irdischen Schuld zu Grunde, überwindet jedoch das Diesseits und wird im Tod frei für den Glauben. Diese Auffassung kommt in den Märtyrer- und Tyrannendramen von Andreas **Gryphius**, Daniel Caspar von **Lohenstein**, Johann Christian **Hallmann** und August Adolf von **Haugwitz** zum Ausdruck.
Mit ▶ Shakespeare verlagerte sich das Tragische in die Auseinandersetzung mit den menschlichen Eigenschaften und den Grenzen des Menschen. Es lag nun im widersprüchlichen Charakter des Helden oder in der Konfrontation des Willens des Einzelnen zur Selbstverwirklichung mit dem Zwang durch gesellschaftliche Normen.
Formale Vollendung fand die Tragödie in der Alexandrinertragödie des französischen Klassizismus (tragédie classique). Sie richtet sich in der äußeren Form streng

nach dem antiken aristotelischen Vorbild, inhaltlich behandelt sie die Überwindung der Leidenschaften durch die Vernunft.
Johann Christoph **Gottsched**, der bedeutendste Theoretiker der Literatur der ▶ Aufklärung, arbeitete daran, diese Vorgaben auch auf das deutsche Drama zu übertragen. ▶ Lessing führte den Blankvers in der deutschen Tragödie ein und propagierte nach dem Modell Shakespeares die Darstellung des ganzen, fühlenden Menschen. Er wandte sich gegen die strikte Einhaltung der aristotelischen Regeln, Tragik ist bei ihm nicht von der Standeszugehörigkeit abhängig. Damit begründete er das deutsche ▶ bürgerliche Trauerspiel.
Mit Lessing begann die schrittweise Loslösung der Tragödie vom antiken Ideal und ihre Ausformungen sind nun vielfältig. Das Interesse galt nun dem Problem des Tragischen, das sich im Konflikt des Individuums mit der Gesellschaft, der Freiheit und der Notwendigkeit, der Beziehung zwischen Mensch und Gott, dem Ich und der Welt zeigt. Dieser Widerstreit ist nicht auflösbar und muss mit der Vernichtung des Einzelnen enden. Das Aufeinanderprallen der verschiedenen Wertesysteme, dargestellt an historischen Stoffen, ist am deutlichsten in den **Geschichtsdramen** von ▶ Schiller, Franz **Grillparzer** und Friedrich **Hebbel** ausgeprägt. Bei ▶ Kleist verliert der Mensch die Sicherheit des Gefühls, das sein Wesen ausmacht und die Erfüllung seiner Persönlichkeit ist. Hinter der Katastrophe steht damit Hoffnungslosigkeit, aus der weder die Natur, wie bei ▶ Goethe, noch ein sittliches Gesetz, wie bei Schiller, herausführen. Die **Schicksalsdramen** des frühen 19. Jh.s, in denen der Konflikt als ein von außen hereinbrechendes Schicksal, das den Willen des Einzelnen erdrückt, dargestellt wird, interpretieren das Vorbild *König Ödipus* von Sophokles.
Im ▶ Naturalismus verlagert sich der tragische Konflikt zunehmend in den sozialen Bereich, z. B. bei ▶ Ibsen und ▶ Strindberg, ▶ Hauptmann und Maxim **Gorki**.
Im 20. Jh. grenzt sich das Drama seit ▶ Brecht vom aristotelischen Theater immer mehr ab. Dem modernen Bewusstsein scheint die Tragödie nicht mehr gerecht zu werden. Somit findet die Dramatik andere Formen, etwa das groteske und ▶ absurde Theater oder das Verschmelzen von Tragik und Komik wie in der Tragikomödie ▶ Dürrenmatts, das die moderne Welterfahrung widerspiegelt: „Die Tragödie setzt Schuld, Not, Maß, Übersicht, Verantwortung voraus. In der Wurstelei unseres Jahrhunderts, in diesem Kehraus der weißen Rasse, gibt es keine Schuldigen und auch keine Verantwortlichen mehr. [...] Schuld gibt es nur noch als persönliche Leistung, als religiöse Tat. Uns kommt nur noch die Komödie bei.“ (Dürrenmatt)

Travestie (ital.: travestire = verkleiden)
Wie in der ▶ Parodie wird in ihr ein allgemein bekanntes – häufig dramatisches – Werk verspottet. Im Unterschied zur Parodie bleibt das Handlungsgerüst in der Travestie weitgehend unangetastet, während die Sprache stark verändert, zumeist in eine niedrigere Stillage übertragen wird. Der komische bis satirische Effekt wird einerseits dadurch erreicht, dass der im Original ernste Inhalt in einer ihm nicht gemäßen Form und Sprache wiedergegeben wird. Andererseits resultiert die Wirkung, der Witz der Travestie aus der Übertragung des alten Stoffes in eine neue Zeit oder einen anderen, ungewohnten Zusammenhang sowie dem Spiel bzw. Bruch mit der Erwartung des Zuschauers oder Lesers, so z. B., wenn Barbara **Garson** in *Mac Bird* (1967) Shakespears *Macbeth* zur politischen Kritik am Clan der Kennedy und Johnson umfunktioniert.
Die Travestie kam in der deutschen Literatur gegen Ende des 18. Jh.s auf und galt zunächst den Werken antiker Autoren, etwa A. **Blumauers** Travestie auf Vergils *Ae-*

nis. Im 19. Jh. sind vor allem Johann **Nestroys** Travestien auf Hebbels *Judith und Holofernes* und Richard Wagners *Tannhäuser* hervorzuheben, ebenso wie Friedrich Theodor **Vischers** Travestie auf Goethes Tragödie *Faust*. Darin sinkt u. a. der Chor der Engel aus der Szene *Nacht*, welcher das Osterwunder in feierlichen, hymnischen Versen preist, zu einem Trinklied herab.

Trilogie (griech.: trilogía, aus trís = drei und lógos = Erzählung, Rede) ist ein aus drei jeweils einzeln verständlichen Teilen bestehendes Kunstwerk. Sie gehören jedoch vom Stoff und Motiv her zusammen. Besteht das Kunstwerk aus vier Teilen spricht man von einer **Tetralogie** (gr. téttares = vier).

Ursprünglich war die Trilogie in der ▶ antiken Literatur eine Folge von drei Tragödien aus demselben Mythenkreis. In **Aischylos'** *Orestie* (458 v. Chr.) ist der innere Zusammenhang noch eng und für das Verständnis wesentlich. Bereits **Sophokles** und **Euripides** jedoch schufen Trilogien, bei denen die Einzeldramen zwar ebenfalls aus einem Mythos entnommen wurden, aber dennoch als selbstständige Einzelstücke erlebt werden können.

Die moderne Dramendichtung kennt beide Arten von Trilogie, so etwa die Einteilung eines überlangen Dramas in ein Vorspiel und zwei Dramen, wie etwa ▶ Schillers *Wallenstein* (1798), oder ▶ Hauptmanns *Atriden-Tetralogie* (1841–1848). Daneben wurde auch die inhaltlich eng verbundene Trilogie weitergeführt wie Eugene **O'Neills** *Mourning Becomes Electra* (1931, *Trauer muss Elektra tragen*).

In jüngerer Zeit wurde die Bezeichnung Trilogie auch auf Roman- oder Gedichtzyklen übertragen. Bekannte Romantrilogien sind Lion **Feuchtwangers** *Wartesaaltrilogie* (1930–1940) und Hermann **Brochs** *Die Schlafwandler* (1931/32).

Lyrische Trilogien dichteten z. B. ▶ Goethe mit *Trilogie der Leidenschaft* (1823/24) oder Joseph **Weinheber** mit der *Heroischen Trilogie* (1934).

Trivialliteratur Der Begriff „trivial" leitet sich vom lat. Wort „trivium" (Kreuzung dreier Wege, allgemein zugänglicher Platz) ab und wurde im 17. Jh. aus dem Französischen ins Deutsche übernommen. Im herkömmlichen Sinne bezeichnet Trivialliteratur literarische Schriften, die inhaltlich-stilistisch als minderwertig gelten. „Trivium" steht in der römischen Antike aber auch für die grammatisch-literarischen Fächer (Grammatik, Rhetorik, Dialektik) der **Artes liberales**. Deshalb besitzt der Begriff der Trivialliteratur gegenwärtig in der Literaturkritik einen neutralen Bedeutungsgehalt, der dem engl. Begriff der „popular literature" ähnelt.

Mit der Entstehung eines literarischen Marktes im 18. Jh. (▶ Buch/Buchhandel) orientierten sich die Produzenten von Büchern zunehmend an dem Unterhaltungsbedürfnis einer möglichst großen Zahl von Käufern. Die Lesestoffe der „kleinen Leute" handelten von Liebe, Abenteuern und Kriminalfällen mit eindeutigen Zuordnungen wie gut und böse oder schön und hässlich. Im 19. Jh. erfreuten sich besonders Heimat-, Räuber- und Wildwestromane (Friedrich **Gerstäcker**, Karl **May**) großer Beliebtheit. Die überall entstehenden **Leihbibliotheken** richteten ihr Sortiment an diesen Leseinteressen aus. Daneben befriedigten vor allem die **Familienzeitschriften** den Lesehunger der breiten Masse. Zu den erfolgreichsten Vertreterinnen des Familienromans gehörten Agnes **Günther** (*Die Heilige und ihr Narr*, 1913) und Hedwig **Courths-Mahler**, die zwischen 1905 und 1948 über 200 Romane schrieb. Neben Romanen standen aber auch Ritterdramen, Lokalpossen und Rührstücke lange Zeit im Mittelpunkt des Publikumsinteresses. Hohe Auflagen erzielen auch die sog. **Heftchenromane** mit ihren Genres (▶ Textsorte) wie Heimat-,

Arzt-, Frauen- oder Liebesroman, die einerseits Angebote emotionaler Befreiung bieten und andererseits Identifikationsmöglichkeiten schaffen. Heute sind es die **Soap-Operas** der TV-Familienserien, die diese triviale Form der Literatur fortsetzen.

Trümmerliteratur Die pessimistische, stark dem ▶ Expressionismus verpflichtete Literatur in Deutschland unmittelbar nach dem Ende des Zweiten Weltkriegs hat man – zunächst abwertend – als Trümmerliteratur bezeichnet, weil die Menschen, von denen sie handelt, in Trümmern und Ruinen lebten.

Gegensätzlich und vielfältig wie die Lebenswege der einzelnen Autoren waren auch deren Antworten auf die Frage: Welche Literatur ist angesichts der nicht nur äußerlichen Verwüstungen angebracht? Viele der älteren Schriftsteller, die in Hitler-Deutschland geblieben waren, wie Ernst **Wiechert**, Marie Luise **Kaschnitz** und Werner **Bergengruen**, zogen aus ihrer ▶ inneren Emigration die Schlussfolgerung, dass die deutsche Katastrophe nur durch eine Rückbesinnung auf traditionelle, humanistische Werte und den Glauben zu bewältigen sei. Den angemessenen Ausdruck sollten diese Werte in überzeitlichen Formen und einer „reinen“, das hieß vor allem: unpolitischen Dichtersprache finden.

Die aus dem Exil (▶ Exilliteratur) zurückkehrenden Autoren wie ▶ Döblin, ▶ Brecht und Th. ▶ Mann versuchten, ihren verloren gegangenen Einfluss zurückzugewinnen und knüpften dabei an ihre literarischen Positionen vor 1933 an. Andere, vor allem junge Autoren wie ▶ Borchert und ▶ Böll, suchten nach einem Neuansatz, setzten sich kritisch mit den literarischen Traditionen auseinander. Sie wollten bei Null anfangen: gefragt seien Kritik, Auseinandersetzung, Bewegung und Unruhe. Ausgangspunkt sei die Wirklichkeit der Kriegs-, Gefangenschafts- und Heimkehrererfahrung sowie die Verstrickung des Einzelnen in Schuld und Verbrechen.

Diese Einstellung teilten sie mit zahlreichen Schriftstellern einer „Zwischengeneration“, die zum Teil vor Hitlers Diktatur erste schriftstellerische Arbeiten vorgelegt hatten und nun einen Schluss-Strich unter die Literatur der Vergangenheit forderten, so etwa Günter **Eich**, Erich **Kästner**, Wolfgang **Koeppen** oder Wolfgang **Weyrauch**.

Der von Weyrauch 1949 geprägte Begriff „Kahlschlagliteratur“ betont neben dem Willen zur Wahrheit zugleich die Tendenz zur stilistischen Kargheit sowie zur Reinigung der vom Nationalsozialismus vergewaltigten und missbrauchten Sprache. Die Haltung der Werke seiner Generation ist einerseits geprägt von den traumatischen Erfahrungen während des Faschismus, andererseits vom Pathos des Neubeginns.

Das literarische Leben der ersten Nachkriegsjahre wurde stark beeinflusst von den lange verbotenen Werken ausländischer Schriftsteller. Im Existentialismus ▶ Sartres entdeckten viele Autoren der jüngeren Generation ihr Lebensgefühl wieder, ebenso wie im Werk ▶ Kafkas, das sie als Modell einer bedrohlichen und sinnlosen Realität interpretierten. Eine bedeutende Rezeption erlebte auch William **Faulkner**, vor allem aber die von ▶ Hemingway repräsentierte **Shortstory**, deren knappe, alltagsnahe Sprache und offene Struktur stilprägend für die Erzählprosa der Nachkriegszeit wurde.

Charakteristisch für die Trümmerliteratur sind ▶ Borcherts Kurzgeschichten und Prosaskizzen, die einer Zeit Rechnung tragen, die nicht die Voraussetzung für große Erzählformen (Roman, Epos, Novelle) besaß. Die ▶ Kurzgeschichte erstrebt nicht Weltdeutung, sondern Existenzerhellung. Wie kaum eine andere Gattung eignet sie sich deshalb zur ehrlichen, nüchternen Bestandsaufnahme der Wirklichkeit.

Die Leser erkannten bald in Borchert die erste authentische Stimme der Trümmerliteratur. In den frühen Romanen Bölls beeindruckt die scheinbar kühle, lakonische Darstellung einer Welt des Grauens und der Zerstörung, die an Brechts Technik der Verfremdung (▶ Episches Theater) erinnert. Borcherts Heimkehrerdrama *Draußen vor der Tür* (1947) nimmt in einzelnen Szenen die Dramaturgie des Theaters des ▶ Expressionismus wieder auf: Typisierung, Allegorie, groteske Visionen. Dieses Drama ist das erste auch im Ausland beachtete Werk der deutschen Nachkriegsliteratur.

Zu den bekannteren Vertretern der Trümmerliteratur zählen außerdem Walter **Kolbenhoff**, Alfred **Andersch**, Wolfdietrich **Schnurre**, Hans Erich **Nossack**, Karl **Krolow**, Elisabeth **Langgässer**. Zu einem wichtigen Organ wird die von Hans Werner **Richter** herausgegebene Zeitschrift *Der Ruf*, aus deren Mitarbeitern sich später die ▶ Gruppe 47 bildet.

U

Übersetzung ist die Übertragung eines Textes in eine andere Sprache. Die unmittelbare, mündliche Übertragung dagegen nennt man Dolmetschen.

Es lassen sich grundsätzlich vier Übersetzungsarten unterscheiden:

- Die Übersetzung aus einer zeitgenössischen oder älteren Sprache (z. B. Latein) und aus älteren Sprachstufen (z. B. Althochdeutsch),
- Übersetzungen eines Textes aus dem selben Kulturkreis oder aus einem fremden Kulturkreis (z. B. abendländisch – asiatisch),
- Übersetzungen, die stellvertretend für ein Original stehen oder als Hilfsmittel zusammen mit dem Originaltext abgedruckt werden (z. B. zweisprachige Literaturausgaben),
- Die sinnwahrende, also möglichst exakt umschreibende Übersetzung, die **Paraphrase**. Daneben steht formgetreue Übersetzung bei poetischen Texten (z. B. bei Gedichten). Ferner gibt es die wortgetreue Übersetzung, die **Interlinearversion**.

Nach der Nähe zum Originaltext wird zwischen reiner Übersetzung mit großer Worttreue und der **Übertragung** unterschieden, die versucht, Inhalt, Bedeutung und besondere Eigenheiten der Originalsprache durch Wendungen zu ersetzen, die in der Zielsprache annähernd das Gleiche ausdrücken. So kann z. B. „he put his foot in his mouth“ als „er trat ins Fettnäpfchen“ übertragen werden. Die ▶ Nachdichtung versucht statt der Übersetzung eines poetischen Textes eine Nachschöpfung. Im Falle eines Gedichtes wird ein neues Gedicht geschaffen, das in Form und Inhalt dem Original entprechen soll. Eine moderne Form der Übersetzung ist die Neutextung von Kino- und Fernsehfilmen (Synchronisation).

Das meistübersetzte Buch der Weltliteratur ist die ▶ Bibel. Eine der großen bedeutenden Übersetzungsleistungen in Deutschland war in der Zeit der ▶ Romantik die Übersetzung Shakespeare'scher Werke („Schlegel-Tieck'sche Übersetzung“, 1825–1833).

Utopie (griechisch: ou = nicht; topos = Ort) ist entweder eine Form des Staatsromans, der ein Staatsgebilde in romanhafter Form darstellt, oder eine Form der ▶ Sciencefiction. Staatsromane sind dann Utopien, wenn sie nicht ein bestehendes Staatsgebilde beschreiben, sondern die Vorstellung, wie ein zukünftiges oder mögliches Staatswesen gestaltet sein könnte. Utopien sind oft sehr ihrer Zeit verhaftet und literarisch so wenig überhöht, dass ihre Handlung bisweilen kaum von ▶ Sachbüchern zu unterscheiden ist. Die Berührungspunkte der literarischen Utopie mit der Sciencefiction und ▶ Fantasy-Literatur bestehen zum einen darin, dass Utopien zukünftige Entwicklungen der Technik oder der Gesellschaft voraussetzen. Zum anderen treten sie dann auf, wenn Utopien Modelle von andersartigen Gesellschaften darstellen, die zum Beispiel – abgeschlossen von der Umwelt – auf einer unbekannten Insel, im Erdinneren oder auf fernen Planeten leben. Die erste uns bekannte Utopie ist **Platons** Dialog *Das Staatswesen* (ca. 387–367 v. Chr.). In Gesprächen wird hier der ideale Staat beschrieben.

Titelholzschnitt der Erstausgabe von Thomas Morus' „Utopia", 1516

Sir Thomas **More** (Morus) prägte den Begriff *Utopia* für seinen nach Platon entworfenen idealen Vernunftstaat (1516). Morus' Staat befindet sich auf der Insel Utopia (= Nirgendland), deren Herrscher sich bezeichnenderweise Utopos nennen. Dieses Modell regte bis in die Gegenwart viele Nachahmer zur Beschreibung ähnlicher Wunschträume an. Wie Morus' *Utopia* trägt auch die *Civitas solis* (*Der Sonnenstaat*, 1602) des Dominikaners Tommaso **Campanella** kommunistische Züge. Francis **Bacon** rückte später mit *Nova Atlantis* (1626) die Naturforschung ins Zentrum einer literarischen Utopie.

Nur indirekt wirkte dagegen Daniel **Defoe** mit seinem Roman *Robinson Crusoe* (1719) auf die Entwicklung der Utopie ein. So wird das Motiv des Schiffbrüchigen, der auf eine einsame Insel verschlagen wird und dort Abenteuer erlebt (▶ Robinsonade), auch in Utopien aufgegriffen und verarbeitet. Die berühmteste Robinsonade des 20. Jh.s ist William **Goldings** *Lord of the Flies* (1954, *Herr der Fliegen*). Jonathan **Swifts** bekanntes Werk *Gulliver's Travels* (*Gullivers Reisen*) ist ein utopisch-satirischer Reisebericht, der die Verhältnisse seiner Zeit kritisiert.

Die bekanntesten Anti-Utopien – auch als **Dystopien** bezeichnet – im 20. Jh. sind die Romane *Brave New World* (1932, *Schöne neue Welt*) von Aldous Leonard **Huxley** und *1984* (1949) sowie *Animal Farm* (1946, *Farm der Tiere*) von George **Orwell** (eigentlich Eric Blair). Weitere wichtige Werke sind *Ape and Essence* (1948, *Affe und Wesen*) von Huxley und *Wir* (1922) von Jewgenij Ivanowitsch **Samjatin**. *Letzteres* wurde zum Vorbild für Huxley und Orwell. Ray **Bradburys** *Fahrenheit 451* (1953) wird auch als Sciencefiction-Roman bezeichnet. In Deutschland hat Herman **Hesse** mit seinem groß angelegten Roman *Das Glasper-*

lenspiel (1943) den Entwurf einer positiven, aber letztlich zum Scheitern verurteilten Utopie geschaffen. Das Ziel der Einheit von Geist und Leben sowie von Individuum und Gesellschaft wird nicht erreicht. Franz **Werfels** teils grotesk-dämonischer, teils ironischer Roman *Stern der Ungeborenen* (1946) findet dagegen ein versöhnliches Ende. Das Werk weist zudem starke Elemente der Sciencefiction auf. Walter **Jens'** anti-utopischer Roman *Nein – Die Welt der Angeklagten* (1950) setzt sich mit der nationalsozialistischen Vergangenheit auseinander und wurde auch international ein Erfolg.

Von den neueren Werken sind zu nennen: Stanistaw **Lem** *Der futurologische Kongress* (1972), Carl **Amery** (eigentlich Christian A. Mayer) *Der Untergang der Stadt Passau* (1975) und die *Avalon*-Trilogie von Marion **Bradley** *(The Forests of Avalon, Lady of Avalon* und *The Mists of Avalon)*. Diese Werke werden auch der Fantasy-Literatur zugerechnet.

V

Vargas Llosa, Mario (geb. 1936), Romancier, Literaturkritiker und Journalist, kam im peruanischen Arequipa zur Welt. Erfahrungen aus der Militärzeit ließ er in seinen ersten, in der Öffentlichkeit heftig umstrittenen Roman *Die Stadt und die Hunde* (dt. 1966) einfließen, der in drastischer Sprache von einem Mord in einer Kadettenanstalt erzählt und dabei die beklagenswerten Sozialstrukturen der südamerikanischen Gesellschaft aufdeckt. Nachdem sich Vargas Llosa von seiner Tante, mit der er seit 1954 verheiratet war, getrennt hatte, ehelichte er 1965 seine Cousine Patricia. Ein Jahr später erschien der Roman *Das Grüne Haus* (dt. 1968), der vor allem durch seine außergewöhnliche Erzähltechnik, z. B. die Darstellung der Gleichzeitigkeit von Vergangenem und Gegenwärtigem, Erlebtem und Fiktivem, den fließenden Übergang vom ▶ inneren Monolog zur erlebten bzw. direkten Rede und den Wechsel der Erzählperspektive (▶ Erzähler), Aufsehen erregte. In fünf Handlungssträngen erzählt der Roman

Mario Vargas Llosa, 1995

vom Freudenhausbetreiber Anselmo, von seiner Geliebten und den machohaften Kunden des Bordells *Das grüne Haus*, vom japanischen Bandenchef Fushía, von einem von Kautschukhändlern ausgebeuteten Indianerstamm und schließlich die Geschichte des Indiomädchens Bonifacia. Vargas Llosa, der in der Folgezeit bis 1980 ständig seine Wohnsitze wechselte (Frankreich, England, Nord- und Mittelamerika), erhielt für *Das grüne Haus* zahlreiche Literaturpreise. Als Literaturkritiker brillierte der Dichter, der 1976 Präsident des P. E. N.-Clubs wurde, mit Studien über García Márquez (1971) und Flaubert (1975).

Den Prosadichtungen *Tante Julia und der Lohnschreiber* (1977), *Der Krieg am Ende der Welt* (1981), *Maytas Geschichte* (1984), *Der Geschichtenerzähler* (1987) und *Wer hat Palomino Monero umgebracht?* (1988), die sich sozialkritisch mit der bedrückenden Situation der lateinamerikanischen Bevölkerung auseinander setzen, folgte der gänzlich unpolitische erotische Roman *Lob der Stiefmutter* (1988), in dem lustvoll geschildert wird, wie der Witwer Don Rigoberto noch einmal heiratet und seine 40-jährige Frau Doña Lukrezia den Verführungskünsten seines Sohnes erliegt.

Vargas Llosa, der sich 1990 erfolglos um die Präsidentschaft in Peru bewarb, wollte in seinen Romanen nicht nur die platte Wirklichkeit abbilden, sondern – auch unter Verwendung von irrationalen Elementen – die Möglichkeit einer besseren Welt aufzeigen. Im Flaubert-Essay formulierte er seine eigene Vorstellung von einem anspruchsvollen Prosatext so: „Ein Roman hat mich immer in dem Maß fasziniert, in dem er in einer kompakten Geschichte Gewalt, Melodrama und Sex verbindet.“ Dem mehrfach ausgezeichneten Dichter wurde 1996 der Friedenspreis des deutschen Buchhandels zugesprochen.

Verlag Wirtschaftsunternehmen, das Bücher, Presseerzeugnisse (Zeitschriften, Zeitungen), elektronische Medien und Kunstwerke gewerbsmäßig vertreibt (▶ Buchhandel).

Signets deutscher Literaturverlage: Eugen Diederichs, Insel, S. Fischer, Albert Langen, Kurt Wolff, Ernst Rowohlt

Verleger, bzw. deren Lektoren, entscheiden darüber, was gedruckt wird, und haben damit großen Einfluss auf das literarische Leben.
In einem Verlagsvertrag wird das rechtliche Verhältnis zwischen ▶ Autor und Verleger geregelt. Es besteht in der Verpflichtung des Verfassers, dem Verleger das Werk zur gewerblichen Nutzung zu überlassen und der Verpflichtung des Verlegers, das Werk zu verbreiten. Der Autor hat Anspruch auf ein vereinbartes Honorar (entweder eine feste Summe oder die Beteiligung am Absatz). Das Recht, den Ladenpreis zu bestimmen, steht dem Verleger zu, ebenso entscheidet er über die Auflagenhöhe des erworbenen Werkes. Der Verlag bestimmt ferner die Gestaltung des ▶ Buches (Satz, Druck, Papier, Einband, Bebilderung). Die Rechte des Verlegers sind übertragbar, jedoch ist die Zustimmung des Verfassers notwendig.
Die Geschichte des Verlagswesens beginnt mit der Erfindung des Buchdruckes im 15. Jh. Reisende Buchhändler boten ihre Waren auf Messen und Märkten an. Frankfurt und Leipzig bildeten Zentren des buchhändlerischen Verkehrs.
1825 gründete sich der „Börsenverein des deutschen Buchhandels“ als Dachorganisation der Verleger zum Schutz ihrer Interessen. Die herausragendste Leistung des Börsenvereins ist der Wiederaufbau der Frankfurter Buchmesse nach dem Zweiten Weltkrieg. Während dieser größten Bücherschau der Welt wird alljährlich der vom Börsenverein gestiftete und weltweit beachtete „Friedenspreis“ verliehen.

Vers (lat. = Umwenden des Pfluges, Furche, Zeile) bezeichnet zunächst die einzelne Zeile in einem Gedicht (▶ Lyrik). Weiterhin versteht man darunter eine Folge von Worten, die einem bestimmten sprachlichen Rhythmus folgen, als gebundene Sprache im Gegensatz zur Prosa (▶ Epik). Seit der Antike gibt es bestimmte „Versfüße“ (▶ Metrik), z. B. Jambus, Trochäus oder Daktylus, bei denen jeweils eine bestimmte Reihenfolge langer und kurzer bzw. betonter und unbetonter Silben vorgeschrieben ist. So besteht etwa der Jambus in der ▶ antiken Literatur aus einer kurzen und einer langen Silbe, im Deutschen aus einer unbetonten und einer betonten.
Zuweilen werden auch Sätze aus heiligen Schriften, z. B. der ▶ Bibel oder dem Koran, als Verse bezeichnet.

Volksbuch prägte der Romantiker Joseph **Görres** als Sammelbegriff und zählte zu ihm volkstümliche Literatur wie Medizin-, Traum-, Zunft-, Kalender-, Legenden, Historien-, Rätsel- und Reisebücher sowie religiöse ▶ Erbauungsliteratur und **Prophezeiungen**. Heute versteht man unter Volksbüchern fiktionale Texte vom 15. bis in das 17. Jh., die sich zuerst noch an ein höfisches, dann aber immer mehr an ein breites bürgerliches und auch ländliches Publikum als Adressat richteten. Sie entsprachen im Spätmittelalter und der frühen Neuzeit, der Bedeutung nach, unserer heutigen ▶ Belletristik oder ▶ Trivialliteratur. Die technische Voraussetzung zu einer bescheidenen Massenproduktion und der raschen Verbreitung bildete der im 15. Jh. erfundene Buchdruck (▶ Buch).
Stoffe lieferten ältere Erzählwerke, die bearbeitet, umgestaltet oder auch zusammengefasst wurden: Spielmannsdichtung, höfische Versepik aus Deutschland und Frankreich, Heldenepik, Liebesromane, Novellen, Legenden, Fabeln, mündlich kursierende Einzel-Erzählungen (▶ Oral Poetry). In Aufbau und Sprache stehen sie zum Teil in Kontrast zur Hochliteratur. Volksbücher mit national geprägten Absichten als Ausdruck einer unverfälschten, kollektiven literarischen „Volksseele“ zu sehen – wie es der Romantiker Görres tat –, leugnet, dass sie die höfischen Stoffe oftmals trivialisierten, Werke verschiedener Sprachen und Kulturkreise aufgriffen und häufig konkret fassbaren Autoren zuzuschreiben sind.

Bekannte Beispiele für Volksbücher sind *Fortunatus* (1508), *Till Eulenspiegel* (1510), *Die schöne Magelone* (1535), *Historia von Dr. Johann Fausten* (1587), *Das Lalebuch* (1597), *Die vier Heymonskinder* (1604), *Der gehörnte Siegfried* (1726).
Im 18. und 19. Jh. wurden Volksbücher zunehmend als literarische Vorlagen benutzt. Ludwig **Tiecks** *Haimonskinder*, *Genoveva* und ▶ Goethes *Faust*, der Höhepunkt deutscher Literatur, basieren auf Volksbüchern. Neuausgaben und zahlreiche Bearbeitungen hielten Volksbücher wie *Die Schildbürger* und *Till Eulenspiegel* bis heute populär.

Volksstück ist in weiterem Sinn ein Sammelbegriff für dramatische Formen, wie ▶ Schwank, ▶ Posse, Bauerndrama. Es hat aber auch eigene komische und ernste Ausprägungen. Das Volksstück geht zurück auf Produktionen für ein Theater „für das Volk und über das Volk". Die Bezeichnung wurde ab etwa 1850 für volkstümliche, leicht verständliche Stücke gebräuchlich, in denen Figuren aus dem Volk sprechen und handeln. Das Handlungsmuster des Volksstücks folgt oft dem der ▶ Komödie, des ▶ bürgerlichen Trauerspiels oder des sozialen Dramas. Häufig sind Einlagen, wie Musik, Gesang und Tanz eingearbeitet.
Im **Wiener Volkstheater** setzte sich die barocke Tradition der Posse mit ihren festen Charakteren (z. B. Hanswurst, Staberl, Kasperl) fort. Die Stücke von Ferdinand Jakob **Raimund**, z. B. *Der Alpenkönig und der Menschenfeind* (1828) und *Der Verschwender* (1834), sind im volkstümlichen Wiener Milieu angesiedelt. Johann Nepomuk **Nestroy** brach mit der noch von Raimund gebrauchten Form der unterhaltsamen Ritter- und Zauberspiele und verwandelte die Volksbühne in eine kritische Institution. Mit *Lumpazivagabundus* (1833), *Einen Jux will er sich machen* und *Freiheit in Krähwinkel* (1848) reicht seine Bandbreite von der Gesellschaftssatire und der Kritik an Ungerechtigkeit und Dummheit bis zur Abrechnung mit dem Herrschaftsregime Metternichs sowie auch der Revolution des Jahres 1848.
Um die Jahrhundertwende übernahm der Naturalismus in seinen Dramen inhaltliche wie formale Wesensmerkmale des Volksstücks, so etwa den Dialekt. Dafür steht in Bayern Ludwig **Thoma**, der mit seinem Stück *Magdalena* (1912) die verlogene Moral einer scheinbar intakten Dorfgemeinschaft anprangert.
Eine außergewöhnliche Stellung nimmt auch Ödön von **Horvath** ein, dessen Absicht, Volksstücke zu schreiben, in Gegensatz zu seinem Lebensgefühl der Heimatlosigkeit steht. Den Mittelpunkt seiner Werke bildet meist das Alltagsleben von einfachen Leuten. So fängt er etwa in *Geschichten aus dem Wienerwald* (1931) die drückende Atmosphäre der Wiener Vorstadtwelt ein und entlarvt die moralischen Fehlhaltungen und die Bösartigkeit des Kleinbürgertums.
Im 20. Jh. setzte sich die trivial-unterhaltende Form des heutigen Boulevardtheaters durch, das Volksstück wird jedoch immer wieder in der Literatur aufgegriffen, wie etwa auch bei ▶ Brecht und Carl **Zuckmayer** mit seinen sozialsatirischen Stücken *Der fröhliche Weinberg* (1925), *Schinderhannes* (1927) und *Der Hauptmann von Köpenick* (1930). *Fegefeuer in Ingolstadt* (1926), das ein Bild der kleinbürgerlichen Gesellschaft in der Zwischenkriegszeit in der Provinz entwirft, und *Pioniere in Ingolstadt* (1928) von Marieluise **Fleißer** wurden in der zweiten Hälfte der 60er-Jahre wiederentdeckt.
In der Gegenwart vertreten vor allem Martin **Sperr** mit seinen sozialkritischen Stücken, z. B. *Jagdszenen in Niederbayern* (1966), Fritzgerald **Kusz** (*Schweig, Bub*, 1976) und Franz Xaver **Kroetz** dieses Genre. Kroetz will unter dem Einfluss Horvaths und Fleißers sowie der politischen Stimmung der späten 60er-Jahre die seeli-

Szene aus „Mensch Meier" von Franz Xaver Kroetz, Vaganten-Bühne Berlin, 1988

sche Verarmung und Vereinsamung der Menschen durch die bestehende Gesellschaftsordnung darstellen. Bekannt sind vor allem *Wildwechsel* (1968) und seine Hebbel-Bearbeitungen *Maria Magdalena* (1972) und *Agnes Bernauer* (1976).

Vormärz (1815–1848) Für den Zeitraum zwischen dem Wiener Kongress (1815) und der 1848er-Revolution haben sich je nach Betrachtungsweise unterschiedliche Epochenbezeichnungen herausgebildet: Richten wir den Blick auf die Kultur jener Zeit, so wird man eher den Begriff ▶ Biedermeier wählen. Rücken dagegen die politischen, sozialen und wirtschaftlichen Aspekte ins Blickfeld, dann spricht man vom Zeitalter der Restauration und – in Anspielung auf die im März 1848 ausbrechende Revolution – von Vormärz.

Als nach der Niederwerfung Napoleons die äußere Bedrohung nicht mehr bestand, lösten die meisten deutschen Staaten die Versprechen auf mehr Bürgerbeteiligung nicht ein. Im Gegenteil: Die Mächtigen blickten mit Argwohn auf die sich organisierenden Studenten (in Burschenschaften) und Bürger (in Vereinen des Turnvaters Jahn oder Handwerkervereinen). Die Ziele des aufstrebenden Bürgertums waren Einheit des Vaterlandes, freiheitliche Verfassung und politische Mitbestimmung. Eine breite Resonanz fanden solche Ansprüche bei Großveranstaltungen wie dem **Wartburgfest**, das 1817 zum Gedenken an den Reformator Martin **Luther** veranstaltet wurde. Die Ermordung des Dichters und russischen Gesandten August von **Kotzebue** durch den Studenten Karl Ludwig Sand nahm die Obrigkeit zum Anlass, gegen die politisch besonders aktiven Studenten und Professoren vorzugehen. Die daraufhin mit den „Karlsbader Beschlüssen" (1819) verabschiedeten scharfen Überwachungs-, Spitzel- und Zensurgesetze wirkten als Berufsverbote. Viele Schriftsteller riskierten – wie das Beispiel des Dichters ▶ Hoffmann belegt – selbst bei verschlüsselter Darstellung polizeiliche Verfolgung. Andere wie ▶ Büchner und ▶ Heine wurden ins Exil getrieben. Und während einzelne Biedermeier-Dichter ihre Rückzugsräume in Familie und Natur beschrieben, vertraten radikal-demokratisch gesinnte Autoren wie Ludwig **Börne** die Auffassung, „dass in Deutschland alles zu einer Revolution reif sei".

Zu Beginn der 40er-Jahre meldete sich eine Dichtergeneration zu Wort, die noch radikaler als Jahre zuvor die ▶ Jungdeutschen in ihrer Lyrik einen kämpferischen Ton anschlug.

Neben den heute noch bekannten Dichtern Börne, Büchner und Heine sind Georg **Herwegh**, Ferdinand **Freiligrath**, Georg **Weerth** und **Hoffmann von Fallersleben** die wichtigsten Vertreter einer politisch engagierten Vormärz-Literatur.

Als ihr gemeinsames Credo könnten die Verse Herweghs in seinem Gedicht *An die deutschen Dichter* gelten:

Dem Volke nur seid zugetan,
Jauchzt ihm voran zur Schlacht,
Und liegt's verwundet auf dem Plan,
So pfleget sein und wacht!

Und so man ihm den letzten Rest
Der Freiheit will verkümmern,
So haltet nur am Schwerte fest,
Und lasst die Harfen uns zertrümmern.

Aus ihren Gedichten und journalistischen Texten spricht gleichermaßen die Wut über das Elend der Menschen wie der Wille, dagegen anzugehen. Solch engagierte Parteinahme für das Volk kennen wir auch aus Büchners *Hessischem Landboten* und dem *Kommunistischen Manifest* (1848) von Karl **Marx** und Friedrich **Engels**.

Wie schwach gleichwohl das politische Bewusstsein des deutschen Bürgertums im 19. Jh. ausgebildet war, zeigt das Beispiel des Hoffmann von Fallersleben. Von dem mit Berufsverbot belegten Breslauer Professor leben im Gedächtnis des Volkes lediglich seine Kinderliedchen *Alle Vögel sind schon da* und *Ein Männlein steht im Walde* sowie sein später nationalistisch umgedeutetes *Deutschland, Deutschland über alles* fort. Den sozialkritischen Hoffmann von Fallersleben kennt man heute so wenig wie viele seiner Dichterkollegen aus dem Vormärz.

W

Walther von der Vogelweide

(1170–1230) wurde wahrscheinlich im Süden des deutschen Sprachraumes geboren. Niederösterreich, Südtirol und Franken rivalisieren als Geburtsregionen Walthers. Umstritten ist auch, ob er wirklich in Würzburg begraben liegt, wie die Überlieferung behauptet.

Walther gilt als der bedeutendste Lyriker des Mittelalters. Seine Biographie steht repräsentativ für das Leben eines fahrenden Sängers, der von den Landesfürsten materiell abhängig war. Rund zehn Jahre, bis 1198, hält sich der junge Walther am Wiener Hof auf: „Ze Osterriche lernt ich singen und sagen." Walther ging nach dem Tod des österreichischen Herzogs wechselnde Dienstbeziehungen ein, so 1198 bei dem Staufer Philipp von Schwaben, den er im deutschen Thronstreit gegen den Kandidaten der Welfen, Otto IV., propagandistisch unterstützte. Passau und die Höfe Hermanns von Thüringen und Dietrichs von Meißen folgen. Nach der Ermordung Philipps von Schwaben (1208) trat Walther kurzzeitig in den Dienst König Ottos IV. Später schlug sich Walther auf die Seite des Staufers Friedrich II. in dessen Kampf gegen Otto IV. Dafür bekam Walther 1220 von Friedrich II. ein Lehen.

Sein Werk umfasst die ▶ Spruchdichtung und den ▶ Minnesang sowie den isoliert stehenden **Leich**, ein hymnisches Groß-Lied religiösen Inhalts. Zu den Sprüchen gehören **Weisheits**- und **Gelegenheitsdichtung**, aber auch die politische Lyrik, die, im Königs-, Fürsten- oder Herrendienst verfasst, gesanglich vorgetragen politisches Geschehen beurteilt und bewusst Partei ergreift. So verherrlicht Walther in den sog. *Reichssprüchen* Philipp von Schwaben als Vertreter des übergeordneten Reichsinteresses. Walther bringt aber auch seine eigenen Anliegen in die Gedichte ein – für seine Zeit beispiellos: Er tadelt Philipp und später Otto für ihren Geiz und schadet ihnen damit zweifellos. Zu den Sprüchen zählen auch die Lebensweisheiten, die in einer konkreten Situation politische Bedeutung gewinnen können. Walthers propagandistische und literarische Bedeutung wurde schon zu seinen Lebzeiten erkannt, seine Dichtung bewundert und gefürchtet. Seine wechselnden Dienstverhältnisse als Opportunismus abzutun hieße, die Produktionsbedingungen einer zeitlich begrenzten literarischen Auftragsarbeit zu verkennen.

Die frühen Liebeslieder Walthers standen unter dem Einfluss der **Hohen Minne**, die **Reinmar** der Alte in Wien vertrat. Gegen diese Minneauffassung wendet sich Walther zunehmend. Er beurteilt sie als formalistisch, sozial ungleichgewichtig. Er setzt sie in Vergleich zu der niederen Minne, die Erfüllung findet und keine sozialen Schranken kennt. In seinen **Mädchenliedern** fordert Walther die Ideale einer erfüllten, sozial gleichwertigen Verbindung, die **ebene Minne**.

Im 19. Jh. bewertete die ▶ Romantik die Lyrik Walthers neu. Nationalisten und Gegner des Katholizismus vereinnahmten sie für ihre Geschichtsauffassung. Im Zuge der Reichsbildung von 1870 spielte Walthers Spruchdichtung eine wichtige Rolle bei der nationalen Identitätsfindung. In den 70er-Jahren dieses Jh.s las man seine Lyrik als Beispiel für gesellschaftlich nicht angepasstes, engagiertes Verhalten, wie die Nachdichtung von Peter Rühmkorf zeigt:

Walther von der Vogelweide, Manessische Liederhandschrift, 14. Jh.

Ich hab mein Lehen, Gottnochmal, ich hab mein Lehen.
Jetzt brauch ich nicht mehr furchtsam in den Frost zu sehen
und reichen Knickern um den Bart zu gehen.
Der gute König, milde König hat geruht, mich auszustatten.
Oh, meine Sommerfrische, du, mein armes Winternest.
Wie jedermann sich davon imponieren lässt:
Auf einmal bin ich nicht mehr dieser graue Trauerschatten.
Mein Los war dies: Ich war zu lange blank.
Dass ich vor Missgunst manchmal aus dem Rachen stank.
Heut kann ich wieder atmen, Friederich sei Dank.

Wiener Gruppe bezeichnet einen Zusammenschluss österreichischer Künstler und Autoren, die zur avantgardistischen Kaffeehaus- und Katakombenszene im Wien der Nachkriegszeit gehörten und Anfang der 1950er-Jahre zueinander fanden.
Unter dem prägenden Einfluss Hans Carl **Artmanns** rebellierten Friedrich **Achleitner**, Konrad **Bayer**, Gerhard **Rühm** und Oswald **Wiener** gegen die restaurativen Tendenzen ihrer Gegenwart, indem sie den Anschluss an die vom Nationalsozialismus verfemte Kunst des ▶ Dadaismus und ▶ Surrealismus suchten. Höhepunkte ihrer literarischen Aktivitäten bildeten die *literarischen cabarets* von 1958 und 1959 und der Gedichtband *hosn rosn baa* (1959), der das Engagement der Gruppe bei der Entwicklung einer kritischen **Dialektdichtung** (▶ Mundartliteratur) dokumentiert. Gleichzeitig lässt sich die Hinwendung zu den Sprachexperimenten der ▶ konkreten Poesie in der Bundesrepublik beobachten. Der schrittweise Rückzug Artmanns, unterschiedliche Interessenschwerpunkte und der Selbstmord Bayers führten Mitte der 60er-Jahre zur Auflösung der Gruppe, die sich auch mit wissenschaftstheoretischen, sprachphilosophischen und kybernetischen Fragestellungen befasste. Einem größeren Publikum wurde sie durch den von Rühm besorgten Sammelband *Die Wiener Gruppe* (1967) bekannt, der viele Gemeinschaftswerke erstmals in gedruckter Form präsentierte. Zu den bedeutendsten Einzelveröffentlichungen der Gruppe zählen Artmanns Gedichtband *med ana schwoazzn dintn* (1958), Wieners Experimentalroman *Die Verbesserung von Mitteleuropa* (1969) und Bayers zeitkritischer Montageroman *der kopf des vitus bering* (1969).

Wiener Moderne ist der Begriff für eine Ära des Umbruchs zwischen 1890 und 1910, in der es in Österreich zu einem großen Modernisierungsschub in Wissenschaft, Literatur und Kunst kam. In einer Zeit, da in Deutschland der ▶ Naturalismus in voller Blüte stand, wurde in Wien der radikale Bruch mit allem Alten und Vertrauten propagiert und auch vollzogen. Der Schriftsteller und Literaturkritiker Karl **Kraus** bezeichnet Wien zutreffend als „Probestation Weltuntergang".
Besonders nachdrücklich wirkte auf das kulturelle Leben die impressionistische Malerei eines Gustav Klimt, die avantgardistische Musik Arnold Schönbergs, Alban Bergs und Anton von Weberns sowie der Neuansatz in der Architektur bei Adolf Loos. Entscheidende Impulse gingen ferner von dem Physiker und Philosophen Ernst **Mach** aus. Seine Negierung des Ich und die Lehre vom menschlichen Körper als einem Bündel von „Empfindungskomplexen" beeinflusste maßgeblich die Ich- und Todesproblematik bei ▶ Schnitzler, ▶ Hofmannsthal und ▶ Musil. Von großer Tragweite waren die Forschungen des Wiener Arztes Sigmund **Freud**, der auf die verdrängten Konflikte des „Unbewussten" stieß. Seine *Traumdeutung* im Jahre 1900 eröffnete den Weg zur Interpretation verschlüsselter Bilder und Handlungen sowie verborgener Wünsche.

Für das literarische Leben Wiens dieser Zeit war eine Generation von jungen Schriftstellern, Publizisten und Kritikern prägend, die unter der Bezeichnung „Das Junge Wien" bekannt wurde – sie entwickelten weder ein eigenes ästhetisches Programm noch bildeten sie eine feste Schule. Die wichtigsten Vertreter des „Jungen Wien" waren Schnitzler und Hofmannsthal. Ins weitere Umfeld gehörten Karl Kraus und Peter **Altenberg**. Namen wie Richard **Beer-Hofmann**, der Autor der immer noch lesenswerten Novelle *Der Tod Georgs* (1900), oder Leopold **Andrian** mit seinem Roman *Der Garten der Erkenntnis* (1895) sind heute vergessen.
Der eigentliche geistige Mittelpunkt der Jungwiener wurde das Café Griensteidl, spöttisch auch „Café Größenwahn" genannt. Hier entstand eine eigene, nie wieder erreichte Form des Kulturlebens: die **Kaffeehausliteratur**, die bis in die Nachkriegszeit reichte (▶ Wiener Gruppe). Vergleichbare Entwicklungen gab es in München (▶ Boheme), wo das Café Stefanie zum Treffpunkt der Bohemiens wurde.

Wilde, Oscar (1854–1900), gilt als hervorragendster Vertreter des Ästhetizismus in England, die im ▶ Fin de Siècle die Kunst um ihrer selbst willen (**L'art pour l'art**) pflegte.
Wilde war Sohn gebildeter Eltern und studierte zwischen 1871 und 1878 in Dublin und Oxford. Anfang der 80er-Jahre machte er sich in der Londoner Gesellschaft und Kulturwelt durch seinen geistreichen Witz und sein grelles Auftreten einen Namen. 1882 lehrte Wilde für ein Jahr in den USA und Kanada, zurück in London hielt er Vorträge über seine Eindrücke in Nordamerika. Zwischen 1887 und 1889 arbeitete er als Kritiker und als Redakteur für die Zeitschrift *Woman's World*. In diesen schriftstellerischen Lehrjahren veröffentlichte Wilde unter anderem den Sammelband *The Happy Prince* (1888, *Der glückliche Prinz und andere Märchen*). Die hier vereinten Texte zählten bald zu den schönsten Kunstmärchen der Weltliteratur.

Oscar Wilde, um 1894

Das Titelmärchen erzählt von der mit Blattgold und Edelsteinen geschmückten Statue des glücklichen Prinzen. Der Prinz ist erschüttert vom Elend der Stadt, von dem er zu Lebzeiten nichts ahnte. Er bittet eine Schwalbe, die Steine und das Blattgold unter den Armen zu verteilen. Um diese Aufgabe zu erfüllen, verschiebt die Schwalbe zunächst ihren Herbstflug nach Ägypten und bleibt dann aus Mitleid bei der nun schmucklosen Statue, bis sie vor Kälte und Hunger stirbt. Ein Engel Gottes holt das bleierne Herz der Statue und die tote Schwalbe in den Paradiesgarten.

Während der letzten zehn Jahre seines Lebens schrieb Wilde die Mehrzahl seiner bedeutenderen Werke. Darunter weitere vier Kunstmärchen, vereint unter dem Titel *A House of Pomegranates* (1891, *Das Granatapfelhaus*). Sein einziger Roman *The Picture of Dorian Gray* (*Das Bildnis des Dorian Gray*) erschien zunächst in Fortsetzungen (1890) und 1891 als erweiterte Ausgabe in Buchform.

Der geistreich-zynische Ästhet und Dandy Lord Henry Wotton verführt den bildschönen und unverdorbenen Dorian Gray. Dorian möchte ewig jung und schön bleiben. Sein Wunsch, dass statt seiner das Porträt, das der Freund Basil Hallward von ihm malte, altern solle, geht in Erfüllung. Tatsächlich entdeckt er auf dem Bildnis „grausame Züge um den Mund", nachdem er eine junge Frau, mit deren Liebe er spielte, in den Selbstmord getrieben hat. Dorian aber behält seine makellose Schönheit. Nachdem er aber auch seinen Freund Hallward ermordet hat, lässt Dorian die Vergangenheit nicht mehr los und selbst der zynische Lord Henry vermag nicht mehr Dorians Gewissen zu beruhigen. Während Dorian schließlich auf sein inzwischen unkenntliches Porträt einsticht, stirbt er selbst. Als seine Diener herbeieilen, finden sie das wunderschöne Bild ihres Herrn und einen abstoßend aussehenden Toten mit einem Messer im Herz, den sie nur an seinen Ringen als Dorian erkennen.

Wildes Dramatik ist vor allem wegen der Wiederbelebung der Sittenkomödie bedeutend. In den Komödien steht die Handlung nicht im Vordergrund, eher dagegen die geistreichen Dialoge sowie die kunstvoll zugespitzte Situation. In *Lady Windmere's Fan* (*Lady Windmeres Fächer,* 1892) etwa geraten die Personen noch vorübergehend in ernste Konfliktsituationen. *The Importance of Being Earnest* (1895, *Ernst sein ist alles*) spielt schon im Titel mit dem Adjektiv „ernst" und dem Vornamen „Ernst" und ist in all seinen Verwicklungen als reines Possenspiel angelegt.
Wildes *Gedichte* (1881) sind einem erlesenen Schönheitskult gewidmet. In *The Ballad of Reading Gaol* (1898, *Die Ballade vom Zuchthaus zu Reading*), die Wilde nach zwei Jahren Zuchthaus schrieb, die er wegen homosexueller Neigungen verbüßte, prangert er unter anderem die unmenschlichen Zustände in den Strafanstalten an. Noch im Gefängnis hatte Wilde einen Brief an Lord Alfred Douglas geschrieben, der jedoch erst 1949 unter dem Titel *De profundis* vollständig veröffentlicht wurde. Der Brief und die Ballade gehören zu den bedeutendsten literarischen Äußerungen des Autors. 1897 wurde der einst von Schicksal und Gesellschaft Verwöhnte aus dem Zuchthaus entlassen, starb jedoch bald danach verarmt.

Witz ist eine komische oder satirisch kurze Erzählform, die Humor ausdrückt. Als ein Teil der mündlichen Alltagskultur setzt der Witz im Allgemeinen einen Erzähler, einen Zuhörer und ein „Opfer" voraus und lebt literarisch in satirischen Zeitschriften fort, in denen die mündliche Erzählsituation (▶ Oral Poetry) oft durch die komische Witzzeichnung ersetzt wird.
Wie sehr die prägnante, knappe Form für den Witz konstituierend ist, erweist sich beim Vortrag, bei dem es auf die exakte Wiedergabe der sprachlichen Fassung ankommt. Wesentliches Merkmal des Witzes ist die **Pointe**, in der sich die während des Erzählens bewusst erzeugte Spannung durch plötzliches Umschlagen in eine unvermutete Richtung löst, sodass ein komischer, überraschender Effekt erzielt wird. Die eigentliche Wirkung des Witzes beruht somit auf der Diskrepanz zwischen bewusst in eine bestimmte Richtung gelenkter Erwartung und dem unerwarteten Ergebnis. Daher bleibt die Wirkung aus, wenn der Witz z. B. schon bekannt ist. Ein weiteres wesentliches Formelement des Witzes ist das **Wortspiel**, das seine Wirkung aus der Doppeldeutigkeit bezieht.
Das durch die Pointe ausgelöste Lachen macht den Witz zu einem sozial und psychisch wichtigen Phänomen: Er bietet Identifikationsmodelle, seine Aggression, seine implizite Gesellschaftskritik oder seine Erotik gewinnen Ventilfunktion. Man unterscheidet u. a. den politischen Witz oder Flüsterwitz, der v. a. in totalitären Systemen

blüht, den jüdischen Witz, der durch ironische Distanz zum eigenen Geschick geistige Souveränität beweist, die Witze über einzelne Nationen („Schotten-Witze"), Stämme („Ostfriesen-Witze") oder Städte (z. B. die „Tünnes-und-Schäl-Witze" Kölns), über Stände („Professoren-Witze"), Witze über menschliche Schwächen und Verhaltensmuster (besonders im erotischen Bereich) oder Witze über aktuelle Zeiterscheinungen („Manta-Witze", „Ossi-Witze" nach der Wiedervereinigung).
Inhaltlich und formal sind dem Witz, der zu den einfachen Formen zählt, ▶ Anekdote und ▶ Epigramm verwandt.

Beispiel eines Flüsterwitzes aus dem „Dritten Reich":
Zwei Irrenärzte begegnen einander.
Der eine grüßt: „Heil Hitler!"
Darauf der andere: „Heil du ihn!"

Jüdischer Witz, der das Lebensgefühl der nach 1933 in Deutschland verbliebenen Juden wiedergibt:
Der alte Goldstein und der alte Cohn gehen zusammen über den Kurfürstendamm. Man schreibt das Jahr 1935.
„Was machste für e mises Gesicht?", fragte der alte Goldstein.
„Soll ich nicht machen e mises Gesicht?!", fragt der alte Cohn zurück. Und nach einer Weile fügt er hinzu: „Und außerdem ist der Davidsohn gestorben." Der alte Goldstein zuckt die Achseln: „Nu ja, wenn er sich kann verbessern!"

Wolf, Christa, 1929 als Tochter eines Kaufmanns in Landsberg an der Warthe geboren, gehört zu den bekanntesten und weltweit angesehensten deutschen Gegenwartsschriftstellerinnen. So darf Christa Wolf wie kaum eine andere als „gesamtdeutsche" Autorin bezeichnet werden, die in beiden deutschen Staaten zu hoher Anerkennung gelangte.
1945 musste die Familie die Heimat verlassen und siedelte nach Mecklenburg über. 1949 absolvierte Wolf das Abitur, im selben Jahr trat sie der SED bei. Es folgte ein Germanistikstudium in Jena und Leipzig, Arbeit als Verlagslektorin und als Redakteurin. Christa Wolf war 1955–77 Vorstandsmitglied des Schriftstellerverbands der DDR, 1963–67 Kandidatin des Zentralkomitees der SED, Mitglied des P.E.N.-Zentrums der DDR (seit 1965), der Ost-Berliner Akademie der Künste und der Deutschen Akademie für Sprache und Dichtung in Darmstadt. Seit 1962 lebt sie als freie Schriftstellerin.

Der Durchbruch gelang Christa Wolf mit ihrem ersten Roman *Der geteilte Himmel* (1961), der auch im Westen große Anerkennung fand. Wenngleich die Autorin ihr Thema der Arbeitswelt entlehnte und den gesellschaftlichen Bewusstseinsprozess der beiden Protagonisten in der Auseinandersetzung mit den Produktionsbedingungen in der DDR vorführt, geht der Roman doch über sozialistische Aufbauliteratur hinaus. In mehreren Rückblenden wird die Liebesgeschichte der Studentin Rita Seidel und des Chemikers Manfred Herrfurth erzählt. Deren konträre Einstellung zum Sozialismus führt schließlich zur Trennung. Manfred kann die Erinnerung an die Exzesse der Stalin-Ära nicht vergessen; als seine betrieblichen Verbesserungsvorschläge unberücksichtigt bleiben, geht er enttäuscht in den Westen. Rita sieht zwar die Mängel des Systems, will aber in dieser Gesellschaftsordnung leben und sie verbessern. Wenn auch am Ende die offizielle Ideologie auf Kosten des persönlichen Verzichts siegt, so wird doch das bis dahin in der ▶ DDR-Literatur übliche Schema von Gut und Böse durchbrochen.

Während *Der geteilte Himmel* nach langen Debatten von der DDR-Kritik akzeptiert wurde, provozierte Christa Wolfs zweiter Roman, *Nachdenken über Christa T.* (1968), auf Grund seiner Vielschichtigkeit und der Verteidigung der Ansprüche des Einzelnen gegenüber der Gemeinschaft scharfe Reaktionen. Aus schriftlichen und

Christa Wolf

mündlichen Mitteilungen und nach eigenen Recherchen rekonstruiert die Ich-Erzählerin den Lebensweg ihrer toten Freundin Christa T. Auf dem langen Weg des Nachdenkens und Mutmaßens über die Freundin werden Einblicke in den Alltag der DDR gewährt. So entsteht eine Biographie, die exemplarisch ein deutsches Schicksal aufgreift.

Dem Wechselverhältnis zwischen dem Wunsch nach selbstbestimmter Subjektivität und einem gesellschaftlich vermittelten, vorgeprägten Bewusstsein geht Christa Wolf auch in ihrem wohl bekanntesten Roman *Kindeitsmuster* (1976) nach, der auf drei Zeitebenen spielt und deutliche autobiographische Züge aufweist. Die Erzählerin schreibt in den 70er-Jahren nach einem Besuch in ihrer einstigen Heimat über die Kindheit und Jugend der Nelly Jordan während des „Dritten Reichs" mit dem Erfahrungsstand der Gegenwart. Die Autorin spürt in diesem Buch den Denk- und Verhaltensmustern des Faschismus nach, die auch in der Gegenwart der DDR noch nachwirken. Sie nahm damit die DDR in die Pflicht, sich selbstkritisch mit der nationalsozialistischen Vergangenheit auseinander zu setzen.

Mitte der 70er-Jahre setzte dann Christa Wolfs intensive und bis heute andauernde Beschäftigung mit der deutschen ▶ Romantik ein. So entwirft die Erzählung *Kein Ort. Nirgends* (1971) ein fiktives Zusammentreffen Kleists mit Caroline von Günderode (▶ Frauenliteratur). Beide fühlen sich als Schriftsteller und Menschen von ihrer Zeit und der Erstarrung ihrer Gesellschaft bis auf den Tod eingeengt.

Vor allem Frauen, das macht Christa Wolf während der letzten Jahre immer unmissverständlicher klar, traut sie es zu, in der von Atomtod und Fortschrittswahn bedrohten Welt Frieden zu stiften, in die erstarrten Ordnungen durch neue Denk- und Lebensmuster Bewegung zu bringen. So steht konsequenterweise eine Frau im Mittelpunkt der Erzählung *Kassandra* (1983), in der die Autorin in den antiken ▶ Mythos wechselt und die als Höhepunkt im Schaffen Christa Wolfs eingestuft worden ist. Auch in ihr scheitert eine Frau, die durch ihre intellektuelle Sensibilität ihrer Umwelt überlegen ist, am gesellschaftlich auferlegten Rollenzwang.

Häufig ist *Kassandra* als Werk der Frauenliteratur interpretiert worden. In den Eigenkommentaren zu ihrer Erzählung macht Christa Wolf deutlich, dass sie unter Emanzipation nicht die Ablösung des männlichen Machtprinzips durch ein weibliches versteht, sondern eine sich gegenseitig respektierende Partnerschaft.

Das Scheitern der Fortentwicklung der Menschheit in der atomaren Selbstvernichtung ist das Thema des Texts *Störfall* (1986), Christa Wolfs literarische Antwort auf die Reaktorkatastrophe von Tschernobyl.

Nach der deutschen Wiedervereinigung im Jahre 1990 entzündete sich an Christa Wolfs Erzählung *Was bleibt* (1990) ein heftiger Streit in den westdeutschen Feuilletons über die Rolle des Schriftstellers in einem totalitären System. Stellvertretend für andere DDR-Autoren wurde der Symbolfigur Christa Wolf in diesem sog. **Deutschen**

Literaturstreit eine opportunistisch taktierende Haltung gegenüber dem SED-Staat vorgeworfen: einerseits als von der Stasi bespitzelte Dissidentin in der DDR gelebt und andererseits die Nähe zu den Funktionären des Regimes gesucht zu haben. Das hohe Ansehen ihres literarischen Werks blieb davon unbeschadet.

Wolfram von Eschenbach (ca. 1170–1220) stammte wahrscheinlich aus dem bayerisch-mittelfränkischen Ober-Eschenbach (heute Wolframs-Eschenbach), auch wenn das oberpfälzische Eschenbach ebenfalls Ansprüche erhebt. Obwohl von Wolfram eine kaum zu überschätzende Nachwirkung auf die Literatur ausging, wissen wir wenig Biographisches aus seinem Leben. Er war vermutlich kein Ministeriale oder adeliger Ritter, sondern stand in Abhängigkeit zu begüterten Adeligen in Franken, Bayern, Thüringen. Wolfram kannte die Literatur seiner Zeit ausgezeichnet. Ob er des Schreibens kundig war, ist umstritten. Wolfram selbst polemisierte aber gegen Buchgelehrsamkeit und spielte eigene Kenntnisse eher herunter. Dass er Französisch konnte, wird nicht mehr bezweifelt.

Wolfram von Eschenbach, Manessische Liederhandschrift, 14. Jh.

Von ihm stammen drei Versromane: *Parzival* (entstanden zwischen 1200–1210), die Fragmente *Willehalm* (entstanden zwischen 1210–1220) und *Titurel* (entstanden vor 1219). Zudem schreibt man ihm neun Lieder zu.

Parzival ist der Roman der Erziehung und Bildung (▶ Bildungsroman) seines Protagonisten, der im Sinne der höfischen Ideale des Mittelalters seine Vollendung als christlicher Ritter findet.

Parzival wächst bei seiner Mutter Herzeloyde auf, die ihn vergeblich daran zu hindern sucht, Ritter zu werden. Seine Fragen an die Mutter „Was ist Gott?" und „Wer gibt Ritterschaft?" stecken die Zielsetzung Parzivals ab. Er zieht in Narrenkleidern an den Hof von König Artus, um ein Ritter zu werden; seine Mutter stirbt beim Abschied aus Gram. Parzival erhält eine ritterliche Ausbildung und zeichnet sich durch Heldentaten aus. Auf der Gralsburg Munsalvaesche stellt er dem König Anfortas aus Höflichkeit nicht die erlösende Frage nach seiner unheilbaren Wunde, sodass ihm fehlendes Mitleid unterstellt wird und er die Nachfolge Anfortas' verspielt. An Artus Hof wird er in die Tafelrunde aufgenommen, aber die unheimliche Gralsbotin Cundrie verstößt ihn aus diesem Kreis. Parzival entscheidet sich, den Gral niemals als Ziel aufzugeben. In die dreiteilige Haupt-Handlung sind die abenteuerlichen Erlebnisse Gawans eingeflochten, der ebenfalls den Gral sucht. Parzival erfährt von seinem Onkel, einem Einsiedler, von der Gralsbruderschaft und seiner verwandtschaftlichen Beziehung zu ihr. Parzival bleibt unsicher, geht aber weiter auf die Suche. Er trifft im Kampf auf seinen Halbbruder Feirefiz. Sie erkennen sich und Feirefiz wird in die Artusrunde aufgenommen. Mit Feirefiz kehrt Parzival zur Gralsburg zurück, stellt die rettende Frage und wird König.

Das Epos umfasst 24812 Verse. Wolfram folgt als Haupt-Vorlage dem Epos *Conte du Graal* (Ende des 12. Jh.s) von **Chrestien** de Troyes. Er schöpfte zudem aus französischen, deutschen, keltischen, lateinischen und orientalischen Quellen. Ob er sich wirklich auf den geheimnisvollen, nur von ihm benannten **Kyot** stützte, der schon alles zusammengefasst habe, wird meist bezweifelt. Man vermutet, dass Wolfram mit der erfundenen Quelle die Traditionsgläubigkeit seiner Dichter-Kollegen verhöhnen und allen voran seinen schärfsten Kritiker ▶ Gottfried von Straßburg angreifen wollte, der in ihm einen Erfinder wüster Geschichten sah und Wolframs Epen als den höfischen Vorstellungen von einer Literaturästhetik widersprechend einstufte.
Wolfram wurde von vielen anderen Zeitgenossen aber begeistert gefeiert. Schon im 15. Jh. war er zur Sagengestalt geworden, die am berühmten **Sängerwettstreit** am Thüringer Landgrafenhof teilgenommen habe.

Z

Zeitschrift bezeichnet ein Druckerzeugnis, das in regelmäßigen Abständen erscheint. Im Unterschied zur ▶ Zeitung ist die Zeitschrift nicht so sehr an der Aktualität orientiert, sondern – mit Ausnahme der Illustrierten – auf Fach- und Sachgebiete spezialisiert und wendet sich meist an einen bestimmten Leserkreis.
Die Publikumszeitschriften wie *ADAC motorwelt*, gefolgt von *Bild am Sonntag* erreichen die meisten Leser. Der Anteil der Fachzeitschriften ist zwar gering, ihr Einfluss auf die wissenschaftliche Öffentlichkeit ist jedoch erheblich, da Forschung erörtert und Ergebnisse zur Diskussion gestellt werden.
Der Begriff „Zeitschrift“ erscheint erstmals im 18. Jh. Bis ins 19. Jh. wird er parallel zu „Journal“, „Monatsschrift“ oder „Magazin“ benutzt. Als älteste deutsche Zeitschrift gilt die *Acta Eruditorum* (seit 1682), die englische und französische Vorbilder hatte. Die von C. **Thomasius** verfassten *Monats-Gespräche* (gegr. 1688) enthielten erstmals ▶ Rezensionen belletristischer Neuerscheinungen. Mit der ▶ Aufklärung kamen die **moralischen Wochenschriften** in Mode, die belehrend und unterhaltend sein wollten. Aber auch literarische Zeitschriften, die häufig an einzelne Dichterpersönlichkeiten gebunden waren (z. B. C. M. **Wieland** *Der teutsche Merkur*, ▶ Schiller *Die Horen*), fanden ihr Publikum. Mit der neuen Druck- und Illustrationstechnik im 19. Jh. (▶ Buch/Buchhandel) kamen große Publikumszeitschriften auf den Markt (z. B. *Die Gartenlaube*, 1853–1944).
Nach dem Zweiten Weltkrieg setzte auf Grund des enormen Nachholbedarfs ein Zeitschriftenboom ein, der zur Gründung noch heute bestehender Periodika *wie Frau im Spiegel* (1945), *Der Spiegel* (1946), *Hör Zu* (1946), *Stern* (1948) und *Bunte* (1948) führte.
Eine Untergruppe bei den Zeitschriften bilden die **Literaturzeitschriften** wie *Die*

Neue Rundschau, Akzente oder *Rabe*. Sie publizieren literarische Texte aller Art und Rezensionen, geben Überblicke über die Literatur und veröffentlichen Nachrichten und Meinungen aus allen Gebieten des literarischen Lebens.

Zeitung Das Wort ist erstmals um 1300 im Raum Köln als „zidunge“ (nach mnd.: tiding = Nachricht, Botschaft) belegt. Grundsätzliche Kennzeichen einer Zeitung sind die öffentliche Zugänglichkeit (**Publizität**), die Zeitnähe (**Aktualität**), das regelmäßige Erscheinen (**Periodizität**) und die inhaltliche Vielfalt (**Universalität**).
Die frühen Zeitungen erschienen wegen des wöchentlichen Eintreffens der Post meist als Wochenzeitungen. Als erste deutschsprachige Tageszeitung gilt das 1650 in Leipzig unter dem Titel *Einkommende Zeitungen* (bis 1918) auf den Markt kommende Periodikum. Wegen der ▶ Zensur enthielten die Zeitungen bis ins 18. Jh. hauptsächlich Nachrichten aus dem politisch-militärischen Bereich. Im 18. Jh. kamen ein Lokal- und Feuilletonteil und im 19. Jh. ein Wirtschafts- und Sportteil hinzu. Im 18. Jh. existierten rund 200 Zeitungen, wobei aber nur wenige eine Auflage von 2000 Exemplaren erreichten.
Durch die technischen Neuerungen des 19. Jh.s wurde die Zeitung zum **Massenmedium**, sodass es Ende des Jh.s 1963 Zeitungstitel gab (▶ Buch/Buchhandel). Deren Zahl stieg bis zum Beginn der nationalsozialistischen Diktatur auf 4275 Titel an. Zur Zeit erscheinen ca 1600 Tageszeitungen in rund 380 Verlagen.
Seit Beginn des 19.Jh.s finanzieren sich Zeitungen vorwiegend aus Anzeigen und Werbung. Derzeit beträgt das Verhältnis von Anzeigen- und Verkaufseinnahmen etwa 2:1. Damit ist für viele Zeitungen eine Abhängigkeit von Werbeträgern entstanden, die sich auch auf die inhaltliche Gestaltung eines Blattes auswirken kann.

Zensur (lat.: censura = strenge Prüfung, Beurteilung) Staatliche oder kirchliche Überwachung öffentlicher Meinungsäußerungen. Man unterscheidet die Vor- und Nachzensur, je nachdem, ob das Werk vor oder nach seiner Herausgabe oder Aufführung kontrolliert wird.
Die Zensur ist so alt wie die Literatur. Eine Rede, eine Schrift, ein Buch erwiesen sich, sofern sie anklagten, entlarvten, widersprachen oder sich gegen die herrschende Auffassung richteten, schnell als gefährlich und verdächtig und waren von Verbot oder Verbrennung bedroht. Die Verfasser hatten mit Ausweisung, Gefängnis, Schreibverbot, ja sogar Tod zu rechnen. Bereits ägyptische Papyri, griechische und lateinische Pergamente und Codices wurden zensuriert, verfälscht oder verbrannt – Beginn einer Praxis, die im Laufe von 2500 Jahren ständig wiederholt wurde.
Schon im griechischen und römischen Altertum kam es, ebenso wie in China, zu **Bücherverbrennungen**. Diese Vorgehensweise setzte die Kirche, nachdem das Christentum im 4. Jh. n. Chr. zur Staatsreligion wurde, verstärkt fort. Ultima ratio der Zensur war von Anfang an das Feuer, dessen Flammen Menschen und Bücher vernichtete. Von den Bücherverbrennungen im antiken Athen über die Autodafés der Inquisition bis zu den Scheiterhaufen vom Mai 1933 (▶ Literatur im „Dritten Reich“) begleitet das Feuer die Geschichte der Bücher.
Die Gründe, auf die sich die Zensur beruft, sind immer die gleichen geblieben: ausschlaggebend sind religiöse (Gotteslästerung), moralische (Sittenlosigkeit, Porno-

graphie, Verleumdung, Beleidigung) und politische (Landesverrat, Staatsgefährdung) „Verfehlungen". Die Zensur zielt ab auf die Verinnerlichung eines vorgegebenen Werte- und Normenkanons, auf die Tabuisierung bestimmter Lebensbereiche und die Absicherung gegebener Herrschafts- und Machtansprüche. Sie führt in der Regel zu geistiger Stagnation. Andererseits kann die Zensur – entgegen ihrer Zielsetzung – auch belebend wirken, da sie zur Herausbildung neuer Sprach- und Literaturformen beiträgt.

Historisch leitet sich die Zensur ab vom Amt des römischen Censors, der das staatsbürgerliche und sittliche Leben überwachte und besonders Kritik an Personen des Staatslebens ahndete. Systematische Literaturzensur wurde erstmals mit dem 1559 von der katholischen Kirche aufgestellten (und 1966 außer Kraft gesetzten) *Index librorum prohibitorum* ausgeübt. Dieses Verzeichnis führt alle verbotenen Bücher auf, die nach Auffassung der katholischen Kirche gegen die Glaubens- und Sittenlehre verstoßen und von Katholiken weder gelesen noch aufbewahrt, herausgegeben, übersetzt oder verbreitet werden dürfen, außer mit päpstlicher Genehmigung.

Das kaiserliche Buchkommissariat, das 1569 in Frankfurt am Main eingesetzt wurde, ergänzte die kirchliche Zensur und bestand auf der Angabe des Druckers und Druckorts, später auch des Autors, und unterband die Einfuhr verbotener Schriften. 1715 erließ Kaiser Karl VI. ein Edikt, das mehrmals bestätigt und 1792 verschärft wurde und im gesamten Heiligen Römischen Reich die Voraussetzungen schuf, gegen unerwünschte Literatur vorzugehen.

Die Aufhebung der Zensur war eines der Ziele bürgerlicher Revolutionen. In England wurde sie 1694, in Frankreich 1789 abgeschafft. In Deutschland behauptete sie

Der Denker-Club, um 1825

sich als Instrument der Bevormundung, wurde mit den Karlsbader Beschlüssen von 1819 sogar noch verschärft. Geradezu rigoros war die Zensur im Österreich Metternichs. Franz **Grillparzers** Drama *König Ottokars Glück und Ende* (1825) lag zwei Jahre bei der Zensurbehörde, weil der Autor wegen eines harmlosen Gedichts in den Verdacht der Ketzerei geraten war.

Der „Bundesbeschluss gegen die Schriften des Jungen Deutschland" von 1835 wandte sich erstmals gegen eine literarische Richtung (▶ Junges Deutschland). Betroffen waren insbesondere ▶ Büchner, Karl **Gutzkow**, Georg **Herwegh**, Ludwig **Börne** und ▶ Heine. Seit dem Ende des 18. Jh.s wurde das Problem der Zensur in Deutschland kritisch erörtert. Doch die Möglichkeiten, sich gegen Eingriffe der Zensur zu wehren, waren gering. Aufklärern wie ▶ Lessing blieb nur ohnmächtiger Zorn. Erst im Revolutionsjahr 1848 erfolgte eine teilweise Lockerung der Zensur, doch kam es im Kaiserreich zu einer Reihe spektakulärer Zensurfälle. So wurde die Aufführung von ▶ Hauptmanns Drama *Die Weber* (1892) wegen „demoralisierender Tendenzen" zunächst polizeilich verboten. Der Schriftsteller Oskar **Panizza** wurde für sein Stück *Liebeskonzil, eine Himmelstragödie in fünf Akten* (1894) vom Münchner Landgericht wegen eines „Vergehens wider die Religion" zu einer einjährigen Gefängnisstrafe verurteilt. Weil sie im satirischen Literaturblatt *Simplicissimus* die Nahost-Reise Kaiser Wilhelms II. „in Bild und Schrift verhöhnten", wurden der Schriftsteller Frank **Wedekind** und der Zeichner Thomas Theodor **Heine** 1898 zu sechs Monaten Gefängnis verurteilt.

Die Weimarer Republik schaffte die Zensur zwar ab, erließ jedoch Verordnungen, auf Grund derer Bücher demokratischer, sozialistischer und kommunistischer Autoren verboten und ihre Verfasser vor Gericht gestellt wurden. Betroffen waren u. a. der Österreicher ▶ Schnitzler, gegen dessen 1920 in Berlin uraufgeführtes Stück *Reigen* 1921/22 ein Prozess angestrengt wurde. Erstmals ging es auch um einen Film: 1930 wurde die Aufführung des auf Erich Maria **Remarques** Roman *Im Westen nichts Neues* (1929) basierenden gleichnamigen Films verboten. 1933 hob das nationalsozialistische Regime mit der „Verordnung zum Schutz von Volk und Staat" das Recht auf freie Meinungsäußerung auf. Die Gleichschaltung von Presse, Film und Rundfunk sowie die Unterdrückung jeglicher Opposition waren Ausdruck einer totalen Zensur und zwangen Autoren ins Exil (▶ Exilliteratur).

Das NS-Regime führte zu Beginn der 40er-Jahre über 4000 Einzeltitel und über 550 Autoren auf dem Index (▶ Literatur im „Dritten Reich"). Vertreter der in Deutschland gebliebenen ▶ inneren Emigration nutzten eine seit der Antike bekannte „Sklavensprache" (▶ Camouflage), eine verdeckte, doppeldeutige Schreib- oder Sprechweise, die freilich den gleich gesinnten Leser voraussetzt (▶ Schlüsselliteratur).

In der Bundesrepublik Deutschland garantiert der Artikel 5 des Grundgesetzes die Freiheit der Kunst: „Eine Zensur findet nicht statt", heißt es dort. Gesetzliche Eingriffe sind nur gegen Pornographie und Schundliteratur zum Schutz der Jugend durch die Bundesprüfstelle und bei Angriffen gegen die persönliche Ehre gemäß dem Strafgesetzbuch erlaubt. Von spektakulären zensurartigen Eingriffen waren beispielsweise Klaus **Manns** Roman *Mephisto* (1936, Veröffentlichungsverbot von 1949–1980) und ▶ Grass' Novelle *Katz und Maus* (1961) betroffen.

Besonders das Theater musste sich immer wieder mit Aufführungsverboten auseinander setzen. Nach der Berliner Uraufführung von Rolf **Hochhuths** Dokumentarstück *Der Stellvertreter* (1963), das die Haltung des Vatikan und speziell Papst Pius' XII. zur Judenfrage im „Dritten Reich“ thematisiert, verhinderte kirchlicher Widerstand 25 Jahre lang eine Aufführung des Dramas in München. Rainer Werner **Fassbinders** Stück *Der Müll, die Stadt und der Tod* (1975) sollte erst 1985 posthum aufgeführt werden, aber auch zehn Jahre später scheiterte die geplante Uraufführung an den Bedenken eines Teils der Öffentlichkeit, der Autor habe mit dem Drama dem Antisemitismus Vorschub geleistet.
Die Geschichte der DDR ist gekennzeichnet von Zensurmaßnahmen, Strafverfolgungen und Gefängnishaft in allen Bereichen der Literatur und Kunst (▶ DDR-Literatur).
Stellvertretend sei nur ein Fall genannt: Rainer **Kunze**, der nach dem Einmarsch der Truppen des Warschauer Pakts in die ČSSR seine Parteimitgliedschaft aufkündigte, wurde diffamiert und zum Staatsfeind erklärt. Als er 1976 in der Bundesrepublik *Die wunderbaren Jahre* veröffentlichte, schloss man ihn aus dem Schriftstellerverband aus. Sein mutiges Eintreten gegen die Zwangsausbürgerung von Wolf **Biermann** im Jahr 1976 führte schließlich zur Emigration.

Zola, Émile (1840–1902) ist der Begründer des europäischen ▶ Naturalismus und immer noch einer der weltweit meistgelesenen Autoren des 19. Jh.s.
Zola wurde in Paris geboren, verlebte Kindheit und Jugend jedoch unter ärmlichen Umständen in Aix-en-Provence. Nach einem gescheiterten Abitur und jahrelanger Untätigkeit kam er durch seine Arbeit im Verlagshaus Hachette mit der literarischen Welt in Kontakt. Ab 1865 trat er als Autor, Literatur- und Kunstkritiker hervor. Von 1871 bis 1893 arbeitete er an seinem Hauptwerk, dem 20-bändigen Romanzyklus *Les Rougon-Macquart*, einer Familiengeschichte über fünf Generatio-

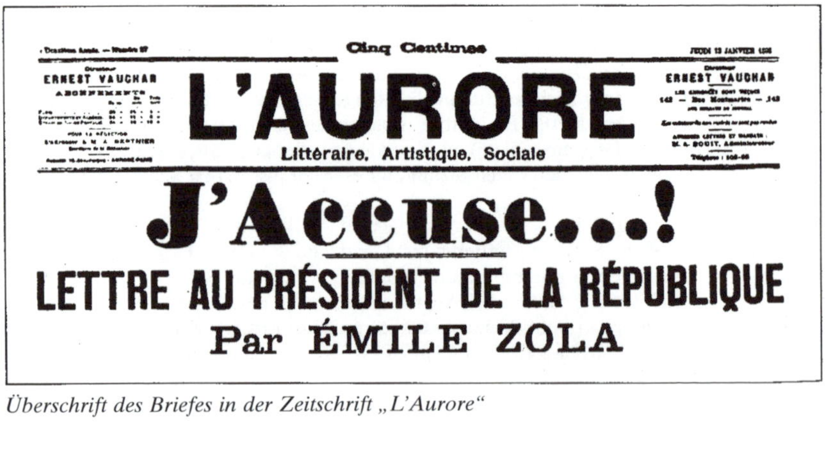
Cinq Centimes
ERNEST VAUGHAN
L'AURORE
Littéraire, Artistique, Sociale
J'Accuse...!
LETTRE AU PRÉSIDENT DE LA RÉPUBLIQUE
Par ÉMILE ZOLA

Überschrift des Briefes in der Zeitschrift „L'Aurore“

nen, die zugleich die französische Gesellschaft des Zweiten Kaiserreiches portraitiert. Zu den bekanntesten Romanen des Zyklus gehören *L'Assommoir* (1877, *Der Totschläger*), *Nana* (1880) und *Germinal* (1885), 1993 von Claude Berri verfilmt.

Gervaise Macquart, eine einfache Wäscherin, und ihr Liebhaber Lantier kommen aus der Provinzstadt Plassans nach Paris, wo sie ihr Leben in bitterem Elend fristen. Nach der Geburt von zwei Kindern lässt Lantier sie sitzen. Binnen kurzem heiratet sie den ernsthaften und fleißigen Arbeiter Coupeau, mit dem sie ein kurzes kleinbürgerliches Glück erlebt. Nach einem Unfall kann Coupeau jedoch nicht mehr arbeiten, er wird nervenkrank und verfällt dem Alkohol. Der Name seiner Stammkneipe (*L'Assommoir*: der Totschläger) gibt dem Roman seinen Namen. In grauenvoller Präzision wird beschrieben, wie Coupeau im Säuferwahnsinn endet. Gervaise wird durch die Ereignisse aus der Bahn geworfen: sie, früher stets gut gelaunt, arbeitsam und allen gegenüber wohlwollend, wird ebenfalls Opfer des Alkohols, versucht sich als Prostituierte und wird halb wahnsinnig.

Der Roman erregte bei seinem Erscheinen 1877 skandalähnliches Aufsehen vor allem durch die ungewohnt ordinäre Gassensprache und die ungeschminkte Schilderung des Schmutzes und der Primitivität im Milieu von Halbwelt, Tagelöhnern, Kriminellen und Arbeitslosen.
Zwar steht Zola in der Tradition der großen französischen Realisten ▶ Balzac und ▶ Flaubert. Doch geht er über sie hinaus mit einem ganz speziellen quasiwissenschaftlichen Erzählansatz. Unter dem Eindruck der aktuellen Forschungsströmungen des 19. Jh.s beabsichtigte er, die Konsequenzen von Vererbung und sozialem Milieu im Medium des Romans wissenschaftlich zu untersuchen. Jede Erzählung wird ihm so zu einem Experiment, in dessen Verlauf sich regelmäßig die Psychologie der Physiologie als untergeordnet erweist. Die Grundzüge dieser Theorie stellte er dar in seiner Schrift *Le roman expérimental* (1880).
Im Laufe der Zeit traten Zolas Pessimismus und sein negatives Menschenbild immer deutlicher hervor. Im Herbst 1897 wandten sich einige Freunde des zu Unrecht in die Straflager geschickten jüdischen Hauptmanns Dreyfus mit der Bitte um Hilfe an ihn. Nach eingehendem Aktenstudium und zutiefst getroffen vom Sieg der Staatsräson über die Gerechtigkeit, veröffentlichte er am 13. 01. 1898 in der Zeitung *L'Aurore* einen offenen Brief an den Staatspräsidenten, der in Form seiner ersten Worte („J'accuse": *Ich klage an*) Weltruhm erlangte. In ihm bezichtigte er namentlich die höchsten Kreise der Armee als Schuldige oder Mitwisser eines Justizverbrechens. Zola wusste wohl, dass er sich mit dieser Anklage selbst strafbar machte, kam jedoch seiner Verurteilung durch elf Monate freiwilligen Exils zuvor. Die Rehabilitierung des Hauptmanns Dreyfus im Jahre 1906 erlebte Zola nicht mehr: Unter rätselhaften Umständen starb er 1902 an einer Kohlenmonoxydvergiftung.

Stichwortverzeichnis

In diesem Verzeichnis (vgl. S. 8) sind verschiedene Arten von Stichwörtern aufgelistet:
- „Nestwörter", die in den Artikeln durch fettere Schrift hervorgehoben sind (vgl. S. 7f.),
- Autoren, die in den Artikeln erwähnt werden (vgl. S. 7),
- Werktitel in kursiver Schrift. Werktitel, die mit einem Artikel beginnen, sind stets unter dem zweiten Begriff eingeordnet (vgl. S. 7 und 8).

394